本教材得到北京建筑大学教材出版基金支持

交通版高等学校土木工程专业规划教材

Daolu yu Qiaoliang Gongcheng Gailun

道路与桥梁工程概论

（第3版）

张新天　吴金荣　王毅娟　主　编

人民交通出版社股份有限公司

北京

内 容 提 要

本书共两篇。第一篇为道路工程概论,第二篇为桥梁工程概论。

道路工程概论主要介绍了交通运输与道路工程的基本知识,扼要地阐述了道路路线设计、路线交叉与道路交通设施、路基路面工程与高速公路的基本概念与组成、设计理论与方法及其施工技术方法。桥梁工程概论主要介绍了桥梁工程的发展、分类组成以及规划设计程序,分梁式桥、拱桥、其他体系桥梁和桥梁墩台系统,扼要地阐述了其主要结构与设计及施工技术。

本书可作为高等学校土木工程专业非道路与桥梁工程方向本科教材,也可作为非土木工程类专业的选修教材,以及供从事道路与桥梁工程建设的工程技术人员参考。

图书在版编目(CIP)数据

道路与桥梁工程概论/张新天,吴金荣,王毅娟主编. —3版. —北京:人民交通出版社股份有限公司,2021.4(2024.12重印)
　ISBN 978-7-114-17182-6

Ⅰ.①道… Ⅱ.①张… ②吴… ③王… Ⅲ.①道路工程—高等学校—教材②桥梁工程—高等学校—教材　Ⅳ.①U41②U44

中国版本图书馆 CIP 数据核字(2021)第 052891 号

交通版高等学校土木工程专业规划教材

书　　名:	道路与桥梁工程概论(第3版)
著 作 者:	张新天　吴金荣　王毅娟
责任编辑:	崔　建
责任校对:	孙国靖　扈　婕
责任印制:	刘高彤
出版发行:	人民交通出版社股份有限公司
地　　址:	(100011)北京市朝阳区安定门外外馆斜街3号
网　　址:	http://www.ccpcl.com.cn
销售电话:	(010)85285911
总 经 销:	人民交通出版社股份有限公司发行部
经　　销:	各地新华书店
印　　刷:	北京科印技术咨询服务有限公司数码印刷分部
开　　本:	787×1092　1/16
印　　张:	27.5
字　　数:	669 千
版　　次:	2006 年 7 月 第 1 版 2016 年 8 月 第 2 版 2021 年 4 月 第 3 版
印　　次:	2024 年 12 月 第 3 版 第 4 次印刷 累计第 18 次印刷
书　　号:	ISBN 978-7-114-17182-6
定　　价:	56.00 元

(有印刷、装订质量问题的图书由本公司负责调换)

交通版
高等学校土木工程专业规划教材
编委会

（第2版）

主任委员：戎　贤
副主任委员：张向东　李帼昌　张新天　黄　新
　　　　　　　宗　兰　马芹永　党星海　段敬民
　　　　　　　黄炳生
委　　　员：彭大文　张俊平　刘春原　张世海
　　　　　　　郭仁东　王　京　符　怡
秘　书　长：张征宇

（第1版）

主任委员：阎兴华
副主任委员：张向东　李帼昌　魏连雨　赵　尘
　　　　　　　宗　兰　马芹永　段敬民　黄炳生
委　　　员：彭大文　林继德　张俊平　刘春原
　　　　　　　党星海　刘正保　刘华新　丁海平
秘　书　长：张征宇

序 XU

随着科学技术的迅猛发展、全球经济一体化的进一步加强以及国力竞争的日趋激烈,作为实施"科教兴国"战略重要战线的高等学校,面临着新的机遇与挑战。高等教育战线按照"巩固、深化、提高、发展"的方针,着力提高教学水平和质量,取得了举世瞩目的成就,实现了改革和发展的历史性跨越。

在这个前所未有的发展时期,高等学校的土木类教材建设也取得了很大成绩,出版了许多优秀教材,但在满足不同层次的院校和不同层次的学生需求方面,还存在较大的差距,部分教材尚不能反映最新颁布的规范内容。为了配合高等学校的教学改革和教材建设,体现高等学校在教材建设上的特色和优势,满足高校及社会对土木类专业教材的多层次要求,适应我国国民经济建设的最新形势,人民交通出版社股份有限公司组织了全国二十余所高等学校编写"交通版高等学校土木工程专业规划教材",并于 2004 年 9 月在重庆召开了第一次编写工作会议,确定了教材编写的总体思路。于 2004 年 11 月在北京召开了第二次编写工作会议,全面审定了各门教材的编写大纲。在编者和出版社的共同努力下,这套规划教材已陆续出版。

在教材的使用过程中,我们也发现有些教材存在诸如知识体系不够完善、适用性、准确性存在问题,相关教材在内容衔接上不够合理以及随着规范的修订及本学科领域技术的发展而出现的教材内容陈旧、亟待修订的问题。为此,新改组的编委会决定于 2010 年年底启动该套教材的修订工作。

这套教材包括《土木工程概论》《建筑工程施工》等 31 种,涵盖了土木工程专业的专业基础课和专业课的主要系列课程。这套教材的编写原则是"厚基础、重能力、求创新,以培养应用型人才为主",强调结合新规范、增大例题、图解等内容的比例并适当反映本学科领域的新发展,力求通俗易懂、图文并茂;其中对专业基础课要求理论体系完整、严密、适度,兼顾各专业方向,应达到教育部和专业教学指导委员会的规定要求;对专业课要体现出"重应用"及"加强创新能力和工程素质培养"的特色,保证知识体系的完整性、准确性、正确性和适用性,专业课教材原则上按课群组划分不同专业方向分别考虑,不在一本教材中体现多专业内容。

反映土木工程领域的最新技术发展、符合我国国情、与现有教材相比具有明显特色是这套教材所力求达到的目标。在各相关院校及所有编审人员的共同努力下，交通版高等学校土木工程专业规划教材必将对我国高等学校土木工程专业建设起到重要的促进作用。

交通版高等学校土木工程专业规划教材编审委员会

人民交通出版社股份有限公司

前言（第3版）

根据2016年以来三次交通版高等院校土木工程专业规划教材编审委员会关于交通版高等学校土木工程专业规划教材修订出版工作安排，确定了《道路与桥梁工程概论》（第3版）的编写原则与内容提纲，2019年交通版高等学校土木工程专业规划教材《道路与桥梁工程概论》（第3版）得到了北京建筑大学教材出版基金的支持。

《道路与桥梁工程概论》（第3版）针对近年来我国行业技术标准的修订，在第2版内容框架的基础上，主要对道路与桥梁工程设计体系与参数进行了系统的修改与补充，力求达到教材内容与现行行业新标准的一致，便于实现教学内容的更新换代。同时，考虑到相应的课程性质与学时要求，《道路与桥梁工程概论》（第3版）继续秉承内容尽量完整且突出重点的原则，注重基本概念的说明与实际问题的解决，通过修改补充的实例、复习思考题、习题，指导学生有效掌握相关知识要点。

《道路与桥梁工程概论》（第3版）第一篇第一、三、四、五章仍由北京建筑大学张新天编写；第一篇第二章由安徽理工大学吴金荣编写；第二篇由北京建筑大学王毅娟及人民交通出版社股份有限公司张泟宇编写。全书由北京建筑大学张新天教授统稿。

因作者编写时间与水平有限，敬请采用本教材的单位或读者提供宝贵意见，以便修正完善。来函请邮寄北京市大兴区永源路15号北京建筑大学土木与交通工程学院。

编　者
2020年12月

前言（第2版）

2010年12月，交通版高等院校土木工程专业规划教材编审委员会于天津召开交通版高等学校土木工程专业规划教材修订出版工作第一次会议，确定了《道路与桥梁工程概论》（第2版）的内容提纲。

《道路与桥梁工程概论》（第2版）考虑到相应课程学时不多和涉及的教学内容十分宽泛的实际情况，本着内容尽量完整和突出重点的原则，在第1版的基础上进行了章节的归并整合，分道路工程概论与桥梁工程概论两篇，均包含基本概念、设计理论方法以及工程施工技术等方面的精炼内容。依据我国现行有关公路与桥梁工程方面的技术规范及标准，《道路与桥梁工程概论》（第2版）一书仍注重基本知识体系的构建、基本概念的说明以及实际问题的解决，通过各章内容提要、复习思考题与习题和参考课件辅助材料指导学生掌握本教材的主要知识内容。

《道路与桥梁工程概论》（第2版）第一篇第一、三、四、五章由北京建筑大学张新天编写；第二章由安徽理工大学吴金荣编写；第二篇由北京建筑大学王毅娟及人民交通出版社股份有限公司张证宇编写。全书由北京建筑大学张新天教授统稿。

因编写时间与水平所限，敬请采用本教材的单位或读者提供宝贵意见建议以便修正。来函可寄至北京市西城区展览馆路1号北京建筑大学土木与交通工程学院。

编　者
2016年5月

目录

第一篇 道路工程概论

第一章 绪论 ... 3
- 第一节 交通运输体系 ... 3
- 第二节 道路与道路工程 ... 5
- 第三节 我国道路工程的发展概况 ... 10
- 第四节 道路的分类分级与技术标准 ... 19
- 第五节 车辆与交通特性 ... 21
- 第六节 交通与道路规划 ... 25
- 复习思考题 ... 32

第二章 道路路线设计与交通设施 ... 33
- 第一节 路线平面设计 ... 33
- 第二节 纵断面设计 ... 50
- 第三节 横断面设计 ... 60
- 第四节 平面交叉 ... 67
- 第五节 立体交叉 ... 74
- 第六节 道路交通设施 ... 78
- 复习思考题 ... 87
- 习题 ... 87

第三章 路基工程 ... 89
- 第一节 概述 ... 89
- 第二节 一般路基设计 ... 103
- 第三节 路基排水设计 ... 108
- 第四节 路基稳定性设计 ... 113
- 第五节 路基的防护与加固 ... 116
- 第六节 挡土墙设计 ... 119
- 第七节 路基工程施工技术 ... 126
- 复习思考题 ... 135
- 习题 ... 135

第四章　路面工程 ····· 137
第一节　概述 ····· 137
第二节　沥青路面设计 ····· 160
第三节　水泥混凝土路面设计 ····· 185
第四节　路面工程施工技术 ····· 199
复习思考题 ····· 214
习题 ····· 214

第五章　高速公路 ····· 215
第一节　概述 ····· 215
第二节　高速公路的设计要点 ····· 223
第三节　高速公路设施 ····· 244
复习思考题 ····· 250

第二篇　桥梁工程概论

第一章　绪论 ····· 253
第一节　桥梁工程发展概况 ····· 253
第二节　桥梁的基本组成与分类 ····· 265
第三节　桥梁总体规划设计 ····· 270
第四节　桥梁平面、纵断面、横断面设计 ····· 273
第五节　桥梁上的作用简介 ····· 276
复习思考题 ····· 279

第二章　桥梁墩台与基础 ····· 280
第一节　概述 ····· 280
第二节　桥梁墩台与基础的类型和构造 ····· 281
第三节　桥梁墩台与基础的设计方法简述 ····· 296
第四节　桥梁墩台与基础的施工技术 ····· 311
复习思考题 ····· 319

第三章　梁桥 ····· 320
第一节　混凝土梁桥的构造 ····· 321
第二节　梁桥的桥面构造 ····· 342
第三节　梁桥的支座 ····· 351
第四节　简支梁桥的设计方法简介 ····· 354
第五节　梁桥的施工技术 ····· 362
复习思考题 ····· 368

第四章　拱桥 ····· 369
第一节　概述 ····· 369
第二节　拱桥的构造 ····· 377
第三节　拱桥设计简介 ····· 393

第四节　拱桥施工技术………………………………………………………401
　　复习思考题……………………………………………………………………405
第五章　其他体系桥梁简介……………………………………………………406
　　第一节　刚架桥………………………………………………………………406
　　第二节　斜拉桥………………………………………………………………410
　　第三节　悬索桥………………………………………………………………417
　　第四节　其他体系桥的施工技术……………………………………………421
　　复习思考题……………………………………………………………………424

参考文献……………………………………………………………………………425

第一篇

道路工程概论

第一章 绪论

内容提要：本章介绍了交通运输体系构成，道路与道路工程的组成内容；阐述了交通与道路规划基本程序与方法；说明了道路工程分类及其主要技术标准。对我国道路工程的发展历程与学科发展前景进行了简要介绍。

第一节 交通运输体系

我国幅员辽阔，物产丰富，人口众多。在加快国民经济发展，特别是中西部开发建设的战略要求下，为了切实提高我国人民群众的物质文化生活水平，增强国力和巩固国防，迫切需要建立四通八达的完善的交通运输体系。

交通运输(Transportation)是社会生产和人类生活中不可缺少的组成部分，由于人们生产和生活的需要，必须克服空间上的障碍，实现人和物的移动。为具体实现这种移动提供服务所进行的经济活动称为运输。

交通运输是国民经济的命脉，是联系工业和农业、城市和乡村、生产和消费的纽带，是国民经济的"先行官"。交通运输是一个国家得以繁荣昌盛所必需的重要的基础，是实现国民经济现代化的首要条件。

交通运输作为第四个物质生产部门，与其他物质生产部门相比除了具有共同的生产性外，还有其自身的特点：

(1) 交通运输具有其自身特有的生产过程。
(2) 交通运输业的投资比较大。
(3) 运输过程中的材料消耗，基本是所使用的运输工具和设施的消耗，而不是运输对象的消耗。
(4) 交通运输是流动性的生产。
(5) 各种交通运输方式之间有较强的替代性。

一、各类交通运输方式的特点

现代交通运输是由铁路、道路(含公路与城市道路)、水运、航空和管道五种运输方式构成的大系统，它们共同承担客、货的集散与交流，在技术与经济上又各具特点，根据不同自然地理条件和运输功能发挥各自优势,相互分工、联系和合作,取长补短,协调发展,在我国经济建设中起到了重要的保障作用。

水运(Shipment Transportation)是以船舶在江、河、湖泊、人工水道及海洋运送客货的运输方式,它的特点是:①载运量大:内河单船载货质量达几百至上万吨,海运货轮载货质量达几千至数万吨,相当于铁路200～300节车皮的运量,且适宜进行长途运输及特大件货物运输;②耗能少、成本低;③投资省:尤其在节约土地方面较铁路与道路运输经济效益明显;④劳动生产率高;⑤不足之处是会受到通航水道与航线的制约、气象因素的影响,航行速度较慢。

铁路运输(Railway Transportation)是利用列车运送客货的运输方式,它的特点是:①客货运量大,尤为适宜大宗的笨重货物长距离运输;②运输速度快,火车时速一般高于船舶与汽车,特别在长途运行中发挥充分;③一般不受气候和季节影响,连续性强,高速、准时,可靠性强;④运输成本不高。

航空运输(Aerial Transportation)依靠以飞机为主的各类航空器实现客货运送,与其他运输方式相比所具有的特点是:①运行速度快,运程短捷,并可抵达地面运输方式难以到达的地区;②运载量小,营运成本高,故只适合于远距离的客运和急需物资、贵重物品、时间要求紧等情况的小批量货运;③具有显著的灵活性、舒适性和相对安全性;④基建周期短和投资少,不需像地面交通线路建设那样大量的基建费用。

管道运输(Pipeline Transportation)是利用封闭管道,以重力或气压为动力,连续运送特定货物的运输方式。它的特点是:①运量大,连续不间断:一条输油管道的运量相当于一条铁路全年的运量;②运距短,占地少:因埋设于地下,线形的灵活性较大;③耗能与费用低,接近于水运;④受气候和季节影响小;⑤沿程无噪声、无污染,安全性好;⑥可远程控制,自动管理,维修量小,因而劳动生产率高;⑦运送货物类别单一。

道路运输(Road Transportation)从广义来说,是指货物和旅客借助一定的运输工具(如机动车和非机动车),沿道路某个方向,做有目的的移动过程;从狭义来说,道路运输则是指汽车在道路上有目的的移动过程。道路运输是交通运输的重要组成部分。由于道路运输的广泛性、机动性和灵活性,充分深入社会生活、生产领域的各个方面,从政治、经济、文化、教育、军事到人民群众的衣、食、住、行都和道路运输有密切的关系。道路运输与其他运输方式比较,由于其投资少、见效快、经济效益高、机动灵活、运送方便、适应性强、商品流通周期短、资金周转快,可实现"户到户"的直达运输,且运输损耗少等,特别是高速公路的出现,运输速度显著提高,运量增大,道路运输将会起着越来越重要的作用。

二、各种运输方式技术经济特性比较

交通运输作为一种空间移动的特殊生产,其基本要求是安全、迅速、经济、便利。从这些基本要求出发,对各种运输的技术经济特征的简要分析比较如下。

1. 速度

速度是衡量运输效果的一项综合的重要指标,是与运输工具、运输条件、运货线路直接相关的一个技术经济指标。据研究,各种陆上运输,按其交通工具的特性,都有一个最优的速度范围。一般认为道路运输最优速度为50～100km/h;铁路运输为100～300km/h;航空运输为500～1 000km/h,这些速度基本上可形成一个"速度链"。

2. 投资

投资是指在建设各种运输方式的固定设施时,所需投入资金的多少。各种运输方式中,铁路的设施设备最多(如线路、机车车辆、车站、厂段等),需投入的人力、物力、资金都很大,而且工期也很长,因此其投资集约程度最高。相对而言,水上运输利用天然河道,其路线设备投资最低;道路运输则介于两者之间。

3. 运输成本

一般说来,水运及管道运输成本最低,其次为铁路、道路,航空运输的成本最高。

4. 运输方便性

各种运输方式中,道路运输机动灵活,适用交通服务对象的面广,其方便性最好,是唯一能实现"门到门"和"面"上运输的运输方式。航空运输速度快,是最方便的客运方式,但只能实现"点"的运输[从一个机场(点),到另一个机场(点)]。铁路和水运是沿铁路和航道运行,运输范围限制较大,只能是"线"的运输。

此外,从能源角度看,铁路运输可以采用电力牵引,在节能方面占有很大优势;从运输能力来看,水运和铁路都处于领先地位;从运输的经常性来看,铁路运输受季节和气候的影响最小。

综上所述,各种运输方式的主要技术经济指标比较见表1-1-1。

各种运输方式按主要技术经济指标排序　　　　表1-1-1

运输方式	运输能力	最高速度	通用性	连续性	机动性	建设投资	运输成本	运输能耗	固定资产效率	劳动生产率
铁路	3	2	2	2	3	6	4	4	4	4
内河	2	5	3	6	4	2	2	2	2	2
海运	1	4	3	5	5	3	1	1	1	1
道路	5	3	1	1	1	1	5	5	5	5
航空	6	1	4	4	2	4	6	6	6	6
管道	4	—	5	3	6	5	3	3	3	3

第二节　道路与道路工程

道路运输除需利用各种运输工具外,道路设施是必不可少的基本条件。道路是供各种车辆和行人通行的工程设施。道路工程则是以道路为对象而进行的规划、设计、施工、养护与管理工作的全过程及其工程实体的总称。

一、道路的特点及功能

1. 特点

近百年来,道路运输之所以能得以迅速发展,和道路及其运输所具有的一系列特点是分不开的。与其他交通运输相比,道路具有以下属性及特征。

(1)道路的基本属性

道路建设与道路运输都是物质生产,因而它们必然具有物质生产的基本属性,即生产资料、劳动手段和劳动力。作为物质产品而存在的道路,又有其本身特有的基本属性:公益性、商品性、灵活性、超前性、储备性。

(2)道路的经济特征

道路作为一种特殊的物质产品,它还具有以下经济特征:

①道路产品是固定在广阔地域上的线形建筑物,道路建设的流动空间更大,工作地点更不固定,受社会和自然环境影响大,具有更强的专业性。

②道路的生产周期和使用周期长。在使用过程中还需进行经常性的养护、维修和管理工作。

③道路虽是物质产品,但不具有商品的形式。其投资费用通过道路收费(使用道路的收费和养护管理费)和运输运营收费形式来补偿。

④具有特殊的消费过程和消费方式。

⑤道路是作为一个完整的系统发挥其作用,为社会和经济服务的。

2. 道路的功能

(1)公路具有的功能

①主要承担中、短途运输任务(短途运输为 50km 以内,中途运输为 50~200km)。

②补充和衔接其他运输方式,担任大运量运输(如火车及轮船运输)的集散运输任务。

③在特殊条件下,也可独立担负长途运输任务,特别是随着高速公路的发展,中、长途运输的任务将逐步增大。

(2)城市道路具有的功能

①联系城市各部分,为城市内部各种交通服务,并担负城市对外交通的中转集散。

②构成城市结构布局的骨架,确定城市的格局。

③为防空、防火、防地震以及绿化提供场地。

④是城市铺设各种公用设施的主要通道。

⑤为城市提供通风、采光,改善城市生活环境。

⑥划分街坊,组织沿街建筑,表现城市建设风貌。

二、道路的组成

道路是一种线形工程结构物,它包括线形组成和结构组成两大部分。

1. 线形组成

道路的中线是一条三维空间曲线,称为路线(Highway Route)。线形就是指道路中线在空间的几何形状和尺寸。

在道路线形设计中,为了便于确定道路中线的位置、形状、尺寸,我们是从路线平面、路线纵断面和空间线形三个方面来研究路线的,如图 1-1-1 所示。道路中线在水平面上的投影叫作路线平面,反映路线在平面上的形状、位置及尺寸的图形叫作路线平面图。用一曲面沿道路中线竖直剖切展成的平面叫作路线纵断面,反映道路中线在断面上的形状、位置及尺寸的图形叫作路线纵断面图。沿道路中线上任一点所作的法向剖切面叫作横断面,反映道路在横断面上的结构、尺寸形状的图形叫作横断面图。空间线形通常是用线形组合、透视图法、模型法来进行研究的。

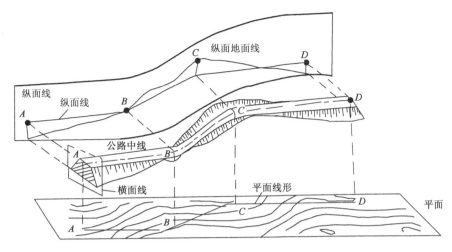

图 1-1-1　道路的平面、纵断面及横断面

2. 结构组成

（1）路基（Subgrade）。路基是道路结构体的基础，是由土、石材料按照一定尺寸、结构要求所构成的带状土工结构物。路基必须稳定坚实。道路路基的结构、尺寸用横断面表示。

（2）路面（Pavement）。路面是在路基表面的行车部分，是用各种筑路材料分层铺筑的结构物，以供车辆在其上以一定速度、安全、舒适地行驶。路面使行车部分加固，使之具有一定的强度、平整度和粗糙度。

（3）桥涵（Bridge and Culvert）。道路在跨越河流、沟谷和其他障碍物时所使用的结构物叫桥涵。桥涵是道路的横向排水系统之一。

（4）排水系统（Drainage）。为了确保路基稳定，免受自然水的侵蚀，道路还应修建排水设施。道路排水系统按其排水方向的不同，可分为纵向排水系统和横向排水系统；按排水位置又分为地面排水和地下排水设施两部分。地面排水设施用以排除危害路基的雨水、积水及外来水；地下排水设施主要用于降低地下水位及排除地下水。

（5）隧道（Tunnel）。隧道是为道路从地层内部或水下通过而修筑的建筑物。隧道在道路中能缩短里程、避免道路翻越山岭，保证道路行车的平顺性。

（6）防护工程。陡峻的山坡或沿河一侧的路基边坡受水流冲刷，会威胁道路的安全。为保证路基的稳定，加固路基所修建的人工构造物称为防护工程。

（7）特殊构造物。除上述常见的构造物外，为了保证道路连续，路基稳定，确保行车安全，还在山区地形、地质特别复杂的路段修建一些特殊结构物，如悬出路台、半山桥、防石廊等。

（8）沿线设施（Roadside Facilities）。沿线设施是道路沿线交通安全、管理、服务以及环保设施的总称，主要有以下几项：

①交通安全设施。包括跨线桥、地下通道、色灯信号、护栏、防护网、反光标志、照明等。

②交通管理设施。包括道路标志（如指示标志、警告标志、指路标志、禁令标志等），路面标线，紧急电话，道路信息板，道路监视设施，交通控制设施，交通监视设施以及安全岛，交通岛，中心岛等。

③防护设施。包括抗滑坡构造物、防雪走廊、防沙棚、挑坝等。

④停车设施。指在道路沿线及起终点设置的停车场、汽车停靠站、回车道等设施。

⑤路用房屋及其他沿线设施。包括养护用房、运营用房、收费站、加油站、服务区等设施。

⑥绿化。包括道路分隔带、路旁、立交枢纽、休息设施、人行道等处的绿化,以及道路防护林带和集中的绿化区等。

城市道路作为行车构造物同样由路基、路面、桥涵等部分组成,但其特殊功能要求与公路的结构组成有所不同,体现于以下组成内容:

①机动车道、非机动车道、人行道的划分。

②人行过街通道(包括地下人行通道和人行天桥)。

③交叉口、步行广场、停车场、公共汽车站。

④城市交通安全设施,如照明设备、护栏、交通标志、交通标线、信号灯等。

⑤沿街设施如线杆,各类井、口等市政公用设施。

⑥地下铁道、高架桥、立交桥等。

⑦绿化带。

三、道路工程体系的组成

道路工程的基本体系由道路的工程等级、组成内容及研究范围三个方面组成,其内容如图 1-1-2 所示。

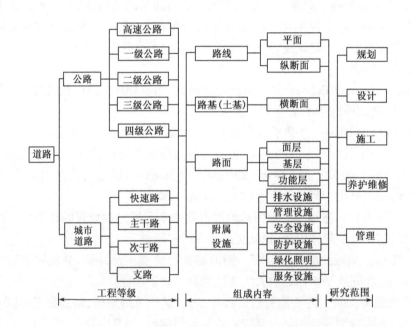

图 1-1-2 道路工程体系组成

1. 道路规划

道路规划(Road Plan)是指在一个地区范围内(如全国、省、市、地、县等),根据该地区的政治、国防、经济、文化、交通现状和发展要求,综合当地自然条件及其他因素,对道路进行的全面布局和规划的工作。道路网规划是道路建设科学管理大系统中决策系统的重要环节,是国土规划、综合运输网规划的重要组成部分;道路网规划属于长远发展布局规划,是制定道路建设中长期规划、编制阶段建设计划、选择建设项目的主要依据,是确保道路建设合理布局,有秩序地协调发展,防止建设决策、建设布局随意性及盲目性的重要手段。

2. 道路可行性研究

道路可行性研究（Feasibility Study）是指一种对道路投资项目在投资决策前进行技术、经济论证的科学方法，是一种在投资前通过调查、分析、研究、推算和比较，选择最小的耗费，取得最佳经济效果的手段。我国规定，要以可行性研究为基础来确定基本建设的基本轮廓。这个轮廓可概括为工程建设的可否、时期、规模三个基本问题。

道路可行性研究任务是在对地区社会、经济发展及路网状况进行充分调查研究、评价预测和必要的勘察工作的基础上，对项目建设的必要性、经济合理性、技术可行性、实施可能性提出综合的研究论证报告。按其工作深度可分为预测可行性研究和工程可行性研究。

道路建设项目可行性研究报告的主要内容包括：建设项目的依据、背景，在交通运输网中的地位，原路的状况，预测交通量及发展水平；论述建设项目的地理位置和自然特征，筑路材料来源及运输条件；论证不同工程方案的特点，提出推荐意见；测算主要工程量和估算投资，进行经济评价；对推荐方案进行评价，提出存在的问题和有关建议。

3. 道路设计

道路设计（Road Design）是根据道路规划，按国家规定的标准和设计任务书的要求，对一条道路的路线方案、形状、位置及各组成部分的详细结构尺寸、工程数量、费用等进行的设计工作。道路设计，必须对道路沿线的条件（自然的、社会的等）进行勘测、调查，收集资料，再通过内业设计，完成修建全路所必需的全部图、表、工程数量、费用等项目。

道路设计根据任务、审核和完成资料的不同可分为初步设计、技术设计和施工图设计三个阶段。

4. 工程招标与投标

道路工程招标（Tendering）是指道路工程建设单位就拟建道路工程的规模、道路等级、设计图纸、质量标准等有关条件，公开或非公开地邀请投标人报出工程价格，在规定的日期开标，从而择优选定工程承包者的过程。

道路工程投标（Bidding）是指承包单位在同意建设单位按拟定的招标文件所提出的各项条件的前提下，对招标项目进行报价。投标单位获得投标资料以后，在认真研究招标文件的基础上，掌握好价格、工期、质量、物资等几个关键因素，根据建设单位的要求和条件，在符合招标项目质量要求的前提下，对招标项目进行价格估算，并在规定的期限内向招标单位递交投标资料，争取"中标"的过程。

道路工程建设实行招标承包制，是我国道路建设行业改革及规范化的需要。招标投标承包制，不仅在理论上符合商品经济和价值规律的基本原理，且在实践上也证明了可以确保工程质量、缩短建设工期、降低工程造价、提高投资效益、保护公平竞争。

道路工程招标、投标工作，一般可分为三个阶段，即准备阶段、招投标阶段、评标及签订合同阶段。

5. 工程概预算

（1）设计概算（Preliminary Estimate of Project）

设计概算是控制和确定工程造价的基础文件，是初步设计文件的重要组成部分。设计概算经批准后，就成为编制固定资产投资计划、签订建设项目总承包合同和贷款总合同、实行建设项目投资包干或确定招标投标标价的依据，也成为控制基本建设拨款和施工图预算、考核设计经济合理性的依据。

设计概算文件包括概算编制说明,总概算书,单项工程综合概算书,单位工程概算书,其他工程与费用概算以及钢材、木材、水泥等主要材料及设备表。

(2)施工图预算(Working Drawing Estimate)

预算是施工图设计文件的重要组成部分,是确定工程造价、签订建筑安装工程合同、实行建设单位和施工单位投资包干和办理工程结算、实行经济核算和考核工程成本的依据。预算应根据施工图设计的工程量和施工方法,按照规定的定额、取费标准、工资单价、材料设备预算价格等办法,在开工前编制并报请批准。

以施工图设计进行施工招标的工程,经审定后的施工图预算是编制工程标底的依据。

6. 道路施工及工程监理

(1)道路施工(Road Construction)

道路施工是将设计的道路在实地具体实施的过程。由于道路是线性工程,工地布设沿线路展开,施工的点多、线长,并且施工现场又大多数是露天作业,因而受自然条件的影响较大。道路施工与其他土木工程施工相比更复杂、更艰苦、更困难。

道路施工的主要内容有:

①施工前的准备:包括征地、场地准备以及拆迁、施工测量、材料准备、施工方案和施工组织设计的编制等。

②路基施工:包括路基土、石方作业,路基整修,路基排水及防护设施施工等。

③路面施工:包括备料、路槽施工、路面基层施工、路面面层施工、附属设施施工等。

④桥涵施工:包括备料、基坑开挖、基础施工、下部构造施工、上部构造施工、桥面系施工、桥头引道施工等。

⑤隧道及特殊构造物施工。

⑥其他沿线设施施工。

⑦工程竣工及验收。

(2)工程监理(Project Supervision)

工程监理是指独立的监理单位受建设单位的委托,依照国家法律、法令、法规以及有关的技术规范、标准和依法成立的施工合同文件,对工程建设的质量、投资、进度及安全等进行全面的监督与管理的行为。

推行道路工程监理制度是道路建设管理体制改革的重要内容,是强化质量管理、控制工期和造价、提高投资效益和施工管理水平的有效措施。

第三节 我国道路工程的发展概况

一、我国道路工程的发展历史

我国是历史悠久的文明古国,道路运输的发展先于世界各国。道路的名称源于周朝,道路原为"导路","路者露也,赖之以行车马者也"。秦朝以后称"驰道"或"驿道",元朝称"大道"。清朝由京都至各省会的道路为"官路",各省会间的"道路"为"大路",市区街道为"马路"。20世纪初叶,汽车出现后则称为"公路"或"汽车路"。

我国道路的发展远自上古时代。黄帝拓土开疆，统一中华，发明舟车，为我国道路交通之始。周朝的道路更加发达，"周道如砥，其直如矢"，表明了道路的平直状况。据《周礼》载，"匠人营国，方九里，旁三门，国中九经九纬，经涂九轨，环涂七轨，野涂五轨"，说明了当时城市道路网的规划布局(每轨约为2.1m)状况。当时还把道路分等，即径(牛马小路)、畛(可走车的路)、涂(一轨)、道(二轨)和路(三轨)。

周朝在道路交通管理和养护上也颇有成就。如《周礼》规定，"雨毕而除道，水涸而成梁"，意即雨后整修道路，枯水季节修理桥梁。在交通法规中规定，"国子必学之道"，要求"少避长，轻避重，上避下"，指行人要礼貌相让，轻车避重车，上坡让下坡车辆，以策安全。

战国时期著名的金牛道，是陕西入川栈道，傍凿山岩，绝壁悬空而立，绝板梁为阁，工程艰巨无比。

秦王统一中国后十分重视交通，将"车同轨"与"书同文"列为一统天下之大政。当时以咸阳为中心，向各方辐射的道路网已形成。据载，当时"道广五十步，三丈而树，厚筑其外，隐于金锥，树以青松"，反映了当时路宽绿化、边坡铜桩加固，雄伟而壮观的状况。

唐代国家强盛，疆土辽阔，道路发展至有驿道五万里，每三十里设一驿站，驿制规模宏大。宋代时发明记里鼓车，车恒指南，车行一里，木人轧击一槌。

元朝驿制盛行，有驿站1 496个，还有水站、马站、轿站、牛站及狗站等。

清代运输工具更加完备，车辆分客运车、货运车和客货运车，主要以马、驴和骆驼运输。清末出现人力车。

1876年欧洲出现世界上首辆汽车。1902年在上海出现了我国的第一辆汽车。1913年中国以新式筑路法修筑了第一条汽车公路，自湖南长沙至湘潭，全长50km，揭开了我国现代交通运输的新篇章。抗战时期完成的滇缅公路，沥青路面100km，是中国最早修建的长途沥青路面。1949年中华人民共和国成立时统计，通车里程为8万km，机动车7万余辆。

新中国公路发展大致经历了以下若干阶段：

(1)从新中国成立初期至改革开放前的1978年。20世纪50、60年代，根据当时形势需要和条件，公路建设基本上是在原大车道、便道上修补改造进行，为适应经济发展和开发边疆的需要，我国开始大规模建设通往边疆和山区的公路，相继修建了川藏公路、青藏公路，并在东南沿海、东北和西南地区修建国防公路，公路里程迅速增长，1965年达到50多万公里。之后，依靠国家的国、边防公路建设投资和"民工建勤"等方式，全国公路通车里程增长较快，至1978年达到89万km，其中干线公路23.7万km、县乡公路58.6万km、专用公路6.6万km，但公路等级普遍很低。

(2)从1978年至1985年。改革开放后，国民经济持续高速发展，公路运输需求强劲增长，公路建设的重要性逐步为全社会所认识。其时，国家计委、国家经委、交通部联合颁布了国道网规划，确定首都放射线12条、北南纵线28条、东西横线30条共70条国道，并采取措施加快发展公路建设事业。此阶段末期，国家开始利用国际金融组织贷款修建高速公路。公路通车总里程增长到94.24万km。

我国的国道规划是以北京为中心，连接各省(区市)重要大中城市、港站枢纽和工农业基地。国道网由放射线、南北线和东西线组成。首都放射线12条，全长23 178km，编号为101～111。南北线共28条，全长38 000km，编号为201～228。东西线共30条，全长48 800km，编号为301～330。

(3)"七五"时期及"八五"初期。我国公路交通事业进入了一个持续、快速、健康发展时期,建成了沈阳至大连、上海至嘉定等共约600km高速公路,实现了我国高速公路零的突破。"七五"期末,公路通车总里程为102.8万km。"八五"初期,根据国民经济发展对交通运输的总体要求,在国道网规划基础上研究形成了"五纵七横"12条国道主干线规划,逐步建成以二级以上汽车专用公路为主组成的国道主干线网。到1997年年底,全国公路通车总里程已达122.6万km,其中高速公路4 771km。短短10年间,我国的高速公路就走过了发达国家高速公路一般需要40年完成的发展历程。高速公路及其他高等级公路的建设,改善了我国公路的技术等级结构,改变了我国公路事业的落后面貌,同时也大大缩短了我国同发达国家之间的差距。

(4)20世纪末至21世纪初,公路基础设施实现了跨越式发展。到2000年年底,全国公路总里程超过140万km。高速公路里程突破1.6万km。京沈、京沪高速公路全线贯通,在我国东北、华北、华东地区之间形成了一条公路快速运输大通道。"五纵七横"国道主干线建成1.8万km,占规划里程的一半以上,为国道主干线提前10年建成奠定了基础。公路网整体技术水平有较大提高,二级以上公路里程达到18.9万km,占总里程的比例达到13.5%,高级、次高级路面公路里程占公路总里程的比例达到42.5%。国道网中的断头路基本消除,大中城市出入口和过境交通继续改善。公路通乡和通行政村比例达到98.3%和89.5%。至2003年年底,全国公路通车总里程达到181万km,其中高速公路近3万km,跃居世界第二位。同江至三亚、北京至珠海、连云港至霍尔果斯、上海至成都四条公路国道主干线基本贯通,从而实现了"五纵七横"国道主干线系统第一阶段建设目标,即"两纵两横三个重要路段"的全部贯通。2003年起,全国加强了农村公路建设和改造,"十五"期间,重点向西部和"老、少、边、穷"地区倾斜,提高了农村公路的"通达率"和"通畅率",总规模达到32万多公里。

与此同时,我国城市道路发展也很快,北京、上海、天津及广州等多个大城市已修建了快速干道和各种互通式或分离式立体交叉和高架桥等。

近年来,道路交通建设一直是我国年投资力度最大、发展速度最快的重点建设领域。截至2010年年底,全国公路总里程突破400万km,达400.82万km,公路密度为每百平方公里41.75km。高速公路网络更加完善,全国高速公路里程达7.41万km,居世界第二位,其中,国家高速公路里程达5.77万km,"五纵七横"12条国道主干线提前13年全部建成,11个省份的高速公路里程超过3 000km。路面状况显著改善,全国有铺装路面和简易铺装路面公路里程244.22万km,其中沥青混凝土路面54.25万km,水泥混凝土路面137.55万km,简易铺装路面52.42万km,未铺装路面156.60万km。全国农村公路(含县道、乡道、村道)里程达350.66万km,全国通公路的乡(镇)占全国乡(镇)总数的99.97%,通公路的建制村占全国建制村总数的99.21%,通硬化路面的乡(镇)占全国乡(镇)总数的96.64%,通硬化路面的建制村占全国建制村总数的81.70%。截至2013年年末,全国公路总里程达435.62万km,公路密度为每百平方公里45.38km。从1988年至2014年年底的26年间,我国高速公路从沪嘉高速公路的建成通车实现中国高速公路零的突破,经历了"两纵两横三个重要路段",到总规模约3.5万km"五纵七横",再到"7918"(我国已建成由7条首都北京放射线、9条南北纵向线和18条东西横向线组成,总里程约8.5万km的国家高速公路网,简称为"7918网"。)截至2019年,我国公路总里程已达484.65万km,其中国道里程36.30万km、省道里程37.22万km、农村公路里程403.97万km,公路密度50.48km/百平方公里,高速公路已达达14.26万km。根据《交通运输服务决胜全面建成小康社会开启全面建设社会主义现代化国家新征程三年行动计划(2018—2020年)》,2020年我国高速公路总里程已达到15万公里,基本覆盖城镇人口20万人以上的城市及地级行政中心。

随着公路建设里程的快速增长以及国家高速公路网的建设,我国在道路工程学科研究领域取得了长足的进展:

(1)在路基工程建造技术方面,特别是在特殊路基建造技术方面,取得了一系列具有国际领先水平的科研成果,包括多年冻土地区路基修筑技术、膨胀土地区路基修筑技术、沙漠地区路基修筑技术、岩溶地区路基修筑技术、黄土地区路基修筑技术、盐渍土地区路基修筑技术、山区公路路基修筑技术以及路基拓宽改扩建技术等。此外,各地结合重大工程项目建设,取得了许多高水平的科研成果,其中以路基—路面—行车荷载相互作用和非饱和土力学为基础,建立了路基动态回弹模量预估理论,提出了路基—路面协同设计新方法。另外,加筋土路基、细砂路基、低路堤、掘路修复和湿软路基处治等工程技术得到了广泛应用。

(2)在耐久性路面工程建造技术方面,系统开展了路面设计指标与标准、半刚性基层沥青路面抗裂技术、路面材料的疲劳损伤与轴载换算方法、路面规模化施工工艺及设备开发等方面的研究。提出了诸如"长寿命路面""永久性路面"等概念,主要围绕路面材料设计和新型路面结构组合开展。进行了如矿料级配设计、检验与施工,硬质沥青的应用技术,路面黏结防水层设计,提高半刚性基层和沥青面层均匀性的措施等方面的研究;开展了柔性基层沥青路面、连续配筋水泥混凝土路面加铺沥青混合料面层(CRCP + AC)刚柔复合式路面等多种路面结构形式的应用示范研究。在沥青路面设计方面,进一步深化了"按性能设计、按力学验算"的方法体系,形成了较为完整的基于性能的重交通沥青路面设计方法。提出了沥青路面现场疲劳方程的建立方法,建立并修正了反映交通、环境、路面结构和沥青混合料抗剪性能等关键参数的车辙预估模型,使之与实际情况更为接近,并与沥青路面结构设计、材料设计关联起来,可实现对沥青路面设计的有效控制。

(3)在公路养护管理与维修技术方面,研发了集路况数据测试与集成、道路病害诊断与评价、道路功能恢复与性能预测、道路养护维修与计算机辅助决策及养护资金投资优化等技术为一体,与我国现行管理体制相适应的高速公路养护管理智能化系列技术。针对旧路面路况评价,应用落锤式弯沉仪(FWD)法评定板底脱空状况方面进行了较充分的研究,得到了一系列具有实用价值的成果。在旧水泥混凝土路面上加铺沥青混凝土(白 + 黑)技术方面,目前已经形成了比较成熟的技术。在旧路面的维修加固、加铺层结构设置和防裂措施等方面都已形成系列技术并在众多公路与城市道路中得到了应用。

(4)在功能性路面材料的开发与废旧材料的再生利用方面,结合不同地区和不同交通状况引发的复杂道路工作特征,开展了道路工程功能性材料的研发与应用。发现了冷再生土基层在路面施工过程中的再压密现象,建立了冷再生压实过程中温度场的预估方法,在此基础上提出了冷再生混合料的试验条件、成型方法及冷再生混合料配合比设计方法。对混凝土桥面铺装沥青混合料级配进行了设计和优化,并通过湖沥青、改性沥青和纤维的合理使用,大大提高了沥青混合料的高温性能。此外,还开展了复合改性沥青、橡胶沥青、硬质沥青、高性能沥青混合料、温拌和冷拌沥青混合料、高性能混凝土、混凝土外加剂、道路修补材料、新型道路工程材料以及废旧沥青和水泥混凝土的再生和回收技术等的研究。

(5)在路基路面施工及质量控制技术方面,开展了公路施工组织管理、进度控制、质量控制方法和工程经济等方面的研究;通过建立和完善道路施工质量控制与管理理论模型,强化路基施工稳定监测与变形控制、路面施工质量动态控制,形成了与我国管理体制相适应的道路工程施工质量、计算机网络控制的新体系。

(6)在可持续道路交通方面,注重交通基础设施设计和建设养护中的可持续发展、节约和循环利用宝贵的资源、保护生态和环境,不管在研究还是实践上都已经成为潮流。橡胶沥青、绿色道路、生态与景观恢复等技术取得了一定的成果。总体而言,目前我国在交通领域的可持续工程技术,特别是低碳交通工程技术方面的研究尚处于起步阶段。

早在20世纪70年代,国外道路运输已进入大发展时期,现代发达国家的公路网体系,包括高速公路网骨架已基本建成。这些国家的道路部门除继续将部分精力放在道路建设上外,已将相当大精力放在道路的使用功能与车流安全和行车舒适性,以及改善道路对周围环境、人文景观影响等方面。可以说,发达国家大规模的公路建设时期已经结束或即将结束,已全面进入道路的运营管理阶段,道路网和汽车流已渗透到社会生活的各个方面,在社会中产生了极大的影响。

二、道路工程的发展趋势

20世纪90年代,欧美发达国家的高速公路网络已经建成,基本形成了一个系统规划、科学设计、整体建设和综合管理的完整体系。他们加强了养护和运营管理,包括养护管理、交通管理和环境管理等,其目的是提高道路的使用功能、保证行车安全舒适、改善道路状况对环境及人文景观的影响。

发达国家高度重视高新技术开发,应用计算机技术、电子信息技术、自动控制技术和新材料技术来改造公路交通行业。普遍利用地理信息系统(GIS)建立公路数据库,通过计算机模拟建立多种分析评价模型,多次修订通行能力手册,为公路交通的规划设计提供分析手段和决策依据。全面利用GPS卫星定位、航测遥感技术取代人工勘测设计,将采集的数据通过数字地面模型与CAD技术衔接配套,进行道路和交通的规划设计,并扩展到环境设计,以便提供动态的景观评价。

发达国家还很重视材料、结构和施工、运营环节的技术监控,对路用材料和改性技术,结构设计和优化分析研究技术,以及施工自控技术与高效的质检控制设备等进行了系统的试验研究(如美国SHRP计划)。20世纪90年代以来,美国试验了智能运输系统(ITS),分近期、中期和远期开发目标,将先进的信息技术、数据传输技术、电子控制技术和计算机处理技术等综合运用于地面运输体系,将驾驶员、汽车、道路及有关服务部门有机联系起来,使道路与汽车运输得到完美的利用,发挥最优的服务功能,体现了21世纪运输体系的基本模式和发展方向。

目前,我国道路工程发展面临的新形势、新要求是为保持经济社会平稳较快发展,要求进一步提高道路运输服务保障能力和水平;着力转变经济发展方式,要求加快道路运输结构调整和产业升级步伐;进一步强化统筹区域及城乡协调发展力度,要求加快推进城乡道路运输一体化进程;应对气候变化、深化节能减排,要求大力推进以低碳为特征的道路运输业发展。

相应的,我国未来道路工程技术发展的新趋势主要表现在以下几方面。

1. 路基、路面结构与材料

我国进行了大量的结合工程实际的研究,为重大交通基础设施的建设解决了大批重大科学技术问题。但是对交通基础设施力学、材料结构原理等的基础性、原创性研究不足,特别是面对未来的不同需求,研究的前瞻性明显不足。近十年来,以美、英、日为代表的一些发达国家对运输设施长期使用性能的研究十分重视,通过建立先进、完整的设施结构长期使用性能测试分析系统,为按使用性能进行铺面结构和材料设计、维修养护管理等提供理论依据。交通基础设施的设计理论和技术研究从结构性能的考虑走向可持续的功能性考虑。欧美发达国家已将交通公害(噪声、废气、振动)的防治,路界景观设计,资源的再生利用,以环境保护为标准的新材料、新工艺等方面列为重点研究方向。

材料及材料组成设计方面,近年最引人注目的是美国公路战略研究计划(SHRP),其主要研究成果是建立在路用性能基础上的新沥青胶结料规范和混合料规范,包括一整套相应的试验方法与设备,以及沥青混合料设计方法。SHRP 混合料设计与分析体系包括三种竖向组合的设计等级——水平Ⅰ、Ⅱ、Ⅲ,它们是在沥青混合料设计过程中相互联系的有先后之分的三大部分,分别适用于不同的交通量水平。高性能沥青路面(Superpave)沥青混合料设计中,对矿料级配主要对控制点和禁区加以限制,最佳沥青用量则以 4% 的标准空隙率进行确定。对于一般的混合料,主要是按照水平Ⅰ的体积设计。

传统的路用材料研究关注于材料宏观物理性能的改善,而对材料的微观结构研究较少,未能很好地建立起材料结构与性能之间的关系。微观结构是宏观性能的决定因素,从微观结构上研究分析材料特性是从根本上解释其宏观性能变化的有效方法之一。近年来,国内外诸多研究侧重于采用微观分析手段,如 X 射线衍射、CT 扫描电镜、红外光谱、原子力显微镜和热分析等,以及采用有限元、离散元等数值分析方法,从微细观等层面对路用材料的特性进行研究,以揭示其强度形成机理等材料的本质特征,并建立微观结构与宏观性能变化之间的关系,在实现对路用材料性能更为科学的探究方面迈出了一大步。

2. 道路设施管理

在道路设施技术状况评价方面,受相关高新技术的制约,国外始终引领高性能路况检测技术的革新,国内以引进、改进和模仿为主,原创较少,而在路况评价理论研究方面,国内外均有各自代表性的成果;在预测方面,因路网发展水平和交通环境不同,国外路况变化较稳定,有效数据积累较多,预测研究条件较好,实用成果更多,而国内交通环境复杂且有效数据积累少,多数预测研究精度和实用性较差;在维修方面,大量新的路面维修技术以国外设备和材料厂商为主导,国内以技术的本土化改进和应用为主;在决策方面,无论是全寿命分析方法还是各类优化技术,国内外均有各自代表性成果;在管理方面,国外开创了资产管理理念并已付诸实施,而国内仅限于理念探讨,国内外对相关技术的研究均较少,国外比国内管理的信息化程度要高。

未来,道路设施管理技术的发展,将进一步提高检测设备的精度、自动化程度和适应性,研发面向项目级管理的检测方法和评价体系;提高预测结果精度,研究适应路面结构、交通和维修技术变化;研发低碳、节能、环保且对交通干扰小的维修技术;深化针对多设施、多目标、全寿命周期的优化技术;研发面向大交通、多设施的综合优化管理技术。

3. 可持续道路交通

可持续交通系统是可持续城市的重要组成部分。欧美发达国家已将交通运输的可持续发展列入了国家发展战略中,成为社会可持续发展的重要部分,并长期支持进行相关的基础研究和技术开发。与此同时,国际知名的研究机构,如美国加州大学伯克利分校、英国剑桥大学和牛津大学等都设立了可持续交通的研究中心,分别在考虑城市与交通的一体化、资源的再生利用、以环境保护为标准的新材料、新工艺等方面进行重点研究。另一方面,随着急剧增长的交通出行需求以及日益严峻的城市交通拥挤情况,城市交通的碳排放还在进一步加剧。调查表明,全世界大约 15% 的二氧化碳、50% 的一氧化氮和 90% 的一氧化碳都由交通运输所产生;美国加州的一项研究甚至认为交通运输领域的温室气体排放大约占整个地区温室气体排放量的40%。鉴于交通行业碳排放的持续增长,而农业、工业碳排放都在下降,交通将会是一个长期、重点的低碳技术研发领域。因此,在研究和实践中考虑可持续发展的理念,形成可持续的、低碳型交通系统已经达成共识。

注重交通基础设施设计和建设养护中的可持续发展、节约和循环利用宝贵的资源、保护生态和环境,不管在研究还是实践上都已经成为潮流。交通系统规划技术在构建低碳交通系统的关键支撑方面,以减排为目标的区位优化模型和网络系统优化方法是这一方面的代表。英国着手研究全国范围的汽车碳排放收费问题,以取代燃油税和部分地区实施的道路拥挤收费,实现道路交通系统的碳排放优化控制。在城市交通规划方面,以牛津大学地理系为代表的"紧缩城市"理论派对区域土地开发、交通出行和碳排放等的关系进行了深入研究,提出了减少交通排放的城市形态和区位优化理论。挪威也在交通领域减排上进行了积极的尝试,通过改善物流系统和城市整体规划来减少交通运输的需求,达到交通减排的目标。

在交通基础设施建设方面,引入新的技术手段着力降低交通污染也成为目前国际上的研发热点。在道路材料方面,光催化技术应用于道路路面材料是一种近年来日益受到重视的一项污染治理新技术。在道路施工技术方面,目前欧洲一些国家正在推广一种新工艺,用来降低沥青混合料生产和摊铺时所需要的温度,改善沥青路面施工过程中的环境污染,以达到欧盟标准。该项技术最直接的益处就是可以降低传统沥青混合料在生产过程中所需要的能源消耗,并保证其在摊铺和压实过程中具有较高的施工性能。

三、我国道路工程的发展规划

1. 规划目标与设想

根据交通部2001年制定的《公路、水路交通基础设施发展的三阶段战略目标》,第一阶段到2010年,公路交通紧张和制约状况要实现全面改善,其主要标志是:主要运输通道的综合服务能力有较大幅度提高,结构调整的主要任务基本完成。在量的方面,主要通道的能力基本满足需要,但基础设施的总体能力仍不能适应经济快速发展的需要。在质的方面,安全、快速、舒适和便捷的服务水平有较大幅度提高,但仍不能满足社会生产力和人民生活水平提高后的发展要求。第二阶段到2020年,公路交通达到基本适应,其主要标志是:公路交通基础设施能够满足社会经济发展的需要,不会对社会经济的加快发展构成新的制约,储备能力和应变能力全面提高。在量的方面,运输供给总体上与经济社会需求基本保持平衡。在质的方面,服务水平得到很大提高,能够基本满足当时社会生产力和人民生活水平对质量方面的要求,实现"货畅其流、人便于行"。第三阶段到2040年,公路交通基本实现现代化,其主要标志是:基础设施网络已经全面建成,技术等级与构成已经充分满足运输发展的需要,量与质达到优化。公路交通基础设施网络层次分明、布局合理、结构优化、功能完善。

为适应国民经济发展的需求,公路建设应有与之相适应的公路规划。交通运输部制定了我国公路建设的方针是:"全面规划,加强养护,积极改善,重点发展,科学管理,保障通畅"。根据这一方针和全国交通发展战略目标,2007年建成五纵七横共12条国道主干线,共3.5万km;建成45个公路主枢纽,形成与国民经济发展格局相适应、与其他运输方式相协调的快速安全的全国高速公路主干系统。在此基础上,抓紧规划和建设国家高速公路网,其作用和效果主要表现在:一是可以覆盖10多亿人口,直接服务范围东部地区超过90%、中部地区达83%、西部地区近70%,覆盖地区的生产总值占到国内生产总值的85%以上;可以实现东部地区平均30min、中部地区平均1h、西部地区平均2h上高速公路。二是连接全国所有的省会城市(含港、澳、台三个特殊地区)以及所有目前城镇人口在20万人以上的大中城市。三是连接全国所有重要的交通枢纽城市,包括铁路枢纽、航空枢纽、公路枢纽和水路枢纽,形成综合运输大通道和较为完善的集疏运系统。四是加强长三角、珠三角、环渤海等经济发达地区之间的联系,使大区域间有3条以上高速通道相连;在三大都市圈内部,形成较完善的城际高速公路网,同时强化北京、上海、广州、重庆、西安等地的对外辐射能力。五是连接主要的国家一类公路口岸,加强了对外联系通道。另外,这个网络还连接国内主要的AAAA级著名旅游城市。六是节约土地资源,为促进国民经济增长、带动相关产业发展、扩大就业做出重要贡献。

2. 我国公路科技发展规划与方向

我国公路科技发展规划的总目标是:围绕国道主干线的建设,为提高运输生产效率、效益和安全保障,研究开发和应用先进适用的成套技术,发展和应用面向交通行业的电子信息及通信技术、自动控制技术和新材料技术等高新技术,大力发展高速、重载的交通运输装备,使交通全行业的技术水平和技术构成有一个较大幅度的提高和新的突破,形成快速、准时、经济、便利、安全、优质的公路客货运输体系。

今后,我国道路工程研究方向与重点主要有:

(1) 道路结构耐久性

在当前的道路建设中一些道路出现不同程度的早期破坏,损坏的原因产生于设计、施工与运营过程中,但在长期车辆荷载与环境作用下,对路面性能变化规律和路面破坏过程以及破坏机理缺乏深刻认识,如何根据不同情况选择不同的路面结构,将"永久性路面""长寿命路面"的理念提高到战略位置来研究具有十分重要的意义。

针对道路工程结构性能衰减过快的问题,我国曾在"十一五"期间开展了一些耐久性路面建造技术方面的研究,而从病害发生的本源及功能修复难易程度和工程量来看,耐久性路基建造技术是发展耐久性公路基础设施的基础,开展路基路面长期使用性能与交通荷载、环境、材料、结构设计、养护和维修等关键技术问题研究,探索长期性能与各影响因素之间的关系,对提高我国公路路基路面的设计、施工和养护技术整体水平显得迫切需要。

(2) 绿色公路建设技术

针对当今国际应对气候变化的战略背景,结合我国建设绿色交通体系的要求,开展绿色公路建设技术研究,首先对绿色公路的内涵及特点进行界定,从公路耐久性结构、低碳及节能材料、材料可循环利用、沿线绿色施工体系及绿色公路路域生态等方面,确定绿色公路建设技术,并开展公路绿色能源开发利用和公路服务设施低碳节能技术研究,建立低碳理念下绿色公路建设的关键技术与应用体系。

(3) 防灾减灾

近年来,我国自然灾害频发,对道路工程提出了新的要求。同时,公路和机场建设向西部山区的迁移,带来了大量高填、深切路基。建立区域性的路基变形监测系统,对于山区路基灾害的辨识、预警和处治具有重要意义。因此,应用现代卫星遥感技术开发路基灾害的监测与预警技术亦将成为一个重要的研究领域。

(4) 道路养护管理

长期以来,我国公路建设"重建轻养"。伴随着耐久性路面相关研究的深入和完善,及在路面养护技术方面取得的长足进步,路基养护相关的技术研发显得尤为重要。在路基工作状态的实施监控、全寿命动态维护技术和装备等方面亟须突破。

应科学地使用好有限的养护经费,准确地制定养护对策,有效地解决病害,保持路网的通行能力和服务水平。将系统工程的理论和方法用于协调路面养护,形成路面管理系统。

针对建设与养护过程中对路面结构状况的快速检测评价和预防性养护决策时机的确定问题,开发路面材料与结构路用性能的快速检测与评价技术,研发轻便可靠易操作的检测装备对路面结构进行快速性能评价,研究将为路面建设和养护工作提供科学的评判依据,具有广阔的推广应用前景。

(5) 环境保护与节能减排

当前公路建设理念发生了深刻变化,以前"很少考虑建设对环境的影响",现在提出了"破坏后应及时恢复",以及贯彻"最小的破坏就是最大的保护"这一公路建设新理念。开展公路建设对生态环境的影响研究及其恢复技术是贯彻这一新理念的有力保障,筑路原材料的获得与废旧路面材料的废弃都会对环境造成一定程度的破坏,开发路面新材料和旧路材料的循环利用技术是切实贯彻"两型交通"的切实举措。因此,开发公路建设与养护新材料、新工艺与应用技术将成为迫切需要解决的关键技术问题。

另外,着手开发替代燃料与新能源,并重视开展节能技术方面的研究,在规划、设计和建设过程中融入可持续发展观念,保证公路运输与社会经济的健康发展。

(6) 高填路基建造技术

随着国家西部大开发战略的实施,越来越多的公路和机场建设进一步向自然条件更加恶劣的区域(如山区)扩展,从而出现了大量的高填方路基;在其自重和蠕变特性作用下,工后沉降变形将长期存在,采用目前的路基沉降稳定控制标准将无法体现高填方路基的变形特征。巨大量的超粒径石料的出现也给山区路基修筑带来了挑战。因此,高填方路基施工及稳定控制等成为亟须解决的关键技术问题。同时,研究特殊环境条件下路面材料与结构的一体化设计、耐久性评价等更具有重要意义,是进一步提升西部交通基础设施的科技含量所急需的。

(7) 农村公路建设技术

随着我国高速公路网的进一步完善,大规模的国省道改造以及农村公路建设进一步拓展。因此,开发适应特殊环境与交通条件下的低等级公路设计,建设与养护成套技术也显得日益迫切。

(8) 抗滑降噪技术

我国高等级公路逐渐进入运营中末期,表面抗滑功能大幅度降低,每年由于道路抗滑能力不足导致的交通事故层出不穷,尤其是雨雪天气时,路面抗滑能力不足将带来严重的交通安全威胁。因此,如何提高路表抗滑能力,如何提高并保持面层构造深度,这是道路研究的重要方向。

此外,随着社会环保意识的增强,如何避免路面噪声污染也是道路研究需要关注的主要方向之一。

(9) 改扩建技术

近年来,我国高速公路的建设十分迅猛,其中大部分为双向四车道。随着国民经济的发展,公路客货运输持续快速增长,汽车保有量大幅增加,相当比例的高速公路通行能力已无法满足要求,经常造成交通拥堵,甚至引发恶性交通事故,严重制约了社会经济发展。我国南方高速公路分布密集,许多高速公路年限较早,受地形限制线形标准不高,交通流量大,受路网运行效率影响更为显著。并且,我国南方气候潮湿、不良土质广泛分布、地质地形条件复杂,对高速公路的建设与养护极为不利,开展特殊环境(特殊气候、土质、地质等)条件下路基拓宽技术研究意义重大。

第四节 道路的分类分级与技术标准

一、道路的分类

道路按其使用特点分为公路、城市道路、专用道路及乡村道路等。

1. 公路(Highway)

公路是指连接城市与乡村的、主要供汽车行驶的具备一定技术条件和设施的道路。公路按其重要程度和使用性质可划分为:国家干线公路(简称国道)和省级干线公路(简称省道)、县级公路(简称县道)和乡级公路(简称乡道)。

(1)国道(National Trunk Highway)是在国家干线网中,具有全国性的政治、经济和国防意义,并经确定为国家级干线的公路。

(2)省道(Provincial Trunk Highway)是在省公路网中,具有全省性的政治、经济和国防意义,并经确定为省级干线的公路。

(3)县道(County Road)是具有全县性的政治、经济意义,并经确定为县级的公路。

(4)乡道(Township Road)是指修建在乡村、农场,主要供行人及各种农业运输工具通行的道路。

2. 城市道路(Urban Road)

城市道路是指在城市范围内,供车辆及行人通行的,具备一定技术条件和设施的道路。城市道路是城市组织生产、安排生活、搞活经济、物质流通所必需的交通设备。

3. 专用道路(Accommodation Road)

专用道路是指由工矿、农林等部门投资修建,主要供该部门使用的道路。

(1)厂矿道路(Factories and Mines Road)是指主要为工厂、矿山运输车辆通行的道路,通常分为厂内道路、厂外道路和露天矿山道路。厂外道路为厂矿企业与国家公路、城市道路、车站、港口相衔接的道路或是连接厂矿企业分散的车间、居住区之间的道路。

(2)林区道路(Forest Road)是指修建在林区的主要供各种林业运输工具通行的道路。由于林区地形及运输木材的特征,林区道路的技术要求应按专门制定的林区道路工程技术标准执行。

4. 乡村道路(Country Road)

乡村道路是指建在乡村、农场,主要供行人及各种农业运输工具通行的道路。

各类道路由于其位置、交通性质及功能均不相同,在设计时其依据、标准及具体要求也不相同。

二、公路与城市道路的分级

1. 公路等级

按照公路的交通量、任务和性质,根据交通特性及控制干扰的能力,我国《公路工程技术标准》(JTG B01—2014)将公路划分为五个等级,即高速公路、一级公路、二级公路、三级公路和四级公路。

(1)高速公路为专供汽车分方向、分车道行驶,全部控制出入的多车道公路。高速公路的年平均日设计交通量宜在15 000辆小客车以上。

(2)一级公路为供汽车分方向、分车道行驶,可根据需要控制出入的多车道公路。一级公路的年平均日设计交通量宜在15 000辆小客车以上。

(3)二级公路为供汽车行驶的双车道公路。二级公路的年平均日设计交通量宜为5 000～15 000辆小客车。

(4)三级公路为供汽车、非汽车交通混合行驶的双车道公路。三级公路的年平均日设计交通量宜为2 000～6 000辆小客车。

(5)四级公路为供汽车、非汽车交通混合行驶的双车道或单车道公路。双车道四级公路年平均日设计交通量宜在2 000辆小客车以下;单车道四级公路年平均日设计交通量宜在400辆小客车以下。

不同等级公路的技术标准亦不相同。为使公路能均衡连续,一条公路的等级或地形分段不应频繁变更,同一标准路段的长度不能过短,高速公路、一级公路的长度一般不小于20km,特殊情况下可为10km;其他等级公路及城市出入口一级公路一般不小于10km。等级或标准的变更处应选在交通量发生变化处,如交叉口,或在视野开阔、驾驶员能明显判断路况、行车速度易变换处,如桥梁、村镇、地形变化等处附近。同一公路相邻设计路段的公路等级的差不应超过一级。

各级公路的主要技术标准见表1-1-2、表1-1-3。

设 计 速 度 表1-1-2

公路等级	高速公路			一级公路			二级公路		三级公路		四级公路	
设计速度(km/h)	120	100	80	100	80	60	80	60	40	30	30	20

注:1. 高速公路设计速度不宜低于100km/h,受地形、地质等条件限制时,可以选用80km/h。
    2. 作为干线的一级公路,设计速度宜采用100km/h;受地形、地质等条件限制,可采用80km/h。作为集散的一级公路,设计速度宜采用80km/h;受地形、地质等条件限制,可采用60km/h。
    3. 高速公路和作为干线的一级公路的特殊困难局部路段,且因新建工程可能诱发工程地质病害时,经论证,该局部路段的设计速度可采用60km/h,但长度不宜大于15km,或仅限于相邻两互通式立体交叉之间的路段。
    4. 作为干线的二级公路,设计速度宜采用80km/h;受地形、地质等条件限制,可采用60km/h。作为集散的二级公路,设计速度宜采用60km/h;受地形、地质等条件限制,可采用40km/h。
    5. 三级公路设计速度宜采用40km/h;受地形、地质等条件限制,可采用30km/h。
    6. 四级公路设计速度宜采用30km/h;受地形、地质等条件限制,可采用20km/h。

圆曲线最小半径 表1-1-3

设计速度(km/h)		120	100	80	60	40	30	20
最大超高	10%	570	360	220	115	—	—	—
	8%	650	400	250	125	60	30	15
	6%	710	440	270	135	60	35	15
	4%	810	500	300	150	65	40	20
不设超高最小半径(m)	路拱≤2.0%	5 500	4 000	2 500	1 500	600	350	150
	路拱>2.0%	7 500	5 250	3 350	1 900	800	450	200

注:"—"为不考虑采用最大超高的情况。

各级公路车道数应符合的规定是:高速公路、一级公路车道数大于或等于4,根据设计交通量具体确定,其他等级公路车道数应为大于或等于2,四级公路交通量小或困难路段可采用单车道。

公路路基宽度为车道宽度与路肩宽度之和,当设有中间带、加(减)速车道、爬坡车道、紧急停车带、超车道、错车道、慢车道、侧分隔带、非机动车道、人行道等时,应计入这些部分的宽度。

2. 城市道路的分类

按照道路在道路网中的地位、交通功能以及对沿线建筑物服务功能的不同,我国《城市道路工程设计规范》(CJJ 37—2012)将城市道路分为四个等级,即快速路、主干路、次干路及支路。

快速路应中央分隔、全部控制出入且控制出入口间距及形式,以实现交通连续通行。单向设置不应少于两条车道,并应设有配套的交通安全与管理设施。快速路两侧不应设置吸引大量车流、人流的公共建筑物的进出口。

主干路应连接城市各主要分区,以交通功能为主。主干路两侧不宜设置吸引大量车流、人流的公共建筑物的进出口。

次干路应与主干路结合组成干路网,起集散交通的功能为主,兼有服务功能。

支路宜与次干路和居住区、工业区、交通设施等内部道路相连接,以解决局部地区交通,服务功能为主。

各级城市道路的主要技术标准见表1-1-4。

我国城镇道路分类及主要技术指标 表1-1-4

等级	设计车速 (km/h)	双向机动车道数 (条)	机动车道宽度 (m)	分隔带设置	横断面采用形式	设计使用年限 (年)
快速路	60~100	≥4	3.50~3.75	必须设	双、四幅路	20
主干路	40~60	≥4	3.25~3.50	应设	三、四幅路	20
次干路	30~50	2~4	3.25~3.50	可设	单、双幅路	15
支路	20~40	2	3.50~3.50	不设	单幅路	10~15

第五节 车辆与交通特性

一、机动车与非机动车设计车辆

行驶在道路上的交通运输工具种类很多,以牵引方式可分为机动车和非机动车。用于控制道路几何设计,符合国家车辆标准的,具有代表性质量、外廓尺寸和运行性能的车辆成为设计车辆。如实际车辆尺寸与设计车辆不一致时,则以规定的设计车辆尺寸、重量、运转特性等作为道路设计依据。

公路设计中的设计车辆包括小客车、大型客车、铰接客车、载重汽车和铰接列车,共5种,其外廓尺寸见表1-1-5。城市道路中的机动车设计车辆包括小客车、大型车和铰接车,其外廓尺寸见表1-1-6。非机动车设计车辆包括自行车和三轮车,其外廓尺寸见表1-1-7。

公路工程设计车辆外廓尺寸　　　　　　　　　　　　　　　　　　表 1-1-5

车 辆 类 型	总长(m)	总宽(m)	总高(m)	前悬(m)	轴距(m)	后悬(m)
小客车	6	1.8	2	0.8	3.8	1.4
大型客车	13.7	2.55	4	2.6	6.5 + 1.5	3.1
铰接客车	18	2.5	4	1.7	5.8 + 6.7	3.8
载重汽车	12	2.5	4	1.5	6.5	4
铰接列车	18.1	2.55	4	1.5	3.3 + 11	2.3

注:铰接列车的轴距(3.3 + 11)m;3.3m 为第一轴至铰接点的距离,11m 为铰接点至最后轴的距离。

城市道路机动车设计车辆外廓尺寸　　　　　　　　　　　　　　　　表 1-1-6

车 辆 类 型	总长(m)	总宽(m)	总高(m)	前悬(m)	轴距(m)	后悬(m)
小客车	6	1.8	2	0.8	3.8	1.4
大型车	12	2.5	4	1.5	6.5	4
铰接车	18	2.5	4	1.7	5.8 + 6.7	3.8

城市道路非机动车设计车辆外廓尺寸　　　　　　　　　　　　　　　表 1-1-7

车 辆 类 型	总长(m)	总宽(m)	总高(m)
自行车	1.93	0.6	2.25
三轮车	3.4	1.25	2.25

二、设 计 速 度

设计速度是道路设计时确定几何线形的基本要素,是指在气候条件良好、车辆行驶只受道路本身条件影响时,具有中等驾驶技术水平的人员能够安全、舒适驾驶车辆的速度。因此,设计速度与运行速度密切相关。

设计速度一经确定,道路设计的所有相关参数如平曲线半径、视距、超高、纵坡、竖曲线半径等指标均与其配合。目前,道路设计中采用基于设计速度的路线设计法。

三、交 通 量

交通量是指在单位时间内通过道路某一地点或某一断面的车辆数量或行人数量。前者称车流量,后者称人流量。交通量是道路规划、设计和交通规划、交通管理的依据,与经济发展速度、文化生活水平、气候、物产等多方面因素有关,并且随时间和空间的不同而变化。常用的交通量有年平均日交通量、平均日交通量、高峰小时交通量。

1. 年平均日交通量(AADT)

年平均日交通量是将全年统计的日交通量总和除以全年总天数而得到的平均值,单位为 pcu/d。它是确定道路等级的依据。

2. 平均日交通量(ADT)

平均日交通量是将观测期间内统计所得车辆的总和除以观测总天数而到的平均值,单位为 pcu/d。平均日交通量可采用抽样观测的方法获得,也可按月或按周观测统计得月平均月交通量(MADT)或周平均日交通量(WADT)。

月交通量的变化与各地区季节和气候有很大关系。一般来说,北方第一季度的月交通量比较小,因为天气较冷,出车不多,而二三季度的交通量显著增加。我国公路一周内交通量变化要比城市的小,这是由于城市道路在节日或休假日货运交通量明显减少所致。而国外在节假日由于外出游览的小汽车多,交通量反而增大。因此不同地区或城市不能机械套用,宜各自建立观测站,长期观测。

3. 高峰小时交通量

一天中各小时的交通量不均衡,一般上下午各有一个高峰。交通量呈现高峰的那一个小时,称为高峰小时,所以一定时间内(通常指一日或上午、下午)出现的最大小时交通量称为高峰小时交通量。

作为道路规划和设计依据的交通量,称为设计交通量。进行道路规划和设计时必须考虑交通量随时间变化出现高峰的特点,若以平均日交通量或平均小时交通量作为设计依据,必将在很大一部分时间内不能满足实际交通量的通行要求而发生交通拥挤堵塞;若按年最大的小时交通量作为设计依据,又嫌偏大而浪费。因此,将全年小时交通量从大到小按序排列,第30位的交通量作为设计小时交通量。也可根据项目特点和需求,结合当地调查结果和经济承受能力,在第20~40位小时交通量之间取值。

设计年限年平均日交通量的推求,一般应由规划部门整理的OD调查表,并经远景出行分布分配到道路上的数据取得。如无此数据,改建道路可以调查年的交通量为准,推算增长交通量、吸引交通量与发展交通量,从而核算出远景年平均日交通量或平均日交通量。新建道路可根据邻近道路转移到新路的交通量进行估算。

一条道路往返两个方向的交通量,在较长的时间内可能是平衡的,但在某段时间内两个方向的交通量会有差别。主要方向交通量与断面双向交通量的比值,称为方向分布系数。按国外资料,上下班路线为0.7,主要干道为0.6,市中心干道为0.5。我国郊区主要干道上来往变化不大,根据六个城市的观测资料,机动车高峰小时其值为0.51~0.56,为安全起见可取0.6。

交通量观测是道路规划或设计的重要前期工作。观测的方法有人工与计数器相结合的方法,也有用自动观测仪进行长期连续观测的方法。目前多采用人工与计数器相结合的观测方法,其步骤如下:

(1)选定观测地点。路段上交通量的观测宜选择在车流比较稳定的断面上,交叉口交通量的观测宜设在交叉口的四个进口断面(停车线附近)。

(2)确定观测日期和时间。永久性观测站一般进行系统长年观测;人工观测选择有代表性的日期和时间进行抽样观测,决定一年中观测的次数、每次观测的天数和一天观测的时数。

(3)统计表格的设计。根据观测类别的不同,可设计各种统计表格。

(4)绘制流量流向图。交通量观测并整理后,可绘制下列图:路段流量分布图、交叉口流量流向图、全市干道网流量流向图。

道路上行驶的车辆种类多,轴载差异大,对路面造成的损害相差大。因此,在道路路面设计时,应选用道路轴载中所占比例较大、对路面结构影响比较大的轴载作为标准轴载。目前,我国道路设计均采用双轮组单轴载100kN作为标准轴载,相对于国际的中等水平。

四、通 行 能 力

1. 通行能力的基本概念

通行能力是在一定的道路和交通条件下,单位时间内道路上某一路段通过某一断面的最大交通流率,单位为 pcu/h 或 pcu/d。

道路通行能力与交通量概念不同。交通量是指某时段内实际通过的车辆数,一般交通量均小于道路的通行能力。在小得多的情况下,驾驶员可以自由行驶,可以变更车速、转移车道,还可以超车。交通量等于或接近于道路通行能力时,车辆行驶的自由度明显降低,一般只能以同一速度列队循序行进。当交通量稍微超过通行能力时,车辆就会出现拥挤甚至堵塞现象。因此,道路通行能力是一定条件下通过车辆的极限值。不同的道路条件和交通条件下,有不同的通行能力。通常在交通拥挤经常受阻的路段上,应力求改善道路或交通条件,以提高道路的通行能力。

道路通行能力是道路交通特征的一项重要指标,是道路路线与交通设施方案比选的依据,也是道路改建的依据。

2. 通行能力的类别

通行能力按道路设施和交通实体的不同分为机动车道通行能力、非机动车道通行能力和人行设施通行能力,按规划设计和运营的角度不同分为基本通行能力、实际通行能力和设计通行能力。

(1)基本通行能力

基本通行能力是指在一定的时段,在理想的道路、交通、控制和环境条件下,道路的一条车道或一均匀段或一交叉路口,期望能通过人或车辆的合理的最大小时流率。

(2)实际通行能力

实际通行能力是指在一定的时段,在具体的道路、交通、控制和环境条件下,道路的一条车道或一均匀段或一交叉路口,期望能通过人或车辆的合理的最大小时流率。

(3)设计通行能力

设计通行能力是指在一定的时段,在具体的道路、交通、控制及环境条件下,一条车道或一均匀段或一交叉路口,对应设计服务水平下的最大服务交通流率。

道路服务水平是衡量交通流运行条件及驾驶员和乘客所感受的服务质量的一项指标,通常根据交通量、速度、行驶时间、行驶(步行)自由度、交通中断、舒适和方便等指标确定。不同的服务水平允许通过的交通量不同,称之为服务交通量,服务等级高的道路车速快,驾驶员开车的自由度大,舒适与安全性好,但其相应的服务交通量就小;反之,允许的服务交通量大,则服务水平低。我国道路服务水平分为六级,采用饱和度(V/C),即最大服务交通量与基本通行能力之比作为评价服务水平的主要指标。

3. 道路路段通行能力

$$N_{基本} = \frac{3\,600}{t_0}$$

$$N_{实际} = N_{基本}\gamma_1\gamma_2\gamma_3\gamma_4\gamma_5\gamma_6$$

$$N_{设计} = N_{实际} \times \frac{服务交通量}{可能通行能力}$$

式中:t_0——车头最小时距(s);

$\gamma_1 \sim \gamma_6$——车道宽度修正系数、侧向净空修正系数、纵坡度修正系数、视距不足修正系数、沿途条件修正系数和交通条件修正系数。

4. 平面交叉口的通行能力

平面交叉口的通行能力不仅与交叉口面积、形状、入口引道车行道的条数、宽度、几何线形或物理条件有关,而且受相交车流通过交叉口的运行方式、交通管理措施等方面因素的影响,因此,在确定通行能力时,要首先确定交叉口的车辆运行方式和交通管理方式。

平面交叉口一般可分为不加任何交通管制的交叉口、中央设圆形岛的环形交叉口和设置色灯信号交叉口。

目前交叉口通行能力的计算在国际上无统一方法,即使是同一类型的交叉口,其通行能力计算方法也不一样,世界各国都有自己的一套计算方法,其中以美国的方法应用最为广泛。交叉口的混合交通换算系数不同于路段,路段可用连续运行中车辆的临界车头时间间隔之比换算,而交叉口则不同。信号交叉口往往要停车而后起动,所以信号交叉口的车辆换算系数通常采用停车起动时连续车流中各类车辆通过断面线的时间间隔之比作为换算依据,而环形交叉口是采用各类车辆交织或穿插所需的临界间隔时间之比,即不同类型交叉口应采用不同的换算系数。

平面交叉口通行能力是指各进口道单位时间内可以通过的交通流率。交叉口入口处的通行能力由于受到路口条件的限制而小于路段通行能力。目前,我国交叉口通行能力的计算以停止线法为主。停止线法是以交叉口的停车线作为基准断面,凡是通过了停车线断面的车辆,即认为已通过了交叉口。该断面上各不同行驶方向车道的1h最大通过量,即为各车道的设计通行能力。断面进口道设计通行能力,等于停车线断面各车道设计能力之和。整个十字路口设计通行能力应为直行车道、直右车道、直左车道、进口道设有专用左转与专用右转车道四个进口道通行能力之和。若在一个信号周期内,对面到达的左转车超过3~4辆时,应折减本面各种直行车道(包括直行、直左、直右及直左右等车道)的设计通行能力。

5. 立体交叉口通行能力

立体交叉口通行能力与立交的形式和规模有关。通行能力应大于设计年限的设计小时交通量,不但在总体上要适应交通量的需要,而且在各个方向、立交的各组成部分上的通行能力均应满足交通量的要求。确定立体交叉口通行能力需考虑的因素如下:

(1)主线上不与匝道相连接的每车道(宽3.75m)的可能通行能力。

(2)与匝道相连接的边缘车道的可能通行能力。

(3)考虑各类修正系数的立交设计通行能力。

平面交叉口、立体交叉口的通行能力具体计算公式详见交通工程学有关书籍。

第六节 交通与道路规划

随着国民经济的发展和人民生活水平的提高,人们越来越重视交通的快速性、安全性和舒适性。但由于道路交通系统自身特点及受外部环境因素的影响,其发展相对缓慢,存在较为严重的供求不平衡状态。为使交通运输适应国民经济的发展和人民生活需要,必须对道路交通发展制定出全面规划。道路交通规划是综合交通规划的一个重要组成部分,它是将道路交通系统置于区域性大系统的环境条件中,从根本上系统地、全面地研究道路交通系统的内在规律,为道路交通工程项目的投资、建设提供科学的决策依据。

根据道路交通研究的内容和范围,交通规划可分为国家交通规划、区域交通规划和城市交通规划。

一、交通与道路规划的目的、内容与程序

交通与道路规划是指经过调查分析,预测未来的交通需求,规划道路交通网络,并加以实施和修正的全过程。其目的在于协调各种运输方式间的关系,在可能的资金、资源条件下,对道路交通系统的建设、布局、营运从整体上做出最好的安排,以适应社会与经济发展的需要。

现代道路交通系统是一个复杂的大系统,需要借助系统工程和计算机来完成交通与道路规划的复杂工作。

1. 组织

组织工作是交通与道路规划的第一步,包括制订整个道路交通规划的工作计划,提出规划工作的任务,明确规划工作组织机构,并与政府决策部门建立规范的工作关系,与有关部门取得联系和协作,必要时组织社会各阶层人士参加规划审议。

2. 确定规划目标

为使交通与道路规划方向明确,必须对规划提出明确的目标。交通与道路规划的具体目标为:

(1) 使旅客和货物具有适当的可动性。可以分解为出行时间最短,出行费用最少,具有充分的系统容量、系统安全性和系统可信性。

(2) 达到环境平衡。可以分解为提供区域内生产、就业、教育、生活平等的可达性分布;促进土地利用和运输设施按期望的方向组织;减少社会纠纷;减少空气和噪声污染。

3. 交通调查

交通调查的内容包括现有的出行模式、交通设施和运输工具、土地使用和社会经济活动等。这些资料为交通现状评价、分析预测提供依据。道路交通规划基础资料调查的内容、规模、深度取决于规划的任务。

4. 分析预测

分析预测是以交通调查中所获得资料为依据,分析出行模式与土地使用动态、社会经济因素及交通工具的相互关系,确定这些变量间的定量关系,建立数学模型并预测未来的交通需求,这是道路交通规划过程中的关键部分。若不能准确地确定交通量与出行等的关系,就会对未来的交通需求量做出错误的估计。

5. 制订方案

利用系统分析方法,根据现状分析和交通预测,对未来的道路交通网络提出若干可行的方案。

6. 规划评价

对所提出的若干规划方案以费用为尺度,通过对社会、经济、技术性能等子系统定性、定量的分析,来评价方案的优劣。

7 连续规划

道路交通规划是个动态过程,由于规划是在分析预测未来的基础上进行的,而对未来的认识不可能完全准确,因此在方案规划和实施过程中,需对道路交通系统不断地监督检查,对交

通规划进行适当的修正。

二、交通与道路规划的调查工作

社会经济系统、运输服务系统和道路交通系统是运输系统分析的三要素。进行道路交通规划,需要具备三者的现状和预测资料,以建立三者之间的定量、定性关系,使得其协调均衡发展。在此之前,应先进行相关资料的调查研究,收集必要的基础数据。

1. 社会经济调查

交通是直接为社会经济服务的,而社会经济状况又影响着道路交通规划。社会经济调查是根据规划的需要,对所规划区域内的社会经济状况做全面的调查。调查任务分为综合社会经济调查和个别社会经济调查。

综合社会经济调查是对全国或某一地区、某一城市的社会经济现状和远景发展所做的全面调查,以获取区域性全面交通规划所需的基础资料。个别社会经济调查则是指对拟新建或改建的某一道路或构造物的相关调查,确定客货运量、路线方向、技术等级和标准、施工程序以及论证投资效果等。

社会经济调查的内容包括:
(1)行政区划、分区规划、隶属关系、管辖范围、影响区域等。
(2)土地利用:包括土地特征、建筑物类型和密度、开发程度、规划用地等。
(3)人口:包括总量、分布、构成、增长状况等。
(4)国民经济:包括国民平均收入、总产量、各行业产值、投资状况等。
(5)产业:包括产业结构、布局、资源、运量等。
(6)客货运输:包括运量、周转量、各运输方式所占的比重等。
(7)交通工具:包括拥有量、增长情况、构成比例等。
(8)自然情况:包括地形、地质、土壤、气候、名胜古迹等。
社会经济调查的步骤通常分为准备阶段、采集阶段和整理汇总阶段。

2. 交通设施和服务能力调查

(1)道路网总体状况统计数据(总长度、总面积、密度、面积率、各级道路比重、质量等)。
(2)路段状况统计(长度、线形、等级、车道划分、分隔设施、路面质量、侧向及竖向净空等)。
(3)交叉口设施状况统计(形式、几何布置、控制状况、分隔渠化措施等)。
(4)公交线网设施状况统计(路线长度、经过区域、设站情况、车辆配备等)。
(5)附属设施状况统计(各停车场的面积、停车方式、开放时间等,各加油站规模、面积等)。
(6)交通管制设施状况(交通标志、信号、标线、公安交警的配备等)。

3. 交通实况调查

道路交通系统的服务对象是客流、货流以及客货运输的车辆。制定完善的道路交通规划,应掌握客流、货流、车辆的出行规律以及在道路网上的分布情况。相应调查内容包括:起讫点调查、公路交通调查、对外交通调查和路网交通流调查等。

(1) 起讫点调查

起讫点调查又称 OD(Origin Destination)调查。其目的是收集研究区域内客流和货流的交通特性,获得各类出行的分布与数量方面的资料。从而推算出远景年的交通量,为交通规划提供基础数据。OD 调查主要包括客流出行调查、货流出行调查和机动车出行调查,根据调查内容和要求可采用多种方法进行,常用的有:

①家访调查:对居住在调查区内的居民,进行抽样家访,了解该户中包括学龄儿童在内所有成员一天的出行情况。

②发表调查:一般用于机动车出行调查,将调查表由公安交警发至驾驶员手中,逐项填写。

③路边询问调查:在主要道路或城市出入口上设调查站,让车辆停下,询问该车的出行情况。

④公交月票调查:对购月票的公交乘客发表调查,了解月票使用者的出行情况。

另外,还有明信片调查法、电话询问法、车辆牌照调查法等。

(2) 货物源流调查

货物源流调查的目的是为分析预测货物发生(即各交通区域的货物运入、运出量)、分布(即各交通区域之间及各交通区域与外地之间的货物来往量)提供必要的基础数据。调查方法常采用发表调查和采访调查。

(3) 公交运营调查

①确定公交线网上乘客分布规律,为公交线网优化提供依据。

②确定各公交线路的乘客平均乘距及乘客平均乘行时间。

③确定公交车辆的满载率、车载量,用于建立居民出行量与车流量之间的换算关系。

调查方法有站点调查法和随车调查法。

(4) 对外交通调查

为了解城市对外的客货运流量、流向特性和需求,进行对外交通规划,需要进行对外交通调查。

三、交通与道路规划的预测工作

交通预测的任务是根据对历史的和现状的社会经济、交通供应及交通特征资料的分析研究,推算规划年的交通需求。交通预测采用国际上常用的四阶段法进行,是以居民出行调查为基础,由交通生成、交通分布、交通方式划分和交通分配组成。

1. 交通生成预测

交通生成预测是为了建立分区产生的交通量与该区域土地利用、社会经济特征等变量之间的定量关系,推算规划年各分区所产生的交通量。一次出行有两个端点,应分别分析一个区生成的交通和吸引的交通。交通生成预测的方法有生产率法、回归分析法和聚类分析法。

回归分析是一种统计学方法,根据对因变量与一个或多个自变量的统计分析,建立因变量与自变量的相互关系。最简单的是一元回归分析,多元回归分析的原理类似。如在进行居民出行发生预测时,可考虑居民的性别、年龄、职业、生活水平、所在区域和公休情况等因素,经过分析研究确定主要因素作为分析变量。

2. 交通分布预测

交通分布预测的目的是根据现状 OD 分布量及各区的经济增长、土地开发而形成的交通量增长,来推算各区之间将来的交通分布。预测方法有增长率法和重力模型法两种。增长率法是应用现状 OD 表来推算将来的 OD 表,常用的有均衡增长率法、平均增长率法和福雷特法等;重力模型法是从现在的 OD 表中选出一个重力模型,将其作为推算将来 OD 表的基础。另外,还有线性回归法、介入机会法等。目前国内外在实际规划时倾向于采用重力模型法。

重力模型法考虑了各区间的交通分布受到地区间距离、运行时间、费用等交通阻抗的影响。重力模型类似于物理学中的牛顿万有引力公式,即各区间的出行分布同各区对出行的吸引成正比,而各区间的交通阻抗成反比。

3. 交通方式划分预测

交通方式划分就是依据观测到的交通方式划分、居民出行特征和各种交通方式的运营特性,把总的交通量分配给各种交通方式。影响出行者对交通方式选择的因素有很多,如各种交通方式的可靠性、舒适性、安全性、方便性、出行者的社会经济特征和出行类型等。从不同角度来考虑交通方式的选择问题,可以建立各种各样的交通方式划分模型。

按各模型在预测过程中的阶段不同分为四类:
(1)方式划分与出行生成预测同时进行预测。
(2)方式划分在出行生成和出行分布之间进行预测。
(3)方式划分与出行分布同时预测。
(4)方式划分在出行分布与交通分配之间进行预测。
国外最常用的是第四类模型。

4. 交通分配预测

交通预测的最后一步是交通分配,就是将前面预测的各区间不同交通方式的交通量分配到具体的道路网上去。

交通分配需考虑的因素有:
(1)交通方式:交通方式即出行者所采取的交通形式,如公共交通系统、小汽车和自行车等。
(2)行程时间:行程时间即在某起点之间采用某一交通方式所需时间,直接影响着出行分布、交通方式选择和交通分配。进行交通量分配时,应力求交通网上总行驶时间最短。
(3)路段上的速度与流量之间的变化关系。

道路网可以看成一个交通网络。网络节点由交叉口、交通枢纽组成,网络连线为道路路段。在交通调查区内道路网形成了一个网络系统,假定每个区有一个矩心,交通产生和吸引均集中于该点。各区的矩心可以在网络节点上,也可以不在网络节点上,而是通过附加的连线与节点相连接。

分配交通量的直接目的是推求具有起讫点的交通,在网状图上究竟沿哪些线路运行合适,根据已知图上一定区间的交通量来鉴定网状图是否妥当。

交通分配方法常用的有全有全无分配法(又称最短路径法)、容量限制分配法、多路概率分配法等。

四、交通与路网规划方案

道路交通规划的主要成果是交通与路网规划方案。制订科学、合理的交通与路网规划方案比交通调查分析与预测要复杂。

1. 制订目的和原则

为了估计各种土地使用和可能产生的运输需求,并能求得两者之间的平衡,就需要通过系统分析对未来的交通网络提出多种可能的方案,以此为交通预测建模提供输入网络,并为最优道路网方案的确定提供比较选择的范围。

制订路网规划方案以及相应的交通对策,需要考虑的因素很多,其实施结果对区域内的社会经济发展、土地开发利用、人民生活、运输系统本身的效益和效果有深远的影响,因此,必须要遵循一定的原则。

(1)要有明确的目标和必要的前提。在交通规划和路网规划开始时,要对区域内的土地利用性质、社会经济特征、国民经济发展计划、区域或城市总体规划有很好地理解和掌握,在此基础上,提出区域内交通规划明确的战略目标。

(2)要有全局观点和发展眼光。现代交通是一个复杂的系统工程,必须从全局和整体出发,将区域内外的交通运输的各种交通方式视为一个相互联系的有机整体,进行全面的综合分析,从整体上、系统上进行宏观控制和规划,达到系统的综合效益。

(3)要有工程经济观点。在制订道路网规划和交通对策时,在不影响交通规划战略目标的前提下,应认真考虑如何充分利用现有基础设施,做到少花钱,多办事。

(4)要有群众观点。如今的交通问题已成为一个涉及各行各业和千家万户的社会问题。在交通规划的全过程中,都离不开各方面的支持和协助。同时,所制订的交通规划方案及对策也应接受社会各方的审议和批评。

2. 制订程序

(1)输入数据:以系统定量分析为基本手段的现代路网规划都需借助计算机来完成。在利用计算机进行路网规划分析时需要输入的基本资料有区域内的人口、土地利用和社会经济预测资料,交通预测资料和初始道路网络。

(2)方案准备:根据对区域内的土地利用、社会经济、交通需求预测,区域内现状路网交通质量的评价,提出规划年区域内道路网改建、新建、调整、补充等一系列方案。

(3)交通分配:将不同的规划方案输入计算机,把规划年的交通量分配到这些路网上,再进行交通质量评价。

(4)交通质量评价:根据对规划路网交通供应特性和分配到路网上的交通需求量之间的比较评估,得出该方案在规划年可能的交通负荷和服务水平,并同规划目标进行比较,判断该方案是否可行。若可行,则进行可行方案的效益分析和综合评价;若不可行,则回到方案准备阶段,输入新的规划方案,继续进行以下各阶段评价。

(5)可行方案的效益分析和综合评价。

3. 路网规划的基本内容

由于公路和城市道路的性质与功能不同,所处的环境不同,人口和工农业的集中程度不同,其规划方法和内容也各不相同。

(1)城市道路交通规划

一个现代化的城市,必须具有现代化的城市交通。因此,城市交通与城市道路网的规划,必然也是城市规划的最基本的内容之一。在进行城市的总体规划时,必须充分考虑城市的交通运输,提出经济、合理的交通运输方案,确定城市主要干道的走向、等级及建筑红线宽度。

根据国内外城市交通规划的经验,城市交通规划分为远景战略规划、中长期综合交通规划和短期交通治理计划三个层次。

远景战略规划的主要任务是使远期增长对现有城市结构的不利影响减至最少;将城市开发对自然环境的影响减至最少;通过合理均衡居住与就业机会控制上下班的行程距离和时间;发展一种财政上可行,与环境相协调,并能为公众所接受的交通结构。远景战略规划的年限一般为20~30年。为了达到以上规划目标,必须在较大区域内考察研究城市交通问题。这个区域应包含今后几十年内可能要向外扩展的所有地区。

中长期综合交通规划在远景战略规划的指导下进行,其主要任务是详细预测未来10~15年内城市交通需求;提出一系列交通系统网络布局、结构优化规划方案;提出交通系统网络调整、改建的优先次序和分期建设计划;从根本上理顺城市交通供求关系,控制和消除交通拥挤、交通事故、交通污染,保证城市机能高效益、高质量地运转。

短期交通治理计划的主要任务是对城市交通系统现状作出分析和评估,包括容量、负荷、效率、影响等;对综合交通规划方案提出5年内或近1年的近期建设安排;针对现有交通系统存在的问题,以远景战略规划和中长期综合交通规划为指导,提出能充分挖掘现有设施潜力、见效最快的交通工程措施或建议,包括交通管理措施、货车通行限制、停车管制、公交调度、票价调整、上(下)班、工休日制度、行人交通安排、单行线开辟、交叉口渠化和控制等。

(2)公路网规划

公路网规划一般可分为全国公路网规划和地区公路网规划。全国公路网规划指导地区公路网规划,地区公路网规划补充全国公路网规划。

地区公路网规划是地区交通建设规划的重要组成部分。

地区公路网规划的基本内容有:客、货运资料的搜集与分析,未来交通量的推算预测,公路与土地利用的经济分析,调查沿路土地利用的运量变化分析,现有公路的调查分析,拟建主要交叉口(平面和立体交叉口)类型选择与分析,出入车道控制及交通用地分析,路线服务设施的发展规划,公路与铁路交叉口分析,高速公路规划,公路的环境影响等。

五、交通与道路规划的评估与效益分析

合理的、经济的交通规划方案可以有效地提高交通效率、减少交通事故、防止环境污染,并且可以有力地促进社会经济的发展和人民物质文化生活的提高;反之,就可能带来运输效率降低、交通拥挤、事故增多、环境恶化等后果。因此,在确定实施方案前,对各种可行方案进行慎重的评价和比选是十分必要的。

交通规划是一项多目标规划活动,不但要考虑到交通系统内部的各种要素,而且要与整个国家、区域或城市的社会经济、自然生态环境密切联系起来。因此,对一个规划方案的评价也要从多方面来分析考察。

1. 规划的整体合理性评价

所谓规划的整体合理性,主要是指规划目标是否明确合理,规划机构和组织计划是否匹配,规划范围是否适当,规划年限是否正确,规划过程是否完整连续等。我国的交通规划起步较晚,交通规划的整体合理性还不够令人满意。

2. 规划的适应性评价

交通规划是区域或城市总体规划的一部分,应考虑到与区域或城市的土地利用规划、总体

规划以及社会经济发展计划相适应。同时,还要与远近期的交通规划、专项交通规划与综合交通规划、客运交通规划与货运交通规划相适应等。

3. 规划的协调性评价

交通规划的协调性包括交通用地的协调性、路网功能的协调性、配套设施的协调性等。

4. 规划的效果评价

交通规划的效果如何,既要在方案实施前充分估计,叫作事前考察,又要在方案实施后进行检验反馈,叫作事后考察。考察的内容一般有:交通规划的服务效果(出行时间的节省、网络容量的提高、负荷水平降低、车速加快、服务水平改善等)、安全性能(事故率降低、死亡人数下降、损失减少等)、环境影响(污染下降、景观改善等)、经济效益(时间节省、生产效率提高、生产规模扩大等)、社会综合效益(生产效率提高、城市活力增强、影响力扩大、人际交往活跃增多)等。

复习思考题

1. 道路运输的特点是什么?
2. 道路工程的组成有哪些?
3. 道路的分类与依据是什么?
4. 公路与城市道路技术标准有何区别?

第二章 道路路线设计与交通设施

内容提要:道路路线设计主要涉及道路几何形状空间构成问题,是研究汽车行驶与道路各个几何要素的关系,以保证在设计车速、预计交通量及经过地形环境条件下,实现行车安全、经济、舒适和路况美观。道路路线设计考虑三维空间分布,解剖为路线的平面、纵断面和横断面三个方面,本章首先对平、纵、横三个基本几何组成分别讨论,提出其构成要素、基本计算分析理论、设计标准规定以及设计成果要求等;同时对路线平、纵组合作整体考虑,提出相应设计原则。交通设施主要分析了交叉口交通特点,介绍了交叉口的常用形式、交通组织设计与交通组织管理措施;分析介绍了立交常用类型,并介绍了交通控制与交通管理常用措施,停车场设计方法、公交站点的布设及道路安全防护常用措施。

道路是三维空间的实体,是由路基、路面、桥梁、涵洞、隧道和沿线设施所组成的带形构造物。对于空间三维体的道路,设计时既要作为整体来考虑,又要把它剖解成路线的平面、纵断面和许多横断面来分别研究处理,以便于分析和设计。

平面、纵断面、横断面三个基本几何组成的分析、设计,以及结合地形和其他自然条件进行综合考虑是线形设计的基础,也是线形设计的重点。

道路中线在水平面上的投影,称为道路路线的平面。道路中线在路中线立面上的投影,称为道路路线的纵断面,也可以这样说,沿着中心线竖直地剖切公路,再把这竖直的曲面展开成直面,这就是道路路线的纵断面。道路路线在垂直于路中线的立面上的投影称为路线的横断面,或者可以说中心线上任意一点处道路的法向切面称为路线的横断面。

第一节 路线平面设计

道路的平面线形,由于其位置受社会经济、自然地理和技术条件等因素的限制,道路从起点到终点在平面上不可能是一条直线,而是由许多直线段和曲线段(包括圆曲线和缓和曲线)组合而成。平面线形要素包括直线、圆曲线及缓和曲线。平面线形的研究实际上是对直线、圆曲线和缓和曲线三要素的研究,同时对此三要素进行恰当组合,以保证汽车在道路上能安全、迅速、舒适、经济地行驶。

一、直　线

1. 直线的特点

作为平面线形要素之一的直线,应用广泛。两点间直线最短;笔直的道路给人以短捷、直达的良好印象。汽车在直线上行驶受力简单,方向明确,驾驶操作简易。

但由于直线线形受地形、环境等条件限制大,灵活性差,并且直线线形很容易导致驾驶员的思想麻痹和经常性超车,从而易发生交通事故。因此,在设计中不能片面强调直线线形,而且直线长度不宜过长。

2. 直线的运用

(1)适用条件

①路线不受地形、地物限制的平坦地区或山间的开阔谷地。

②城镇及其近郊,或规划方正的农耕区。

③长大桥梁、隧道等路段。

④路段交叉点及其前后路段。

⑤双车道公路提供超车路段。

(2)直线的运用

①采用直线线形应注意它同地形的关系,在运用直线线形及决定其长度时,必须持谨慎态度,并不宜采用长直线。

②在长直线上纵坡不宜过大,因长直线再加下陡坡行驶更易导致高速度。

③长直线与大半径凹形竖曲线组合为宜,这样可以使生硬呆板的直线得到一些缓和。

④道路两侧地形过于空旷时,宜采用种植不同树种或设置一定建筑物、雕塑、广告牌等措施,以改善单调的景观。

⑤长直线或长下坡尽头的平曲线,除曲线半径、超高、视距等必须符合规定外,还必须采取设置标志、增加路面抗滑能力等安全措施。

3. 直线的最小长度

考虑到线形的连续和驾驶的方便,相邻两曲线之间应有一定的直线长度。

(1)同向圆曲线间的直线最小长度

同向圆曲线是指两个转向相同的相邻圆曲线间连以直线所形成的平面线形。当直线长度很短时,在视觉上容易造成直线与两端的圆曲线形成反弯的错觉,使整个组合线形缺乏连续性,形成所谓的"断背曲线"。因此,《公路路线设计规范》(JTG D20—2017)规定,当设计速度不小于60km/h时,同向圆曲线间最小直线长度(以 m 计)以不小于设计速度(以 km/h 计)的6倍为宜;当设计速度小于或等于40km/h时,可参照执行。

(2)反向圆曲线间的直线最小长度

反向圆曲线是指两个转向相反的相邻圆曲线间连以直线所形成的平面线形。由于两弯道转弯方向相反,考虑到超高和加宽缓和的需要以及驾驶员的操作方便,其间的直线最小长度应予以限制。《公路路线设计规范》规定,当设计速度不小于60km/h时,反向曲线间最小直线长度(以 m 计)以不小于设计速度(以 km/h 计)的2倍为宜;当计算行车速度小于或等于40km/h时可参照执行。

二、圆曲线

各级公路和城市道路不论转角大小均应设置圆曲线,圆曲线是平面线形中的主要组成部分。圆曲线由于与地形适应性强、线形美观和易于测设等优点,使用十分普遍。

1. 圆曲线半径的计算公式

(1)建立公式的基础

当汽车在公路的曲线段上行驶时,由于有离心力作用在汽车上,可能使汽车产生向曲线外侧滑移或倾覆的危险,同时也可能使乘坐人员感到不稳定和不舒适。在大多数情况下,汽车在圆曲线上行驶时,横向滑移产生在横向倾覆之前,在现代汽车设计中,均由轮距宽、重心低来保证足够的抗倾覆稳定性。

圆曲线半径的计算是以抵抗横向滑移为基础,使由离心力等所产生的向外侧平行于路面的横向力,不超过汽车轮胎与路面之间的横向附着力所允许的界限,并使乘坐人员感觉良好,以保证汽车在平面曲线部分也能和直线部分一样,安全而顺适地行驶。

(2)公式的推导

① 离心力 F。

汽车在曲线上行驶,将受到离心力 F 的作用,其计算公式为:

$$F = m\frac{v^2}{R} = \frac{G}{g}\frac{v^2}{R} \tag{1-2-1}$$

② 极限平衡条件。

当汽车在弯道上行驶时,通过汽车重心,作用在汽车上的各力,如图 1-2-1 所示。

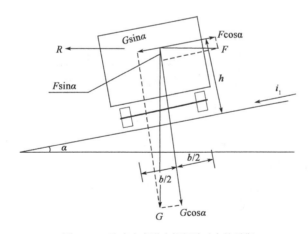

图 1-2-1 汽车在弯道内侧行驶时力的平衡

离心力 F 为水平方向,汽车重力 G 为垂直向下方向,X_0 为保持汽车横向稳定的汽车与路面之间的横向附着力,Y_0 为路面对汽车的竖向反力。

首先分析重力沿路面的分力,与离心力方向相反,抵消一部分离心力的情况。

汽车在弯道上行驶不产生横向滑移的条件是:

$$\left.\begin{array}{r}F\cos\alpha - G\sin\alpha = X \\ F\sin\alpha + G\cos\alpha = Y\end{array}\right\} \tag{1-2-2}$$

式中:α——路面的横向倾斜角。

③横向力系数。

汽车在弯道上正常行驶时,汽车的横向力 X 应等于竖向反力与轮胎和路面之间的横向限系数 μ,所以 μ 也称为横向力系数。

$$\mu = \frac{X}{Y} = \frac{F\cos\alpha - G\sin\alpha}{F\sin\alpha + G\cos\alpha} \tag{1-2-3}$$

∵ $F\sin\alpha \ll G\cos\alpha$,故可省去 $F\sin\alpha$。

∴ $$\mu = \frac{F\cos\alpha - G\sin\alpha}{G\cos\alpha} = \frac{F - G\tan\alpha}{G}$$

将 $F = \frac{G}{g}\frac{v^2}{R} = \frac{GV^2}{127R}$ 和 $\tan\alpha = i_b$ 代入上式,得:

∴ $$\mu = \frac{v^2}{Rg} - i_b$$

∴ $$R = \frac{v^2}{g(\mu + i_b)}$$

当 $g = 9.81 \text{m/s}^2$,v 以设计速度 $V(\text{km/h})$ 表示时,即可得到计算圆曲线半径的基本公式:

$$R = \frac{V^2}{127(\mu + i_b)} \tag{1-2-4}$$

当汽车重力沿路面的分力与离心力方向相同时,即汽车在不设超高的道路行驶时,同理可得:

$$R = \frac{V^2}{127(\mu - i_1)}$$

2. 横向力系数 μ 的确定

在计算圆曲线的最小半径时,必须确定 μ 的最大容许值,由于 μ 值直接关系到汽车在公路平曲线部分上行驶的安全性和乘坐人员的舒适感,并影响汽车的运营指标。

横向力系数 μ 值越大,汽车在弯道上行驶的横向稳定性越差,所以在研究横向力系数 μ 的最大容许值时,必须考虑汽车在弯道上行驶的横向稳定性、乘坐人员的舒适程度以及汽车燃料和轮胎的消耗等情况,即从安全、舒适、经济三方面予以分析。

(1)安全

汽车在弯道上行驶时,有产生横向滑移和倾覆的危险,但在大多数情况下,汽车横向倾覆前,首先发生横向滑移,所以,在横向稳定性方面,可只从抵抗横向滑移情况进行分析。

为了保证汽车在圆曲线路段上安全行驶,具有抵抗横向滑移稳定性的能力,须使横向力的极限值 X 不超过轮胎与路面之间的横向附着力 $\varphi_0 Y$。

即:
$$X \leqslant \varphi_0 Y$$
$$\mu \leqslant \varphi_0 \tag{1-2-5}$$

式中:φ_0——轮胎与路面之间的横向附着力系数。

由式(1-2-5)可知,横向力系数 μ 的最大容许值是绝对不能大于轮胎与路面的最大横向附着系数 φ_0,要确定 μ,必须知道 φ_0 的大小。

根据汽车在弯道部分受横向力作用的实测资料,车辆的驱动方向与汽车的前进方向不一致,而形成一个横向偏转角 δ,随着 δ 的增大,横向附着系数也增大,但超过某一角度时,横向附着系数则达到最大值,不再随角度变化。这个最大横向附着系数 φ_0 与路面、轮胎状态以及行车速度有关。其中,最主要的是与路面类型和状态有关。路面越干燥、越粗糙,φ_0 越大,越用于防止汽车横向滑移。处于潮湿、泥泞和冰滑状态的路面,其 φ_0 值急剧下降,横向附着系数 φ_0 小于纵向附着系数 φ,一般可取用 $\varphi_0 = 0.6 \sim 0.7\varphi$。

从安全角度考虑,μ 取值范围为:

高级路面:0.25~0.35;

低级路面:0.14~0.2。

(2)舒适

为研究横向力系数 μ 的最大容许值,不仅需要考虑横向稳定性的问题,同时也要考虑乘坐人员的舒适情况等。根据实地试验得知,随着 μ 值的不同,对乘坐人员的心理感受也不同,从舒适角度出发,μ 取值应小于 0.15,对于低等级公路,μ 值也不宜大于 0.2。

(3)经济

由于汽车在弯道上行驶时,要使轮胎产生扭曲,形成一定的横向偏移角 δ,由于横向偏移角 δ 的存在,在弯道上行车的燃料和轮胎的消耗要比直线路段要大,并随横向力系数 μ 的增加而增加。从降低汽车的运输成本出发(尤其是对于高等级公路,其交通量很大),横向力系数 μ 以不超过 0.10~0.15 为宜。

由以上三个方面的分析可知,无论是高等级公路还是低等级公路,μ 值的高限一般以 0.10~0.20 为宜。

3. 圆曲线最小半径的确定

圆曲线的最小半径是以汽车在曲线上能安全而又舒适地行驶为条件确定的,实质是汽车行驶在曲线部分时,所产生的离心力等横向力不超过轮胎与路面的摩阻力所允许的界限。圆曲线最小半径包括极限最小半径、一般最小半径、不设超高的最小半径,其具体数值见表1-2-1、表1-2-2。

公路圆曲线最小半径　　　　表1-2-1

设计速度(km/h)		120	100	80	60	40	30	20
圆曲线最小半径(一般值)(m)		1000	200	400	200	100	65	30
最大超高	10%	570	360	220	115	—	—	—
	8%	650	400	250	125	60	30	15
	6%	710	440	270	135	60	35	15
	4%	810	500	300	150	65	40	20
不设超高最小半径(m)	路拱≤2.0%	5 500	4 000	2 500	1 500	600	350	150
	路拱>2.0%	7 500	5 250	3 350	1 900	800	450	200

城市道路圆曲线最小半径　　　　表1-2-2

设计速度(km/h)		100	80	60	50	40	30	20
不设超高最小半径(m)		1 600	1 000	600	400	300	150	70
设超高最小半径(m)	一般值	650	400	300	200	150	85	40
	极限值	400	250	150	100	70	40	20

(1)极限最小半径

汽车转弯时的离心力较大,要使汽车在弯道外侧行驶达到与直线行驶同样的安全平稳程度,就必须将外侧的路面坡度做成与内侧的路面横坡度相同的形状,这时内外侧的横坡度大小相等,方向相同,称为单向坡,即超高横坡度。

圆曲线极限最小半径是在一定设计车速下,由最大横向力系数 μ_{max} 和最大超高横坡度 i_{bmax} 所确定的极限值。

在设计速度下,如果采用更小的圆曲线半径,就可能使行车时的轮胎与路面之间的横向附着力超过安全极限,使车辆产生横向滑移,或者给行车舒适程度和运营经济带来较大的影响,因此,圆曲线最小半径就成为设计平面线形的一个重要控制指标。

极限最小半径公式为:

$$R_{min} = \frac{V^2}{127(\mu_{max} + i_{bmax})} \tag{1-2-6}$$

(2)一般最小半径

当有条件选用大一点的半径来布设路线时,单纯考虑眼前的节约投资,仍然采用极限半径或接近极限最小半径,这对整个线形的协调和提高公路质量都有不利的影响。为了避免这种不合理现象的产生,标准又规定了一般最小半径的数值。

计算一般最小半径时所选用的 μ 为 0.05~0.06,超高横坡度采用 0.06,即在冰滑情况下也能保证安全,这样行车更顺适。

一般情况下,选用半径时,应尽量采用大于或等于一般最小半径的规定值,以提高公路的使用质量,有利于提高公路等级。只有当地形受限严重或因特殊困难时,才可采用极限最小半径。

(3)不设超高的最小半径

如果 μ 取用最有利的数值,i 又是双向路拱横坡,并能保证汽车双向坡的弯道外侧行驶时,也能满足设计速度的要求。这时的半径可以不设超高,能达到上述要求的最小半径,称为不设超高的最小半径,以 R_T 表示,则:

$$R_T = \frac{V^2}{127(\mu - i)} \tag{1-2-7}$$

式中:V——各级公路的计算行车速度(km/h);

μ——横向力系数,采用 0.035;

i——路拱横坡度,采用 0.015 或 0.02;低级路面上路拱达 0.04,这时相应降低舒适度,取 $\mu = 0.06$。

4. 圆曲线的计算

圆曲线各要素的几何关系,如图 1-2-2 所示,其计算公式如下:

$$\left. \begin{array}{l} T = R\tan\dfrac{\alpha}{2} \\ L = \dfrac{\pi}{180}R\alpha \\ E = R\left(\sec\dfrac{\alpha}{2} - 1\right) \\ D = 2T - L \end{array} \right\} \tag{1-2-8}$$

式中:R——曲线半径(m);

L——曲线长(m);

T——切线长(m);

E——外矢距(外矢)(m);
α——路线的偏角(°);
D——两切线与曲线的长度差(m),简称曲切差。

在四级公路中,圆曲线与直线可直接连接,而不设缓和曲线,各主点桩号计算公式如下:

$$\left.\begin{array}{l} ZY = JD - T \\ YZ = ZY + L \\ QZ = YZ - \dfrac{L}{2} \\ JD = QZ + \dfrac{D}{2} \end{array}\right\} \quad (1\text{-}2\text{-}9)$$

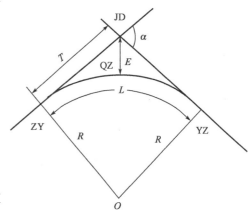

图 1-2-2 圆曲线要素及主点
JD-交点;ZY-圆曲线起点;YZ-圆曲线终点;QZ-圆曲线中点

5. 圆曲线的运用

圆曲线与直线一样也是公路的基本线形,在路线设计中若能配合地形选用恰当的曲线半径,能取得良好的线形效果。所以在选用圆曲线半径时,应尽量选用较大半径并考虑以下几方面因素:

(1)一般情况下,以采用极限半径的 4~8 倍为宜,当条件受限制时,也应采用大于或接近一般最小半径,只有在地形特殊困难时才采用极限最小半径。

(2)圆曲线半径过大也无实际意义,故一般不宜大于 10 000m。

(3)各级公路不论偏角大小,均应设置圆曲线。

(4)圆曲线应同前后相邻的平面线形相协调,不宜太悬殊,使之构成连续、均衡的曲线线形。

(5)应与纵断面线形相协调,必须避免小半径圆曲线与竖曲线相重合。

三、缓 和 曲 线

缓和曲线是设置在直线和圆曲线之间或半径相差较大的两个同向的圆曲线之间的一种曲率逐渐变化的曲线,是道路平面线形要素之一。除四级公路外,其他等级公路的直线与不设置超高的圆曲线(半径)相衔接处,应设置缓和曲线进行连接。

1. 设置缓和曲线的目的

(1)有利于驾驶员操纵转向盘

汽车从直线驶入圆曲线,即从无限大的半径到一个定值的半径,或从大半径曲线驶入小半径曲线。从汽车前轮转向角逐渐变化的必要性来看,其中间需要插入一个逐渐变化的缓和曲线,才能保证车速不变而使汽车前轮的转向角从 0 至 α 逐渐转向,从而有利于驾驶员操纵转向盘。

(2)消除离心力的突变

为了车辆能安全、迅速、平稳、舒适地从没有离心力的直线逐渐增加到离心力为 F_c 的圆曲线,或从离心力小的大半径曲线逐渐增加到离心力大的小半径曲线,消除离心加速度的突变,并使离心加速度控制在一定数值内,其中间也应插入缓和曲线。

(3)完成超高和加宽的过渡

行车道的超高或加宽应在缓和曲线(或超高、加宽缓和段)内逐渐过渡到全超高或全加宽。

由上述分析可知,缓和曲线既能满足转向角和离心力逐渐变化的需要,同时又能在缓和曲线内完成超高和加宽的逐渐过渡,它比超高缓和段或加宽缓和段更完美。

2. 缓和曲线的基本形式

假定汽车从半径为∞的直线过渡到半径为 R 的圆曲线上时,其转弯半径 ρ 是均匀变化的($\rho = \infty \to R$);在这过渡中,汽车以等速 $v(m/s)$ 通过距离 $L_h(m)$,所需的时间为 $t(s)$,驾驶员以等角速度 ω(定值)顺适地转动转向盘,汽车前轮的转向角由直线上的 0 逐渐均匀地增加到圆曲线上的 α(定值)。

所谓回旋曲线,就是曲率随着曲线长度 L 成正比增大的曲线,回旋曲线方程为 $L = A^2/\rho$,与上述假定时汽车转弯时的理论轨迹方程完全一致,所以世界各国的公路设计大多采用回旋线形式作为缓和曲线,A 就是回旋线参数。缓和曲线除回旋线外,还可以采用高次抛物线、双扭曲线等,我国采用回旋线。

如同圆曲线那样,只要事先确定半径 R,就可确定圆的大小,在回旋线中如果确定 A,也就可以确定回旋线的形状了。

3. 缓和曲线的最小长度

缓和曲线最小长度的确定应根据控制离心加速度的变化率、确保驾驶员在缓和曲线上操纵转向盘的时间、满足超高渐变率的要求及视觉平顺感的需要等方面要求综合确定。公路线形设计时,缓和曲线参数及其长度应根据线形设计以及对安全、视觉、景观等的要求,选用较大的数值;四级公路直线与小于不设超高最小半径的圆曲线相衔接处,可不设缓和曲线,用超高、加宽过渡段径相连接。城市道路线形设计中,缓和曲线的最小长度见表1-2-3。

道路缓和曲线最小长度　　　　　表1-2-3

设计速度(km/h)	120	100	80	60	50	40	30	20
缓和曲线最小长度(m)	100	85	70	50	45	35	25	20

4. 缓和曲线计算

(1)缓和曲线的常数

①缓和曲线终点处的切线角。

缓和曲线的切线角 β 是指缓和曲线上任一点的切线与该缓和曲线起点的切线所成的夹角:

$$\beta = \frac{l^2}{2A^2} = \frac{l^2}{2Rl_h} = \frac{l}{2\rho} \tag{1-2-10}$$

将 $l = l_h$,$\rho = R$ 代入上式,得到缓和曲线终点处的切线角 β_0:

$$\beta_0 = \frac{l_h}{2R}(\text{rad}) \tag{1-2-11}$$

②主曲线的内移值 p 及切线伸长值 q。

$$p = \frac{l_h^2}{24R} \tag{1-2-12}$$

$$q = \frac{l_h}{2} - \frac{l_h^3}{240R^2} \tag{1-2-13}$$

(2)缓和曲线要素(图1-2-3)

切线长 $\quad T_h = (R+p)\tan\dfrac{\alpha}{2} + q$

圆曲线长 $\quad L_Y = R(\alpha - 2\beta_0)\dfrac{\pi}{180}$

曲线长 $\quad L_h = L_Y + 2l_s = R(\alpha - 2\beta_0)\dfrac{\pi}{180} + 2l_s$ (1-2-14)

外距 $\quad E_h = (R+p)\sec\dfrac{\alpha}{2} - R$

超距(曲切差) $\quad D_h = 2T_h - L_h$

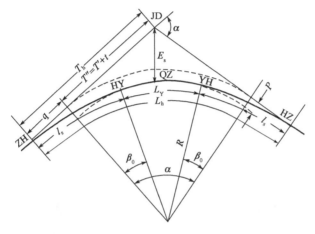

图1-2-3 缓和曲线要素

(3)主点桩号

设置缓和曲线后,整个平曲线有5个主点(基本桩):

ZH——第一缓和曲线的起点(直缓点);

HY——第一缓和曲线的终点(缓圆点);

QZ——平曲线的中点(曲中点);

YZ——第二缓和曲线的终点(圆缓点);

HZ——第二缓和曲线的起点(缓直点)。

各主点桩号的计算如下:

$$\begin{aligned}
ZH &= JD - T_h \\
HY &= ZH + l_s \\
YH &= HY + L_Y \\
HZ &= YH + l_s \\
QZ &= HZ - \dfrac{L_h}{2} \\
D &= QZ + \dfrac{D_H}{2}
\end{aligned}$$ (1-2-15)

(4)缓和曲线直角坐标

设缓和曲线的直角坐标系 XOY,ZH点为坐标原点,ZH点的切线方向为 X 轴,其法向方向

(指向曲率中心)为 Y 轴。

则缓和曲线上任意一点的坐标为：

$$x = l - \frac{l^5}{40A^4} + \frac{l^9}{3\,456A^8} - \cdots$$

$$= l - \frac{l^5}{40R^2 l_h^2} + \frac{l^9}{3\,456R^4 l_h^4} - \cdots$$

$$y = \frac{l^3}{6A^2} - \frac{l^7}{336A^6} + \frac{l^{11}}{42\,240A^{10}} - \cdots$$

$$= \frac{l^3}{6Rl_h} - \frac{l^7}{336R^3 l^3} + \frac{l^{11}}{42\,240R^5 l^5}$$

(1-2-16)

四、平曲线超高与加宽

1. 平曲线超高

(1) 圆曲线的全超高

汽车在弯道上行驶时，受到离心力的作用，当圆曲线半径小于规定不设超高的最小半径时，将弯道外侧车道抬高，构成内低外高的单向坡，称为圆曲线的超高。其作用是为了利用汽车重力指向内侧的横向分力，用以克服离心力，减少横向力，从而保证汽车行驶的稳定性及乘客的舒适性。

超高横坡度的大小与设计速度、圆曲线半径及路面类型、自然条件、车辆组成等因素有关，必要时应按运行速度进行验算。最小超高值应与其直线路段的正常路拱横坡度值一致。各级公路圆曲线的最大超高值见表 1-2-4，二、三、四级公路接近城镇且混合交通量较大的路段，车速受到限制时，其最大超高值见表 1-2-5。

各级公路圆曲线最大超高值 表 1-2-4

公路等级	高速公路、一级公路	二、三、四级公路
一般地区(%)	8 或 10	8
积雪冰冻地区(%)	6	
城镇区域(%)	4	

注：高速公路、一级公路正常情况下采用8%；交通组成中，中小客车比例高时可采用10%。

车速受限制时最大超高值 表 1-2-5

设计速度(km/h)	80	60	40、30、20
超高值(%)	6	4	2

(2) 超高过渡段

从直线段的双向路拱横断面逐渐过渡到圆曲线段的全超高单向横断面，要有一个逐渐变化的区段，这一变化区段称为超高过渡段。超高过渡段中的超高渐变率在 0.4% ~ 2.0% 之间变化。超高过渡段的形成过程可根据不同的旋转基线分成两种情况(无中间带的公路和有中间带的公路)，共六种形式。

①无中间带公路。

无中间带公路的超高横坡度等于路拱坡度时，将外侧车道绕路中线旋转，直至超高横坡值；当超高横坡度大于路拱坡度时，可采用下面三种过渡方式：

a. 绕内侧车道边缘旋转。

先将外侧车道绕路中线旋转,待与内侧车道构成单向横坡度后,整个断面再绕未加宽前的内侧车道边缘旋转,直到超高横坡度值。一般新建工程应采用此种方式。

b. 绕路中线旋转。

先将外侧车道绕路中线旋转,待与内侧车道构成单向横坡度后,整个断面一同再绕路中线旋转,直到超高横坡度值。一般改建工程应采用此种方式。

c. 绕外侧车道边缘旋转。

先将外侧车道绕外边缘旋转,与此同时,内侧车道随中线的减低而相应降坡,待达到单向横坡后,整个断面仍绕外侧车道边缘旋转,直至超高横坡值。此种方式在路基外缘高程受限制或路容美观有特殊要求时采用。

② 有中间带的公路。

a. 绕中间带的中心线旋转。

先将外侧行车道绕中间带的中心线旋转,待达到与内侧行车道构成单向横坡后,整个断面一同绕中心线旋转,直至超高横坡值。此时中央分隔带呈倾斜状。中间带宽度不大于 4.5m 的公路可采用此种方式。

b. 绕中央分隔带边缘线分别旋转。

将两侧行车道分别绕中央分隔带边缘旋转,使之各自成为独立的单向超高断面,此时中央分隔带维持原水平状态。各种宽度中间带的公路均可采用此种方式。

c. 分别绕行车道中线旋转。

将两侧行车道分别绕各自的中心线旋转,使之各自成为独立的单向超高断面,此时中央分隔带两侧边缘分别升高与降低而成为倾斜断面。车道数大于 4 条的公路可采用此种方式。

分离式路基公路的超高过渡方式宜按无中间带公路分别予以过渡。

2. 平曲线加宽

(1) 圆曲线的全加宽

汽车在曲线上行驶时,各个车轮的轨迹半径是不相等的,其中后轴内侧车轮的行驶轨迹半径最小,前轴外侧车轮的行驶轨迹最大,因而需要比直线上更大的宽度。此外,汽车在曲线上行驶时,前轴中心的轨迹并不完全符合理论轨迹,而是有一定的摆动偏移,故需要路面加宽来弥补,以策安全。这种在曲线上适当拓宽路面的形式称为圆曲线加宽。如图 1-2-4 所示。

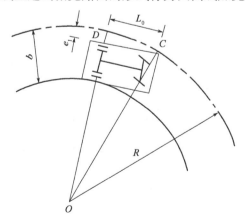

图 1-2-4 圆曲线的加宽

汽车进入圆曲线后,假定汽车从圆曲线起点至圆曲线终点的车轮转向角是保持不变的,那么,圆曲线起点至圆曲线终点的路面加宽值也是一个定值,这个定值称为圆曲线上的全加宽值。圆曲线上的路面全加宽值是根据会车时两辆汽车之间及汽车与路面边缘之间所需的间距决定的,与圆曲线的半径、车型和设计速度等有关。

当二、三、四级公路的圆曲线半径 $R \leqslant 250\text{m}$ 时,应设置相应的加宽。双车道公路路面设置的全加宽值见表1-2-6。单车道公路路面的加宽值为表列数值的一半。

双车道路面加宽值 表1-2-6

加宽类别	加宽值(m) \ 圆曲线半径(m) \ 设计车辆	250~200	<200~150	<150~100	<100~70	<70~50	<50~30	<30~25	<25~20	<20~15
1	小客车	0.4	0.5	0.6	0.7	0.9	1.3	1.5	1.9	2.2
2	载重汽车	0.6	0.7	0.9	1.2	1.5	2.0	—	—	—
3	铰接列车	0.8	1.0	1.5	2.0	2.7	—	—	—	—

圆曲线加宽类别应按公路的交通组成进行确定。二级公路和设计速度40km/h 的三级公路有集装箱半挂车通行时,应采用第3类加宽值;不经常通行集装箱半挂车时,可采用第2类加宽值。四级公路和设计速度30km/h 的三级公路采用第1类加宽值。

圆曲线的加宽应设置在圆曲线的内侧,各级公路路面加宽后,路基也应相应加宽。分向行驶的公路,当圆曲线半径较小时,其内侧的加宽值应大于外侧车道的加宽值,设计时应按内外侧车道不同的半径计算分别确定其加宽值。

(2)加宽过渡段

从直线段的正常断面宽过渡到圆曲线的全加宽断面要有一个逐渐变化的区段,这一变化区段称为加宽过渡段。其长度一般与回旋线或超高缓和段长度相同。四级公路的加宽过渡段长度应分别按超高和加宽计算,取其较大者,最短长度应符合渐变率为1∶15且不小于10m 的要求。

二、三、四级公路的加宽过渡段设置,应采用在加宽过渡段全长范围内按其长度成正比例增加的方法。即加宽过渡段上任一点的加宽值(b_x)与该点到加宽过渡段起点的距离(L_x)同加宽过渡段全长(L)的比率($k = L_x/L$)成正比。即:

$$b_x = kb \tag{1-2-17}$$

高速、一级公路设置加宽过渡段时,应采用高次抛物线过渡。任一点的加宽值可按式(1-2-18)计算:

$$b_x = (4k^3 - 3k^4)b \tag{1-2-18}$$

四级公路设人工构造物处,当因设置超高、加宽缓和段而在圆曲线起、终点内侧边缘产生明显转折时,可采用路面加宽边缘线与圆曲线上路面加宽后的边缘圆弧相切的方法予以消除。

五、行 车 视 距

为了保证行车安全,驾驶员应能看到前方一定距离内的道路路面,以便及时发现障碍物或对向来车,使汽车在一定的车速下及时制动或绕过。汽车在这段时间内沿路面所行驶的最短距离称为行车视距。行车视距将直接关系到汽车行驶的安全和迅速,是道路主要技术指标之一,无论在道路的平面或纵断面上都应保证必要的行车视距。在平面设计中,行车视距包括停车视距、会车视距和超车视距。

1. 停车视距

停车视距是指车辆以一定速度行驶中,驾驶员自看到前方障碍物时起,至到达障碍物前安全停车止所需要的最短行驶距离。停车视距由反映距离、制动距离和安全距离三部分组成。

驾驶员从发现障碍物开始,经判断是否采取制动措施,决定制动到制动开始生效所需的时间,称为反应时间(一般可取2.5s),这一反应时间内汽车所行驶的距离为反应距离。

汽车从制动生效到汽车完全停止的这段时间内所行驶的距离为制动距离。

安全距离一般可取5~10m,以保证汽车在障碍物前停车而不发生冲撞。

停车视距的计算公式为:

$$S_{停} = \frac{Vt}{3.6} + \frac{KV^2}{254(\varphi \pm i)} + L_0 \qquad (1-2-19)$$

2. 会车视距

会车视距是指在同一车道上对向行驶车辆,为避免发生迎面相撞,自车辆在行驶过程中发现对向来车起,至驾驶员采取合理的减速操作后两车安全停止、不发生相撞所需的最短行驶距离。会车视距一般取为停车视距的2倍。

3. 超车视距

超车视距是指在需要临时占用对向车道完成超车的道路上,后车超越前车过程中,自开始驶离原车道起,至可见对向来车并能超车后安全驶回原车道所需的最短行驶距离。

超车视距的全程可分为四个阶段:

①加速行驶阶段。当超车汽车经判断认为有超车的可能,于是加速移向对向车道,在进入该车道之前的行驶速度。

② 超车汽车在对向车道上行驶的距离。

③超车汽车从开始加速到超车完了时对向汽车的行驶距离。

④超车完了时,超车汽车与对向汽车之间的安全距离。

高速公路、一级公路应满足停车视距的要求。双车道公路应间隔设置具有超车视距的路段。

我国公路和城市道路中的停车视距、会车视距和超车视距见表1-2-7、表1-2-8。由于城市道路通常是分道行驶,不许利用对向车道超车,因此,城市道路没有超车视距的规定。

公路中的停车视距、会车视距和超车视距   表1-2-7

公路等级	高速公路、一级公路				二、三、四级公路				
设计速度(km/h)	120	100	80	60	80	60	40	30	20
停车视距(m)	210	160	110	75	110	75	40	30	20
会车视距(m)	—	—	—	—	220	150	80	60	40
超车视距(m)	—	—	—	—	550	350	200	150	100

城市道路中的停车视距和会车视距   表1-2-8

设计速度(km/h)	100	80	60	50	40	30	20
停车视距(m)	160	110	70	60	40	30	20
会车视距(m)	320	220	140	120	80	60	40

4. 平面视距的保证

汽车在弯道上行驶时,弯道内侧行车视线有可能被树木、建筑物、路堑边坡或其他障碍物遮挡,因此,在路线设计时必须检查平曲线上的视距是否能得到保证。如有遮挡时,必须采取措施,如消除障碍视线的障碍物或采取分道行驶措施等以保证行车安全。

平曲线上的视距检查有两种方法,即最大横净距法和视距包络图法。

(1)最大横净距法

驾驶员的眼睛位置沿曲线移动形成的轨迹线,称为驾驶员视点轨迹线。驾驶员的视点位置为横向距路面内侧边缘(未加宽前)1.5m,竖向为视线高1.2m。驾驶员视点轨迹线上长度等于视距的任意两点的连线称为视距线。在视距线与驾驶员的视点轨迹线之间不应有任何障碍物,否则就会妨碍视线。

横净距就是驾驶员的视点轨迹线到视距线的最大距离,也就是离开视点轨迹线距离为横净距值的范围内应该是无障碍物的。在曲线段内不同位置的横净距是不相等的。横净距中的最大值称为最大横净距,一般出现在曲线顶点处或顶点附近的一段范围内。

最大横净距法是通过检查任一障碍物到驾驶员轨迹线的距离 Z_0 是否大于该处要求的最大横净距 Z_m 来判断是否满足行车视距的要求。若 $Z_0 \geq Z_m$,则该障碍物不影响视线;若 $Z_0 < Z_m$,则该障碍物阻挡视线,必须予以清除或采取其他补救措施。

最大横净距的计算公式见表1-2-9。计算图如图1-2-5所示。

最大横净距计算公式 表1-2-9

不设回旋线	$L > S$[图1-2-5a)] $h = R_s \left(1 - \cos \dfrac{\gamma}{2}\right)$	$\gamma = \dfrac{180S}{\pi R_s}$
	$L < S$[图1-2-5b)] $h = R_s \left(1 - \cos \dfrac{\alpha}{2}\right) + \dfrac{1}{2}(S - L_s) \sin \dfrac{\alpha}{2}$	$L_s = \dfrac{180}{\pi} \alpha R_s$
设回旋线	$L' > S$ $h = R_s \left(1 - \cos \dfrac{\gamma}{2}\right)$	$\gamma = \dfrac{180}{\pi} \dfrac{S}{R_s}$
	$L > S > L'$[图1-2-5c)] $h = R_s \left(1 - \cos \dfrac{\alpha - 2\beta}{2}\right) + \sin\left(\dfrac{\alpha}{2} - \delta\right)(l - l')$	$\delta = \arctan\left\{\dfrac{l}{6R_s}\left[1 + \dfrac{l'}{l} + \left(\dfrac{l'}{l}\right)^2\right]\right\}$ $l' = \dfrac{1}{2}(L_s - S)$
	$L < S$[图1-2-5d)] $h = R_s \left(1 - \cos \dfrac{\alpha - 2\beta}{2}\right) + \sin\left(\dfrac{\alpha}{2} - \delta\right) + \sin \dfrac{\alpha}{2} \dfrac{S - L_s}{2}$	$\delta = \arctan \dfrac{1}{6R_s}$

(2)视距包络图

用最大横净距法检查弯道的视距是偏于安全的。如果曲线全长均按最大横净距值切除,则会造成工程上的浪费。视距包络图法利用图解的方法反映横净距连续变化的情况,是在驾驶员视点轨迹线上每隔一定距离绘出的一系列设计线的外边缘线。在视距包络线与视点轨迹线之间的任何物体(高度超过1.2m)都会影响公路的通视条件,而位于包络线内侧的物体则不会阻挡驾驶员的视线,如图1-2-6所示。

视距包络图的作图方法如下:

①按一定比例尺绘出弯道平面图,并标出驾驶员视点轨迹线。

②在视点轨迹线上按一定距离进行量距分点。一般从平曲线起点前适当距离(S)的地方开始,按视距 S 定出多组视线1-1、2-2…、10-10等。

③分别用直线连接编号相同的两点,得到一系列视距线,这些视距线相互交叉,形成一条外切边缘线,即为视距包络线,或称视距包络图。

④量出相应断面位置的横净距,即可确定相应断面上的视距切除范围。

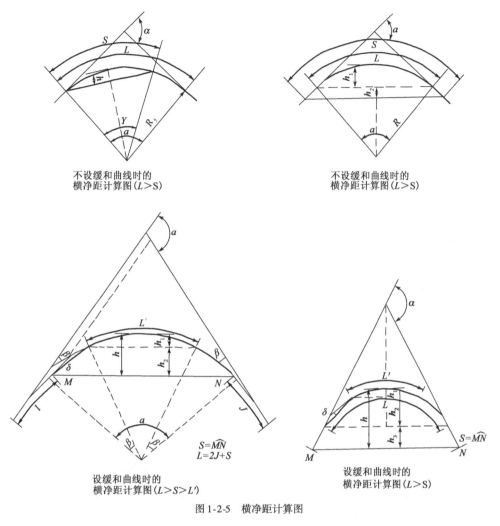

图 1-2-5　横净距计算图

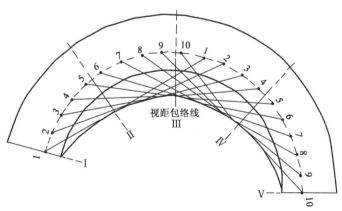

图 1-2-6　视距包络图

(3)保证行车视距的工程措施

当行车视距不能得到保证时,就需要采取一定措施进行处理。处理措施有两种,分别是清除阻挡视线的障碍物和当工程困难时可采取分道行驶的补救措施。

①清除障碍物。

清除视距包络线与驾驶员视点轨迹线之间或离开视点轨迹线的距离小于最大横净距的所有障碍物。

当障碍物为路堑边坡时(曲线内侧为挖方断面),为减少清除工程量,可采用开挖视距台的方法来保证行车视距。视距台高度应低于驾驶员的视点高度一定数值 y,对于岩石路堑 y 值可取 $0.1m$,对于土质路堑为 $0.3m$,以防止泥土、砂石等碎落在视距台上阻挡视线,如图1-2-7所示。

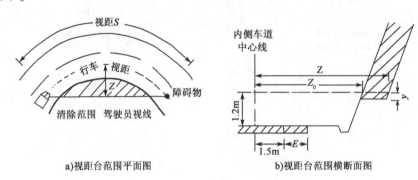

图 1-2-7　视距台

注:E 为路面加宽值。岩石:$y=0.1m$,土壤:$y=0.3m$

如果视野内有稀疏的成行树木、单颗树木或灌木,对视线的妨碍不大,并可以很好地引导行车或能构成行车空间时,则可予以保留。

圆曲线内侧中间带设护栏及其他人工构造物等而不能保证视距时,可采用加宽中间带、路肩或将构造物内移的方法。

②分道行驶。

对于二、三、四级公路,在工程特殊困难或受其他条件限制的路段,当采取清除障碍物以保证2倍停车视距不易时,可采用停车视距,但必须采取严格的分道行驶措施,如设分道线、设中间分隔带或设分隔桩,或设成两条分离的单车道等,并应在其起止点处分别设立警告标志牌。这种情况下,停车视距是必须保证的,如保证不了停车视距,则内侧的障碍物一定要清除,以保证行车安全的最低要求。

六、平面设计组合

1. 平面线形的组合形式

平面线形包括直线、缓和曲线和圆曲线,其组合形式有以下几种:

(1)基本型:按直线－回旋线－圆曲线－回旋线－直线的顺序组合起来的形式称为基本型。可根据地形条件设计成对称的或不对称的曲线。

(2)S形:两个反向圆曲线用两个回旋线连接组合的线形为S形。

(3)卵形:用一个回旋线连接两个同向圆曲线的组合的平面线形称为卵形。

(4)凸形:两个同向回旋线间无圆曲线而直接径相衔接的平面线形称为凸形。一般情况下,只在地形受限制的山嘴等处使用。

(5)复合型:两个以上的同向回旋线在曲率相等处相互连接的形式为复合型。复合型仅在受地形或其他特殊原因限制时(互通式立交除外)使用。

(6)C形:同向曲线的两回旋线在曲率为0处径相衔接(即连接处曲率为0)的形式。C形只在特殊地形条件下采用。

2. 平曲线最小长度

平曲线包括圆曲线和缓和曲线,公路平曲线最小长度的确定要满足驾驶员操作方向盘所需要的时间以及乘客舒适性的要求,同时应设置至少两条缓和曲线,以满足公路线形的要求,公路、城市道路中的平曲线最小长度的规定见表1-2-10、表1-2-11。

公路中的平曲线最小长度　　　　　　　　　　　　　　　表1-2-10

设计速度(km/h)		120	100	80	60	40	30	20
平曲线最小长度(m)	一般值	600	500	400	300	200	150	100
	最小值	200	170	140	100	70	50	40

城市道路中的平曲线最小长度　　　　　　　　　　　　表1-2-11

设计速度(km/h)		100	80	60	50	40	30	20
平曲线最小长度(m)	一般值	260	210	150	130	110	80	60
	最小值	170	140	100	85	70	50	40

当公路路线交点转角很小时,驾驶员行车特别是在高速行驶时,一般会把平曲线长度看成比实际的要小,对公路产生急转弯的错觉,这种错觉在转角越小时越明显。因此,当转角越小,平曲线长度应越长,以便驾驶员正确识别出曲线。当路线转角不大于7°时,应设置较长的平曲线,见表1-2-12。

公路转角等于或小于7°时的平曲线长度　　　　　　　　表1-2-12

设计速度(km/h)	120	100	80	60	40	30	20
平曲线长度(m)	$1\,400/\theta$	$1\,200/\theta$	$1\,000/\theta$	$700/\theta$	$500/\theta$	$350/\theta$	$280/\theta$
一般值(m)	200	170	140	100	70	50	40

注:表中的 θ 角为路线转角值(°),当 $\theta<2°$ 时,按 $\theta=2°$ 计算。

七、平面设计成果

1. 直线、曲线、转角一览表

直线、曲线及转角一览表是路线平面设计的重要成果之一,集中反映了道路平面线形设计的成果和数据,是路线平面施工放样、复测及检验的主要依据。表中应列出交点号、交点里程、交点坐标、转角曲线各要素值、曲线主点桩号、直线长、计算方位角、断链等。

2. 逐桩坐标表

逐桩坐标表提供了所有路线中桩的大地坐标,为路线中桩的测设提供便利。

3. 路线平面图

路线平面图是道路设计的主要内容之一,它综合反映了路线的平面位置、线形和几何尺寸,还反映了沿线人工构造物和重要工程设施及道路与周边环境地形、地物、水利设施及行政区划的关系等。

路线平面图中应示出:沿线的地形、地物、路线位置及里程桩号、断链、平曲线主要桩位与其他交通路线的关系以及县以上境地界等;标注水准点、导线点及坐标网格或指北图式;特大桥、大中桥、隧道、路线交叉位置等;路线平面图的比例尺一般采用 1:1 000 或 1:2 000。

第二节 纵断面设计

由于地形、地物、地质和水文等因素的影响,道路路线在平面上不可能从起点至终点是一直线,在纵断面上也不可能从起点至终点是一水平线,而是一条有起伏的空间线。

沿道路中线作一条垂直于水平面的剖面所展开的直面即为道路路线的纵断面图。在纵断面图上,通过路中线的原地面高程的连线称为地面线;路基边缘高程的连线称为设计线。在设计线上表示路基边缘各点的高程称为设计高程;在路中线上表示路基边缘各点的高程称为地面高程;在任一横断面上,设计高程与地面高程之差,称为施工高度。当设计线高于地面线时,路基为填方,即路堤;低于地面线时,路基为挖方,即路堑。

设计线的坡度,是以上升高度 h 与水平距离 l 之比的百分数来量度的,即 $i=h/l(\%)$。在设计线的转坡点,一般需设置竖曲线,以此将两直线坡段圆滑地连接起来。

纵断面设计就是根据汽车的动力性能、道路性质和等级、交通组成、当地气候、地物、水文、地质条件、排水要求、工程量等,来研究这条空间线形的纵坡(起伏)布置,它是道路设计的重要内容之一,直接影响到行车的安全、工程造价、运营费用和乘客舒适程度。

一、纵坡设计的一般规定和要求

1. 最大纵坡与最小纵坡

(1)最大纵坡

最大纵坡是各级道路容许采用的最大坡度值,是道路纵断面设计的重要控制指标,纵坡的大小直接影响到路线的长短、使用质量、运输成本和工程造价。

最大纵坡主要根据汽车的动力性能、道路等级、自然因素和行车安全等因素进行确定。从实际调查中知道,东风 EQ1090 载货汽车及解放 CA1091 载货汽车上坡时,可用Ⅱ挡顺利地通过 12% 的陡坡地段,但在 12% 的纵坡处下坡就非常危险了。在纵坡大于 8% 的坡段下坡时,由于汽车次数太多,制动器容易发热,致使制动器失效而造成事故。因此最大纵坡的限制主要是考虑下坡安全性,一般情况下,最大纵坡不宜超过 8%。

由于各级道路的要求不同,所以 8% 的最大纵坡限制值不能作为各级道路的统一指标,道路等级越高,最大纵坡限制值越小,否则将大大降低车速和增大危险程度。

我国各级公路、城市道路的最大纵坡规定见表 1-2-13、表 1-2-14。

公 路 最 大 纵 坡　　　　　　　　　　表 1-2-13

设计速度(km/h)	120	100	80	60	40	30	20
最大纵坡(%)	3	4	5	6	7	8	9

城市道路最大纵坡　　　　　　　　　　表 1-2-14

设计速度(km/h)		100	80	60	50	40	30	20
最大纵坡(%)	一般值	3	4	5	5.5	6	7	8
	极限值	4	5	6		7		8

(2)最小纵坡

为了保证挖方地段、设置边沟的低填方地段和横向排水不畅地段的排水,以防止积水渗入路基而影响其稳定性,故一般应采用不小于0.3%的纵坡。当遇困难必须采用0.3%的纵坡时,应设置锯齿形边沟或采用其他排水设施。

2. 坡长限制和缓和坡段

(1)最小坡长限制

最小坡长的限制是从汽车行驶的平顺性、乘客的舒适性、纵面视距和相邻两竖曲线的布置等方面考虑的。如果坡长过短,转坡过多,使纵坡线形呈锯齿形状,对路容也不美观。此外,当相邻坡段的纵坡相差较大,而坡长又较短时,汽车运行中频繁换挡也增加了驾驶员的劳动强度。因此,应对纵坡的最小坡长应予以限制。

我国综合考虑了设计速度和地形等因素,规定的最小坡长见表1-2-15、表1-2-16。

公路最小坡长 表1-2-15

设计速度(km/h)	120	100	80	60	40	30	20
最小坡长(m)	300	250	200	150	120	100	60

城市道路最小坡长 表1-2-16

设计速度(km/h)	100	80	60	50	40	30	20
最小坡长(m)	250	200	150	130	110	85	60

(2)最大坡长限制

山岭重丘区公路,当连续纵坡大于5%时,汽车上坡时为发挥更大的牵引力,应多用低速挡。如果坡长过长,长时间使用低速挡会使发动机过分发热而使效率降低、水箱沸腾、行驶无力。而下坡时,则因坡度过陡、坡段过长会使制动频繁,影响行车安全。因此,为了保证行车安全,对较陡纵坡的坡长应加以限制,见表1-2-17、表1-2-18。

公路不同纵坡的最大坡长(单位:m) 表1-2-17

纵坡坡度(%)	设计速度(km/h)						
	120	100	80	60	40	30	20
3	900	1 000	1 100	1 200	—	—	—
4	700	800	900	1 000	1 100	1 100	1 200
5	—	600	700	800	900	900	1 000
6	—	—	500	600	700	700	800
7	—	—	—	—	500	500	600
8	—	—	—	—	300	300	400
9	—	—	—	—	—	200	300
10	—	—	—	—	—	—	200

城市道路机动车的最大坡长 表1-2-18

设计速度(km/h)	100	80	60			50			40		
纵坡坡度(%)	4	5	6	6.5	7	6	6.5	7	6.5	7	8
最大坡长(m)	700	600	400	350	300	350	300	250	300	250	200

城市道路的非机动车道纵坡宜小于 2.5%；当大于或等于 2.5% 时，纵坡最大坡长应符合表 1-2-19 的要求。

城市道路非机动车的最大坡长　　　　　　　　表 1-2-19

纵坡坡度(%)		3.5	3.0	2.5
最大坡长(m)	自行车	150	200	300
	三轮车	—	100	150

（3）缓和坡段

缓和坡段的作用主要是为了改善汽车连续上坡（或下坡）行驶的紧张状况，避免汽车长时间使用低挡爬坡或下坡而使汽车不安全的可能，减轻汽车机件负荷（上坡）和降低制动器过高的温度（下坡）。应在不大于纵坡长度限制的范围内设置缓和坡段。设计速度小于或等于 80km/h 时，缓和坡段的纵坡应不大于 3%；设计速度大于 80km/h 时，应不大于 2.5%，同时满足最小坡长的要求。

3. 平均纵坡

从行驶便利和安全出发，为了合理地运用最大纵坡及缓和坡段的规定，还应控制山区公路连续纵坡组合路段的平均纵坡。

平均纵坡是指路段高差与水平距离的比值，即 $i_{平均}=H/L$，H、L 分别为两控制点间的高差与距离。平均纵坡是衡量线性设计质量的重要指标之一。

二、三、四级公路的越岭路线连续上坡（或下坡）路段，相对为 200~500m 时，平均纵坡不应大于 5.5%；相对高差大于 500m 时，平均纵坡不应大于 5%。任意连续 3km 路段的平均纵坡不应大于 5.5%。

4. 合成坡度

合成坡度是指在有超高的平曲线上，路线纵坡与超高横坡所组成的坡度。合成坡度可按矢量关系或勾股关系导出：

$$i_{合}=\sqrt{i_{纵}^2+i_{超}^2} \qquad (1-2-20)$$

式中：$i_{合}$——合成坡度(%)；

$i_{纵}$——路线纵坡(%)；

$i_{超}$——超高坡度(%)。

为了避免陡坡与急转弯的组合对行车产生的不利影响，必须对合成坡度进行限制，具体数值见表 1-2-20、表 1-2-21。

各级公路合成坡度限制　　　　　　　　表 1-2-20

公路等级	高速公路			一级公路			二级公路		三级公路		四级公路	
设计速度(km/h)	120	100	80	100	80	60	80	60	40	30	40	20
合成坡度值(%)	10.0	10.0	10.5	10.0	10.5	10.5	9.0	9.5	10.0	10.0	10.0	10.0

城市道路合成坡度限制　　　　　　　　表 1-2-21

设计速度(km/h)	100、80	60、50	40、30	20
合成坡度值(%)	7.0	6.5	7.0	8.0

当陡坡与小半径曲线相重叠时,在条件许可的情况下,以采用较小的合成坡度为宜。特别是在冬季路面有积雪、结冰的地区,自然横坡陡峻的傍山路段,非汽车交通比率高的路段等情况下,以采用较小的合成纵坡8%为宜。

合成坡度关系到路面排水。合成纵坡过小,会使排水不畅,路面积水易使汽车滑移,前方车辆溅水产生的水幕影响行车视线,易发生交通事故。因此,合成坡度应为0.3%~0.5%。合成坡度较小时,必须在排水设计上多加考虑。

二、竖曲线设计

纵断面上两相邻不同坡度线的交点称为变坡点。为了保证行车安全、舒适和视距的需要,在变坡点处设置的纵向曲线称为竖曲线。竖曲线分为凸形竖曲线和凹形竖曲线两种形式。

1. 竖曲线的最小长度和半径

汽车在凸形竖曲线上行车时,由于竖曲线向上凸起,使驾驶员的视线受到影响,产生盲区,所以凸形竖曲线的最小长度和半径是按视距的要求进行计算的。

汽车在凹形竖曲线上行驶时,产生的径向离心力 F 使汽车重力增加。如果这个离心力达到某种程度,旅客就会有不舒适的感觉,对汽车的悬挂系统也有不利影响。为减轻汽车的作用,保证行车的安全和舒适,必须将离心加速度控制在一定的范围以内。这就是确定凹形竖曲线最小半径和长度的依据之一。

对于夜间行车稠密的路线,还应当考虑汽车头灯照射在凹形竖曲线上的距离能否保证安全视距。

当竖曲线两段直线坡段的坡度差 ω 很小时,即使半径较大,竖曲线长度亦有可能较小,此时汽车在竖曲线段忽然而过,冲击增大,乘客不适,从视觉上考虑也会感到线形突然转折。因此,汽车在竖曲线上行驶的时间不能太短,以此来控制竖曲线的长度。一般可取竖曲线上的行驶时间为3s。

综前所述,凸形竖曲线的最小长度和半径主要根据视距和行程时间来选取其中较大者,凹形竖曲线的最小长度和半径主要根据离心力和行程时间来选取其中较大者。

我国各级公路、城市道路的竖曲线最小长度和半径规定见表1-2-22、表1-2-23,通常情况下,应采用大于表中的一般最小值,它比极限最小值大1.5~2.0倍,这是因为半径取大一些,整个线形平缓,工程量增加也不多,使行车安全、舒适,获得很好的效果,而极限最小值只能保证行车最起码的条件。

公路竖曲线最小半径和最小长度 表1-2-22

设计速度(km/h)		120	100	80	60	40	30	20
凸形竖曲线半径(m)	一般值	17 000	10 000	4 500	2 000	700	400	200
	极限值	11 000	6 500	3 000	1 400	450	250	100
凹形竖曲线半径(m)	一般值	6 000	4 500	3 000	1 500	700	400	200
	极限值	4 000	3 000	2 000	1 000	450	250	100
竖曲线长度(m)	一般值	250	210	170	120	90	60	50
	最小值	100	85	70	50	35	25	20

城市道路竖曲线最小半径和最小长度　　　　表1-2-23

设计速度(km/h)		100	80	60	50	40	30	20
凸形竖曲线半径(m)	一般值	10 000	4 500	1 800	1 350	600	400	150
	极限值	6 500	3 000	1 200	900	400	250	100
凹形竖曲线半径(m)	一般值	4 500	2 700	1 500	1 050	700	400	150
	极限值	3 000	1 800	1 000	700	450	250	100
竖曲线长度(m)	一般值	210	170	120	100	90	60	50
	极限值	85	70	50	40	35	25	20

2. 竖曲线计算

竖曲线各要素的计算可近似采用下列公式：

$$\left.\begin{array}{l} L = R\omega \\ T = \dfrac{1}{2}L = \dfrac{1}{2}R\omega \\ E = \dfrac{T^2}{2R} \\ y = \dfrac{x^2}{2R} \end{array}\right\} \quad (1\text{-}2\text{-}21)$$

式中：ω——转坡角(rad)，$\omega = |i_1 - i_2|$，i_1、i_2为本身之值，上坡时取正，下坡时取负；$i_1 - i_2$为正值时，为凸曲线；$i_1 - i_2$为负值时，为凹曲线；

R——竖曲线半径(m)；

L——竖曲线长度(m)；

T——切线长(m)；

E——外距(m)；

y——切线上任一点P至竖曲线的竖向距离(m)；

x——曲线上相应于y的P点至切点的最小距离(m)。

按上式算出竖曲线的基本要素后，就可以求出竖曲线起终点距离x相应的竖直距离y。y值称为竖曲线设计高程修正值，其关系是：

　　　　某桩号在凸曲线上的设计高程 = 该桩号在切线上的设计高程 $- y$

　　　　某桩号在凹曲线上的设计高程 = 该桩号在切线上的设计高程 $+ y$

【例】 某山岭地区的一条二级公路，转坡点设在K8+030桩号处，其高程为369.21m，两相邻坡段的前坡$i_1 = +0.06$，后坡$i_2 = -0.03$，当竖曲线半径$R = 1\,500$m，桩号为K7+980、K8+000和K8+040处的路基设计高程应该是多少？

解： $\omega = |i_1 - i_2| = 0.09$，为凸曲线。

所选用的半径：

$$R = 1\,500 > R_{\min}$$

各竖曲线要素计算如下：

$$L = R\omega = 1\,500 \times 0.09 = 135(\text{m})$$

$$T = \frac{L}{2} = \frac{135}{2} = 67.5(\text{m})$$

$$E = \frac{T^2}{2R} = \frac{67.5^2}{2 \times 1\,500} = 1.52(\text{m})$$

则竖曲线起点桩号为：

$$(K8+030)-67.5=K7+962.50$$

竖曲线终点桩号为：

$$(K8+030)+67.5=K8+097.50$$

K7+980 处：

$$x_1=980-962.50=17.50(\text{m})$$

K8+000 处：

$$x_2=1\,000-962.50=37.50(\text{m})$$

K8+040 处：

$$x_3=97.5-40.00=57.50(\text{m})$$

∴ 所对应的 y 值分别为：

$$y_1=\frac{x_1^2}{2R}=\frac{17.50^2}{2\times 1\,500}=0.10(\text{m})$$

$$y_2=\frac{x_2^2}{2R}=\frac{37.50^2}{2\times 1\,500}=0.47(\text{m})$$

$$y_3=\frac{x_3^2}{2R}=\frac{57.50^2}{2\times 1\,500}=1.10(\text{m})$$

K7+980 处的切线高程为：

$$369.21-(1\,030-980)\times 0.06=366.21$$

∴ K7+980 处的竖曲线设计高程为：

$$366.21-0.10=366.11(\text{m})$$

同理可得：K8+000 处的切线高程为 366.94m，竖曲线设计高程为 367.41m；
K8+040 处的切线高程为 367.81m，竖曲线设计高程为 368.91m。

三、纵断面设计

1. 对纵断面设计的要求

道路纵断面设计就是确定道路设计线在空间高程上的位置，也称为中线纵断面线形设计，是道路几何设计中的重要环节，直接关系到道路的使用质量和工程造价。因此，在道路纵断面设计时，应综合考虑以下几个方面的基本要求：

①应符合相应规范的各项规定，以保证道路的使用质量。
②应保证汽车和汽车列车能以一定的车速安全而顺利地行驶。为此，必须对纵断面进行合理的设计，使纵断面线形不但要有一定的平整性，纵坡均衡，而且还要使其与平面线形和横断面相互协调，以满足汽车和汽车列车行驶的安全、迅速、经济和舒适的要求。
③在自然条件方面，要对沿线的自然条件，如地形、地质、水文和气候等综合考虑，根据不同的情况加以处理，以保证道路的畅通和稳定，使设计的纵断面线形，既不受害于某些自然条件，又要做到保护工作，达到与平面线形、周围地形、自然景观相协调并增加自然景观等。
④在工程经济方面，要充分利用地形，尽量减少深挖和高填，重视纵、横向填挖方的调配利用，力求土石方平衡，最大限度地减少借方和弃方，节省土石方工程量，降低工程造价。同时，应根据道路等级的不同及今后为提高该道路质量进行改建的可能性，使工程经济与运输经济得以统一。

2. 设计纵坡的确定

设计纵坡的确定(纵断面线形布置)包括设计高程的控制，设计纵坡度和转坡点位置的确定。

(1) 设计高程的控制

纵断面上的设计高程即路基设计高程。新建的高速公路和一级公路宜采用中央分隔带外侧边缘高程;新建的二、三、四级公路宜采用路基边缘高程,在设置超高、加宽路段为设超高、加宽前该处边缘高程。改建公路的路基设计高程宜按新建公路的规定执行,也可视具体情况而采用中央分隔带中线或行车道中线高程。

(2) 各坡段的纵坡设计

在布设各坡段的纵坡时,应按下列要求和规定进行,以求纵坡设计合理:

①各级公路应避免采用最大纵坡值和不同纵坡最大坡长值,只有在为争取高度利用有利地形或避开工程艰巨地段等不得已时,方可采用。

②平原地形的纵坡应均匀、平缓。

③丘陵地形的纵坡应避免过分迁就地形而起伏过大。

④越岭线的纵坡应力求均匀,应尽量不采用最大值或接近最大值的坡度,更不宜连续采用不同纵坡最大坡长值的陡坡夹短距离缓坡的纵坡线形。

⑤山脊线和山腰线,除结合地形不得已采用较大的纵坡外,在可能的条件下应采用平缓的纵坡。

⑥在非机动车辆较多的路段,应根据具体条件,将纵坡适当放缓,平原、微丘区一般不大于 2%~3%,山岭、重丘区一般不大于 5%~6%。

⑦在较长的连续上坡路段,下方采用较陡的纵坡为宜,顶部纵坡应适当缓一些或设置若干缓和坡段,使纵坡均匀并小于平均纵坡的规定值,以免汽车下坡时连续冲陡坡而造成事故。

(3) 转坡点位置的决定

转坡点(又称变坡点)是两条相邻纵坡设计线的交点,两转坡点之间的水平距离为坡长。

转坡点位置的确定,直接影响到纵坡度的大小、坡长的长短和道路的使用质量。所以在决定转坡点位置时,除考虑坡长限制、最大纵坡、缓和坡段及纵坡设计的有关要求外,为提高安全程度,使驾驶员得到视觉和心理上的舒适感,尚应考虑纵面线形与平面线形的相互协调问题,并要注意为了设计和计算的方便,转坡点桩号应设在 10m 的整数倍桩号处。转坡点的位置还应考虑尽量使工程量最小的线形为好。

3. 纵坡设计方法、步骤

对公路纵坡、选线人员在现场定线或纸上定线时已结合平面线形和地形等做了较详细的考虑,因而纵断面设计(俗称拉坡)一般都由选线人员进行,并参照地质、桥涵等人员提供设计所需的资料和意见,经综合考虑后,合理确定。

纵坡设计一般按以下方法和步骤进行。

(1) 准备工作

纵坡设计前,应研究有关技术指标和各项要求,综合考虑视察、外业勘测所收集和测绘的地形、土壤、地质、水文、筑路材料的各项记录和图表等资料,并考虑施工方法。然后根据已复核无误的测角、中线、水平等野外记录,在纵断面图纸上绘出里程桩号、直线与平曲线(包括圆曲线与缓和曲线)、地面高程和地面线,并将桥梁、涵洞、地质、土质等与纵坡设计有关的资料在纵断面图上标明。

(2) 纵坡设计(拉坡)

①标出控制点。

根据选线记录和有关资料,在纵断面上标出各技术控制点高程。例如公路起终点、垭口、桥涵、地质不良地段范围,最小填土高度,沿河线洪水位、隧道、路线交叉点等位置的控制高程,以及工程艰巨地段横断面的最大容许填土高度和最小挖深度等,作为控制坡度的依据。

在山岭区的公路,除标出上述控制点外,还应考虑各横断面上填挖平衡关系。控制路中心填挖值的高程点称为经济点。横断面上的经济点有以下三种情况:

a. 当地面横坡不大时,可在中桩地面高程上下找到填方和挖方的基本平衡高程,纵坡通过此高程时,在该横断面上挖方数量基本上能满足填方数量。这个高程就叫作经济点。

b. 当地面横坡较陡,填方往往不易填稳,坡脚拉得很远时,用多挖少填或全部挖出路基的方法比砌筑护脚经济,这时,多挖少填或全挖路基的高程也为经济点。

c. 当地面横坡很陡,无法填方时,需砌筑挡土墙,这时宁愿全部挖出路基或深挖,全部挖出路基或深挖路基的高程也是经济点。

公路纵坡设计线应尽可能通过经济点外,有时还会遇到困难使纵坡设计线必须通过某一点,或路线只能向上提,或路线只能向下压等情况,这些必须通过的高程一般均为技术控制点,这些控制点也在设计纵坡前在纵断面上标出,以便控制拉坡。经济点和控制点的高程一般用铅笔符号表示。

纵坡线通过经济点,则工程量越少,投资就越省。如果纵坡合理,经济点又多,一般来说是理想的。要设计出一条尽可能理想的纵坡设计线,关键在于定线的合理性,所以定线时一定要为纵坡设计打好基础。

②试定纵坡线。

根据定线的意图,全面考虑地面线情况及各经济点和控制点的要求来试定纵坡。如两者矛盾较大,应进一步研究控制点能否有改动的余地,最后仍应以控制点为依据。同时,在确定纵坡时,每定一个转坡点,都要全面考虑前后几个转坡点的情况,必要时试坡的纵坡还应给调整纵坡线留有余地。

③调整纵坡线。

试定纵坡后,首先将所定的坡度与定线时所考虑的坡度进行比较,两者应基本相符;若有较大差异,应全面分析,找出原因,决定取舍,然后检查纵坡度、坡长、纵坡折减、合成坡度以及平纵面配合是否适宜;同时,应注意坡长不宜太零碎,不符合要求时,则应调整纵坡线。

调整纵坡线的方法有抬高、降低、延长、缩短纵坡线和加大、缩小纵坡度等。调整时以少脱离控制点、少变动填挖为原则,以便调整后的纵坡与试定纵坡基本符合,否则就会产生填挖不合理的现象。

一般来说,定线较合理,试坡也容易,调坡更方便。但当无法调坡而必须改线时,应及时改线,尽量做到现场改线,以免纸上易线造成差错。

④根据横断面图进行纵坡线校对。

根据已调整好的纵坡线,可以从纵断面图的厘米格上直接判读出填挖高度,对重要的、控制严格的点、填挖量较大和挡土墙工程量过大时,则须再次调整纵坡线。这对某些复杂地段,如陡峻的山坡线,尤为必要。

⑤确定纵坡线。

纵坡线经调整合理后,即可确定纵坡线。在试坡、调坡和核对时,纵坡度随之确定。从而可以按纵坡度和坡长计算出各转坡点的设计高程。公路起点的高程是根据必要性事先确定的,转坡点的设计高程计算出后,纵坡设计线随之落实。

(3) 计算设计高程

纵坡确定后,转坡点高程即可算出,各桩号处的设计高程也可以算出。

四、纵断面设计成果

纵断面设计的最后成果,主要反映在路线纵断面图和路基设计表上。

1. 纵断面图

纵断面设计图是道路设计的主要文件之一,它反映路线所经的中心地面坡段情况与设计高程之间的关系。把它和平面线形结合起来,就能反映出道路路线在空间的位置。

纵断面图采用直角坐标,以横坐标为水平距离,纵坐标表示垂直高程。为了明显地表明地形坡段,通常将横坐标的比例尺采用1：2 000(公路)或1：1 500～1：1 000(城市道路),纵坐标采用1：200(公路)或1：100～1：50(城市道路)。

公路纵断面图由两部分内容组成。图的上半部分主要是用来绘制地面线和纵坡设计线,同时根据需要标志竖曲线及其要素;沿线桥涵及人工构造物的位置、结构类型、孔径与孔数;与道路、铁路交叉的桩号及路名;沿线跨越的河流名称、桩号、现有水位及最高洪水位;水准点位置、编号和高程;断链桩位置、桩号及长短链关系等。图的下半部主要是用来填写有关数据,自下而上分别填写直线与平曲线,里程桩号,地面高程,设计高程,填、挖高度,坡度/坡长,土壤地质说明等。

城市道路的纵断面图包括的内容有：道路中线的地面线,纵坡设计线,施工高度,土壤地质剖面图,沿线桥涵位置,街沟类型和孔径,沿线交叉口位置和高程,沿线水准点位置、桩号和高程等,在图的下方应附以简要的说明表格。在市区主干道的纵断面图上,还应标注出相交道路的路名与交叉口的交点高程,以及街坊与主要建筑物的出入口高程等。

2. 路基设计表

路基设计表是道路设计文件的组成内容之一。表中填写路线平、纵面等主要测试与设计资料,里程桩号,填、挖宽度(包括加宽),超高值等有关内容,为道路横断面设计提供基本数据,同时也可作为路基施工的依据之一。

五、道路平纵面组合设计

道路的空间线形是指由道路的平面线形和纵面线形所组成的空间立体形状。道路的空间线形应能保持视觉的连续性,并有足够的舒适感和安全感。道路平面线形和纵面线形的组合设计,就是要得到一个既满足汽车行驶安全和舒适的要求,又能使工程造价及运营费用经济,且能在驾驶员视觉和心理状态方面引起良好反应,同时又使道路与沿线周围环境和景观相协调的道路立体线形,从而达到安全、舒适、快速和经济的目的。

道路空间线形设计应尽量做到线形连续、指标均衡、视觉良好、景观协调、安全舒适。设计车速越高,平纵组合设计所考虑的因素越应周全。

1. 组合设计的原则

(1) 在视觉上能自然地诱导驾驶员的视线,并保持视觉的连续性。这样可以使驾驶员及时和准确地判断路线的变化情况,不致因错觉而发生事故。

(2) 平纵面线形指标应大小均衡连续且平曲线稍长于竖曲线,即所谓的"平包竖"。如图1-2-8所示。

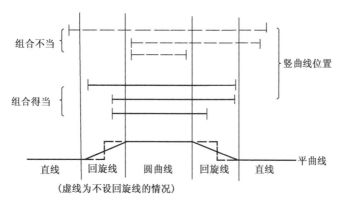

(虚线为不设回旋线的情况)

图 1-2-8　平曲线与竖曲线的组合

(3)长直线不宜与陡坡或半径小且长度短的竖曲线组合;长的平曲线内不宜包含多个短的竖曲线,短的平曲线不宜与短的竖曲线组合;长的竖曲线内不宜设置半径小的平曲线;凸形竖曲线的顶部或凹形竖曲线的底部不宜同反向平曲线的拐点重合。

(4)半径小的圆曲线起、讫点不宜接近或设在凸形竖曲线的顶部或凹形竖曲线的底部。

(5)复曲线、S形曲线中的左转圆曲线不设超高时,应采用运行速度对其安全性进行验算。

2. 线形要素

按平面线形为直线、曲线,纵面线形为凸形竖曲线、凹形竖曲线,可有六种不同的立体线形组合要素,如图 1-2-9 所示。

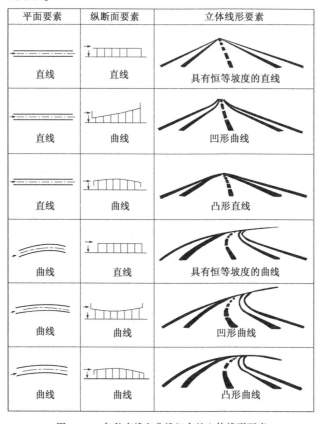

图 1-2-9　各种直线和曲线组合的立体线形要素

(1)平面直线与纵面直线组合要素。
(2)平面直线与凹形竖曲线组合要素。
(3)平面直线与凸形竖曲线组合要素。
(4)平曲线与纵面直线组合要素。
(5)平曲线与纵面凹形竖曲线组合要素。
(6)平曲线与纵面凸形竖曲线组合要素。

第三节 横断面设计

道路中线的法线方向的剖面称为道路横断面,简称横断面。道路横断面设计是根据行车对公路的要求,结合当地的地形、地质、气候、水文等自然因素,确定横断面的开工、各组成部分的位置和尺寸。设计的目的是保证具有足够的断面尺寸、强度和稳定性,使之经济合理,同时为路基土石方工程数量计算、公路的施工和养护,提供依据。

横断面设计是路线设计的重要组成部分,对山区复杂困难路段,正确合理的路线设计往往需综合考虑平面、纵断面和横断面的要求,反复比较后,才能达到设计目的。通常,横断面设计是在平面设计、纵断面设计完成后进行的。

横断面一般是由路面(行车道)、路基(包括路面以下的土基、路肩、边坡、边沟、截水沟、取土坑、弃土堆等组成部分)与地面线所围成的面。本章主要介绍公路路基标准横断面图,边坡坡度的选定、横断面设计方法、路基土石方量的计算和调配。

一、路基横断面的组成

1. 公路路基横断面组成

高速公路、一级公路的路基标准横断面分为整体式和分离式两类。整体式路基的标准横断面包括车道,中间带(中央分隔带、左侧路缘带),路肩(右侧硬路肩、土路肩)等部分;分离式路基的标准横断面包括车道,路肩(右侧硬路肩、左侧硬路肩、土路肩)等部分。

二级公路路基的标准横断面包括车道、路肩(右侧硬路肩、土路肩)等部分。

三、四级公路路基的横断面包括车道、路肩等组部分。

(1)路基宽度

公路路基宽度为车道宽度与路肩宽度之和。当设有中间带、爬坡车道、加(减)速车道、错车道等时,还应包括这些部分的宽度。公路路基横断面中各组成部分宽度应根据公路技术等级、交通量及交通组成、横断面各组成部分的功能综合确定。

(2)车道

车道是指专为纵向排列、安全顺适地通行车辆为目的而设置的公路带状部分。行车道过窄会使不同车道之间的横向间距不足,车辆的横向干扰增加,平均速度和通行能力下降。

高速公路、一级公路各路段的车道数应根据预测交通量、服务水平等确定,其车道数为四车道以上时,应按双数增加;二、三级公路应为双车道;四级公路宜采用双车道,交通量小且工程艰巨的路段可采用单车道。各级公路一条车道宽度见表1-2-24。

车 道 宽 度　　　　　　　　　　表 1-2-24

设计速度(km/h)	120	100	80	60	40	30	20
车道宽度(m)	3.75	3.75	3.75	3.50	3.50	3.25	3.00(单车道为3.50)

（3）中间带

高速公路、一级公路整体式路基必须设置中间带,中间带由两条左侧路缘带和中央分隔带组成,高速公路、一级公路(干线)、中央分隔带宽度根据功能确定;一级公路(集散)中央分隔带宽度根据隔离设施宽度确定,左侧路缘带宽度不应小于表1-2-25规定。中央分隔带每隔2km至少设置一处开口,供紧急特殊情况使用。

左侧路缘带宽度　　　　　　　　表 1-2-25

设计速度(km/h)		120	100	80	60
左侧路缘带宽度(m)	一般值	0.75	0.75	0.50	0.50
	最小值	0.50	0.50	0.50	0.50

注:1."一般值"为正常情况下的采用值。
　　2.设计速度为120km/h、100km/h时,受地形、地物限制的路段或多车道公路内侧仅限小型车辆通行的路段,可论证采用"最小值"。

（4）路肩

路肩位于行车道外缘至路基边缘之间,是具有一定宽度的带状结构物,高速公路和一、二级公路的路肩包括硬路肩和土路肩两部分;三、四级公路的路肩一般只设土路肩。路肩的主要作用是保护行车道,供行人、自行车通行和临时停放车辆。各级公路右侧路肩宽度见表1-2-26。高速公路、一级公路的分离式路基应设置左侧路肩,其宽度见表1-2-27。

右 侧 路 肩 宽 度　　　　　　　　表 1-2-26

公路技术等级(功能)		高速公路			一级公路(干线功能)	
设计速度(km/h)		120	100	80	100	80
右侧硬路肩宽度(m)	一般值	3.00(2.50)	3.00(2.50)	3.00(2.50)	3.00(2.50)	3.00(2.50)
	最小值	1.50	1.50	1.50	1.50	1.50
土路肩宽度(m)	一般值	0.75	0.75	0.75	0.75	0.75
	最小值	0.75	0.75	0.75	0.75	0.75

公路技术等级(功能)		一级公路(集散功能)和二级公路		三级公路、四级公路		
设计速度(km/h)		80	60	40	30	20
右侧硬路肩宽度(m)	一般值	1.50	0.75	—		
	最小值	0.75	0.25	—		
土路肩宽度(m)	一般值	0.75	0.75	0.75	0.50	0.25(双车道)0.50(单车道)
	最小值	0.50	0.50			

注:1.正常情况下,应采用"一般值";在设爬坡车道、变速车道及超车道路段、受地形、地物等条件限制路段及多车道公路特大桥,可论证采用"最小值"。
　　2.高速公路和作为干线的一级公路以通行小客车为主时,右侧硬路肩宽度可采用括号内数值。
　　3.高速公路局部设计速度采用60km/h的路段,右侧硬路肩宽度不应小于1.5m。

高速公路、一级公路分离式路基的左侧路肩宽度　　　　表1-2-27

设计速度(km/h)	120	100	80	60
左侧硬路肩宽度(m)	1.25	1.00	0.75	0.75
左侧土路肩宽度(m)	0.75	0.75	0.75	0.50

(5)变速车道

当车辆需要加速合流或减速分流时,应根据公路的等级、使用性质等增加一段使车辆速度过渡的车道,使车辆不致因速度的变化而影响其他车辆的正常行驶,包括加速车道和减速车道。在高速公路、一级公路的互通式立体交叉、服务区、停车区、公共汽车停靠站、管理与养护设施等与主线相衔接处,应设置变速车道,其宽度为3.5m,长度与速度变化范围、车辆特性等因素有关。

(6)紧急停车带

紧急停车带是车辆发生故障时紧急停车的区域,当高速公路、一级公路的右侧硬路肩宽度小于2.50m时,应设置紧急停车带。紧急停车带的宽度应不小于3.5m,有效长度不应小于40m,并设置不短于70m的过渡段,间距不宜大于500m。

(7)错车道

四级公路路基宽度采用4.5m时,路面只能设一个车道,为解决双向行车的错车应设置错车道。错车道应在不大于300m的距离内设有利地形,使驾驶员能够看清相邻两错车道间的车辆,设置错车道路段的路基宽度应不小于6.50m,有效长度不小于20m。

2. 路拱坡度

高速公路、一级公路整体式路基的路拱宜采用双向路拱坡度,由路中央向两侧倾斜。位于中等强度降雨地区时,路拱坡度宜为2%;位于降雨强度较大地区时,路拱坡度可适当增大。高速公路、一级公路分离式路基的路拱,宜采用单向横坡,并向路基外侧倾斜,也可采用双向路拱坡度。积雪冰冻地区,宜采用双向路拱坡度。

二级公路、三级公路、四级公路的路拱应采用双向路拱坡度,由路中央向两侧倾斜。路拱坡度应根据路面类型和当地自然条件确定,但不应小于1.5%。

直线路段的硬路肩应设置向外倾斜的横坡,其坡度值应与车道横坡值相同。路线纵坡平缓,且设置拦水带时,其横坡值宜采用3%~4%。曲线路段内、外侧硬路肩横坡当曲线超高小于或等于5%时,其横坡值和方向应与相邻车道相同;当曲线超高大于5%时,其横坡值应不大于5%,且方向相同。

土路肩的横坡:位于直线路段或曲线路段内侧,且车道或硬路肩的横坡值大于或等于3%时,土路肩的横坡应与车道或硬路肩横坡值相同;小于3%时,土路肩的横坡应比车道或硬路肩的横坡值大1%或2%。位于曲线路段外侧的土路肩横坡,应采用3%或4%的反向横坡值。

3. 公路用地

公路用地是为修建、养护公路及其沿线设施,依照国家规定所征用的。确定公路及沿线设施的用地既应根据公路建设的需要,又应考虑农业及照顾群众利益,尽可能从设计和施工方面节约用地。公路用地范围如下:

(1)公路路堤两侧排水沟边缘(无排水沟时为路堤或护坡道坡脚)以外,或路堑坡顶截水沟外边缘(无截水沟为坡顶)以外不小于1m范围内的土地;在有条件的地段,高速公路和一级公路不小于3m,二级公路不小于2m的范围内的土地。

(2)在风沙、雪害等特殊地质地带,需设置防护林,种植固沙植物,安装防沙或防雪栅栏以及设置反压护道等设施时,应根据实际需要确定其用地范围。

(3)桥梁、隧道、互通式立体交叉、分离式立体交叉、平面交叉、交通安全设施、服务设施、管理设施、绿化和料场、苗圃等,应根据实际需要确定其用地范围。

(4)有条件或环境保护要求种植多行林带的路段,应根据实际需要确定其用地范围。

(5)改建公路可参照新建公路用地范围的规定执行。

二、横断面设计方法

横断面设计方法俗称"戴帽子",即在横断面测量所得各桩号的横断面图上,按纵断面设计确定的填挖高度和平面设计确定的路基宽度、超高、加宽值,结合当地的地形、地质等自然条件,参照典型路基横断面图式,逐桩号绘出路基横断面图。

对采用挡土墙、护坡等结构物的路段,所采用的结构物应绘于图上,并注明其起讫桩号、圬工种类及断面尺寸;对桥涵处的横断面,应予注明。

横断面图的比例尺,通常采用1∶200。

一般横断面图的绘制步骤如下:

(1)逐桩绘制横断面地面线,各桩号在图纸上按照从左到右、从下到上的顺序排列。

(2)逐桩标注填(T)或挖(W)的高度,路基宽度(包括加宽值)、超高数值。

(3)根据地质调查资料,标出各路段断面的覆盖层或土石层的分界线、土石成分,确定路基边坡坡度和边沟形状、尺寸。

(4)利用"帽子板"或三角板,逐桩绘出横断面设计线。通常用左右路肩边缘的连线代替路面的路拱横坡线,然后再按边坡坡度绘出边坡线,与地面线相交得坡脚点(路堤)或坡顶线(路堑)。有超高时,应按旋转方式绘出有超高横坡度的路肩边缘连线;有加宽时,按加宽后的路基宽度绘出左右路肩边缘的连线;两者都存在时,应按上述方法同时考虑超高、加宽,绘出横断面设计线。

(5)根据需要绘制护坡道、边沟、取土坑、截水沟等路基组成部分;对视距不良的路段,应绘出各桩号断面需清除的障碍范围或需设置的视距台的位置、尺寸。

(6)分别计算各桩号断面的填方面积(A_T)、挖方面积(A_W),并标注在图上。

三、路基土石方计算与调配

路基土石方工程是修筑公路的主要工程项目之一,土石方工程数量是比选中线设计方案的主要技术指标之一。土石方的数量及其调配,关系着取土或弃土的地点和公路用地范围,同时还影响修建公路的工程造价、所需劳动力、机具设备和施工期限。

土石方计算与调配的主要任务是,计算公路每公里路段的土石方数量,确定全路总土石方工程数量,提出挖方的利用和填方的来源及运距,为编制工程概(预)算,选定合适的施工方法和施工机具、安排施工进度、进行施工质量检查、财务结算和支付工资等提供依据。

土石方计算的工作量很大,计算方法应力求简化。由于自然地面起伏多变,路基就不可能是一个简单的几何体,若依实际地面起伏变化情况来进行土石方数量的计算,又很繁杂,而且其实用意义不大。因此,在公路测设过程中,土石方计算通常采用近似方法,计算精度按工程要求而定,一般情况下,横断面的面积取小数后一位,体积则取至m^3;计算时不考虑弯道断面重心的偏移及路基填挖过渡段的影响。

1. 填挖面积的计算

路基土石方数量是将填方数量和挖方数量分别计算的,这样,计算横断面面积时,填方面积和挖方面积就应分别计算。

填挖面积即横断面图中原地面线与路基各组成部分所包围的面积,其计算方法很多,现介绍测设中常用的方法。

(1)积距法

此法计算迅速、操作简便、精度已够,是目前广泛应用的方法,因常用"分规"来卡得积距值,又称卡规法。

先将所计算面积分成横距为 l 的若干个三角形或梯形条块,每个条块的面积等于其平均高度 h_i 与横距 l 的乘积,则总面积为各条块面积累加之和:

$$A = \sum A_i = h_1 l + h_2 l + \cdots h_n l \\ = l \sum h_i \tag{1-2-22}$$

式中:A——横断面面积(m^2);

l——横断面所分成三角形或梯形条块的等分横距(m);

h_i——横断面所分成三角形或梯形条块的平均高度(m)。

此法的计算步骤如下:

①将横断面按填、挖分别为独立计算的两部分,以相同的横距 l(通常用1m或2m),将之划分成若干三角形或梯形的条块。

②用"分规"在所计算部分自左至右(或自右至左)量得各条块平均高度之和。

③将横距 l 乘以积距 $\sum h_i$,即得所求算面积的填、挖面积 $A = l \sum h_i$。

(2)几何图形法

可将横断面分成若干个三角形、梯形或矩形等规则图形,用简单的几何公式计算各图形面积,然后相加得所计算断面的面积,此法常用于面积较大的横断面。

(3)混合法

对于面积较大的横断面,还可以将其中部分划成为一个规则的几何图形,如正方形、矩形或梯形,用简单几何公式计算其面积,其余部分用积距法量求,两者之和即为断面的面积。

(4)求积仪法

对于极不规则且面积较大的横断面,可用求积仪求算其面积。但此法不如积距法简单、迅速,故公路测设中不常使用。

2. 土石方数量的计算

两桩号断面间的体积即两桩号间的土石方工程数量。为简化计算,通常假定两断面间为一棱柱体,那么两断面即为棱柱体的上、下两底,中线距(两桩号里程之差)即棱柱体的高。

按平均断面法求棱柱体的体积为:

$$V = \frac{A_1 + A_2}{2} \cdot L \tag{1-2-23}$$

式中:V——两断面间的体积(m^3);

A_1、A_2——两断面的面积(m^2);

L——两断面间的中线距离(m)。

计算时应将填方体积、挖方体积分别计算。

路基土石方工程数量的计算,一般采用列表法进行,其方法为:在"路基土石方数量计算表"上,将断面查询号、填挖面积、土石成分等资料依次填入表中相应各栏内,算出相邻两断面的距离、平均断面面积并填入表内,再算得其间的体积并填入。

一般每页"路基土石方数量计算表"应作本页小计,每公里应作公里合计,以便复核和统计。

计算路基土石方数量时,应扣除大、中桥及隧道所占路线长度的体积;头引道的土石方,可视需要全部或部分列入桥梁工程项目中,但应注意不要遗漏或重复;小桥涵所占体积一般可不扣除。

3. 土石方调配

土石方调配的目的,是将路堑的挖方调运于路堤填方或适当的布置弃土堆,并合理地布设取土坑满足路堤填方的需要,从而减少公路用地,且使运量最小,搬运方向最便利。

(1)调配计算的几个问题

①免费运距:土方作业包括挖、装、运、卸等工序,在某一特定距离内,只按土石方数计入而不另计算运费,这一特定距离称为免费运距。显然,施工作业方法不同,其免费运距也不同。

②平均运距:土方调配时,从挖方体积重心到填方体积重心的距离称为平均运距。

③经济运距:填方用土的来源,一是从路堑挖方纵向调运,二是就近路外借土。一般情况下,纵向调运路堑挖方来填筑较近的路堤是比较经济的,但如果调运的距离较长,以致运费(即超运距的另加运费)超过了在路堤附近借土所需的费用时,这种以挖作填就不如在附近借土经济。因此,采取"调"或"借",有个距离限度问题,称为经济运距,可按下式计算:

$$L_{经} = \frac{B}{T} + L_{免} \qquad (1\text{-}2\text{-}24)$$

式中:$L_{经}$——经济运距(m);

B——借方单价(元/m³);

T——超运运费单价(元/m³);

$L_{免}$——免费运距(m)。

当调运的距离小于或等于经济运距时,采用纵向调运用路堑挖方来填筑路堤是经济的,若调运距离超过经济运距时,则应考虑就近借土。

预算定额中规定:土石方的运距,第一个20m(指人工运输,若为轻轨运输则为50m)为免费运距,如不是20m者亦按20m计;此后每增加10m(若为轻轨运输则为50m)为一超运运距单位,尾数不满5m者不计,满5m者按10m计。

④运量:土石方运量即平均运距与调配土石方数量的乘积。土石方调配时,超运运距的运土才另加计运费,故运量应按平均超运运距计。

工程定额将人工运输的平均超运运距按每10m为一运输单位,称为"级"。

(2)土石方调配的一般要求

①土石方调配应尽可能在本桩位内移挖作填(横向调配),以减少废方的借方。

②综合考虑不同的施工方法、运输条件、地形情况等因素,选用合理的经济运距。

③废方要做妥善处理。

④填方如需路外借土,应根据借方数量,结合附近的地形、地质及农田排灌等的情况,综合考虑借土还田的可能性后,进行调配。

⑤调配时应结合桥位和涵位一起考虑,需照顾到施工方便。一般不作跨沟调运和上坡调运。

⑥不同性质的土石方应分别调配,以做到分层填筑。除特殊情况外,石方一般不作纵向调配。

⑦土石方工程集中的路段,因开挖运输的施工作业方案与一般路段有所不同,可单独进行调配。

(3)调配方法

土石方调配方法有许多种,公路测设中多用土石方计算表调配法,它有方法简捷、调配清晰、精度符合要求的优点。其调配步骤如下:

①在路基土石方数量计算表上的"挖方""填方"栏的计算复核无误后,将桥涵位置、陡坡、大沟等标注于表旁,供调配时参考。

②计算并填写表中"本桩利用""填缺""挖余"等栏。当以石作填土时,石方数应填入"土"中,并以符号区别之。然后按填挖方分别进行闭合核算,其核算式为:

$$填方 = 本桩利用 + 填缺$$
$$挖方 + 本桩利用 + 挖余$$

③根据"填缺""挖余"的分布情况,可以大致看出调运的方向及数量,并按此进行初试调配。经调配后,如有填方不足,不足部分以借方计;如有未调用的挖方,按废方计。

④复核初试调配并符合上述要求后,在表中"纵向调配示意"栏上,用箭头线表示调配方向,并标注调运土、石方数量及平均超运距"级"数。

调配时应将借方和废方数值、平均超运运距的"级"数填入相应的"借方数量及运距""废方数量及运距"栏内,最后计算运量,并填入"总运量"栏内。

⑤调配完成后,应分页进行闭合核算,核算式为:

$$填缺 = 远运利用 + 借方$$
$$挖余 = 本桩利用 + 废方$$

⑥本公里调配完毕,应进行本公里合计,总闭合核算除上述外,尚有:

$$挖方 + 借方 = 填方 + 废方$$

⑦土石方调配一般在本公里内进行,必要时也可跨公里调配,但需将调配的方向及数量分别标明,以免混淆。

⑧每公里土石方数量计算及调配完成后,须汇兑列入《路基每公里土石方数量表》并进行全线总计与核算。至此,完成全部土石方计算与调配工作。

四、横断面设计成果

横断面设计成果主要是路基横断面图和土石方计算表。

1. 横断面图

横断面图比例尺一般采用1:200,每页图纸的右上角应标明横断面的总页数和本页图纸的编码数,在横断面上要标注桩号、填(挖)高度、填(挖)面积、边坡坡度,在有加宽、超高的断面还要标明其相应数值。

2. 路基土石方数量计算表

路基土石方数量计算和调配是计算工程数量的主要环节,它直接影响工程数量正确与否,因此,在填表和计算中要主要每一栏的相互关系,做到填表、计算、复核三个环节的统一,以保证数据的正确性。

第四节 平面交叉

一、交叉口的交通分析

进出交叉口的车辆,由于行驶方向的不同,车辆与车辆之间的交错方式也有所不同,可能产生的交错点的性质也不一样。

同一行驶方向的车辆向不同方向分开行驶的地点称为分叉点(或称分流点);来自不同行驶方向的车辆以较小角度向同一方向汇合行驶的地点,称为合流点(或称汇合点);来自不同行驶方向的车辆以较大角度相互交叉的地点称为冲突点(或称交叉点)。此三类交错点都存在相互尾撞、挤撞或碰撞的可能性,是影响交叉口行车速度、通行能力和发生交通事故的主要原因。其中,以直行与直行、左转与左转以及直行与左转车辆产生的冲突点,对交通干扰和行车安全影响最大,其次是合流点,再次是分流点。因此,在交叉口设计时应尽量采取措施减少冲突点和合流点,尤其要减少或消灭冲突点。

在无交通信号控制的情况下,三条、四条、五条道路(均为双车道)相交时的交错点,如图1-2-10所示。在有信号控制下的交错点数应相应减少,如图1-2-11所示。

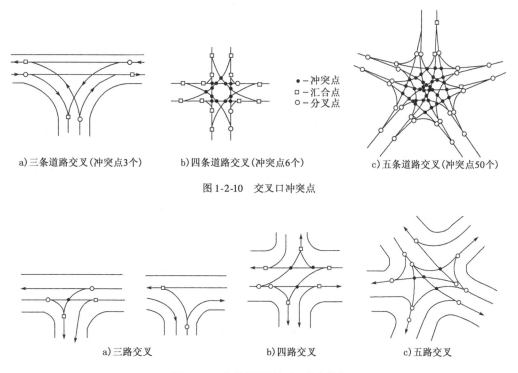

a)三条道路交叉(冲突点3个)　　b)四条道路交叉(冲突点6个)　　c)五条道路交叉(冲突点50个)

图1-2-10　交叉口冲突点

a)三路交叉　　b)四路交叉　　c)五路交叉

图1-2-11　信号控制下交叉口的交错点

从图1-2-11可得到以下三点结论:

(1)在无信号控制的交叉口上,都存在着冲突点、合流点和分流点,并随相交道路条数的增加而显著增加。此时可知,相交道路为双车道时,交错点按式(1-2-25)计算:

$$\left.\begin{array}{l}\text{分流点} = \text{合流点} = n(n-2) \\ \text{冲突点} = \dfrac{n^2(n-1)(n-2)}{6}\end{array}\right\} \qquad (1\text{-}2\text{-}25)$$

式中：n——相交道路的条数。

例如：无信号控制时，三路交叉的冲突点只有 3 个，合流点 3 个；四路交叉的冲突点就增加到 16 个，合流点 8 个；五路交叉的冲突点猛增到 50 个，合流点 15 个。因此，在规划和设计交叉口时，应力求减少相交道路的条数，避免五条以上的道路相交，以减少碰撞点，使交通简化。

(2) 产生冲突点最多的是左转弯车辆。在十字交叉口上如无左转弯车辆，则冲突点就从 16 个减少到只有 4 个；五路交叉时，其冲突点数可从 50 个减少到只有 5 个。因此，在交叉口设计中，如何正确处理和组织左转弯车辆，以保证交叉口的交通顺畅和安全，是设计交叉口的关键之一。

(3) 为了控制和减少交叉口上的冲突点，以保证行车安全，就必须设置信号灯，按顺序开放各条道路的交通，增加了交叉口的延误时间，影响了交叉口的通行能力。在设有信号灯控制的交叉口，其通行能力比路段上的通行能力减少：三条道路交叉的约为 30%，四条道路交叉的约为 50%，五条道路交叉的约 70%。

所以，在交叉口的设计中，必须力求减少或消除冲突点，保障交通安全，同时又要努力提高交叉口的通行能力，保证行车畅通。

通常减少或消除冲突点的方法大致有三种：

①在交叉口装置自动交通信号灯或由交警指挥，使在同一时间内只允许某一方向的车流通过。

②渠化交通。合理地布置交通岛，组织车流分道行驶，并将冲突点转变为交织点（例如环形交叉口），减少车辆行驶时的相互干扰。

③做立体交叉。将相互冲突的车流分别设在不同平面的车行道上，各行其道，互不干扰。

二、交叉口的形式和适用范围

平面交叉口的形式取决于道路网的规划和周围建筑的情况，以及交通量、交通性质和交通组织。常见的形式有："十"字形、"T"字形及其演变而来的 X 形、Y 形、错位交叉、多路交叉等。这些交叉口在平面上的几何图形，由规划道路网和街坊建筑的形状所决定，一般不宜改变。但在具体设计中，常因交通量、交通性质以及不同的交通组织方式，把交叉口设计成各具交通特点的形式，可归纳为加铺转角式、分道转弯式、扩宽路口式和环形交叉四类。

1. 加铺转角式

交叉口用适当半径的圆曲线平顺连接相交道路的路基和路面，如图 1-2-12 所示。

此类交叉口形式简单，占地少，造价低，设计方便，但行车速度低，通行能力小。适用于交通量小、车速低、转弯车辆少的三、四级公路或地方道路，若斜交不大时，也可用于转弯交通量较小的主要道路与次要道路交叉。设计时主要解决合适的转角曲线半径和足够视距问题。

2. 分道转弯式

通过设置导流岛、划分车道等措施，使单向右转或双向左、右转车流以较大半径分道行驶的平面交叉，如图 1-2-13 所示。此类交叉口转弯车辆，尤其是右转弯车辆行驶速度和通行能力都较高。适用于车速较高，转弯车辆较多的一般道路。设计时主要解决分道转弯半径、保证足够的视距和满足导流岛端部半径的要求。

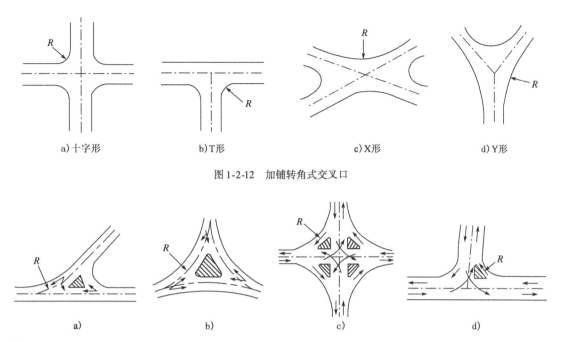

图 1-2-12　加铺转角式交叉口

图 1-2-13　分道转弯式交叉口

3. 扩宽路口式

为使转弯车辆不影响其他车辆的正常行驶,在交叉口连接部增设变速车道和转弯车道的平面交叉。这种交叉口可以单增右转或左转车道,也可以同时增设左、右转弯车道,如图 1-2-14 所示。此类交叉口可减少转弯交通对直行交通的干扰,车速较高,事故率低,通行能力大,但占地多,投资较大。适用于交通量大、转弯车辆较多的二级公路和城市主干道。设计时主要解决扩宽的车道数,同时也要满足视距和转角曲线半径的要求。

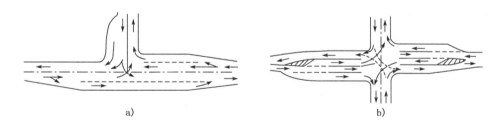

图 1-2-14　扩宽路口式交叉口

4. 环形交叉

在交叉口中央设置中心岛,用环岛组织渠化交通,使进入环道的所有车辆一律按逆时针方向绕道单向行驶,直至所要去的路口离岛驶出平面交叉,俗称转盘,如图 1-2-15 所示。

环形交叉口的优点是:驶入交叉口的各种车辆可连续不断地单向运行,没有停滞,减少了车辆在交叉口的延误时间;环道上行车只有分流与合流,消灭了冲突点,提高了行车的安全性;交通组织简便,不需信号管制;对多路交叉和畸形交叉,用环道组织渠化交通更为有效;中心岛绿化可以美化环境。缺点是:占地较大,城区改建困难,增加了车辆绕行距离,特别是左转弯车辆;一般造价高于其他平面交叉。

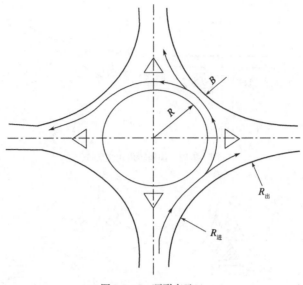

图 1-2-15　环形交叉口

当多条道路相交,通过交叉口的交通量总数为(500～3 000)辆/h,左右转弯车辆较多且地形较平坦时,可考虑采用。在快速道路和交通量大的主干线道路上、有大量非机动车和行人交通、位于斜坡较大的地形以及桥头引道上均不宜采用。按规划需修建立体交叉处,近期可采用环形交叉作为过渡形式,并预留远期改建为立交的可能性。设计时主要解决中心岛的形状和半径,环道的布置和宽度,交织段的长度,交织角,进出口曲线半径和视距要求等问题。

三、平面交叉口的基本要求

(1)在保证相交道上所有车辆和行人安全的前提下,使人流和车流交通受到最小阻碍,亦即保证车辆和行人在交叉口处能以最少的时间,安全、顺利通过,这样就能使交叉口的通行能力适应各条相交道路的行车的要求。

(2)正确设计交叉口的立面,保证转弯车辆行驶的稳定;同时符合排水要求,使交叉口的地面水能迅速排出,保持交叉口的干燥状态,有利于车辆和行人通过,并使路面的使用寿命延长。

四、平面交叉口的交通组织设计

车辆交通组织设计的目的就是保证交叉口上车辆行驶安全、畅通,提高交叉口的通行能力。常用的交通组织方法有:限定车流行驶方向,设置专用车道,渠化交叉口,实行信号管制等。

(一)设置专用车道

组织不同行驶方向的车辆在各自的车道上分道行驶,互不干扰。根据行车道宽度和左、直、右行车辆的交通量大小可做出多种组合的车道划分,如图 1-2-16 所示。

(1)左、直、右方向车辆组成均匀,可各设一条专用车道;对于非机动车交通,可划分快、慢车分道线或设分隔带(墩)组织分流行驶;为了节省用地,特别是当车行道宽度不足时,左转车道可向中心线稍左偏移布置;对向的车道为反对称布置[图 1-2-16a)]。

(2) 如直行车辆特别多,左、右转车辆也有一定数量,可分设两条直行车道和左、右转各一条车道[图1-2-16b)]。

(3) 如左转车多而右转车少,可设一条左转车道,右转与直行车辆合用一条车道[图1-2-16c)]。

(4) 如左转车少而右转车多,可设一条右转车道,左转与直行车辆合用一条车道[图1-2-16d)]。

(5) 如左、右转车辆较少,可分别与直行车道合用[图1-2-16e)]。

(6) 如行车道较窄,无法划分左、直、右行车道,可仅划分快、慢车道线[图1-2-16f)]。

(7) 如行车道宽度很窄,无法划分快、慢车道线,或划分了反而对车道的相互调剂使用不利,则可不划分[图1-2-16g)]。

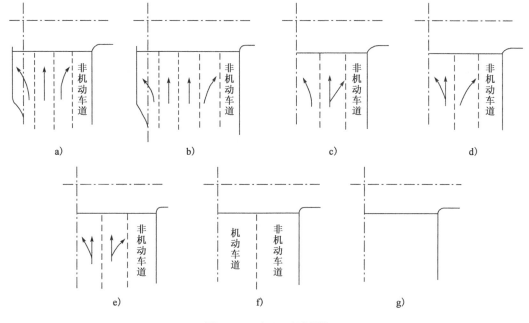

图1-2-16 交叉口车道划分

(二)左转车辆的交通组织

如前所述,左转弯车辆是引起交叉口车流冲突的主要原因,合理地组织左转弯车辆的交通,是保证交通安全,提高交叉口通行能力的有效方法。左转弯车辆交通组织方法可采用以下几种形式:

1. 设置专用左转车道

如图1-2-16所示,在行车道宽度内紧靠中线划出一条车道供左转车辆专用,以免阻碍直行交通[图1-2-16c)];若原有行车道宽度不够时,可向中线左侧适当扩宽设置专用左转车道[图1-2-16a)、b)]。左转车辆需在左转车道上等候开放或寻机通过不影响直行交通。

2. 实行管制

通过信号灯控制交通警手势指挥,在规定时间内不准左转。

3. 变左转为右转

环形交通:利用环道组织逆时针单向交通,变左转为右转,使冲突车流变为分流或合流,[图1-2-17a)]。

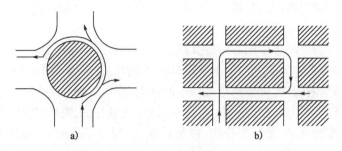

图 1-2-17 变左转为右转

(三)渠化交通

1. 渠化交通组织

所谓渠化交通,就是指通过在道路上画线或用灌木和交通岛来分隔车流,使各种不同类型和不同速度的车辆能像渠道里的水流那样,沿规定的方向互不干扰地行驶。

(1) 渠化 T 形交叉

根据左、右转弯车流的情况,可采用如图 1-2-18 所示或其他组合形式的渠化 T 形交叉。各级公路均适用。

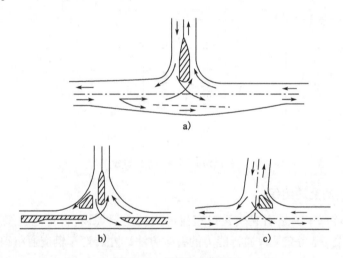

图 1-2-18 渠化的 T 形交叉

(2) 十字平面交叉

①简易十字平面交叉。

简易十字平面交叉如图 1-2-19 所示。一般适用于三、四级公路或地方道路,也可用于斜交角不大于 30°和转弯交通量较小的主要公路同次要公路相交的交叉。

②设附加车道的十字形交叉。

附加车道的十字形交叉如图 1-2-20 所示,一般适用于二级公路。在交叉范围内主要公路上设置附加车道,提高直行和转弯运行的通行能力。

③渠化十字形交叉。

渠化十字形交叉的设计应根据直行和转弯交通量的大小、比例和交通组成情况而确定。几种典型的渠化十字形交叉如图 1-2-21 所示。各级公路均适用。

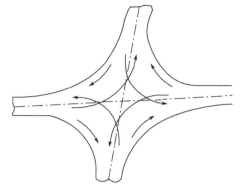

图 1-2-19　简易十字形平面交叉

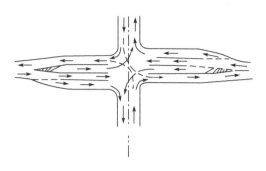

图 1-2-20　设附加车道的十字形交叉

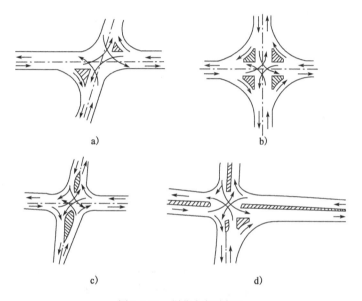

图 1-2-21　渠化十字形交叉

2. 渠化设计

平面交叉处交通量大时,应作渠化交通设计,即采用交通岛、路面标线等设施疏导车流。

(1) 渠化设计原则

①渠化设计的路线应简单明了,过于复杂的设计容易使车辆误行,反而降低其使用效果。

②应避免交通流的分流、合流集中于一点。

③导流车道的宽度应适当,过宽会引起车辆并行,容易引起碰撞事故。

④驾驶员驶近导流设施前应能醒目地觉察到导流设施的存在。交通岛的端部应视情况设置标志、标线和照明等设施。

(2) 交通岛

交通岛可按使用要求分别采用导流岛或安全岛。

(3) 导流岛

导流岛一般采用缘石围成高出路面的实体岛。当岛面窄小时,可采用路面标线表示的隐形岛。

导流岛边缘的线形为直线与圆曲线的组合,其端部最小圆曲线半径为 0.5m,如图 1-2-22e)所示。导流岛端部偏移距 S_1、S_2、S_3 和内移距 Q_1、Q_2,应根据行车速度、岛的大小和公路等级分别按图 1-2-22e)、表 1-2-28 和表 1-2-29 选用。

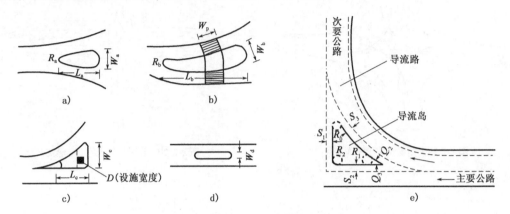

图 1-2-22 导流岛要素

导流岛偏移距、内移距　　　　　　　　　　表 1-2-28

设计速度	偏移距(m)			内移距(m)	
(km/h)	S_1	S_2	S_3	Q_3	Q_2
80	1.00	1.00	0.50	1.50	1.00
60	0.75	0.75	0.50	1.00	0.75
50 以下	0.50	0.50	0.50	0.50	0.50

导流岛端部半径　　　　　　　　　　表 1-2-29

R_0(m)	R_1(m)	R_2(m)
0.5	0.5~1.0	0.5~1.5

分隔岛是用来分隔机动车和非机动车、快速车和慢速车,以及对向行驶车流,保证行车速度和交通安全的长条形交通岛,有时也可在路面上画线来代替分隔岛。

中心岛是设在交叉口中央,用来组织左转弯车辆和分隔对向车流的交通岛。

第五节　立体交叉

立体交叉是两条道路在不同高程上的交叉,两条道路上的车流互不干扰,各自保持原有车速通过。因此,道路的立体交叉是一种保证行车安全和提高交叉口通行能力的最有效办法。但立体交叉与平面交叉相比较,立体交叉技术复杂、占地面积大、造价高。因此,只有在下列情况下才采用立体交叉:

(1)高速公路与其他公路相交。
(2)一级公路同交通量大的其他公路交叉。
(3)二、三级公路间的交叉,在交通条件需要或有条件的地点。

一、立体交叉分类

(1)按跨越方式的不同,可以划分为主线上跨式和主线下穿式。

主线上跨式互通式立体交叉适用于被交叉公路地形低凹,主线无须上抬过高就能跨越的立体交叉形式。

主线下穿式互通式立体交叉适用于被交叉公路具有一定高度的路堤,主线无须下挖或适量下挖即可穿过的立体交叉形式。其优点是能够保持既有被交叉公路的正常交通运行,且一般情况下,造价较低。

(2)按转向功能齐全与否,可以划分为完全互通式和部分互通式。

完全互通式立体交叉主线及被交叉公路各方向车流经匝道完全沟通,无平面交叉,是互通式立体交叉中功能最为齐全、安全度最高的交叉形式。

当交叉口的车流不需要各方向交通转换,或者受地形地物限制,某些方向不能设置匝道时,采用部分互通式立体交叉。

(3)按交叉冲突点是否全部消除,可以划分为完全立交型、部分平交型和交织型。

完全立交型互通式立体交叉内,所有车流及其行驶轨迹分布在不同空间进行立体交叉。该立体交叉系统内,转向车流数与匝道数相同,各匝道相互独立,主线上既无冲突点也无交织段。

当被交叉公路的等级较低、交通量不大、允许部分平交时,部分平交型互通式立体交叉形式常常被采用。虽然它在被交叉公路上存在冲突点,但其功能仍然齐全,且工程规模较小,投资较省。

两条匝道共用一个路段,车辆在此路段上交织行驶,组成交织型互通式立体交叉。

(4)按互通立交的层数划分,可分为两层式、三层式和四层式。

高速公路间的立体交叉,或者高速公路与非机动车、行人很少的一般公路或道路交叉,多采用两层式立体交叉。

三层式立体交叉多为高等级公路与城市快速路、主干路交叉的备选立交形式。

四层式立体交叉多用于高等级公路间相互交叉,且由于占地等原因限制,需要交叉点集中在一处的情况。

(5)按是否收费,可分为收费互通立交和不收费互通立交。

(6)按互通式立体交叉所连接道路的等级,可分为枢纽型互通式立体交叉和普通型互通式立体交叉。

枢纽型互通式立体交叉是指径相连接高等级公路,具有实现高等级公路间交通流网上快速转换性质的立体交叉。

普通型互通式立体交叉是指实现高等级公路与一般公路及道路连接的立体交叉。

二、立体交叉的常用形式与特点

1. 部分互通式立体交叉

部分互通式立交,不是每个方向都完全互通,而至少保留一个或一个以上的平面交叉。这种立交主要适用于主次道路相交,或因受地形、地物限制而采用的一种立交形式,常见的基本形式如下。

(1)菱形立体交叉

当主要道路与次要道路相交,受地形、地物限制时,可采用菱形立体交叉。菱形立体交叉的主要功能是保证主要道路上直行车辆快速通过交叉口。其优点是形状简单,用地省、造价低;缺点是左转弯车辆必须在次要道路上进行平面交叉,干扰大,降低了通行能力。如图 1-2-23 所示。

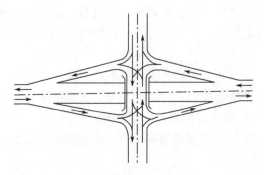

图 1-2-23　菱形互通式立体交叉

(2) 环形立交

为确保主线直行车辆快速行驶,将主线上跨或下穿环道而构成的立体交叉形式为环形互通式立体交叉。环形互通式立体交叉中的各向转弯车道,一律通过环道按逆时针方向绕环道中心单向行驶。车辆在环道内相互交织,选择所去方向的出口驶出。

环形互通式立体交叉的特点:在车速要求不高的条件下,占地少,在多路交叉中,更具有不可替代的优越性。其总的工程规模大小随交通要求、立交层数而定。其不足之处是环道内车速较低,通行能力较小,当被交叉公路交通量较大时,需采用三层式,工程规模显著增大。

环形互通式立体交叉的形式较多,其环道有圆形、长圆形或椭圆形等;有双层式、三层式之分,如图 1-2-24 所示。

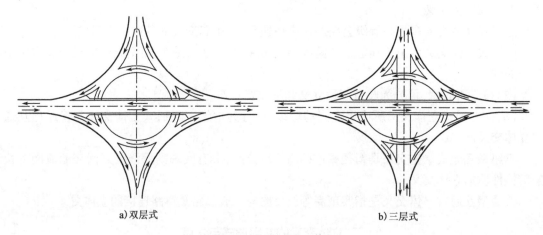

a) 双层式　　　　　　　　　　b) 三层式

图 1-2-24　环形互通式立体交叉

2. 完全互通式立体交叉

完全互通式立体交叉是一种比较完善的高级形式。其交通功能是保证相交道路上每个方向的车辆行驶到其他方向去时,都不受其他车辆的干扰。其基本形式如下。

(1) 苜蓿叶式立体交叉

如图 1-2-25 所示。

苜蓿叶形互通式立体交叉的优点:各方向均能互通,车辆均从右侧出入主线及被交叉道路,方向明确,无冲突点,安全度大,线形布设对称,造型优美,仅一座跨线桥,构造物少,桥梁方面造价较省。其不足之处:左转匝道车辆均需旋转270°,车速较低,绕行距离较长,相邻内环匝道出入口之间构成交织路段,影响主线交通安全,互通立交占地面积大,不利于收费管理。

(2)完全定向式立体交叉

定向形互通式立体交叉由主线、被交叉公路和直接定向匝道组成。

定向形互通式立体交叉的优点:左转匝道直接从主线及被交叉公路左侧出入;左转匝道转向角一般小于90°,平曲线曲线较大,容许车速高,车辆行驶顺捷,各向匝道相互独立,无冲突点,无交织段;线形紧凑,造型优美,可以向空间竖向发展,占地、拆迁较少。其不足之处:左转匝道从左侧出入,不符合驾驶员右侧出入习惯;桥梁工程量较大,引道较长,造价较高。

定向形互通立交匝道形式多变,公路设计中常用的有以下几种形式:

①双层定向形互通式立体交叉。

主线及被交叉公路均为S形曲线,各交叉处均为双层跨线桥,如图1-2-26所示。其特点为:各交叉点较分散,桥梁数量较多,但高度较低。

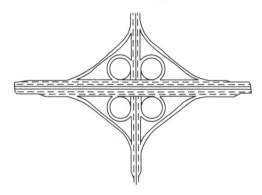

图1-2-25 带集散车道的苜蓿叶式立交

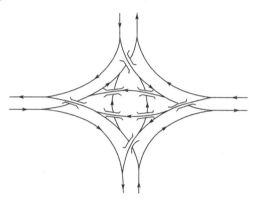

图1-2-26 定向形互通式立体交叉(双层式)

②三层定向形互通式立体交叉。

主线为直线,被交叉公路为S形曲线,两路相交处设双层跨线桥;四条左转匝道与主线相交于一处,设三层桥,如图1-2-27所示。其特点为:跨线桥较集中,桥梁较高而数量较少,被交叉公路多为双出入口,于行车不利。

③四层定向形互通式立体交叉。

主线、被交叉公路均为直线,主线、被交叉公路以及四条左转匝道相交于一处,设四层桥,如图1-2-28所示。其特点为:线形紧凑,桥梁数量少但层数较多,桥梁结构复杂,施工难度大,投资高。

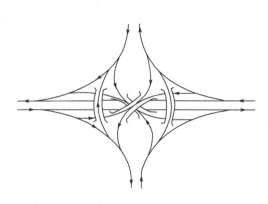

图1-2-27 定向形互通式立体交叉(三层式)

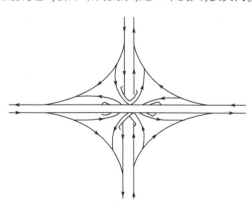

图1-2-28 定向形互通式立体交叉(四层式)

（3）喇叭形互通立交

喇叭形互通式立体交叉是国内外高等级公路广泛采用的互通形式之一，它用旋转约270°的内环匝道作为左转弯匝道，用三个外环匝道作为右转弯匝道，延长交叉线经匝道接入主线，组成三肢T形交叉的完全互通式立体交叉，如图1-2-29所示。

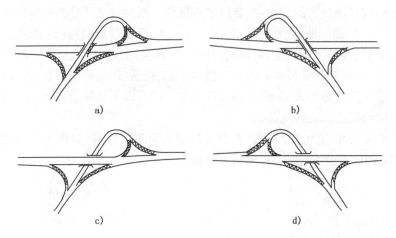

图1-2-29　喇叭形立交

喇叭形互通式立体交叉分为两种形式，当被交叉公路进入主线的左转匝道为内环匝道时，称之为A型，如图1-2-29a)、c)所示。A型适用于被交叉公路进入主线的左转交通量较小，而主线进入被交叉公路的左转交通量较大的情况。反之，当主线进入被交叉公路的左转匝道为内环匝道时，称之为B型，如图1-2-29b)、d)所示。与A型相反，B型适用于被交叉公路进入主线的左转交通量较大、而主线进入被交叉公路的左转交通量较小的情况。

喇叭形互通式立体交叉的优点：各转弯方向有独立匝道，完全互通，无冲突点和交织段，行车干扰小，线形简单而造型优美。转向车流一律从主线右侧出入，方向明确。立交内仅有一座跨线桥，工程规模较小，占地较少，一般投资较省。其不足之处：内环半径较小，左转弯交通绕行里程较长。

喇叭形互通式立体交叉内布线方式，一般认为主线上跨被交叉公路为好。如图1-2-29c)、d)所示。主线在上，行车视野开阔，驾驶员很容易看到各出入口的情况，有利于安全行驶。

当被交叉公路上跨主线时，应尽量避免采用B型喇叭，如图1-2-29b)所示。B型喇叭出口在跨线桥后不远，当主线行驶车辆从桥下驶过时，出口及内环匝道立即呈现在驾驶员眼前，容易引起驾驶员心理紧张，促使其突然减速，加之桥下光线阴暗，视线易被桥梁墩台遮挡，于行驶安全不利。

第六节　道路交通设施

一、交通控制与管理

1. 简述

交通控制与管理是道路交通系统中的一个重要组成部分。交通控制与管理的目的就在于将科学的道路交通控制管理手段与道路交通建设很好地结合起来，充分发挥道路交通设施的功能,并获得良好的交通运输效益和社会效益。交通控制是运用与时刻变化的道路交通状况相适应的现代先进设施,如信号装置、通信设备、遥测遥控设施等,对道路交通实施合理的调度和指挥,使车辆和行人安全通畅地运行;而交通管理则是通过制定必须遵守的交通法规和规则,对交通实施合理的限制、引导和组织二者结合起来构成道路交通控制与管理体制。

2. 道路交通标志与标线

(1)道路交通标志

道路交通标志是利用图案、符号和文字等传递特定信息,对道路交通进行指示、引导、警告、控制或限定的一种道路交通管理设施,一般设在路旁或悬挂在道路上方,给交通参与者以明确的道路交通信息。

交通标志是随着交通的发展而出现的。早在1949年,联合国交通运输委员会就提议交通标志的国际化,1968年联合国召开道路交通会议,通过了"关于道路交通标志和交通信号的条约",使交通标志逐步走向国际化。

①交通标志的分类。

交通标志分为主标志和辅助标志两大类。

主标志包括以下七种:

a.警告标志:警告车辆、行人注意道路交通的标志。

b.禁令标志:禁止或限制车辆、行人交通行为的标志。

c.指示标志:指示车辆、行人应遵循的标志。

d.指路标志:传递道路方向、地点和距离信息的标志。

e.旅游标志:提供旅游景点方向、距离的标志。

f.作业区标志:告知道路作业区通行的标志。

g.告示标志:告知路外设施、安全行驶信息以及其他信息的标志。

②交通标志三要素。

交通标志必须使驾驶员在一定距离内能迅速而准确地辨认,这就要求交通标志有良好的视认性。决定其视认性好坏的主要因素有三个:标志的颜色、形状和字符,称作交通标志三要素。

a.颜色:在选择交通标志的颜色时,考虑了人的心理效果,如红色有危险感,因此在交通上表示禁止、停止、危险之意,适用于禁令标志;黄色没有红色那么强烈,只产生警惕的心理活动,故用于表示警告;绿色有和平、安全感,在交通上表示安全、通行,一般用于指路标志的底色;蓝色有沉静、安静之意,一般用于指令、遵循标志。

b.形状:交通标志选用形状的原则也是要求视认性要强,一般选用最简单的形状,如三角形、圆形、长方形和正方形。不同功能的交通标志,其几何形状有明显的区别。

c.字符:字符是表示标志的具体意义的,其含义要求简单明了,一看就能明白,并符合标准和惯例。道路交通标志的字符可采用汉字和其他文字,也可采用英文。汉字应排在其他文字的上方,汉字高度与设计速度有关,按表1-2-30取用。

汉字高度与设计速度的关系 表1-2-30

设计速度(km/h)	100~120	71~99	40~70	<40
汉字高度(cm)	60~70	50~60	35~50	25~30

标志牌的大小应保证在距标志一定距离内能清楚地识别标志上的图案和文字,则图案和文字的大小必须满足必要距离的识别要求,从而决定了标志牌的尺寸大小。如警告标志的尺寸代号见图1-2-30,尺寸与设计速度的关系见表1-2-31。

警告标志尺寸与设计速度的关系　　　　表1-2-31

设计速度(km/h)	100～120	71～99	40～70	<40
三角形边长 A(cm)	130	110	90	70
黑边宽度 B(cm)	9	8	6.5	5
黑边圆角半径 R(cm)	6	5	4	3
衬边尺寸 C(cm)	1.0	0.8	0.6	0.4

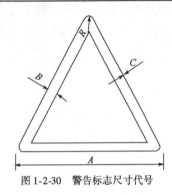

图1-2-30　警告标志尺寸代号

(2)道路交通标线

道路交通标线是由施划或安装于道路上的各种线条、箭头、文字、图案及立面标记、实体标记、突起路标和轮廓标等构成的交通设施。它的作用是向道路使用者传递有关道路交通的规则、警告、指引等信息。可以和标志配合使用,也可单独使用。各等级公路和城市快速路、主干路均应按国家标准设置交通标线,其他道路可按需要设置。

道路交通标线按功能可分为指示标线、禁止标线和警告标线;按设置方式分为纵向标线、横向标线和其他标线;按形态分为线条、字符、突起路标和轮廓标等。

道路交通标线通常为白色或黄色,可用路标漆、塑胶标带和其他材料(如突起路标用的黄铜、不锈钢、合金铝、合成树脂,以及陶瓷、白石头、彩色水泥等)制作,也有蓝色和橙色。

3. 交通控制

交通控制是为控制和诱导交通,促进交通安全和通畅的一种管理手段。交通控制属于动态交通管理,即交通控制措施(如交通信号、可变标志等)随变化的交通状况而实时变化。

(1)平面交叉口的交通控制

城市道路网中有众多的平面交叉口,这些平面交叉路口犹如瓶颈,影响和制约着道路功能的发挥。为了各向进入平交口车流的安全与畅通,可采取从时间上将产生冲突的交通流线分开的措施,给不同方向交通以不同时间的通行权。常用的平交口交通控制方式有以下几种。

①交通信号控制。按控制的范围分为三种基本类型:

a.点控制:简称点控,各交叉口设置的信号装置独立存在,不与相邻平交口的交通控制发生任何联系。信号机的灯色转换有定周期控制和交通感应变周期控制两种。

b.线控制:简称线控,即对某段主干道连续若干个相邻平交口实施相互关联的自动信号控制。线控的目的是应使被控制的各交叉口根据设计参数依次开放绿灯,车辆沿该主干道在保持一定速度行驶到达各交叉口时均为绿灯不必停车等待而直接通过各平交口,所以又称绿波带控制。

c.面控制:简称面控,是对某一定区域内道路网中所有平交口利用计算机实行全面协调统一的自动控制。由此可见,面控是自动化程度最高、最能充分发挥道路网功能和效益、最科学合理的控制方式,因此也是我国城市交通控制的发展方向。

②停车控制。车流进入或通过交叉口前必须先停车,观察到达路口的车流情况,利用冲突车流中出现安全可通过的空隙通过交叉口,一般又分为:

a. 多路停车:在交叉口的所有进口引道右侧设立停车标志,各进口方向车辆到达交叉口时必须先停车而后等待冲突车流中出现安全可通过的间隙再通过。

b. 二路停车(也称单向停车):若为主次道路相交的平交口,在次要道路进口引道右侧设立停车标志,使次要道路上的来车必须停车,等待主要道路车流中出现安全可通过的空隙再通过。

③让路法。在次要道路或交通量明显较少的道路进口引道右侧设立让车标志,该道路上的来车应减速缓行,视冲突车流中出现安全可通过的间隙再加速通过。

④自行调节法。设立具有一定直径的交叉口中心环岛,使各路来车进入交叉口后入环逆时针顺序绕中心环岛至驶出路口出环,即通常所说的"环行平面交叉口"。

⑤不设管制。若交叉口交通量很少,如两条支路相交或居住区内部道路的交叉口等,可不设交通管制,各路来车应谨慎驾驶通过交叉口。

(2)高等级道路的现代化管理系统

高等级道路的现代化管理系统,即采用先进的设备和技术,对道路交通的运行、收费、路况等进行全面监控管理的总称。它涉及系统工程、交通工程、电子通信、计算机技术等专业领域,是一个多学科、技术密集的系统。一般地,该系统组成如图1-2-31所示。

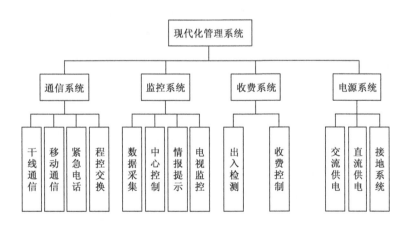

图1-2-31 高速公路现代化管理系统功能框图

自20世纪末以来,日、美及欧洲发达国家开始研究建立"智能运输系统",简称ITS(Intelligent Transportation Systems)。智能运输系统是将先进的信息技术、计算机技术、通信技术、传感器技术、电子控制技术、人工智能技术等有效地综合运用于道路交通运输,使各自独立存在的车辆、道路设施及使用者能有机地结合成一个整体,以发挥道路交通运输系统的最大效益。

智能运输系统将是今后城市道路交通发展的必然趋势,近几年我国的ITS研究也已开始起步,相信ITS的应用将会在不远的将来实现。有关智能运输系统的具体内容可参阅有关书籍。

二、城市公共停车设施

1. 简述

城市公共停车场是城市道路系统的组成部分之一,属静态交通设施,其用地计入城市道路用地总面积之中。但城市公共交通、出租汽车和货运交通场站设施的用地面积不包括在内(其面积属于交通设施用地);各类公共建筑的配套停车场用地也不包括在内(其面积属于公共建筑用地)。我国的《城市停车规划规范》(GB/T 51149—2016)要求:规划人口规模大于等于50万人的城市,机动车停车位供给量应为机动车保有量的1.1~1.3倍;50万人以下的城市为1.1~1.5倍,城市非机动车停车位供给量不应小于非机动车保有量的1.5倍。长期以来,我国城市建设中对公共停车场的重视不够,其设置和规模远远达不到规范要求和实际需要,因而路边停车现象严重,占用机动车道或非机动车道,影响道路系统的正常使用。做好停车场的规划和设计,不仅可解决静态交通的问题,而且对提高道路交通的效益是有帮助的,是一条以"以静制动"的重要措施。

根据城市交通和城市用地性质,城市公共停车场可分为外来机动车公共停车场、市内机动车公共停车场和自行车停车场三类。

外来机动车停车场应设置在城市的外环路和城市主要出入口道路附近,可起到截流外来或过境机动车辆作用,有利于城市安全、环境卫生和减少对市内交通的影响。市内公共停车场应靠近主要服务对象,如交通枢纽(如火车站、长途汽车站)、大型集散场所(如体育场馆、影剧院、大型广场和公园)和大型服务性公共设施(如大型商场、饭店)等。

城市公共停车场的布局和规模要与城市交通的组织与管理相配合,并且要做好与城市道路的连接设计,既满足静态交通(停车)要求,又不妨碍动态交通的畅通。

2. 机动车停车场设计

(1)停车场(库、楼)的停车位数

停车场的停车车位数(N)可按下式计算:

$$N = \text{AADT} a\gamma \frac{1}{\beta}(辆/h) \tag{1-2-26}$$

式中:AADT——道路设计年限的年平均日交通量(辆/d);

a——停车率,即停放车辆占设计交通量百分数,与停车场性质、车辆种类等有关;

γ——高峰率,即高峰小时停放车辆数占全日停放车辆数的百分数,可取0.1,

$$\gamma = \frac{高峰小时停放车辆数(辆/h)}{全日停放车辆数(辆/d)}$$

β——周转率,即每小时一个车位可以周转使用停放多少个车次,

$$\beta = \frac{1(h)}{平均停放时间(h)}$$

另若计算市中心公共停车场的停车位数时,按式(1-2-26)计算之值还应再乘以1.1~1.3的高峰系数。

(2)停车场面积计算

机动车公共停车场用地面积宜按当量小汽车停车位数计算。地面停车场用地面积,每个停车位宜为25~30m²;停车楼和地下停车库的建筑面积,每个停车位宜为30~40m²。

（3）停车车位的布置

汽车进出停车车位的停发方式（图1-2-32）有以下三种：前进停车、前进出车；前进停车、后退出车；后退停车、前进出车。其中以第一种方式为最佳（因停车、出车均无须倒车）。

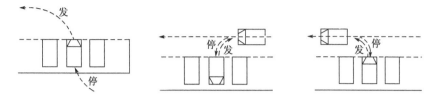

图1-2-32　车辆停发方式

停车车位的布置方式按汽车纵轴线与通道的夹角关系有以下三种基本类型（图1-2-33）：

①平行停放：车辆停放时车身方向与通道平行，相邻车辆头尾相接，顺序停放，是路边停车带或狭长场地停车的常用形式，如图1-2-33a）所示。

②垂直停放：车辆停放时车身方向与通道垂直，驶入驶出车位一般需倒车一次，用地较紧凑，通道所需宽度最大，如图1-2-33b）所示。

③斜向停车：如图1-2-33c）所示，车辆停放时车身方向与通道成30°、45°或60°的斜放方式。此方式车辆停放较灵活，驶入驶出较方便，但单位停车面积较大。

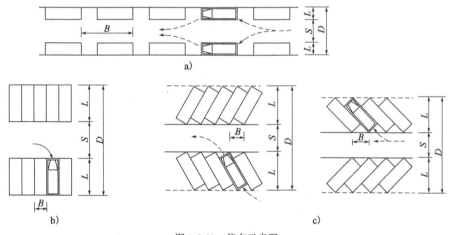

图1-2-33　停车示意图

L-垂直通道方向停车车位宽；S-通道宽；B-平行通道方向停车车位宽；D-停车场宽

3. 自行车停车场设计

自行车是我国城市居民广泛拥有的交通工具，目前城市居民的自行车拥有量已接近饱和。根据我国的国情和条件，自行车交通在今后相当长的一段时期内仍将在城市交通中占有重要位置，因此，在城市停车规划中应予以重视。

（1）自行车停车场地规划原则

①就近布置在大型公共建筑附近，尽可能利用人流较少的旁街支路、附近空地或建筑物内空间（地面或地下）。

②应避免停放出入口对着交通干道。

③停车场内交通组织应明确，尽可能单向行驶。

④每个自行车停车场应设置至少2个出入口，出口和入口可分开设置，也可合并设置，出

入口宽度应满足两辆自行车并排推行。

⑤固定停车场应有车棚、车架、地面铺砌,半永久或临时停车场也应树立标志或画线。

(2)停放方式

常采用垂直式和斜列式停放,如图 1-2-34 所示。

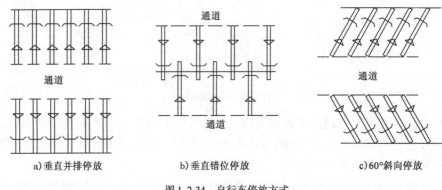

图 1-2-34　自行车停放方式

三、公共交通站点的布置

城市公共交通站点分为首末站、枢纽站和中间停靠站三种类型。合理规划布置站点应在对客流的流向、流量的调查分析基础上作出。

首末站的布置要考虑车辆掉头回车的场地、部分车辆停歇及加水、清洁、保养和小修工作的用地。

枢纽站一般设有若干条公交线路,上、下车及换乘的乘客较多,在布置上应注意保护乘客、行人和车辆的安全,尽量避免换车乘客穿越车行道,同时使换乘步行距离最短。

中间停靠站是提供给沿线公交乘客定点上、下车的道路交通设施,在具体安排时应考虑的主要问题是停靠站的间距和停靠站台的布置形式。

1. 停靠站的间距

根据对公交乘客的乘车心理分析可知,在公交车上的乘客总是希望车辆尽快到达目的地,中途最好不停或少停车;而对于路线中途要上、下车的乘客则希望车站离出发点或目的地很近,使步行时间最短,即要求站距短一点(多设站)好。可见车上和车下的乘客对站点布设的距离要求是不一样的,但目的都一样,即希望出行的途中所用时间最少,即

$$2t_{步} + t_{车} = 最小 \tag{1-2-27}$$

式中:$t_{步}$——乘客从出发点步行到车站或从车站步行到目的地的平均用时(min),

$$t_{步} = \left(\frac{1}{3\delta} + \frac{S}{4}\right)\frac{60}{V_{步}}$$

$V_{步}$——乘客平均步行速度(km/h);

$t_{车}$——乘客在车上平均乘距为 $L_{乘}$ 时所用的时间(min),

$$t_{车} = \frac{60L_{乘}}{v_{运}} = \frac{60L_{乘}}{v_{行}} + \left(\frac{L_{乘}}{S} - 1\right)t_{上下}$$

$v_{运}$——公交车(包括停车上下乘客在内)的平均运送速度(km/h);

$v_{行}$——公交车(不包括停车上下乘客在内)的平均行驶速度(km/h);

$L_乘$——乘客平均乘距(km);

S——公交线路平均站距(km);

$t_{上下}$——公交车在停靠站上下乘客平均用时。

若要得到公交出行用时最短的最佳站距,则可根据式(1-2-27),应用高等数学中求极值的方法,由下式计算:

$$\varphi'(2t_步 + t_车) = 0 \tag{1-2-28}$$

将前面给出的 $t_步$ 和 $t_车$ 表达式代入上式,对 S 求导,经计算得到最佳站距(km)表达式:

$$S_佳 = \sqrt{\frac{V_步 L_乘 t_{上下}}{30}} \tag{1-2-29}$$

2. 停靠站台的布置形式

停靠站台在道路平面上的布置形式主要有沿路侧带边设置和沿两侧分隔带边设置两种。

(1)沿路侧带边设置

这种方式布置简单,一般只需在路侧带上辟出一段用地作为站台,以供乘客上下车即可,如图1-2-35所示。站台宜高出路面0.15~0.20m,并避免有杆柱障碍,以方便乘客上下车。此方式对乘客上下车最安全,但停靠的车辆对非机动车交通影响较大。这种布置方式适用于单幅路和双幅路。

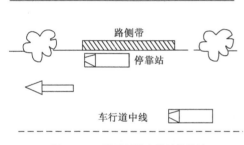

图1-2-35 沿路侧带边设置停靠站

(2)沿两侧分隔带边设置

对于这种布置方式,停靠的公交车与非机动车道上的车辆无相互影响,但上下车的乘客需横穿非机动车道,给二者带来不便。此形式适用于三幅路和四幅路,如图1-2-36a)所示。采用这种方式布置站台的分隔带宽度应不小于2m。

当分隔带较宽(≥4m)时,可压缩分隔带宽度辟作路面,设置港湾式停靠站,以减小停靠车辆所占的机动车道宽度,保证正线上的交通畅通,如图1-2-36b)所示。港湾式停靠站的长度应至少有两个停车位。

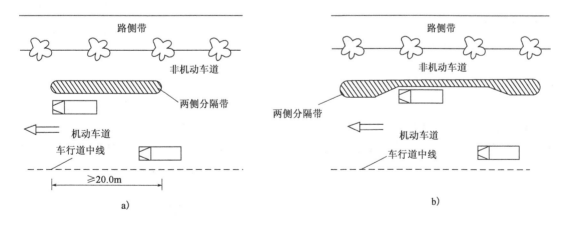

图1-2-36 沿分隔带边设置停靠站

四、道路交通安全防护设施

1. 行人安全设施

（1）人行过街地道

地道净空小，建筑高度低，行人过街时比较方便。此设施对地面景观影响较少；若注意对地道内的地面、墙面及灯光的装饰，可给行人新奇的感受。但在城市建成区或旧城区；往往因密集的地下管线使采用此方式困难。地下通道的宽度应能满足人流高峰时的过街需求。

（2）人行天桥

人行天桥又称高架人行道，多修建在过街繁忙路段和行人较多的交叉口。其平面布置主要有两种方式：一种为分散布置，即在交叉口各路口人行过街横道处分别布置过街天桥；另一种为集中布置，即在交叉口处用多桥互通的三角形、矩形、X形、环形等形式连通，这种方式桥梁构造相对集中，便于行人流动，较适于小型的平交口。

（3）交叉口护栏与人行道护栏

交叉口护栏与人行道护栏是为了保护行人，防止行人任意横穿马路，排除对机动车、非机动车的横向干扰而设置的。这种护栏的设置应与过街设施（如人行横道、过街天桥和地道等）结合起来，做到既保障人车安全又方便行人过街。

有些城市道路从交通安全角度出发，在车行道设置中央隔离栅栏，既对双向机动车交通起到一定的安全作用，又可防止行人及非机动车随意横穿马路。在道路横断面布置较紧张或不宜设置中央分隔带时，可考虑采用此方式。

（4）人行横道

在交叉口各路口处，利用地面标线明确行人过街的位置与范围，同时设置行人过街的信号控制系统，使过街行人与欲驶过人行横道路面进入交叉口的车辆在不同的时段内通行。在人流量不太大的路段，人行横道处没有设置交通信号控制，行人过街须注意车辆，车辆在通过没有信号控制的人行横道时，须注意避让过往行人。

2. 车辆安全措施

车辆安全措施包括交通岛、视线诱导设施、分隔设施以及防眩装置等。

交通岛是设置在平交路口或路段上，用以引导车流沿规定方向或路线通行的岛状物体，对保证交通安全、提高通过能力有一定作用。按其作用不同可分为导向岛、分隔岛、中心岛和安全岛。也有的通过在路面上画斑马线作为交通岛的标记。

视线诱导设施如反光道牙、猫眼等，夜间在灯光照射下可以指示分车线、分隔带等以诱导视线。

分隔设施包括分隔带和隔离栅栏（或隔离墩），用以分隔不同方向的机动车及非机动车，消除相互之间的干扰和影响。分隔带是具有规定宽度（1.2～1.5m）的带状构造物，它除起到分隔车流的作用外，还可用作绿化及为交通设施或市政工程管线提供布置空间。当道路宽度不足时，可用隔离栅栏或隔离墩予以分隔。弯道或平交口处的隔离墩除分隔作用外，其视线诱导与导流作用也十分明显。防眩装置即是在道路的中央分隔带上设置防眩网或种植灌木丛以消除或减弱夜间行车时对向车辆灯光对驾驶员造成的眩光影响。防眩网或灌木丛一般以略高于驾驶员的视线高度布置，多用于保证快速交通的高等级道路上。

其他保证人车安全的交通设施，还有交通标志（警告、禁令、指示等），标线，信号等。同时,加强日常的交通组织与管理,宣传交通法规,提高交通行为者的交通安全意识,创造一个良好的交通环境,对于保障人车交通安全也是必不可少的。

复习思考题

1. 为什么要限制最大超高横坡度?
2. 设置缓和曲线的目的是什么?
3. 圆曲线设置加宽的原因及条件是什么?
4. 什么是行车视距?哪些场合下行车视距会受到限制?
5. 采取什么措施保证汽车在弯道行驶的安全与稳定?
6. 在平面线形设计中对直线段长度有何限制要求?
7. 何谓超高?简述设置超高的原因及条件。
8. 简述视距包络图的绘制方法与步骤。
9. 简述平、纵线形组合的基本原则。
10. 路线纵断面设计应考虑哪些主要高程控制点?
11. 纵坡设计应考虑哪些技术指标的限定要求?
12. 横断面设计的主要内容是什么?
13. 什么是交通组织设计?
14. 消除冲突点常用的方法什么?
15. 何谓渠化交通?常用的方法有哪些?
16. 完全互通立交与部分互通立交的主要区别何在?
17. 按交通功能分,立交分为哪几类?
18. 何谓交通控制?何谓交通管理?主要有哪些措施?
19. 停车场设计要考虑哪些因素?
20. 交通安全防护设施有哪些?

习题

1. 根据给定的路线平面设计资料,求:(1)两曲线的切线长、曲线长、缓和曲线长及曲线中点桩号;(2)两曲线间交点间距及所夹直线段长度。

JD1 = K4 +650.56　ZH1 = K4 +525.82　HY1 = K4 +585.82　YH1 = K4 +709.82
HZ1 = K4 +769.08
JD2 = K5 +321.21　ZH2 = K5 +238.27　HY2 = K5 +298.27　YH2 = K5 +339.50
HZ2 = K5 +399.50

2. 如图 1-2-37 所示,A 点里程桩号为 K3 +040,其设计高程为 478.00m,变坡点 B (K3 +240)处竖曲线的切线长为 25m。求:K3 +215、K3 +240、K3 +260 及 C 点(K3 +390)的设计高程。

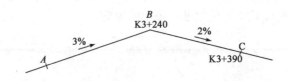

图 1-2-37

3. 某路段两相邻桩号分别为 K1+253 和 K1+300,计算出横断面面积分别为 $A_{t1}=38.2\mathrm{m}^2$,$A_{w1}=12.1\mathrm{m}^2$,$A_{t2}=3.2\mathrm{m}^2$,$A_{w2}=47.5\mathrm{m}^2$,求此路段的土石方体积。

第三章 路基工程

内容提要：本章介绍了道路路基的特点、作用与要求,路基的基本结构、影响因素、病害与防治等基本知识,说明了公路自然区划、干湿类型、受力与强度特征等基本概念;阐述了一般路基设计、路基排水设计、路基稳定性分析、路基防护加固工程与挡土墙设计等主要内容与程序,并对路基工程施工技术方法进行了简要说明。

第一节 概 述

路基是在天然地表面按照道路的设计线形(位置)和设计横断面(几何尺寸)的要求,开挖或堆填而成的土石结构物。路基是路面结构的基础,坚实而又稳定的路基,为路面结构长期承受汽车荷载提供了重要的保证,提高路基的强度和稳定性,可以适当减薄路面结构厚度,从而降低工程造价。

一、路基工程的特点

路基是一种设置在地表面、暴露于大自然中,由筑路土石材料构成的线形工程结构物,它具有结构形式简单、影响因素多变、牵涉范围很广、施工安排不易等特点。

一条道路,绵延可达数十以至数百公里,沿线的气候、地形、水文和地质等自然条件往往很不一样,环境(自然)条件的变迁对路基材料的物理力学性质及路基结构体系的性状影响很大。因此,在路基设计时,必须调查沿线的自然条件和分析各种不利因素对路基的危害,掌握足够的设计资料和确切的计算参数,针对具体情况采取切实可行和经济合理的工程技术措施。

路基工程设计与路线设计是相辅相成的。在选定路线时,除考虑线形外,还要顾及路基工程情况;反之,路线难以绕避地质不良地段时,也可对路基采取一定的措施,以提高道路的使用质量。

路基工程除路基本体外,还有道路排水、防护加固设施,并同桥涵和地下管线相关联,应该相互配合和综合考虑。建造道路时,会涉及生态环境、水土保持和其他地物(如农田、水利、房屋等),必须妥善处理各方面的关系。

路基工程是道路的主要组成部分,工程数量十分可观,例如微丘区的三级公路,土石方数量为 8 000～16 000m³/km,山岭、重丘区的三级公路可达 20 000～60 000m³/km,对于高速公路其数量更为可观。因此,精心设计,精心施工,使路基结构具备应有的强度和稳定性,对节约投资,提高运输效益,具有十分重要的意义。路基工程的项目和数量,特别是路基土石方,沿线分布常不一致,各段采用的施工方法、劳力和机具配备就有差异,而且工作面狭窄,又受天气的影响,给施工组织和管理带来不少困难;在土石方量集中、水文和地质条件复杂的地段,遇到的技术问题多而难,常成为道路建设的关键。因此,采用先进的施工技术、合理的施工组织、科学的施工管理,对于确保工程质量、提高劳动生产率、缩短工期、降低造价、节省土地、安全生产等,都有重要意义。

二、对路基的基本要求

路基的断面尺寸和高程都应符合路线设计的要求。此外,作为承受行车荷载的构造物,还应满足以下要求:

1. 应有足够的整体稳定性

路基的修建,改变了原地面的自然平衡状态,在某些地形、地质条件下,路堑边坡可能坍塌,路堤可能横向滑移。为使路基具有抵抗自然因素侵蚀的能力,必须采取一定的技术措施来保证路基整体结构的稳定性。

2. 应具有足够的强度

路基既要承受由路面传递下来的行车荷载,还要承受路面和路基的自重,势必对路基产生一定的应力作用。只有路基具有足够的强度,才能抵抗应力的作用而不致产生超过允许范围的变形或破损。

3. 应具有足够的水温稳定性

根据土力学的理论,土质路基的强度受其含水率的影响十分显著,在大气负温度作用下,土在冻结过程中水分发生迁移和积聚,这就是土的水温状况。在季节性冰冻地区,由于水温状况的变化,路基将发生冻融循环,而在春融期间其强度急剧下降。因此,应保证路基在最不利的水温状况下仍具有足够的强度,即要求路基具有一定的水温稳定性,这是十分重要的。

三、路基结构

路基由土质或石质材料组成。自路基顶面以下由上路床、下路床、上路堤、下路堤(至无限深处)构成,见图 1-3-1。路基的构造通常按路基填挖的情况用横断面图表示,其断面形式可分为路堤、路堑和半填挖路基三种类型。

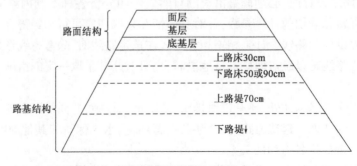

图 1-3-1　路基路面结构分层示意图

1. 路堤

路基顶面高于原地面的填方路基称为路堤。其断面由路基顶面、边坡、护坡道、取土坑或边沟、支挡结构、坡面防护等部分组成。

2. 路堑

全部由地面开挖出的路基称为路堑。它有全路堑、半路堑(又称台口式)和半山洞三种形式。

3. 半填挖路基

横断面部分为挖方、部分为填方的路基称为半填挖路基。

四、影响路基稳定的因素

路基裸露在大气中,其稳定性在很大程度上由当地自然条件决定。因此,应深入调查公路沿线的自然条件,从总体到局部,从大区域到具体路段的自然情况,分析研究、掌握其规律及对路基稳定性的影响,因地制宜地采取有效的工程措施,以确保路基具有足够的强度和稳定性。路基的稳定性与下列因素有关:

1. 地理条件

公路沿线的地形、地貌和海拔高度不仅影响路线的选定,也影响到路基工程设计。平原、丘陵、山岭各区地势不同,路基的水温状况也不同。平原区地势平坦,排水困难,地表易积水,地下水位相应较高,因而路基需要保持一定的最小填土高度使路床远离地下水;丘陵区和山岭区,地势起伏较大,路基排水设计至关重要,处理不好会导致稳定性下降,出现破坏现象,影响路基稳定性。

2. 地质条件

沿线的地质条件,如岩石的种类、成因、节理、风化程度和裂隙情况,岩石走向、倾向、倾角、层理和岩层厚度,有无夹层或遇水软化的夹层,以及有无断层或其他不良地质现象(岩溶、冰川、泥石流、地震等),都对路基的稳定性有一定的影响。

3. 气候条件

气候条件如气温、降水、湿度、冰冻深度、日照、蒸发量、风向、风力等都会影响公路沿线地面水和地下水的状况,并且影响到路基的水温情况。在一年之中,气候有季节性的变化,因此路基的水温状况也随之变化。气候还受地形的影响,例如山顶与山脚,山南坡与山北坡气候有很大的差别,这些因素都会严重影响路基的稳定性。

4. 水文和水文地质条件

水文条件是指公路沿线地表水的排泄,河流洪水位,正常水位,有无地表积水和积水时期的长短,河岸的淤积情况等。水文地质条件指地下水位,地下水移动的规律,有无层间水、裂隙水、泉水等。所有这些地面水及地下水都会影响路基的稳定性,如果处理不当,常会引起各种病害。

5. 土的类别

土是建筑路基的基本材料,不同的土类具有不同的工程性质,因而将直接影响路基的强度与稳定性。不同的土类含有不同粒径的土颗粒,砂粒成分多的土,强度构成以内摩擦力为主,强度高,受水的影响小,但施工时不易压实。较细的砂,在渗流情况下,容易流动,形成流砂。黏粒成分多的土,强度形成以黏聚力为主,其强度随密实程度的不同,变化较大,并随湿度的增大而降低。粉土类的毛细现象强烈,路基的强度和承载力随着毛细水上升、湿度增大而下降。在负温度坡差作用下,水分通过毛细作用移动并积聚,使局部土层湿度大幅度增加,造成路基冻胀,最后导致路基翻浆、路面结构层断裂等各种破坏。

五、路基的病害与防治

1. 路基的主要病害

路基裸露在大气中,经受着土体自重、行车荷载和各种自然因素的作用,路基的各个部位可能会产生变形。路基的变形分为可恢复变形和不可恢复变形,路基的不可恢复变形将引起路基高程和边坡坡度、形状的改变。严重时,造成土体位移,危及路基的整体性和稳定性,造成路基各种破坏。路基的主要病害有以下几种。

(1)路基沉陷。

路基沉陷(图1-3-2)是指路基表面在垂直方向产生较大的沉落,路基的沉陷可以有两种情况。第一种情况:路基的沉缩是因路基填料选择不当,填筑方法不合理,压实度不足,在路基堤身内部形成过湿的夹层等因素,在荷载和水温综合作用之下,引起路基本身的压缩沉陷,如图1-3-2b)所示。第二种情况:地基的沉陷是指原天然地面有软土、泥沼或不密实的松土存在,承载能力极低,路基修筑前未经处理,在路基自重作用下,地基下沉或向两侧挤出,引起路基下陷,如图1-3-2c)所示。

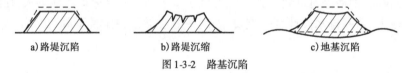

a)路堤沉陷　　　　b)路堤沉缩　　　　c)地基沉陷

图1-3-2　路基沉陷

(2)路基边坡滑塌。

路基边坡滑塌是最常见的路基病害,根据边坡土质类别、破坏原因和规模的不同,可分为溜方与滑坡两种情况。溜方由于少量土体沿土质边坡向下移动所形成的。溜方通常指的是边坡上表面薄层土体下溜,主要是由于流动水冲刷边坡或施工不当而引起的,如图1-3-3a)、b)所示;滑坡是一部分土体在重力作用下沿某一滑动面的滑动,主要是由于土体的稳定性不足所引起的,如图1-3-3c)所示。

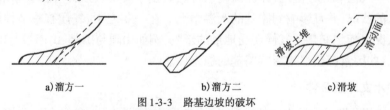

a)溜方一　　　　b)溜方二　　　　c)滑坡

图1-3-3　路基边坡的破坏

路堤边坡坡度过陡,或边坡坡脚被冲刷淘空,或填土层次安排不当,是路堤边坡发生滑坡的主要原因。

路堑边坡滑坡的主要原因是边坡高度和坡度与天然岩土层次的性质不相适应。黏性土层和蓄水的砂石层交替分层蕴藏,特别是有倾向于路堑方向的斜坡层理存在时,就容易造成滑坡。

(3)碎落和崩塌。

剥落和碎落是指路堑边坡风化岩层表面,在大气温度与湿度的交替作用,以及雨水冲刷和动力作用之下,表层岩石从坡面上剥落下来,向下滚落。大块岩石脱离坡面沿边坡滚落称为崩塌。

(4)路基沿山坡滑动。

在较陡的山坡填筑路基,若路基底部被水浸湿,形成滑动面,坡脚又未进行必要的支撑,在路基自重和行车荷载作用下,整个路基沿倾斜的原地面向下滑动,路基整体失去稳定。

(5)不良地质和水文条件造成的路基破坏。

公路通过不良地质条件(如泥石流、溶洞等)和较大自然灾害(如大暴雨)地区,均可能导致路基的大规模毁坏。

2. 路基病害防治

为了提高路基的稳定性,防治各种病害的产生,常采取以下一些措施:

(1)正确设计路基横断面。

(2)选择良好的路基用土填筑路基,必要时对路基上层填土作稳定处理。

(3)采取正确的填筑方法,充分压实路基,保证达到规定的压实度。

(4)适当提高路基,防止水分从侧面渗入或从地下水位上升进入路基工作区范围。

(5)正确进行排水设计(包括地面排水、地下排水、路面结构排水以及地基的特殊排水)。

(6)必要时设计隔离层隔绝毛细水上升,设置隔温层以减少路基冰冻深度和水分聚积,设置砂垫层以疏干土基。

(7)采取边坡加固、修筑挡土结构物、土体加筋等防护技术措施,以提高其整体稳定性。

以上各项技术措施的宗旨在于限制水分侵入路基,或使已侵入路基的水分迅速排除,保持干燥,提高路基的整体强度与稳定性。

六、公路自然区划

我国地域辽阔,从北向南分处于寒带、温带和热带。从青藏高原到东部沿海高程相差4 000m以上,因此自然因素变化极为复杂。不同地区自然条件的差异同公路建设有密切关系。为了区分各地自然区域的筑路特性,经过长期研究,制定了《公路自然区划标准》(JTJ 003—1986)。

该区划是根据以下三原则制定的:

(1)道路工程特征相似的原则。即在同一区划内,在同样的自然因素下筑路具有相似性。例如,北方不利季节主要是春融时期,有翻浆病害,南方不利季节在雨季,有冲刷、水毁等病害。

(2)地表气候区划差异性的原则。即地表气候是地带性差异与非地带性差异的综合结果。通常,地表气候随着当地纬度而变,如北半球,北方寒冷,南方温暖,这称为地带性差异。除此之外,还与高程的变化有关,即沿垂直方向的变化,如青藏高原,由于海拔高,与纬度相同的其他地区相比,气候更加寒冷,这称为非地带性差异。

(3)自然气候因素既有综合又有主导作用的原则。即自然气候的变化是各种因素综合作用的结果,但其中又有某种因素起着主导作用,例如道路冻害是水和热综合作用的结果。但是在南方,只有水而没有寒冷气候的影响,不会有冻害,说明温度起主导作用;西北干旱区与东北潮湿区,同样都有负温度,但前者冻害轻于后者,说明水起主导作用。

"公路自然区划"分三级进行区划,首先将全国划分为多年冻土、季节冻土和全年不冻土三大地带,然后根据水热平衡和地理位置,划分为冻土、温润、干湿过渡、湿热、潮暖和高寒7个大区。二级区划是在每个一级区内,再以潮湿系数为依据,分为6个等级,还结合各个大区的地理,气候特征(如雨季、冰冻深度),地貌类型,自然病害等因素,将全国分为33个二级区和19个二级副区。三级区划是二级区划的具体化,划分的方法有两种,一种是以水热、地理和地貌为依据,另一种是以地表的地貌、水文和土质为依据,由各省、自治区自行划定。

七、路基湿度状况及干湿类型

路基的强度与稳定性在很大程度上与路基的湿度以及大气温度引起的路基的水温状况有密切的关系。路基在使用过程中,受到各种外界因素的影响,湿度发生变化。

路基湿度的水源可分为以下几方面:

(1)大气降水:大气降水通过路面,路肩边坡和边沟渗入路基。

(2)地面水:边沟的流水、地表径流水因排水不良,形成积水,渗入路基。

(3)地下水:路基下面一定范围内的地下水浸入路基。

(4)毛细水:路基下的地下水,通过毛细管作用上升到路基。

(5)水蒸气凝结水:在土的空隙中流动的水蒸气,遇冷凝结成水。

(6)薄膜移动水:在土的结构中水以薄膜的形式从含水率较高处向较低处流动,或由温度较高处向冻结中心周围流动。

上述各种导致路基湿度变化的水源,其影响程度随当地自然条件和气候特点以及所采取的工程措施等不同。

现行《公路路基设计规范》(JTG D30—2015)中规定了路基平衡湿度状况可依据路基湿度来源分为潮湿、中湿、干燥三类。所谓路基平衡湿度状态是指路基湿度状况受降水蒸发、地热、温度、等影响,在完工后,2~3年内,湿度变化处于相对稳定的状态。其中三类干湿状态的判别如下,如图1-3-4所示。

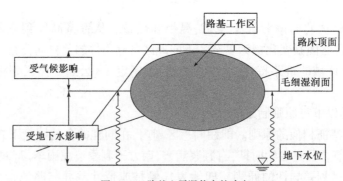

图1-3-4 路基土干湿状态的确定

(1)地下水或地表积水水位高,路基工作区全部处于地下水毛细润湿影响范围内,路基平衡湿度由地下水或地表长期积水的水位升降所控制时,路基湿度状态可确定为潮湿类。

(2)地下水位很低,路基工作区处于地下水毛细润湿影响范围以上,路基平衡湿度由气候因素所控制时,路基湿度状态可确定为干燥类。

(3)地下水位一般,路基工作区被地下水毛细润湿面分为上、下两部分,下部由地下水毛细作用所控制,而上部受气候控制时,路基湿度状态可确定为中湿类。

平衡湿度状态指标以饱和度表达,是土体含水率与密实度状况的综合反映,可以相对准确的说明湿度状况。

潮湿类路基的平衡湿度根据路基土组类别及地下水位高度查表确定距地下水位不同高度处的饱和度 $p(\%)$;干燥类路基的平衡湿度根据路基所在公路自然区划对应的湿度指标 TMI 和土组类别确定饱和度 $p(\%)$;中湿类路基先分路基工作区上、下部分分别确定各自的平衡湿度,再以厚度加权平均计算路基的平衡湿度。

八、路基的受力与应力工作区

路基承受着路基路面自重和汽车轮重这两种荷载。在两种荷载共同作用下,在一定深度范围内,路基土处于受力状态。正确的设计应使得路基所受的力在路基弹性限度范围内,而当车辆驶过后,路基能恢复原状,以保证路基相对稳定,路面不致引起破坏。

路基土在车轮荷载作用下所引起的竖向应力 σ_z 可以用近似公式(1-3-1)计算。计算时,假定车轮荷载为一圆形均布垂直荷载,路基为一弹性均质半空间体:

$$\sigma_z = \frac{p}{1 + 2.5\left(\frac{Z}{D}\right)^2} \quad \text{或} \quad \sigma_z = K\frac{P}{Z^2} \tag{1-3-1}$$

式中:P、p——车轮集中荷载(kN)及其换算的均布荷载(kN/m²);

D——圆形均布荷载作用面积的直径(m);

Z——圆形均布荷载中心下应力作用点的深度(m)。

路基土本身自重在路基内深度为 Z 处引起的垂直压应力 σ_B 按式(1-3-2)计算:

$$\sigma_B = \gamma Z \tag{1-3-2}$$

式中:γ——土的重度(kN/m³);

Z——应力作用点深度(m)。

虽然路面结构材料的重度比路基土的重度略大,但是结构层的厚度相对于路基某一深度而言,这个差别可以忽略,仍可视作均质土体。

路基内任一点处的垂直应力包括由车轮荷载引起的 σ_z 和由土基自重引起的 σ_B 两者的共同作用,如图 1-3-5 所示。

在路基某一深度 Z_a 处,当车轮荷载引起的垂直应力与路基土自重引起的垂直应力相比所占比例很小,仅为 1/10 时,该深度 Z_a 范围内的路基称为路基工作区。在工作区范围内的路基,对于支承路面结构和车轮荷载影响较大;在工作区范围以外的路基,影响逐渐减少。

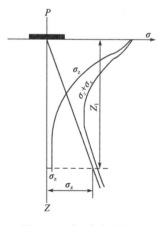

图 1-3-5 路基应力分布图

路基工作区深度 Z_a 可以用式(1-3-3)计算:

$$Z_a = \left(\frac{KnP}{\gamma}\right)^{\frac{1}{3}} \tag{1-3-3}$$

式中:$K = 0.5$;$n = 10$。

由式(1-3-4)可见,路基工作区随车轮荷载的加大而加深。路基工作区内,土基的强度和

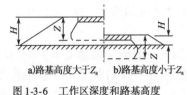

图 1-3-6 工作区深度和路基高度

稳定性对保证路面结构的强度和稳定性极为重要,对工作区深度范围内的土质选择以及路基的压实度应提出较高的要求。当工作区深度大于路基填土高度时(图1-3-6),行车荷载的作用不仅施加于路堤,而且施加于天然地基的上部土层,因此,天然地基上部土层和路堤应同时满足工作区的要求,均应充分压实。

九、路基土的应力—应变特性

路基是路面结构的支承体,车轮荷载通过路面结构传至路基,所以路基土的应力—应变特性对路基路面结构的整体强度和刚度有很大影响。路面结构的损坏,除了它本身的原因之外,路基的变形过大是重要原因之一。路基土的变形包括弹性变形和塑性变形两部分。过大的塑性变形将导致各种沥青路面产生车辙和纵向不平整,对于水泥混凝土路面,路基土的塑性变形将引起板块断裂。弹性变形过大将使得沥青面层和水泥混凝土面板产生疲劳开裂。在路面结构总变形中,土基的变形占很大部分,占 70% ~85%,所以提高路基土的抗变形能力是提高路基路面结构整体强度和刚度的重要方面。

理想的线性弹性体在一定的应力范围内,应力与应变的关系呈线性特性。而且当应力消失时,应变随之消失,恢复到初始状态。路基土的内部结构十分复杂,由固相、液相和气相三部分组成。固相部分又由不同成分、不同粒径的土石颗粒所组成。所以路基土在应力作用下呈现的变形特性同理想的线性弹性体有很大区别。

压入承载板试验是研究土基应力—应变特性最常用的一种方法。这种方法是以一定尺寸的刚性承载板置于土基顶面,逐级加荷卸荷,记录施加于承载板上的荷载及由该荷载所引起的沉降变形,根据试验结果,可绘出土基顶面压应力与回弹变形的关系曲线。如图 1-3-7a)所示是这种关系的典型情况。

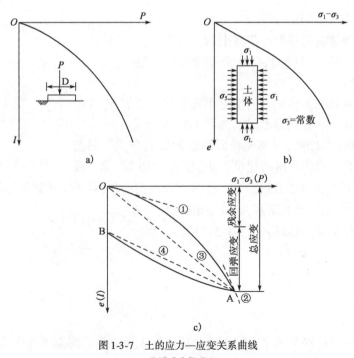

图 1-3-7 土的应力—应变关系曲线

根据弹性力学理论,通过试验测得的回弹变形可以用式(1-3-4)计算土基的回弹模量:

$$E_0 = \frac{pD(1-\mu^2)}{l}\bar{\omega} \qquad (1\text{-}3\text{-}4)$$

式中:l——承载板的回弹变形(cm);

D——承载板的直径(cm);

E_0——土体的回弹模量(kPa);

μ——土体的泊松比;

p——承载板压强(kPa);

$\bar{\omega}$——变形系数,当柔性承载板取板中心回弹变形时为1。

假如土体为理想的线性弹性体,则施加的荷载 p 与回弹变形 l 之间应成直线关系。但是实际上,如图1-3-7a)所示的 p 与 l 之间的曲线关系是普遍的,因此,土基的回弹模量并不是常数。

土基应力—应变的非线性特性由三轴试验的结果也可以证明。如图1-3-7b)所示为三轴试验的应力—应变关系曲线。土的竖向应力 $\sigma_1 - \sigma_2$ 与竖向压应变 ε_1 之间普遍存在着非线性关系,所以 E 值不能视为不变的常量。

土体在内部应力作用下表现出的变形,从微观的角度看,是土的颗粒之间的相对移动。当移动的距离超出一定限度时,即使将应力解除,土体的颗粒已不再能回复原位;从宏观角度看,土基将产生不可恢复的残余变形。因此,土基的应力—应变关系除了出现非线性特性之外,还表现出弹塑性性质。由图1-3-7c)可以看出,当荷载卸除,应力恢复到零时,曲线由 A 回到 B,OB 即为塑性或残余应变。

尽管土基的应力—应变关系如此复杂,但是在评定土基应力—应变状态以及设计路面时通常仍然用弹性模量值 E 来表征。最简单的方法是采用局部线性化的方法,即在曲线的某一个微小线段内,近似地将它视为直线,以它的斜率作为模量值。按照应力—应变曲线上应力取值方法的不同,模量有以下几种:

(1)初始切线模量。应力值为零时的应力—应变曲线的斜率,如图1-3-7c)中的①所示。

(2)切线模量。某一应力级位处应力—应变曲线的斜率,如图1-3-7c)中的②所示,反映该级应力处应力—应变变化的精确关系。

(3)割线模量。以某一应力值对应的曲线上的点同起始点相连的割线的斜率,如图1-3-7c)中③所示,反映土基在工作应力范围内的应力—应变的平均状态。

(4)回弹模量。应力卸除阶段,应力—应变曲线的割线模量,如图1-3-7c)中④所示。

前三种模量中的应变值包含残余应变和回弹应变,而回弹模量则仅包含回弹应变,它部分地反映了土的弹性性质。

土基承受着车轮荷载的多次重复作用。每一次荷载作用之后,回弹变形即时消失,而塑性变形则不能消失,残留在土基之中。随着作用次数的增加,产生塑性变形的积累,总变形量逐渐增大。最终会导致两种不同的情况:一种情况是土体逐渐压密,土体颗粒之间进一步靠拢,每一次加载产生的塑性变形量越来越小,直至稳定,这种情况不致形成土基的整体性剪切破坏;另一种情况是荷载的重复作用造成了土体的破坏,每一次加载作用在土体中产生了逐步发展的剪切变形,形成能引起土体整体破坏的剪裂面,最后达到破坏阶段。土基在重复荷载作用下产生的塑性变形积累,最终将导致何种状况,主要取决于以下因素:

(1)土的性质(类型)和状态(含水率、密实度、结构状态)。

(2)重复荷载的大小。以重复荷载同一次静载下达到的极限强度之比来表示,即相对荷载。

(3)荷载作用的性质。即重复荷载的施加速度、每次作用的持续时间以及重复作用的频率。

十、路基的强度

在车轮荷载作用下,路基路面结构的强度与刚度除了与路面材料的品质有关之外,路基的支承起着决定性的作用。路基作为路面结构的基础,它抵抗车轮荷载能力的大小,主要决定于路基顶面在一定应力级位下抵抗变形的能力,所以路基的承载能力(强度)都采用一定应力级位下的抗变形能力来表征。用于表征土基承载力的参数指标有回弹模量、地基反应模量和加州承载比(CBR)等,《公路路基设计规范》(JTG D30—2015)中规定以平衡湿度路基土动态回弹模量作为公路路基的设计指标。

1. 路基回弹模量

以回弹模量表征土基的承载能力,可以反映土基在瞬时荷载作用下的可恢复变形性质,因而可以应用弹性理论公式描述荷载与变形之间的关系。以回弹模量作为表征土基承载能力的参数,可以在以弹性理论为基本体系的各种设计方法中得到应用。为了模拟车轮印迹的作用,通常都以圆形承载板压入土基的方法测定回弹模量。

有两种承载板可以用于测定土基回弹模量,即柔性压板与刚性压板。用柔性压板测定回弹模量,土基与压板之间的接触压力为常量,当测得压板中心挠度后,即可回弹模量 E_0 值。用刚性承载板测定土基回弹模量,压板下土基顶面的挠度为等值,而板底接触压力则呈鞍形分布,测得刚性板挠度之后,即可按式(1-3-5)计算回弹模量 E_0 值:

$$E_0 = \frac{pD(1-\mu^2)}{l} \cdot \frac{\pi}{4} \quad (1\text{-}3\text{-}5)$$

式中:p——平均板底接触压力。

在实际测定中,刚性承载板用得较多,因为它的挠度易于测量,压力容易控制。试验时宜采用逐级加载卸载法,回弹弯沉值超过1mm时,则停止加载。如此,即可点绘出荷载—回弹弯沉曲线,如图1-3-8所示。在多数情况下,试验曲线呈非线性。在确定模量值时,可以各级平均分布荷载及回弹弯沉值按式(1-3-6)进行计算:

$$E_0 = \frac{\sum p_i D(1-\mu^2)}{\sum l_i} \cdot \frac{\pi}{4} \quad (1\text{-}3\text{-}6)$$

式中:p_i、l_i——各级荷载的单位压力与相对应的回弹弯沉值。

承载板直径的大小对测定结果也有影响,通常用车轮的轮印当量圆直径作为承载板的直径。但是对于刚性路面下的土基,有时采用较大直径承载板进行测定,因为荷载通过刚性路面板施加于地基表面的压力范围较柔性路面大。

2. 地基反应模量

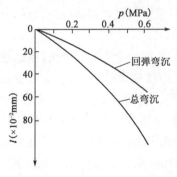

图1-3-8 荷载—回弹弯沉曲线

用温克勒(E. winkler)地基模型描述土基工作状态时,用地基反应模量K表征土基的承载力。根据温克勒地基假定,土基顶面任一点的弯沉l,仅同作用于该点的垂直压力p成正比,而同其相邻点处的压力无关。符合这一假定的地基如同由许多各不相连的弹簧所组成,如图1-3-9所示。压力p与弯沉l之比称为地基反应模量$K(kN/m^3)$。即

$$K = \frac{p}{l} \quad (1\text{-}3\text{-}7)$$

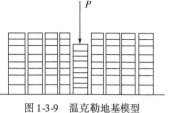

图1-3-9 温克勒地基模型

温克勒地基又称为稠密液体地基。地基反应模量值相当于该液体的相对密度,路面板受到的地基反力相当于液体产生的浮力。

地基反应模量K值用承载板试验确定。承载板的直径规定为76cm。测定方法与回弹模量测定方法相类似,但是采取一次加载到位的方法,施加荷载的量值根据不同的工程对象,有两种方法供选用。当地基较为软弱时,用0.127cm的弯沉量控制承载板的荷载。因为,通常情况下混凝土路面板的弯沉不会超出这一范围。假如地基较为坚实,弯沉值难以达到0.127cm时,则采用另一种控制方法,以单位压力$P = 70$kPa控制承载板的荷载。这也是考虑到混凝土路面下土基承受的压力通常不会超过这一范围。

3. 加州承载比(CBR)

加州承载比是早年由美国加利福尼亚州提出的一种评定土基及路面材料承载能力的指标。承载能力以材料抵抗局部荷载压入变形的能力表征,并采用高质量标准碎石为标准,以它们的相对比值表示CBR值。

试验时,用一个端部面积为$19.35cm^2$的标准压头,以0.127cm/min的速度压入土中,记录每贯入0.254cm时的单位压力,直至压入深度达到1.27cm时为止。标准压力值是用高质量标准碎石由试验求得。

CBR值按式(1-3-8)计算:

$$\text{CBR} = 100\frac{p}{p_s} \quad (1\text{-}3\text{-}8)$$

式中:p——对应于某一贯入度的土基单位压力(kPa)。

p_s——相应贯入度的标准压力(kPa)。

贯入0.254cm时的标准压力为7 030kPa;贯入0.508cm时的标准压力为10 550kPa。

计算CBR值时,取贯入度为0.254cm。但是当贯入度为0.254cm时的CBR值小于贯入度为0.508cm时的CBR值时,应以后者为准。

CBR试验设备有室内试验与室外试验两种。室内用CBR试验装置如图1-3-10所示。试件按路基施工时的含水率及压实度要求在试筒内制备,并在加载前浸泡在水中饱水4d。为了模拟路面结构对土基的附加压力,在浸水过程中及压入试验时,在试件顶面施加环形砝码,其重量应根据预计的路面结构重量来确定。

CBR值野外试验方法基本上与室内试验相同,但其压入试验直接在土基顶面进行。有时,野外试验结果与室内试验结果不完全相同,这主要是由于土壤含水率不一样。室内试验时,试件处于饱水状态;野外试验时,土基处于施工时的湿度状态。所以对野外试验结果必须加以修正,换算成饱水状态的CBR值。

4. 路基土动态回弹模量试验方法

为准确确定在行车荷载作用下及实际水温环境条件影响下的路基强度参数,我国现行路基路面设计规范规定了路基设计回弹模量采用标准状态下路基动态回弹模量值并进行湿度调整系数与干湿循环或冻融循环条件的修正折减,而标准状态下路基动态回弹模量值的确定方法之一是利用动三轴试验仪在规定的加载条件下测定路基土与粒料的动态回弹模量。

动三轴试验仪装置如图 1-3-11 所示,加载装置应采用能够产生重复循环半正矢脉冲荷载的顶部加载式、闭路电液压或电气压试验机。施加荷载的频率为 $0.1 \sim 25 \mathrm{Hz}$,且施加的最大轴向动应力水平应不小于 150kPa,数据测量及采集应采用计算机控制,能测量并记录试件在每个加载循环中所承受的荷载和产生的轴向变形。三轴室压力可采用压力表、压力计或压力传感器监测,量程不应小于 200kPa,精度不应低于 1.0kPa;轴向荷载传感器量程应不小于 25kN,分辨力应不低于 5N;位移传感器可采用 LVDT 或其他合适的设备,应具有良好的动态响应特性,量程应大于 6mm,分辨力应不大于量程的 1%。

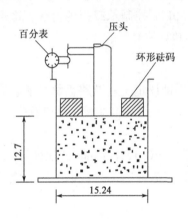

图 1-3-10　CBR 试验装置(尺寸单位:cm)

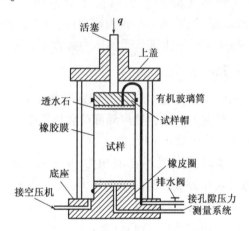

图 1-3-11　动三轴仪示意图

试件成型:最大粒径大于 19mm 的路基土与粒料,应筛除大于 26.5mm 的颗粒,采用振动或冲击压实成型;最大粒径不超过 9.5mm,且 0.075mm 筛通过百分率小于 10% 的路基土,应采用振动压实成型;最大粒径不超过 9.5mm,且 0.075mm 筛通过百分率不小于 10% 的路基土,应采用冲击或静压压实成型。室内压实成型试件含水率应符合目标含水率值 ±0.5%,压实度应符合目标压实度值 ±1.0%。一组试验不应少于 3 个平行试件。

试验时,在试件上套装橡皮膜,保证密封不透气。将试件放置在预浸的湿润多孔透水石和底部压盘上,并在顶部加放预浸的湿润透水石和顶部压盘。当存在透水石堵塞时,应在试件与透水石之间放置预浸的湿润滤纸。安装位移传感器。当采用上下顶端式测量装置时,应将 LVDT 或位移传感器附于钢条或铝棒(介于试件顶盖与底部压盘之间)上;当采用光学变形测量仪时,应将 2 个指示标直接附于试件上,每个指示标至少采用 2 个小别针定位;当采用夹持式测量装置时,应将夹具置于试件 1/4 高度处。对不排水抗剪强度小于 36kPa 的较软试件,不应采用置于试件上的夹持式测量装置。打开排水管阀门,连通围压供给管和三轴室,对试件施加 30.0KPa 预载围压,并对试件施加至少 1000 次、最大轴向应力为 66.0kPa 的半正矢脉冲荷载。当试件总的垂直永久应变达到 5% 时,预载停止,应分析原因或重新制备试件。调整围压和半正矢脉冲荷载至目标设定值,以 10Hz 的频率重复加载 100 次。试验采集最后 5 个波形的荷载及变形曲线,记录并计算试验施加荷载、试件轴向可恢复变形、动态回弹模量。加载过程中,若试件总的垂直永久应变超过5%,应停止试验并记录结果。

试验成果计算应符合下列规定:

(1)应力幅值应按式(1-3-9)计算确定:

$$\sigma_0 = \frac{P_i}{A} \qquad (1\text{-}3\text{-}9)$$

式中:P_i——最后5次加载循环中轴向试验荷载平均幅值(N);
A——试件径向横截面面积,可取试件上下端面面积平均值(mm^2)。

(2)可恢复轴向应变(回弹应变)幅值应按式(1-3-10)计算确定:

$$\varepsilon_0 = \frac{\Delta_i}{l_0} \qquad (1\text{-}3\text{-}10)$$

式中:Δ_i——最后5次加载循环中可恢复轴向变形平均幅值(mm);
l_0——位移传感器的量测间距(mm)。

(3)动态回弹模量M_R,应按式(1-3-11)计算:

$$M_R = \frac{\sigma_0}{\varepsilon_0} \qquad (1\text{-}3\text{-}11)$$

5. 路基强度要求

现行《公路路基设计规范》(JTG D30—2015)中明确了路基填料应均匀,其最小承载比(CBR)应符合表1-3-1的规定。

路床填料最小承载比要求 表1-3-1

路基部位		路面底面以下深度(m)	填料最小承载比(CBR)(%)		
			高速、一级公路	二级公路	三、四级公路
上路床		0~0.3	8	6	5
下路床	轻、中、重交通	0.3~0.8	5	4	3
	特重、极重交通	0.3~1.2	5	4	—

路床应分层铺筑压实,填料最大粒径应小于100mm。压实度符合表1-3-2的要求。

路床压实度要求 表1-3-2

路基部位		路面底面以下深度(m)	路床压实度(%)		
			高速、一级公路	二级公路	三、四级公路
上路床		0~0.3	≥96	≥95	≥94
下路床	轻、中、重交通	0.3~0.8	≥96	≥95	≥94
	特重、极重交通	0.3~1.2	≥96	≥95	—

路基应以其顶面回弹模量为设计指标,以其顶面竖向压应变为验算指标。路基在平衡湿度状态下,其顶面回弹模量应满足表1-3-3的要求,且沥青路面的路基顶面竖向压应变计算值应满足沥青路面永久变形的控制要求,水泥混凝土路面的路基顶面竖向压应变可不作控制。

路基顶面动态回弹模量要求$[E_0]$(在平衡湿度状态下,MPa)　　表1-3-3

路面类型	交通荷载等级			
	轻交通	中、重交通	特重交通	极重交通
沥青路面	40	60	90	120
水泥混凝土路面	40	60	80	—

新建公路路基回弹模量设计值 E_0 应按式(1-3-12)确定,并应满足式(1-3-13)的要求。

$$E_0 = K_S K_\eta M_R \tag{1-3-12}$$

$$E_0 \geqslant [E_0] \tag{1-3-13}$$

式中：E_0——平衡湿度状态下路基回弹模量设计值(MPa)。

$[E_0]$——路基顶面动态回弹模量要求(MPa)。

K_S——路基回弹模量湿度调整系数,根据《公路路基设计规范》(JTG D30—2015)附录 D 查表确定。

K_η——干湿循环或冻融循环条件下回弹模量折减系数,一般取 0.7~0.95。

M_R——标准状态下路基动态回弹模量值(MPa),确定方法：①根据《公路路基设计规范》(JTG D30—2015)附录 A 试验得到；②根据土组由《公路路基设计规范》(JTG D30—2015)附录 B 查表得到；③根据路基填料的 CBR 值估算得到：$M_R = 17.6 \text{CBR}^{0.64}$ $(2 < \text{CBR} \leqslant 12)$；$M_R = 22.1 \text{CBR}^{0.55}$ $(12 < \text{CBR} < 80)$。

十一、路基工程的内容

路基工程设计与建筑的基本任务,在于以最低的代价(包括资金、材料、劳力、时间等方面),提供符合一定使用要求(即足够稳固)的路基结构物。

1. 路基设计的内容

路基设计应根据道路使用要求和当地自然情况,参照有关规范和经验,考虑技术和经济条件,选定合理的结构方案,绘出设计图纸作为施工的依据。

(1)勘察调查

收集沿线的地质、水文、气象以及材料和交通等方面的资料,了解现有道路的使用状况,进行必要的测试工作。

(2)路基设计

路基设计的主要内容如下：

①根据路线设计确定的路基填挖高度和顶面宽度,结合沿线的岩土情况,确定路基基身的横断面形状和边坡坡度。

②根据沿线地面水流和地下水埋藏情况,进行道路排水系统的布置以及地面和地下排水结构物的设计。

③根据当地水文、地质、地形及筑路材料等情况,采取边坡坡面防护、沿河路基堤岸防护、路基支挡及软弱地层加固等措施,并进行相应的设计(例如,路基支挡用的挡土墙设计)。

以上设计,均可参照规范规定或标准图进行,但要注意它们的适用条件,切忌生搬硬套。

2. 路基建筑的内容

路基建筑是设计的延续,它把设计方案(图纸)实物化。

(1)准备工作

施工前的准备工作有:现场核对设计文件和图纸,必要时对原设计作出某些修改;确定施工方案和施工组织计划;恢复并固定路线,施工放样;清理场地,修建临时设施(如便道、工棚等);配备机具、劳力、材料,落实生活供应等。

(2)路基施工

建造路基的基本工作如下:

①路基土方作业。包括开挖路堑或取土坑,运土填筑路堤或弃土、压实填土和整修路基表面。

②路基石方爆破。包括凿眼、装药、爆破、清渣和整修等。

③排水、防护与加固工程。包括开挖截水沟或其他排水沟渠,建造跌水或急流槽,砌筑护坡、护墙和挡土墙,进行地基加固等。

第二节 一般路基设计

一般路基通常指在良好的地质与水文等条件下,填方高度和挖方深度不大的路基。通常认为一般路基可以结合当地的地形、地质情况,直接选用典型断面图或设计规定,不必进行个别论证和验算。对于超过规范规定的高填、深挖路基以及地质和水文等条件特殊的路基,为确保路基具有足够的强度与稳定性,需要进行个别设计和验算。

一、路基横断面

路基可分为路堤、路堑和填挖结合路基(或称半填半挖路基)三种。

路堤按高度分为矮路堤、一般路堤和高路堤三种。矮路堤高度低于1.0m,高路堤高于18m(土质路堤20m)。河滩路堤有石砌护坡,有时加护坡道或护脚、护墙等。软土路堤两边设反压护道或护堤。图1-3-12为一般路堤、沿河路堤和软土路堤的断面形式。

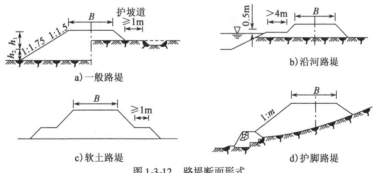

图1-3-12 路堤断面形式

矮路堤常在平坦地区取土困难时选用。平坦地区地势低,水文条件较差,易受地面水和地下水的影响。设计时应注意满足最小填土高度的要求。力求不低于规定的临界高度,使路基处于干燥或中湿状态。路基两侧均应设边沟。矮路堤的高度通常接近或小于路基工作区的深度,除填方路堤本身要求满足规定的施工要求外,天然地面也应按规定进行压实,达到规定的压实度,必要时进行换土或加固处理,以保证路基路面的强度和稳定性。

填方高度不大时,填方数量较少,全部或部分填方可以在路基两侧设置取土坑,使之与排水沟渠结合。为保护填方坡脚不受流水侵害,保证边坡稳定,可在坡脚与沟渠之间预留1~2m

甚至大于 4m 宽度的护坡道。地面横坡较陡时,为防止塌方路堤沿山坡向下滑动,应将天然地面挖成台阶或设置石砌护脚。

高路堤的填方数量大,占地多,为使路基稳定和横断面经济合理,需进行个别设计,高路堤和浸水路堤的边坡可采用上陡下缓的折线形式或台阶形式,如在边坡中部设置护坡道。为防止水流侵蚀和冲刷坡面,高路堤和浸水路堤的边坡,须采取适当的坡面防护和加固措施,如铺草皮、砌石等。

路堑是开挖地面而成的路基,两旁设排水边沟。基本的路堑形式有全挖式、台口式和半山洞式,如图 1-3-13 所示。

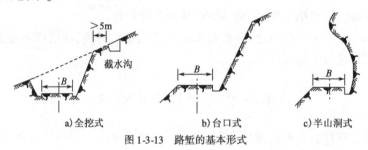

图 1-3-13 路堑的基本形式

挖方边坡可视高度和岩土层情况设置成直线或折线。挖方边坡的坡脚处设置边沟。以汇集和排除路基范围内的地表径流。路堑的上方应设置截水沟,以拦截和排除流向路基的地表径流。挖方弃土可堆放在路堑的下方。边坡坡面易风化时,在坡脚处设置 0.5~1.0m 的碎落台,坡面可采用防护措施。

陡峻山坡上的半路堑,路中线宜向内侧移动,尽量采用台口式路基[图 1-3-13b)],避免路基外侧的少量填方。遇有整体性的坚硬岩层,为节省石方工程,可采用半山洞式路基。

挖方路基处土层地下水文状况不良时,可能导致路面的破坏,所以对路堑以下的天然地基,要人工压实至规定的密实程度,必要时还应翻挖,重新分层填筑、换土或进行加固处理,采取加铺隔离层,设置必要的排水设施。

半填半挖路基是路堤和路堑的结合形式,如图 1-3-14 所示。位于山坡上的路基,通常取路中心的高程接近原地面的高程,以便减少土石方数量,保持土石方数量横向平衡,形成半填半挖路基。若处理得当,路基稳定可靠,是比较经济的断面形式。半填半挖路基兼有路堤和路堑两者的特点,上述对路堤和路堑的要求均应满足。填方部分的局部路段,如遇原地面的短缺口,可采用砌石护肩。如果填方量较大,也可就近利用废石方,砌筑护坡或护墙,石砌护坡和护墙相当于简易式挡土墙,承受一定的侧向压力。有时填方部分需要设置路肩(或路堤)式挡土墙,确保路基稳定,进一步压缩用地宽度。石砌护肩、护坡与护墙,以及挡土墙等路基,如果填方部分悬空,而纵向又有适当的基岩时,则可以沿路基纵向建成半山桥路基。

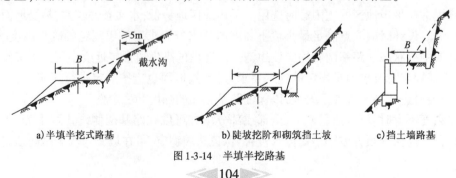

图 1-3-14 半填半挖路基

上述三类典型路基横断面形式各具特点,分别在一定条件下使用。由于地形、地质、水文等自然条件差异性很大,且路基位置、横断面尺寸及要求等,亦应服从于路线、路面及沿线结构物的要求,所以路基横断面类型的选择,必须因地制宜,综合设计。

二、路基的基本构造

路基的几何尺寸由高度、宽度和边坡所组成。如图 1-3-15 所示为路基基本构造图。

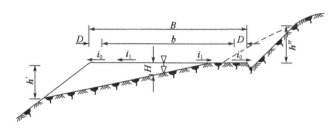

图 1-3-15　路基基本构造图

H-路基填挖高度;b-路面宽度;B-路基宽度;D-路肩宽度;i_1-路面横坡;i_0-路肩横坡;h'-坡脚填高;h''-坡顶挖深

1. 路基高度

路基的填挖高度由路线纵断面设计确定,要考虑路线纵坡、路基稳定性和工程经济等要求。路基设计时要保证路基上部土层终年处于干燥或中湿状态,必须使路堤高度大于规定的最小填土高度。

根据现行《公路路基设计规范》(JTG D30—2015)路基高度宜按式(1-3-14)计算确定:

$$H_{OP} = \text{Max}[(h_{sw} - h_0) + h_w + h_{bw} + \Delta h, h_1 + h_p, h_{wd} + h_p, h_f + h_p] \quad (1\text{-}3\text{-}14)$$

式中:H_{OP}——路基合理高度(m);

　　　h_{sw}——设计洪水位(m);

　　　h_0——地面高程(m);

　　　h_w——波浪侵袭高度(m);

　　　h_{bw}——壅水高度(m);

　　　Δh——安全高度(m);

　　　h_1——中湿状态路基临界高度;

　　　h_p——路面厚度(m);

　　　h_{wd}——路基工作区深度(m);

　　　h_f——季节冻土地区路基冻深(m)。

高路堤和深路堑的土石方数量大,难于施工,边坡稳定性差,应尽量避免使用。必要时应作边坡稳定性的特殊设计,并作出技术经济比较。

2. 路基宽度

路基宽度根据公路等级和设计车速而定。各级公路路基宽度见《公路工程技术标准》(JTG B01—2014)。

城市道路横断面,由于为城市交通服务,特别是机动车、非机动车、行人的混合交通,故其一般由机动车道、非机动车道、人行道、绿化带、排水设施及各种管线工程等组成。

城市道路横断面的基本形式有如下四种:

(1)单幅路(一块板)。所有车辆都在同一个车道上混合行驶,因而适用于机动车交通量不大,非机动车较少的次干路、支路以及用地不足、拆迁困难的旧城市道路。

(2)双幅路(二块板)。由中间一条分隔带或绿带将车行道分为单向行驶的两条车行道。机动车和非机动车仍为混合行驶。适用于机动车交通量较大、非机动车较少、地形地物特殊或有平行道路可供非机动车通行的快速和郊区道路。

(3)三幅路(三块板)。由两条分隔带把车行道分成三个车道,中间为机动车道,两边为非机动车道。适用于机动车交通量大、非机动车多、红线宽度大于40m的道路。

(4)四幅路(四块板)。由中间两个机动车道和两边非机动车道组成。适用于机动车速高、交通量大、非机动车多的快速路或红线宽度大于50m的主干路。

城市道路横断面形式的选择须根据道路性质、等级,并考虑机动车、非机动车和行人的交通组织及城市用地等情况,因地制宜地选用。

3. 路基边坡

路基边坡影响路基的整体稳定性,必须正确设计。路基边坡坡度可用边坡高度 h 与边坡宽度 b 之比值表示,若取 $h=1m$,边坡坡度记为 $1:m$。

(1)路堤边坡

路堤边坡形式和坡度视土质、土的密实程度和边坡高度及水文条件而定。当地质条件良好,边坡高度不大于20m时,边坡坡度不宜大于表1-3-4所列数值。

路 堤 边 坡 坡 度   表1-3-4

填料类别	边坡坡度	
	上部高度($H \leq 8m$)	下部高度($H \leq 12m$)
细粒土	1:1.5	1:1.75
粗粒土	1:1.5	1:1.75
巨粒土	1:1.3	1:1.5

沿河水淹路堤边坡采用不大于 $1:1.75$ 的边坡坡度。

砌石路堤应选用不宜风化的片、块石砌筑,内侧填石;砌筑顶宽不小于0.8m,基底面内倾,砌石高度不宜超过15m;砌石边坡坡度不宜大于表1-3-5的规定值。

砌 石 边 坡 坡 度   表1-3-5

序 号	砌石高度(m)	内坡坡度	外坡坡度
1	≤5	1:0.3	1:0.5
2	≤10	1:0.5	1:0.67
3	≤15	1:0.6	1:0.75

填石路堤可采用与土质路堤相同的路堤断面形式,边坡坡度根据石料种类、边坡高度和基底地质条件确定。当路堤基底良好时,边坡坡度不宜大于表1-3-6的规定值。

填石路堤边坡坡度   表1-3-6

石 料 种 类	边坡高度(m)			边坡坡度	
	全部高度	上部高度	下部高度	上部	下部
硬质岩石	20	8	12	1:1.1	1:1.3

续上表

石料种类	边坡高度(m)			边坡坡度	
	全部高度	上部高度	下部高度	上部	下部
中硬岩石	20	8	12	1:1.3	1:1.5
软质岩石	20	8	12	1:1.5	1:1.75

(2)路堑边坡

路堑边坡视边坡高度、工程地质与水文地质条件、排水措施、施工方法,并结合自然稳定山坡与人工边坡调查与力学分析综合确定。一般土质挖方边坡坡度不宜大于表1-3-7所列数值。边坡高度超过20m(土质)30m(石质)和不良地质地段时,宜作边坡稳定性分析。

土质路堑边坡坡度　　　　　　　　　　　　　　　表1-3-7

土 的 类 别		边 坡 坡 度
黏土、粉质黏土、$I_p>3$的粉土		1:1
中密以上的中砂、粗砂、砾砂		1:1.5
卵石土、碎石土、圆砾土、角砾土	胶结和密实	1:0.75
	中密	1:1

岩质路堑边坡高度不大于30m时,无外倾软弱结构面的边坡坡度按表1-3-8确定。

岩石路堑边坡坡度　　　　　　　　　　　　　　　表1-3-8

边坡岩体类型	风化程度	边 坡 坡 度	
		$H<15m$	$15m\leq H<30m$
Ⅰ类	未风化、微风化	1:0.1~1:0.3	1:0.1~1:0.3
	弱风化	1:0.1~1:0.3	1:0.1~1:0.5
Ⅱ类	未风化、微风化	1:0.1~1:0.3	1:0.1~1:0.5
	弱风化	1:0.3~1:0.5	1:0.5~1:0.75
Ⅲ类	未风化、微风化	1:0.3~1:0.5	
	弱风化	1:0.5~1:0.75	
Ⅳ类	弱风化	1:0.5~1:1	
	强风化	1:0.75~1:1	

三、路基工程附属设施

路基工程的附属设施主要有取土坑、弃土堆、护坡道、碎落台、堆料坪、错车道及护栏等。这些设施也是路基设计的组成部分,对保证路基稳定和交通安全具有重要作用。

1. 取土坑

路基填方应根据土石方填挖平衡原则,尽量从挖方取土。如需从取土坑借方时,应对取土坑作出规划设计。取土坑应尽量设在荒坡、高地上,少占农田,并与农业、水利和环保部门紧密联系,协调发展。

取土坑底纵坡不小于0.5%,横坡度2%~3%,并向外侧倾斜。取土坑边坡一般不宜陡于1:1.0,靠路基一侧不宜陡于1:1.5。

路侧取土坑边缘与路基边缘间应设置护坡道,一般公路为 1~2m,高速公路和一级公路为 3m。

2. 弃土堆

路基弃土应作规划设计,与当地农田建设和自然环境相结合,利用弃土改地造田。山坡弃土应注意避免破坏或掩埋下侧林木农田,沿河弃土应防止河床堵塞或引起水流冲毁农田房屋等。

弃土堆一般就近设在低地,或弃于地面下坡一侧。弃土堆宜堆成梯形横断面,边坡不陡于 1:1.5,弃土堆坡脚与路堑堑顶之间的距离一般为 3~5m,路堑边坡较高,土质较差时应大于 5m。

3. 护坡道和碎落台

护坡道的作用是保护路基边坡。护坡道一般设在路堤坡脚或挖方坡脚处。边坡较高时亦可设在边坡上方或挖方边坡的变坡处。浸水路基的护坡道,可设在浸水线以上的边坡上。护坡道宽度至少 1.0m。边坡高度为 3~6m 时,护坡道宽度 2m;边坡高度为 6~12m 时,护坡道宽度 2~4m。

碎落台设置于挖方边坡脚处,位于边沟外缘,有时亦可设在挖方边坡的中间,宽度为 1m。其作用是给零星土石块下落时提供临时堆积,以免堵塞边沟,同时也起护坡道的作用;此外,在弯道上也起到增大视距的作用。

4. 堆料坪和错车道

砂石路面需要经常性养护,养护用的砂石料可堆放在路堤边缘外的堆料坪上。堆料坪宽 2m,长度 5~10m,每 50~100m 设置一处。

错车道是为了在单车道公路上会车和避让的需要而设置的。一般 200~500m 设置一处,长度为 20~30m,宽度为 2~3m。

5. 护栏

不封闭的各级公路,当路堤高度大于 6m 时以及急弯陡坡、桥头引道等危险路段,应设置护栏。护栏分为墙式和柱式两种。

(1)墙式护栏内侧应为路肩边缘,其材料应采用浆砌片(块)石或混凝土块,宽 40cm,高出路肩 50~60cm,每段长 200cm,净间距 200cm。墙式护栏用水泥砂浆抹面,外涂白色。

(2)柱式护栏宜用钢筋混凝土制作,直径为 15~20cm,高出路肩 70~80cm,埋深约 70cm。柱式护栏中心距在平曲线路段为 200cm,直线路段为 300cm。柱式护栏应用涂料标出红白相间的条纹加反光材料标识,以利夜间行车安全。

第三节 路基排水设计

路基变形和破坏的主要原因是受水的影响。因此,必须十分重视路基的排水设计。

路基水的来源有地面水和地下水。地面水有雨、雪和江河湖水;地下水有泉水、毛细水和间隙水等。它们都会使路基湿软,降低承载力,造成滑坡塌方或冻害翻浆等破坏。

路基排水的目的是减少路基的湿度,保证路基常年处于干燥或中湿状态,确保路基路面的结构稳定。

考虑排水的原则首先要查清水源,结合农田水利进行全面规划,排除隐患。沟渠宜短不宜长,及时疏散,就近分流。要充分利用地形,避免挖深沟,减少水土流失。设计要注意就地取材,结构应经济实用,并作出优化选择。

一、排水系统设计

路基排水设计,必须先进行总体规划和综合设计,将针对某一水源和满足某项要求而设置的各种排水设施(沟渠、管道、桥涵等)组成统一完整的排水系统,做到有的放矢、相互协调、布置恰当、水流顺畅,使各处的流水都有归宿和去向,以提高效果和降低造价,全面完成排水任务。如图1-3-16所示为一段山区公路路基的排水系统布置。

初置路基排水系统时,应联系路线的平纵面和横断面、沿线的地形、地质、气候和水文等情况进行综合考虑。首先,查明所遇到的各种水的来源,并分析研究它们对路基的危害程度。然后,根据轻重缓急,因地制宜分别布置不同的排水设施,把危及路基的水流有效地排除掉。同时,要顾及每一排水设施可能起的作用以及在位置和构造等方面的要求,使它们发挥预期的功效。

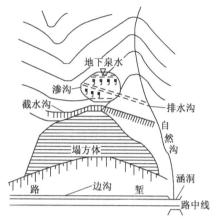

图1-3-16 路基综合排水布置

路基排水沟渠的布置应与桥涵位置相配合。在设置桥涵时,应考虑到路基排水的需要,使各处排水沟渠的水流能尽快地排泄出去,必要时可增设涵洞。同样,在布置路基排水沟渠时,也应根据桥涵布置的情况,确定各沟渠排引的方向及出水口的位置。

路基排水,还应与当地农田排灌和水土保持工作相结合。路线通过时破坏原有的农田排灌系统,应采取相应的措施,如设置涵洞、渡水槽或倒虹吸等,以保证农田正常排灌的需要。路基边沟不宜作为农田排灌渠道。对路基上侧山坡的地面水,也可结合水土保持措施,采取分散径流、降低流速、节节拦蓄的方针,使"泥不下山,水不出沟",既有利于农业生产,又保证路基的稳固。

另外,路基排水系统的设计应注意各种排水设施之间的联系及进出水口的处理,以形成一个有机的整体,保证水流的通畅。

路基排水系统的布置,一般利用路线平面图,按下列步骤进行:

(1)在路线平面图上绘出必要的路堑坡顶线和路堤坡脚线,标明路侧弃土堆和取土坑的位置等。

(2)在路基的上侧山坡上设置截水沟拦截地表径流。为提高截流效果,减少工程造价,截水沟宜大体沿等高线布置。

(3)在路基两侧按需要设置边沟或利用取土坑汇集并排除道路表面的水,以使路基经常保持干燥。

(4)将截水沟、边沟等水流,用排水沟引排到指定的低地、河沟或桥涵等处。排水沟应力求短捷,离路基尽可能远些,并与其他排水通道连接顺畅。

(5)选定桥涵的位置,使这些沟渠同桥涵连成排水网路。对穿过路基的河沟,一般均应设桥涵,不要轻易改沟并涵。

(6)若有地下水危害路基,应设置地下排水设施,并与地面排水系统协调配合。

路基排水设计,应区别一般路段和特殊路段。在一般路段,水流的危害较小,排水设计可简单些。此时,仅须拟定一些原则和有关规定,并分别在纵横断面图上和工程数量表上注明,交由施工单位具体掌握。而对地质和水文条件复杂或者已产生严重路基病害的路段,则应单独进行排水设计。在平面图上具体布置排水系统,确定各种排水设施的平面位置、排水方向、断面构造、进出水口、纵坡等。

二、地面排水设施

1. 边沟、截水沟与排水沟

挖方路段及高度小于边沟深度的路堤应设置边沟。边沟一般为梯形断面,内侧边坡为1∶1.5~1∶1.0,外侧边坡与挖方边坡相同。边沟的宽度和深度一般为0.4m,高速公路和一级公路则不小于0.6m。边沟纵坡宜与路线纵坡一致并不小于0.3%,以利排水畅通。边沟有可能产生冲刷时应进行防护。

截水沟用以汇集并排除路基边坡上侧的地表径流。挖方路基截水沟应设在坡顶5m以外,填方路堤上侧的截水沟距填方坡脚的距离不应小于2m。截水沟宽度和深度不宜小于0.5m,梯形断面边坡常用1∶1.5~1∶1.0,沟底纵坡不应小于0.3%。边沟和截水沟布置如图1-3-17所示。

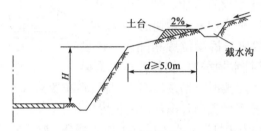

图1-3-17 边沟与截水沟

排水沟是将边沟、截水沟和路基附近积水引排于路基之外。沟渠构造与截水沟相同。排水沟应与各种水沟连接顺畅,其长度不宜超过500m。

2. 跌水与急流槽

水流通过陡坡地段时(坡度大于10%、水头高差大于1m)可设置跌水与急流槽。跌水和急流槽应用浆砌片石或水泥混凝土预制块砌筑,其断面为矩形,槽底做成粗糙面,跌水的台阶高度可采用0.3~0.6m。跌水与急流槽的出口应设置消力池,以减小水流速度,防止对底部的冲刷。如图1-3-18所示为跌水、急流槽和消力池示意图。

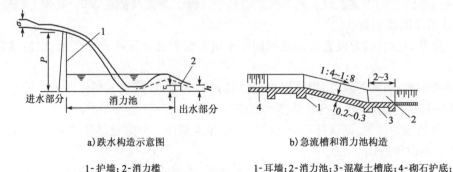

a) 跌水构造示意图
1-护墙;2-消力槛

b) 急流槽和消力池构造
1-耳墙;2-消力池;3-混凝土槽底;4-砌石护底;

图1-3-18 饮水急流槽和消力池构造

3. 虹吸管(涵)

虹吸管(涵)是引水渠道横穿公路而保持水头高度的一种设施,它是有压管道,必须保证不透水。虹吸管(涵)直径由水力计算决定,一般为 40～100cm。

三、地下排水设施

地下排水是排除土体的上层滞水或潜水。地下排水设施有盲沟、渗沟和渗井。

盲沟分纵向盲沟和横向盲沟两种。纵向盲沟可布置成单列或双列式,设在边沟底下,如图 1-3-19 所示。横向盲沟则与路线垂直,截除顺线路下流的地下水并排除路堤存水,降低地下水位。纵横向盲沟纵坡不小于 1%。出水口处加大纵坡,并高出地表排水沟常水位 0.2m。盲沟构造为矩形,中部用粗集料(卵石),沟底为 20～30cm 厚的夯实不透水层,盲沟顶面可反贴草皮。

图 1-3-19 路基纵向盲沟

渗沟的排水量比盲沟大得多,常采用预制渗水管。水泥混凝土圆管的最小直径不宜小于 20cm,带孔塑料渗水管直径宜为 15cm。管的渗水孔径为 1.5～2.0cm。反滤层应选用颗粒大小均匀的砂石材料,分层填筑,相邻层颗粒直径比不宜小于 1:4,层厚不宜小于 15cm,砂石粒粒径小于 0.15mm 颗粒含量应小于 5%。沟底纵坡应大于 1%。

渗井是将土基上层存水引入透水层,以降低地下水位高度。如图 1-3-20 所示为盲沟、渗沟和渗井示意图。

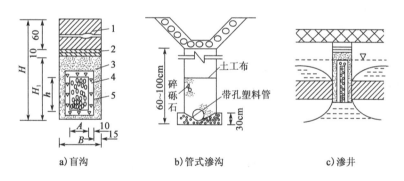

图 1-3-20 地下排水构造(尺寸单位:m)
1-夯实黏土;2-双层反贴草皮;3-粗砂;4-石屑;5-砾石

四、明渠水文水力计算

边沟、截水沟、排水沟等排水明渠的排水设计首先是确定设计流量,然后假定明渠断面尺寸及纵坡等进行验算。设计流量是路基排水设计的基本依据,其大小与汇水面积和一定降雨重现期、降雨历时下的降雨强度,以及汇水区域内的地形、地貌及地表植被有关,对排水明渠,设计流量计算采用经验公式估算。

明渠排水的水力计算可以初拟沟渠断面(以梯形断面为例),分别计算以下水力要素。

1. 流量

$$Q = \omega v \tag{1-3-15}$$

式中：Q——沟渠通过的流量(m^3/s)；
ω——沟渠的过水断面面积(m^2)；
v——平均流速(m/s)。

2. 过水断面面积

$$\omega = bh + mh^2 \tag{1-3-16}$$

式中：b——断面底宽(m)；
h——水深(m)；
m——边坡坡率。

3. 湿周

$$X = b + kh \tag{1-3-17}$$

式中：k——系数，$k = 2(1+m)^{0.5}$。

4. 水力半径

$$R = \frac{\omega}{X} \tag{1-3-18}$$

5. 流速

$$v = C(R_i)^{0.5} \tag{1-3-19}$$

式中：i——沟底纵坡坡度；
C——流速系数。

$$C = \frac{R^y}{n}$$

其中：n——沟渠粗糙系数，取 0.01~0.03；
y——指数，$R \leq 1$m 时，$y \approx 1.5n^{0.5}$；$R > 1$m 时，$y = 1.3n^{0.5}$；加固渠取 1/6。

6. 不堆积流速

$$v_{min} = \alpha R^{0.5} \tag{1-3-20}$$

式中：α——泥砂淤积系数，粗砂取 0.65~0.77，中砂取 0.58~0.64，细砂取 0.41~0.45，极细砂取 0.37~0.41。

7. 允许不冲刷流速

明渠不冲刷的容许最大流速 v_{max}：粗砂及亚砂土为 0.8m/s，亚黏土和黏土为 1~1.2m/s，草皮护面为 1.6m/s，干砌和浆砌片石为 2~3m/s，水泥混凝土为 4m/s。

对于明渠设计，系根据拟定的断面数据，求出流速 v 和流量 Q。若设计流量为 Q_s，可按下式(1-3-21)验算：

$$\left|\frac{Q - Q_s}{Q_s}\right| < 5\% \quad 且 \quad v_{min} < v < v_{max} \tag{1-3-21}$$

若条件满足，则验算通过；否则，须改变沟渠断面尺寸或加固条件，重新验算。

第四节 路基稳定性设计

一、概 述

路基在常年大气雨雪的作用下,路基体材料的黏聚力和内摩擦角减小,边坡可能出现滑坍失稳。因此,高填深挖路基、桥头引道和河滩路堤等都要作稳定性验算。路基稳定性分析包括路堤堤身的稳定性、路堤和地基的整体稳定性、路堤沿斜坡地基或软弱层滑动的稳定性。

边坡稳定性验算前,要充分收集路基土的重度 γ、黏聚力 C 和内摩擦角 φ 的资料,其数值由试验确定,一般 $C = 5 \sim 20 \text{kPa}$,$\varphi = 20° \sim 40°$,$\gamma = 14 \sim 18 \text{kN/m}^3$。

边坡验算时可假定砂石或砂性土边坡滑动面为平面,一般黏土的滑动面为圆曲面,滑裂面通过坡脚或变坡点。软土路基的滑裂面通过软土土基而交于坡脚点之外。几种边坡的滑动面如图 1-3-21 所示。

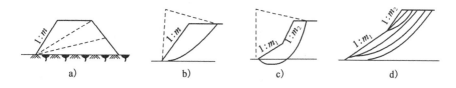

图 1-3-21 边沟的滑动面

边坡验算时,除路堤自重外,还要考虑车辆荷载。设计的标准车辆以相应的重车按最不利位置排列,将车重换算为等效土层重量,土层的等效高度按式(1-3-22)计算:

$$h_0 = \frac{NQ}{\gamma BL} \tag{1-3-22}$$

式中:h_0——当量土层高度(m);

N——横向分布车辆数,单车道 $N = 1$,双车道 $N = 2$;

Q——一辆车的重量(kN);

L——汽车前后轴距(m),按规定为 12.8m;

γ——填土重度(kN/m³);

B——横向车辆轮胎外缘总距(m),

$$B = Nb + (N-1)m + d$$

其中:b——每一车辆轮胎外缘之间距(m),取 1.8m;

m——相邻两车轮胎之间的净距(m),取 1.3m;

d——轮胎着地宽度,取 0.6m。

二、边坡稳定性验算

1. 直线滑动面法

对砂土和砂性土路堤边坡的稳定性采用直线滑动面法进行验算,并假定滑裂面通过坡脚,如图 1-3-22 所示。

取路基长度 1 延米计算,设滑裂土楔体 ABD 与等效土层之总重为 $G(\text{kN})$,滑裂体沿滑动面 AD 滑动,其稳定系数 K 按式(1-3-23)计算:

$$K = \frac{F}{T} = \frac{G\cos\omega\tan\varphi + cL}{G\sin\omega} \tag{1-3-23}$$

式中：F——沿滑动面的抗滑力（kN）；

T——沿滑动面的下滑力（kN）；

ω——滑动面对水平面的倾角（°）；

c——路堤土的黏聚力（kPa）；

φ——路堤土的内摩擦角（°）；

L——滑动面 AD 的长度（m）。

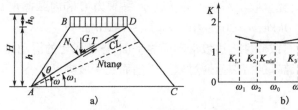

图 1-3-22　直线滑动面法验算图

验算时可作不同倾角 ω_i 的破裂面，求出相应的 K_i，画出相应的 K-ω 曲线，与最小安全系数 $K_{\min}$ 相应的 ω_0，即为危险破裂角。

通常以最小稳定系数 $K_{\min}>1.25$ 来判定边坡稳定性，不满足则边坡不安全，此时可减缓边坡，降低路堤高度或修筑挡土墙，以增加边坡稳定性。

2. 圆弧滑裂面法

一般黏土路堤采用圆弧滑裂面法验算。

工程设计中确定圆心的方法是 4.5H 法，如图 1-3-23 所示。此法作图步骤首先由坡脚点 E 向下量路堤高 H 得 F 点，由 F 作水平线令 $FM=4.5H$ 得 M 点。由边坡斜度 $i_0=1/m$ 查辅助线角值表得 β_1、β_2 的值，再由 E 点沿 ES 线反时针方向量 β_1 角画线；由 S 点沿水平线顺时针方向量 β_2 角画线，两线交于 I 点，连 IM 线。滑动圆弧的圆心均在此线上。

假定取圆心 O 点，通过坡脚画圆弧 AB。弧面内取等分土条，条宽 2m。根据《公路路基设计规范》（JTG D30—2015），采用简化 Bishop 法分析计算，稳定安全系数 F_s 按式（1-3-22）计算，计算图示为图 1-3-24。

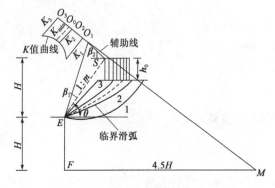

图 1-3-23　确定辅助线

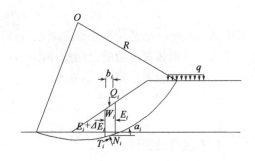

图 1-3-24　简化 Bishop 法计算图示

$$F_s = \frac{\sum K_i}{\sum(W_i+Q_i)\sin\alpha_i} \tag{1-3-24}$$

式中:W_i——第 i 土条重力(kN);
  α_i——第 i 土条底滑动面的倾角(°);
  Q_i——第 i 土条垂直方向外力(kN);
  K_i——系数,按式(1-3-25)、式(1-3-26)确定。

当第 i 土条底滑动面位于地基中时:

$$K_i = \frac{c_{di}b_i + W_{di}\tan\varphi_{di} + U(W_{ti} + Q_i)\tan\varphi_{di}}{m_{\alpha i}} \tag{1-3-25}$$

当第 i 土条底滑动面位于路堤中时:

$$K_i = \frac{c_{ti}b_i + (W_{ti} + Q_i)\tan\varphi_{ti}}{m_{\alpha i}} \tag{1-3-26}$$

式中: W_{di}——第 i 土条地基部分的重力(kN);
  W_{ti}——第 i 土条路堤部分的重力(kN);
  b_i——第 i 土条宽度(m);
  U——地基平均固结度;
  $c_{di}, \varphi_{di}, c_{ti}, \varphi_{ti}$——第 i 土条所处地基、路堤土层的黏结力(kN)与内摩擦角(°);
  $m_{\alpha i}$——系数,$m_{\alpha i} = \cos\alpha_i + \dfrac{\sin\alpha_i \tan\varphi_i}{F_s}$。

路堤稳定性计算分析得到的稳定安全系数规定为:对路堤的堤身稳定性 F_s 取 1.35;路堤和地基整体稳定性,当地基土渗透性较差、排水条件不好时,取 1.2~1.4;当地基土渗透性较好、排水条件良好时,取 1.35~1.45。

3. 路堤沿斜坡基础整体滑动稳定性验算

路堤沿斜坡地基或软弱层带滑动的稳定性可采用不平衡推力法进行分析计算,稳定安全系数 F_s 利用式(1-3-24)计算得到,计算图示见图 1-3-25。

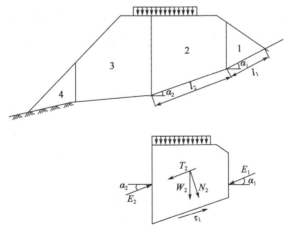

图 1-3-25 不平衡推力法计算图示

$$E_i = W_{Qi}\sin\alpha_i - \frac{1}{F_s}\left(c_i l_i + W_{Qi}\cos\alpha_i \tan\varphi_i\right) + E_{i-1}\psi_{i-1}$$

$$\psi_{i-1} = \cos(\alpha_{i-1} - \alpha_i) - \frac{\tan\varphi_i}{F_s}\sin(\alpha_{i-1} - \alpha_i) \tag{1-3-27}$$

式中：W_{Qi}——第 i 土条的重力与外加竖向荷载之和（kN）；

α_{i-1}、α_i——第 $i-1$、第 i 土条底滑面的倾角（°）；

c_i、φ_i——第 i 土条底的黏结力（kN）和内摩擦角（°）；

l_i——第 i 土条底滑面的长度（m）；

E_{i-1}——第 $i-1$ 土条传递给第 i 土条的下滑力（kN）。

逐条计算直到第 n 土条的剩余下滑力为零，由此确定稳定安全系数 F_s。《公路路基设计规范》(JTG D30—2015)规定的稳定安全系数为 1.30。

第五节　路基的防护与加固

为防治路基病害和保证路基稳固，除做好路基排水外，还应根据当地水文、地质及材料等情况，采取有效的防护加固措施。路基的防护与加固，对维护正常的交通运输，确保行车安全，以及保持道路与自然环境协调，均具有重要意义，设计时应全面综合考虑。路基防护加固措施可分为坡面防护、堤岸防护、支挡结构及地基加固等。

一、坡面防护

坡面防护主要是保护路基边坡表面，以免受到降水、日照、气温、风力等作用的破坏，从而提高边坡的稳固性，在一定程度上还可美化路容。坡面防护设施，一般不承受外力作用，要求坡体本身已属稳定。路基边坡表面应根据边坡的土质岩性、坡度、高度、当地的气候等情况选择防护措施，并及时进行防护。常用的坡面防护设施有植物防护、骨架植物防护、圬工防护、封面等类型。

1. 植物防护

植物防护是利用植被覆盖坡面，其根系能固结表土，以防水土流失，并可绿化道路。它适用于植物容易生长的土质，但要经常护理整修，注意严禁植物妨碍视距。植物防护一般采用种草、铺草皮、植树等方法。铺草皮用于坡度缓于 1∶1 的边坡，植树适于坡度缓于 1∶1.5 的边坡。

2. 骨架植物防护

浆砌片石或水泥混凝土骨架植草护坡视边坡坡率、土质和当地情况确定骨架形式，并与周围景观相协调。框架内采用植物或其他辅助防护措施。适用于坡度缓于 1∶0.75 的土质和全风化岩石边坡。当坡面受雨水冲刷严重或潮湿时，坡度应缓于 1∶1。

多边形水泥混凝土空心块植物护坡适用于坡度缓于 1∶0.75 的土质边坡和全风化、强风化的岩石路堑边坡，并视需要设置浆砌片石或混凝土骨架。多边形空心预制块的混凝土强度不应低于 C20，厚度不应小于 150mm。空心预制块内应填充种植土，喷播植草。

锚杆混凝土框架植物防护适用于土质边坡和坡体中无不良结构面、风化破碎的岩石路堑边坡。锚杆采用非预应力的全长黏结型锚杆，锚杆间距、长度应根据边坡地质情况确定。锚杆保护层厚度不应小于 20mm。框架应采用钢筋混凝土，混凝土强度不应低于 C25，框架几何尺寸应根据边坡高度和地层情况等确定，框架内宜植草。

3. 圬工防护

喷护适用于坡率缓于 1∶0.5、易风化但未遭强风化的岩石边坡。喷浆防护厚度不宜小于

50m,采用的砂浆强度不应低于M10。喷射混凝土防护厚度不宜小于80mm,混凝土强度不应低于C15。喷护坡面应设置泄水孔和伸缩缝。

锚杆挂网喷浆(混凝土)适用于坡面为碎裂结构的硬质岩石或层状结构的不连续地层以及坡面岩石与基岩分开并有可能下滑的挖方边坡。锚杆应嵌入稳固基岩内,锚固深度应根据岩体性质确定。钢筋网喷射混凝土支护厚度不应小于100mm,亦不应大于250mm。钢筋保护层厚度不应小于20mm。

干砌片石护坡适用于坡度缓于1:1.25的土(石)质路堑边坡。干砌片石护坡厚度不宜小于250mm。浆砌片(卵)石护坡适用于坡度缓于1:1的易风化岩石和土质路堑边坡。浆砌片(卵)石护坡的厚度不宜小于250mm,砂浆强度不应低于M5,护坡应设置伸缩缝和泄水孔。水泥混凝土预制块护坡适用于石料缺乏地区的路基边坡防护。预制块的混凝土强度不应低于C15,在严寒地区不应低于C20。铺砌层下应设置碎石或砂砾垫层,厚度不宜小于100mm。

护面墙适用于防护易风化或风化严重的软质岩石或较破碎岩石的挖方边坡以及坡面易受侵蚀的土质边坡,边坡不宜陡于1:0.5。护面墙类型应根据边坡地质条件确定,窗孔式护面墙防护的边坡不应陡于1:0.75;拱式护面墙适用于边坡下部岩层较完整而上部需防护的路段,边坡应缓于1:0.5。单级护面墙的高度不宜超过10m,并应设置伸缩缝和泄水孔。护面墙基础应设置在稳定的地基上,埋置深度应根据地质条件确定;冰冻地区,应埋置在冰冻深度以下不小于250mm。护面墙前趾应低于边沟铺砌的底面。

4. 封面

封面适用于坡面较干燥、未经严重风化的各种易风化岩石边坡,但不适用于由煤系岩层及成岩作用很差的红色黏土岩组成的边坡。抹面防护使用年限为8~10年,高速公路路基边坡不宜采用抹面防护。封面厚度不宜小于30mm,表层可涂软化点稍高于当地气温的沥青保护层。

二、堤岸防护

沿河路基和河滩路堤等堤岸,容易遭受水流的侵蚀、冲刷、淘空、浪击以及漂浮物碰撞等作用而破坏,应根据水流特性(流速和方向),河道的地形、地质、水文条件,采用直接加固岸坡,设置导治结构物(如丁、顺坝),有时也可改移河道,以避免水流冲毁路基。

常用的岸坡冲刷防护直接措施有植物防护、石砌护被、抛石、石笼和挡土墙等。

冲刷防护工程顶面高程,应为设计水位加上波浪侵袭、壅水高度及安全高度。基底埋设在冲刷深度以下不小于1m或嵌入基岩内。当冲刷深度较深、水下施工困难时,可采用桩基、沉井基础或适宜的平面防护。

1. 植物防护

水流方向与路线接近平行,允许流速小于1.2~1.8m/s的季节性水流冲刷,可采用铺草皮等植物防护。经常浸水或长期浸水的路基边坡,不宜采用种草防护。可在沿河路基外的河滩上植造防护林带,以降低水流速度,促使泥沙淤积,改变水流方向,起保护堤岸的作用。

2. 砌石或混凝土护坡

砌石或混凝土护坡适用于允许流速为2~8m/s的路堤边坡。干砌片石护坡可按流速大小分别采用单层或双层铺砌。这种措施适用于水流方向较平顺的河岸滩地边缘或不受主流冲刷的路堤边坡。受主流冲刷、波浪作用强烈或有漂浮物撞击的路堤边坡,可用浆砌片石护坡,厚 0.3~0.6m,容许流速可达 4~8m/s。

3. 抛石

抛石适用于经常浸水且水深较大的路基边坡或坡脚以及挡土墙、护坡的基础防护。抛石一般多用于抢修工程。抛石边坡坡度和选用石料粒径应根据水深、流速和波浪情况确定,石料粒径应大于 300mm,坡度不应陡于所抛石料浸水后的天然休止角,厚度不应小于所用最小石料粒径的 2 倍。

4. 石笼

石笼防护适用于受水流冲刷和风浪侵袭,且防护工程基础不易处理或沿河挡土墙、护坡基础局部冲刷深度过大的沿河路堤坡脚或河岸。石笼内所填石料,应采用重度大、浸水不崩解、坚硬且未风化的石块,粒径应大于石笼的网孔。

5. 浸水挡土墙

浸水挡土墙适用于容许流速为 5~8m/s 的峡谷急流和水流冲刷严重的河段。应注意浸水挡土墙和岸坡的衔接。

6. 丁坝

丁坝适用于宽浅变迁性河段,用以挑流或减低流速,减轻水流对河岸或路基的冲刷。丁坝长度应根据防护长度、丁坝与水流方向的交角、河段地形、水文条件及河床地质情况等确定,垂直于水流方向上的投影长度不宜超过稳定河床宽度的 1/4。用于路基防护的丁坝宜采用漫水坝或潜坝,丁坝与水流方向的交角以小于或等于 90°为宜。当设置群坝时,坝间距离不应大于前坝的防护长度。丁坝间的河岸或路基边坡所能承受的允许流速小于水流靠岸回流流速时,应缩短坝距或对河岸及路基边坡采取防护措施。丁坝的横断面形式和尺寸应根据材料种类、河流的水文特性等确定;坝顶宽度根据稳定计算确定。

7. 顺坝

顺坝适用于河床断面较窄、基础地质条件较差的河岸或沿河路基防护,用于调整流水曲度和改善流态。顺坝与上、下游河岸的衔接,应使水流顺畅,起点应选择在水流匀顺的过渡段,坝根位置宜设在主流转向点的上方。坝顶宽度应根据稳定计算确定,坝根应嵌入稳定河岸内不小于 3m。

8. 改移河道

沿河路基受水流冲刷严重,或防护工程艰巨,以及路线在短距离内多次跨越弯曲河道时可改移河道。主河槽改动频繁的变迁性河流或支流较多的河段不宜改河。改河起点和终点的位置应与原河床顺接。为防止水流重归故道,宜在改河入口处加陡纵坡并设置拦河坝或顺坝。新河槽断面应按设计洪水频率的流量设计。

三、软土地基加固方法

高等级公路的蓬勃发展对路基提出了更高的要求,近年来在软土地基上修筑的高等级公路越来越多,软土地基由于自身强度低,在高填方路堤自重作用下存在长期的使用中沉降,从而影响道路平整度,在桥头则会由于不均匀沉降造成桥头跳车等现象。因此,采取一定的措施对软土加固以确保地基具有足够的强度和稳定性是非常必要的。工程中常见的加固方法有以下几种。

1. 换填土层法

换填土层法是将湿软地基部分挖除,换填强度较大的砂、碎(砾)石、灰土或素土等。换填土层可起到提高承载力、减少沉降量、加速软土层的排水固结、防止冻胀等作用。工程中常用的换填砂垫层厚度,一般为60~100cm,并要求以良好级配的中粗砂为主,颗粒不均匀系数不大于5,含泥量不超过3%~5%。

2. 强夯法

强夯法是将数十吨的重锤从数十米高处自由落下,对软土地基进行强力夯实的一种方法。强夯法机理为是在强夯过程中压缩土体中微气泡,土体孔隙减少,土体局部液化,强度下降至最小值,随后在夯击点周围出现径向裂隙并成为加速孔隙水压力消散的渠道,加速土体固结,继而因黏土的触变性使土基强度得以恢复和增强。

常见的强夯法锤重10~20t,底面积3~6m²,自由落高10~20m,加固深度可达10~20m,夯击中应正确拟定适宜的夯打遍数,每遍夯击次数及前后两遍夯击的时间间隔。

3. 排水固结法

排水固结法有砂井堆载预压法、降水预压法和真空预压法等几种,目前工程中常用的是砂井堆载预压法。

砂井堆载预压法通过在软土地基中加设砂井竖向排水通道或铺设砂垫层,运用堆载预压挤出土中过多水分,从而达到挤紧土粒和提高土基强度的目的。工程实际中,砂井直径一般采用20~30cm,井距通常为井径的8~10倍。砂井在平面上一般布置成正方形或三角形。砂井成孔有沉管法和水冲法两类。砂井用砂以中粗粒为宜,含泥量不大于3%,灌砂量(按重量计)应大于井管外径所形成体积的95%。

近年来,在普通砂井上发展起来的袋装砂井正成为一项加固软土地基的新技术。

4. 挤密桩法

挤密桩法是在成孔的土基中灌以砂、碎石、灰土、土或石灰等材料,捣实而成直径较大、间距较小的群桩体,利用群桩横向挤紧作用,使土颗粒彼此挤密,达到减少孔隙、加固地基的目的。

按孔内填料不同,挤密桩又有砂桩、碎石桩、石灰桩之分。其布置和尺寸一般需通过计算而定,通常桩径为20~30cm,桩距为桩径的3~5倍。平面上常按梅花形布置,桩长则与加固土层厚及加固要求有关。桩的成孔有冲击和振动成孔等法。振冲桩是以起重机吊起振冲器,在振动和高压水联合作用下,振冲器沉入土中一定深度,经过清孔用循环水带出孔中稠泥浆,向孔中逐段添加填料并振动挤密而形成。

除上述方法外,还有一些其他加固软湿地基的方法,如设置路堤反压护道、利用化学溶液加固地基、在软基上铺设土工布或格栅等。

第六节 挡土墙设计

一、挡土墙的种类与构造

挡土墙在道路工程中应用很广。其作用是承受支挡土体的侧压力,稳定边坡、防治滑坡、防止路堤冲刷，并可收缩边坡以节省路基上方数量和减少占地、拆迁。

挡土墙按其位置分为路堤墙、路堑墙、路肩墙和山坡墙，如图 1-3-26 所示。

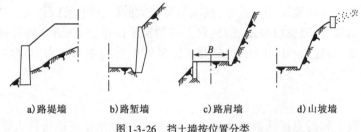

图 1-3-26　挡土墙按位置分类

挡土墙按其材料和结构功能又可分为重力式（及半重力式和衡重式）和轻型挡土墙。

1. 重力式挡土墙

如图 1-3-26 所示的墙均为重力式墙，它靠自重平衡墙背土压力，墙身体积大，但施工方便。半重力式墙是在墙体中加筋，如悬臂式和扶壁式挡土墙；衡重式挡土墙靠衡重台把墙的重心后移，增加稳定力矩，减少断面尺寸，如图 1-3-27 所示。

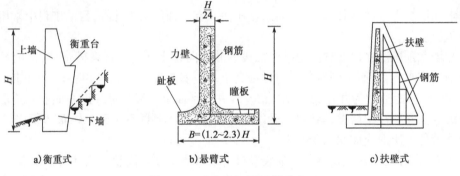

图 1-3-27　几种重力式挡土墙形式

2. 轻型挡土墙

轻型挡土墙有如图 1-3-28 所示的几种形式。

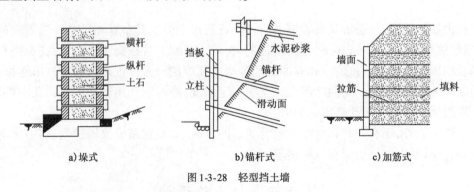

图 1-3-28　轻型挡土墙

垛式：预制杆件或废枕木纵、横交错叠成框架，内填土石。

锚杆式：水平或斜向钻孔，加浆锚固。

加筋土式：由竖向钢筋混凝土面板、水平拉筋和填土组成。拉筋一般用薄金属板（厚度 2~5mm，宽度约 20cm）或钢筋混凝土预制薄板，亦常用聚丙烯土工带。

挡土墙类型应综合考虑工程地质、水文地质、冲刷深度、荷载作用情况、环境条件、施工条件、工程造价等因素,按表1-3-9的规定选用。

各类挡土墙适用条件 表1-3-9

挡土墙类型	适 用 条 件
重力式挡土墙	适用于一般地区、浸水地区和地震地区的路肩、路堤和路堑等支挡工程。墙高不宜超过12m,干砌挡土墙的高度不宜超过6m。高速公路、一级公路不应采用干砌挡土墙
半重力式挡土墙	适用于不宜采用重力式挡土墙的地下水位较高或较软弱的地基上,墙高不宜超过8m
悬臂式挡土墙	宜在石料缺乏、地基承载力较低的填方路段采用,墙高不宜超过5m
扶壁式挡土墙	宜在石料缺乏、地基承载力较低的填方路段采用,墙高不宜超过15m
锚杆挡土墙	宜用于墙高较大的岩质路堑地段,可用作抗滑挡土墙,可采用肋柱式或板壁式单级墙或多级墙,每级墙高不宜大于8m,多级墙的上、下级墙体之间应设置宽度不小于2m的平台
锚定板挡土墙	宜使用在缺少石料地区的路肩墙或路堤挡土墙,但不应修建于滑坡、坍塌、软土及膨胀土地区。可采用肋柱式或板壁式,墙高不宜超过10m。肋柱式锚定板挡土墙可采用单级墙或双级墙,每级墙高不宜大于6m,上、下级墙体之间应设置宽度不小于2m的平台,上下两级墙的肋柱宜交错布置
加筋土挡土墙	用于一般地区的路肩式挡土墙、路堤式挡土墙,但不应修建在滑坡、水流冲刷、崩塌等不良地质地段。高速公路、一级公路墙高不宜大于12m,二级及二级以下公路不宜大于20m。当采用多级墙时,每级墙高不宜大于10m,上、下级墙体之间应设置宽度不小于2m的平台
桩板式挡土墙	用于表土及强风化层较薄的均质岩石地基,挡土墙高度可较大,也可用于地震区的路堑或路堤支挡或滑坡等特殊地质的治理

挡土墙的构造可分为墙身、基础、填料、排水和接缝等几部分。

挡土墙的墙身构造,应在满足强度和稳定性的前提下,按结构合理、断面经济和施工方便等原则确定。重力式挡土墙墙身结构简单,其墙顶宽度应大于0.4m。墙背仰斜部分的坡度一般为1:0.25～1:0.15,俯斜部分的坡度一般为1:0.4～1:0.2。衡重式上、下墙的墙高比常用2:3。

挡土墙的基础设置于平整的土石层上。若地基为软弱土层时,应用砂砾、碎石或炉渣灰土等材料换填,以增大基底承载力。基础应埋置一定深度,一般土类为1.0m,风化岩为0.4m,轻风化岩为0.2m。同时满足在冻结线以下0.25m,在冲刷线以下1m。墙趾前地面横坡较大时,应留有足够的襟边,以防地基剪切破坏。襟边的宽度,对一般土类为1～2m,风化岩为0.4～1m,轻风化岩为0.2～0.6m。

挡土墙的排水孔用于排泄墙背积水。墙高时可设一排以上排水孔。排水孔间距一般为2～3m。最下排排水孔应高出地面0.3m,以利排水。墙背排水孔口下应夯实填土,孔口填砾石及反滤层,以免堵塞孔洞。

挡土墙的伸缩缝是为了防止土基不均匀沉降而引起墙体开裂。伸缩缝为通缝,间距为10～15m,缝内填沥青麻筋。

二、挡土墙的施工图设计

挡土墙施工图设计通常包括以下几个步骤。

1. 收集资料

在进行挡土墙设计前,首先应收集和核对路基横断面图、墙趾处纵断面图、墙趾处地质和水文等资料。

2. 挡土墙位置的确定及墙型的选择

根据挡土墙的使用条件确定挡土墙设置位置和挡土墙形式。一般来说,挡土墙的设置主要应从稳定边坡、减少填方及占地三方面综合考虑而决定。

路肩墙可充分收缩坡脚,大量减少填方及占地。因此当路肩墙与路堤墙墙高或圬工数量相近时,应优先采用路肩墙,此外,在地面横坡较陡的地段,可考虑采用俯斜式或衡重式挡墙,借以减小墙高,而平坦地形的路堤墙及路肩墙或路堑墙可考虑采用仰斜式挡墙,以降低土压力,从而节约截面尺寸。

3. 纵向布置

挡土墙纵向布置在墙趾纵断面上进行,布置完毕后形成挡土墙正面图,如图1-3-29所示。

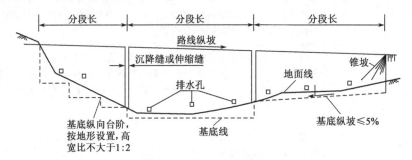

图1-3-29 挡土墙的纵向布置

正面设计图内容包括以下内容:

(1)确定挡土墙起讫点桩号及墙长,选择墙与路基及其他结构物的衔接方式。一般如墙与路堑衔接,可采用墙端直接嵌入路堑中;与路堤常采用锥坡相衔接。

(2)按地基和地形情况分段,确定沉降缝及伸缩缝位置,一般10~15m设置一道,缝宽2~3cm。

(3)分段布置挡土墙基础。墙趾处地面具有纵坡时,挡墙基底宜做成不大于5%的纵坡。对岩石地基,为减少基础开挖,也可做成台阶形,台阶高宽比不大于1∶2。

(4)确定泄水孔位置,包括数量、间距和尺寸。

正面图上应注明路线纵坡、挡土墙起讫点和各特征点桩号、分段长、基底设计高程、泄水孔位置、尺寸等内容。

4. 横向布置

横向布置是在路基横断面图上选定挡土墙位置和形式,确定墙身断面、基础形式和埋置深度,布设墙身及墙后排水设施,并绘制具有代表性的挡土墙断面图,图上应注明各部详细的尺寸。

5. 平面布置

对地形、地质复杂,沿河或工程量大的挡土墙,应作平面布置并绘制平面图。

三、挡土墙设计计算

挡土墙采用以极限状态设计的分项系数法为主的设计方法,挡土墙构件承载能力极限状态设计一般表达式为:

$$\gamma_0 S \leqslant R(\cdot) \tag{1-3-28}$$

$$R(\cdot) = R\left(\frac{R_k}{\gamma_f}, \alpha_d\right) \tag{1-3-29}$$

式中:γ_0——结构重要性系数,按表1-3-10的规定选用;

S——作用(荷载)效应的组合设计值;

$R(\cdot)$——挡土墙的结构抗力函数;

R_k——抗力材料的强度标准值;

γ_f——结构材料、岩土性能的分项系数,按表1-3-11的规定选用;

α_d——结构或结构构件几何参数的设计值,无可靠数据时采用标准值。

结构重要性系数 γ_0　　　　　　表1-3-10

墙高(m)	公 路 等 级	
	高速公路、一级公路	其他
≤5	1.0	0.95
>5	1.05	1.0

承载能力极限状态作用分项系数　　　　　　表1-3-11

情况	荷载增大对挡土墙的有利作用		荷载增大对挡土墙的不利作用	
组合	Ⅰ,Ⅱ	Ⅲ	Ⅰ,Ⅱ	Ⅲ
垂直恒载 γ_G	0.90		1.20	
恒载或车辆荷载、人群荷载的主动土压力 γ_{Q1}	1.00	0.95	1.40	1.30
被动土压力 γ_{Q2}	0.30		0.50	
水浮力 γ_{Q3}	0.95		1.10	
静水压力 γ_{Q4}	0.95		1.05	
动水压力 γ_{Q5}	0.95		1.20	

1. 施加于挡土墙的荷载

施加于挡土墙的荷载按性质列于表1-3-12。作用于一般地区挡土墙上的力,可只计算永久作用(荷载)和基本可变作用(荷载);浸水地区、地震动峰值加速度值为0.2g及以上的地区、产生冻胀力的地区,尚应计算其他可变作用和偶然作用,作用(荷载)组合按表进行。

常 用 荷 载 组 合　　　　　　表1-3-12

组　合	作用(荷载)名称
Ⅰ	挡土墙结构重力、墙顶有效永久荷载、填土重力、填土侧压力、其他永久荷载组合
Ⅱ	组合Ⅰ与基本可变荷载组合
Ⅲ	组合Ⅱ与其他可变荷载、偶然荷载组合

注:洪水与地震力不同时考虑;冻胀力、冰压力与流水压力或波浪压力不同时考虑;车辆荷载与地震力不同时考虑。

浸水挡土墙墙背为岩块和粗粒土(除粉砂)时,不计墙身两侧静水压力和墙背动水压力。墙身所受浮力应根据地基地层的浸水情况确定,砂类土、碎石类土和节理很发育的岩石地基按计算水位的100%计算;岩石地基按计算水位的50%计算。

作用在墙背的主动土压力按库仑理论计算,填料的物理力学指标若无可靠试验数据,可参照表1-3-13选用。

填料内摩擦角和综合内摩擦角　　　　表1-3-13

填料种类		综合内摩擦角(°)	内摩擦角(°)	重度(kN/m³)
黏性土	墙高≤6m	35~40	—	17~18
	墙高>6m	30~35	—	—
碎石、不易风化的块石		—	45~50	18~19
大卵石、碎石类土、不易风化的岩石碎块		—	40~45	18~19
小卵石、砾石、粗砂、石屑		—	35~40	18~19
中砂、细纱、砂质土		—	30~35	17~18

注:计算水位以下采用浮重度。

挡土墙的墙前被动土压力可不计算,当基础埋深大且地层稳定、不受水流冲刷和扰动破坏时可计入。

车辆荷载作用在挡土墙墙背填土上所引起的附加土体侧压力,可按式(1-3-30)换算成等代均布土层厚度计算:

$$h_0 = \frac{q}{\gamma} \qquad (1\text{-}3\text{-}30)$$

式中:h_0——换算土层厚度(m);

q——车辆附加荷载强度,墙高小于2m,取20kN/m²;墙高大于10m,取10kN/m²;墙高在2~10m,内插法取值;作用于墙顶或墙后填土的人群荷载为3kN/m²;作用于挡墙栏杆顶的水平推力采用0.75kN/m,竖向力采用1kN/m²;

γ——墙背填土的重度(kN/m³)。

2. 稳定性验算

挡土墙稳定性验算图示如图1-3-30所示。

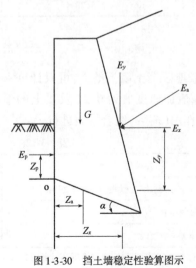

图1-3-30　挡土墙稳定性验算图示

(1)基底合力的偏心距 e_0:

$$e_0 = \frac{M_d}{N_d} \qquad (1\text{-}3\text{-}31)$$

式中:N_d——作用于基底上的垂直力组合设计值(kN/m);

M_d——作用于基底形心的弯矩组合设计值(MPa)。

其中的分项系数除被动土压力取0.3外,其余均为1。

基底合力的偏心距 e_0,对于土质地基不应大于 $B/6$;对于岩石地基不应大于 $B/4$。

(2)基底压应力 σ

$|e| \leq \dfrac{B}{6}$ 时:

$$\sigma_{1,2} = \frac{N_d}{A}\left(1 \pm \frac{6e}{B}\right) \qquad (1\text{-}3\text{-}32)$$

$|e| > \dfrac{B}{6}$ 时：

$$\sigma_1 = \dfrac{2N_d}{3\alpha_1}, \sigma_2 = 0 \qquad (1\text{-}3\text{-}33)$$

式中：σ_1——挡土墙趾部压应力(kPa)；

σ_2——挡土墙踵部压应力(kPa)，$\alpha_1 = B/2 - e_0$；

B——基地宽度(m)；

A——基底底面每延米的面积。

基底压应力 σ 不应大于基底容许承载力$[\sigma_0]$，$[\sigma_0]$可按《公路桥涵地基与基础设计规范》(JTG 3363—2019)规定采用。

(3)挡土墙滑动稳定性

滑动稳定方程为：

$$[1.1G + \gamma_{Q1}(E_y + E_x\tan\alpha_0) - \gamma_{Q2}E_p\tan\alpha_0]\mu + (1.1G + \gamma_{Q1}E_y)\tan\alpha_0 - \gamma_{Q1}E_x + \gamma_{Q2}E_p > 0$$

$$(1\text{-}3\text{-}34)$$

式中：G——作用于基底以上的重力(kN)，浸水挡土墙应计入浮力；

E_y——墙后主动土压力的竖向分量(kN)；

E_x——墙后主动土压力的水平分量(kN)；

E_p——墙前被动土压力的水平分量(kN)，浸水挡土墙不计；

α_0——基底倾角(°)；

γ_{Q1}、γ_{Q2}——主动土压力、被动土压力分项系数；

μ——基底摩擦系数，取 0.25～0.7。

抗滑动稳定性系数：

$$K_c = \dfrac{[N + (E_x - E'_p)\tan\alpha_0]\mu + E'_p}{E_x - N\tan\alpha_0} \qquad (1\text{-}3\text{-}35)$$

式中：N——作用于基底以上的合力的竖向分量(kN)，浸水挡土墙应计入浮力；

E'_p——墙前被动土压力水平分量的 0.3 倍(kN)。

(4)挡土墙倾覆稳定性

倾覆稳定方程为：

$$[0.8GZ_G + \gamma_{Q1}(E_yZ_x - E_xZ_y) + \gamma_{Q2}E_pZ_p] > 0 \qquad (1\text{-}3\text{-}36)$$

式中：Z_G——竖向力合力重心到墙趾的距离(m)；

Z_x、Z_y——墙后主动土压力的竖向分量、水平分量到墙趾的距离(m)；

Z_p——墙前被动土压力的水平分量到墙趾的距离(m)。

抗倾覆稳定性系数：

$$K_0 = \dfrac{GZ_G + E_y + E'_pZ_p}{E_xZ_y} \qquad (1\text{-}3\text{-}37)$$

验算挡土墙的抗滑动和抗倾覆稳定性时，稳定性系数不宜小于表 1-3-14 的规定值。

抗滑动和抗倾覆稳定性系数　　　　　　　表 1-3-14

荷载情况	验算项目	稳定性系数
荷载组合Ⅰ、Ⅱ	抗滑动	K_c	1.3
	抗倾覆	K_0	1.5

续上表

荷载情况	验算项目	稳定性系数	
荷载组合Ⅲ	抗滑动	K_c	1.3
	抗倾覆	K_0	1.3
施工阶段	抗滑动	K_c	1.2
	抗倾覆	K_0	1.2

3. 增加挡土墙稳定性的措施

（1）增加抗滑稳定性的方法包括：设置倾斜基底；采用凸榫形基础以及改善地基条件。

（2）增加抗倾覆稳定性的方法包括：展宽墙趾；改变墙面及墙背坡度及改变墙身断面类型。

（3）减少基底合力偏心距的方法包括：展宽墙趾；改变墙面及墙背坡度。

（4）提高地基承载力、降低基地应力的方法包括：地基处理与扩大基础。

第七节 路基工程施工技术

保证道路体具有坚实而稳定的基础是路基工程的中心任务，实践证明，没有坚固、稳定的路基，就没有稳固的路面。保证路基的强度与稳定性是保证路面强度和稳定性的先决条件，提高路基的强度和稳定性，可以适当减薄路面的结构厚度，从而使造价降低。

路基工程的特点可归纳为：

1. 工艺简单

路基包括路堤与路堑，基本操作是挖、运、填，工序比较简单，但条件比较复杂，因而施工方法具有多样化，简单的工序中常常遇到极为复杂的技术和管理方面的新课题。

2. 工程量大

路基施工工程量大，耗费劳力多，涉及面较广，耗资也很大。以平原、微丘区的三级公路为例，每公里的土石数量 8 000 ~ 16 000 m^3，山岭、重丘区的三级公路每公里可达 20 000 ~ 60 000 m^3 以上。一般公路路基修建投资占公路总投资的 25% ~ 45%，个别山区公路可达 65%。

3. 工程项目多

路基工程的项目较多，如土方、石方及圬工砌体等，在施工方法与技术操作方面各具特点。

4. 施工条件差

道路施工是野外操作，特别是边远山区自然条件差，运输不便，物资设备及施工队伍的供应与调度难，加上路基工地分散，工作面狭窄，且经常遇有特殊地质不良现象等，这些困难易使一般的技术问题变得复杂化，某些复杂的技术问题，更是难以用一般常规的方法与经验进行解决。此外，在路基施工中还存在场地布置难、临时排水难、用土处置难、土基压实难等不利的因素。

道路路基施工的内容一般包括：路基主体工程、取土坑与弃土堆、护坡道及碎落台、路基综合排水、路基防护与加固、填方与挖方路基、特殊工程地质地区的路基、冬季与雨季的施工以及由于修筑路基而引起的改沟或改河工程、土石方工程的施工组织、路基整修、质量检查、工程验收等工程项目。路基施工程序如图 1-3-31 所示。

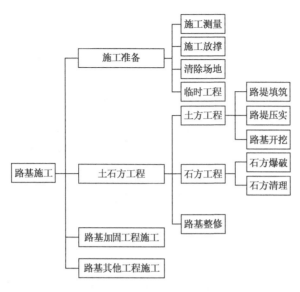

图 1-3-31　路基施工程序框图

一、路基施工的准备工作

路基施工的主要内容,大致可归纳为施工前的准备工作和基本工作两大部分。土质路基的基本工作,是路堑挖掘成型、土的移运、路堤填筑压实,以及与路基直接有关的各项附属工程。其工程量大、施工期长,且所需人力物力资源较大,因而必须集中精力,认真对待。为此,要保证正常施工,施工前的准备工作极为重要,它是组织施工的第一步,无准备的施工或准备不充分的施工,均使路基施工的基本工作难以顺利进行。

施工的准备工作,内容较多,大致可归纳为组织准备、技术准备和物质准备三个方面。

1. 组织准备工作

主要是建立和健全施工队伍和管理机构,明确施工任务,制定必要的规章制度,确立施工所应达到的目标等。组织准备亦是做好一切准备工作的前提。

2. 技术准备工作

路基开工前,施工单位应在全面熟悉设计文件和设计交底的基础上进行施工现场的勘查,核对与必要时修改设计文件,发现问题应及时根据有关程序提出修改意见并报请变更设计,编制施工组织计划,恢复路线,施工放样与清除施工场地,做好临时工程的各项工作等。

现场勘查与核对设计文件,目的是熟悉和掌握施工对象特点、要求和内容,显然这是整个施工的重要步骤,舍此则其他一切工作就失去目标,难以着手。

施工组织计划是具有全局性的大事,其中包括选择施工方案、确定施工方法、布置施工现场(施工总平面布置),编制施工进度计划,拟订关键工程的技术措施等,它是整个工程施工的指导性文件,亦是其他各项工作的依据。

临时工程,包括施工现场的供电、给水、修建便道、便桥,架设临时通信设施,设置施工用房(生活和生产所必需)等,这些均为展开基本工作的必备条件。

路基恢复定线、清除路基用地范围内一切障碍物等,是施工前的技术准备工作,亦是基本工作的一个组成部分,宜协调进行。

路基开工前应做好施工测量工作,其内容包括导线、中线、水准点复测,横断面检查与补测,增设水准点等。施工人员还应对路基工程范围内的地质、水文情况详细调查,通过取样、试验确定其性质和范围,了解附近既有建筑物对特殊土的处理方法等。

3. 物质准备工作

物质准备工作包括各种材料与机具设备的购置、采集、加工、调运与储存,以及生活后勤供应等。为使供应工作能适应基本工作的需要,物质准备工作必须制订具体计划,其中有的计划内容,如劳动力调配、机具配置及主要材料供应计划,必须服从于保证上述施工组织计划的顺利实施,而且亦常被列为施工组织计划的一个组成部分。

二、土质路基施工方法

1. 路堤填筑

(1)填料的选择

路堤通常是利用沿线就近土石作为填筑材料。但选择填料时,应尽可能选择当地强度高、稳定性好并利于施工的土石材料作路堤填料。一般情况下,碎石、卵石、砾石、粗砂等具有良好的透水性,且强度高、稳定性好,因此可优先采用。亚砂土、亚黏土等经压实后也具有足够的强度,故也可采用。粉性土水稳性差,不宜作路堤填料。重黏土、黏性土、捣碎后的植物土等由于透水性差,作路堤填料时应慎重采用。

(2)基底的处理

为使填筑在天然地面上的路堤与原地面紧密结合以保证填筑后的路堤不致产生沿基底的滑动和过大变形,填筑路堤前,应根据基底的土质、水文、坡度、植被和填土高度采取一定措施对基底进行处理。

①当基底为松土或耕地时,应先将原地面认真压实后再填筑。当路线经过水田、洼地、池塘时,应根据实际情况采取疏干、挖除淤泥、换土、打砂桩、抛石挤淤等措施进行处理后方能填筑。

②基底土密实稳定,且地面横坡缓于1:10时,基底可不处理直接修筑路堤;但在不填挖或路堤高度小于1m的地段,应清除原地表杂草。横坡为1:10~1:5时,应清除地表草皮杂物再填筑。横坡陡于1:5时,清除草皮杂物后还应将坡面筑成不小于1m宽的台阶。若地面横坡超过1:2.5,则外坡脚应进行特殊处理,如修筑护脚或护墙等。

(3)填筑方案

路堤的填筑必须考虑不同土质,从原地面逐层填筑,分层压实。填方方法有水平分层填筑法、竖向填筑法和混合填筑法三种。

①水平分层填筑。

水平分层填筑是一种将不同性质的土有规则地分层填筑和压实的方法,该方法易于达到规定的压实度,易于保证质量,是填筑路堤的基本方案。水平分层填筑应遵守以下规定:

a. 用不同性质土填筑路堤时,应分层填筑,不得混杂乱填。

b. 用透水性较小的土填路堤下层时,应做成4%的双向横坡;如用以填筑上层时,不应覆盖在透水性较大的土所填筑的下层边坡上。

c. 凡不因潮湿及冻融而变更其体积的优良土应填在上层,强度较小的土应填在下层。

d. 河滩路堤填土应在整个宽度上连同护道在内一并分层填筑,受水浸淹部分的填料,选用水稳定性好的土料。

e. 桥涵、挡土墙及其他构造物的回填土,以采用砂砾或砂性土为宜,并应适时分层回填压实,以防产生桥头过大沉降变形。

不同路堤填筑方案,如图1-3-32a)所示。此外,对于高填方路堤的填筑,应按技术规范的有关规定进行稳定性检验。

②竖向填筑。

竖向填筑指沿公路纵向或横向逐步向前填筑。竖向填筑多用于路线跨越深谷陡坡地形时,由于地面高差大,作业面小,难以采用水平分层法填筑时,如图1-3-32a)所示。竖向填筑由于填土过厚而难以压实,因此应选用高效能压实机械压实。

③混合填筑。

混合填筑指路堤下层采用竖向填筑法而上层采用水平分层填筑法,因而其上部经分层碾压容易达到足够的压实度,如图1-3-32b)所示。

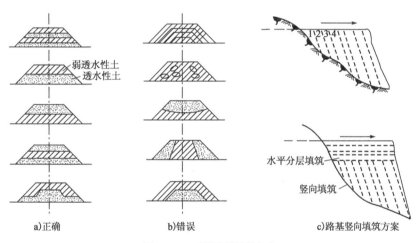

图1-3-32　路堤分层填筑方案

2. 路堑开挖

土质路堑的开挖方法有横挖法、纵挖法和混合法几种。

(1)横挖法

对路堑整个横断面的宽度和深度,从一端或两端逐渐向前开挖的方法称为横挖法;该法适宜于短而深的路堑。用人力按横挖法开挖路堑时,可在不同高度分几个台阶开挖,其深度视工作与安全而定,一般宜为1.5~2.0m。无论自两端一次横挖到路基高程或分台阶横挖,均应设单独的运土通道及临时排水沟,如图1-3-33所示。

(2)纵挖法

纵挖法有分层纵挖法、通道纵挖法和分段纵挖法三种。

沿路堑全宽以深度不大的纵向分层挖掘前进,称为分层纵挖法,如图1-3-34a)所示。该法适用于较长的路堑开挖。挖掘工作可用各式铲运机,在短距离及大坡度时可用推土机,较长较宽的路堑可用铲运机并配备运土机具进行挖掘。

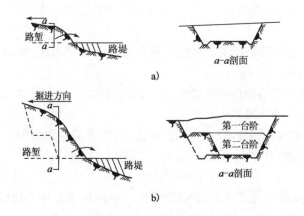

图 1-3-33 横挖法

通道纵挖法是先沿路堑纵向挖一通道,继而向两侧开挖。如图 1-3-34b)所示。

分段纵挖法是沿路堑纵向选择一个或几个适宜处,将较薄一侧路堑横向挖穿,使路堑分成两段或数段,各段再进行纵向开挖的方法。如图 1-3-34c)所示。

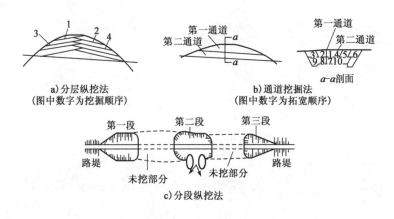

图 1-3-34 纵挖法

(3)混合法

混合法是先沿路堑纵向开挖通道,然后沿横向开挖横向通道,再双通道沿纵横向同时掘进,每一坡面应设一个施工小组或一台机械作业,如图 1-3-35 所示。

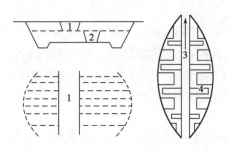

图 1-3-35 混合法
1、2-第一、二次通道;3-纵向运送;4-横向运送

三、路基压实

1. 路基压实的意义及机理

土是由固体土颗粒、颗粒之间孔隙和水组成的三相体。路基施工破坏了土体的原始天然结构,使土体呈松散状态。因此,为使路基具有足够的强度和稳定性,必须对土体进行人工压实以提高其密实程度。压实的机理在于压实使土颗粒重新组合,彼此挤紧,孔隙减少,土的单位重量提高,形成密实的整体,内摩阻力和黏聚力大大增加,从而实现土基强度增加、稳定性增强。试验证明:经过人工压实后的土体不仅强度提高、抗变形能力增强,而且由于压实使土体透水性明显减小、毛细水作用减弱和饱水量等减小,从而使其水稳性得以大大提高。因此土基压实是保证路基获得足够强度和稳定性的根本技术措施之一。各级道路的路堤和路堑均应按规定进行压实并达到规定的密实度。

2. 影响路基压实效果的因素

路基压实的效果受很多因素影响,对具有塑性的细粒土,影响压实效果的因素有内因和外因两方面:内因主要是土质和含水率,外因主要是压实功能、压实机具和压实方法等。掌握路基压实效果的影响因素利于采取合理的施工技术与方法保证工程质量。

(1)含水率对压实效果的影响。

通过室内击实试验可获得的含水率同干密度的关系曲线,如图1-3-36所示,图中纵坐标为干密度,并用其表征土的密实程度。在标准的击实作用下(一般包括重型与轻型两种击实标准),一定含水率以下,土的干密度随着含水率的增加而提高,这主要是由于水在土颗粒之间起润滑作用,使得土粒间摩阻力减小,施加外力后,孔隙减小,土粒挤紧,干密度提高。干密度至最大值后,含水率再继续增大,土粒孔隙为过多水分所占据,而水一般不为外力所压缩,因而土的干密度随含水率增加反而降低。通常在一定击实条件下得到的干密度的最大值,称为最大干密度,与之相对应的含水率称为最佳含水率。因此,在路基压实过程中,需要控制工地含水率为最佳含水率,以获得最好的压实效果。试验表明,一般塑性土的最佳含水率(按轻型击实标准)大致相当于该种土液限含水率的0.58~0.62倍,平均约0.6倍。

(2)土质对压实效果的影响。

不同的土质,其压实效果不同,不同的土质具有不同的最佳含水率及最大干密度,如图1-3-37所示。

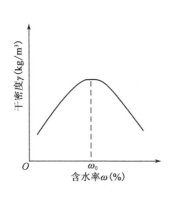

图1-3-36 含水率与干密度关系曲线

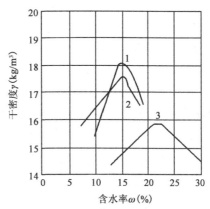

图1-3-37 不同土质的压实曲线
注:1,2-砂砾土;3-黏性土

分散性(液限、黏性)较高的土,其最佳含水率较高,而最大干密度较低,这是由于土粒越细,比表面积越大,土粒表面的水膜越多,加之黏土中含有亲水性较高的胶体物质所致。对砂类土,由于其颗粒粗并且呈松散状,水分易于散失,故最佳含水率对其没有更多的实际意义。

(3)压实功能对压实效果的影响。

压实功能系指压实机具重量、辗压次数、作用时间等。压实功能是影响压实效果的又一重要因素。

通常对同一种土,随着压实功能的增大,最佳含水率会随之减小,而最大干密度随之增加。因此,增大压实功是提高土基密实度的又一种方法,然而这种方法有一定局限性,因为压实功增加到一定程度后,土的密度增长就不明显了,因此最经济的办法是严格控制现场含水率,使碾压在接近最佳含水率时进行,这样便能容易地达到规定的压实度。

(4)压实工具和压实方法对压实效果的影响。

不同的压实机具,其压力传布作用深度不同,因而压实效果也不同。通常夯击式作用深度最大,振动式次之,静力辗压式最浅。

不同压实厚度其压实效果也不同。通常情况下,夯击不宜超过20cm,8~12t光面碾不宜超过20~30cm。

压实作用时间越长,土密实度越高,但随时间进一步加长,其密实度的增长幅度逐渐减小,故压实时,要求压实机具以较低速度行驶,以便达到预期的压实效果。

3. 路基压实标准

通常采用干密度作为表征土基密实程度的指标。在路基施工中,衡量不同土路基现场工地的密实度,压实度便是表征土基密实程度的重要标准。

压实度是指压实后土的干密度与该种土室内标准击实试验下所得的最大干密度之比。压实土体的干密度可按式(1-3-38)计算:

$$\gamma = \frac{\gamma_w}{1 + 0.01\omega} \tag{1-3-38}$$

式中:γ_w——土的天然湿密度(g/cm^3),一般以环刀法或灌砂法现场测定;

ω——土的含水率(%),一般以酒精燃烧法或烘干法测定。

技术规范规定,不同道路等级及路床不同深度,其压实度要求不同。道路等级越高,压实度要求也越高,路基上部压实度比路基下部高。路基压实过程中只有达到规定的压实度,才能保证路基的强度和稳定性。土质路基(含土石混填)的压实度与强度标准见表。

压实度是以室内标准击实试验所得最大干密度为标准的。同一压实度时如采用不同击实标准,其实际密实度是大不一样的。目前,标准击实试验有轻型击实试验和重型击实试验两种。已经证明,对同一土体,重型击实比轻型击实可获得更高的干密度和相对较低的最佳含水率。目前,随着高等级公路的发展,对道路路基质量的要求越来越严,因此,对道路路基压实度标准要求越来越高,高等级级公路和城市重要干道,均采用重型击实标准来控制压实度,这对于确保路基路面质量、提高道路使用品质具有非常重要的意义。

4. 路基压实施工的组织与质量控制

(1)压实施工的组织。

压实施工的组织一般应遵循下列步骤:

①根据土质正确选择压实机具,掌握不同机具适宜的碾压土层松铺厚度及碾压遍数。

②组织实施时,采用的压路机应遵循先轻后重的原则,碾压速度应先慢后快。

③碾压路线应先边缘后中间,超高路段则应先低后高,相邻两次的碾压轮迹应重叠轮宽的1/3~1/2,以保证压实均匀而不漏压,对压不到的边角辅之以人力及小型机具夯实。

④碾压过程中应经常检查含水率及压实度,以符合规定的密实度要求。

(2) 路基压实质量的控制。

路基在实施碾压的过程中,应经常检查含水率及压实度,以控制压实工作。

工地的含水率通常应接近最佳含水率。若含水率过大不易碾压密实时,应摊开晾晒,等其接近最佳含水率时再行碾压;如含水率过低时,需均匀洒水至接近最佳含水率方可碾压。所需洒水量见式(1-3-39):

$$P = (\omega_0 - \omega)\frac{G}{1+\omega} \tag{1-3-39}$$

式中:ω_0、ω——土的最佳含水率及原状含水率(%);

G——需加水的土的质量。

四、石方路基建筑

1. 爆破作用原理

在山区,道路路基施工经常遇到石方工程。由于石方数量大,石质坚硬,工期长,是路基的关键工程,施工时广泛使用爆破技术。

爆破作用原理是药包点火后产生高温、高压而发生冲击波,使药包体积膨胀千倍以上。这种爆破足以使岩体破坏而产生碎裂。爆破冲击波由药包中心呈球面向外扩散,按其破坏程度大致分为压缩圈、抛掷圈、松动圈及振动圈四个作用圈(图1-3-38),药包在有限介质内爆炸,在临空的一侧形成一个形似漏斗的爆破坑,称为爆破漏斗(图1-3-39)。爆破漏斗一般用最小抵抗线 W_0(药包中心至临空面最短距离)、爆破漏斗口半径 r_0、抛掷漏斗半径、爆破作用指数 $n = r_0/W_0$、抛掷率 E 等要素表征,当 $n > 1$、$E > 27\%$ 时,称为标准抛掷爆破;当 $n = 1$、$E = 27\%$ 时,称为标准爆破;当 $n < 1$、$E < 27\%$ 时,称为减弱抛掷爆破;$n = 0.75$ 时,称为标准松动爆破;$n < 0.75$ 时不能形成明显的漏斗,称为减弱松动爆破。

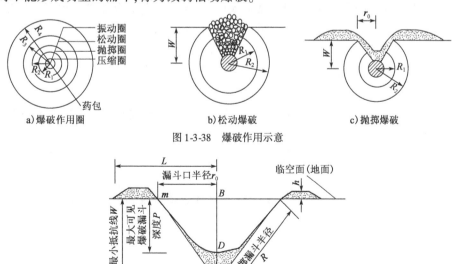

图1-3-38 爆破作用示意

图1-3-39 爆破漏斗

2. 爆破技术

(1)各种爆破方法

常用的爆破方法一般包括小炮和洞室炮两类。小炮用药量在1t以下,主要包括钢钎炮、深孔爆破、药壶炮和猫洞炮。用药量在1t以上为大炮。爆破方法的采用应根据石方集中程度、地形、地质条件及路基断面形状等具体情况决定。

①钢钎炮。指炮眼直径和深度分别小于7cm和5m爆破方法。用于工程分散、石方少的情况。

②深孔爆破。指炮眼孔径大于75mm,深度在5m以上(一般深8~12m),使用延长药包的爆破,多用于石方数量较大且较集中的情况,见图1-3-40。

③药壶炮。指在深2.5~3.0m以上的炮眼底部用少量炸药经一次或多次烘膛,使炮眼底部扩大成药壶形(葫芦形),然后将炸药集中装入药壶中进行的爆破,见图1-3-41。

④猫洞炮。指炮眼直径为0.2~0.5m,深度为2~6m,炮眼成水平或略有倾斜,用集中药包进行爆破的方法,见图1-3-42。

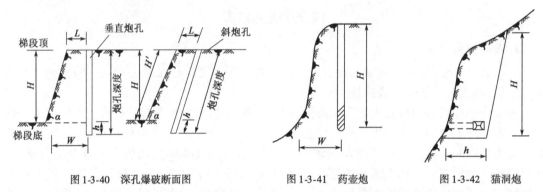

图1-3-40 深孔爆破断面图　　图1-3-41 药壶炮　　图1-3-42 猫洞炮

⑤洞室炮。洞室炮爆破效率高、威力大。根据地形和路基断面形式,可分别选用以下洞室炮:

a.抛掷爆破。适于平坦或地面坡度小于15°的地形,爆后对路堑边坡稳定性影响较大,在公路工程中很少采用。

b.斜坡地形的抛掷爆破。适于自然地面坡度在15°~50°,属于半填半挖路堑的爆破。

c.多面临空地形爆破。适于峡谷鸡爪地形,具有完整临空面多的地段。

d.抛坍爆破。适于自然地面坡度大于30°的半填半挖断面爆破。

e.定向爆破。利用爆能将大量土石方按指定的方向,搬移到一定位置并堆积成路堤的一种爆破方法。

f.松动爆破。用于不宜采用抛掷爆破的次坚石、软土路基或配合机械化清方的地段。

(2)综合爆破设计

为充分发挥各种爆破方法的特点,利用地形和地质的客观条件,在路基石方工程中常采用综合爆破。综合爆破设计应遵循以下原则:

①在路基石方工程中,应充分利用地形和地质客观条件及石方集中程度,全面规划、重点设计,综合组织群爆。

②利用有利地形,扩展工作面。

③综合利用小炮群,分段分批爆破。

a.半填半挖斜坡地形,采用一字排炮;在自然坡度较缓的地形,先用钢钎炮切脚,改造地形后再采用一字排炮。

b. 路线横切小山包时,采用钢钎炮三面切脚,改造地形后,再在中间用药壶炮爆破。
c. 路基加宽,阶梯较高地形,采用上下互相配合的小炮群。
d. 对拉沟路堑,采用两头开挖时,可采用竖眼揭盖、水平炮眼搜底的梅花炮。
e. 机械化清方时,如遇坚石,可用眼深2m以上钢钎炮组成30~40个多排多层炮群,或采用深孔炮。在坚硬岩石中,为使岩石破碎程度满足清方要求,可采用微差爆破或间隔药包。遇软石或节理发育的次坚石,可用松动爆破。

复习思考题

1. 说明路基的特点及其要求。
2. 说明路基的主要病害及其成因。
3. 说明公路自然区划的主要内容。
4. 如何确定路基干湿类型。
5. 路基的强度指标有哪些?
6. 说明路基排水系统的构成。
7. 说明路基稳定性验算的方法。
8. 说明路基防护加固工程的构成。
9. 路基挡土墙有哪些类型及其特点?
10. 说明路基挡土墙稳定性验算方法。
11. 说明路基土压实的影响因素分析。
12. 说明路基施工技术方法与要求。

习题

1. 西南地区某新建一级公路,K3+230~K4+560段路基平均填筑高度为1.9m,地下水位埋深0.3m。经过计算可知路基工作区深度为1.4m,毛细水上升最大高度为1.0m,根据《公路路基设计规范》(JTG D30—2015),计算判断该路床所处的湿度状态。

2. 公路自然区划Ⅳ区某新建二级公路初步设计,K8+560~K9+780段路基平均填筑高度为0.85m,路基平衡湿度状态主要受地下水控制。路基填料采用黏质土,CBR值为11.6%,通过试验测得干湿循环条件下路基土模量折减系数为0.85,路基回弹模量湿度调整系数按规范要求查表取0.80,试计算路基回弹模量设计值。

3. 某二级公路路线为沿河线,路基宽度12m,沥青混凝土路面,路面厚42cm,K8+660处的地面高程为253.67m。该处路基工作区深度为1.65m,中湿状态路基临界高度为2.84m。按设计洪水频率的计算水位高程为255.82m,壅水高度为1.0m,波浪侵袭高度为0.3m,则该路堤高度H应为多少。

4. 某路堤顶宽8m,直线形边坡坡度1:1.5,高度18m,已知路基填料为砂性土,重度为18.62kN/m³,黏结力为0.98kPa,内摩擦角为35°,任选滑裂面验算边坡稳定性。若路基填料为黏性土,重度为17.64kN/m³,黏结力为9.8kPa,内摩擦角为27°,任选滑裂面验算边坡稳定性。

5. 某一滑动面为折线形的均值高填方路堤,采用不平衡推力法进行稳定性分析,将滑动面上土体分成3个条块,自上而下条块的倾角分别为 $\alpha_1 = 30°, \alpha_2 = 10°, \alpha_3 = 10°$。假设各滑动面的内摩擦角和黏聚力不变,都是 $c = 8\text{kPa}, \varphi = 19°$,稳定安全系数取1.45,则稳定性分析过程中,计算第1条块对第2条块的传递系数。

6. 已知某重力式路肩墙墙高为7m,顶宽1.2m,墙面与墙背平行,坡度为1∶0.25,基底水平,不计墙前土压力,经计算墙背土压力为:$E_x = 64.29\text{kN}, E_y = 6.8\text{kN}, Z_x = 2.51\text{m}, Z_y = 1.74\text{m}$,基底摩擦系数 $\mu = 0.43$,墙身重度 23.5kN/m^3,其他不力计,试进行挡土墙稳定性验算。

第四章 路面工程

内容提要：本章主要介绍了路面的作用与要求及其结构组成和分级分类；对荷载及交通量进行了分析；简要说明了路面各结构层的施工技术方法与要求；阐述了沥青路面和水泥混凝土路面的设计理论与设计计算方法。

第一节 概　　述

一、路面的作用及基本要求

路面是在路基顶面的行车部分，用各种混合料铺筑而成的层状结构物。路基是路面结构的基础，而路面结构层的存在又保护了路基，使之避免了直接经受车辆和大气的破坏作用，从而长期处于稳定状态。路基和路面相辅相成，实际上是不可分离的整体。

现代化公路运输，不仅要求道路能全天候通行车辆，而且要求车辆能以一定的速度，安全、舒适、经济地在道路上运行，这就要求路基坚实稳定，路面具有良好的使用性能，提供良好的行驶条件和服务。

为了保证公路与城市道路最大限度地满足车辆运行的要求，提高车速、增强安全性和舒适性，降低运输成本和延长道路使用年限，路面应具有下述一系列基本要求。

1. 足够的强度和刚度

车辆的行驶，必然产生"行车荷载"，这个荷载以垂直力、水平力、冲击力、振动力和真空吸力等多种方式作用于路面，又由于行车荷载对路面的作用是重复作用，所以，路面会逐渐出现累积变形，产生磨损、开裂、坑槽、沉陷、车辙和波浪等破坏现象，这就势必影响正常行车，因此，路面在设计年限内必须具有足够的强度和刚度，才能承受行车荷载的作用，不致产生影响汽车正常行驶的各种破坏和变形。

理论与实践表明，路面本身的强度固然重要，但只有综合考虑了路基和路面的强度（刚度）而得出的路面整体强度（刚度）满足行车要求时，才能认为路面结构具有足够的强度（刚度）。

2. 足够的稳定性

路面不但要承受行车的作用,而且还经常受到各种自然因素的作用。水分、温度等自然因素对路面具有破坏性的侵蚀作用,使路面强度发生变化。在自然因素的长期作用下,路面不发生过大的变形,并保持其强度足以承受行车荷载的作用,这就是路面的稳定性。显然,良好稳定的路面,其强度变化的幅度是很小的。

3. 足够的平整度

路面平整度越差,行车阻力就越大,将使车速降低、油耗上升、轮胎加速磨损,与此同时,车轮对路面的冲击力增大,造成行车颠簸,致使汽车机件和路面迅速损坏。路面平整度差,还会积水,影响行车安全。低、中级路面平整度差,会使路面积水下渗,加速路面破坏。为保证高速行车,提高安全性和舒适性,应保持路面有足够的平整度。道路的等级越高,即设计车速越高,对平整度的要求也越高。

4. 足够的抗滑性

路面要平整,但不宜光滑,一方面,光滑的路面将使车轮与路面之间缺乏足够的摩擦阻力,车轮容易产生打滑和空转,不能保证高速行车;另一方面,路面抗滑性差将使汽车制动距离增加,行车安全不能保证,容易引起交通事故。抗滑性直接关系到道路运输的安全和经济效益。行车速度越高,对抗滑性的要求也越高,越是高级路面,越应重视抗滑性问题。

5. 足够的抗水损坏能力

对于水稳定性差的基层和土基,应特别重视路面的不透水性,这就应从路面结构、适当的路拱横坡等方面综合考虑,使雨水渗入路面的可能性减小,从而保证不致因路面透水导致土基和路面强度降低而产生破坏。

6. 低噪声及低扬尘性

噪声与扬尘会对环境造成污染,影响正常的行车秩序,对行车密度大的高等级道路,这是必须予以足够重视的问题。

行车噪声一方面因路面平整度差而引起,由路面面层材料的刚度大而产生;另一方面与不良的线形设计导致的车辆频繁的加速、减速、转向有关。扬尘主要发生于砂石路面,因车轮后面产生真空吸力将面层细集料吸出而引起。值得注意的是,即使是高级路面,如不及时清扫路面浮土和灰尘,亦会同样导致严重的扬尘。因此,对于行车噪声和扬尘,应当从道路工程的设计、施工、养护和管理等方面统筹考虑,才能保证路面具有尽可能低的扬尘性和尽可能小的噪声。

二、路 面 结 构

整个路面结构,铺筑于路基顶面的路槽之中,为使路面上的雨水及时排除,路面的表面通常做成路拱。考虑到行车的平稳性,目前常用的路拱形式是二次抛物线形或直线形。从路中心到路面边缘的平均坡度称为路拱横坡。路面两侧至路基边缘称为路肩。如图 1-4-1 所示为上述各部分的示意图。

行车荷载和自然因素对路面的影响随作用深度而逐渐减弱,因而对路面材料的强度、刚度和稳定性的要求也随深度而逐渐降低。为适应这一特点,路面通常是分层修筑的多层结构,按使用要求、受力状况、土基支承条件和自然因素影响程度的不同,在路基顶面采用不同规格和要求的材料分别铺设功能层、基层和面层等结构层。

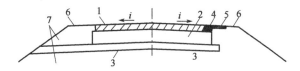

图 1-4-1 路面结构层次划分示意图
1-面层;2-基层;3-功能层(或隔离层);4-路缘石;5-加固路肩;6-土路肩;7-路基(土基);i-路拱横坡

1. 面层

面层是直接同行车和大气相接触的表面层次,它直接承受行车荷载的竖向力,特别是水平力和冲击力的作用,同时又受到降水的侵蚀作用和温度变化的影响。因此,同基层或垫层相比,面层应具有较高的结构强度和刚度、耐磨性、不透水性和温度稳定性,并且表面还应具有良好的平整度和粗糙度。对于高等级道路常用较高级的材料来铺筑,如水泥混凝土、沥青混凝土及其他沥青混合料等。高等级道路的路面面层常由两层或三层组成,则分别称为表面层、中面层和底面层。

2. 基层

位于面层之下的是基层,它是路面结构中的主要承重层,主要承受由面层传递下来的车轮荷载的竖向力,并将其扩散到下面的层次中。因此,对基层材料的要求是,应具有足够的抗压强度和刚度(扩散应力的能力),同时还应具有足够的水稳性,以防基层湿软后变形大。从而导致面层损坏;水泥混凝土面层下的基层则还应具有足够的耐冲刷性。

用作基层的材料,主要有各种结合料(如石灰、水泥或沥青等)稳定土或碎(砾)石混合料,各种工业废渣混合料,贫水泥混凝土,各种碎(砾)石混合料或天然砂砾以及片石、块石等材料。当基层较厚或材料来源广泛时,常分两层或三层铺筑,则分别称为基层和底基层或基层上、中、下层。底(下)基层可使用质量稍差的当地材料。

3. 功能层

功能层是介于基层和土基之间的层次,其主要作用是调节和改善土基的湿度和温度状况,以保证道路结构的稳定性和抗冻能力。因此,通常在土基水温状况不良时设置。

功能层材料的强度要求不一定高,但其水稳性、隔温性和透水性要好。常用材料一类是由松散的颗粒材料如砂、砾石、炉渣等组成;另一类是石灰土或炉渣石灰土等稳定土材料。

4. 土基

路基顶面上层,不论是填方还是挖方路基,均应按要求予以严格压实。否则,在行车和自然因素作用下会产生过量的变形,从而加速面层损坏。

三、路面的分级

路面的等级是按面层材料组成、结构强度、路面所能承担的交通任务和使用品质来划分的。通常分成四个等级:

1. 高级路面

结构强度高,使用寿命长,适应较大的交通量,平整无尘;能保证高速、安全、舒适的行车要求;养护费用少,运输成本低;但建设投资大,需要优质材料。

2. 次高级路面

各项指标低于高级路面,造价较高级路面低,但要定期维修,养护费用和运输成本亦较高。

3. 中级路面

结构强度低,使用年限短,平整度差,易扬尘,行车速度低,只能适应较小的交通量,造价低;但经常性的维修养护工作量大,行车噪声大,不能保证行车舒适,运输成本高。

4. 低级路面

结构强度很低,水稳性。平整度和不透水性都差,晴天扬尘,雨天泥泞,只能适应低交通量下的低速行车,同时,雨季不能保证正常行车,造价最低;但养护工作量最大,运输成本最高。

各级路面相适应的面层类型见表1-4-1。路面等级同时应与道路的技术等级相适应,通常的考虑是,等级较高的道路一般都应采用较高级的路面。

路 面 等 级 划 分　　　　　表 1-4-1

路 面 等 级	面 层 类 型	适用的公路等级
高级路面	水泥混凝土、热沥青混合料整齐块料	高速公路 一、二级公路
次高级路面	沥青贯入式、路拌沥青碎石、 沥青表处、半整齐块料	二、三级公路
中级路面	碎砾石路面、不整齐块料 其他粒料	三、四级公路
低级路面	粒料加固土及其他	四级公路

四、路 面 分 类

根据路面的力学特性,可把路面分为柔性路面和刚性路面两类。前者包括除用水泥混凝土作面层和基层以外的各种路面结构,后者包括各种水泥混凝土作面层或基层的路面。这两类路面的主要区别在于它们分布荷载作用到路基的状态有所不同。因为刚性路面的刚度大,板体性强,具有较高的抗弯强度和模量,分布到土基顶面的荷载作用面积大而单位压力小,因此,在车轮荷载作用下的弯沉变形极小。柔性路面抗弯强度和模量较低,在车轮荷载作用下的弯沉变形大,对土基的作用力也较大,因而土基的强度和稳定性对路面结构整体强度影响较大。

此外,对于用石灰或水泥稳定的土或处治碎(砾)石,特别是用含水硬性结合料的工业废渣做的基层,由于前期具有柔性路面的力学特性,随着时间的增长,其强度与刚度不断增大(但最终的抗弯强度和弹性模量仍低于刚性路面),具有板体性能。因此这类路面基层结构又被称为半刚性基层,用半刚性基层修筑的沥青路面称为半刚性基层沥青路面。

1. 路面基层与功能层

路面基层是路基路面结构中重要组成部分,它位于路基和路面面层之间同时又被隐藏于路面结构中,在道路结构中起着承上启下的作用。

路面基层直接位于沥青面层或水泥混凝土路面板之下,以高品质的建筑材料铺筑而成的面层的下承层,实际工程中往往设置一层或多层结构(材料),多层基层结构的第一层以外也称为底基层。在沥青路面中由于沥青面层材料刚度较小,抗弯强度不大,使得沥青路面基层成为路面结构的主要承重层;而水泥混凝土路面基层的承载作用相对次要,主要提供稳定、耐久的下部支撑作用。

路面功能层位于底基层以下,主要解决调节路基湿度和温度状况的问题,即保护路基的作用,若路基水温状况良好时可不设功能层或以相似材料的底基层代替其作用。

基层材料种类尤为丰富,其本质在于刚度的大小不同,致使其在整个路面结构中承担的应变能比例不同,导致道路路基路面结构各层的受力状况的差异变化,当道路所处的交通、环境条件确定时,为满足使用年限内路面性能要求所设计的路面结构差异明显、造价差别也很大。根据材料刚度的不同,基层材料被划分为柔性基层、半刚性基层和刚性基层三大类,其中柔性基层包括碎石(粒料)类和沥青稳定碎石两种,因其工艺要求高及造价偏高目前实际应用不多;半刚性基层是以石灰、水泥、粉煤灰等工业废渣无机料稳定土石材料修筑的基层,是目前我国工程应用最广泛的基层类型;刚性基层是采用碾压混凝土、贫混凝土和低标号水泥混凝土修筑的基层结构。三者的刚度状况以其抗压模量反映见表1-4-2。

各种基层材料回弹模量参考值 表1-4-2

材料名称	填隙碎石	级配碎石	沥青稳定碎石	石灰土	水稳碎石/二灰碎石	贫混凝土	水泥混凝土
刚度特性	柔性			半刚性		刚性	
结合料	无		沥青	无机结合料			
抗压模量(MPa)	180~220	200~400	7 000~11 000	3 000~5 000	14000~28 000	15 000~20 000	30 000~32 500

在实际路面结构中,低等级道路(三四级公路)一般仅设一层基层,二级及以上公路往往设置基层和底基层(或垫层),随着公路交通荷载与交通量的增加,路面基垫层的层数与厚度不断增加,总厚度达到50cm以上,结构形式也从以往惯用的半刚性基层为主,发展到根据重交通和长寿命等特殊要求而应用组合方式,如柔性基层和复合型基层得到大量尝试。

但就我国目前工程中的普遍情况看,无机结合料稳定基层的结构较密实、孔隙率较小、透水性较小、水稳性较好、适宜于机械化施工、技术经济较合理,成为目前大量采用的基层类型。只是为了尽可能减少由于无机结合料稳定基层的干缩、温缩开裂和由此发展的向沥青面层的反射裂缝及随之产生的水损坏、剥落坑槽等,现行规范要求高等级公路(高速、一级公路)路面基层往往采用水泥稳定碎石和二灰稳定碎石两种半刚性基层材料,其他半刚性稳定类基层材料不宜采用,但可应用于底基层(或垫层)以及一般公路等级的基垫层。

2. 沥青路面面层

沥青路面是用沥青材料作结合料黏结矿料修筑面层与上述各类基垫层所组成的路面结构。由于沥青路面使用沥青结合料,因而增强了矿料间的黏结力,提高了混合料的强度和稳定性,使路面的使用质量和耐久性都得到提高。与水泥混凝土路面相比,沥青路面具有表面平整、无接缝、行车舒适、耐磨、振动小、噪声低、施工期短、养护维修简便、适宜分期修建等优点,因而获得了广泛的应用,也是我国道路的主要路面形式。

(1)沥青路面的特点

沥青路面具有诸多良好性能:

①足够的力学强度,能承受车辆荷载施加到路面上的各种作用力。
②一定的弹性和塑性变形能力,能承受应变而不被破坏。
③与汽车轮胎的附着力较好,可保证行车安全。
④有良好的减振性,可使汽车快速行驶,平稳而低噪声。
⑤不扬尘且容易清扫和冲洗。
⑥维修工作比较简单。

同时,沥青路面面层直接承受车辆和大气因素的作用,而沥青材料的物理、力学性质受气候和时间因素的影响很大,这是沥青路面使用中的一个重要特点。沥青路面在荷载和环境因素的作用下又会产生各类损坏,从而影响到使用质量和使用寿命,常见的损坏现象有裂缝(横向、纵向及网状裂缝)、车辙、松散、剥落和表面磨光等。

(2)对沥青路面的基本要求

沥青路面常见的损坏现象有裂缝(横向、纵向及网状裂缝),车辙,松散,剥落和表面磨光等。为了控制和减少这些问题的产生与发展,沥青路面必须满足下列基本要求:

①高温稳定性。为了保证沥青路面于高温季节在行车荷载的反复作用下不致产生诸如波浪、推移、车辙、泛油、粘轮等病害,沥青路面应具有良好的高温稳定性,确保高温时仍具有足够的强度与刚度。

②低温抗裂性。由于沥青路面在高温时变形能力较强,而低温时变形能力差,故不论哪种裂缝,以在低温时发生的居多。从低温抗裂性的要求出发,沥青路面在低温时,应具有较低的劲度和较大的抗变形能力,且在行车荷载和其他因素的反复作用下不致产生疲劳开裂。

③耐久性。沥青路面应具有抵抗温度、阳光、空气、水等各种气候因素作用的能力,即在这些因素的作用下,沥青路面的性质不致很快恶化即失去黏性、弹性,性质变脆,以致在行车荷载和其他因素的作用下发生碎裂,乃至沥青与矿料脱离,导致路面松散破坏。

④抗滑能力。以保证在最不利的情况下(如路面潮湿等)车辆能够高速安全行驶,而且在外界因素作用下其抗滑能力不致很快降低。

(3)沥青路面的类型划分

实际采用的沥青路面种类繁多、特性不一,分别适用于不同荷载作用与环境条件。有以下几种分类方法:

①按强度构成原理分类。

沥青路面可分为密实型和嵌挤型两大类。密实型沥青路面要求矿料的级配按最大密实原则设计,其强度和稳定性主要取决于混合料的黏聚力和内摩阻力两者并重,按其空隙率的大小可分为闭式和开式两种:闭式混合料中含有较多的细矿料颗粒,空隙率小于6%,混合料致密而耐久;开式混合料中细矿料颗粒含量较少,空隙率大于6%。嵌挤型沥青路面要求采用颗粒尺寸较为均匀的矿料,路面的强度和稳定性主要依靠集料颗粒之间相互嵌挤所产生的内摩阻力,而黏聚力起着次要作用,按嵌挤原则修筑的沥青路面,其热稳定性较好,但因空隙率较大、易渗水,因而耐久性较差。

②按施工工艺分类。

沥青路面可分为层铺法、路拌法和厂拌法三类。层铺法沥青路面是用分层洒布沥青,分层铺撒矿料和碾压的方法修筑的沥青路面。其主要优点是工艺和设备简便、功效较高、施工进度快、造价较低。其缺点是路面成型期较长,需要经过炎热季节行车碾压之后,路面方能成型。用这种方法修筑的沥青路面有沥青表面处治和沥青贯入式两种。路拌法沥青路面是在路上用机械将矿料和沥青材料就地拌和摊铺和碾压密实而成型的沥青面层。此类面层所用的矿料为碎(砾)石者称为路拌沥青碎(砾)石;所用的矿料为土者则称为路拌沥青稳定土。路拌沥青面层,通过就地拌和,沥青材料在矿料中分布比层铺法均匀,可以缩短路面的成型期。但因所用的矿料为冷料,需使用黏稠度较低的沥青材料,故混合料的强度较低。厂拌法沥青路面是将规定级配的矿料和沥青材料在工厂用专用设备加热拌和,然后送到工地摊铺碾压而成型的沥青路面。矿料中细颗粒含量少,不含或含少量矿粉,混合料为开级配的(空隙率达10%~15%),称为厂拌沥青碎石;若矿料中含有矿粉,混合料是按最佳密实级配配制的(空隙率10%以下),称为沥青混凝土。厂拌法按混合料铺筑温度的不同,又可分热拌热铺和热拌冷铺两种。热拌热铺是混合料在专用设备加热拌和后立即趁热运到路上摊铺压实,如果混合料加热拌和后储存一段时间再在常温下运到路上摊铺压实,即为热拌冷铺。厂拌法使用较黏稠的沥青材料,且矿料经过精选,因而混合料质量高,使用寿命长,但修建费用也较高,是目前我国沥青路面工程应用中最普遍采用的类型。

③根据沥青路面技术特性分类。

沥青面层可分为热拌沥青混合料、温拌沥青混合料、乳化沥青碎石、沥青贯入式和沥青表面处治五种类型。此外,热拌沥青混合料中的沥青玛蹄脂碎石(SMA)及开级配沥青混合料磨耗层(OGFC)近年在我国也得到广泛应用。沥青混凝土路面是指用沥青混凝土作面层的路面,其面层可由单层、双层或三层沥青混合料组成,各层混合料的组成设计应根据其层厚和层位、气温和降雨量等气候条件、交通量和交通组成等因素确定,以满足对沥青面层使用功能的要求。沥青混凝土常用作高等级公路的面层。SMA路面是指用沥青玛蹄脂碎石混合料作面层或表面抗滑层的路面,以间断级配的集料为骨架,用改性沥青、矿粉及纤维素组成的沥青玛蹄脂为结合料,经拌和、摊铺、压实而形成的一种构造深度较大的抗滑面层。它具有抗滑耐磨、空隙率小、抗疲劳、高温抗车辙、低温抗开裂的优点,常用于高速公路、一级公路和其他重要公路的表面层。OGFC具有较强的内部渗排水能力,适用于多雨地区沥青路面的表面层或磨耗层。

3. 水泥混凝土路面面层

水泥混凝土路面(Cement Concrete Pavement,CCP)包括普通混凝土路面(Jointed Plain Concrete Pavement,JPCP)、钢筋混凝土路面(Joint Reinforced Concrete Pavement,JRCP)、连续配筋混凝土路面(Continuously Reinforced Concrete Pavement,CRCP)、预应力混凝土路面(Prestressed Reinforced Concrete Pavement,PRCP)、装配式混凝土路面(Precast Concrete Pavement,PCP)和钢纤维混凝土路面(Steel Fiber Reinforced Concrete Pavement,SFCP)等。目前应用最广泛的是就地浇筑的普通混凝土路面,简称混凝土路面。

(1)混凝土路面具有的优点

①强度高。混凝土路面具有很高的抗压强度和较高的抗弯拉强度以及抗磨耗能力。

②稳定性好。混凝土路面的水稳性、热稳性均较好,特别是它的强度能随着时间的延长而逐渐提高,不存在沥青路面的"老化"现象。

③耐久性好。由于混凝土路面的强度和稳定性好,所以它经久耐用,一般能使用20~40年,而且它能通行包括履带式车辆等在内的各种运输工具。

④有利于夜间行车。混凝土路面色泽鲜明,能见度好,对夜间行车有利。

(2)混凝土路面具有的缺点

①对水泥和水的需要量大,这给水泥供应不足和缺水地区带来一定的困难。

②有接缝。混凝土路面中存在的纵横向接缝不但会增加施工和养护的烦琐性,而且容易引起行车跳动,影响行车的舒适性;接缝处又是路面的薄弱点,如处理不当,将导致路面板边和板角处破坏。

③开放交通较迟。混凝土路面施工要经过28d的湿治养护,才能开放交通。

④修复较为困难。混凝土路面损坏后,损坏部位破除困难,修补工作量也大,且影响交通时间长。

基于水泥混凝土路面的特征,该类路面结构虽然应用数量上远不及沥青路面,但往往在特定场合下使用具有显著效果。水泥混凝土路面常应用在:货运干道、厂矿道路、机场场道等重载交通条件下;隧道内道路、高速公路收费区道路等不宜多次维修的情况下;乡村公路等一般道路施工条件受限时;山区公路过水路面、降水量较大地区等水损坏严重处。

<h3 style="text-align:center">五、行车荷载分析</h3>

汽车是路面的服务对象,路面的主要功能是长期保证车辆快速、安全、平稳地通行。汽车荷载是造成路基路面结构损伤的主要成因。因此,为了保证设计的路基路面结构达到预计的功能,具有良好的结构性能,首先应对行驶的汽车进行分析,其中包括汽车轮重与轴重的大小与特性;不同车型车轴的布置;设计期限内,汽车轴型的分布以及车轴通行量逐年增长的规律;汽车静态荷载与动态荷载特性比较等。

1. 车辆的种类与轴型

道路上通行的汽车车辆主要分为客车与货车两大类。无论是客车还是货车,车身的全部重力都通过车轴上的轮子传给路面,因此,对于路面结构设计而言,更加重视汽车的轴重。由于轴重的大小直接关系到路面结构的设计承载力与结构强度,为了统一设计标准和便于交通管理,各个国家对于轴重均有明确的规定。我国公路与城市道路路面设计规范均以100kN作为设计标准轴重。

2. 汽车荷载作用力

汽车荷载对路面施加的作用力的大小和性质,随汽车的运动状态而变化。当汽车停在路面上时,只有车轮对路面的垂直力作用;行驶时,除垂直力外还有车轮转动对路面产生的纵向水平切向力;转向时又增加了横向水平力;如路面不平,汽车颠簸,又有冲击力和振动力产生;车轮的高速旋转,使车轮与路面间形成暂时真空,从而产生真空吸力。由此可见,汽车在任何一种运动状态下垂直力都是最基本的作用力,其次是水平力。汽车运动状态越复杂,对路面的作用力也越复杂。柔性路面主要考虑了汽车荷载对路面作用的垂直力和水平力。

(1) 车轮作用在路面上的垂直力

轴荷载通过充气轮胎传给路面,车轮与路面的接触面积称为轮印面积,其形状为带有轮胎花纹的近似椭圆,在柔性路面设计中,用等面积圆来代替,称为轮印的当量图。当量圆面积与轮荷载、轮胎尺寸及轮胎压强有关。汽车后轴一侧多为双轮(即双轮组),将双轮轮印化为一个当量圆,称为单圆荷载图式;若化为两个当量圆,称为双圆荷载图式,如图1-4-2所示。

(2) 车轮作用于路面的水平力

由汽车的行驶条件可知,水平力的最大值 $Q_{\min}$。不能超过垂直力 P 与路面车轮间的附着系数 f 的乘积,即

$$Q_{\min} \leq Pf \qquad (1\text{-}4\text{-}1)$$

f 的最大值一般不超过 0.7~0.8。试验证明:汽车正常行驶时,为 0.25~0.30;一般加速或减速时,为 0.5~0.6;如紧急制动或骤然加速时,为 0.75~0.80。

(3)车轮作用于路面的其他力

汽车对路面的冲击力和振动力,目前只是在水泥混凝土路面设计中才考虑,即将车轮荷载乘上一个大于1的动荷系数后作为设计荷载来表示的,或者将按静载计算的荷载应力乘以动荷系数后作为设计计算荷载应力。动荷系数的数值,一般取为1.15~1.20,它随轮重的增大而减小。至于真空吸力,目前尚未在设计计算中考虑。

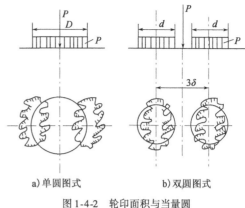

图 1-4-2 轮印面积与当量圆

3. 交通分析

路上行驶着不同类型和不同重量的车辆。路面结构设计时要考虑它们在设计年限内对路面的累计损坏作用,因而要了解或估计现有的交通量和轴载组成,并预估它们在设计年限内的增长和变化,而且需要把它们都换算成当量标准轴载的累计作用次数。

(1)交通量及其增长率

可以通过现有的交通流量观测站的调查资料,得到所设计道路的初始年平均日交通量。在尚未设站的道路上,则可临时布站进行观测。这种观测通常是短期的,仅为若干天,而且每天也可能仅观测若干小时。对此,可利用当地交通量的时间分布规律,也即月分布不均匀系数、日分布不均匀系数和小时分布换算系数,将观测结果按相应的系数换算成年平均日交通量。

调查所得为初始年的平均日交通量。要确定路面设计年限内的总交通量,还需要预估该年限内交通的发展。准确地预估是较为困难的。通常,可根据最近若干年内连续观测到的交通量资料,通过回归分析整理出这期间交通量年平均增长率的变化规律。而后,利用它外延得到所需年份的平均日交通量。还需考虑附近地区人口、经济和交通等的发展趋势,予以调整。

上述交通量为整个行车道上通过的车辆数。路面设计所依据的是车道交通量,它可以通过对行车道交通量乘以方向系数和车道系数后得到。方向系数为一个行车方向的交通量占行车道交通量的比例。一般情况下,方向系数都取 0.5。一个方向的车道数多于 1 条,各个车道上的交通量不会相等。通常,某车道上的交通量占方向交通量的大多数。将该车道的交通量除以全部行车道的交通量,便可得到车道系数。由于路面设计所关心的是货车,而绝大部分货车都行驶在慢车道,因而车道系数往往较大。

(2)轴载组成和等效换算

不同重量的轴载给路面结构带来不同程度的损坏作用。因而,对路面设计来说,重要的是轴载大小和各级轴载所占的比例。对于后者,称之为轴载组成或轴载谱。由交通调查得到的各类车辆的日交通量,乘以该类车辆的轴载谱,即可得到每类车辆各级轴载的日作用次数。行驶在每条道路上的车辆,具有不同的车型和轴载组成。各级轴载的作用次数,可按等效原则换算成某一标准单独荷载的作用次数。这样,根据标准轴载的作用次数就可判断出各条道路上交通的繁重程度。

各种轴载等效换算所依据的原则及轴载换算系数公式见后续内容。

(3) 轮迹横向分布

按上述方法调查和分析所得到的标准轴载作用次数,为整个车道宽度上所受到的总量。车辆的轮迹宽度远小于车道宽度,因而路面横断面下各点实际受到的轴载作用次数并没有那样多,表现为轮迹横向分布频率曲线。轮迹横向分布的图形和峰值取决于交通的渠化程度,它随许多因素变化,诸如:交通组织类型(不分车道混合行驶或采取各种分隔措施分车道行驶)、车道宽度、交通组成和交通量等,以横向分布系数表示。

六、自然环境对路面结构的影响

自然环境中的降水、气温升降、水流的冲刷、阳光的照射等因素,对路面结构的耐久性均有很大的影响。

1. 水对路面的危害

在各种自然因素中,水对路面的危害最大。这种危害主要是通过水对路基的强度和稳定性的损害,进而影响路面的强度和稳定。再加上气温与水的共同作用,这种危害更为严重。例如道路的冻胀和翻浆,就是这种共同作用的典型事例。

大暴雨及地表径流对路面产生冲击和洗刷作用,会使碎石或级配砂石结构层产生剥落或冲毁现象。当路面透水性高或路面存在裂缝时,水会从这些路面薄弱处侵入路面下的基层,降低其承载力。对于水温稳定性特别好的水泥混凝土路面,水也会从路面接缝填缝料损坏处侵入基层,使其弹性模量下降,而造成水泥混凝土板的裂断。当水侵入沥青类路面时,易产生路面脱落、坑槽、啃边或造成路面基层及路基弹性模量的下降,使柔性沥青路面产生纵向、横向裂缝,从而削弱了路面防止水侵入的能力。

2. 阳光与气温对路面的影响

冰冻会使道路出现冻胀,破坏路基承托路面的承载力,当春融时,会造成路基路面的翻浆破坏。

在夏季高温时,阳光和气温会使沥青类路面变软而产生"拥包""路面搓板"及泛油现象,再加上大气中的氧化作用,会加速沥青化学组分的变化而老化,缩短沥青路面使用寿命。冬季沥青类路面也常因低温使沥青变脆,而形成早期开裂。

七、路面工程的内容

路面设计应根据道路使用要求和当地自然情况,参照有关规范和经验,考虑技术和经济条件,选定合理的结构方案,绘出设计图纸作为施工的依据。路面设计主要包括下列内容:

(1) 根据道路等级、使用任务、当地自然环境、路基支承条件和材料供应等情况,选择路面各结构物类型,并提出结构层组合方案。

(2) 根据对所选材料的性状要求和当地自然条件进行各结构层材料的组成设计。

(3) 根据路面结构的破坏标准、力学模型和相应的计算理论,或按经验方法,确定满足交通条件和使用年限要求的各结构层尺寸。对于水泥混凝土路面,还要进行接缝和配筋等方面的设计。

(4) 技术经济比较:对可能提供的若干设计方案,应综合考虑投资、施工、养护和使用性能等几方面因素,进行技术经济分析和比较,最后确定采用的方案。

路面建筑是设计的延续,它把设计方案(图纸)实物化。路面结构层的铺筑,根据材料性质、施工条件和设计规定,可分别采用层铺(浇筑)、拌和或铺砌三种方式。各种类型结构层的施工工序,主要有清底、摊铺、拌和、整形、压实、养生等。在路面施工过程中及完工后,应对工程质量(包括结构物的位置和断面尺寸、材料规格、压实或砌筑及外观质量等)进行控制、检查及验收。

八、沥青路面工程新技术

1. 多碎石沥青混凝土(SAC)

为了保证在大交通量的情况下车辆在高速公路上能安全、舒适地通行,沥青面层除需具备良好的稳定稳定性、不透水和耐久性外,必须具备良好的抗滑性能,即满足摩擦系数的要求和构造深度。而我国传统的沥青混凝土面层中,Ⅰ型属连续级配,虽空隙率小但构造深度差;Ⅱ型碎石含量大,空隙率一般在6%~10%,虽然表面构造深度大且抗变形能力强,但水损坏严重、耐久性差,两者都不能满足路面使用性能的要求。为了克服传统沥青混合料的缺点,解决沥青表面层的抗滑性能,特别是构造深度满足要求又透水性小这一技术问题,国家"七五"课题研究结果提出了多碎石沥青混凝土(SAC)。碎石含量多且粉料成分多,是兼顾Ⅰ型、Ⅱ型沥青混凝土的优点的粗集料断级配沥青混凝土,这是一种骨架密实结构,用作表面层较好地解决了前述问题,克服了传统级配的缺点。SAC比传统Ⅰ型沥青混合料2.5mm(圆孔筛)以上的粗集料多15%,故取名为多碎石。由于SAC良好的抗车辙和密水性能,也可用于中面层和底面层。

SAC的特点表现在:提供较高的构造深度;较小的空隙率;抗变形能力强;造价不高;比SMA沥青用量少,随矿料密度而定,为4.5%~5%;不加纤维。

但国内研究统计资料显示,SAC在一些试验路段应用时出现了一些表面松散、水损坏等早期损坏现象,究其原因主要是:追求平整度而忽视压实度;忽视温度对混合料密度的影响(施工季节、施工温度)使得现场空隙率过大;集料变异性大、堆料、拌和时间、填料含量、碎石含水率、装卸料、摊铺作业过程导致材料不均匀和离析问题;SAC到场温度差异性导致温度不均匀离析。

所以SAC应用的技术关键是做好材料配比设计,控制好原材料品质;严禁尺寸重叠,控制超最大、最小粒径含量,限制含泥量,同时做好施工工艺控制,其中密实度控制至关重要,是保证密水性的前提。

2. 沥青玛蹄脂碎石混合料(SMA)

20世纪60年代初,德国为抵抗带钉轮胎的磨耗开发了SMA。由于其耐久性好,在1984年德国正式制定了SMA规范,在国内推广应用,然后欧洲一些国家也先后开始应用SMA。美国于1991年开始铺筑试验路,到1996年年底已经在多数州铺筑了试验段。1993年我国在首都机场路和广佛高速公路上应用SMA做表面层,随后在不少省铺筑了SMA路面,SMA技术还应用于要求很高的钢桥面铺装工程,如广东虎门大桥、厦门海沧大桥和武汉白沙洲大桥等桥面铺装。如图1-4-3所示。

SMA是Stone Mastic Asphalt的缩写,它也是一种间断级配的沥青混合料,是由沥青玛蹄脂

填充碎石骨架组成的骨架嵌挤型密实沥青混合料。由于其粗集料多:大于4.75mm的集料比例高达70%以上,碎石相互接触形成碎石骨架有良好的传力功能和抗车辙能力;矿粉多:含量达到8%~13%;沥青多:6%以上。两者形成较多的沥青砂胶包裹于集料表面,形成相当的厚度,实现较高的抗疲劳强度、抗老化能力、抗松散性和很好的耐久性,同时细集料较少,即具有"三多一少"的特征,加之掺纤维增强剂、材料要求高,使得SMA路面的使用性能全面提高。如图1-4-4所示。

图1-4-3　SMA路面

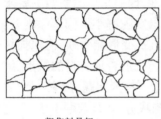
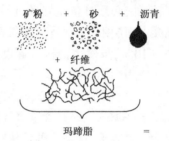
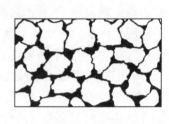

粗集料骨架　　　　　　玛蹄脂　　＝　　用玛蹄脂填充的粗集料骨架

图1-4-4　沥青玛蹄脂碎石混合料的构成

SMA路面的主要优点表现在:

(1)通过高品质碎石及碎石间的嵌锁作用实现高度的稳定性与抗车辙能力。

(2)以优质集料与高结合料含量增加耐久性、耐磨性能,其寿命较普通沥青混凝土长20%~40%,SMA初期费用约增加20%,长期看却很经济。

(3)高品质碎石与SMA的表面构造形成优良的抗滑性。

(4)利用SMA的表面构造与排水功能减小水雾和降低交通噪声——SMA的表面构造及高结合料含量。

(5)通过高结合料含量与低空隙特性改进老化特性。

(6)通过高结合料含量与结合料改性技术改进低温性能。

SMA混合料的配合比设计不同于普通沥青混合料的设计准则是首先以足够的粗集料形成坚实的框架结构,再考虑适宜的沥青、矿粉、纤维胶浆黏结集料并填充空隙,以期达到多项路用性能:不因沥青过量而在运输过程中析漏;不因沥青用量过少而致混合料松散;足够的高温稳定性,足够的水稳定性以及足够的构造深度。

SMA混合料的施工流程与工艺普通沥青混合料一样,只是差异在于:拌制、施工温度提高10~20℃;储存时间不宜超过24h,其间温降不超过10℃;运输中严格覆盖;施工中保证连续紧跟碾压,一般采用振动碾压(高振频低振幅),终压时需关闭振动。

3. 大粒径沥青混合料LSAM结构

大粒径沥青混合料(large-Stone Asphalt Mixes)一般是指含有矿料的最大粒径在25~53mm的热拌热铺沥青混合料,级配良好的LSAM可以抵抗较大的塑性和剪切变形,承受重载交通的作用,具有较好的抗车辙能力,提高了沥青路面的高温稳定性;特别对于低速、重车路段,需要的持荷时间较长时,设计良好的 LSAM 与传统沥青混凝土相比,显示出十分明显的抗永久变形能力。

沥青混凝土强度主要是由内摩擦力和黏聚力形成,骨架密实型 LSAM 的内摩阻角明显大于普通沥青混合料,由于温度敏感性较小,因而内摩擦力的变化也很小,强度衰减慢。LSAM 粗集料能形成良好的石—石接触,发挥骨架作用,在车轮荷载的不断碾压或冲击下,不会产生突然的大变形,集料间产生相对移动的可能性较小或产生的过程较慢,因此高温累计积变形(车辙)较小。LSAM 承载能力高的另一个重要原因是:在同等的路面厚度或轮载作用范围内,由于 LSAM 比普通 AC 粗集料粒径大,一方面,容易产生错动、滑动的小集料接触面数量减少;另一方面,粗集料传力方向明确且容易传力至基层,从而减少了斜截面上的剪切应力,提高了抗剪强度,这也是 LSAM 与普通 AC 承载机理的主要区别之一。

LSAM 通常铺筑在表面层的下面,其上的细集料表面层,在保证必需的铺筑厚度和压实性的前提下,应当尽可能减薄其厚度,以便最大限度地发挥 LSAM 抗车辙能力。大粒径集料的增多和矿粉用量的减少,使得在不减少沥青膜厚度的前提下,减少沥青总用量,从而降低工程造价。

4. 纤维沥青混凝土

在沥青混凝土中掺加纤维,以改善沥青混凝土的性能,提高沥青混凝土的高温稳定性、低温抗裂性、抗疲劳性、柔韧性、抗剥落性、抗磨耗性和水稳性,以及抵抗反射裂缝等方面都有很好的功效。应用比较广泛的是聚酯类纤维博尼维(Bonifibers)、聚丙烯腈纶纤维德兰尼特 AS(Dolanit AS),国外的研究和应用实践表明,加筋纤维使沥青混合料性能得到了普遍的提高,疲劳寿命提高了 25% ~ 45%,车辙减少了 45% ~ 53%。

沥青中酸性树脂组分是一种表面活性物质,它在纤维表面产生的物理浸润、吸附甚至化学键作用,使沥青呈单分子状排列在纤维表面,形成结合力牢固的"结构沥青"薄膜。由于纤维直径极细,纤维加入致沥青用量增加,使沥青膜增厚。较厚的沥青膜减慢了沥青老化速率,从而可长时间地维持其黏弹性,降低沥青的温度敏感性,改善沥青混合料的高温和低温性能。纤维均匀分散在集料之间,使沥青矿粉不能形成胶团,减少油斑出现的概率。

短纤维在沥青基体内的分布是三向随机的,形成纵横交织的空间网络。纵横交错的纤维形成的纤维骨架结构网跨越沥青混合料中的孔隙及裂纹,形成"桥架纤维",使得裂纹扩展的能量释放率减小,对沥青基体裂纹的扩展起到阻滞作用,使沥青胶浆大大提高裂纹的自愈能力,增强了弹性恢复,减缓车辙的加深速度。由于三维随机各向短纤维阻滞了裂纹的扩展,增加了弹性恢复,减缓了亚临界扩展,延长了材料失稳扩展、断裂出现的时间,因而材料抗疲劳强度得到明显改善。

5. 土工合成材料加筋沥青混凝土

通常,人们认为裂缝是沥青路面的主要缺陷之一。初期产生的裂缝对路面的使用性能无明显影响,但随着雨水或雪水的侵入,路面强度明显降低,在大量行车荷载的作用下,产生冲刷、剥落、唧浆、坑槽等破坏现象,因而,沥青路面的裂缝及其引起的水损坏问题就和沥青混合料的高温稳定性、低温抗裂性、耐久性等成为沥青路面设计中所考虑的主要问题。

为解决这一问题,道路工作者进行了很多尝试,用土工合成材料加强沥青面层克服其性能的不足是非常有效的方法之一。土工合成材料在路面结构中能够以较大的变形吸收应力,扩散应力分布范围,从而减少应力集中,裂缝的扩展角也有所增大,使裂缝会沿着更长的路径到达沥青面层表面,增强了延缓裂缝作用。当土工格栅加入沥青混合料后,由于集料能穿过格栅的网状结构形成一个复合的力学嵌锁体系,格栅与沥青混合料由于网孔的作用而相互嵌锁,限制了集料的位移,使格栅与沥青混合料间的相互作用不只是表面摩擦,从而保持了矿质骨架的稳定,减少了变形,增强了抗车辙能力。许多足尺试验研究表明,从减少反射裂缝和车辙的角度看,加铺土工格栅可以使路面结构的使用寿命提高 3 倍以上;就疲劳开裂而言,可延长使用寿命约 10 倍。如图 1-4-5 所示。

图 1-4-5　加筋沥青混合料路面减少裂缝的作用

6. 半刚性面层

近年来,为了克服沥青路面的高、低温性能上的不足,吸取刚性路面的优点,国内外很多学者进行了大量研究,开发出半刚性路面,即水泥—沥青复合材料面层,它是利用无机(水泥)—有机(沥青)复合技术开发的具有特殊微结构的新型路面材料铺筑而成,是介于刚性和柔性路面材料之间路用性能更趋合理的一种新型路面结构。

在半刚性路面的水泥—沥青—集料复合材料体系中,形成了"水泥石骨架 + 粗集料悬浮"的密实型受力主体结构或"水泥石骨架 + 矿料骨架"的密实型双重骨架的受力主体结构。由于半刚性路面中水泥砂浆或水泥浆的存在,增大了材料的骨架组成部分,减小了沥青材料的相对比例,从而减小了混合料的温度敏感性。另一方面,由于面层颜色变浅,降低了路面的吸热速率,使路面内部温度低于普通沥青路面的温度,温度应力显著降低,与水泥混凝土路面相比,半刚性路面的集料含量相对较多,所以其面层胀缩系数大大降低。同时,由于混合料具有一定的空隙率及沥青材料的存在,使得混合料本身具有弹性,对收缩和膨胀具有一定的缓冲作用。这样面层可以不设或少设胀缝,大大提高了行车的舒适性。

7. RCC + AC 复合式路面结构

随着水泥混凝土路面施工工艺的不断发展,碾压水泥混凝土 RCC 以其特干硬性的材料特点和碾压成型的施工工艺特点,表现出节约水泥、收缩小、施工速度快、强度高和开放交通早等技术经济上的优势。但 RCC 路面平整度差,难以形成粗糙面,在汽车高速行驶时抗滑性能下降较快。平整度、抗滑性和耐磨性三方面的不足,使其难以在高等级公路上得到广泛应用。随着路面结构研究的不断深入,修筑碾压水泥混凝土与沥青混凝土(RCC-AC)复合式路面,能有效地解决 RCC 抗滑性、耐磨性和平整度的三大难题,从而使性质截然不同的两种类型(RCC 与 AC)路面以复合的形式达到了高度统一与和谐。

RCC-AC 复合式路面结构层中,沥青混凝土层在一定厚度范围内可改善行车的舒适性。因此,随着沥青混凝土厚度的增加,下层 RCC 板的平整度可适当放宽,这样便于不同类型 RCC 路面的施工。不仅如此,这种新型路面结构对下层的 RCC 材料要求也可适当放宽,如可掺加适量粉煤灰或用低强度等级水泥、地方性非规格集料等材料,并可不考虑抗滑和耐磨性能,从而使造价得以降低。

8. 沥青路面再生技术

(1) 概念

沥青路面材料在沥青混合料拌制、运输、施工和沥青路面使用过程中,由于加热和各种自然因素的作用,沥青逐渐老化,胶体结构改变,导致沥青针入度减小,黏度增大,延度降低,反映沥青流变性质的复合流动度降低,沥青的非牛顿性质更为显著。沥青的老化削弱了沥青与集料颗粒的黏结力,造成沥青路面的硬化,进而使路面粒料脱落、松散,降低了道路耐久性。

沥青路面材料再生技术是将需要翻修或者废弃的旧沥青混凝土路面,经过翻挖、回收、破碎、筛分,再添加适量的新集料、新沥青,重新拌和成为具有良好路用性能的再生沥青混合料,而后用以铺筑路面面层或基层的整套工艺技术。如图1-4-6所示。

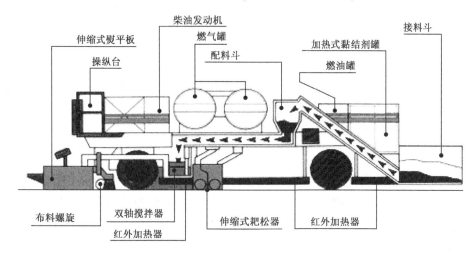

图1-4-6 旧沥青路面现场热再生技术

(2) 再生剂的作用与要求

沥青路面材料再生利用,能够节约大量的沥青和砂石材料,节省工程投资。同时,有利于处理废料,节约能源,保护环境,因而具有显著的经济效益和社会效益。

沥青路面材料的再生,关键在于沥青的再生,沥青的再生是沥青老化的逆过程。在已老化的旧沥青中,加入某种组分的低黏度油料(即再生剂),或者加入适当稠度的沥青材料,经过科学合理的工艺,调配出具有适宜黏度并符合路用性能要求的再生沥青。

① 再生剂的作用。

a. 当沥青路面中的旧沥青的黏度高于 $10^6 Pa·s$ 或针入度小于 40(0.1mm) 时,应在旧沥青中加入低黏度的胶结料——再生剂,调节过高的黏度并使脆硬的旧沥青混合料软化,便于充分分散,和新料均匀混合。

b. 再生剂还能渗入旧沥青中,使其已凝聚的沥青质重新熔解分散,调节沥青的胶体结构,改善沥青流变性质。

再生剂主要采用低黏度石油系的矿物油,如精制润滑油时的抽出油、润滑油、机油和重油等,为节省成本,工程上可用上述各种油料的废料。

② 技术要求。

a. 具有软化与渗透能力,即具备适当的黏度。

b. 具有良好的流变性质,复合流动度接近1,显现牛顿液体性质。

c. 具有溶解分散沥青质的能力,即应富含芳香酚。可以再生效果系数 K—再生沥青的延度与原(旧)沥青延度的比值表征旧沥青添加再生剂后恢复原沥青性能的能力。

d. 具有较高的表面张力。

e. 必须具有良好的耐热化和耐候性(以试验薄膜烘箱试验前后黏度比衡量)。

(3)再生沥青混合料组成设计

再生沥青混合料配合比设计可采用普通热拌沥青混合料的设计方法,包括集料级配、混合料的各种物理力学性能指标的确定。经验表明:再生沥青混合料的配合比设计,应考虑旧路面材料的品质,即回收沥青的老化程度,旧料中沥青的含量和集料级配,必须在旧料配合比、集料级配、再生沥青性能等方面调配平衡。

再生剂选择与用量的确定应考虑旧沥青的黏度、再生沥青的黏度、再生剂的黏度等因素。

再生沥青混合料中旧料含量:如直接用于路面面层,交通量较大,则旧料含量取低值,占 30%~40%;交通量不大时用高值,旧料含量占 50%~80%。

(4)再生沥青路面工程应用方法

再生沥青混合料生产可根据再生方式、再生场地、使用机械设备的不同而分为热拌、冷拌再生技术,人工、机械拌和,现场再生、厂拌再生等。采用间歇式拌和机拌制时,旧料含量一般不超过 30%,采用滚筒式拌和机拌制时,旧料含量可达 40%~80%。

9. 温拌沥青混合料技术

(1)温拌沥青混合料的特点

根据沥青混合料生产温度的不同,沥青路面分为热拌技术、温拌技术和冷拌技术。冷拌技术是常温条件下混合料的拌和技术,主要用于道路修补,用量很小。热拌沥青混合料(HMA)在道路建设中以其众所周知的良好使用性能受到世界众多国家的青睐。迄今为止,HMA 是应用最为广泛、路用性能最为良好的一种沥青混合料。但随着社会经济和技术的发展,热拌沥青混合料也暴露出诸多缺陷,主要表现在以下几个方面:

①沥青老化导致混合料耐久性降低。高温度的拌和及施工条件加速了沥青老化,严重时施工完的沥青结合料已经相当于使用五年的老化状态,这严重降低了混合料的长期路用性能。

②施工期受外界影响因素大。由于热拌施工与周围空气的热对流非常剧烈,为防止温度下降导致碾压等施工性能下降,热拌对环境温度要求较高,如要求气温不低于 10℃ 等;这导致不少地区沥青路面可施工期较短,造成不少项目很大的机械、人员闲置,且拉长工期,拖延项目通车时间,严重影响项目的经济社会效益。

③热拌对人体健康危害较大。热拌沥青混合料的拌制和施工温度是相当高的,一般在 160~180℃。在如此高的温度下,混合料拌制过程乃至摊铺时"青烟"阵阵的现象非常普遍。这些气体中的有害成分主要有一氧化碳、二氧化碳、二氧化硫以及氧化氮等。这些"青烟"除了污染大气环境外,对操作人员的呼吸系统也存在强烈的刺激,严重损害操作人员及附近居民健康;在隧道沥青路面、城市居民区等路段这一问题更为突出。

④能源消耗大,且热拌沥青混合料的生产成为道路工程中能量消耗与环境污染大户。德国研究数据表明,每生产 1t 热拌沥青混凝土需消耗 8L 燃料油。如拌和温度降低 30℃,可节约燃料油 2.4L/t,可减少 30% 以上的 CO_2 等气体以及粉尘的排放量。温拌沥青技术是新兴的沥青路面技术,相比热拌技术而言,沥青混合料的生产及施工温度均下降了 15~30℃,在保证产品质量的同时,降低了单位能耗及气体粉尘排放。经过实际比较,采用温

拌技术沥青，CO_2 的排放将会减少 20% 以上，其他烟尘的排放也将减少 40% 以上，同时将节约 30% 的能耗。

温拌沥青混合料技术在国际上被认为是沥青混合料拌和及施工工艺的一次革命性突破，有科学家预言它将有可能在未来取代传统的热拌沥青混合料技术。温拌沥青混合料（Warm Mix Asphalt，简称 WMA），是通过一定的技术措施，使沥青能在相对较低的温度下进行拌和及施工，同时保持其不低于 HMA 的使用性能的沥青混合料技术，也称为温拌沥青技术。

先进的温拌沥青技术可以使温拌沥青混合料达到热拌沥青混合料的性能，但由于其较低的拌和及压实温度，使其与热拌沥青混合料相比还有许多优点（图 1-4-7）。

图 1-4-7　热拌沥青混合料（HMA）与温拌沥青混合料摊铺现场对照

①降低拌和成本。由于拌和温度下降 30℃ 左右，石料加热温度、沥青保温温度下降，生产 1t 混合料将节省 1~1.5kg 燃油，燃油成本下降 20% 左右。拌和和裹覆难度下降，拌和能耗和机械损耗也相应下降。

②减轻了沥青混合料老化，改善路用性能。研究显示，当温度高于 100℃ 时，沥青温度每提高 10℃，其老化速率将提高 1 倍，而温拌沥青混合料工作温度的降低，显著减少了沥青混合料的老化现象，从而可以增加路面的使用寿命。

③减少有害气体以及粉尘的排放量，降低环境污染，改善工人工作环境质量。单位混合料成品的燃油消耗减少，本身就会显著降低拌和过程当中的有害气体和温室气体的排放；由于拌和温度的下降，沥青混合料在拌和到现场压实的整个过程中产生沥青烟雾粉尘污染均会明显减少。工人劳动条件显著改善，沥青路面对工人健康损害减轻；同时，混合料拌和沥青路面作业对道路沿线居民的生理影响也显著减少。

④延长施工季节，增加沥青路面施工的灵活性、便利性。由于料温与环境温度的差异缩小，温拌沥青混合料的储运过程中降温速率下降，允许储存时间和运输时间均显著延长。温拌沥青混合料卸车时料车底部因低温产生黏结和混合料黏料车现象也显著减少。

⑤按照热拌指标要求，设备无须改造即可进行生产。温拌沥青混合料可基本上利用现有的热拌沥青混合料设备，以满足热拌沥青混合料的标准要求进行生产，且成品混合料性能良好，几乎完全具备和热拌沥青混合料一样的施工和易性和路用性能。

⑥降温速率减缓，混合料的可压实时间显著延长，压实更有保障；同时，更易于边角和补救位置的手工操作。温拌混合料对路表和环境温度的要求相对低，路面施工季节和日施工时间延长，比热拌更适合夜间施工。

⑦延长沥青混合料拌和设备使用寿命。由于生产温度的降低，混合料生产过程中对钢铁

制的生产设备的损耗也相应降低,可以延长设备使用期。

⑧较快的开放交通。由于温拌混合料完成压实后,其温度已经处在较低水平,在碾压完成后可以较快地开放交通,从而减少施工作业对交通的干扰。

(2)温拌沥青混合料路面发展历史

温拌沥青技术由 Shell 公司和 Kolo-veidekke 公司于 1995 年开始联合开发,并于 1996 年首次进行了现场试验。1999 年,在德国铺筑了第一条温拌沥青试验路段,温拌剂采用 Aspha-min®,经过现场测算,节约 30% 的燃油。经过 8 年的使用,路面状况仍然很好。1999 年在德国 B49 号公路的铺筑采用了温拌沥青技术,温拌剂为 Aspha-min®。当时的施工条件为冬天,室外温度低至 0℃。通车 8 年后,路面情况仍然良好。在 1997 年的德国沥青论坛、2000 年的悉尼第一次国际沥青路面会议以及 2000 年的巴塞罗那第二届欧洲沥青国际会议上,温拌沥青技术得到了大规模的宣传和介绍。随后,欧洲国家、日本、澳大利亚开始大量使用温拌沥青技术。2001 年温拌沥青混合料的使用量为 8 000t,至 2008 年,温拌沥青混合料的使用量超过了 1 000 万吨。在 2003 年,美国开始引入温拌沥青技术。2004 年,NAPA、美国联邦公路局(FHWA)以及一些厂商联合设立基金给美国国家沥青技术中心(NCAT),专门用于温拌沥青技术的研究。2006 年 3 月,美国第一次温拌沥青混合料技术工作组会议在 NAPA 所在地召开,旨在进一步推广温拌沥青混合料技术。2008 年 11 月,第一届国际温拌沥青会议在美国田纳西州纳斯威尔市举行,超过 700 名来自全球各地的路面专家参加了本次会议。到 2008 年,美国就有超过 36 个州在新铺设或进行大修的路面使用了温拌沥青技术。第二届国际温拌沥青会议于 2011 年 10 月在美国密苏里州圣路易斯市举行,大会主要讨论了全球的温拌沥青技术的执行情况,并就温拌沥青技术遇到的主要问题进行了细致讨论。温拌沥青技术引入中国的时间较晚,2005 年,中国首次在北京八达岭高速进行了温拌沥青路面的试验路段铺设,采用基于乳化沥青的温拌技术 Evotherm。经检测,混合料及路面的各项指标均符合规范要求。国内第二条温拌沥青混合料试验路选在上海虹口区的新市路,沥青混合料的生产拌和温度为 120℃,摊铺温度为 95℃,碾压完成后 2h 即开放交通。2007 年 8 月,东南大学与常州交通工程总公司合作在 340 省道成功进行了温拌沥青路面试铺,使用了 SAK 降黏剂和 Evotherm 技术。2009 年,北京长安街大修工程进行了温拌沥青铺筑,采用美国 EvothermTM 技术。2010 年北京交通委员会推广温拌沥青混合料的应用。在高海拔、低气温施工条件下的四川映日路、青海德令哈公路的施工上,温拌沥青技术延长施工季节的优势得到了充分的体现。目前我国各地已经出台了多个涉及温拌沥青技术的地方标准。

(3)温拌沥青混合料的主要类型

目前应用的温拌沥青技术就其作用原理而言,不外乎以下三大类:

①有机降黏型温拌技术。

主要是使用有机化学产品作为添加剂,加入沥青或者混合料中,用以降低沥青黏度,降低混合料拌和温度。有机降黏型温拌剂加入混合料之后,在高温条件下熔解入沥青中,降低沥青的黏度,相反在低温条件下,可以增加混合料的强度。有机降黏型温拌技术相对应多种温拌剂,其中具有代表性的主要是:

a. Sasobit——南非 Sasol Wax 公司开发的产品,呈片状、粉状或颗粒状的,熔点约为 100℃,在超过 115℃ 时,能完全溶解于沥青,降低沥青黏度,使得混合料的拌和温度降低。同时在低于 Sasobit 熔点的条件下,Sasobit 在沥青胶结料中呈现出晶格结构,使沥青路面具有更好的稳定性和抗车辙能力,是目前应用量和应用范围最广的温拌剂,只是成本增加较多。

b. Asphtltan-B——德国 Romonta 公司的产品,主要成分为褐煤蜡,熔点约在99℃,其物理化学性能和使用性能均与 Sasobit 相似,使用量也与 Sasobit 相同。

c. Licomont BS100——德国 Clariant 公司的产品,是脂肪酸氨基化合物,由于其熔点较高,在141~146℃,因此,对混合料的拌和温度的降低作用有限。

d. SEAM——全称为硫黄沥青混合料改性剂,是壳牌公司开发的产品,在使用中可使沥青混合料的生产温度和压实温度降低20~30℃。但对 SEAM 的研究,主要是作为一种能够部分替代沥青并增强沥青混合料高温抗车辙能力的改性剂来研究,而对其温拌性能的研究不多。

②发泡沥青降黏温拌技术。

发泡沥青降黏温拌技术是通过水或有机发泡剂发泡沥青来降低沥青的黏度,这其中又分为泡沫沥青技术和微发泡技术。泡沫沥青技术主要是利用水的瞬间汽化来发泡沥青,发泡倍数大,发泡周期短,采用泡沫沥青技术需要配备特殊的生产装置;微发泡技术中水分是缓慢释放的,发泡倍数小,发泡周期长,可以长时间维持混合料的工作性,同时使用微发泡技术时,并不需要额外配备特殊的生产装置。发泡降黏型温拌技术的代表主要是:

a. WAM-Foam——由 Shell 石油公司和 Kolo-Veidekke(科洛维德克)公司共同开发。技术实质是两阶段生产沥青混合料:第一步,将矿料与加热到100~120℃的软沥青在搅拌罐中充分拌和,使软沥青完全裹覆矿料表面;第二步,将一定量的冷水注入热的硬沥青中,产生的蒸汽使得硬沥青迅速发泡,硬沥青被发泡后,体积迅速增大,黏度明显降低,然后将泡沫化的硬沥青喷入经软沥青预裹覆的集料中,拌和均匀而得到沥青混合料成品。混合料的拌和温度降低至100~120℃,摊铺碾压温度降低至80~90℃。但是采用此技术需要特殊的泡沫化及喷射装置,增加了成本。同时沥青的发泡性能受到诸多因素的影响,如沥青的温度、发泡时的水量、沥青的喷射压力、沥青被反复加热会导致老化问题等,沥青混合料的水稳定性也是在实际生产中经常遇到的问题。

b. Low Energy Asphalt(LEA)——此法国技术在操作过程中,将湿冷的沙子和填料加入120~160℃干燥的裹覆了热沥青的粗集料中,水分遇热逸出并激发沥青泡沫,泡沫化的沥青由于黏度下降,在拌和条件下进一步裹覆集料,最终得到沥青混合料成品。LEA 的生产温度在90~100℃,摊铺与碾压温度均小于90℃,甚至在雨天也能进行施工。

c. Aspha-min®——德国 Eurovia Services 公司的产品,是一种人工合成的硅铝酸盐类沸石,外观呈白色粉末或约50目的松散颗粒。由于沸石材料具有较大的孔隙率和高的比表面积,可吸收约占总质量21%的水分,这部分水分可在85~182℃热条件下以极细的状态释放出来,当遇到热沥青时,Aspha-min®受热释放出来的水分使沥青产生泡沫,降低黏度,最终可使拌和温度和压实温度均下降约30℃。由于沸石特殊的结构性质,水分能在长达6~7h 的时间内逐渐释放,保持混合料的施工长久性。此技术不需改变现有的热拌设备,操作上也与热拌技术相同,具有简单的生产工艺及良好的应用性能表现。

d. Advera® WMA——美国 PQ 公司的产品,同 Aspha-min®一样也是一种硅铝酸盐类沸石,外观呈白色粉末状,含水率18%~21%,都属于微发泡作用。

③乳化分散沥青降黏技术。

主要通过乳化技术降低沥青黏度,最初是由美国 MeadWeatvaco(美德维实伟克)公司发明,称为 EvothermTM 技术。其开发第一阶段,是将高浓度的乳化沥青(固含量约为70%)替代普通热沥青进行混合料的拌和,其拌和温度为100~130℃,压实温度下降至70~120℃,在该技术的实现过程中,采用乳化沥青代替热沥青,利用乳化沥青中乳化剂来提高沥青与集料的裹覆能力、混合料的施工和易性,乳化沥青中含有大量的水分,当遇到加热后的集料,乳化沥青迅速破乳,水分以蒸汽形式释放,在拌和生成之后的混合料中并不含过多的水分;第二阶段,不再直接使用乳化沥青,而是将表面活性剂浓缩溶液直接加入拌和锅中与沥青和集料拌和,其拌和温度也为 100~130℃。乳化沥青技术生产和施工的设备及工艺与热拌技术基本相同,目前我国大量采用了 EvothermTM 温拌沥青路面技术。而其自身的缺点在于采用乳化沥青或者需要在混合料中添加水分,增加了工艺过程,成本相应有大幅度的增加;其次,混合料生产温度需要严格控制,否则会造成混合料成品中的水分过高,影响应用性能。

(4)应用中存在的若干问题

温拌沥青技术在应用工程中暴露出诸多问题:

①有机降黏型温拌技术的温拌剂大部分都是有机蜡,将会对沥青性能造成负面影响,使路面在夏季发软、渗油、进而形成车辙,在冬季使沥青发脆,抗裂性变差,产生裂缝。由于蜡分子是非极性的,与集料的黏附型差,因此,在低温条件下蜡结晶后容易引起剥落,造成水损害。有机降黏型温拌剂高昂的价格也使得混合料的成本增加过高,造成了应用的困难度。

②发泡降黏型温拌技术中,拌和温度和压实温度的降低将有可能使混合料中的水分未被完全蒸干,其结果就是导致水损害。同时采用发泡降黏型温拌技术中的泡沫沥青技术需要进行生产设备的改造,混合料的生产工艺也有变化,增加了生产成本与难度。

③乳化沥青温拌技术采用酸性表面活性剂作为温拌剂,pH 值为 2.5~3.5,沥青由于含有游离酸,也呈酸性,二者共同使用会降低沥青与集料的黏附性,降低混合料的水稳定性。

目前,国内的温拌沥青技术还处于研究试验阶段,并且绝大部分都是采用国外技术,全面系统深入地对温拌技术从温拌剂生产到路面铺筑技术研究都非常有必要。结合我国的乃至世界的绿色低碳环保的可持续发展方针,能耗更低、气体烟雾粉尘排放更少的温拌技术将是沥青路面技术的发展方向。

九、水泥混凝土路面工程新技术

1. 钢筋混凝土路面

钢筋混凝土路面(Jointed Reinforced Concrete Pavement,JRCP)是指面层配置纵、横向钢筋或钢筋网并设置接缝的水泥混凝土路面。配置钢筋的目的并非为增加板体的抗弯拉强度而减薄面板的厚度,主要是控制混凝土路面板在产生裂缝之后保持裂缝紧密接触,裂缝宽度不会扩张。因此,钢筋混凝土路面主要适用于各种容易引起路面板裂缝的情况。例如:

(1)路面板的平面尺寸过大或形状不规则,如路面板长度大于 10~20m。

(2)地基软弱,虽经处理,但仍有可能产生明显的不均匀沉降而导致面板支承不均匀,如半填半挖路基、局部路基位于塘边、在河边填筑路堤等。

(3)面板下埋设地下设施,路面板上开设检查口等情况。

由于钢筋混凝土路面配筋后并不能够提高路面板的抗弯拉强度,因此路面板的厚度采用与不配筋的普通混凝土路面相同的设计厚度。

钢筋混凝土路面纵横向钢筋宜采用相同的直径,钢筋网的最小间距应大于混凝土集料最大粒径的 2 倍,钢筋的搭接长度宜大于直径的 35 倍。钢筋网应设在面板顶部以下 1/3~1/2 板厚范围内,且尽量偏上,横向钢筋位于纵向钢筋之下。外侧钢筋中心距接缝或自由边的距离一般为 100~150mm。保护层最小厚度不小于 50mm。

钢筋混凝土路面的横向接缝间距(即路面板长度)可通过技术经济论证后确定。通常,如接缝间距过长,则钢筋用量要增加;接缝间距太短,则接缝数量增加,对行车平顺性不利。一般情况下取接缝间距为10~20m,最大不超过30m。横向接缝采用缩缝形式,并设置传力杆。

2. 连续配筋混凝土路面

连续配筋混凝土路面(Continuously Reinforced Concrete Pavement,RCP)是指面层内配置纵、横向钢筋,不设横向缩缝的水泥混凝土路面。在路面纵向配有足够数量的不间断连续钢筋,以控制混凝土路面板因纵向收缩而产生的横向裂缝的宽度。因此连续配筋混凝土路面不设横向胀缝和缩缝,形成一完整和平坦的行车表面,改善了行车平顺性,同时增加了路面的整体强度。连续配筋混凝土路面最适宜用于高速公路、一级公路和交通量特别大的重载道路。

连续配筋混凝土路面并非完全没有横向裂缝,只是由于混凝土的收缩变形被连续钢筋所约束,收缩应力被钢筋所承担,使横向裂缝分散在更多的部位,通常间距为1.0~2.0m,即使有微小裂缝,但是由于钢筋的紧束,使之仍然保持紧密接触,裂缝宽度极其微小,不致破坏路面的整体连续性和行车平稳性,如同无缝路面一样,雨水也不易渗入路面表面,因此具有理想的使用效果。

自1921年美国在华盛顿特区修建第一条连续配筋混凝土路面以来,其连续配筋混凝土路面总里程已超过3.2万km。除美国之外,日本、西班牙等国也修建了连续配筋混凝土路面。我国自20世纪80年代末开始研究并铺筑试验路进行长期观测以来,已有多项工程修建了连续配筋混凝土路面。

连续配筋混凝土路面纵向连续钢筋的作用是约束变形,防止裂缝宽度增大,并不分担截面的弯拉应力,因此连续配筋混凝土路面的厚度原则上与普通混凝土路面相同。

纵向连续钢筋是根据混凝土的体积收缩与温度收缩而引起的钢筋受力状态来设置的,在分析钢筋应力时,不考虑车轮荷载对钢筋应力的影响。在施工与养生期结束,初始微裂缝稳定后,纵向配筋率确定基于三个方面:最小配筋率足以保证混凝土在干缩时引起的内应力不超出混凝土最大的极限拉应力;最小配筋率足以保证混凝土在温度下降时引起的收缩应力不超出混凝土的最大极限拉应力;最小配筋率足以保证混凝土已有裂缝位置钢筋的最大拉应力不超过钢筋的屈服应力。满足条件则已有裂缝不会增宽,也不会产生新的裂缝。横缝间距通常应控制在不大于1.8m,裂缝宽度小于0.5mm。一般来说,较高配筋率导致较小的横缝间距和较小的裂缝宽度。

连续配筋混凝土路面的纵向、横向钢筋均应采用螺纹钢筋,纵向钢筋配筋率经计算确定,通常配筋率控制在0.6%~10%,横向钢筋用量可取纵向钢筋用量的1/8~1/5。

连续配筋混凝土路面与其他路面或桥梁、涵洞等构造物连接处,均需采取措施进行端部处理。端部处理可根据工程实际情况做专项设计。设置端部构造物应考虑路面板在板端温差作用下可能发生的最大纵向位移,然后根据位移控制的要求(全控制或部分控制),计算确定约束荷载,由此验算端部结构的强度与稳定性是否满足控制要求。近年来,连续配筋混凝土路面端部锚固方式有一些新的研究进展,出现了新的端部构造形式,如毛勒缝形式、工字梁形式等,可根据实际工程特点综合比选。

3. 钢纤维混凝土路面

钢纤维混凝土路面(Steel Fiber Reinforced Concrete Pavement,SFCP)是指在混凝土面层中掺入钢纤维的水泥混凝土路面。钢纤维混凝土是一种性能优良的路面材料,它能显著提高混凝土的抗拉强度、弯拉强度、抗冻性、抗冲击、抗磨耗、抗疲劳等性能,应用在路面工程中,可以明显减小路面板厚度,改善路用性能。国外主要用于公交停车站、收费站和行驶重型汽车的路面和旧路面的加铺层。我国近年来已逐步推广应用,特别适用于地面高程或恒载受限制的场合,如城市道路旧混凝土路面的加铺层、桥面铺装等。

钢纤维混凝土的特性除了受基质混凝土影响之外,钢纤维的品质对其有很大影响。钢纤维的用量通常以体积率表示,即$1m^3$钢纤维混凝土中所含钢纤维的含量体积百分率。路面用钢纤维宜用剪切型纤维或熔抽型纤维,其抗拉强度不低于550MPa,纤维直径为0.4~0.7mm,纤维长度取直径的50~70倍。混合料中粗集料的最大粒径不超过纤维长度的1/2,同时不得大于20mm,其他材料要求同普通混凝土。钢纤维的体积率一般取0.6%~1.0%,混合料的砂率较普通混凝土增大50%。

钢纤维混凝土的弯拉强度为普通混凝土的1.5~2.0倍,弯拉弹性模量较普通混凝土提高5%。经计算,在所有条件相同的情况下,钢纤维混凝土路面板的厚度为普通混凝土路面板厚度的0.55~0.75倍,但最小厚度不低于180mm。钢纤维体积率高的取低限,体积率低的取高限。为了提高其整体刚度,通常在钢纤维混凝土路面下设置半刚性基层。

钢纤维混凝土路面的缩缝间距可较普通混凝土路面适当延长,一般取缩缝间距为15~20m。胀缝、缩缝、纵缝、施工缝的构造形式与普通混凝土路面相同。

4. 复合式混凝土路面

复合式混凝土路面(Composite Concrete Pavement)是指路面板采用上下两层由不同类型和力学性质的材料复合而成的路面。复合式混凝土路面板适用于三种情况:

(1)为节省材料、降低造价,上下层采用不同等级的混凝土,较高等级的混凝土用于上层,较低等级的混凝土用于下层。这种路面一般限于地方道路使用。

(2)高速公路或一级公路,采用低等级混凝土或碾压混凝土作为基层,而面板与基层连续摊铺,可将面板与基层视为复合式路面。

(3)在改建旧混凝土路面时,有时在其上加铺一层新混凝土面层,形成双层式混凝土路面。根据复合式混凝土路面上下层板之间结合程度的不同,可分为结合式、分离式和部分结合式三种形式:

①结合式。上下层混凝土板牢固结合,成为一整体,新建路面时,上下层混凝土连续施工,即可做成结合式。改建路面时,将下层板表面凿毛、洗净晾干,并喷刷高强度等级水泥浆(水灰比为0.4~0.5)或环氧树脂等黏结剂,随即浇筑新混凝土面层。对于这种结合形式,下层板的裂缝和接缝将会反射到上层板内,因此要求上下层板的接缝必须对齐,并采用同样的接缝形式和缝隙宽度,这种结合形式适用于下层板完整无裂缝或虽有一些裂缝但不再发展的情况。支立模板时,可采用混凝土块顶撑或利用旧路面板的接缝钻孔插入钢钎固定的方法。

②分离式。上下混凝土板之间铺以厚1~2cm的沥青砂,可防止下层板的裂缝和接缝反射到上层板内。因此,分离式双层混凝土路面板不要求上下层板的接缝对齐。当下层板严重破碎时,也可采用这种形式。新铺混凝土面层的厚度不宜小于0.12m。施工立模时可采用穿孔插钎固定模板,也可采用预制混凝土块顶撑模板的方法固定模板。

③部分结合式。改建路面时,先对原有混凝土板表面进行清理后再浇筑上层板。由于上下层板之间存在部分结合,下层板的裂缝与接缝通常仍会反射到上层板内,所以上下层板的接缝位置应对齐,但其形式和宽度不要求完全相同。旧面层的结构损坏不太严重并已修复时,可采用这种结合形式。

此外,水泥混凝土路面与沥青混凝土等结构层构成的路面称为复合式路面(Composite Pavement)。

5. 碾压混凝土路面

碾压混凝土路面(Roller-Compacted Concrete Pavement,RCCP)是指采用低水灰比混合料,用沥青混凝土摊铺机摊铺成型,用压路机(钢轮与轮胎压路机)碾压成型的水泥混凝土路面。碾压混凝土路面由于含水率低,通过强烈振动碾压成型,因此强度高、节省水泥、节约用水,施工速度快、养生时间短,有较好的应用前景。但碾压混凝土若直接用作面层板,则表面平整度难以达到十分理想的程度,此外路表面的均匀性也不容易满足要求。因此,碾压混凝土路面不宜用在高速公路、一级公路,一般用于二级以下公路或作为高速公路、一级公路的刚性基层使用。

碾压混凝土路面要求集料有良好的级配,最大公称粒径不大于20mm。

碾压混凝土路面施工时,为了改善施工和易性,节省水泥,可以掺入部分粉煤灰。

碾压混凝土路面板的厚度取值与厚度设计验算方法与普通混凝土路面相同。碾压混凝土路面的纵缝、胀缝、缩缝、施工缝的设置基本上与普通混凝土路面相同,但是面板的平面尺寸可以略大一些,但是不得超过$6m \times 8m$。

6. 贫混凝土路面

贫混凝土路面(Plain Concrete Pavement)是指用水泥用量较低、混凝土等级较低的混凝土混合料铺筑的路面板。贫混凝土板不能作为面层板使用,主要用作特重交通公路、高速公路、一级公路沥青路面和水泥混凝土路面的刚性基层板。

贫混凝土的设计强度和最大水灰比由交通等级的轻重决定,其28d设计弯拉强度标准值为1.5~3.0MPa;最大水灰比为0.65~0.7(中等~特重交通)。

贫混凝土混合料的水泥用量一般取160~230kg/m^3,在季节冰冻地区不低于180kg/m^3。若混合料中掺加粉煤灰,则单位水泥用量可取130~175kg/m^3,但是单位胶结材料总量宜取220~270kg/m^3。

贫混凝土基层一般采用与混凝土面板施工相同的机械与工艺铺筑,基层板的纵、横向胀缩缝应与面层板严格对应。但基层板的纵、横向缩缝可以不设拉杆和传力杆。基层板的胀缝应设传力杆与胀缝板,且与面层板的胀缝对齐。

7. 混凝土预制块路面

混凝土预制块路面(Concrete Block Pavement,CBP)是指面层由水泥混凝土预制块铺砌成的路面。铺筑路面的块料由高强水泥混凝土材料预制而成。抗压强度约为60MPa,水泥含量为350~380kg/m^3,水灰比为0.35,最大集料尺寸为8~16mm,块料承受磨耗的面积一般小于0.03m^2,厚度至少为0.06m,形状有矩形和嵌锁型(不规则形状)两类。

混凝土预制块路面结构由面层、砂整平层(厚0.03m)和基层组成,基层类型同普通混凝土路面。这种路面具有结构简单,价格低廉,能承受较大的单位压力,出现较大变形也不会破坏块料且便于修复等优点。因此,自 20 世纪 70 年代中期以来,此种路面在欧美各国得到了较大的发展,广泛用于铺筑人行道、停车场、堆场(特别是集装箱码头堆场)、街区道路、次要道路、一般公路等。

8. 装配式混凝土路面

装配式混凝土路面(Precast Concrete Pavement,PCP)是在工厂中把混凝土预制成板块,然后运至工地现场装配而成。这种路面的优点是:混凝土板可以全年生产,不受气候影响,混凝土质量容易保证;施工进度快,铺筑完毕即可通车;损坏后易于拆换修理。因此,它较适用于城市道路、厂矿道路、大型基建场地、停车站场和软弱路基上。装配式混凝土路面的缺点是接缝多,整体性差,容易引起行车颠簸跳动,因而在公路上一般不宜采用。

为了便于吊装及搬运,装配式混凝土板一般做成 1~2m 的正方形或矩形,也可做成边长 1.2m 的六角形。板厚一般为 0.12~0.18m。近年来,有些国家还采用宽 3.5m、长 3~6m 的矩形板,但需有相应的运输和吊装机具来配合。六角形板的强度和稳定性较好。为承受车轮荷载应力和吊装应力,装配式混凝土板可在边缘和角隅配置钢筋,有时亦可设全面网状钢筋。为提高板的质量,可采用预应力、真空作业、机械振捣或蒸汽养生等技术来制作混凝土板。冬季为加速板的硬结,可采用电热法或在铸模内安装管线,内通蒸汽或热水。有些国家还利用先张法或电热法施加预应力,做成装配式预应力混凝土板。

第二节　沥青路面设计

沥青路面设计的任务,是确定技术上可靠、经济上合理的路面,使其能承受交通荷载和环境因素的作用,在预定的设计年限内处于某一规定的工作状态。沥青路面设计的内容,包括路面结构层组合设计、路面结构计算以及路面材料配合比设计。当前世界各国众多的沥青路面设计方法,可概括为两大类:一类是以经验或以试验为依据的经验法;另一类是以力学分析为基础,考虑环境、交通条件以及材料特性等因素的理论法。近三十年来,有关理论法的研究取得了很大进展,各国相继提出了较完整的设计体系。理论法对沥青路面结构的应力、应变和位移的分析,目前多应用弹性层状体系理论,并普遍采用电算的方法,工程设计有时也采用在电算结果基础上的图解法。

一、弹性层状体系理论概述

在沥青路面设计中,多层路面的力学计算通常采用弹性层状体系理论。该理论采用如下基本假定:

(1)各层材料均为连续、均匀、各向同性,并服从虎克定律,而且位移和形变是微小的。

(2)最下一层(土基)在水平方向和垂直向下方向为无限大,上面各弹性层则均具有一定厚度,但水平方向为无限大。

(3)各层在水平方向无限远处及最下一层向下无限深处,其应力、形变和位移等于零。

(4)各层间的接触条件是完全连续的,即上、下两层之间没有相对位移,不能互相错动,界面处两层的垂直应力、剪应力、垂直位移及水平位移相等(称连续体系);也可以是上、下两层之间是绝对光滑的,即可以自由滑动,两层之间没有剪应力存在(称滑动体系)。

(5)不计自重。

上述基本假定的核心是将路面各结构层看成是理想线性弹性体,但实际上路面材料和土基并不是在任何情况下都具有线弹性性能。例如,沥青混合料在高温时呈黏—弹—塑性,土基含水率大时是非线性弹性—塑性体。如果采用非线性弹—黏—塑性理论,在一定条件下能更准确地描述路面的受力状况,但该理论目前尚处于研究阶段。所以,国际上大多数沥青路面设计方法仍采用上述的线弹性层状体系理论。许多研究表明,在瞬时行车荷载和变形很小的情况下,多层线弹性理论是基本适用的。

在双圆均布荷载作用下弹性层状体系的力学计算简图(图中作为示例仅列出垂直荷载)如图1-4-8所示,图中 p 和 δ 分别为均布荷载压强和荷载当量圆半径,h_i、E_i 和 μ_i 分别为各结构层的厚度、弹性模量和泊松比。

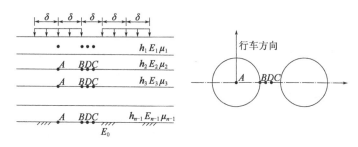

图1-4-8 弹性层状体系示意图

我们通常采用双圆荷载图式代表汽车后轴一侧的双轮荷载,在圆形均布荷载作用下,弹性层状体系内各点的应力和位移可以利用"弹性层状体系理论"的有关公式进行计算,这些计算公式都是非常复杂的无穷积分表达式。一般可简单表示成如式(1-4-2)、式(1-4-3)所示的函数表达式。

路表面弯沉:

$$l = \frac{2p\delta}{E_1}\alpha_1\left(\frac{E_2}{E_1},\frac{E_3}{E_2},\cdots,\frac{E_n}{E_{n-1}};\frac{h_1}{\delta},\frac{h_2}{\delta},\cdots,\frac{h_{n-1}}{\delta}\right) \tag{1-4-2}$$

路面内的层底弯拉应力:

$$\sigma = p\bar{\sigma}\left(\frac{E_2}{E_1},\frac{E_3}{E_2},\cdots,\frac{E_n}{E_{n-1}};\frac{h_1}{\delta},\frac{h_2}{\delta},\cdots,\frac{h_{n-1}}{\delta}\right) \tag{1-4-3}$$

式中:α_1、$\bar{\sigma}$——理论弯沉系数和弯拉应力系数,都是 $\frac{E_2}{E_1},\frac{E_3}{E_2},\cdots,\frac{E_n}{E_{n-1}};\frac{h_1}{\delta},\frac{h_2}{\delta},\cdots,\frac{h_{n-1}}{\delta}$ 的函数。

二、公路沥青路面结构组合设计

沥青路面设计包括三大部分,即路面结构组合设计、路面结构计算以及材料配合比设计。我们知道沥青路面结构一般由面层、基层、底基层、功能层、路基等几部分组成。而沥青路面结构组合设计的主要内容就是合理选择和安排各结构层,对不同的结构层进行组合,从而使路面结构在使用年限内既能承受行车荷载和自然因素的作用,又能发挥各结构层的最大效能,并满足经济性要求。故我们首先需要了解各个结构层的特点和要求。

1. 沥青面层

(1)一般要求

沥青面层是在路基表面上用沥青混合料铺筑的一种层状结构物。沥青面层一方面直接承受车轮荷载反复作用和自然因素的影响,另一方面又为汽车运输提供安全、快速、舒适的行车条件,所以沥青面层结构不仅应具有坚实、平整、抗滑、耐久的特点,而且还应具有高温抗车辙、低温抗开裂、抗水损害以及防止雨水渗入基层的功能。

(2)沥青面层类型

沥青面层常见类型与材料如表1-4-3,其分类与公路等级、路面等级以及交通量相适应。

面层材料的交通荷载等级和层位　　　　　　　表1-4-3

材 料 类 型	适用交通荷载等级和层位
连续级配沥青混合料(AC)	各交通荷载等级的表面层、中面层和下面层
沥青玛蹄脂碎石混合料(SMA)	极重、特重和重交通荷载等级的表面层、对抗滑有特殊要求的表面层
厂拌热再生沥青混合料	各交通荷载等级的表面层、中面层和下面层
上拌下贯沥青碎石	中等、轻交通荷载等级的面层
沥青表面处治	中等、轻交通荷载等级的表面层

对抗滑、排水或降噪有特殊要求的表面层可采用开级配沥青混合料,表面层下应设置防水层,防水层可采用改性乳化沥青或改性沥青等。

(3)沥青面层的厚度

不同粒径沥青混合料的层厚应符合表1-4-4的规定。连续级配沥青混合料和沥青玛蹄脂碎石混合料的结构层厚度不宜小于集料公称最大粒径的2.5倍。开级配沥青混合料的结构层厚度不宜小于集料公称最大粒径的2.0倍。

不同粒径沥青混合料层厚　　　　　　　表1-4-4

沥青混合料类型	以下集料公称最大粒径沥青混合料的层厚(mm)					
	4.75	9.5	13.2	16.0	19.0	26.5
连续级配沥青混合料	≥15	≥25	≥35	≥40	≥50	≥75
沥青玛蹄脂碎石混合料	—	≥30	≥40	≥50	≥60	—
开级配沥青混合料	—	≥20	≥25	≥30	—	—

沥青贯入碎石层的厚度宜为40~80mm,乳化沥青贯入式路面的厚度不宜超过50mm。上拌下贯式路面的拌和层厚度不宜小于25mm。

沥青表面处治可分为单层、双层和三层。单层表面处治厚度宜为10~15mm,双层表面处治厚度宜为15~25mm,三层表面处治厚度宜为25~30mm。

2. 基层、底基层

基层主要是承受由面层传来的车辆荷载垂直力,并把它扩散到垫层和路基中。基层有时可分两层铺筑,其上层仍称为基层,下层则称为底基层。

(1)一般规定

①基层、底基层应具有足够的强度和稳定性,在冰冻地区还应具有一定的抗冻性。

②高级路面下的半刚性基层应具有较小的收缩(温缩及干缩)变形和较强的抗冲刷能力。

③基层、底基层结构设计应贯彻就地取材的原则,认真做好当地材料的调查,根据不同公路等级、交通量对基层、底基层的技术要求,选择技术可靠、经济合理的基层、底基层结构。

④半刚性材料基层、底基层的配合比设计,应根据重型击实标准制件,混合料的龄期的无侧限抗压强度试验确定。

⑤为便于施工,一般公路的基层宽度每侧宜比面层宽出25cm,底基层每侧比基层宽

15cm。在多雨地区,透水性好的粒料底基层,宜铺至路基全宽,以利于排水。

⑥基层和底基层的压实度、平整度及强度应符合《公路路面基层施工技术细则》(JTG/T F20—2015)的规定。

(2)基层、底基层的分类

基层、底基层材料的适用交通荷载等级和层位见表1-4-5。

基层和底基层材料的适用交通荷载等级和层位　　　表1-4-5

类　型	材　料	适用交通荷载等级和层位
无机结合料稳定类	水泥稳定级配碎石或砾石、水泥粉煤灰稳定级配碎石或砾石、石灰粉煤灰稳定级配碎石或砾石	各交通荷载等级的基层和底基层
	水泥稳定未筛分碎石或砾石、石灰粉煤灰稳定未筛分碎石或砾石、石灰稳定未筛分碎石或砾石	轻交通荷载等级的基层、各交通荷载等级的底基层
	水泥稳定土、石灰稳定土、石灰粉煤灰稳定土	轻交通荷载等级的基层、各交通荷载等级的底基层
粒料类	级配碎石	重及以下交通荷载等级的基层、各交通荷载等级的底基层
	级配砾石、未筛分碎石、天然砂砾、填隙碎石	中等和轻交通荷载等级的基层、各交通荷载等级的底基层
沥青结合料类	密级配沥青碎石、半开级配沥青碎石、开级配沥青碎石	极重、特重和重交通荷载等级的基层
	沥青贯入碎石	重及以下交通荷载等级的基层
水泥混凝土	水泥混凝土或贫混凝土	极重、特重交通荷载等级的基层

再生沥青混合料和再生无机结合料稳定材料可用于各交通荷载等级的基层和底基层,厂拌热再生沥青混合料宜用于极重、特重和重交通荷载等级的基层。无机结合料稳定层与沥青结合料类材料层间可设置级配碎石、半开级配或开级配沥青碎石层。

不同材料基层和底基层厚度宜符合表1-4-6的规定。

基层和底基层厚度(单位:mm)　　　表1-4-6

材料种类	集料公称最大粒径	厚　度
密级配沥青碎石、半开级配沥青碎石、开级配沥青碎石	19.0	≥50
	26.5	≥80
	31.5	≥100
	37.5	≥120
沥青贯入碎石	—	≥40
贫混凝土	31.5	≥120
无机结合料稳定类	19.0、26.5、31.5、37.5	≥150
	53.0	≥180
级配碎石、级配砾石、未筛分碎石、天然砂砾	26.5、31.5、37.5	≥100
	53.0	≥120

续上表

材料种类	集料公称最大粒径	厚 度
填隙碎石	37.5	≥75
	53.0	≥100
	63.0	≥120

3. 功能层

(1)一般规定

功能层主要起排水、隔水、防冻、防污的作用,可根据情况设置或不设。一般处于下列状况的路基应设置功能层,用以排除路面、路基中滞留的自由水,确保路基路面结构处于干燥或中湿状态:

①地下水位高,排水不良,路基经常处于潮湿、过湿状态的路段。

②排水不良的土质,有裂隙水、泉眼等水文不良的岩石挖方路段。

③季节性冰冻地区的中湿、潮湿路段,可能产生冻胀需设置防冻功能层的路段。

④基层或底基层可能受污染以及路基软弱的路段。

功能层的宽度:高速公路、一级公路、二级公路的排水垫层应铺至路基同宽,以利路面结构排水,保持路基稳定;三级、四级公路的垫层宽度可比底基层每侧至少宽25cm。

(2)功能层类型

修筑功能层所用的材料,强度不一定很高,但水稳定性和隔热性要好。常用材料有两类:一类是用松散粒料,如砂、砾石、炉渣、片石或圆石等组成的透水性垫层;另一类是由整体性材料,如石灰土或炉渣石灰土等组成的稳定性垫层。

此外,功能层还包括路面各结构层的层间结合。其中,极重、特重和重交通荷载等级路面的黏层宜采用改性乳化沥青、道路石油沥青或改性沥青;中等和轻交通荷载等级路面的黏层可选用乳化沥青;水泥混凝土板与沥青面层间的黏层宜采用改性沥青。单层表面处治封层的结合料可采用改性沥青、道路石油沥青或乳化沥青。改性沥青应力吸收层宜采用橡胶沥青。粒料类基层和无机结合料稳定类基层顶面宜设置透层,透层沥青应具有良好的渗透性,可采用稀释沥青和乳化沥青等。

4. 路基

沥青路面下的路基应稳定、密实和均匀,具有足够的承载能力,其强度与压实度要求如路基部分所述。多雨地区土质路堑和强风化岩石路段,应加强填挖交界处及路堑段的排水设计,以改善路基水文状况。新建公路路床应处于干燥或中湿状态,并应采取措施防止地表水或地下水的侵入。

5. 沥青路面结构组合设计原则

除应注意到沥青路面各个结构层的特点外,对于各个结构层的组合仍须遵循下列原则。

(1)适应行车荷载作用的要求

作用在路面上的行车荷载在路面内产生的应力和应变随深度向下而递减,因此要求路面的强度和抗变形能力可自上而下逐渐减小。这样在路面结构组合中,可以将路面按强度和刚度自上而下递减的规律,将路面分层处理。但就施工工艺和材料规格而言,层数不宜过多,也就是路面结构层的厚度不宜过小。结构层最小厚度见表1-4-7。

结构层最小厚度与适宜厚度（单位：cm）　　　　　　　　　　　　　表1-4-7

结构层		施工最小厚度	结构层适宜厚度	结构层	施工最小厚度	结构层适宜厚度
热沥青混合料	粗粒式	5	5~8	沥青表处	1	1~4
	中粒式	4	4~6	水泥稳定	15	16~20
	细粒式	2.5	2.5~4	石灰稳定	15	16~20
沥青石屑		1.5	1.5~2.5	石灰工业废渣稳定	15	16~20
沥青砂		1	1~1.5	级配碎砾石	8	10~15
沥青贯入式		4	4~8	泥结碎石	8	10~15
沥青上拌下贯		6	6~10	填隙碎石	10	10~12

(2)在各种自然因素作用下稳定性好

为保证沥青路面的水稳性，沥青路面的基层一般应选择水稳性好的材料。在季节性冰冻地区，路面结构中应设置防止冻胀和翻浆的垫层。路面的总厚度除满足强度的要求外，还应满足防冻厚度的要求。表1-4-8为沥青路面结构防冻最小厚度推荐值。

沥青路面结构最小防冻厚度（单位：mm）　　　　　　　　　　　　　表1-4-8

路基土质	基层、底基层材料类型	对应于以下公路多年最大冻深和路基干湿类型的最小防冻厚度							
		中湿				潮湿			
		500~1000	1000~1500	1500~2000	>2000	500~1000	1000~1500	1500~2000	>2000
黏性土、细亚砂土	粒料类	400~450	450~500	500~600	600~700	450~550	550~600	600~700	700~800
	水泥或石灰稳定类、水泥混凝土	350~400	400~450	450~550	550~650	400~500	500~550	550~650	650~750
	水泥粉煤灰或石灰粉煤灰稳定类、沥青结合料类	300~350	350~400	400~500	500~550	350~450	450~500	500~600	550~700
粉性土	粒料类	450~500	500~600	600~700	700~750	500~600	600~700	700~800	800~1000
	水泥或石灰稳定类、水泥混凝土	400~450	450~500	500~600	600~700	450~550	550~650	650~750	700~900
	水泥粉煤灰或石灰粉煤灰稳定类、沥青结合料类	300~400	400~450	450~500	500~650	400~500	500~600	600~650	650~800

(3)满足各个结构层各自的特点

为了保证路面结构的整体性和结构层之间应力传递的连续性，应尽量使结构层之间结合紧密稳定，提高路面结构整体性。总之，在路面结构层组合设计中，应按照面层耐久、基层坚实、土基稳定的原则进行组合设计。

三、公路沥青路面设计方法

按照 2017 年颁布的《公路沥青路面设计规范》,公路沥青路面设计方法是以双圆垂直均布荷载作用下的多层弹性连续体系理论为基础,以沥青混合料面层疲劳开裂、无机料基层底基层疲劳开裂、沥青混合料层永久变形,路基顶面竖向压应变、沥青面层低温开裂指数及防冻厚度多指标控制。

(一) 设计任务

沥青路面的设计任务是提供一种适应环境并能承受预期的交通荷载的路面结构。由于路面的结构特性会随环境因素和交通荷载的重复作用而逐渐变坏,因此路面设计的具体任务就是控制或限制其结构特性在预定的设计年限内不恶化到某一规定的程度。

(二) 破坏状态与设计标准

沥青路面随环境因素和交通荷载的重复作用而逐渐变坏,由于引起沥青路面结构破坏的原因及沥青路面结构类型和组成多种多样,所以导致沥青路面的破坏状态也多种多样,下面是沥青路面的几种结构破坏状态和设计标准。

(1) 沉陷

沉陷是路面在车轮作用下其表面产生的较大的凹陷变形,有时凹陷两侧拌有隆起现象出现。为控制路面的沉陷,选用路基土的垂直应力作为设计标准,即:

$$\sigma_{z0} \leqslant [\sigma_{z0}]$$

式中:σ_{z0}——路基表面由车轮荷载作用产生的垂直应力,可用弹性层状体系理论求得;

$[\sigma_{z0}]$——路基土的容许垂直压应力。

(2) 车辙

车辙是在路面结构层及土基在行车重复荷载作用下,以及由于结构层中材料的侧向位移产生的累积永久变形。这种变形出现在行车轮带处,即形成路面的纵向带状凹陷。路面的车辙与荷载应力大小、重复作用次数以及结构层和土基的性质有关。通常用路基的残余变形总和或路基表面的垂直变形来作为设计标准,即:

$$L_{re} \leqslant [L_{re}]$$

或:

$$\varepsilon_{E0} \leqslant [\varepsilon_{E0}]$$

式中:L_{re}——路面的计算总残余变形;

$[L_{re}]$——容许总残余变形;

ε_{E0}——路基表面的垂直应变;

$[\varepsilon_{E0}]$——路基表面容许垂直应变。

(3) 疲劳开裂

路面在正常使用情况下,由行车荷载的多次反复作用引起的。为延长路面的使用寿命,通常用结构层底面的拉应力或拉应变不超过相应的容许值控制设计,即:

$$\sigma_r \leqslant [\sigma_r]$$

或:

$$\varepsilon_r \leqslant [\varepsilon_r]$$

式中:σ_r, ε_r——按弹性层状理论计算的结构层底面的最大拉应力和拉应变;

$[\sigma_r]$,$[\varepsilon_r]$——结构层的容许拉应力和拉应变。

(4)推移

当沥青路面受到较大的车轮水平荷载作用时,路面表面常常出现推移和拥起。为防止沥青面层产生推移和拥起,可用面层抗剪强度标准控制设计。即:

$$\tau_{max} \leq [\tau_r]$$

式中:τ_{max}——面层中的最大剪应力;

$[\tau_r]$——材料的容许剪应力。

(5)低温缩裂

路面的整体性结构层在低温(通常为负温度)时由于材料收缩受限制而产生较大的拉应力,当它超过材料相应条件下的抗拉强度时便产生开裂。通常以材料因收缩受约束而产生的温度应力 σ_{rt} 不大于该温度下材料的容许拉应力 $[\sigma_{rt}]$ 作为设计标准,即:

$$\sigma_{rt} \leq [\sigma_{rt}]$$

可见,对沥青路面设计应针对不同的破坏状态采用不同的设计标准,新规范规定通过多项指标的验算,来计算路面结构层厚度。

(三)设计参数的选择

1. 荷载参数

(1)标准轴载及轴载换算

沥青路面设计以双轮组单轴载 100kN 为标准轴载,以 BZZ-100 表示,标准轴载的计算参数按表 1-4-9 确定。

标准轴载 BZZ-100 计算参数　　　　　　　　　　表 1-4-9

标准轴载 P(kN)	接触压力 p(MPa)	当量圆直径 d(cm)	双圆中心距(cm)
100	0.7	21.3	1.5d

由于在路上行驶的车辆类型很多,不同轴载对路面的作用效果不同,为了表示不同类型轴载对路面的作用效果相同,须对轴载进行标准轴载换算,所谓轴载换算是将不同类型轴载的车辆作用次数换算为标准轴载的作用次数的过程。

(2)轴载换算基本原则

不同轴载在同一路面结构上重复作用不同次数后,可使结构层永久变形量或疲劳破坏达到相同极限状态。在一定轴载范围内,不同轴载对路面的作用效果可以互相换算。在进行换算时,应该遵循两项原则:第一,换算以达到相同临界状态为标准;第二,对某一种交通组成,不论以哪种轴载标准进行换算,由换算所得轴载作用次数计算的路面厚度相同。我国现行沥青路面设计方法中采用沥青混合料层疲劳寿命、无机结合料稳定层疲劳寿命、沥青混合料层永久变形和路基永久变形为主要设计标准,因此,轴载换算时考虑了沥青混合料层层底拉应变、无机结合料稳定层层底拉应力、沥青混合料层永久变形量和路基顶面竖向压应变为指标的轴载换算方法。

(3)轴载换算方法

交通数据调查方法,获得交通量及其增长率、方向系数、车道系数、车辆类型组成、轴型组成和轴重等。规范规定各类车辆当量设计轴载换算系数可以按三个水平确定,高速公路和一级公路的改建设计应采用水平一,其他情况可采用水平二或水平三。

水平一:采用称重设备连续采集设计车道上车辆类型、轴型组成和轴重数据,按下列步骤分析各类车辆当量换算系数:

①分别统计各类车辆单轴单胎、单轴双胎、双联轴和三联轴的数量,除以各类车辆总量,按式(1-4-4)计算各类车辆中不同轴型平均轴数。

$$NAPT_{mi} = \frac{NA_{mi}}{NT_m} \tag{1-4-4}$$

式中:$NAPT_{mi}$——m 类车辆中 i 种轴型的平均轴数;
NA_{mi}——m 类车辆中 i 种轴型总数;
NT_m——m 类车辆总数;
i——分别为单轴单胎、单轴双胎、双联轴和三联轴;
m——表1-4-10 所列 2 类~11 类车。

车 辆 类 型 分 类　　　　　　　　　　表1-4-10

车型编号	车型特征	车型代码	车型图示	附加说明
1 类	2 轴 4 轮车辆	11		荷载不计
2 类	2 轴 6 轮及以上客车	12/15/等		
3 类	2 轴 6 轮货车	12		
4 类	3 轴货车	15		
5 类	4 轴货车	17		
6 类	双前轴货车	112/115/117		
7 类	4 轴及以下半挂货车	12-5/12-4/12-3		12-2
8 类	5 轴半挂货车	12-7/15-5		12-6 等
9 类	6 轴及以上半挂货车	15-7/等		
10 类	双前轴半挂货车	112-7		112-5/等
11 类	全挂货车	15-22/12-22		17-22/等

②按式(1-4-5)计算 2 类~11 类车辆不同轴型在不同轴重区间所占的百分比,得到不同轴型的轴重分布系数,即轴载谱。确定轴载谱时,单轴单胎、单轴双胎、双联轴和三联轴应分别间隔 2.5kN、4.5kN、9.0kN 和 13.5kN 划分轴重区间。

$$ALDF_{mij} = \frac{ND_{mij}}{NA_{mi}} \tag{1-4-5}$$

式中:$ALDF_{mij}$——m 类车辆中 i 种轴型在 j 级轴重区间的轴重分布系数;
ND_{mij}——m 类车辆中 i 种轴型在 j 级轴重区间的数量;
NA_{mi}——m 类车辆中 i 种轴型的数量。

③按式(1-4-6)计算 2 类~11 类车辆各种轴型在不同轴重区间的当量设计轴载换算系数,计算时取各轴重区间中点值作为该轴重区间代表轴重。按式(1-4-7)计算各类车辆当量设计轴载换算系数:

$$EALF_{mij} = c_1 c_2 \left(\frac{P_{mij}}{P_s}\right)^b \tag{1-4-6}$$

式中:P_s——设计轴载(kN);
P_{mij}——m 类车辆中 i 种轴型在 j 级轴重区间的单轴轴载(kN),对双联轴和三联轴,为平均分配到每根单轴的轴载;

b——换算指数,以沥青混合料层层底拉应变为设计指标分析沥青混合料层疲劳和以沥青混合料永久变形量为设计指标分析沥青混合料层永久变形时,$b=4$;以路基顶面压应变为设计指标分析路基永久变形时,$b=5$;以无机结合料稳定层层底拉应力为设计指标分析无机结合料稳定层疲劳时,$b=13$;

c_1——轴组系数,前后轴间距大于3m时,分别按单个轴计算,$c_1=1$;轴间距小于3m时,按表1-4-11取值;

c_2——轮组系数,双轮组为1.0,单轮时取4.5。

轴组系数取值 表1-4-11

设计指标	轮—轴型	c_1 取值
沥青混合料层层底拉应变、沥青混合料层永久变形量	双联轴	2.1
	三联轴	3.2
路基顶面竖向压应变	双联轴	4.2
	三联轴	8.7
无机结合料稳定层层底拉应力	双联轴	2.6
	三联轴	3.8

$$EALF_m = \sum_i \left[NAPT_{mi} \sum_j (EALF_{mij} \cdot ALDF_{mij}) \right] \quad (1\text{-}4\text{-}7)$$

式中:$EALF_m$——m 类车辆的当量设计轴载换算系数;

$NAPT_{mi}$——m 类车辆中 i 种轴型的平均轴数;

$EALF_{mij}$——m 类车辆中 i 种轴型在 j 级轴重区间当量设计轴载换算系数,根据式(1-4-6)计算确定;

$ALDF_{mij}$——m 类车辆中 i 种轴型在 j 级轴重区间的轴重分布系数。

水平二和水平三:按式(1-4-8)确定各类车辆的当量设计轴载换算系数,式(1-4-8)中非满载车和满载车的比例和当量设计轴载换算系数,水平二时取当地经验值,水平三时取表1-4-12和表1-4-13所列全国经验值。

$$EALF_m = EALF_{ml} \cdot PER_{ml} + EALF_{mh} \cdot PER_{mh} \quad (1\text{-}4\text{-}8)$$

式中:$EALF_{ml}$——m 类车辆中非满载车的当量设计轴载换算系数;

PER_{ml}——m 类车辆中非满载车所占的百分比;

$EALF_{mh}$——m 类车辆中满载车的当量设计轴载换算系数;

PER_{mh}——m 类车辆中满载车所占的百分比。

2类~11类车辆非满载车与满载车比例 表1-4-12

车 型	非满载车比例	满载车比例
2类	0.80~0.90	0.10~0.20
3类	0.85~0.95	0.05~0.15
4类	0.60~0.70	0.30~0.40
5类	0.70~0.80	0.20~0.30
6类	0.50~0.60	0.40~0.50
7类	0.65~0.75	0.25~0.35
8类	0.40~0.50	0.50~0.60

续上表

车型	非满载车比例	满载车比例
9 类	0.55 ~ 0.65	0.35 ~ 0.45
10 类	0.50 ~ 0.60	0.40 ~ 0.50
11 类	0.60 ~ 0.70	0.30 ~ 0.40

2 类 ~ 11 类车辆当量设计轴载换算系数　　　　　表 1-4-13

车型	沥青混合料层层底拉应变、沥青混合料层永久变形量		无机结合料稳定层层底拉应力		路基顶面竖向压应变	
	非满载车	满载车	非满载车	满载车	非满载车	满载车
2 类	0.8	2.8	0.5	35.5	0.6	2.9
3 类	0.4	4.1	1.3	314.2	0.4	5.6
4 类	0.7	4.2	0.3	137.6	0.9	8.8
5 类	0.6	6.3	0.6	72.9	0.7	12.4
6 类	1.3	7.9	10.2	1505.7	1.6	17.1
7 类	1.4	6.0	7.8	553.0	1.9	11.7
8 类	1.4	6.7	16.4	713.5	1.8	12.5
9 类	1.5	5.1	0.7	204.3	2.8	12.5
10 类	2.4	7.0	37.8	426.8	3.7	13.3
11 类	1.5	12.1	2.5	985.4	1.6	20.8

(4) 当量设计轴载累计作用次数

根据前述确定的车辆当量设计轴载换算系数,结合交通量调查数据,按式(1-4-9)确定初始年设计车道日平均当量轴次 N_1。

$$N_1 = AADTT \cdot DDF \cdot LDF \cdot \sum_{m=2}^{11}(VCDF_m \cdot EALF_m) \qquad (1\text{-}4\text{-}9)$$

式中:$AADTT$——2 轴 6 轮及以上车辆的双向年平均日交通量(辆/日);

　　　DDF——方向系数,一般为 0.5 ~ 0.6;

　　　LDF——车道系数;可按表 1-4-14 确定;

　　　m——车辆类型编号;

　　　$VCDF_m$——m 类车辆类型分布系数;

　　　$EALF_m$——m 类车辆的当量设计轴载换算系数。

车 道 系 数　　　　　表 1-4-14

单向车道数	1	2	3	≥4
高速公路	—	0.70 ~ 0.85	0.45 ~ 0.60	0.40 ~ 0.50
其他公路	1.00	0.50 ~ 0.75	0.50 ~ 0.75	—

根据初始年设计车道日平均当量轴次 N_1、设计使用年限等,按式(1-4-10)计算设计车道上的当量设计轴载累计作用次数 N_e。

$$N_e = \frac{[(1+\gamma)^t - 1] \times 365}{\gamma} \cdot N_1 \qquad (1\text{-}4\text{-}10)$$

式中：N_e——设计使用年限内设计车道上的当量设计轴载作用次数(次)；

t——设计使用年限(年)；

γ——设计使用年限内交通量的年平均增长率；

N_1——初始年设计车道日平均当量轴次(次/d)。

(5)交通荷载分级

由于不同等级的道路承受不同的交通荷载作用,为了判别道路承受荷载的轻重,《公路沥青路面设计规范》(JTG D50—2017)和《公路水泥混凝土路面设计规范》(JTG D40—2011)分别进行了交通荷载等级的划分。

沥青路面结构设计采用多项设计指标,不同设计指标分别采用不同的轴载换算参数,从而对应不同的当量设计轴载累计作用次数。如采用当量设计轴载累计作用次数划分交通荷载等级,需针对各设计指标分别提出划分标准,应用不便。此外,不同等级公路设计使用年限不同,日平均交通量无法反映设计使用年限内累计交通量。因此,沥青路面以设计使用年限内累计大型客车和货车交通量之和划分交通荷载等级,如表1-4-15所示。

沥青路面设计交通荷载分级　　　　表1-4-15

设计交通荷载等级	极重	特重	重	中等	轻
设计使用年限内设计车道累计大型客车和货车交通量($\times 10^6$辆)	≥50.0	19.0~50.0	8.0~19.0	4.0~8.0	<4.0

注：大型客车和货车为表1-4-10中所列2类~11类车。

2. 路面材料设计参数

路面各结构层的材料要求与设计参数主要包括材料强度指标、模量和泊松比。

各结构层材料的泊松比变化不大,一般参考取值为：路基取0.45；粒料材料取0.35；无机结合料稳定材料取0.25；密级配沥青混合料取0.25；开级配与半开级配沥青混合料取0.4；水泥混凝土材料取0.15。

路面材料应根据公路等级、交通荷载等级、气候条件、各结构层功能要求和当地材料特性等,在技术经济论证基础上进行设计并确定材料设计参数。路面结构层材料设计参数的确定可分为三个水平：水平一通过室内试验实测确定；水平二利用已有经验关系式确定,目前只有沥青混合料动态模量有对应的经验关系式；水平三参照典型数值查表确定。高速公路和一级公路的施工图设计阶段宜采用水平一,其他设计阶段可采用水平二或水平三；二级及二级以下公路可采用水平二或水平三。

(1)路基材料要求与设计参数

路基的材料要求包括加州承载比(CBR)值、压实度、干湿类型及材料最大粒径等,设计参数为路基顶面动态回弹模量,其要求与确定方法应符合现行《公路路基设计规范》(JTG D30—2015)的规定。不满足要求时,应采取改变填料、设置粒料类或无机结合料稳定类路基改善层,或采用石灰或水泥处理等措施提高路基顶面回弹模量。

(2)粒料类材料

粒料类材料包括作为基层、底基层的级配碎石、级配砾石、天然砂砾等,其材料要求主要是CBR值、最大粒径及通过0.075mm筛孔的颗粒含量不宜大于5%。材料设计参数为粒料层的回弹模量在结构验算时应采用粒料回弹模量×湿度调整系数后得到,湿度调整系数可在1.6~2.0范围内选取。其中：水平一采用重复加载三轴压缩试验测定,取回弹模量试验结果的均值；

水平三按粒料类型和层位查表确定粒料回弹模量取值。

（3）无机结合料稳定类材料

无机结合料稳定类材料的材料要求除最大粒径和结合料剂量外,主要规定了无机结合料稳定类材料7d无侧限抗压强度标准,与材料、层位、公路等级和交通等级有关。材料设计参数包括弯拉强度和弹性模量,其中水平一采用中间段法单轴压缩试验测定压缩回弹模量,弯拉强度和弹性模量的测定应符合现行《公路工程无机结合料稳定材料试验规程》,水泥稳定类的龄期应为90d,石灰稳定类的龄期应为180d。弯拉强度和弹性模量应取数据的平均值。水平三,参照表1-4-16确定弯拉强度和弹性模量。

无机结合料稳定类材料弯拉强度与弹性模量（单位:MPa） 表1-4-16

材　　料	弯拉强度	弹性模量
水泥稳定粒料、水泥粉煤灰稳定粒料、石灰粉煤灰稳定粒料	1.5~2.0	18 000~28 000
	0.9~1.5	14 000~20 000
水泥稳定土、水泥粉煤灰稳定土、石灰粉煤灰稳定土	0.6~1.0	5 000~7 000
石灰土	0.3~0.7	3 000~5 000

结构验算时,无机结合料稳定类材料弹性模量应乘以结构层模量调整系数0.5。

（4）沥青结合料类材料

沥青混合料的原材料应满足的基本要求为:应根据公路等级、气候条件、交通荷载等级、结构层位和施工条件等确定沥青类型。极重、特重和重交通荷载等级公路、气候条件严酷地区公路,以及连续长陡纵坡路段,中面层和表面层宜采取优化混合料级配、选用改性沥青或添加外掺剂等措施。开级配沥青混合料表面层宜采用高黏沥青或橡胶沥青,并采用适量消石灰或水泥替代矿粉。表面层沥青混合料公称最大粒径不宜大于16.0mm;中面层和下面层沥青混合料公称最大粒径不宜小于16.0mm;基层沥青碎石公称最大粒径不宜小于26.5mm。

为保证沥青混合料结构的强度与稳定性,其材料要求应满足:

①季节性冻土地区高速公路和一级公路表面层沥青低温性能要求满足蠕变劲度、曲线斜率、断裂应变等指标规定;

②二级及以上公路公称最大粒径不大于19.0mm的沥青混合料满足低温弯曲试验的破坏应变指标要求;

③高速公路和一级公路沥青混合料应在规定的试验条件下进行车辙试验,满足动稳定度指标要求;

④根据单轴贯入试验方法测定沥青混合料贯入强度要求,无机结合料稳定基层或底基层的沥青路面以及水泥混凝土基层沥青路面的贯入强度应满足相关要求,以控制沥青路面车辙;

⑤沥青混合料应测试浸水马歇尔试验残留稳定度和冻融劈裂试验残留强度比以检验水稳定性。

沥青混合料的材料参数为动态压缩模量:其中水平一条件下沥青混合料动态压缩模量的测定应符合现行《公路工程沥青及沥青混合料试验规程》(JTG E20—2011)的有关规定,取试验平均值,试验温度选用20℃,面层沥青混合料加载频率采用10Hz,基层沥青混合料加载频率采用5Hz。水平二根据公式计算确定沥青混合料动态压缩模量,适用于采用道路石油沥青和常规级配的沥青混合料,沥青混合料动态压缩模量与试验频率、动态剪切模量、油石比、空隙率、捣实间隙率等因素有关。水平三可参照表1-4-17确定沥青混合料动态压缩模量。

常用沥青混合料20℃条件下动态压缩模量取值范围(单位:MPa)　　　表1-4-17

沥青混合料类型	沥 青 种 类			
	70号道路石油沥青	90号道路石油沥青	110号道路石油沥青	SBS改性沥青
SMA10/SMA13/SMA16	—	—	—	7500~12000
AC10/AC13	8 000~12 000	7 500~11 500	7 000~10 500	8 500~12 500
AC16/AC20/AC25	9 000~13 500	8 500~13 000	7 500~12 000	9 000~13 500
ATB25	7 000~11 000	—	—	—

注:1.ATB25为5Hz条件下动态压缩模量,其他沥青混合料为10Hz条件下动态压缩模量。
　　2.沥青黏度大、级配好或空隙率小时取高值,反之取低值。

3.路面结构设计有关环境参数

沥青混合料层疲劳开裂寿命、无机结合料稳定层疲劳开裂寿命和路基顶面竖向压应变验算时,应根据路面所在地区的气温条件,结合路面结构类型确定面层、基层当量厚度与当量模量,按《公路沥青路面设计规范》(JTG D50—2017)附录G确定基准温度调整系数。沥青混合料层永久变形量验算时,应根据所在地区的气温条件,选用相应的基准等效温度。

(四)沥青路面结构设计方法

1.路面结构设计指标的选择

根据路面结构组合方案,可参照表1-4-18选择设计指标。

不同结构组合路面的设计指标　　　表1-4-18

基 层 类 型	底基层类型	设 计 指 标[a]
无机结合料稳定类	粒料类	无机结合料稳定层层底拉应力、沥青混合料层永久变形量
	无机结合料稳定类	
沥青结合料类	粒料类	沥青混合料层层底拉应变、沥青混合料层永久变形量、路基顶面竖向压应变
	无机结合料稳定类	沥青混合料层永久变形量、无机结合料稳定层层底拉应力
粒料类[b]	粒料类	沥青混合料层层底拉应变、沥青混合料层永久变形量、路基顶面竖向压应变
	无机结合料稳定类	沥青混合料层层底拉应变、沥青混合料层永久变形破、无机结合料稳定层层底拉应力
水泥混凝土[c]		沥青混合料层永久变形量

注:a.季节性冻土地区应增加沥青面层低温开裂验算和防冻厚度验算;
　　b.在沥青混合料层与无机结合料稳定层间设置粒料层时,应验算沥青混合料层疲劳开裂寿命;
　　c.水泥混凝土基层应按现行《公路水泥混凝土路面设计规范》设计。

2.沥青路面结构设计验算流程(流程图见图1-4-9)

沥青路面结构设计步骤如下:

(1)分析交通参数N_e,确定交通等级;
(2)根据《公路路基设计规范》(JTG D30—2015)确定路基回弹模量;
(3)初拟路面结构组合与厚度,选择设计指标;

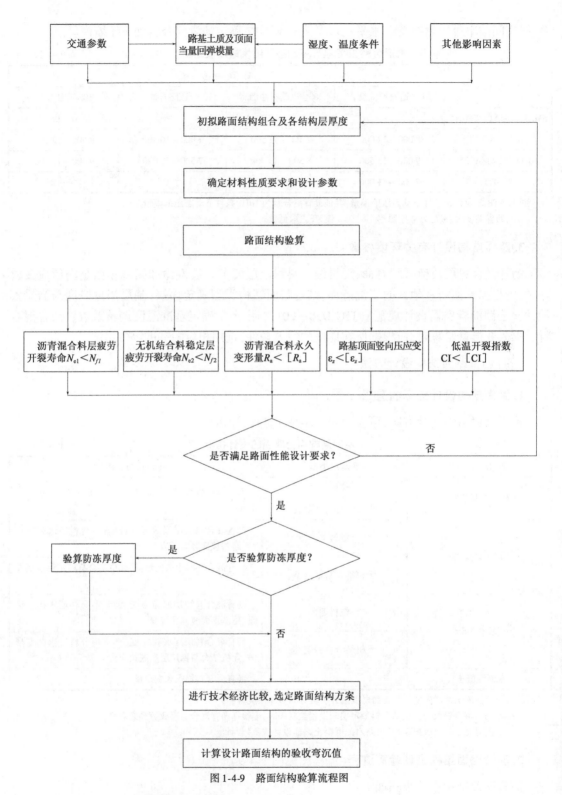

图 1-4-9 路面结构验算流程图

(4) 确定各结构层模量、泊松比等设计参数;

(5) 检验各结构层材料符合规范要求,包括:粒料类 CBR 值;无机料类 7d 无侧限抗压强度值;沥青材料低温性能如弯曲蠕变劲度与曲线斜率;沥青混合料低温破坏应变、动稳定度、贯入强度、水稳定性等；

(6)根据《公路沥青路面设计规范》(JTG D50—2017)附录G,确定各设计指标对应的温度调整系数与等效温度；

(7)计算多层弹性体系模型的各设计指标力学响应量(采取专用程序)；

(8)进行沥青路面结构验算(后述)；

(9)方案调整与技术经济分析；

(10)计算设计路面结构施工验收弯沉值(路基、路表)。

3. 沥青路面结构验算

(1)设计标准

依据我国《公路沥青路面设计规范》(JTG D50—2017),不同等级公路沥青路面结构的目标可靠度和目标可靠度指标不应低于表1-4-19的规定值,新建沥青路面结构设计使用年限不应低于表1-4-20的规定值。

目标可靠度和目标可靠度指标　　　　表1-4-19

公路等级	高速公路	一级公路	二级公路	三级公路	四级公路
目标可靠度(%)	95	90	85	80	70
目标可靠度指标β	1.65	1.28	1.04	0.84	0.52

路面结构设计使用年限(年)　　　　表1-4-20

公路等级	设计使用年限	公路等级	设计使用年限
高速公路、一级公路	15	三级公路	10
二级公路	12	四级公路	8

沥青路面在车轮反复多次作用下,沥青面层和刚性、半刚性材料层的层底拉应力超过极限,形成初始裂缝并逐步扩展至断裂的过程,将产生疲劳断裂损伤。因此,我国《公路沥青路面设计规范》(JTG D50—2017)规定,以沥青混合料层层底拉应变和无机结合料层层底拉应力为设计指标,以沥青混合料层和无机结合料层的疲劳开裂寿命为设计标准。基于沥青混合料层层底拉应变计算的沥青混合料层疲劳开裂寿命应大于基于沥青混合料层层底拉应变换算得到的设计年限内当量设计轴载累计作用次数；基于无机结合料稳定层层底拉应力计算的无机结合料稳定层疲劳开裂寿命应大于基于无机结合料稳定层层底拉应力换算得到的设计年限内当量设计轴载累计作用次数。

对于沥青路面结构,即使每一次行车荷载作用产生的残余变形量很小,但多次重复作用累积起来的残余变形总和也会很大,足以影响车辆的正常行驶。因此,从控制沥青路面结构永久变形角度,我国《公路沥青路面设计规范》(JTG D50—2017)要求基于设计年限内当量设计轴载累计作用次数计算的沥青混合料永久变形量应不大于表1-4-21所列容许永久变形量。同时,路基顶面竖向压应变不应大于基于设计年限内当量设计轴载累计作用次数计算获得的容许竖向压应变。

沥青混合料层容许永久变形量(单位:mm)　　　　表1-4-21

基层类型	沥青混合料层容许永久变形量	
	高速公路、一级公路	二级、三级公路
无机结合料稳定类基层、水泥混凝土基层和底基层为无机结合料稳定类的沥青混合料基层	15	20
其他基层	10	15

对于季节性冻土地区的沥青路面结构,沥青面层低温开裂指数不宜大于表1-4-22所列数值。

低温开裂指数要求 表1-4-22

公路等级	高速公路、一级公路	二级公路	三级、四级公路
低温开裂指数CI,不大于	3	5	7

除了对上述路面使用性能设计指标的要求,高速公路、一级公路以及山岭重丘区二级和三级公路的路面在交工验收时,其抗滑技术指标应满足表1-4-23的技术要求,路基顶面和路表的实测代表弯沉值应不超过其各自的验收弯沉值。

抗滑技术要求 表1-4-23

年平均降雨量(mm)	交工检测指标值	
	横向力系数 SFC_{60}	构造深度 TD(mm)
>1 000	≥54	≥0.55
500~1 000	≥50	≥0.50
250~500	≥45	≥0.45

注:横向力系数 SFC_{60}——用横向力系数测试车,在60km/h±1km/h车速下测定;构造深度TD——用铺砂法测定。

(2)沥青混合料层疲劳开裂验算

基于沥青混合料的柔性特征,一般采用沥青混合料层层底拉应变计算和控制沥青混合料层的疲劳开裂寿命。我国《公路沥青路面设计规范》(JTG D50—2017)在疲劳试验的基础上,综合国内外大量加速加载试验路的疲劳数据,建立了基于沥青混合料层层底拉应变的沥青混合料层疲劳开裂寿命计算模型,见式(1-4-11)。

疲劳寿命 $N_{f1} = 6.32 \times 10^{15.96-0.29\beta} k_a k_b K_{T1}^{-1} \left(\frac{1}{\varepsilon_a}\right)^{3.97} \left(\frac{1}{E_a}\right)^{1.58} (VFA)^{2.72}$ (1-4-11)

其中: $\varepsilon_a = p \times f\left(\frac{h_1}{\delta}, \cdots, \frac{h_{n-1}}{\delta}; \frac{E_2}{E_1}, \cdots, \frac{E_0}{E_{n-1}}\right)$ (专用程序计算)

式中:N_{f1}——沥青混合料疲劳层开裂寿命(轴次);

β——目标可靠度指标,根据公路等级按表1-4-19取值;

k_a——季节性冻土地区调整系数;

k_b——疲劳加载模式系数;

E_a——沥青混合料20℃时的动态压缩模量(MPa);

VFA——沥青混合料的沥青饱和度(%),根据混合料设计结果或按《公路沥青路面施工技术规范》(JTG F40—2017)的有关规定确定;

K_{T1}——温度调整系数;

ε_a——沥青混合料层层底拉应变($\times 10^{-6}$),根据弹性层状理论计算获取。

沥青混合料层的疲劳开裂寿命应不大于基于沥青混合料层层底拉应变的设计使用年限内设计车道的当量设计轴载累计作用次数。否则,应调整路面结构方案,重新验算,直至满足要求。

(3)无机结合料稳定层疲劳开裂验算

基于无机结合料稳定类材料的半刚性特征,一般采用无机结合料稳定层层底拉应力计算和控制无机结合料稳定层的疲劳开裂寿命。我国《公路沥青路面设计规范》(JTG D50—2017)

建立了无机结合料稳定粒料和稳定土的疲劳开裂计算模型,如式(1-4-12)所示。

疲劳寿命 $\quad N_{f2} = k_a K_{T2}^{-1} 10^{a-b\frac{\sigma_T}{R_s}+k_c-0.57\beta}$

其中:$\sigma_T = p \times f\left(\dfrac{h_1}{\delta},\cdots\dfrac{h_{n-1}}{\delta};\dfrac{E_2}{E_1},\cdots\dfrac{E_0}{E_{n-1}}\right)$ （专用程序计算）

式中:N_{f2}——无机结合料稳定层的疲劳开裂寿命(轴次);

k_a——季节性冻土地区调整系数;

K_{T2}——温度调整系数;

R_s——无机结合料稳定类材料的弯拉强度(MPa);

a、b——疲劳试验回归参数;

k_c——现场综合修正系数;

β——目标可靠指标;

σ_T——无机结合料稳定层的层底拉应力(MPa),根据弹性层状理论计算获取。

无机结合料稳定层的疲劳开裂寿命应不大于基于无机结合料稳定层层底拉应力为指标进行轴载换算得到的设计使用年限内设计车道的当量设计轴载累计作用次数。否则,应调整路面结构组合或层厚,重新验算,直至满足要求。

(4)沥青混合料层永久变形量验算

我国《公路沥青路面设计规范》(JTG D50—2017)依据多种沥青混合料,在不同温度、压力等条件下的大量有效车辙试验结果,建立了包含荷载作用次数、温度、竖向压应力、层厚和车辙试验永久变形量等参数的沥青混合料层永久变形预估模型。

考虑沥青路面不同深度处应力分布和不同沥青混合料层抗车辙性能的差异,规定分层计算永久变形量。各分层永久变形累加值与沥青混合料层总的永久变形量间的差异通过综合修正系数考虑。

按照我国沥青路面设计规范规定,首先对路面结构中的各沥青混合料层进行分层:表面层采用10~20mm作为一分层;第二层沥青混合料层每一分层厚度应不大于25mm;第三层沥青混合料层,每一分层厚度应不大于100mm;第四层及其以下沥青混合料层,作为一个分层。然后,根据标准条件下的车辙试验,得到各层沥青混合料的车辙试验永久变形量,按式(1-4-13)计算各分层的永久变形量和沥青混合料层总的永久变形量。

沥青混合料层计算永久变形 $\quad R_a = \sum\limits_{i=1}^{n} R_{ai} \leq [R]$

$$R_{ai} = 2.31 \times 10^{-8} k_{Ri} T_{pef}^{2.93} p_i^{1.8} N_{e3}^{0.48} \left(\dfrac{h_i}{h_0}\right) R_{0i} \tag{1-4-13}$$

其中竖向压应力 $\quad p_i = p \times f\left(\dfrac{h_1}{\delta},\cdots\dfrac{h_{n-1}}{\delta};\dfrac{E_2}{E_1},\cdots\dfrac{E_0}{E_{n-1}}\right)$ （专用程序计算）

式中:R_a——沥青混合料层永久变形量(mm);

R_{ai}——第i层永久变形量(mm);

n——分层数;

T_{pef}——沥青混合料层永久变形等效温度(℃);

N_{e3}——设计使用年限内或通车至首次针对车辙维修的期限内,基于沥青混合料层永久变形量指标的设计车道上当量设计轴载累计作用次数;

h_i——第i分层厚度(mm);

h_0——车辙试验试件的厚度(mm);

R_{0i}——第 i 分层沥青混合料在试验温度为60℃,压强为0.7MPa,加载次数为2520次时,车辙试验永久变形量(mm);

k_{Ri}——综合修正系数;

z_i——沥青混合料第 i 分层厚度(mm),第一分层取为15mm,其他分层为路表距分层中点的深度;

h_a——沥青混合料层厚度(mm);h_a 大于200mm时,取200mm;

p_i——沥青混合料第 i 分层顶面竖向压应力(MPa),根据弹性层状体系理论计算获取。

验算得到的沥青混合料层永久变形量应满足要求。否则,应调整沥青混合料设计,直至满足要求。

(5)路基顶面竖向压应变验算

路基顶面竖向压应变是粒料类基层沥青路面和底基层为粒料的沥青结合料类基层沥青路面的重要设计指标,我国《公路沥青路面设计规范》(JTG D50—2017)建立了路基顶面容许竖向压应变的计算模型,如式(1-4-14)所示。

$$[\varepsilon_z] = 1.25 \times 10^{4-0.1\beta}(K_{T3}N_{e4})^{-0.21} \qquad (1-4-14)$$

$$\varepsilon_z = p \times f\left(\frac{h_1}{\delta},\cdots\frac{h_{n-1}}{\delta};\frac{E_2}{E_1},\cdots\frac{E_0}{E_{n-1}}\right) \quad (\text{专用程序计算})$$

式中:$[\varepsilon_z]$——路基顶面容许竖向压应变(10^{-6});

β——目标可靠指标,根据公路等级,按表1-4-18取值;

N_{e4}——基于路基顶面压应变指标的设计使用年限内设计车道上的当量设计轴载累计作用次数;

K_{T3}——温度调整系数。

对于选定的路面结构,根据弹性层状体系理论计算出的路基顶面竖向压应变应小于容许压应变值。否则,调整路面结构方案,重新验算,直至满足要求。

(6)沥青面层低温开裂指数验算

季节性冻土地区沥青路面低温开裂是常见病害。我国沥青路面设计规范采用经验法,建立了路面低温开裂指数预估模型,如式(1-4-15)所示。

$$CI = 1.95 \times 10^{-3}S_t \lg b - 0.075(T + 0.07h_a)\lg S_t + 0.15 \leq [CI] \qquad (1-4-15)$$

式中:CI——沥青面层低温开裂指数;

T——路面开裂设计温度(℃),为连续10年年最低气温平均值;

S_t——在路面低温设计温度加10℃试验温度条件下,表面层沥青弯曲梁流变试验加载180s时蠕变劲度(MPa);

h_a——沥青结合料类材料层厚度(mm);

b——路基类型参数,砂 $b=5$,粉质黏土 $b=3$,黏土 $b=2$。

沥青面层低温开裂指数值应满足表1-4-21的低温开裂指数要求,否则应改变所选用的沥青材料,直至满足要求。

(7)防冻厚度验算

季节性冻土地区路基为中湿或潮湿状态时,应按照式(1-4-16)计算公路多年最大冻深。根据公路多年最大冻深,查表确定沥青路面结构最小防冻厚度,当路面结构厚度小于最小防冻厚度时,应增设防冻层,使其满足最小防冻厚度的要求。

$$Z_{max} = abcZ_d \qquad (1\text{-}4\text{-}16)$$

式中:Z_{max}——公路多年最大冻深(mm);

Z_d——大地多年最大冻深(mm),根据调查资料确定;

a——大地冻深范围内路基、路面各层材料热物性系数;

b——路基湿度系数;

c——路基断面形式系数。

(8)设计路面结构的验收弯沉值

路基顶面验收弯沉值l_g,应按式(1-4-17)计算。一般建议采用落锤式弯沉仪进行路基弯沉测试,落锤式弯沉仪荷载为50kN,荷载板半径为150mm。路基顶面实测代表弯沉值l_0应不大于l_g。

$$l_g = \frac{176Pr}{E_0} \qquad (1\text{-}4\text{-}17)$$

式中:l_g——路基顶面验收弯沉值(0.01mm);

P——落锤式弯沉仪承载板施加荷载(MPa);

r——落锤式弯沉仪承载板半径(mm);

E_0——平衡湿度状态下路基顶面回弹模量(MPa)。

路段内实测的路基顶面弯沉代表值l_0(0.01mm),以1~3km为一评定路段,按式(1-4-18)计算:

$$l_0 = (\bar{l}_0 + \beta \cdot s)K_1 \qquad (1\text{-}4\text{-}18)$$

式中:s——路段内实测路基顶面弯沉标准差(0.01mm);

β——目标可靠指标,根据公路等级按表1-4-19取值;

K_1——路基顶面弯沉湿度影响系数,根据当地经验确定。

路表验收弯沉值l_a应根据设计路面结构,采用弹性层状体系理论按式(1-4-19)计算。路面结构层参数与路面结构验算时相同。路基顶面回弹模量应采用平衡湿度状态下路基顶面回弹模量乘以模量调整系数k_1,用以协调理论弯沉与实测弯沉的差异。

$$l_a = p\bar{l}_a = p \cdot f\left(\frac{h_1}{\delta} \cdots \frac{h_{n-1}}{\delta}, \frac{E_2}{E_1} \cdots \frac{k_1 E_0}{E_{n-1}}\right) \qquad (1\text{-}4\text{-}19)$$

式中:$\bar{l}_a$——理论弯沉系数;

k_1——路基顶面回弹模量调整系数;

E_0——平衡湿度状态下路基顶面回弹模量(MPa)。

路表交(竣)工时应对路表弯沉值进行检测,检测时需要考虑对弯沉进行湿度和温度修正。落锤式弯沉仪中心点弯沉代表值应符合式(1-4-20)要求。

$$l_0 = (\bar{l}_0 + \beta s)K_1 K_3 \leq l_a \qquad (1\text{-}4\text{-}20)$$

式中:l_a——路表验收弯沉值(0.01mm);

$\bar{l}_0$——路段内实测路表弯沉代表值(0.01mm),以1~3km为一个评定路段;

s——路段内实测路基顶面弯沉标准差(0.01mm);

β——目标可靠指标,根据公路等级按表1-4-19取值;

K_1——路基顶面弯沉湿度影响系数,根据实测弯沉值通过反算得到路基模量值,再对路基模量进行修正得到结构模量值,然后得出测试状态下弯沉湿度修正系数K,或

者根据当地经验确定;

K_3——路表弯沉温度影响系数。

4. 设计示例

设计项目位于河南省,属于一级公路,设计使用年限为15.0年,根据交通量起讫点(OD)调查分析,断面大型客车和货车交通量为7472辆/日,交通量年增长率为5.8%,方向系数取55.0%,车道系数取50.0%。根据交通历史数据,确定该设计公路为TTC4类,根据《公路沥青路面设计规范》(JTG D50—2017)表A.2.6-2得到车辆类型分布系数如表1-4-24所示。

车辆类型分布系数　　　　　　　　　　　表1-4-24

车辆类型	2类	3类	4类	5类	6类	7类	8类	9类	10类	11类
车型分布系数(%)	28.9	43.9	5.5	0.0	9.4	2.0	4.6	3.4	2.3	0.1

根据路网相邻公路的车辆满载情况及历史数据的调查分析,得到各类车型非满载与满载比例,如表1-4-25所示。

非满载车与满载车所占比例(单位:%)　　　　　　表1-4-25

车辆类型	2类	3类	4类	5类	6类	8类	9类	10类	11类
非满载车比例	92.0	66.0	90.0	56.0	69.0	64.0	54.0	61.0	100.0
满载车比例	8.0	34.0	10.0	44.0	31.0	36.0	46.0	39.0	0.0

设计过程如下:

初拟路面结构为无机料稳定基层沥青路面,该设计路面对应的设计指标为沥青混合料层永久变形与无机结合料层疲劳开裂。根据《公路沥青路面设计规范》(JTG D50—2017)附表A.3.1-3,可得到在不同设计指标下,各车型对应的非满载车和满载车当量设计轴载换算系数,如表1-4-26所示。

非满载车与满载车当量设计轴载换算系数　　　　表1-4-26

设计指标	沥青混合料层永久变形		无机结合料层疲劳开裂	
车辆类型	非满载车	满载车	非满载车	满载车
2类	0.8	2.8	0.5	35.5
3类	0.4	4.1	1.3	314.2
4类	0.7	4.2	0.3	137.6
5类	0.6	6.3	0.6	72.9
6类	1.3	7.9	10.2	1505.7
7类	1.4	6.0	7.8	553.2
8类	1.4	6.7	16.4	713.5
9类	1.5	5.1	0.7	204.3
10类	2.4	7.0	37.8	426.8
11类	1.5	12.1	2.5	985.4

根据公式计算得到对应于沥青混合料层永久变形的当量设计轴载累计作用次数为31166310,对应于无机结合料层疲劳开裂的当量设计轴载累计作用次数为2053735584次。本公路设计使用年限内设计车道累计大型客车和货车交通量为17193403辆,交通等级属于重交通。

初拟路面结构参照既往典型路面结构组成确定,如表1-4-27所示。

初拟路面结构　　　　　　　　　　　　　　　　　　　表1-4-27

结构层编号	层　位	材料类型	厚度(mm)	模量(MPa)	弯拉强度(MPa)	泊松比
1	上面层	沥青混合料AC-13	40.0	11 000		0.25
2	下面层	沥青混合料AC-16	80.0	11 000		0.25
3	基层	水泥稳定碎石	370.0	12 000	1.5	0.25
4	底基层	水泥稳定土	190.0	3 000	0.8	0.25
5		土基		50		0.40

路基标准状态下回弹模量取78MPa,回弹模量湿度调整系数K_s取0.78,干湿与冻融循环作用折减系数K_η取0.83,则经过湿度调整和干湿与冻融循环作用折减的路基顶面回弹模量为50MPa。

路面结构验算内容如下:

(1)沥青混合料层永久变形验算

根据《公路沥青路面设计规范》(JTG D50—2017)表G.1.2,基准等效温度T_ξ为21.2℃,由规范中式(G.2.1)计算得到沥青混合料层永久变形等效温度为23.1℃。可靠度系数为1.28。

根据B.3.1条规定的分层方法,将沥青混合料层分为7个分层,各分层厚度(h_i)如表1-4-28所示。利用弹性层状体系理论,分别计算设计荷载作用下各分层顶部的竖向压应力(P_i)。根据式(B.3.2-3)和式(B.3.2-4),计算得到$d_1 = -6.63, d_2 = 0.73$。把d_1和d_2的计算结果带入式(B.3.2-2),可得到各分层的永久变形修正系数(k_{Ri}),并进而利用式(B.3.2-1)计算各分层永久变形量(R_{ai})。各计算结果汇总于表1-4-28中。

沥青层永久变形计算结果　　　　　　　　　　　　表1-4-28

分层编号	分层厚度(mm)	竖向压力(MPa)	修正系数(k_{Ri})	永久变形(mm)
1	10.0	0.70	2.90	0.7
2	15.0	0.70	3.84	1.4
3	15.0	0.69	7.08	2.5
4	20.0	0.67	7.67	3.4
5	20.0	0.62	6.62	2.5
6	20.0	0.55	5.10	1.6
7	20.0	0.48	3.68	0.9
总计				13

各层永久变形累加得到沥青混合料层总永久变形量$R_a = 13$(mm),根据《公路沥青路面设计规范》(JTG D50—2017)表3.0.6-1,沥青层容许永久变形为15(mm),拟定的路面结构满足要求。

(2)无机结合料层疲劳开裂验算

根据弹性层状体系理论,计算得到无机结合料层层底拉应力为0.075MPa。根据气象资料,工程所在地区冻结指数F为800.0℃·日,按照规范中表B.1.1,季节性冻土地区调整系数k_a取0.80。根据规范中式(B.2.1-2),现场综合修正系数为-1.390。

根据工程所在地区,查规范中表G.1.2得到基准路面结构温度调整系数为1.30,根据初拟路面结构和路面结构层材料参数,按规范中式(G.1.3-1)计算得到温度调整系数k_{T2}为1.07。由表B.2.1-1,对于无机结合料稳定土,疲劳开裂模型参数$a = 12.18, b = 12.79$。弯拉强度为

0.8MPa。

根据以上参数,按规范中式(B.2.1-1)计算得到无机结合料层底疲劳寿命为 6 668 472 487 次。根据交通参数分析,设计使用年限内对应无机结合料稳定粒料层疲劳的当量设计轴载累计作用次数为 2 053 735 584 次,所拟定的路面结构满足要求。

(3)路面低温开裂指数验算

根据气候条件,所在地区低温设计温度 T 为 $-20.0℃$。路基类型参数 $b=3$,表面层沥青在 $-10℃$ 条件下弯曲梁流变试验的劲度模量 S_t 为 120MPa,由规范中式(B.5.1),计算得到低温开裂指数 $CI=2.1$,根据规范中表3.0.6-2,低温开裂指数要求为3.0,所选路面结构及材料满足低温抗裂的要求。

(4)防冻厚度验算

根据调查资料,工程所在地大地多年最大冻深为368mm,由规范中表 B.6.1-1 ~ B.6.1-3,得到材料热物性系数 $a=1.10$,路基湿度系数 $b=0.95$,路基断面形式系数 $c=1.05$,将这些参数代入规范中式(B.6.1),可得公路多年最大冻深为404mm。根据公路多年最大冻深和路基干湿类型,由表 B.6.1-4,确定沥青路面结构最小防冻厚度为400mm,路面结构总厚度为680mm,拟定的路面结构满足防冻厚度要求。

(5)路基顶面和路表验收弯沉值

根据《公路沥青路面设计规范》(JTG D50—2017)附录 B.7,确定路基顶面和路表验收弯沉值时,采用落锤式弯沉仪,荷载板半径为150mm,荷载为50kN。

路基标准状态下回弹模量取78MPa,湿度调整系数 K_s 取0.78,则平衡湿度状态下的回弹模量为61MPa,采用规范中式(B.7.1)计算得到路基顶面验收弯沉值为 306.9(0.01mm)。

采用拟定的路面结构以及各层结构模量值,路基顶面回弹模量采用平衡湿度状态下的回弹模型乘以模量调整系数 k_1($k_1=0.5$),为30MPa,根据弹性层状体系理论计算得到路表验收弯沉值 l_a 为 25.1(0.01mm)。

(6)结果汇总

各项验算结果汇总如下表 1-4-29 所示。

分析结果汇总　　　　表 1-4-29

验算内容	计算值	对比值	是否满足要求
沥青层车辙(mm)	13.0	15.0	是
半刚性层疲劳开裂对应的累计当量轴次	6 668 472 487	2 053 735 584	是
低温开裂指数	2.1	3.0	是
防冻厚度(mm)	680.0	400.0	是

由表 1-4-29 可知,所选路面结构和材料能满足各项验算内容的要求。

四、公路沥青路面改建设计

我们这里所说的改建路面设计,即沥青路面的补强设计。路面在使用过程中,由于行车和自然因素的反复作用,会产生车辙、沉陷、开裂等破坏形式,从而使路面的整体强度降低,使用性能逐渐下降,路面结构产生破坏,最终导致路面难以使用。此时,就需要对旧路面采取及时养护、加厚或改建措施。使路面的使用性能和结构强度得到部分恢复,甚至提高。在不同的养护改建方案中,要根据原有路面的使用性能评定来决策采用的具体措施。

1. 既有路面的调查与分析

路面改建设计前对既有路面调查与分析的主要内容应包括：
(1)收集既有路面及其排水设施的设计、施工及历史养护维修情况等技术资料。
(2)调查分析交通量、轴载组成和增长率等交通荷载参数。
(3)调查路面破损状况,包括路面病害类型、严重程度、范围和数量等。
(4)采用落锤式动态弯沉仪或其他弯沉仪检测评价既有路面结构承载能力。
(5)采用钻芯、探坑取样、路面雷达、切割等方式,调查分析既有路面厚度、层间结合及病害程度情况,并取样进行室内试验,测定试件模量、强度等,分析路面材料组成与退化情况。
(6)对因路基问题导致路面损坏的路段,取样调查路基土质类型、含水率和 CBR 值等,分析路基稳定性和承载力等。
(7)调查沿线气候条件、地下水位及路基路面排水状况。
(8)调查沿线跨线桥、隧道净空要求及其他影响路面改建设计的因素。

根据既有路面调查结果综合分析病害原因,判断路面病害产生的层位、程度、发展趋势及既有路面可利用程度。

2. 旧路改建方案的确定

根据不同路段路面状况和损坏程度,对既有路面分别采取相应的处理方案:包括局部病害处治、整体性处理的方式或局部病害处治与整体性处理相结合的方式。

当既有路面破损不严重且结构性能较好的路段可参照《公路沥青路面养护技术规范》(JTG 5142—2019)对局部病害处治后加铺;既有路面破损严重或结构性能不足的路段,宜采用整体性处理方式,处理深度和范围应根据路面破损程度、层位和处理工艺确定。

既有路面改建方案应充分利用既有路面结构和材料,可视具体情况选择经局部病害处治后直接加铺一层或多层改建方案、将既有路面铣刨至某一结构层或将既有路面就地再生后再加铺一层或多层改建方案。

既有路面存在较多裂缝时,应采取减缓反射裂缝的措施。

既有路面出现因内部排水不良引起的水损坏时,应改善或重置路面防排水系统。

加铺层与既有路面间应采取设置黏层或封层等层间结合措施。

3. 改建路面的结构设计验算

既有路面破损不严重且结构性能较好,采用直接加铺方案或铣刨至某一结构层再加铺方案时,应同时对既有路面结构层和加铺层进行结构验算。加铺层的设计参数应按新建路面结构确定。既有路面结构层的设计参数应按下列要求确定：
(1)将既有路面简化为由沥青结合料类材料层、无机结合料稳定层或粒料层和路基组成的三层体系,利用弯沉仪反演或芯样实测的方法确定各层结构模量。
(2)既有路面无机结合料稳定层弯拉强度,宜根据现场取芯实测的无侧限抗压强度计算,无条件时,可根据既有路面整体强度、基层和面层损坏状况,结合当地经验确定。

既有路面破损严重或结构性能不足时,无论采用直接加铺方案还是采用铣刨至某一结构层再加铺方案,均应对加铺层进行结构验算。加铺面层的设计参数应按新建路面结构确定。既有路面或铣刨后留用的路面结构层不再进行结构验算,其顶面当量回弹模量应按式(1-4-21)计算。

$$E_d = \frac{176pr}{l_0} \tag{1-4-21}$$

式中：E_d——既有路面结构顶面当量回弹模量（MPa）；
p——落锤式弯沉仪承载板施加荷载（MPa）；
r——落锤式弯沉仪承载板半径（mm）；
l_0——落锤式弯沉仪承载板中心点弯沉值（0.01mm）。

改建路面的结构设计验算流程如图1-4-10所示，主要包括：
（1）同新建路面一样分析交通参数，确定交通荷载；
（2）如前述对既有路面技术状况进行调查和分析；

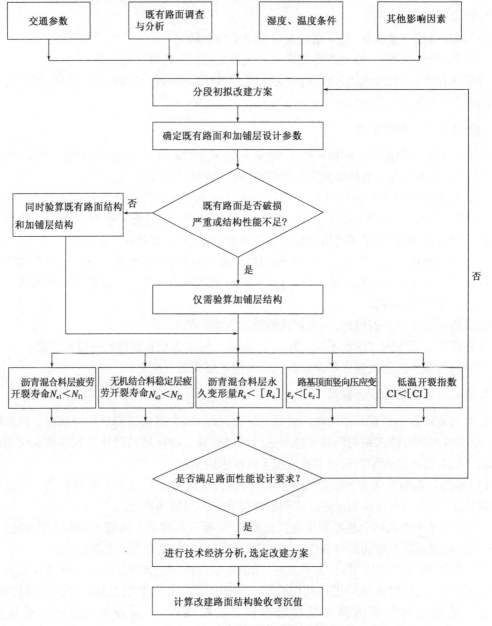

图1-4-10 改建路面结构验算流程图

(3)根据路况调查结果,对既有路面进行分段,结合当地工程经验,分段选择改建方案;

(4)确定需验算的结构层和设计指标,确定既有路面结构层和加铺层的材料模量等设计参数,并按规定检验加铺层粒料的 CBR 值,无机结合料稳定类材料的无侧限抗压强度,沥青低温性能要求,沥青混合料的低温破坏应变、动稳定度、贯入强度和水稳定性等。

(5)收集工程所在地区气温资料,按《公路沥青路面养护技术规范》(JTG 5142—2019)附录 G 确定各设计指标相应的温度调整系数或等效温度。

(6)采用多层弹性体系理论程序计算各设计指标的力学响应量。

(7)按《公路沥青路面养护技术规范》(JTG 5142—2019)附录 B 进行路面结构验算,验算结果不符合时,调整路面改建方案重新验算,直至符合为止。

(8)对通过结构验算的路面结构进行技术经济分析,选定路面改建方案。

(9)计算改建路面结构的路表验收弯沉值。

五、路面设计程序使用说明

根据《公路沥青路面设计规范》2017 版的设计内容与程序,对沥青路面弹性层状体系各力学响应量的计算需专用程序完成,在此基础上才可进行初拟路面结构设计指标的分析与验算。目前规范编写组提供了公路沥青路面在线设计应用程序,应用时登录 http://www.goodpave.com/online_design.aspx,运行沥青路面结构分析程序(APAD)即可,该软件主要功能是通过用户录入沥青路面结构设计的相关参数,包括交通参数、环境参数、初拟的路面结构与材料参数等,根据规范要求针对不同的设计控制指标进行结构计算与验算并生成公路沥青路面计算说明书。

第三节 水泥混凝土路面设计

水泥混凝土路面设计的基本任务,是防止路面结构在使用年限内由于车辆荷载和环境(温、湿度)因素作用而出现各种结构破坏。为此,路面设计方法首先要分析车载和温、湿度条件下,路面各结构层内所产生的应力、应变和位移量,以便与各结构层材料抵抗应力、应变和位移的能力相对比,判断损坏是否会出现为其标准。

在进行上述力学分析时,路面结构通常简化为理想的力学模型,主要有弹性层状体系模型和弹性地基上薄板模型。前者适用于以沥青类路面为主的弹性路面结构,后者适用于水泥混凝土路面即刚性路面结构。

一、水泥混凝土路面的力学特性与计算理论

1. 力学特性

水泥混凝土路面其面层的刚度远大于基(垫)层和路基的刚度,与沥青路面相比,在车载作用下,具有良好的板体性和扩散荷载的能力,所产生的弯曲变形(挠度)很小,荷载通过混凝土板体的扩散分布作用,传递到基础上的单位压力,较沥青路面小得多。是典型的刚性路面。

按现行的设计理论,在荷载作用下,水泥混凝土路面板内产生的最大应力不超过比例极限应力,即混凝土板工作在弹性阶段;此时基层和土基所承受的荷载单位应力及产生的变形也很小,它们也工作于弹性阶段;同时,由于混凝土板与基层或土基之间的摩擦力一般不大,所以在

力学图式上可把水泥混凝土路面结构看作是弹性地基板；考虑到混凝土路面板的厚度不到其平面尺寸的 1/10，荷载作用下板的挠度又远小于其厚度，因此可把混凝土板看作弹性薄板，求解位移和应力时可应用小挠度弹性薄板理论。

2. 强度构成与设计要求

对于水泥混凝土路面，一方面，混凝土面板分布扩散荷载能力强，车载作用主要由混凝土板本身承担；另一方面，由于混凝土的抗折强度比抗压强度低得多，在车载的重复作用下，混凝土板处于多次弯曲受力状态，并在低于其极限抗折强度时产生折断破坏，所以水泥混凝土路面的强度构成主要考虑混凝土面层（面板）疲劳抗折强度，并与荷载作用程度及板的结构尺寸，尤其是厚度相关。

此外，由于板顶面和底面的温差会使板产生温度翘曲应力，板的平面尺寸越大，翘曲应力也越大。另外，水泥混凝土又是一种脆性材料，它在断裂时的相对拉伸变形很小。因此，在荷载作用下土基和基层的变形情况对混凝土板的影响很大，不均匀的基础变形会使混凝土板与基层脱空，在车轮荷载作用下板产生过大的弯拉应力而遭破坏。

综上，为使路面能够经受车轮荷载的多次重复作用、抵抗温度翘曲应力，并对地基变形有较强的适应能力，混凝土板必须具有足够的抗弯拉强度和厚度、适当的平面尺寸和基础条件。

3. 小挠度弹性薄板的基本假设与力学模型

基于水泥混凝土板刚度大、变形小、良好板体性和扩散能力及导致基础变形较小，水泥混凝土路面的力学模型被认定为弹性地基上小挠度弹性薄板，如图 1-4-11 所示。

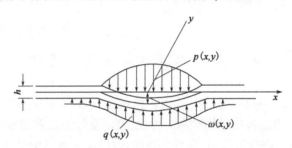

图 1-4-11　弹性地基板受荷时的弯曲

h-板厚；$\omega(x,y)$-板的挠度，也即基础表面的竖向位移；$p(x,y)$-作用于板表面竖向荷载；$q(x,y)$-基础对板底面作用的竖向反力；x,y-板中面 $h/2$ 外坐标系

在研究表面为局部范围内的轮载，底面为地基反力作用下的薄板弯曲时，通常采用下述两项基本假设：

(1) 竖向应力 σ_z 和应变 ε_z 同其他应力和应变分量相比很小，可以忽略不计。由此，竖向位移（即挠度）ω 仅是平面坐标 (x,y) 的函数，也即沿板厚各点具有相同的 ω。

(2) 在板与地基的两接触面之间没有摩阻力（可以自由滑动），即接触面上的剪应力视为零。

4. 水泥混凝土路面荷载应力分析

考虑小挠度弹性薄板的基本假设，板内应力状态原为三维的可简化成为平面问题，应用几何方程得到应变和竖向位移关系式，各截面上的内力（弯矩和扭矩）通过对应力与应变关系式积分后得到。对小挠度弹性薄板取长和宽各为 $\mathrm{d}x$ 和 $\mathrm{d}y$、高为 h 的单元体，分析该单元的内力与外力，其满足平衡条件：$\sum F_z=0, \sum M_x=0, \sum M_y=0$，略去高阶微量后，可得到内力与荷载的关系式、挠度与荷载的关系式：

$$\frac{\partial^2 M_x}{\partial x^2} + 2\frac{\partial^2 M_{xy}}{\partial x \partial y} + \frac{\partial^2 M_y}{\partial y^2} = -p(x,y) + q(x,y)$$

$$D\left(\frac{\partial^4 \omega}{\partial x^4} + 2\frac{\partial^4 \omega}{\partial x^2 \partial y^2} + \frac{\partial^4 \omega}{\partial y^4}\right) = p(x,y) - q(x,y) \tag{1-4-22}$$

简记为：

$$D\nabla^2 \nabla^2 \omega = p - q$$

式中：∇^2——拉普拉斯算子，$\nabla^2 = \frac{\partial^2}{\partial x^2} + \frac{\partial^2}{\partial y^2}$；

D——水泥混凝土板的刚度，$D = \frac{Eh^3}{12(1-\mu^2)}$。

为了建立地基反力同挠度之间的关系，通常采用如下两种不同的地基假设：

(1) 稠密液体(Winkler)地基假设。地基上任一点的反力仅同该点的挠度成正比，而同其他相邻点的挠度无关，即

$$q(x,y) = k\omega(x,y) \tag{1-4-23}$$

式中：k——地基反应模量(kN/m^3)。

(2) 半无限地基假设。地基为弹性半无限体，其顶面上任一点的挠度不仅同该点的压力有关，也同其他各点的压力有关，即

$$q(x,y) = f[\omega(x,y)] \tag{1-4-24}$$

考虑基于地基假设的地基反力与挠度间关系式，按各种边界条件解四阶微分方程(1-4-25)，求得挠度 $\omega(x,y)$，将其代入相应关系式后，可分别获得应变、应力和内力值。

5. 文克勒地基条件下板荷载应力分析结果

威斯特卡德(H. M. Westrgaard)采用这一地基假说，分析了三种车轮荷载位置下板的挠度和弯矩，即①轮载作用于无限大板中央，分布于半径为 R 的圆面积内；②轮载作用于受一直线边限制的半无限大板的边缘，分布于半圆内；③轮载作用于受两条相互垂直的直线边限制的大板的角隅处，压力分布的圆面积的圆心距角隅点为 $\sqrt{2}R$。

在解微分方程(1-4-25)时，附加 $q(x,y) = k\omega(x,y)$，引入边界条件得出挠度，再代入关系式得到三种荷载情形的最大应力计算公式。

6. 弹性半空间体地基条件下板荷载应力分布结果

弹性半空间体上板的平面尺寸大小决定了板的刚柔程度，可划分为三个类型：绝对柔性板，(又称无限大板)$S > 10$；有限刚性板(又称有限尺寸板)，$0.5 < S < 10$；绝对刚性板，$S < 0.5$。S 为板的刚性指数，计算式为：

$$S = 3 \times \frac{1-\mu_c^2}{1-\mu_s^2} \cdot \frac{E_s}{E_c} \cdot \frac{R_B^3}{h^3} \tag{1-4-25}$$

式中：E_c、E_s——混凝土板与基础弹性模量；

μ_c、μ_s——混凝土板与基础弹性泊松比；

h——混凝土板厚度；

R_B——与混凝土板面积相等的圆形板的半径。

(1) 无限大板。

考虑如下两种计算图式。其一为荷载作用于板中，得到圆形均布荷载下板在单位宽度内

所产生的最大弯矩为：

$$M_r = M_t = \frac{CP(1+\mu_c)}{2\pi\alpha R} = M_0 P \qquad (1\text{-}4\text{-}26)$$

当轮载距计算点一定距离时，可作为集中荷载，则距集中荷载作用 r 处板在单位宽度内的弯矩为：

$$M_t = (A + \mu_c B)P = \bar{M}_t P \qquad (1\text{-}4\text{-}27)$$

$$M_r = (B + \mu_c A)P = \bar{M}_r P \qquad (1\text{-}4\text{-}28)$$

式中：M_r——单位板宽内的横向弯矩（MN·m/m）；

M_t——单位板宽内的切向弯矩（MN·m/m）。

按式（1-4-29）求解出板中弯拉应力：

$$\sigma = \frac{6M}{h^2} \qquad (1\text{-}4\text{-}29)$$

式中：M——板中弯矩；

h——混凝土板厚度。

(2) 有限尺寸板

实际中的水泥混凝土面板的尺寸都是有限的，真正无限大的板实际上并不存在。对于弹性半空间体地基上有限尺寸板上作用车载时，求解相应挠度和弯矩（属非轴对称课题），欲得到其解析表达式，在数学上遇到的困难是很大的。

然而，有限元法的提出和应用，为这一问题的解决展示了良好的前景。

二、水泥混凝土路面结构组合设计

1. 路基

路基应稳定、密实、均质，对路面结构提供均匀的支承。

高液限黏土及含有机质细粒土，不能用作高速公路和一级公路的路床填料或二级和二级以下公路的上路床填料；高液限粉土及塑性指数大于 16 或膨胀率大于 3% 的低液限黏土，不能用作高速公路和一级公路的上路床填料。因条件限制而必须采用上述土作填料时，应掺加石灰或水泥等结合料进行改善。

地下水位高时，宜提高路堤设计高程。在设计高程受限制，未能达到中湿状态的路基临界高度时，应选用粗粒土或低剂量石灰或水泥稳定细粒土作路床或上路床填料；未能达到潮湿状态的路基临界高度时，除采用上述填料措施外，还应采取在边沟下设置排水渗沟等降低地下水位的措施。

路基压实度应符合公路路基设计规范的要求。多雨潮湿地区，对于高液限土及塑性指数大于 16 或膨胀率大于 3% 的低液限黏土，宜采用由轻型压实标准确定的压实度，并在含水率略大于其最佳含水率时压实。

岩石或填石路床顶面应铺设整平层。整平层可采用未筛分碎石和石屑或低剂量水泥稳定粒料，其厚度视路床顶面不平整程度而定，一般为 100～150mm。

2. 垫层

遇有下述情况时，需在基层下设置垫层：

①季节性冰冻地区，路面总厚度小于最小防冻厚度要求（表 1-4-30）时，其差值应以垫层厚度补足。

②水文地质条件不良的土质路堑,路床土湿度较大时,宜设置排水垫层。
③路基可能产生不均匀沉降或不均匀变形时,可加设半刚性垫层。

水泥混凝土路面最小防冻厚度(单位:m)　　　　表 1-4-30

路基干湿类型	路基土质	当地最大冰冻深度			
		0.5~1.00	1.00~1.50	1.50~2.00	>2.00
中湿路基	易冻胀	0.3~0.5	0.4~0.6	0.5~0.7	0.6~0.95
	很易冻胀	0.4~0.6	0.5~0.7	0.6~0.85	0.7~1.10
潮湿路基	易冻胀	0.4~0.6	0.5~0.7	0.6~0.9	0.75~1.20
	很易冻胀	0.45~0.7	0.55~0.8	0.7~1.00	0.8~1.30

注:1. 冻深小或填方路段,或者基、垫层为隔温性能良好的材料,可采用低值;冻深大或挖方及地下水位高的路段,或者基、垫层为隔温性能稍差的材料,应采用高值。
　2. 冻深小于 0.50m 的地区,一般不考虑结构层防冻厚度。

垫层的宽度应与路基同宽,其最小厚度为150mm。

防冻垫层和排水垫层宜采用砂、砂砾等颗粒材料。半刚性垫层可采用低剂量无机结合料稳定粒料或土。

3. 基层和底基层

基层应具有足够的抗冲刷能力和一定的刚度。

基层类型及厚度宜依照交通等级按表1-4-31、表1-4-32选用。混凝土预制块面层应采用水泥稳定粒料基层。

适宜各交通等级的基层类型　　　　表 1-4-31

交 通 等 级	基 层 类 型
极重、特重交通	贫混凝土、碾压混凝土或沥青混凝土基层
重交通	水泥稳定粒料或沥青稳定碎石基层
中等、轻交通	水泥稳定粒料、二灰稳定粒料或级配粒料基层

各类基层厚度的适宜范围(单位:mm)　　　　表 1-4-32

基 层 类 型	厚度的适宜范围
贫混凝土、碾压混凝土基层	120~200
水泥稳定粒料、二灰稳定粒料基层	150~250
沥青混凝土基层	40~60
沥青稳定碎石基层	80~100
级配粒料基层	150~200
多孔水泥稳定碎石排水基层	100~140
沥青稳定碎石排水基层	80~100

承受极重、特重或重交通荷载的路面,基层下应设底基层,材料类型一般为级配碎石、水泥稳定碎石、石灰粉煤灰稳定碎石;当基层采用无机料稳定类材料,且上路床由细粒土组成时,应在基层下设粒料类底基层。

4. 面层

水泥混凝土面层应具有足够的强度、耐久性,表面抗滑、耐磨且平整。面层一般采用设接缝的普通混凝土;面层板的平面尺寸较大或形状不规则,路面结构下埋有地下设施,高填方、软土地基、填挖交界段的路基等有可能产生不均匀沉降时,应采用设置接缝的钢筋混凝土面层。其他面层类型可根据适用条件按表1-4-33选用。

其他面层类型选择   表1-4-33

面 层 类 型	适 用 条 件
连续配筋混凝土面层	高速公路
与沥青类上面层组成的复合式	特重交通的高速公路
碾压混凝土面层	二级及以下公路、服务区停车场
钢纤维混凝土面层	高程受限路段、收费站、加铺层、桥面
混凝土预制块面层	服务区停车场、二级及以下公路桥头引道沉降未稳路段

普通混凝土、钢筋混凝土、碾压混凝土或钢纤维混凝土面层板一般采用矩形。其纵向和横向接缝应垂直相交,纵缝两侧的横缝不得相互错位。纵向接缝的间距按路面宽度在3.0~4.5m范围内确定。碾压混凝土、钢纤维混凝土面层在全幅摊铺时,可不设纵向缩缝。横向接缝的间距按面层类型和厚度选定:普通混凝土面层一般为4~6m,面层板的长宽比不宜超过1.30,平面尺寸不宜大于25m²;碾压混凝土或钢纤维混凝土面层一般为6~10m;钢筋混凝土面层一般为6~15m。

普通混凝土、钢筋混凝土、碾压混凝土或连续配筋混凝土面层所需的厚度,可参照表1-4-34所示参考范围确定。

水泥混凝土路面面层厚度参考值   表1-4-34

交通荷载等级	极重	特 重				重			
公路等级	—	高速公路	一级公路		二级公路		高速公路	一级公路		二级公路
变异水平等级	低	低	中	低	中		低	中	低	中
面层厚度(mm)	≥320	320~280	300~260	280~240			270~230		260~220	

交通荷载等级	中 等			轻	
公路等级	二级公路		三、四级公路	三、四级公路	
变异水平等级	高	中	高	中	高	中
面层厚度(mm)	250~220	240~210	230~200	220~190	210~180

三、普通水泥混凝土路面设计

水泥混凝土路面板厚的确定与多种因素有关,如混凝土的弹性模量与抗弯拉强度、土基与基层的力学性质、路面设计使用年限、交通量及其组成等。设计板厚的方法,在世界上也有很多种,所依据的设计标准不尽相同。概括起来有两种设计标准,一种是以使用年限末期混凝土板出现疲劳开裂为临界状态;另一种是以混凝土板的使用特性在使用期末下降到行车所不允许的程度为标准。我国采用了前一种标准。现将其设计方法介绍如下。

1. 设计参数的确定与取值

(1)标准轴载与轴载换算

路面承受轴型和轴重不相同的各种车辆荷载的作用。设计时,可以采用两种方法考虑它们对路面的累计疲劳损耗。一种方法是分别计算各种车辆荷载的疲劳损耗,而后按线性叠加原则(Miner 定律)将它们累加起来;另一种方法则是按等效原则把各种车辆荷载的作用次数换算为某标准轴载的作用次数,而后计算其疲劳损耗。后一种方法由于不需要多次重复地为每一种车辆荷载计算应力和疲劳损耗,故使用简便,但它需要解决轴载换算的方法和公式问题。

水泥混凝土路面结构设计以 100kN 的单轴—双轮组荷载作为标准轴载。不同轴—轮型和轴载的作用次数,按式(1-4-30)换算为标准轴载的作用次数:

$$N_s = \sum_{i=1}^{n} N_i \left(\frac{P_i}{100}\right)^{16} \tag{1-4-30}$$

式中:N_s——100kN 的单轴—双轮组标准轴载的作用次数;

P_i——单轴—单轮、单轴—双轮组、双轴—双轮组或三轴—双轮组轴型 i 级轴载的总重(kN);

n——轴型和轴载级位数;

N_i——各类轴型 i 级轴载的作用次数。

(2)累计轴次

可利用当地交通量观测站的观测和统计资料,或者通过实地设立站点进行交通量观测和统计,获取所设计公路的初期年平均日交通量(双向)及其车辆类型组成数据,剔除 2 轴 4 轮及以下的客、货运车辆交通量,得到包括大型客车交通量在内的初期年平均日货车交通量(双向)。

初期年平均日货车交通量(双向)乘以方向分配系数和车道分配系数,即为设计车道的年平均日货车交通量。其中:2 轴 6 轮及以上车辆交通量的方向分配系数应根据实际调查确定,如确有困难可在 0.5~0.6 范围内选用;可依据设计公路的车道数,按表 1-4-35 确定 2 轴 6 轮及以上车辆交通量的车道分配系数。

2 轴 6 轮及以上车辆交通量的车道分配系数　　　　　　表 1-4-35

单向车道数		1	2	3	≥4
车道分配系数	高速公路	—	0.70~0.85	0.45~0.60	0.40~0.50
	其他等级公路*	1.00	0.50~0.75	0.50~0.75	—

注:* 交通受非机动车和行人影响较严重的取低限,反之取高限。

设计基准期内水泥混凝土路面设计车道临界荷位处所承受的设计轴载累计作用次数,应按式(1-4-31)计算确定。

$$N_e = \frac{N_g \times [(1 + g_r)^t - 1] \times 365}{g_r} \times \eta \tag{1-4-31}$$

式中:N_e——设计基准期内设计车道所承受的设计轴载累计次数(轴次/车道);

N_g——设计车道使用初期所承受的设计轴载日作用次数(轴次/车道);

t——设计基准期(a);

g_r——基准期内货车交通量的年平均增长率(以分数计);

η——临界荷位处的车辆轮迹横向分布系数,按表 1-4-36 选用。

车辆轮迹横向分布系数 表1-4-36

公 路 等 级		纵缝边缘处
高速公路、一级公路、收费站		0.17~0.22
二级及二级以下公路	行车道宽>7m	0.34~0.39
	行车道宽≤7m	0.54~0.62

注：车道、行车道较宽或者交通量较大时，取高值；反之，取低值。

(3)交通分级

水泥混凝土路面承受的交通，按设计基准期内设计车道临界荷位处所承受的标准轴载累计作用次数 N_e 分为五级，见表1-4-37。

交通分级 表1-4-37

交通等级	极重	特重	重	中等	轻
设计车道临界荷位处标准轴载累计作用次数 N_e(×10^4)	>1×10^6	2 000~1×10^6	100~2 000	3~100	<3

随着交通繁重程度的增加，对路面使用性能和使用寿命的要求进一步提高，相应在使用年限、混凝土强度、面板厚度、基层类型和模量等方面提出不同的技术需要。

(4)设计等级

各级公路水泥混凝土路面结构的设计安全等级及相应的设计基准期、目标可靠指标和目标可靠度，各安全等级路面的材料性能和结构尺寸参数的变异水平等级，应符合表1-4-38的规定。

可靠度设计标准 表1-4-38

公路等级	高速公路	一级公路	二级公路	三级公路	四级公路
安全等级	一级		二级	三级	
设计基准期(a)	30		20	15	10
目标可靠度(%)	95	90	85	80	70
目标可靠指标	1.64	1.28	1.04	0.84	0.52
变异水平等级	宜为低		不大于中	中~高	

(5)基层顶面的当量回弹模量 E_t

对于新建公路，基层顶面的当量回弹模量 E_t 可利用土基和基层、底基层(垫层)的回弹模量 E_0 和 E_i 以及基层、底基层(垫层)的厚度 h_i 计算得到。

$$E_t = E_0 \left(\frac{E_x}{E_0}\right)^\alpha \quad (1-4-32)$$

$$E_x = \frac{\sum_{i=1}^{n} h_i^2 E_i}{\sum_{i=1}^{n} h_i^2} \quad (1-4-33)$$

$$h_x = \sum_{i=1}^{n} h_i \quad (1-4-34)$$

$$\alpha = 0.86 + 0.26\ln h_x \quad (1-4-35)$$

在旧沥青路面上铺筑水泥混凝土面层时,原沥青路面顶面的当量回弹模量可按式(1-4-36)、式(1-4-37)计算确定:

$$E_t = 13\,739\omega_0^{-1.04} \quad (贝克曼梁法测弯沉) \tag{1-4-36}$$

$$E_t = 18\,621\omega_0^{-1} \quad (落锤法测弯沉) \tag{1-4-37}$$

$$\omega_0 = \overline{\omega} + 1.04 S_\omega \tag{1-4-38}$$

式中:ω_0——以后轴重100kN的车辆进行弯沉测定,经统计整理后得到的原路面计算回弹弯沉值(0.01mm)。

(6)混凝土设计强度与抗折模量

混凝土面板在行车荷载和温度变化等因素作用下,将产生压应力和弯拉应力。混凝土面板所受的压应力与混凝土的抗压强度相比很小,而所受的弯拉应力与抗弯拉强度的比值则大得多,可能导致混凝土面板开裂破坏。因此,在设计混凝土面板厚度时,应以弯拉强度为其设计标准。

水泥混凝土的强度以28d龄期的弯拉强度控制。当混凝土浇筑后90d内不开放交通时,可采用90d龄期的弯拉强度。各交通等级要求的混凝土弯拉强度标准值不得低于表1-4-39的规定。

混凝土弯拉强度标准值　　　　　　表1-4-39

交通等级	极重、特重、重	中等	轻
弯拉强度(MPa)	5	4.5	4
弯拉模量(GPa)	31	29	27

(7)混凝土面板内最大温度梯度

为确定混凝土板在板顶底温差影响下产生的翘曲应力,提出了各地区最大温度梯度 T_g(板顶和底面温差与板厚之比)参考值,见表1-4-40。

最大温度梯度 T_g　　　　　　表1-4-40

公路自然区划	Ⅱ、Ⅴ	Ⅲ	Ⅳ、Ⅵ	Ⅶ
最大温度梯度 T_g(℃)	83~88	90~95	86~92	93~98

注:海拔高时取高值,湿度大时取低值。

2. 板厚计算

(1)交通调查与分析

如前所述,根据调查的设计初年交通量大小及组成进行轴载换算,计算出设计基准期内设计车道临界荷位处标准轴载累计作用次数,确定交通等级。

(2)路面结构组合的确定

根据路面结构层的组成原则及要求初拟路面结构方案及厚度尺寸,试验分析或查表确定材料参数。

(3)荷载应力分析(以弹性地基单层板为例)

选取混凝土板的纵向边缘中部作为产生最大荷载和温度梯度综合疲劳损坏的临界荷位。标准轴载 P_s 在临界荷位处产生的荷载疲劳应力按式(1-4-39)确定:

$$\sigma_{pr} = k_r k_f k_c \sigma_{ps} \tag{1-4-39}$$

式中:σ_{pr}——标准轴载 P_s 在临界荷位处产生的荷载疲劳应力(MPa)。

σ_{ps}——标准轴载 P_s 在四边自由板的临界荷位处产生的荷载应力(MPa),由计算确定。

k_r——考虑接缝传荷能力的应力折减系数,纵缝为设拉杆的平缝时,$k_r = 0.87 \sim 0.92$ (刚性和半刚性基层取低值,柔性基层取高值);纵缝为不设拉杆的平缝或自由边时,$k_r = 1.0$;纵缝为设拉杆的企口缝时,$k_r = 0.76 \sim 0.84$。

k_f——考虑设计基准期内荷载应力累计疲劳作用的疲劳应力系数,计算确定。

k_c——考虑偏载和动载等因素对路面疲劳损坏影响的综合系数,按公路等级查表1-4-41确定。

综合系数 k_c　　　　　　表1-4-41

公路等级	高速公路	一级公路	二级公路	三、四级公路
k_c	1.15	1.10	1.05	1.00

标准轴载 P_s 在四边自由板临界荷位处产生的荷载应力 σ_{ps} 按式(1-4-40)计算:

$$\sigma_{ps} = 1.47 \times 10^{-3} r^{0.70} h_c^{-2} P_s^{0.94} \tag{1-4-40}$$

$$r = 1.21 \sqrt[3]{\frac{D_c}{E_t}} \tag{1-4-41}$$

$$D_c = \frac{E_c h_c^3}{12(1 - v_c^2)} \tag{1-4-42}$$

式中:r——混凝土板的相对刚度半径(m),按式(1-4-43)计算;

h_c——混凝土板的厚度(m);

E_c——混凝土的弯拉模量(MPa);

E_t——基层顶面当量回弹模量(MPa)。

设计基准期内的荷载疲劳应力系数按式(1-4-43)计算确定:

$$k_f = N_e^\lambda \tag{1-4-43}$$

式中:N_e——设计基准期内标准轴载累计作用次数;

λ——与混合料性质有关的指数,普通混凝土、钢筋混凝土、连续配筋混凝土为0.057,碾压混凝土和贫混凝土为0.065。

此外,还需计算面层板在最重荷载作用下的荷载应力,以考虑偶然超重荷载条件下混凝土路面产生的突然损坏,最重荷载在临界荷载位置(同荷载疲劳应力计算时考虑的位置一致,即纵缝边缘中部)产生的最大荷载应力按式(1-4-44)计算:

$$\sigma_{pmax} = k_r k_c \sigma_{pm} \tag{1-4-44}$$

式中:σ_{pm}——最重荷载应力,计算公式与 σ_{ps} 相同,只是以最重荷载 P_m 代替式中的设计标准荷载 P_s;

k_r、k_c——确定方法与计算 σ_{pr} 时相同。

(4)温度应力分析

在临界荷位处的温度疲劳应力按式(1-4-45)确定:

$$\sigma_{tr} = k_t \sigma_{tm} \tag{1-4-45}$$

式中:σ_{tm}——最大温度梯度时混凝土板的温度翘曲应力(MPa);
  k_t——考虑温度应力累计疲劳作用的疲劳应力系数。

最大温度梯度时混凝土板的温度翘曲应力按式(1-4-46)计算:

$$\sigma_{tm} = \frac{\alpha_c E_c h_c T_g}{2} B_L \tag{1-4-46}$$

式中:α_c——混凝土的线膨胀系数,通常可取为 $1 \times 10^{-5}/℃$;
  T_g——最大温度梯度;
  B_L——综合温度翘曲应力和内应力作用的温度应力系数,

$$B_L = 1.77 e^{-4.48 h_c} C_L - 0.131(1 - C_L)$$

$$C_L = 1 - \frac{\sinh t \times \cos t + \cosh t \times \sin t}{\cos t \times \sin t + \sinh t \times \cosh t}$$

$$t = \frac{L}{3r}$$

  C_L——混凝土板的温度翘曲应力系数;
  L——面层板板长(m);
  r——面层板相对刚度半径,同前。

温度疲劳应力系数可按式(1-4-47)计算确定:

$$k_t = \frac{f_r}{\sigma_{tm}} \left[a \left(\frac{\sigma_{tm}}{f_r} \right)^c - b \right] \tag{1-4-47}$$

式中:a、b 和 c——回归系数,按所在地区的公路自然区划查表1-4-42确定。

回归系数　　　　　　　　　　表1-4-42

系　　数	公路自然区划					
	Ⅱ	Ⅲ	Ⅳ	Ⅴ	Ⅵ	Ⅶ
a	0.828	0.855	0.841	0.871	0.837	0.834
b	0.041	0.041	0.058	0.071	0.038	0.052
c	1.323	1.355	1.323	1.287	1.382	1.270

(5)强度判断

水泥混凝土路面结构设计以行车荷载和温度梯度综合作用产生的疲劳断裂作为设计的极限状态(第一种极限状态),其强度判断表达式采用式(1-4-48):

$$\gamma_r (\sigma_{pr} + \sigma_{tr}) \leq f_r \tag{1-4-48}$$

同时满足第二种极限状态,这是我国《公路水泥混凝土路面设计规范》(JTG D40—2011)新增加的一种极限状态,即板在单次最重荷载(一次性作用,大于标准轴载100kN)作用下产生突然断裂,其强度判断表达式采用式(1-4-49):

$$\gamma_r (\sigma_{pm} + \sigma_{tm}) \leq f_r \tag{1-4-49}$$

式中:γ_r——可靠度系数,依据所选目标可靠度及变异水平等级按表1-4-43确定;

σ_{pr}——行车荷载疲劳应力(MPa);
σ_{tr}——温度梯度疲劳应力(MPa);
σ_{pm}——最重轴载最大荷载应力(MPa);
σ_{tm}——最大温度梯度下最大翘曲应力(MPa);
f_r——水泥混凝土弯拉强度标准值(MPa)。

可靠度系数 γ_r　　　　　表1-4-43

变异水平等级	目标可靠度(%)			
	95	90	85	80
低	1.20~1.33	1.09~1.16	1.04~1.08	—
中	1.33~1.50	1.16~1.23	1.08~1.13	1.04~1.07
高	—	1.23~1.33	1.13~1.18	1.07~1.11

(6)混凝土板厚度计算流程

首先,根据相关的设计依据,进行行车道路面结构的组合设计(初拟路面结构,包括路床、垫层、基层和面层的材料类型和厚度),并按水泥混凝土面层厚度建议范围,依据交通等级、公路等级和所选变异水平等级初选混凝土板厚度。然后,参照如图1-4-12所示的混凝土板厚度计算流程,分别计算荷载疲劳应力和温度疲劳应力。

当荷载疲劳应力同温度疲劳应力之和与可靠度系数的乘积小于且接近于混凝土弯拉强度标准值,则初选厚度可作为混凝土板的计算厚度。否则,应改选混凝土板厚度,重新计算。设计厚度依计算厚度按10mm向上取整。

3. 计算示例

粒料基层水泥混凝土路面厚度尺寸计算。

公路自然区划Ⅱ区拟新建一条二级公路,路面宽7m,路基为低液限黏土,路床顶距地下水位平均1.2m,当地的粗集料以花岗岩为主。拟采用普通混凝土路面。经交通调查得知,设计轴载 P_s =100kN,最重轴载 P_m =150kN,设计车道使用初期设计轴载的日作用次数为100次,交通量年平均增长率为5%。

(1)交通分析

由表1-4-18可知,二级公路的设计基准期为20年,安全等级为二级。查临界荷位处的车辆轮迹横向分布系数取0.62。计算得到设计基准期内设计车道设计轴载累计作用次数:

$$N_e = \frac{N_s \times [(1+g_r)^t - 1] \times 365}{g_r} \times \eta = \frac{100 \times [(1+0.05)^{20} - 1] \times 365}{0.05} \times 0.62$$

$$= 74.8 \times 10^4 \text{次}$$

由表1-4-17可知,属中等交通荷载等级。

(2)初拟路面结构

由表1-4-18,施工质量变异水平选择中级。根据二级公路、中等交通荷载等级和中级变异水平,查表1-4-6,初拟普通混凝土面层厚度为0.23m,基层选用级配碎石,厚0.20m。普通混凝土板的平面尺寸4.5m×3.5m,纵缝为设拉杆平缝,横缝为不设传力杆的假缝,路肩面层与行车道面层等厚并设拉杆相连。

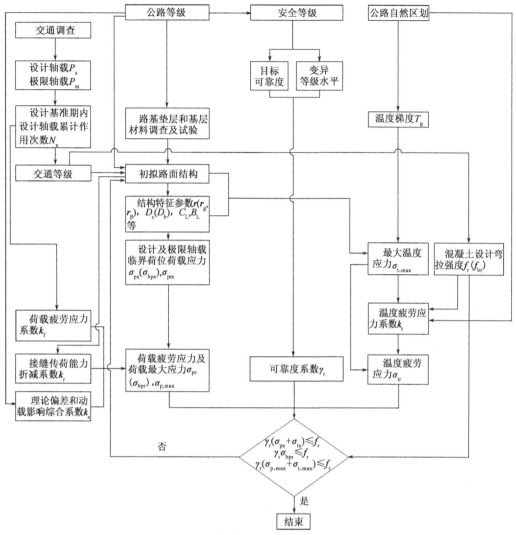

图 1-4-12 普通水泥混凝土路面设计流程图

(3) 路面材料参数确定

按表 1-4-19，取普通混凝土面层的弯拉强度标准值为 4.5MPa，相应弯拉弹性模量与泊松比分别为 29GPa 及 0.15。查规范附录 E 表 E.0.3-2，粗集料为花岗岩的混凝土线膨胀系数 $\alpha_c = 10 \times 10^{-6}/℃$。

查规范表 E.0.1-1，取低液限黏土路基回弹模量 80MPa，查规范表 E.0.1-2，取距地下水位 1.2m 时的湿度调整系数为 0.75，由此得到路床顶综合回弹模量为 80×0.75 = 60MPa。查规范表 E.0.2-1，取级配碎石基层回弹模量为 300MPa。计算板底地基当量回弹模量如下：

$$E_x = \frac{\sum_{i=1}^{n}(h_i^2 E_i)}{\sum_{i=1}^{n} h_i^2} = \frac{h_1^2 E_1}{h_1^2} = 300\text{MPa}$$

$$h_x = \sum_{i=1}^{n} h_i = h_1 = 0.20\text{m}$$

$$\alpha = 0.26\ln(h_x) + 0.86 = 0.26 \times \ln(0.20) + 0.86 = 0.442$$

$$E_t = \left(\frac{E_x}{E_0}\right)^a E_0 = \left(\frac{300}{60}\right)^{0.442} \times 60 = 122.2\text{MPa}$$

板底地基当量回弹模量 E_t 取为120MPa。

普通混凝土面层的弯曲刚度 D_e 按式(B.2.2-3)计算,相对刚度半径 r 按式(B.2.2-2)计算。

$$D_e = \frac{E_e h_e^3}{12(1-v_e^2)} = \frac{29\,000 \times 0.23^3}{12 \times (1-0.15^2)} = 30.1\,\text{MN} \cdot \text{m}$$

$$r = 1.21\left(\frac{D_c}{E_t}\right)^{1/3} = 1.21 \times \left(\frac{30.1}{120}\right)^{1/3} = 0.763\,\text{m}$$

(4) 荷载应力

按式(B.2.2-1)计算设计轴载和最重荷载在临界荷位处产生的荷载应力:

$$\sigma_{ps} = 1.47 \times 10^{-3} r^{0.70} h_e^{-2} P_s^{0.94} = 1.47 \times 10^{-3} \times 0.763^{0.70} \times 0.23^{-2} \times 100^{0.94} = 1.744\,\text{MPa}$$

$$\sigma_{pm} = 1.47 \times 10^{-3} r^{0.70} h_e^{-2} P_m^{0.94} = 1.47 \times 10^{-3} \times 0.763^{0.70} \times 0.23^{-2} \times 150^{0.94} = 2.554\,\text{MPa}$$

按式(B.2.1)计算荷载疲劳应力,按式(B.2.6)计算最大荷载应力:

$$\sigma_{pr} = k_r k_f k_c \sigma_{ps} = 0.87 \times 2.162 \times 1.05 \times 1.744 = 3.44\,\text{MPa}$$

$$\sigma_{p,\max} = k_r k_c \sigma_{pm} = 0.87 \times 1.05 \times 2.554 = 2.33\,\text{MPa}$$

其中,考虑接缝传荷能力的应力折减系数 $k_r = 0.87$;综合系数 $k_c = 1.05$;疲劳应力系数 $k_f = N_e^\lambda = (74.8 \times 10^4)^{0.057} = 2.162$。

(5) 温度应力

由表1-4-20,最大温度梯度取88℃/m。按式(1-4-40)计算综合温度翘曲应力和内应力的温度应力系数 B_L。

$$t = \frac{L}{3r} = \frac{4.5}{3 \times 0.763} = 1.97$$

$$C_L = 1 - \frac{\sinh(1.97)\cos(1.97) + \cosh(1.97)\sin(1.97)}{\cos(1.97)\sin(1.97) + \sinh(1.97)\cosh(1.97)} = 1 - 0.162 = 0.838$$

$$B_L = 1.77 e^{-4.48 h_i} \times C_L - 0.131(1 - C_L) = 1.77 e^{-4.48 \times 0.23} \times 0.838 - 0.131 \times (1 - 0.838) = 0.508$$

$$\sigma_{t,\max} = \frac{\alpha_e E_e h_e T_g}{2} B_L = \frac{10^{-5} \times 29\,000 \times 0.23 \times 88}{2} \times 0.508 = 1.49\,\text{MPa}$$

温度疲劳应力系数 k_t 按式(1-4-49)计算。

$$k_t = \frac{f_r}{\sigma_{t,\max}}\left[a_t\left(\frac{\sigma_{t,\max}}{f_r}\right)^{b_t} - c_t\right] = \frac{4.5}{1.491}\left[0.828 \times \left(\frac{1.491}{4.5}\right)^{1.323} - 0.041\right] = 0.46$$

再由式(1-4-47)计算温度疲劳应力:

$$\sigma_{tr} = k_t \sigma_{t,\max} = 0.46 \times 1.49 = 0.69\,\text{MPa}$$

(6) 结构极限状态校核

查表1-4-25,二级公路、中等变异水平条件下的可靠度系数 γ_r 取1.13。

按式(1-4-50)和式(1-4-51)校核路面结构极限状态是否满足要求。

$$\gamma_r(\sigma_{pr} + \sigma_{tr}) = 1.13 \times (3.44 + 0.69) = 4.67\,\text{MPa} > f_r = 4.5\,\text{MPa}$$

$$\gamma_r(\sigma_{p,\max} + \sigma_{t,\max}) = 1.13 \times (2.33 + 1.49) = 4.32 \leqslant f_r = 4.5\,\text{MPa}$$

显然,初拟的路面结构不能满足要求。将混凝土面层厚度增至0.24m。重复以上计算,得到荷载疲劳应力 $\sigma_{pr} = 3.26\,\text{MPa}$,最大荷载应力 $\sigma_{p,\max} = 2.21\,\text{MPa}$,最大温度应力 $\sigma_{t,\max} =$

1.47MPa,温度疲劳应力 $\sigma_{tr}=0.67$MPa,然后再进行结构极限状态验算。

$$\gamma_r(\sigma_{pr}+\sigma_{tr}) = 1.13 \times (3.26+0.67) = 4.46 \leqslant f_r = 4.5\text{MPa}$$

$$\gamma_r(\sigma_{p,\max}+\sigma_{t,\max}) = 1.13 \times (2.21+1.47) = 4.16 \leqslant f_r = 4.5\text{MPa}$$

满足结构极限状态要求,所选的普通混凝土面层计算厚度 0.24m 可以承受设计基准期内设计轴载荷载和温度梯度的综合疲劳作用,以及最重轴载在最大温度梯度时的一次极限作用。取设计厚度为 0.25m。

第四节 路面工程施工技术

路面施工程序如图 1-4-13 所示。

图 1-4-13 路面施工一般程序框图

一、路面功能层与基层施工方法

基层是直接位于面层下的结构层次,而功能层是基层和路基之间的结构层次。基层和功能层主要起承重、扩散荷载应力和改善路基水温状况的作用。为此,对基层和功能层提出了刚度(抗变形能力)和水稳定性方面的要求。常用的基层和功能层,有碎(砾)石和结合料稳定两大类。

1. 级配型碎(砾)石类基层与功能层

(1)路拌法施工

级配碎石施工工艺流程如图 1-4-14 所示。

①备料。

确定未筛分碎石和石屑的掺配比例或不同粒级碎石和石屑的掺配比例,及各路段基层的宽度、厚度和预定的干压实密度,计算各段所需的未筛分碎石和石屑的数量或不同粒级碎石和石屑的数量,并计算每车料的堆放距离。

料场中未筛分碎石的含水率应较最佳含水率(约4%)大1%左右,以减少集料在运输过程中的离析现象。当未筛分碎石和石屑在料场按设计比例混合时,应同时洒水加湿,使混合料的含水率超过最佳含水率(约5%)1%左右,以减轻施工现场的拌和工作量和运输过程中的离析现象。

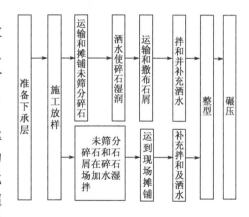

图 1-4-14 级配碎石施工工艺流程图

②运输和摊铺集料。

运输集料时,要求每车料的数量基本相同。在同一料场供料的路段内,应由远到近将料卸在下承层上。卸料的距离应严格掌握或由专人负责,不得卸置成一条"埂"。当预定级配碎石采用未筛分碎石和石屑分别运到路段上再进行拌和,则石屑不应预先运送到路上,以免雨淋受潮。

运料时应注意:为避免运到路上的集料因水分蒸发而变干,集料在下承层上的堆放时间不应过长,一般运送集料较摊铺集料提前数天。在雨季施工时,宜当天运输、摊铺、压实,以免下雨时料堆下面积水。

应事先通过试验确定集料的松铺系数。人工摊铺混合料时,松铺系数为 1.40～1.50;平地机摊铺混合料时,松铺系数为 1.25～1.35。

摊铺机械一般采用平地机,应将集料均匀地摊铺在预定的宽度上,表面力求平整,并且有规定的路拱。路肩用料应同时摊铺。摊铺集料时应注意:当采用不同粒级的碎石和石屑时,应分层摊铺,大碎石铺在最下面,中碎石铺在大碎石上,小碎石铺在中碎石上,洒水使碎石湿润后,再摊铺石屑。采用未筛分碎石和石屑时,应在未筛分碎石摊铺平整后,在其较潮湿的情况下,按设计比例向上运送石屑,用平地机并辅以人工将石屑均匀地摊铺在碎石层上,也可用石屑撒布机将石屑均匀地撒在碎石层上。

混合料摊铺后,应检查其松铺厚度是否符合预计要求,必要时应进行减料或补料工作。

③拌和及整型。

为保证级配碎石的密实级配,拌和均匀是非常重要的。应采用稳定土拌和机来拌和级配碎石,在无稳定土拌和机的情况下,也可采用平地机或多铧犁与缺口圆盘耙相配合进行拌和。

用稳定土拌和机拌和时,拌和深度应达到级配碎石层底,如发现有"夹层",应在进行最后一遍拌和之前先用多铧犁紧贴底面翻拌一遍。一般应拌和两遍以上。

用平地机拌和的方法是,用平地机将铺好石屑的碎石料翻拌,使石屑均匀分布到碎石料中,拌和时第一遍由路中心开始,将碎石混合料向中间翻,第二遍应是相反,从两边开始,将混合料向外翻。拌和过程中用洒水车洒足所需的水分。平地机拌和的作业长度,每段以 300～500m 为宜。

如级配碎石混合料在料场已经过混合,可视摊铺后混合料的具体情况(有无粗细颗粒离析),用平地机进行补充拌和。

拌和结束时,混合料的含水率应该均匀,并较最佳含水率大 1% 左右,没有粗细颗粒离析现象。

混合料拌和均匀后用平地机按规定的路拱进行整平和整型,其方法同稳定土基层施工。在整型过程中,应注意消除粗细集料的离析现象,并禁止任何车辆通行。

④碾压。

整型后,当混合料的含水率等于或略大于最佳含水率时,立即用 12t 以上三轮压路机、振动压路机或轮胎压路机进行碾压。碾压时应坚持"四先四后"的原则,后轮应重叠 1/2 轮宽,后轮必须超过两段的接缝处。碾压应一直进行到要求的密实度为止(压实度要求:基层和中间层为 98%,底基层为 96%)。一般需碾压 6～8 遍,应使表面无明显轮迹,并在路面两侧多压 2～3 遍。

对于含土的级配碎石层,都应进行滚浆碾压,一直压到碎石层中无多余细土泛到表面为止。滚到表面的浆(或事后变干的薄层土)应予清除干净。

严禁压路机在已完成的或正在碾压的路段上掉头和紧急制动,禁止开放交通。

(2)中心站集中厂拌法施工

级配碎石用作半刚性路面的中间层时,应采用集中厂拌法拌制混合料,并用摊铺机摊铺。集中厂拌法施工时应注意:混合料的掺配比例一定要正确;在正式拌制级配碎石混合料前,必须先调试所用的厂拌设备,使混合料的颗粒组成和含水率都达到规定的要求;在采用未筛分碎石和石屑时,如未筛分碎石和石屑的颗粒组成发生明显变化时,应重新调整掺配比例。

2. 结合料稳定类基(垫)层

结合料稳定类基(垫)层是指掺加各种结合料,通过物理、化学作用,使各种土、碎(砾)石混合料或工业废渣的工程性质得到改善,成为具有较高强度和稳定性的路面结构层次。常用的结合料有水泥、石灰和沥青等,前两者应用广泛。

(1)水泥稳定类基(垫)层

①水泥稳定土施工前的准备。

a. 原材料准备。

(a)土。凡是能被经济地粉碎的土,只要符合规范规定的技术要求,都可用水泥来稳定。

(b)水泥。一般水泥品种都可用于稳定土,但终凝时间应大于6h,不宜用快硬水泥、早强水泥及受潮变质的水泥。

(c)水。人、畜饮用水均可用。

b. 混合料组成设计。

水泥稳定土混合料组成设计的任务是根据表1-4-44的抗压强度标准,通过试验选取最适宜于稳定的土,确定必需的水泥剂量和混合料的最佳含水率。在需要改善土的颗粒组成时,还包括掺加料的比例。

水泥稳定材料的7d龄期无侧限抗压强度标准 R_d(单位:MPa)　　表1-4-44

结构层	公路等级	极重、特重交通	重交通	中、轻交通
基层	高速公路和一级公路	5.0~7.0	4.0~6.0	3.0~5.0
基层	二级及二级以下公路	4.0~6.0	3.0~5.0	2.0~4.0
底基层	高速公路和一级公路	3.0~5.0	2.5~4.5	2.0~4.0
底基层	二级及二级以下公路	2.5~4.5	2.0~4.0	1.0~3.0

注:1. 公路等级高或交通荷载等级高或结构安全性要求高时,推荐取上限强度标准。
　　2. 表中强度标准指的是7d龄期无侧限抗压强度的代表值。

混合料的设计步骤如下:

(a)选用不同的水泥剂量,制备同一种土样不同水泥剂量的水泥稳定土混合料。

(b)用击实试验确定各种混合料的最佳含水率和最大干(压实)密度。至少应做三个不同水泥剂量混合料的击实试验,即最小剂量、中间剂量和最大剂量,其他两个剂量混合料的最佳含水率和最大干密度用内插法确定。

(c)按工地预定达到的压实度,分别计算不同水泥剂量的试件应有的干密度。

(d)按最佳含水率和计算得到的干密度制备试件,进行强度试验时,作为平行试验的试件数量应符合规定。如果试验结果的偏差系数大于规定值,则应重做试验并找出原因,加以解决。如不能降低偏差系数,则应增加试验数量。

(e)试件的强度试验。试件在规定的温度(冰冻地区20℃±2℃,非冰冻地区25℃±2℃)下保湿养生6d,浸水1d后,进行无侧限抗压强度试验,并计算试验结果的平均值和偏差系数。

(f)选定合适的水泥剂量。此剂量试件室内试验的平均抗压强度 R 应符合式(1-4-50)的要求:

$$R \geq \frac{R_d}{1 - Z_a C_v} \quad (1\text{-}4\text{-}50)$$

式中：R_d——设计抗压强度(表1-4-44)；

C_v——试样试验结果的偏差系数；

Z_a——标准正态分布中随保证率(或置信度 a)而变的系数；高速公路和一级公路应取保证率为95%，此时 $Z_a=1.645$；一般公路应取保证率90%，此时 $Z_a=1.282$。

考虑损耗及现场条件与试验室条件的差异，工地实际采用的水泥剂量应比室内试验确定的剂量增加0.5%~1.0%。一般情况下，集中厂拌法施工时，可增加0.5%；路拌法施工时，增加1.0%。

②水泥稳定土的施工。

水泥稳定土的施工工艺流程见图1-4-15。

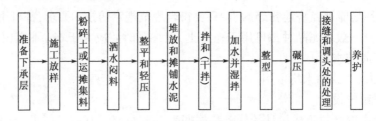

图1-4-15 水泥稳定土的施工工艺流程

a. 准备下承层。

水泥稳定土的下承层表面应平整、坚实，具有规定的路拱，没有任何松散的材料和软弱的地点。通常应对下承层进行检查验收，内容有高程、宽度、横坡、平整度、压实度及弯沉值。

b. 施工放样。

包括：恢复中线；基层宽度每侧应比面层宽度增加0.3~0.6m，并在两侧路肩边缘外0.3~0.5m处设指示桩；在两侧指示桩上用明显标记(如红漆)标出水泥稳定土层边缘的设计高。

c. 备料。

经过试验选定料场后，在采集前应将树干、草皮和杂土清除干净。采集的集料应进行粉碎(或已经粉碎)，土块最大尺寸应小于15mm，集料中超尺寸颗粒应予以筛除。在预定深度范围内采集集料，不应分层采集，也不应将不合格的集料采集在一起。对于塑性指数大于12的黏性土，可视土质和机械性能确定是否需要过筛。

所需水泥应提前运到现场，但最好不超过一个星期，并注意防雨防潮。

运输集料前，应先计算材料数量。通常先根据各路段水泥稳定土层的厚度、宽度及预定的干密度，计算各路段需要的干集料数量，然后根据集料的含水率和运料车的吨位，计算每车料的堆放距离，集料装车时，应控制每车料的数量基本相等。

每平方米水泥稳定土的水泥用量由水泥稳定土层的厚度、预定的干密度和水泥剂量计算而得。工地上一般都用袋装水泥，因此要计算每袋水泥的摊铺面积，并确定摆放水泥的行数、行间距及每袋水泥的纵向间距。

在预定堆料的下承层上，堆料前应先洒水湿润。卸料时应注意：有专人负责或标志卸料距离，集料应卸在下承层的中间或上侧，料堆每隔一定距离留一缺口；集料在下承层上的堆放时间不宜过长，应尽快摊铺施工，以免淋雨积水。

d. 摊铺集料。

摊铺集料应事先通过试验确定集料的松铺系数。

摊铺集料应在摊铺水泥的前一天进行，摊铺长度应以日进度的需要量为度，够次日一天完成摊铺水泥、拌和、碾压成型即可。但在雨季施工,不宜提前一天将集料摊开,以免雨淋。

摊铺集料一般采用平地机或其他合适的机具,要求将集料均匀地摊铺在预定的宽度上。表面力求平整,并有规定的路拱。摊铺时,应将土块、超尺寸颗粒及其他杂物拣除。当集料中土块较多时,应进行粉碎。摊铺后要检查松铺集料层的厚度是否符合预计的厚度。松铺厚度=压实厚度×松铺系数。

集料摊铺结束后,禁止车辆在其上通行。

摊铺后的集料如果含水率过小,应在集料层上洒水闷料。洒水量与采用的拌和机械的性能有关。采用高效率的专用拌和机(如宝马拌和机)时,拌和时间短,洒水量应使集料的含水量达到最佳含水率。若采用普通路拌机械拌和细粒土,洒水量使集料的含水率以低于最佳含水率2%~3%为宜。闷料时间:细粒土洒水后应闷料一夜;中粒土和粗粒土,视其中细土含量的多少,可缩短闷料时间。洒水闷料的目的是使水分在集料层内分布均匀并透入颗粒和大小土团的内部,同时还可减少拌和过程中的洒水次数和数量,从而缩短延迟时间。

洒水时应注意:严禁洒水车在洒水段内停留和掉头,洒水要均匀,防止出现局部水分过多的现象。

为了使水泥能均匀地摊铺在集料层上,对人工摊铺的集料层整平后,用6~8t两轮压路机碾压1~2遍,使其表面平整。

然后按计算的每袋水泥摆放的纵横间距备好水泥,经检查无误后,打开水泥袋,将水泥倒在集料层表面,并按每袋水泥的摊铺面积,用刮板均匀地摊开。水泥摊铺后,表面应没有空白位置,也没有水泥过分集中的地点。

e. 拌和。

目前应用较多的是轮胎式稳定土拌和机,拌和宽度约2m,最大拌和深度40~60cm。用稳定土拌和机拌和时,拌和深度应达到层底,并专人跟在拌和机后,随时检查拌和深度,如发现拌和深度不够,应及时告知拌和机操作人员调整拌和深度,严禁在拌和层底部留有"素土"夹层。拌和深度以深入下承层表面1cm左右为宜,以利上下层黏结,但也不宜过深。稳定土拌和机通常只需拌和2~3遍即能将混合料拌和均匀。要彻底消除"素土"夹层,可在最后一遍拌和之前,先用多铧犁紧贴底面翻拌一遍,再用稳定土拌和机拌和一遍。

拌和好的混合料应达到色泽一致,没有灰条、灰团和花面,没有粗、细颗粒"窝",且水分合适和均匀。

拌和结束后,应立即检查混合料中水泥的剂量。

f. 整型。

混合料拌和均匀后,马上用平地机作初步整平与整型。在直线段,平地机应由两侧向中间进行刮平,在平曲线段,应由内侧向外侧进行刮平,必要时可再返回刮一遍。随后拖拉机、平地机或轮胎压路机立即在初平的路段上快速碾压一遍,以暴露潜在的不平整。再按上述步骤刮一遍、压一遍。经过两次刮平、轻压后出现的局部低洼处,应用齿耙将其表层5cm以上耙松,并用新拌的水泥混合料进行找补整平。最后用平地机再整型一次,以达到规定的路拱和坡度,并注意接缝顺适平整。

在整型过程中,不允许任何车辆通行,并配合人工消除集料的离析现象。

在低等级公路上用人工整型时,应用锹和耙先将混合料摊平,用路拱板进行初步整型。然后用拖拉机初压,确定纵横断面的高程,设置标记和挂线,再用锹耙和路拱板整型。

g. 碾压。

事先应根据路宽、压路机的轮宽和轮距的不同,制定碾压方案,以求各部分碾压到的次数尽量相同,但路面的两侧应多压 2~3 遍。压路机的吨位与每层的压实厚度要一致。一般用 12~15t 三轮压路机碾压时,每层的压实厚度不应超过 15cm;用 18~20t 的三轮压路机碾压时,每层的压实厚度不应超过 20cm;大能量的振动压路机碾压时,每层的压实厚度也不应超过 20cm;分层铺筑时,每层的最小压实厚度为 10cm。

整型后,当混合料的含水率等于或略大于最佳含水率时,立即用 12t 以上的三轮压路机、重型轮胎式压路机或振动压路机在路基全宽内进行碾压。碾压应遵循先两边后中间(平曲线段先内侧后外侧)、先轻后重、先慢后快、互相搭接的原则。碾压时,后轮应重叠 1/2 轮宽,并在规定的时间内碾压到要求的压实度(表 1-4-45)。一般需碾压 6~8 遍。碾压速度:前两遍采用 1.5~1.7km/h,以后以 2~2.5km/h 为宜。

基层和底基层的压实度 表 1-4-45

基层			底基层		
公路等级	材料类型	压实度(%)	公路等级	材料类型	压实度(%)
高速公路、一级公路	水泥稳定碎石	98	高速公路、一级公路	水泥稳定中粒土、粗粒土	97
				水泥稳定细粒土	95
其他公路	水泥稳定中粒土、粗粒土	97	其他公路	水泥稳定中粒土、粗粒土	95
	水泥稳定细粒土	95		水泥稳定细粒土	93

碾压过程中应注意:

(a)严禁压路机在已完成的或正在碾压的路段上掉头和紧急制动,以免破坏稳定土层的表面。

(b)水泥稳定土表面应始终保持潮湿,如表层水分蒸发过快,应及时补洒少量水。

(c)如发生"弹簧"、松散、起皮等现象,应及时翻开重新拌和(加适量水泥)或用其他方法处理,使其达到质量要求。

碾压结束之前,用平地机再终平一次,使其纵向顺适,路拱和超高符合设计要求。终平应仔细进行,必须将局部的高出部分刮除并扫出路外。局部低洼处,不再进行补找,留待铺筑面层时处理。严禁用薄层贴补进行找平。

碾压结束后,应马上用灌砂法、水袋法检查压实度。

h. 接缝和"调头"处的处理。

水泥稳定土基层的接缝按施工时间的不同,有两种处理方式:

一是当天施工的两作业段的接缝,采用搭接拌和方式,即把第一段已拌好的混合料留下 5~8m 暂不碾压,第二段施工时,将前段留下来未压部分再加部分水泥重新拌和,与第二段一起碾压。

二是先将已压实段的接缝处,沿稳定土挖一条垂直于路中线的横贯全路宽的槽,要求槽宽约 30cm,槽深达至下承层顶面,靠稳定土的一面应切成垂直面。然后将长度为水泥稳定土层宽的一半、厚度与其压实厚度相同的两根方木放在槽内,并紧靠稳定土的垂直面,再用原挖出的素土回填槽内其余部分。第二天施工段摊铺水泥及湿拌后,除去方木,用混合料回填,靠近方木未能拌和的一小段,应用人工补充拌和,整平压实,并刮平接缝处。

如拌和机械或其他机械必须到已压成的水泥稳定土层上"调头",可在准备用于"调头"的 8~10m 长的稳定土层上,先覆盖一张塑料布(或油毡纸),然后在塑料布上铺上约 10cm 厚的一层土、砂或砂砾,以保护"调头"部分的稳定土层。结束后,用平地机将塑料布上的土除去,注意不要刮破塑料布,然后用人工除去余下的土,并收起塑料布。

i. 养护。

每个作业段碾压结束,并经压实度检查合格后,马上进行保湿养护,不得使稳定土层表面干燥,也不应忽干忽湿。养生时间不宜少于7d。养护方法可采用不透水薄膜或湿砂,也可采用沥青乳液等其他方法养生。用湿砂养护时,要求湿砂层厚度为 7~10cm,厚度均匀,并保持在整个养护期内砂的潮湿状态。用沥青乳液养护时,应采用沥青含量为35%左右的慢凝沥青乳液,使其能透入基层几毫米。沥青乳液的用量一般为 1.2~1.4kg/m²,分两次喷洒。乳液分裂后,撒布 3~5mm 或 5~10mm 的小碎石,小碎石的覆盖面积以达到60%为宜。也可以在完成的基层上马上做下封层,利用下封层进行养生。

无上述条件时,也可用洒水车经常及时洒水进行养生,每天洒水次数视气候而定。

养护期间应封闭交通(洒水车除外)。不能封闭交通时,应在水泥稳定土层上采取覆盖措施,限制重车通行,其他车辆的车速不超过30km/h。

水泥稳定土施工应注意季节气候,一般宜在春末和气温较高的季节组织施工,施工期的最低气温应在5℃以上,并应在第一次重冰冻(-5~-3℃)到来前半个月至一个月完成。雨季施工应特别注意气候变化,勿使水泥和混合料遭雨。降雨时应停止施工,但已经摊铺的水泥混合料,应尽快碾压密实。应考虑下承层表面的排水措施,勿使运到路上的集料过分潮湿。

j. 中心站集中厂拌法施工。

厂拌设备一般由供料系统(包括各种料斗)、拌和系统、控制系统(包括各种计量器和操纵系统)、输送系统和成品储存系统五大部分组成(图1-4-16)。

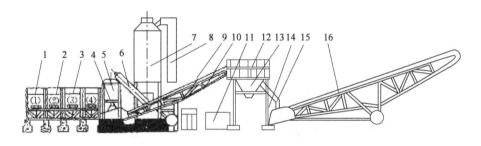

图 1-4-16 稳定土厂拌设备主要结构简图

1-配料斗;2-皮带供料机;3-水平皮带输送机;4-小仓;5-叶轮供料器;6-螺旋送料器;7-大仓;8-垂直提升机;9-斜皮带输送机;10-控制柜;11-水箱水泵;12-拌和筒;13-混合料储仓;14-拌和筒立柱;15-塑料管;16-大输料皮带机

(2)石灰稳定土基垫层

①施工前的准备。

a. 原材料准备。

(a)土。用于石灰稳定土的土有黏性土、级配碎石、未筛分碎石、砂砾、碎石土、砂砾土、煤矸石和各种粒状矿渣等,应符合规范规定的技术要求。

(b)石灰。石灰质量应符合Ⅲ级以上(包括Ⅲ级)的生石灰或消石灰的技术指标,要尽量缩短石灰的存放时间,以免石灰有效成分降低。当石灰在野外堆放时间较长时,必须妥善覆盖保管,不应遭日晒雨淋。等外石灰、贝壳石灰、珊瑚石灰等,通过试验,只要石灰土混合料的强度符合要求,也可使用。对于高速公路和一级公路,宜采用磨细生石灰。

(c)水。凡是人或牲畜的饮用水均可用于石灰稳定土的施工。遇有可疑水源时,应进行试验鉴定。

b. 混合料组成设计。

石灰稳定土混合料组成设计的任务是:根据7d饱水抗压强度标准(表1-4-46),通过试验选取最适宜于石灰稳定的土,确定必需的最佳石灰剂量和混合料的最佳含水率。必要时,还应考虑掺加料的比例。

石灰稳定土的强度标准(单位:MPa)   表1-4-46

层 位	公 路 等 级	
	高速公路和一级公路	其他公路
基层	—	≥0.8
底基层	≥0.8	0.5~0.7

注:1. 在低塑性土(塑性指数小于7)地区,石灰稳定砂砾土和碎石土的7d浸水抗压强度应大于0.5MPa。
2. 低限用于塑性指数小于7的黏性土,高限用于塑性指数大于7的黏性土。

②石灰稳定土的施工。

石灰稳定土路拌法施工的工艺流程与水泥稳定土施工的工艺流程基本相同(图1-4-17)。

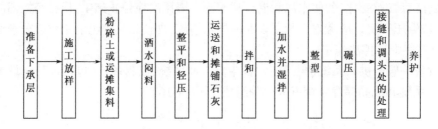

图1-4-17　石灰稳定土的工艺流程

③石灰土的主要质量问题及处理措施。

石灰土施工中出现的主要质量问题是缩裂,它包括干缩和温缩。因此,石灰土基层易在冬季发生开裂。土的塑性指数越大或石灰剂量越高,出现的裂缝越多越宽。当其上铺筑的沥青面层较薄时,易形成反射裂缝,使雨水通过裂缝渗入土基,使土基软化,造成路面强度大为降低,严重影响路面的使用性能。为了提高石灰土基层的抗裂性能,减少裂缝,应从材料的配合比设计和施工两方面采取措施。这些措施归纳起来有以下几条。

a. 控制压实含水率。

石灰土因含水率过多产生的干缩裂缝显著,因而压实时含水率一定不要大于最佳含水率,通常以小于最佳含水率1%~2%为宜。

b. 严格控制压实标准。

实践证明,压实度小时产生的干缩要比压实度大时严重。

c. 温缩的最不利季节是温度在0~10℃时。因此施工要在当地气温进入0℃前一个月结束,以防在不利季节产生严重温缩。

d. 干缩的最不利情况是在石灰土成型初期。因此要重视初期养护,保证石灰土表面处于潮湿状态,严禁干晒。

e. 石灰土施工结束后及早铺筑面层,使石灰土基层含水率不发生大的变化,以减轻干缩裂缝。

f. 在石灰土中掺加集料(如砂砾、碎石等),集料含量使混合料满足最佳组成要求,一般为

70% 左右。这不但可提高基层的强度和稳定性,而且使基层的抗裂性有较大的改善。

g. 在石灰土基层上铺筑厚度大于 15cm 的碎石过渡层或设置沥青碎石(或沥青贯入式)联结层,可减轻或防止反射裂缝的出现。

(3)石灰工业废渣基垫层

①施工准备。

a. 原材料。

石灰的质量要求同石灰稳定土中石灰的要求。

粉煤灰中活性成分 SiO_2、Al_2O_3 和 Fe_2O_3 的总量应大于 70%。

煤渣中的主要成分是 SiO_2、Al_2O_3,要求松干密度为 700 ~ 1 100kg/m³,煤渣最大粒径不大于 30mm,颗粒组成宜有一定的级配且不含杂质。

细粒土的塑性指数宜为 12 ~ 20,且土块的最大尺寸应小于 15mm。中粒土和粗粒土应少含或不含有塑性指数的土。

集料的最大粒径和级配符合相关技术规范。

有机质含量超过 10% 的细粒土不宜选用。

凡是人或牲畜可饮用的水,均可使用。

b. 混合料组成设计。

石灰工业废渣混合料的组成设计是依据混合料的强度标准(表1-4-47),通过试验选取最适宜于稳定的土;确定石灰与粉煤灰或者石灰与煤渣的比例;确定石灰粉煤灰或石灰煤渣与土(包括各种集料)的重量比;确定混合料的最佳含水率。

石灰粉煤灰稳定材料的 7d 龄期无侧限抗压强度标准 R_d(单位:MPa)　　表 1-4-47

结构层	公路等级	极重、特重交通	重交通	中、轻交通
基层	高速公路和一级公路	≥1.1	≥1.0	≥0.9
	二级及二级以下公路	≥0.9	≥0.8	≥0.7
底基层	高速公路和一级公路	≥0.8	≥0.7	≥0.6
	二级及二级以下公路	≥0.7	≥0.6	≥0.5

②石灰工业废渣层的施工。

石灰工业废渣路拌法施工工艺流程如图 1-4-18 所示。石灰工业废渣基层的施工与石灰稳定土基层的施工基本相同。

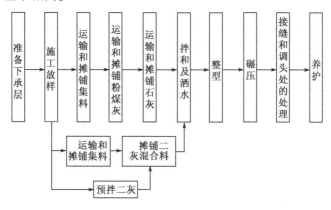

图 1-4-18　石灰工业废渣路拌法施工工艺流程图

二、沥青路面施工技术

沥青路面是用沥青材料作结合料铺筑面层的路面的总称。沥青面层是由沥青材料、矿料及其他外掺剂按要求比例混合、铺筑而成的单层或多层式结构层。

沥青路面按施工方法分为层铺法、路拌法和厂拌法。层铺法是用分层洒布沥青、分层铺撒矿料和碾压的方法修筑,按这种方法重复几次做成一定厚度的层次。路拌法即在施工现场以不同方法(人工的或机械的、牵引式的或半固定式的机械等)将冷料热油或冷油冷料拌和、摊铺和碾压。厂拌法即集中设置拌和基地,采用专用设备,将具有一定级配的矿料和沥青加热拌和,然后将混合料运至工地热铺热压或冷铺冷压(当使用液体沥青时),碾压终了即可开放交通。

1. 沥青表面处治施工方法

沥青表面处治面层是用沥青和矿料按层铺或拌和的方法,修筑的厚度不大于3cm的一种薄层路面面层。

层铺法沥青表面处治的施工工序及要求如下:

(1)清理基层

在表面处治层施工前,应将路面基层清扫干净,使基层的矿料大部分外露并保持干燥。对有坑槽、不平整的路段应先修补和整平;若基层整体强度不足,则应先予补强。

(2)洒布沥青

在浇洒透层沥青后4~5h,或已作透层(或封层)并开放交通的基层清扫后,即可浇洒第一次沥青。沥青要洒布均匀,不应有空白或积聚现象,以免日后产生松散、拥包和推挤等病害。另外,应按洒布面积来控制单位沥青用量。

(3)铺撒矿料

洒布沥青后应趁热迅速铺撒矿料,按规定用量一次撒足并要铺撒均匀。

(4)碾压

铺撒一层矿料后随即用6~8t双轮压路机或轮胎压路机及时碾压。碾压应从一侧路缘压向路中心,然后再从另一边开始压向路中。碾压时,每次轮迹重叠约30cm,碾压3~4遍。压路机行驶速度开始不宜超过2km/h,以后可适当提高。

双层式和三层式沥青表面处治的第二、三层施工即重复第(2)~(4)道工序。

(5)初期养护

碾压结束后即可开放交通,但应禁止车辆快速行驶(不超过20km/h),要控制车辆行驶的路线,使路面全幅宽度获得均匀碾压,加速处治层反油稳定成型。对局部泛油、松散、麻面等现象,应及时修整处理。

2. 沥青贯入式施工方法

沥青贯入式面层是在初步压实的碎石(或轧制砾石)上,分层浇洒沥青、撒布嵌缝料,经压实而成的路面结构,厚度通常为4~8cm。

根据沥青材料贯入深度的不同,贯入式路面可分为深贯入式(6~8cm)和浅贯入式(4~5cm)两种。其施工程序如下:

(1)放样和安装路缘石。

(2)清扫基层。

(3)厚度为4~5cm的浅贯式应浇洒透层或黏层沥青。

(4)撒铺主层矿料,其规格和用量符合规定,并检查其松铺厚度。

(5)主层矿料摊铺后,先用6~8t压路机进行慢速初压,至无明显推移为止;然后再用10~20t压路机碾压,直至主层矿料嵌挤紧密、无明显轮迹而又有一定孔隙,使沥青能贯入为止。

(6)浇洒第一次沥青。

(7)趁热撒铺第一层嵌缝料,撒铺应均匀,扫匀后应立即用10~12t压路机碾压(碾压4~6遍),随压随扫,使其均匀嵌入。

(8)以后施工程序为浇洒第二层沥青,撒铺第二层嵌缝料,然后碾压,再浇洒第三层沥青,铺封面料,最后碾压。最后碾压采用6~8t压路机,碾压2~4遍,即可开放交通。

交通控制及初期养护等工作与沥青表面处治相同。

3. 沥青碎石施工方法

沥青碎石路面是由几种不同粒径大小的级配矿料,掺有少量矿粉或不加矿粉,用沥青作结合料,按一定比例配合,均匀拌和,经压实成型的路面。

沥青碎石路面的施工方法和施工要求基本上与沥青混凝土路面相同。由于热铺沥青碎石主要依靠碾压成型,故碾压的遍数较多,一般要碾压10遍左右,直到混合料无显著轮迹为止。冷铺沥青碎石路面,施工程序与热铺的相同,但冷铺法铺筑的路面最终成型需靠开放交通后行车碾压来压实,故在铺筑时碾压的遍数可以减少。

4. 热拌沥青混合料路面施工方法

热拌沥青混合料路面的施工包括四个主要过程:混合料的拌制、运输、铺筑和压实成型。

(1)混合料的拌制

沥青混合料在沥青拌和厂内采用拌和机械拌制。拌和设备可分为间隙式拌和机(分批拌和)或连续式拌和机(滚筒式拌和机)。间隙式拌和是集料掺配、加热烘干、称量后与沥青在一起拌和,形成沥青混合料,其过程如图1-4-19所示。连续式拌和机厂的生产过程则如图1-4-20所示,集料按粒级分别存放在冷料仓内,由传送带将经过自动称重系统准确称量的冷集料按配比送入滚筒式拌和机内;称重系统同时也控制沥青从储罐泵入滚筒内,并在滚筒转动的过程中同集料相拌和,拌和好的热混合料从滚筒内输出后,由传送带送到热混合料料仓,并装入载料货车。整个过程由一控制台监控。

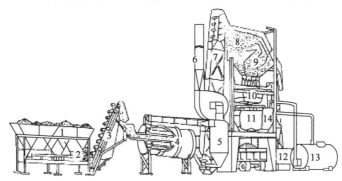

图1-4-19 间隙式拌和机

1-冷集料存料斗;2-冷料供应阀门;3-冷料输送机;4-烘干机;5-集尘器;6-排气管;7-热料提升机;8-筛分装置;9-热料集料斗;10-称料斗;11-拌和桶或叶片拌和机;12-矿质填料储存设备;13-热沥青储存罐;14-沥青称料斗

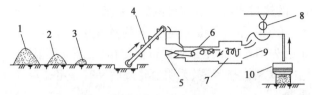

图 1-4-20　连续式拌和机生产过程

1-粗粒矿料;2-细粒矿料;3-砂;4-冷拌提升机;5-燃料喷雾器;6-干燥器;7-拌和器;8-沥青秤;9-活门;10-沥青罐

(2)运输

热拌沥青混合料采用自卸汽车运输到摊铺地点。运送路途中,为减少热量散失、防止雨淋或污染环境,应在混合料上覆盖篷布。混合料运送到摊铺地点的温度应符合相应规定。为防止沥青同车厢的黏结,车厢底板上应涂薄层掺水柴油(油:水 = 1:3)。运送到工地时,已经成团块、温度不符合要求或遭受雨淋的沥青混合料,应予废弃。

(3)铺筑

现场铺筑包括基层准备、放样、摊铺、整平、碾压等工序。

①基层准备。

铺筑沥青面层的基层必须平整、坚实、洁净、干燥,高程和横坡合乎要求。路面原有的坑槽应用沥青碎石材料填补,泥沙、尘土应扫除干净。应洒布黏层油、透层油或铺筑下封层。

②摊铺。

混合料摊铺可分为机械摊铺和人工摊铺两类,一般均采用机械摊铺。

机械摊铺采用轮胎式或履带式沥青混合料摊铺机。热混合料由自卸汽车卸入摊铺机的料斗内,由传送机经流量控制门送至螺旋分配器;随摊铺机向前行进,螺旋分配器自动将混合料均匀摊铺在整个宽度上;附在摊铺机后面的整平板烫平混合料的表面,调节、控制层厚和路拱,并由夯棒或振动装置对摊铺层进行初步压实(图 1-4-21)。

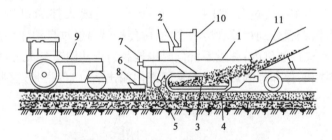

图 1-4-21　沥青混合料摊铺机操作示意图

1-料斗;2-驾驶台;3-送料器;4-履带;5-螺旋摊铺器;6-振捣器;7-厚度调节螺杆;8-摊平板;9-压路机;10-摊铺机;11-自动倾卸汽车

混合料摊铺时应注意的问题如下:保证混合料的摊铺温度规范规定;摊铺混合料在表观上应均匀致密,无离析等现象;摊铺层表面应平整,没有摊铺速度变化、摊铺操作不均匀或集料级配不正常所引起的不平整;摊铺层厚度和路拱符合要求;横向和纵向接缝的筑作正常,接头处无明显不平。

横缝可采用平接缝和斜接缝两种方式筑作。纵缝则可采用热接缝和冷接缝两种方式筑作。热接缝是由多台摊铺机在全断面用梯队作业摊铺方式完成;冷接缝则是在不同时间分幅摊铺时采用的方式。

③碾压。

碾压是保证沥青混合料使用性能的最重要的一道工序。沥青混合料需要在一定的温度和一定的压实方法下才能取得良好的压实度。

一般采用光滚压路机和轮胎压路机或振动压路机组合的方式来压实混合料。光滚压路机的好处是施压后表面平整，但易将矿料压碎；轮胎压路机路碾对路面的压力虽不大（0.3～0.7MPa），但对材料起到良好的搓揉作用，促使混合料均匀、紧密和构成一平整表面。

压实作业可分为初压、复压和终压三个阶段。其顺序为，先用双轮光面压路机（6～8t）进行初压，从横断面上低的一测逐步移向高的一侧，每处碾滚 2 遍即可。初压之后进行复压，复压改用 15t 以上的轮胎压路机或 12t 以上的三轮光面压路机碾压 4～6 遍，至稳定和无轮迹为止。最后，在不产生轮迹的情况下再换用 6～8t 双轮光面压路机进行终平碾压。各次碾压时，均以压路机的驱动轮先压，以免从动轮先压可能使混合料出现推移现象。

碾压后要求达到的密实度可根据实验室所作试验得到的标准密实度定出，一般不应低于标准密实度的 95%。

三、水泥混凝土路面施工技术

1. 施工准备工作

(1) 选择合适的混凝土拌和场地

(2) 进行材料试验和混凝土配合比设计

根据技术设计要求与当地材料的供应情况，做好混凝土各组成材料的试验，进行混凝土各组成材料的配合比设计。

(3) 基层的检查与整修

对于基层的宽度、路拱与高程、表面平整度和压实度，均应检查其是否符合要求。混凝土摊铺前，基层表面应洒水润湿。

2. 混凝土板的施工程序和施工技术

面层板的施工程序为：安装模板；设置传力杆；混凝土的拌和与运送；混凝土的摊铺和振捣；接缝的设置；表面整修与防滑处理；混凝土的养生与填缝。

(1) 安装模板

在摊铺混凝土前，应先安装两侧模板。两侧用铁钎打入基层以固定位置。模板顶面用水准仪检查其高程，不符合时予以调整。

(2) 设置传力杆

当两侧模板安装好后，即在需要设置传力杆的胀缝或缩缝位置上设置传力杆。一般是在嵌缝板上预留圆孔以便传力杆穿过，嵌缝板上面设木制或铁制压缝板条，其外侧再放一块胀缝模板，如图 1-4-22 所示。

(3) 混凝土的拌和与运送

混合料的制备可采用两种方式：在工地由拌

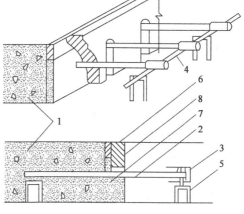

图 1-4-22　胀缝传力杆的架设（钢筋支架法）
1-先浇的混凝土；2-传力杆；3-金属套管；4-钢筋；5-支架；
6-压缝板条；7-嵌缝板；8-胀缝模板

和机拌制；在中心工厂集中制备，而后用汽车运送到工地。

在工地制备混合料时，每拌所用材料应过秤，量配的精确度对水泥为±1.5%，砂为±2%，碎石为±3%，水为±1%。每一工班应检查材料量配的精确度至少2次，每半天检查混合料的坍落度2次。拌和时间为1.5~2.0min。

(4)混凝土的摊铺和振捣

当运送混合料的车辆运达摊铺地点后，一般直接倒向安装好侧模的路槽内，并用人工找补均匀。要注意防止出现离析现象。摊铺时应考虑混凝土振捣后的沉降量，虚高可高出设计厚度约10%，使振实后的面层高程同设计相符。

混凝土混合料的振捣器具，应由平板振捣器、插入式振捣器和振动梁配套作业。随后，再用直径75~100mm长的无缝钢管，两端放在侧模上，沿纵向滚压一通。

当摊铺或振捣混合料时，不要碰撞模板和传力杆，以避免其移动变位。

(5)接缝的设置

①对胀缝。

先浇筑胀缝一侧混凝土，取去胀缝模板后，再浇筑另一侧混凝土，钢筋支架浇在混凝土内。最迟在终凝前将压缝板条抽出。

②对缩缝用两种方法筑作。

在混凝土捣实整平后，利用振捣梁将"T"形振动刀准确地按缩缝位置振出一条槽；或者，在结硬的混凝土中用锯缝机(带有金刚石或金刚砂轮锯片)锯割出要求深度的槽口。

对纵缝一般筑作企口式纵缝，模板内壁做成凸样状，拆模后，混凝土板侧面即形成凹槽。需设置拉杆时，模板在相应位置处要钻成圆孔，以便拉杆穿入。浇筑另一侧混凝土前，应先在凹槽壁上涂抹沥青。

(6)表面整修与防滑措施

混凝土终凝前必须用人工或机械抹平其表面。

为保证行车安全，混凝土表面应具有粗糙抗滑的表面。最普通的做法是用棕刷或金属丝梳子梳成深1~2mm的横槽，也可用锯槽机将路面锯割成深5~6mm、宽2~3mm、间距20mm的小横槽。

(7)混凝土的养生与填缝

为防止混凝土中水分蒸发过速而产生缩裂，保证水泥水化过程的顺利进行，应对混凝土进行及时潮湿养生或利用塑料薄膜、养护剂养生。

(8)开放交通

混凝土强度必须达到设计弯拉强度时，方能开放交通。

(9)冬季和夏季施工

混凝土强度的增长主要依靠水泥的水化作用。当水结冰时，水泥的水化作用即停止，而混凝土的强度也就不再增长，而且当水结冰时体积会膨胀，促使混凝土结构松散破坏。因此，混凝土路面应尽可能在气温高于5℃时施工。由于特殊情况而必须在低温情况下(昼夜平均气温低于5℃和最低气温低于-3℃时)施工时应采取冬季施工措施。

为避免混凝土中水分蒸发过快而致使混凝土干缩而出现裂缝，必要时可采取夏季施工措施。

3. 轨道式摊铺机施工

高等级道路水泥混凝土路面的技术标准高,工程数量大,要保证施工进度和工程质量,应尽可能采用机械化施工。轨道式摊铺机铺筑混凝土板,就是机械施工的一种方法,它利用主导机械(摊铺机、拌和机)和配套机械(运输车辆、振捣器等)的有效组合,完成铺筑混凝土板的全过程。其工艺流程及设备组合如图1-4-23所示。

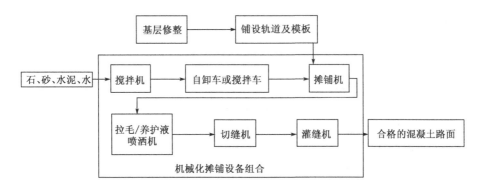

图1-4-23 轨道式摊铺机施工工艺流程图

4. 滑模式摊铺机施工

滑模式摊铺机是机械化施工中自动化程度很高的一种方法,它具有现代化的自控高速生产能力,与轨道式摊铺机施工不同,滑模式摊铺机不需要人工设置模板,其模板就安装在机器上。机器在运转中,将摊铺路面的各道工序:铺料、振捣、挤压、整平、设传力杆等一气呵成,机器经过之后,即形成一条规则成型的水泥混凝土路面,可达到较高的路面平整度要求,特别是整段路的宏观平整度更是其他施工方式所无法达到的。

滑模式摊铺机是由螺旋杆及刮板将混凝土按要求高度摊铺之后,用振动器、振捣棒、成型板、侧板捣固,用刮板、修边器进行修整的连续摊铺的机械,如图1-4-24所示。它集布料、摊铺、密实、成型、抹光等功能于一体,结构紧凑,行走方便,由于采用电液伺服调平系统或液压随动调平系统,故操作简单、轻便。

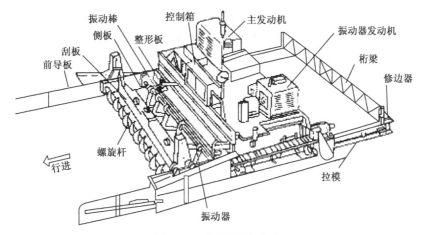

图1-4-24 滑模推铺机构造

复习思考题

1. 简述对路面的要求。
2. 简述路面结构组成及其分级分类。
3. 简述路面基垫层的种类及其施工技术。
4. 简述沥青混合料组成设计方法。
5. 简述沥青路面的分类与特点。
6. 简述沥青路面的主要施工程序与要求。
7. 简述水泥混凝土路面的构造及其施工程序。
8. 简述沥青路面的设计指标与设计计算方法。
9. 简述水泥混凝土路面设计参数与设计方法。

习题

1. 公路自然区划Ⅲ区新建一级公路,双向四车道,路基宽度33.5m,路面采用沥青混凝土路面,基层和底基层均采用水泥稳定碎石。根据OD分析,断面大型客车和货车交通量为3000辆/d,交通量年平均增长率为5.5%,通过计算得到初始年设计车道日平均当量轴次为2500次,计算确定该公路交通荷载等级。

2. 公路自然区划Ⅳ区新建高速公路,双向六车道,路基宽度33.50m,路面结构采用水泥稳定级配碎石基层沥青路面,沥青混合料层厚度为20cm,沥青混合料20℃时的动态压缩模量为10000MPa,沥青饱和度为65%。进行沥青混合料层的疲劳开裂分析时温度调整系数为0.8,根据弹性层状体系理论计算得沥青混合料层层底拉应变为103.9$\mu\varepsilon$,计算该公路沥青混合料层疲劳开裂寿命。

3. 某高速公路,位于公路自然区划Ⅴ区,设计轴载100kN,最重轴载250kN,路面拟采用普通水泥混凝土面层,路面宽度26.5m,初拟路面厚度为0.26m,弯拉强度要求5.0MPa,弯拉弹性模量和泊松比分别为31GPa和0.15;基层选用级配碎石,弹性模量350MPa,厚0.20m,底基层选用天然砂砾,弹性模量150MPa,厚0.20m。路肩面层与行车道面层等厚并设拉杆相连。路床顶面综合回弹模量为80MPa,计算该混凝土面层临界荷位处的荷载疲劳应力与最大荷载应力。

第五章 高速公路

内容提要:本章介绍了高速公路的概念和基本特征,阐述了高速公路主要技术标准,提及了高速公路的规划程序与方法、勘测设计要求,就高速公路的路线设计、结构设计的设计内容和要求进行了说明,最后简述了高速公路有关设施类型与要求。

第一节 概 述

一、高速公路的概念

高速公路是社会经济发展的必然产物,它是伴随着汽车工业发展和整个社会的政治、经济、军事的发展而发展的。一般认为:高速公路是中央设置有一定宽度的分隔带,两侧各配备两条或两条以上的车道,分别供大量上下行汽车高速、连续、安全、舒适地运行,并全部设置立体交叉和控制出入的公路(《中国大百科全书》土木工程)。

我国现行《公路工程技术标准》(JTG B01—2014)规定:"高速公路为专供汽车分方向、分车道行驶,全部控制出入的多车道公路。高速公路的年平均日设计交通量宜在15 000辆小客车以上。"

1962年11月,在日内瓦召开的联合国欧洲经济委员会运输部会议,对高速公路作了如下的定义:"所谓高速公路,是利用分离的行车道往返行驶交通的道路。它的两个车行道用中央分隔带分开;与其他铁路、公路不允许有平面交叉;禁止从路侧的任何地方直接进入公路;禁止汽车以外的任何交通工具出入。"

从以上的定义和解释可看出,高速公路一般应符合以下四个条件:
(1)高速公路是供汽车行驶的汽车专用公路,不允许非机动车辆及行人使用。
(2)高速公路设有中央分隔带,将往返交通完全隔开。
(3)高速公路与任何铁路、公路都是立体交叉的。不存在一般公路平面交叉口的横向干扰。
(4)高速公路沿线是封闭的,是控制出入的。控制出入是指:只准汽车(符合规定要求的)在规定的交叉口进出高速公路;不准单位和个人将道路接入高速公路;除完全定向互通式立交外,汽车进入或驶出高速公路时必须右转行驶,不得左转出入。这就完全排除了横向干扰。

由于高速公路的这些特点,汽车就可以在较高的速度下安全行驶,而不必担心来自横向或对面的干扰,整个交通就像一股在渠道内畅通无阻的水流。

二、高速公路的类别

英国的高速公路称为 Motorway,美国称为 Freeway,这两个词是英文中最常用的名词。德语称作 Autobahn,法国称作 Aautoroute,意大利语称 Autostrada。在20世纪60年代,日本最早修建的名神、东名高速公路当时都称作"高速道路",但后来制定道路法时将其更名为"高速自动车国道";另外,城市高速公路不称为自动车道,而直接称为"首都高速道路"。有些国家还出现一些其他的叫法,并附有另外的含义。如:英国的 Expressway(Expway),是允许在一些交通量不大的路段有平面交叉,它可以不是完全控制出入,只是部分控制出入,这是出于减少投资的目的。美国的 Turnpike 是收取通行费的高速公路;Freeway 是不收费的;Parkway 是具有公园性质的旅游公路,它禁止载重卡车通行,往往是部分控制出入的;Through Way 是专指州际高速公路,如纽约州高速公路(New York State Throughway)。

除了这类真正意义上的高速公路以外,还有一种"准高速公路"或称为"快速公路",有时也将其纳入高速公路一并讨论。例如:英国的准高速公路(Major Dual Carriage way),其标准并不低,亦属于汽车专用公路,往返分离,立体交叉,其功能与高速公路接近,它的限制速度较低。到1978年,英国有这类准高速公路2 200km,与高速公路里程数相当(2 500km)。法国也建设了不少准高速公路,有中央分隔带,单向两车道,每天通行能力可达15 000~20 000辆,比高速公路的通行能力低,但建设费用比高速公路省30%,而交通事故死亡率高很多。到1980年,法国已有准高速公路1 700km。日本的"自动车专用道路",实际上也是准高速公路,速度限制也比较低。

高速公路可以分为两大类:城间高速公路(或称为乡村高速公路)和城市高速公路。例如,法国在距离市中心30~40km半径范围内的高速公路主要为城市交通服务,其设计速度为60~80km/h,一般不收通行费;而城市间高速公路的设计速度为120~130km/h,且基本上都是收费的。我国广州的环城高速公路,北京的四、五环路就属于城市高速公路(也称城市快速路)。

三、高速公路的功能

公路具有供各种车辆行驶,人、畜行走等满足物质移动的基本功能。除此之外,它还是收容能源及信息输送设施(例如电话线、电力线、石油、燃气、自来水管道)的载体。公路的这些功能使它与我们的全部生活——从社会的政治、经济、文化、军事各个领域,到人民群众衣、食、住、行、用,各个方面都息息相关。人类生活离开了运输活动就会秩序大乱,因而发挥公路功能是至关重要的。

1. 普通公路不能正常发挥功能的原因

(1)混合交通

混合交通是指在同一公路上各种车辆、行人、牲畜混合行驶。由于人、畜、车辆之间动力性与可靠性上的差异造成的内部干扰,最容易造成道路中间停滞、交通阻塞、车速减低、车祸发生等问题。这是降低公路通行能力,影响汽车行驶速度,使公路功能难以充分发挥的最主要因素。资料表明,公路上行驶的车辆在自由流动下,时速一般可达到60km以上者,由于各类车辆混合行驶,时速往往只有20~30km,甚至更低。有时还会出现汽车尾随自行车、畜力车缓缓行驶的情况,产生交通拥挤、堵塞以及卡死一段阻死一片的情况。

(2)无分隔行驶

公路上无分隔带,相向对流行驶在同一车道上的车辆,因驾驶操作失误、机械失灵或突然遇到路障等影响,极易产生抢道占线发生碰撞碾压等交通事故;夜间对流行驶车辆,因行车眩光影响,也会因视觉误差造成车祸。同时,在无分隔混合交通状态下,产生的气流、噪声影响;为避面相向行车发生车辆相碰相擦,会车时车速减缓,会车后车辆加速会造成行车时间延误,行车消耗增加,驾乘人员疲劳、劳动强度大等问题,同样会导致公路服务能力降低。

(3)侧向干扰

公路的侧向干扰,主要来自平面交叉路口的横向行驶车流和行人、车马,同时也来自公路沿线两侧集市贸易、违章建筑与人为的路障。高速行驶的车辆遇到横向行驶车辆或行人,被迫在路口冲突点或交织路段降低车速或停车,此时如遇突发性侧向干扰,往往酿成重大事故。在公路两侧集市贸易或进行农事劳作等活动,人为的路障会侵占公路有效行车道,阻碍车辆通行造成交通拥挤阻塞,严重地降低公路通行能力,使公路功能难以发挥。

2. 高速公路的功能

高速公路既能排除阻碍公路运输,又能充分发挥其功能的主要因素。而发展建设的高速公路,除具有普通公路的功能外,还具有其自身的特殊功能。

(1)交通限制、汽车专用

高速公路不允许出现混合交通。对进入高速公路的车辆与车速有严格限制,避免了车辆混流。例如高速公路规定:凡非机动车辆或由于车速较低可能形成危险和妨碍交通的车辆(包括机动脚踏车、拖拉机以及装载特别货物的车辆等)都不得使用高速公路。为了防止车辆因车速差别过大,在同方向行驶时发生超车次数增加,高速公路划分有快车道与慢车道,并对各类车辆在不同车道上的速度加以限制。在快车道上一般规定,时速低于60km的车辆不得上路,最高时速不宜超过120km。

(2)分隔行驶

高速公路的分隔行驶采取了以下做法:其一是在相向行车道之间设中间分隔带,实行车道分离,使之渠化,从而隔绝相向对流行驶车辆接触相撞。其二是对于同向行驶车辆至少设两个以上的车道,并用画线方式将车道分为快车道和慢车道,以减少因车速差而发生超车带来的干扰。同时,在一些特殊路段设置加(减)速车道、集散道路辅助车道,使一些车辆在局部路段分离。有调查资料表明,有分隔带的四车道公路要比无分隔带的事故率降低45%～65%。

(3)控制出入

高速公路实行严格控制车辆出入,避免车辆混流,消除侧向干扰。严禁在公路两侧规定范围内集市贸易、施工作业、堆放物品,保证了公路畅通和车辆高速行驶。高速公路实行控制出入的方式主要采取全封闭、立体交叉,使公路与周围环境"隔离",非机动车、人、畜不能进入路线。规定车辆只能从指定的互通式立交匝道出入,不准车辆、人畜进入的路口,设置分离式立交加以隔绝。全封闭主要采用护栏、高路堤、高架桥等措施。全封闭和立体交叉有效地消除了平面交叉带来的横向侧面干扰,控制了车辆出入,保证了车辆高速安全行驶。据国外资料反映,实行全封闭立交控制的高等级公路的事故死亡率要比普通公路减少60%。

(4)高标准线形

高速公路极大限度地避免了长直线形路段,采用大半径曲线形,根据地形,以圆曲线或缓和曲线为主,增加了路线美感,更有利于行车安全。

(5)完善的交通设施与服务设施

高速公路为了满足旅客、驾驶员、乘务人员在车辆运行中的生理需要和营运活动需要,设有较完善的车辆检验维修、加油、救助、食宿休息娱乐、信息传递等综合服务设施系统,为车辆高速运行提供了技术上、物资供应上的保证条件。使道路不仅具备了运输人与物的功能,而且成为一个能源、信息传递的多功能载体,真正起到了国家运输大动脉的作用。

四、高速公路的特征

1. 优点

高速公路具有汽车专用、分隔行驶、封闭与立交、控制出入、线形标准高、设备完善等多项功能作用,它促使公路运输业发生了质的变化,使之成为当今一种新型的、具有巨大发展活力的现代运输手段。与普通公路运输相比较,它具有如下优点:

(1)车速高

车速是提高公路运输效率的一个重要因素。车速加快可以使运输时间缩短,车辆周转率提高。高速公路平均时速在80km以上,最高时速可以达到120km以上,比普通公路高出60%~70%。车辆使用效率提高、运输时间缩短,会结社会、公路运输经营者带来巨大的经济效益。

(2)通行能力大

高速公路路面宽,车道多,可容车流量大,通行能力大,根本上解决了交通拥挤与阻塞问题。据统计,一般普通三、四级公路通行能力为200~2 000辆/d,而高速公路四车道通行能力为25 000~55 000辆/d;六车道和八车道可达45 000~100 000辆/d,由此可见,高速公路所能承担的运输量要比普通公路高出几倍乃至几十倍。

(3)行车安全

高速公路采取了一系列确保交通安全的措施,行车事故大大减少。据统计,高速公路的交通事故仅为普通公路的1/3,事故死亡率仅为普通公路的1/2。日本高速公路交通事故死亡人数仅是普通公路的1/40,受伤人数仅是普通公路的1/62;英国高速公路1980年交通事故仅为普通公路的1/10;我国北京的京石公路行车速度提高了3倍,交通事故下降了70%。行车安全提高了运输质量。

(4)降低运输成本

高速公路完善的道路设施条件使主要行车消耗——燃油与轮胎消耗、车辆磨损、货损及事故赔偿损失降低,从而使运输成本大幅度降低。据国外统计资料反映:日本各种高速公路的运输成本仅是普通公路的17%;美国州际与国际高速公路长达68 425km,总投资900亿美元,因行程时间缩短及运输费用降低,8~12年内即可收回全部投资;德国高速公路行车时速为120km/h,比普通公路车速快47%,可节约燃料93%,同样的车辆条件下运输成本可降低1/4以上。以目前我国公路运输成本及耗油水平计算,假定年运量1 500万t,修建100km高速公路,每年可节约运费7 500万元,节约燃油2.1万t。

高速公路的高效率功能,还进一步推动了公路运输组织方式的变革,汽车制造向提高轴荷载,不断朝大型化、高速化、专用化车型发展。为减少装卸、中转,运输组织方式尽量采取牵引拖挂、汽车列车及集装箱运输。

(5)带动了沿线经济发展

高速公路的高效、快速通达的多功能作用,使生产与流通、生产与交换周期缩短,速度加快,促进了商品经济的繁荣发展。实践表明,凡在高速公路沿线,由于交通运输环境改善创造出的有利投资条件,地区之间、城乡之间,政治、经济、文化交流日益扩大,信息传播及时频繁,都将很快兴起一大批新兴工业、商贸城市,并使产业结构更趋合理,商品流通费用降低,人民收入增加,其经济发展速度远远超过其他地区。这被称为高速公路的"产业信息带"。

2. 高速公路存在的问题

高速公路尽管有极其广阔的发展前景,但目前发展高速公路还存在以下问题。

(1)投资大、资金来源困难

我国四车道高速公路平均造价超过2 000万元/km,比普通公路高出几倍甚至十几倍。尽管这些投资在道路投入营运后可以逐年收回,但结合我国国情,由于财力不足、资金紧缺,要集中巨额资金投入高速公路建设,困难确实是很大的。加之我国长期实行计划经济体制,固定资产投入多数是无偿占用,公路商品化程度极低,公路建设、使用、资金回收尚无统一规定,延缓了投资回收时间与速度,也扩大了公路建设资金紧缺的矛盾。

目前,我国高速公路建设资金主要通过以下方式筹措:

①国家拨款。

②地方自筹。

③多形式、多渠道集资(包括银行贷款、发行债券等)。

④引进外资(包括国外投资、贷款)。

⑤股份制公司合股出资。

除上述主要资金来源渠道外,各级政府还通过对修建高速公路的用地、拆迁、用工、税收等方面实行优惠政策和开征客货运输附加费、土地增值费等,作为高速公路建设专用资金,还以调整收费标准来扩大公路建设资金来源,如适当提高汽车养路费征收标准,征收车辆购置附加费,征收公路通行费、过桥费、过渡费,征收交通发展资金和推行"以工代赈"修路建桥活动等。

(2)占地多

高速公路占地极大,一般用地宽度在20~30m以上,六车道在50~60m以上,八车道在70~80m以上,一座全互通式立交用地在4万~10万m^2。我国人口众多、可耕地面积少,耕地又逐年在减少,必然会出现农业用地与高速公路建设之间的矛盾。

(3)与普通公路和地方交通贯通问题

高速公路采取的全封闭、全立交、汽车专用、限制出入,有利长距离快速通达的运输服务,却给地方支线交通造成一定困难。支线行人、车辆跨越高速公路必须行经规定的地点、路线,带来一定绕道、过远运输;如行人生产与生活需要从高等级公路一侧到另一侧,必须绕道经人行天桥或地道桥通过,带来诸多不便,这被称为高速公路的"盲区"。如何解决好高速公路干线交通与普通公路及地方面上交通的连接问题,还有待于进一步研讨。

(4)密集型的管理问题

高速公路建设标准高,路面系统结构复杂,采用高科技的现代通信监控、监视系统,交通工程与服务设施数量多,技术性能复杂,加之道路处于全天候、大流量、高速度的负荷下,公路管理、维护工作既有技术性也具有特殊性。如何打破普通公路传统的养护管理方法,对高速公路实行高效特管,已经成为摆在我们面前的重要课题。

(5) 环境保护问题

在高速公路上集中高速行驶的车流所发出的噪声、排放的废气、废液、废物,将会给环境造成一定污染。虽然国内外已有一些解决交通公害的措施,但问题还未完全解决,所以环境保护问题也是一个值得研究的课题。

五、高速公路产生的效益

1. 经济效益

高速公路是社会经济发展的必然产物,同时它又产生了很高的效益,主要表现在下述几方面。

(1) 直接经济效益

直接经济效益包括以下几个方面:

①缩短运输时间、提高汽车使用效率所带来的经济效益。

②节约行驶费用,包括油耗、车耗、轮耗等方面的节约带来的经济效益。

③减少货物运输损坏,节省包装、装卸等费用带来的经济效益。

④由于降低事故率所减少的经济损失。

(2) 间接经济效益

由于高速公路的修建,促进了沿线的经济发展,对于地区经济的开发起着巨大作用,带来了很大的经济效益。

据国外资料,意大利的"太阳道"(那不勒斯—罗马—佛罗伦萨高速公路)建成后,被称为17个省的"新血液",使17个省的经济收入平均增加3%,一些山区工业产值增长了81%,10年内土地价值提高了3倍以上。日本的名神高速公路建成后,沿线建成了900多个工厂,过去从名古屋到神户需8h,现在仅用2h即可到达,大大促进了地方工农业的蓬勃发展。

2. 社会效益

高速公路的修建不仅在经济上,而且对于社会各行各业的兴旺发达,有着积极的推动作用,其社会效益主要体现在以下几方面:

(1) 促进全社会的生产和运输的合理化

高速公路的修建促使区域的工农业及各方面生产的布局更为合理。高速公路在公路运输中占有很大的比重,它和一般公路相互协调,形成公路网的骨架,使公路网的布局更为合理。据统计,日本仅占全国公路里程0.31%的高速公路,却承担了占总货运量的25.6%的货运周转量;美国占全公路里程1.35%的高速公路,却担负着20%~25%的总运输量。

(2) 促进沿线经济发展和资源的开发

高速公路的修建,提高了运输的稳定性和方便性,缩短了行程时间,增长了汽车运输的平均运距,这将有利于地方经济和一些特殊行业的发展。据日本1983年对一些先导产业中的自动装置、量测元件、数控设备、电子计算机、集成电路、新陶瓷6个行业的461个厂家调查,由于高速公路的建成,其原材料和零件有92%是汽车运输,成品运出的94%是靠汽车。又如法国巴黎到里昂高速公路建成后,沿线出现了许多新的集镇,为带动就业和扩大市场提供了条件。

(3) 加速物质生产和产品流通

现代化生产对原材料的需要和产品的流通要求直达、快速,以缩短货物运转,加快资金周转,从而达到扩大再生产的目的。而高速公路的快速、大量、方便,在加速物资生产、促进产品流通方面有着重要的作用。

(4) 促进水运、铁路与高速公路的联运

随着汽车大吨位、大牵引、列车化(半拖挂和全拖挂)的出现,进一步带动了"集装箱"直达联合运输的方式,使"集装箱"吨位提高到 30t 以上。这样,快速灵活的汽车与运量大的火车以及价廉长距的水运有机结合,形成联运网,使产品运输更为直接、便利、快速、准时,从而最大限度地提高了运输效率,降低了运输成本,实现了"户到户"的运输。

(5) 有利于城市人口的分散和卫星城镇的开发

现代城市规模过于庞大、人口过于集中,造成人口密集、居住拥挤、交通阻塞、环境污染、生活供应紧张等弊端。修建高速公路后,沿线小城镇、小型工业的兴建,使城市人口向郊外分散,不少城市主要居住区也转向周围卫星城,这既促进了地区发展,又缓和了城市人口的增长。

3. 高速公路在国防和军事上的作用

高速公路的快速机动,特别是城市的地下高速公路,为战时运输和城市紧急疏散以及防空提供了有利条件,在国防和军事上有着重要的意义。

第二次世界大战时期,德国为了适应摩托化部队的快速调集,当时就修建了 3 860km 的高速公路,并以此作为飞机起飞的临时跑道。美国的州际和国防高速公路网,连接了 48 个州的首府,并与加拿大、墨西哥相连。这些公路战时可通过特大军事装备,有的路段可作为重型飞机机场跑道,个别路段附近设置安全区并有专用路线与之连接。这些都适应了现代战争紧急集中和疏散的需要。日本称高速公路为"对国家兴亡关系重大的道路",已经形成以东京为中心的全国高速公路网,能在 30min 内将城市人口疏散,能在 2h 内通过高速公路到达全国任何地方。可见高速公路在国防和军事上的重要作用。

六、国内外高速公路的发展概况

1. 国外高速公路的发展概况

德国是最早修建高速公路的国家,于 1933 年修建了波恩至科隆高速公路,至 1939 年,已建成高速公路 3 440km,为当时摩托化部队的快速调遣起了重要作用。此外,还可作为飞机临时跑道。

美国是世界上修建高速公路最多的国家,美国从 1937 年开始在加州修建第一条高速公路,长达 11.2km,至今高速公路里程已达 89 232km,其州际和国防高速公路网连接了 48 个州的首府,并与加拿大和墨西哥相连。

日本近 30 年来高速公路发展迅速,1957 年才开始修建第一条名神高速公路,至 1994 年已建成高速公路 5 600km,以东京为中心的纵贯南北的高速公路网能在 30min 内将城市人口疏散,2h 内可达全国各地。

目前,全世界已有 80 多个国家和地区拥有高速公路,已建成的高速公路通车里程接近 30 万公里。据统计,截至 2018 年年底,中国公路总里程达到 485 万 km,是 1984 年的 5.2 倍,其中高速公路从无到有,达到 14.3 万 km,里程规模居世界第一。

目前,世界高速公路的发展趋势具有两个特征:一是城市高速公路发展迅速,逐步形成以高速公路为骨干的城市道路网。在一些发达国家,由于城市人口集中,工商业十分发达,城市内汽车增长比郊外快得多。因此,高速公路产生多从城市的外环路和辐射路以及城内交通量大的路段开始,最后逐渐形成以高速公路为骨干的城市道路网。以美国为例,美国的公路运输量有51%集中于大城市,纽约是世界上高速公路最多的城市,1982年已达到1 287km,其密度为31.99km/100km²。二是国际高速公路网正在形成。随着全球和区域经济一体化的发展,为了更好地发挥高速公路的效益,加强国际之间的公路运输联系,一些发达国家正在把主要高速公路连接起来,构成国际高速公路网。例如,目前已经规划和正在实现的高速公路网有欧洲高速公路网、欧亚大陆公路、泛美公路网和亚洲公路网。除此之外,还有非洲横断公路网、亚马孙地区横断公路网等国际高速公路网络正在规划和形成中。其中有世界高速公路之称的欧亚大陆公路从东京出发,连接首尔、平壤、北京、河内、达卡、新德里、德黑兰、莫斯科、华沙、波恩、巴黎(或经巴格达、布达佩斯、维也纳、慕尼黑到巴黎),最后到达伦敦。该工程将穿过日本海峡、博斯普鲁斯海峡、压勒海峡、费马斯海峡、英吉利海峡和比利牛斯山、阿尔卑斯山等,将亚洲和欧洲的公路网连接在一起。应该指出的是:由于各国政治制度、外交政策、交通规则等有诸多的不同,一些国际公路网在实际操作中还存在问题,如过境签证、海关申报等。另外,各国不同的交通规则、交通标志标线中的符号和文字也给国际高速公路网的实施带来很大困难。

2. 我国高速公路的发展概况

我国的高速公路发展比世界发达国家晚了半个世纪,但发展速度之快是世界各国没有的。我国高速公路的兴建,最早始于台湾,北起高雄,南达基隆,全长373.4km,该路于1970年动工,历时8年至1978年竣工。

高速公路的兴建是对外开放、经济腾飞的客观需要和必然趋势。大陆第一条高速公路沪嘉(上海—嘉定)高速公路,全长18.5km,于1988年10月31日建成通车,结束了我国大陆没有高速公路的历史。1990年,被誉为"神州第一路"的沈大(沈阳—大连)高速公路全线建成通车,标志着我国高速公路发展进入了一个新的时代;1993年,京津塘高速公路的建成,使我国拥有了第一条利用世界银行贷款建设的、跨省市的高速公路。为了集中力量、突出重点,加快我国高速公路的发展,1992年,交通部制定了"五纵七横"国道主干线规划并付诸实施,从而为我国高速公路持续、快速、健康发展奠定了基础。

到1997年年底,我国高速公路通车里程达到4771km,十年间年均增长477km。相继建成了沈大、京津塘、成渝、济青等一批具有重要意义的高速公路,突破了高速公路建设的多项重大技术瓶颈,积累了设计、施工、监理和运营等建设和管理全过程的经验,为1998年后的快速发展奠定了基础。

1998年,为应对亚洲金融危机,国家实施了积极财政政策,加快了基础设施建设步伐。交通行业按照国家的统一部署,加大了公路建设力度,从1998年至今,高速公路建设进入了快速发展时期,年均通车里程超过4 000km,年均完成投资1 400亿元。1999年,全国高速公路里程突破1万km;2000年,国道主干线京沈、京沪高速公路建成通车,在我国华北、东北、华东之间形成了快速、安全、畅通的公路运输通道;2001年,有"西南动脉"之称的西南公路出海通道经过十多年的艰苦建设实现了全线贯通,西部地区从此与大海不再遥远。

2002年年底,我国高速公路通车里程一举突破2.5万km,位居世界第二位,2004年年底已超过3.4万km,继续保持世界第二。除西藏外,各省、自治区和直辖市都已拥有高速公路,有15个省份的高速公路里程超过1 000km。辽宁省和山东省已实现了省会到地市全部由高速公路连接,长江三角洲、珠江三角洲、环渤海等经济发达地区的高速公路网络也正在形成。随着高速公路里程的不断延伸,规模效益逐步发挥,人们切身感受到高速公路带来的时间、空间观念的变化,在山东、辽宁、广东、江苏等地,省会到地市当天可以往返,这在过去难以想象。

从起步到1999年,高速公路通车里程突破1万km,为世界第4位,用了12年时间;从1万km到2001年年底突破2万km,跃居世界第2位,只用了3年时间;从2万km到突破3万km只用了2年时间;2010年年底,我国高速公路里程达7.4万km;2013年年底,我国高速公路里程达10.4万km,超过美国居于世界第一位,截至2018年年底已达到14.3万km。可以说,中国高速公路的发展创造了令世界瞩目的速度,这是经济和社会发展的现实需要,也是交通实现跨越式发展的重要标志。

我国高速公路在迅速发展的同时,也存在着一定的问题,诸如总量不足,覆盖能力有限,尚未形成网络规模效益,没有制定全国统一的高速公路网规划,缺乏对各地高速公路建设进行指导和协调的强有力手段等。

国务院2004年年底审议通过了《国家高速公路网规划》。国家高速公路网是中国公路网中最高层次的公路通道,服务于国家政治稳定、经济发展、社会进步和国防现代化。国家高速公路网规划采用放射线与纵横网格相结合的布局方案,形成由中心城市向外放射以及横连东西、纵贯南北的大通道,由7条首都放射线、9条南北纵向线和18条东西横向线组成,简称"7918网",总规模约8.5万km,其中:主线6.8万km,地区环线、联络线等其他路线约1.7万km。这项规划计划用30年的时间完成,前20年是重点,前20年的前10年更是重点。2010年前,每年的年均投资在1 400亿~1 500亿元人民币,每年增加3 000km左右。2010年~2020年,年均投资大约在1 000亿元人民币。国家高速公路网规划建成后,可以形成"首都连接省会、省会彼此相通、连接主要地市、覆盖重要县市"的高速公路网络。这个网络能够覆盖10多亿人口,直接服务区域GDP占全国总量的85%以上;实现东部地区平均30min、中部地区平均1h、西部地区平均2h抵达高速公路,客货运输的机动性将有显著提升。

第二节 高速公路的设计要点

一、高速公路的设计车速

根据高速公路的运营要求与交通需求的变化,我国《公路工程技术标准》(JTG B01—2014)规定:高速公路的设计速度为120/100/80(km/h),目的是保证高速公路的高速、安全和舒适性,特殊困难的局部路段,且新建工程可能诱发工程地质病害时,经论证,该局部路段的设计速度可采用60km/h,但长度不宜大于15km,或仅限于相邻两互通立体交叉之间,与其相邻路段的设计速度不应大于80km/h。

虽然目前我国高速公路上行驶车种多样,大货车仍占有一定比例,但车辆性能正在不断改善,实际运行车速呈增加趋势,因而以小汽车作为确定高速公路设计车速的标准是适宜的。对于一条高速公路,如果途经的地区地形有较大差异,设计车速可根据实际情况分段考虑。但是为保证行车的连续性,还需注意以下各项:

(1)分段之间的设计车速差一般按20km/h为一级,并应设置相应的限速标志。

(2)不同设计车速分段不宜过短,通常分段长度不小于15km。

(3)需要改变设计行车速度时,应设置过渡段。

(4)设计车速变更点的位置应选择在驾驶员能明显判断路况发生变化处,如村镇、交叉处或地形变化明显处,并设置相应标志。

二、高速公路的设计交通量与通行能力

设计小时交通量是确定公路等级、评价公路运行状态和服务水平的重要参数。设计小时交通量越小公路建设的规模就越小,建设费用也就越低。但是,不恰当地降低设计小时交通量会使公路的交通条件恶化,交通阻塞和交通事故增加,公路的综合经济效益降低。因此,将全年小时交通量从大到小按序排列,设计小时交通量的位置一般采用30h,或根据当地调查结果控制在20~40h。高速公路的设计交通量应按20年预测。

规范将公路服务水平划分为六级[具体见《公路工程技术标准》(JTG B01—2014)中附录A],是为了说明公路交通负荷状况。以交通流状态为划分条件,定性地描述交通流从自由流、稳定流到饱和流和强制流的变化阶段。因此,采用六级服务水平可以方便地评价公路交通的运行质量。对于服务水平的划分,高速公路、一级公路以车流密度作为主要指标,二级、三级公路以延误率和平均运行速度作为主要指标,交叉口则用车辆延误来描述其服务水平。

高速公路规划时,既要保证提供的服务水平和车辆运行质量高,避免通车不久就因交通量不适应造成交通阻塞,同时也要兼顾我国的经济水平和公路建设投资的力量。因此,以三级服务水平作为高速公路通行能力的设计依据。

高速公路为专供汽车分向、分车道行驶并全部控制出入的多车道公路,我国《公路路线设计规范》(JTG D20—2017)规定:高速公路的设计交通量宜在15 000辆小客车/日以上。

三、高速公路的主要技术标准

公路的技术标准是指公路路线和构造物的设计和施工在技术性能、几何形状和尺寸、结构组成上的具体尺寸和要求,把这些要求用指标和条文的形式确定下来即形成《公路工程技术标准》。此标准是法定的技术要求,是总结公路设计、施工、养护和汽车运输经验,经过调查研究、理论分析制定出来的,反映了我国公路建设的方针、政策和技术要求,是公路设计和施工的基本依据和必须遵守的准则。高速公路的主要技术标准汇总于表1-5-1。

高速公路主要技术指标汇总 表1-5-1

设计速度(km/h)			120			100			80	
车道数			8	6	4	8	6	4	6	4
车道宽度(m)			3.75							
停车视距(m)			210			160			110	
圆曲线最小半径(m)	一般值		1 000			700			400	
	最小值		650			400			250	
	不设超高	≤2%	5 500			4 000			2 500	
		>2%	7 500			5 250			3 350	
缓和曲线最小长度(m)			100			85			70	
最大纵坡(%)			3			4			5	
最小坡长(m)			300			250			200	

续上表

凸形竖曲线 最小半径(m)	一般值	17 000	10 000	4 500
	极限值	11 000	6 500	3 000
凹形竖曲线 最小半径(m)	一般值	6 000	4 500	3 000
	极限值	4 000	3 000	2 000
竖曲线最小长度(m)		100	85	70
汽车荷载等级		公路—Ⅰ级		

四、高速公路的规划与选线

1. 高速公路规划

高速公路作为公路网的骨架路线，应在各级公路网的基础上制定规划，形成主次有别的公路网络，各自发挥其作用。高速公路规划是高速公路建设前期的重要工作，是进行公路网规划与决策的重要依据。它是一项综合性的技术经济工作，既是区域交通运输系统规划的重要组成部分，也是区域国土规划、社会经济发展规划的主要内容。

高速公路规划的目的在于通过系统分析公路现状，科学预测交通需求，合理做好路线布局，恰当安排建设序列，使高速公路的建设能适合并促进国民经济的发展。

高速公路规划的主要任务是：通过调查研究，分析与评价现有公路交通现状，根据区域社会经济发展与公路交通客货分布特点，预测交通量发展，提出高速公路发展的目标，合理确定路线建设序列(包括分期实施)并提出实现规划目标的政策与措施。

（1）高速公路规划的内容

公路网的规划是以运输联系为依据，分析研究客货运量及交通量的变化，以工程经济及运营经济的原则，结合地形地物拟定路线的布局，并通过技术经济的综合评价，最后确定规划方案。

高速公路规划的主要内容为：

①公路网现状分析。

对区域的自然地理条件、社会经济发展水平、综合交通运输布局作出宏观系统分析，特别是对公路网现状的等级、交通现状、运营与管理现状进行调查、分析与评价。

②社会经济发展预测。

对区域自然资源及生产力布局、城镇及人口分布，产业结构与经济发展水平调查分析，运用多种方法对社会经济发展趋势作出科学预测。

③公路交通量预测。

在区域社会经济发展的分析与预测基础上，研究综合运输与社会经济发展的相互关系，依据历史资料采用多种方法建立数学模型，对综合运输量、旅客运量流向、货物流量流向，特别是公路运输的流量流向作出预测。

④高速公路的布局与优化。

结合生产力布局、城镇分布及公路网现状特点，依据一定原理，对路线走向及主要控制点作出多种布局方案，经过技术经济比较，选定最优方案。确定方案时，除比较运输效益和基建投资外，还需要进一步计算修建道路之后运输费所节约的国民经济积累。此外，还应注意到那些不能用货币表示的社会效益，如经济、文化等联系上的改进，道路吸引区的扩大，地价的上升，新企业的增加等。

⑤高速公路规划的具体实施。

依建设基金、交通量分布及路线地位、功能等条件,对规划方案中的各条路线、路段作出建设序列安排。

⑥实施高速公路规划的对策与措施。

对高速公路规划实施中的资金、技术、材料等重要问题,需在其前期的可行性研究工作中研究论证。目前,仅对规划实施的管理体制,提出基本对策与措施。

⑦高速公路的综合评价。

综合评价包括技术评价、经济评价、社会发展影响评价、国防安全评价、环境影响评价、交通安全评价等。

⑧跟踪调整。

高速公路规划实施周期长。在这期间,由于经济发展速度、生产力布局、投资结构或国家有关政策发生变化,导致运输结果和公路交通需求与预期情况不符,致使路网结构、规模及等级对运输需求的使用性发生变化,此时,应区别情况,对所做规划进行全网、区域、局部或个别路线、路段的调整,以便充分利用有限资源,使运输供给最大可能地满足运输需求的变化。

(2)高速公路规划的基本原则

①依据国家国民经济与社会发展对公路建设提出的任务和要求,制订高速公路规划的总体格局。

②公路网的规划应作为综合交通运输体系的一部分,必须与铁路、水运、民航等运输方式密切配合、相互协调、综合配套。公路运输所具有的机动灵活、门对门服务等优越性应得到充分的发挥。

综合交通运输体系是一种有机联系、综合组配的高效率交通运输体系。组成这种体系的"集料"是各种运输工具与设施、运输机构和用户;连接这种体系的"黏结剂"是各自的利益和社会需求;协调这种体系的"调节器"是正确的政策法规和有效的行政管理;促使这种体系高效运营的纽带和"增效剂"是庞大的和几乎无所不包的信息网络系统。

综合交通运输的优点在于节省运输时间、消灭空驶、节省能源、减少中转环节,能使商品流通资金周转加快,从而方便人民生活、加速经济发展。

③应能符合工程经济和运营经济以及分期修建的原则,既要满足当前运输的要求,又能适应今后经济发展的需要。

④公路网的网形布置与密度,应力求达到密度小、路线短、运输效率高及运输成本低的要求。

⑤规划应与环境保护、生态平衡相结合,符合国家对环境保护的规定。

⑥规划公路网时,为获得最优方案,应选定若干方案进行技术经济计算,最后加以比较确定。

⑦规划方案的经济比较与论证是以经济调查资料为依据,采用相应的技术经济指标。论证须满足下述两个基本要求:

a. 保证道路具有一定的质量指标,以期获得尽可能高的运输效益。

b. 在保证道路质量指标的前提下,尽量降低道路造价,节省投资。

(3)高速公路规划的基本原理与方法

高速公路网规划以系统分析原理为理论基础,通过定量分析系统诸元素之间、系统与环境因素之间的相互关系,以系统功能及综合效益为目标,应用多种数学分析方法对公路网分析并予以优化。高速公路规划从区域公路交通现状分析入手,根据社会经济发展趋势和公路交通需求预测,确定发展规模,进行公路网设计和建设序列安排,并对规划方案进行综合评价。规划的全过程及阶段划分见图 1-5-1。

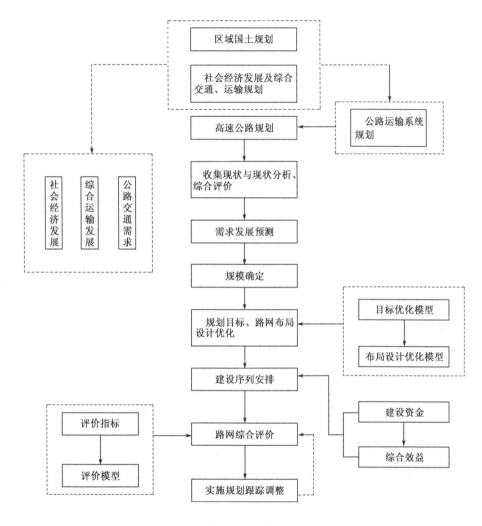

图 1-5-1　高速公路规划系统工程原理图

与一般道路网规划类似,高速公路规划方法也有四阶段模式及总量控制法两大体系。

四阶段法是以定量分析为主,通过 OD 调查获得现状客货流量流向,采用有关模型进行趋势外推预测未来的客货流出行分布及不同运输方式分担比例,采用不同的流量分配方法对路段交通量进行分配预测,最后建立不同的目标函数,对高速公路的规划方案进行设计和优选,并作出建设序列安排。因在交通量预测中采用了出行生成、出行分布、交通方式划分及交通量分配四个步骤,所以称为四阶段法。

总量控制法是把与交通运输密切相关的一些总量变化趋势,将预测的交通量分解到公路网上,并以此安排路网建设序列的方法。该方法主要解决下述问题:对线装公路网的分析和评价;现状路网对区域未来经济发展的适应性;公路网与其他运输方式的有机结合;公路网建设的合理规模;公路网的合理布局;公路网的建设序列;公路网规划方案的综合评价;公路网建设资金的筹措。

(4)高速公路规划的评价

评价是按照一定的评判准则与方法,对被评判对象从某一方面或多方面的综合状况作出评定。在公路网规划中,评价则是对多个路网系统及规划方案,进行全面系统的定量和定性分析,充分了解各个路网系统或规划方案的特征和全貌,测定不同(规划方案)的相对优劣状况,为路网设计、优化与决策,提供科学的判定依据。

在高速公路规划过程中,评价是非常重要的工作,起着承上启下的作用。作为规划工作的开始,通过对规划区域现有公路的评价,可以对其适应性及使用效能作出系统全面的判断,发现问题,从而为改善公路网提供客观依据及目标途径。而在规划的后续步骤中,评价则是对高速公路规划布局设计各种方案进行比较论证,以便于对规划的备选方案进行优化和选择。

①评价内容。

高速公路规划应按照高速公路的功效,对所有单项指标进行归类分析并作量化计算,包括社会评价、经济评价、技术评价、环境影响评价、交通安全评价等方面,最后加以整体综合,获得综合评价结果,以利择优决策。

②评价指标体系。

高速公路规划评价一般从社会、经济和技术三个方面展开。社会评价是分析高速公路对规划区内的社会发展方面的作用和影响,主要包括国土开发利用、自然资源(森林、矿产和旅游资源等)的开发利用,水土保持和环境保护、文物保护条件改善,以及区域政治、经济、军事和文化等方面的影响。社会评价的难点在评价指标的选择与定量计算分析。经济评价是以规划高速公路为整体的经济效益分析,它是评价工作的主要内容。

经济效益又可分为直接经济效益和间接经济效益两部分。直接经济效益是指高速公路规划建设后,运输成本节约、客货在途时间减少、营运线路便捷及交通事故减少等而产生的经济效益。间接经济效益是指高速公路规划建设后对促进区域社会经济的间接受益程度(即社会效益方面的经济度量),如促进沿线经济发展、增加税收、稳定物价、加强区域经济协作、加快商品流通、加速资金周转等效益。

高速公路规划的技术评价是从技术方面分析其功效,揭示规划方案实施后的使用质量,判断规划方案的合理性和技术可行性。从某种意义上讲,规划方案技术水平高低,将对高速公路实施后的社会与经济效益起决定作用,因此规划的技术评价也是整个评价工作的重要内容。

2. 高速公路工程项目可行性研究

(1)可行性研究的含义

可行性研究是从技术经济学领域发展出来的综合性学科,它广泛地应用于各行各业项目规划和重要建设项目。就公路建设工程而言,所谓可行性研究,就是对某项工程有没有实现的可能性和必要性进行分析论证。它属于基本建设前期工作的重要内容,是基本建设程序中规定的重要组成部分,其任务是对新建或改建项目的需要情况、资源条件、工程规模和标准、地区经济发展及近远期交通要求等方面,从技术和经济两方面进行全面的调查研究以及必要的勘探测量等工作。通过综合论证分析,对项目建成后可能取得的经济效益进行预测,正确评价建设项目的技术可行性和经济合理性,从而提出是否值得投资和怎样建设的意见。为落实长远计划,确定拟建工程项目,编制和审批设计计划任务书提供科学依据,供领导机关决策。

(2)可行性研究的目的意义

为适应我国经济建设新局面的需要,改进建设项目的管理,做好建设前期工作的研究,避免和减少决策上的失误,提高建设投资的综合效益,交通部颁发了《公路建设工程可行性研究试行办法》。其中规定:"一切大中型项目和重要建设工程项目编报设计计划任务书,未经可行性研究,一律不予审查报批。"

可行性研究通常应该做到以下几点:

①提出对于一项工程的经济可行性报告。

②提出工程技术问题和解决问题的意见或办法。

③向决策人提供一份可以接受和理解的资料,供作决策的依据。

可行性研究的主要目的,不仅在于说明拟建项目是不是最佳方案,确定工程的固有价值,预见其效益,并且还要讲明拟建项目该不该实施以及实施的最佳时机。这对于有效合理地利用有限的资金,具有特别重大的现实意义。这一点非常重要,但往往易被忽略。

可行性研究作为决策者的依据,所提出的报告必须客观地反映实际、正确无误、真实可靠且具有说服力。

(3)可行性研究的阶段划分

可行性研究根据工作深度和要求的不同,大体上可分为三个阶段:

①机会可行性研究。

机会可行性研究是可行性研究的最初阶段,是编制规划设想的基础,主要用于研究工程项目的选择;研究拟建项目建设的合理性,用以鉴别投资机会和投资方向。这一阶段主要是依靠和利用初步收集的资料进行概略的估计,而不是详细的计算。

②初步可行性研究。

初步可行性研究是编制公路建设规划的基础,是为研究建设规模,编制五年、十年长远发展规划服务的。一些较复杂的工程,如单靠机会可行性研究还不能决定取舍时就要进行初步可行性研究,通过勘察调研,对工程方案技术与经济效益作出评价。

③工程可行性研究。

工程可行性研究是确定工程项目可行与否的最后研究阶段,国外亦称最终可行性研究。工程可行性研究对技术、经济数据要求精确程度较高,是确定近期建设方案、编制设计计划任务书的基础。

上述三个阶段的研究工作是由浅入深,一次比一次深入、细致、精确。各阶段的目的和要求并没有本质上的区别,只是深度不同而已。

(4)可行性研究的主要内容

可行性研究的内容,无论从深度还是从广度上讲,都比一般设计报告要求复杂得多,需要做大量的调查研究、收集资料、预测发展等工作,要进行动态经济分析和多方案综合论证。评价的结论不单靠定性分析,重要的是要作出定量分析,要用综合效益的具体数字来说明问题,因此,经济评估是公路工程项目可行性研究中的一个重要环节。

公路工程可行性研究报告的内容,根据深度要求,一般应包括下列内容:

①现状评价。

通过对拟建项目的现状分析解剖,弄清实质性的关键问题,提出对工程改造或新建项目的技术经济依据,为解决薄弱环节提出研究方向和目标。

②发展预测。

通过对项目所在地区的经济调查和资料分析,预测交通量发展水平和客货运输的构成、流量、流向特点;建立预测数学模型,论述运输发展的经济合理性和建设标准以及建设规模的必要性和紧迫性,为研究工作提供可行的经济依据。

③环境条件。

通过勘察和必要的钻探、测量、科研试验,了解地形、地质、水文、气象等自然状况以及具体建设条件,论证比较技术可行性,选择最佳建设方案。

④建设条件。

调查研究筑路材料的来源及其产量、质量、单价、拆迁、供水、供电情况、劳力和劳资情况,以及国家和当地群众对该项工程的需求、社会情况等,论述其可行性。

⑤施工工艺。

根据工程项目的特点和目前已有施工机具的可能,研究是否可以采用新技术、新设备、新工艺和新材料,研究选择工期短、效率高、效益好的施工方案和投资效果最好的合理建设周期。

⑥投资和效益。

根据工程条件、建设标准、施工方案等分析研究资金来源和投资水平,对工程造价、养护费用、运输成本和经济效益(包括直接和间接效益等)作出全面的分析与技术经济论证,为判断拟建项目是否可行提出科学的依据。

根据上述研究结果,通过综合分析评价,提出技术先进、投资节省、建设最快、成本最低、效益最好的最优建设方案,并以科学的数据表明结论意见,供上级决策。

3. 高速公路的勘测

勘测工作是公路设计的前期工作,是公路建设的一个重要环节。因此,做好深入细致的勘测工作对建设好高速公路具有举足轻重的意义。

高速公路的勘测设计工作,一般应采用两阶段设计,即根据上级批准的计划任务书要求,先进行初步测量、编制初步设计后,再根据批准的初步设计,组织详细测量,据以编制施工图。通常在勘测前都要进行实地视察,视察虽不作为一个设计阶段看待,但它是勘测工作前必不可少的重要步骤,对计划任务书内容的拟定以及以后勘测工作的进行和正确组织有着重要的指导作用。

公路路线勘测工作必须贯彻执行党和国家的方针政策,深入调查研究,实事求是,精心勘测,注意技术经济效果,为公路设计提供正确完整的勘测调查资料。

高速公路路线勘测必须根据批准的计划任务书的要求,按《公路勘测规范》(JTG C10—2007)的规定,分阶段进行相应的勘测工作。根据阶段设计深度要求的不同,路线勘测工作可分为初测与定测。

(1)初测

初测的目的是根据批准的计划任务书和可行性研究报告中确定的修建原则和路线基本走向,通过实地对各有价值的路线具体方案的勘测,从中选定采用的路线方案,收集必要的经济和勘测资料,为编制初步设计文件提供依据。其任务是进行路线方案的检查落实、实地布设导线,进行高程、地形、桥涵、路线交叉和其他有关构造物的测量、调查和资料收集,并按规定的设计标准进行现场或纸上定线,选定设计方案及确定各项主要工程的概略数量,编制初步设计文件。

勘测前应认真研究计划任务书、可行性研究报告和业已收集到的有关资料(包括测量所需的基本资料,如国家三角点、水准点和有关地形图纸等),根据收集到的各种比例尺的实测地形图、航测图和有关航摄像片进行路线方案室内研究。通过初步比选,组织现场勘测与重点核查落实,在核查中应主动与当地政府和有关部门取得密切联系,并结合当地经济发展规划以及对公路运输的要求和自然条件,合理安排路线布局,处理好路线与大中桥位以及道路交叉等关系。当现场发现可资比较且与批准的路线走向或工程投资有较大影响的新方案时,应进行比选论证,提出推荐意见,报请主管单位审定。

初测内容除常规路线测量和工程地质、水文地质勘探以及筑路材料调查外,尚应沿导线一定范围内进行路基路面、桥涵、道路交叉等勘测以及补充经济调查等。

(2)定测

定测应根据批准的初步设计所确定的路线和有关构造物布设方案,结合现场自然条件,通过实地放线和局部路线调整,测定路线线位及有关构造物的准确位置,进行路线详测并补充收集有关设计资料。

高速公路线型标准高,测设要求严,定测放线一般应根据与国家三角点联测的平面图,按纸上定线与初测导线的关系进行实地放线,钉设中线准确桩位。方法是在初测导线上选出置镜点和后视点,取纸上定线某点为测点,根据置镜点号及坐标、后视点号及其方位角和测点桩号坐标,用微机计算出置镜点至测点的方位角及距离,使用红外光电测距仪,实地放出所测桩点。为保证测设精度,一般在直线段上不超过500m应增设一控制点。

高速公路的线形顺直,交点间距远,平曲线半径大,有的平曲线长达数公里,故中线测量用一般敷设平曲线的方法,不但工作量大,而且不容易闭合。所以京津塘高速公路在测设中采取了坐标控制并结合偏角法敷设平曲线,方法是用红外光电测距仪先在平曲线上每200～300m设置一控制点,然后用普通经纬仪在控制点上用偏角法敷设平曲线,这种做法可减少累计误差,提高测没精度。

高速公路定测使用的测量仪器及机具,其质量和性能应满足规定要求,测量成果必须符合《公路勘测规范》(JTG C10—2007)有关精度的规定。

4. 高速公路的选线

高速公路具有快速、便捷、安全、容量大、经济等特点,但也存在占地多、工程量大、造价高等问题。因此,高速公路线位的确定,显得更为重要。特别是高速公路线形标准高,又有较多的立体交叉和交通工程设施,涉及与城市的连接,进出口地点的选择,通道的设置等都是确定线位时特别需要解决的问题。所以说,高速公路选线是一项技术经济综合性的工作,必须进行总体设计及方案比选,才能确定最优的路线方案。

(1)高速公路总体设计

高速公路总体设计是在项目工程可行性研究报告所作项目建设必要性、经济合理性、技术可行性、实施可能性和最佳综合社会经济效益发挥的可靠性等综合研究的基础上,对路线作出的全面安排。包括如下几个方面:

①路线方案。

路线方案是根据指定的路线总方向、道路的性质任务、结合自然因素、经济条件拟定路线的走向。路线的起讫点及中间必须经过的城镇和控制点,通常是公路网规划或国家建设需要而指定的"据点",把"据点"连接成线,就是路线的总方向。但两据点间可能有不同的线位。例如沿河流的哪一岸,靠城镇的哪一侧,这些可能的线位就是路线的方案,宜结合当地条件,经过技术经济论证比选,最后选定最优的方案。

a.起讫点的确定。高速公路一般以城市(市、县)作为控制点,离开城市的距离视路线走向及布线情况而定,例如:城市有外环线者,可根据设计交通量设 4~8 车道的连接线,使外环线与主线接通。通常主线起终点设在外环线外 2~3km 为宜,以便渠化交通,利于布设互通主交或收费站等管理设施;当城市外环线未形成时,起(讫)点可选在距城市 10~15 年发展规划边缘外 2~3km,拟做连接线与城市干道相接;高速公路与城镇距离应从城镇规划、国土开发、环境保护及高速公路的性质功能综合考虑,以"近而不入,远而不离"为原则,方便城镇车辆上下,一般以距离城镇规划区 2~5km 为宜,最大不超过 8km。

b.高速公路的立体交叉。高速公路修建的互通式立体交叉,其位置的选择应考虑立体交叉的整体布局、横向交通的便利及相交道路的集散情况。互通式立交的间距、位置应考虑相交道路交通流向、社会环境、自然条件等因素,一般相距 10~25km 为宜。大城市和工矿区周围 4~10km,大于 25km 时不利于吸引沿线交通量,影响高速公路整体效益的发挥,仅适用于山区集镇。

c.路堤高度与通道设置。平原、微丘区的高速公路路基以低路堤为宜,即控制在最小填土高度附近为合理。但为农村农业运输需要,又需设置一定宽高净空的通道,以便农业机械及人力车的通行。如能解决通道的排水问题,则可降低纵坡及路堤高度,以节省工程量。在水文、地质条件允许的情况下,邻近城镇处的高速公路可考虑采用浅挖路基方式,以减少噪声污染,也方便横向通道布设。

d.高速公路集散道路(辅道)布置。当修建高速公路改变原有交通路线或为减少路线相交次数合并几条相交路线时,须考虑设置平行于高速公路的集散道路或为排除混合交通而修建辅道,在总体设计要作出整体安排。

②考虑地形分区。

一条长的高速公路可能通过不同的地形分区,要注意根据地形特征,合理地确定地形类别和设计车速。设计车速不同的路段其过渡要均衡,不应出现突变。相邻设计路段的衔接点,应选择能使驾驶员能够明显判断前方情况将发生显著变化而需要改变行车速度的地点,如村镇、车站、交叉口或地形变更等处。

高速公路行经地区的交通量变化较大时,可能出现车道数的变化。当出现这种分段时,要选择好衔接地点(互通立交),处理好衔接前后的过渡段的线形设计。

③线形设计。

公路线形系指有公路平、纵、横三个方面组成的立体形状。公路线形严格限制着汽车行驶的安全性、舒适性及经济性,最终还直接影响建成后的使用质量和经济效果,所以线形设计是非常重要的。一个好的线形设计,应注意如下基本原则:

a.应在视觉上能自然地诱导驾驶员的视线,并保持视觉的连续性。

b.平、纵面线形的技术指标应大小均衡,使驾驶员在视觉上、心理上保持协调。

c.在保证有足够视距的前提下,驾驶员看到前方的弯曲一般不宜超过两个,立面上起伏不超过三个。

d.选择组合得当的合成坡度,以利路面排水和行车安全。

④景观设计。

安全和舒适是高速公路路线设计阶段所要追求的重要目标之一,也就是说,这期间的一切设计构想和措施都应围绕着这个目标进行。驾驶员或乘客的舒适感和安全感是通过视觉和运动感觉得到外界信息后,在身体上和心理上的综合反应。这些信息来自两个方面:一是公路内部的线形协调,二是公路与周围环境的外部协调。前者表现为线形设计,后者则属于景观设计的范围。各种调查结果显示,线形和景观对驾驶员舒适性影响的程度,大约各占一半,这说明高速公路重视景观设计是有充分理由的。

公路景观设计是使公路立体线形与桥梁、隧道、边坡、沿线设施等人工构造物构成同自然景观相协调的建筑群体,具体要求为:

a. 通视良好。要求路线平、纵、横各组成部分的空间充裕,以保证必要的视距与视野,使驾驶员与乘客感觉到线形流畅,景观协调,行车安全舒适。

b. 诱导视线。各种设施所构成的视觉系统,应使驾驶员在视觉上能预知公路前方方向和路况的变化,并能有效地采取安全行驶的措施。

c. 景观协调。公路的各种构造物本身不仅造型美观,而且要同自然景观融为一体,尽可能减少和消除公路对自然景观的破坏。高速公路经过历史文化古迹时要注意保护和用古迹创造景点。

d. 建设风格。要充分利用各种沿线设施和绿化手段,改善沿线景观,并在不同自然景观路段,形成各具特色的建筑风格。

⑤沿线设施。

根据公路的功能,确定交通安全设施、交通管理设施以及停车区、服务区等的布局、配置、位置。

⑥高速公路分期修建。

高速公路的分期修建应根据近、远期交通量、社会经济、自然条件以及建设资金等情况确定。其目的是在有限的投资范围内,节省横断方向的工程,以此延长公路的修建长度,使高速公路早日建成。一项工程是否采用分期修建的方式,要依据交通量情况和经济效益分析,以决定是否成立。

(2)高速公路选线的原则

公路路线是公路的骨架,它的优劣关系到公路本身功能的发挥和在路网中是否能起到应有的作用。公路选线面对的是一个复杂的社会经济环境和自然条件,需要综合考虑多种因素,妥善处理好各方面的关系,其基本原则如下:

①公路选线应根据公路使用任务和性质,综合考虑路线区域国民经济发展情况与远景规划,正确处理好近期与远景的关系,在总体规划的指导下,合理选定方案,在保证行车安全、迅速、舒适的前提下,力争路线短捷。

②认真领会计划任务书的精神,依靠地方领导和当地群众,深入现场,多跑、多看、多问、多比较,深入调查当地地形、气候、土壤、地质、水文等自然情况,提出有比较价值的方案。

③选线应贯彻工程经济与运营经济结合的原则,在不增加工程造价的情况下,尽量提高技术指标;在不降低技术指标的情况下,尽量降低工程造价。

④充分利用有利地形、地势,尽量回避不利地带,正确运用技术标准,从行车的安全、畅通和施工、养护的经济、方便着眼,对路线与地形的配合加以研究,做好路线平、纵、横三面的结合,力求平面短捷舒顺,纵面平缓均匀,横面稳定经济。另外,由于目前我国规范规定的高速公路路基宽度较宽,在自然地形起伏较大的地方,应考虑采用行车道上下分离的断面。

⑤路线应选择地质稳定、地形条件较好的地区通过,尽量避免穿过不良地质地段,当必须穿过时,应选择合适位置,缩小穿越范围,并采用必要的工程措施。

⑥选线应与环境保护相结合,诸如:路线对自然景观与资源的影响、噪声、汽车废气的影响,路线对农业耕作、城镇布局等影响。

⑦名胜风景,古迹地区的公路,应保护历史文物遗址,线形与构造物应与周围景观、环境相协调。

⑧要考虑施工条件对选定路线的影响。推荐路线方案要注意结合可能的施工方式和施工力量,并积极采用新结构、新材料和先进的施工技术。

(3)平原微丘区选线要点

平原区是地面高度变化微小的地区,有时有轻微的起伏和倾斜。平原地区除泥沼、盐渍土、河谷漫滩、草原、戈壁、沙漠等外,一般多为耕地,且分布有各种建筑设施,居民点较密;在天然河网湖区,还具有湖泊、水塘、河汊多等特点。平原区地势虽然比较平坦,路线纵坡及曲线半径等几何要素比较容易达到较高的技术标准,但往往由于受当地自然条件和地物的障碍以及支农需要,影响路线的布局,选线时应综合考虑多方面的因素。

平原区地形对路线的限制不大,路线的基本线形应是短捷顺直。一般应采用便捷的直线,较大半径的曲线,中间加入缓和曲线的线形。凡需要转向处,应在较远处开始偏离,使偏角小而线形平顺。

平原区高速公路往往因修建通道造成路堤高、土方量大、纵坡起伏,因此,在保证排水条件下,宜降低路堤高度,并取得与周围景观的协调。

布线时注意少占农田,并与农田水利建设相结合。例如使路线尽可能少与灌溉渠相交,布置在灌溉上方非灌溉的一侧或在渠道的尾部,有时可沿渠堤布线,堤路结合。

微丘区地形略有起伏,地面有一定的自然坡度,区内常有坡形和缓的丘陵分布,地表排水方面明显,选线条件与平原区基本相同。从布线角度看,较平原应有较大的自由度,但应注意利用地形协调平、纵线形的组合,既不宜过分迎合微小地形变化,造成纵面不必要的起伏,也不宜过分追求直线,造成工程量不必要的增加。

(4)山岭区选线要点

山岭地区山高谷深,坡陡流急,地形复杂,同时地质、气候变化多端,但山脉水系清晰,路线方向明确,不是顺山沿水,就是穿越山岭或沟谷。依行经地区的地貌和地形特征,可有沿河线、山腰(坡)线、越岭线和山脊线。由于高速公路技术指标高,一般宜沿河布设,必要时可采用隧道或高架桥穿越山岭或沟谷,其选线要点如下:

①沿河线。

山区河谷一般不宽,谷坡上陡下缓,多有间断阶地;河谷地质情况复杂,常有滑坡、岩堆、泥石流等病害发生;河流平时流量不大,但一遇暴雨,山洪暴发,则冲刷河岸,甚至破坏田园。

沿河线主要是处理好河岸选择、跨河换岸桥位和线位高低三个关键问题:

a.河岸选择。路线应选在地形宽坦,有阶地可利用,支沟较少、较小,水文及地质条件良好的一岸;积雪冰冻地区,宜选在阳坡和迎风的一岸;距村镇一定距离,以减少干扰的岸侧为宜。

b.跨河换岸桥位。跨河桥位原则上应服从路线走向,结合桥位条件,路桥综合考虑,可采用弯、坡、斜、高架等桥型,以适应线形设计的需要。

c.线位高低。路线应在规定频率设计水位高度之上,一般以低线为主,但应有防洪措施,以保证路基稳定与安全。

②越岭线。

越岭线的特点是路线需要克服很大的高差,路线的长度和平面位置主要取决于路线纵坡的安排。因此,在越岭线的选线中,须以路线纵断面为主导,以纵坡度为主要控制。

越岭线布局主要应解决的问题是:垭口选择、过岭高程选择和垭口两侧路线展线的拟定。

a. 垭口选择。垭口是体现越岭线方案的重要控制点,必须全面考虑它的高程、位置、地形条件、地质情况。一般都是选择较低的垭口,而且能够与山下控制点很好地衔接。对垭口虽高,但山体薄窄的分水岭,采用过岭隧道方案有可能成为合适的越岭方案。

b. 过岭高程。过岭高程是越岭线纵向布局的重要控制因素。一般讲,过岭高程越低,路线就越短。为使路线短捷,纵坡平缓,高速公路除山脊宽厚者外,一般采用隧道穿越,其高程主要取决于合适的隧道位置。

c. 垭口两侧展线方案。越岭线的高差主要通过垭口侧坡展线来克服,高速公路因技术指标标准高,一般以自然展线为主,在横坡陡坡的山坡宜选用分离式端面布线。

(5)重丘陵区选线要点

重丘陵区山丘连绵,岗坳交错,地面起伏较大,一般自然坡度较陡,具有低山的特征。路线平、纵面大部分受地形限制,路线走向不如山岭区明显,平面多曲折,纵面多起伏,采用技术指标的活动范围较大。一般应注意如下几点:

①设线不应迁就微小地形,在注意平、纵线位选择的同时,应注意横向填挖的平衡。横坡较缓的地段,可采用半填半挖或填多于挖的路基;横坡较陡的地段,宜采用全挖或挖多填少的路基,必要时,可设挡土墙,同时还应注意纵向土石方的平衡,以减少废方和借方。

②平、纵、横三面应综合考虑,不应只顾纵坡平缓,而使路线弯曲,平面标准过低;或只顾平面直捷,纵坡平缓,而造成高填深挖,工程量过大;或只顾工程经济过分迁就地形,而使平、纵面过过地采用极限或接近极限的指标。

在横坡或沟谷狭窄地段,为减少工程量及保证边坡稳定,可采用往复车道分离的设线方式。

③冲沟比较发育的地段,高速公路应考虑采用高路堤或高架桥的直穿方案;当必须绕避时,要注意线形的舒顺。

④农林业较发达,低地多为稻田,坡地多为旱作物和经济林,小型水利设施多,布线要注意支援农业,和当地的整田造林及水利规划相结合。

五、高速公路设计概要

1. 线形设计

一般公路路线设计,主要是以满足汽车运动的力学特性和保行车安全为目的,同时兼顾工程的经济合理性和营运经济效益。由于高速公路行车速度快,还须考虑乘车人(驾驶员和乘客)的生理状态和心理状态。总的说来,高速公路应该有开阔的视野和美化的景观,并尽量减少因道路条件而引起车速突变或车辆起伏颠簸所造成的不舒适和不安全感。此外,还应充分利用地形、地物,做好环境保护工作,这都是修建或设计高速公路应考虑的重要因素。许多国家的高速公路定线,多趋向避开城市而建支线通往市区。穿过城市的高速公路,采取高架桥或地下通道,以避免交叉干扰。

(1)平面线形设计

为保证高速行车的平稳、舒适,在设计高速公路的平面线形时,绝大多数国家都采用以圆曲线和缓和曲线为主,并配合短直线所组成的圆滑线形。这在客观环境上有利于利用地形、地物和自然景观;在工程上避免高填深挖,减少工程投资和养护费用。

我国《公路工程技术标准》(JTG B01—2014)规定,高速公路的平曲线半径,不设超高时应分别不小于 2 500～5 500m(80～120km/h);一般最小半径分别不小于 400～1 000m,极限最小半径应分别不小于 250～650m。大致与其他国家规定的标准相对应。当平曲线半径等于或大于不设超高的最小半径时,在圆曲线与直线之间可不设置缓和曲线。有些国家对高速公路的平曲线长度也有具体规定,即转角小于7°时应不小于200m,转角小于2°时应不小于700m。同样,缓和曲线的长度也随平曲线半径变化,最短为100m,平曲线半径越大,缓和曲线越长,反之亦然。不过,平曲线半径最大为 10 000m,再大则没有什么实际意义。

高速公路的直线路段长度,各国也有严格控制,德国和日本曾规定,其不得大于以 m 计的 20 倍计算行车速度值,即相当于计算行车速度的72s行程,若计算行车速度为120km/h,则直线路段长度应小于2.4km。近年来,有些设计者认为,在平原地区设置人为的弯道,会因延长公路里程而致工程投资、行车费用和养护费用增加,因此有的国家对直线路段长度限制又有放松的意向,如日本规定直线路段的最大长度为90s的计算行车速度行程,比原规定放宽了25%。另外,两个反向曲线间的直线最小长度,一般应大于两相应的缓和曲线长度之和,德国和日本规定应不小于以 m 计的 2 倍计算行车速度值。两个同向曲线间的直线长度,不宜小于以 m 计的 6 倍计算行车速度值。

高速公路的平曲线超高值,大多数国家规定最大为 10%,严寒积雪地区为 6%。有的国家认为超高值最多不超过 7%。但从不影响乘车人的舒适感考虑,超高值应小于 10%。

平曲线的转角,许多国家规定不小于 5%,日本规定不小于 7%。

在平原微丘区,高速公路的最短视距,大部分国家规定为 210m,德国的规定值为 270m。

(2)纵断线形设计

高速公路的纵断线形应与自然地形相适应,并为桥涵等构筑物留有足够的高度。在短距离内,纵坡应避免过多的起伏,使行车道面在竖面上组成一道均匀、平顺的圆滑曲线形。

①纵坡度设计要求。

最大纵坡依汽车的动力特性、道路等级、自然条件及工程运营经济的分析加以确定。它是路线设计的重要控制指标,纵坡度的大小直接影响路线的长度、使用品质、工程经济及运营经济。高速公路最大纵坡值见表1-5-2。高速公路当受地形条件或其他情况限制时,经技术经济论证合理,最大纵坡可增加1%。对隧道内纵坡规定不应大于3%。

最小纵坡要求对长路堑以及其他横向排水不畅路段,应采用不小于0.3%的纵坡。当必须采用平坡(%)或小于0.3%的纵坡时,其边沟应作纵向排水设计。

为保证行车的安全与平顺,坡长不宜过短,最短以不小于计算车速行驶9s的行程为宜,高速公路采用坡段最小长度见表1-5-2。

陡坡路段因汽车发动机功率降低而影响行车安全,为保证行车安全,应限制坡长以满足汽车车速下降到不低于最低限速所能行驶的距离。高速公路的坡长限制见表1-5-2。

坡 长 限 制 值 表1-5-2

设计速度(km/h)		120	100	80
纵坡值(%)	3	800	—	—
	4	500	700	—
	5	—	500	600
	6	—	—	500

在高速公路设计中,为保证行车安全,合成坡度应控制在适当范围内。《公路路线设计规范》(JTG D20—2017)规定:合成坡度不得超过 10%(120km/h 及 100km/h)及 10.5%(80km/h 及 60km/h)。

当陡坡处于小半径曲线段时,在条件许可的情况下,以采用较小的合成坡度为宜。特别是在下述情况下必须小于 8%:冬季路面有积雪、结冰的地区;自然横坡较陡峻的傍山路段。

同时,合成坡度也不能过小,以防导致路面排水不畅,从而影响到行车的安全。因此,我国《公路路线设计规范》(JTG D20—2017)规定,最小合成坡度不宜小于 0.5%,在超高过渡段尤应注意。在不得已当合成坡度小于 0.5%时,应采用综合排水措施,以保证路面排水畅通。

②竖曲线设计要求。

为缓冲汽车行驶在纵坡点所产生的冲击和保证行车视距,必须插入纵向曲线,以改善线形、增加行车的安全舒适感并便于道路排水。

对凸形竖曲线以改善纵坡的舒顺性、保证行车视距为依据,而凹形竖曲线则主要为缓和行车颠簸和振动,同时保证夜间行车照明视距、跨线桥视距为依据。我国《公路路线设计规范》(JTG D20—2017)对竖曲线半径和最小长度的规定值见表 1-5-2。

(3)横断面设计

高速公路横断面就其整体而言,它是包括行车道、中间带、路肩、边坡以及用地范围内的护栏、标志、照明、防护栅、植树绿化、取土坑等由设计线与地面线所围成的整个断面。

我国《公路路线设计规范》(JTG D20—2017)对路基宽度的规定见表 1-5-2。

①行车道。

高速公路的行车道一般为 4 条车道,也有少数国家只设双车道。许多国家在大城市或其近郊修建宽的高速公路,有的甚至设 10~16 条车道,用来担负巨大的高峰小时交通量。供小客车行驶的每一条车道宽度,一般为 3~3.5m,供载重车行驶的每一条车道宽度在 4m 左右,最宽 4.25m,再宽一点则有可能为驾驶员超车或并行提供机会,容易造成交通事故。行车道面多设置 1.5%的路拱横坡。除去主行车道外,高速公路在上坡路段还须为重型车设置爬坡车道;在进出口处、靠近匝道或支线路口两头,还须设置供加速或减速用的变速车道。此外,在连续下坡路段右侧还常附设有逃避车道,用来解救制动失灵的汽车,使其不致沿下坡向下加速滑行,酿成重大安全事故。这样的逃避车道在国外的高速公路的连续下坡路段上,大约每隔 1km 设有 1 处,以明显标志指示。

②中间带。

在高速公路上设置中间带,有利于内侧车道上的小客车高速行驶,杜绝对向行驶汽车碰撞的可能性;夜间避免车头灯眩目;此外还可阻挡驾驶员任意调头回行。中间带和路肩一样,还可为公路标志、夜间照明设施和绿化等提供有用的空间。在直线长度大于 2km 的行车道上,将中间带铺上与行车道相同的路面,可组成 30m 宽的临时跑道,以备飞机紧急降落之需。有的国家预留较宽的中间带,作为增宽行车道的余地。

③路肩。

路肩在工程上起着巩固路面结构层的作用,同时又为外侧车道提供必要的侧向余宽。假若将路肩内侧铺筑次高级或中级路面加固成硬路肩,还可作为高速公路的临时停车道。硬路肩宽度应不小于2.5m,外侧尚有0.5m宽的土路肩。当路肩宽度小于2.25m时,在公路沿线的路基两侧,则应增设间断性的临时停车带,临时停车带设在外侧行车道以外,宽3m,每一处长40~60m,每隔300~500m设置一处,临时停车带外侧仍须按规定设置上路肩。我国称临时停车带为紧急停车带,各项尺寸规定大致相同。

④路缘带。

高速公路行车道的左侧和右侧都设有路缘带。左侧宽0.5~0.75m,包含在中间带宽度内,可做成平缓的倾斜面;右侧路缘带宽0.6m,包含在路肩宽度内,一般与行车道面平齐。可用不同颜色的材料铺筑或用醒目的颜色标示,对驾驶员的视线起明显的诱导作用。

(4)组合设计

在高速公路的设计过程中,经过选线、定线,然后分别进行平面线形设计、纵断面线形设计和横断面设计。在设计的最后一个阶段还须进行立体线形的组合协调工作,进一步检查在空间形态下汽车高速行驶时驾驶员和乘客的心理和生理状态,包括对视觉的影响和对环境的感觉,对三维立体线形和三个立面的各种要素设计作必要的修正、调整和深化。

线形组合设计必须满足下列条件:

①保证行驶的安全性、舒适性以及工程与运营的经济。

②驾驶员具有良好的视觉与心理反应。

③与地形、地物、环境、景观的协调融合,与土地利用等社会条件的适应。

④工程费用与效益费用的均衡经济合理。

在高速公路线形的组合设计中,对线形进行检查、修正和深化设计的原则和要求如下:

①平、纵线形合理的组合设计,应使线形连续,在视觉上能自然地诱导驾驶员的视线。在视觉上能否自然地诱导驾驶员的视线,是衡量立体线形最重要的指标。

②要经常考虑保持平、纵线形大小的均衡,这不仅关系到眼睛所看到的道路的平顺性,而且与工程经济也有重要关联。平面线形指标高而纵面线形反复起伏,或者纵面线形平顺而平面线形反复都是不可取的。

③汽车在高速公路上高速行驶时。驾驶员的动态视野应当宽阔清晰,不能在视野所及范围内出现扭曲、突变、隔断等不良的线形。

④高速公路线形设计时,平、纵断面组合时应注意避免下列情况:

a.凸形竖曲线顶部或凹形竖曲线的底部,应避免插入小半径的平曲线。

b.在一个平曲线内避免存在竖曲线反复凸凹的情况。

c.应避免在长的直线段插入小半径的竖曲线。

d.应避免使用短的平曲线、竖曲线和直线,特别是在同一方向转弯的曲线之间应避免加入短的直线。

e.应选用恰当的合成坡度。

2.环境与景观设计

在现代化高速公路的勘测设计中,除了满足行驶动力学方面以及驾驶员视觉心理方面的要求外,高速公路路内路侧的环境及景观的要求也是不可忽视的。在最后的设计阶段,还应就线路整体从环境和景观方面进行检查,以达到全面协调和综合优化的目的。

(1)环境设计

高速公路的修建给环境带来了许多不利的影响,主要包括四个方面:噪声影响、废气污染、社会经济影响和生态环境破坏。

①环境噪声的影响。

车辆在高速公路上行驶所产生的噪声,除发动机和车体产生的噪声外,特别严重的是高速行车时车轮与路面间的摩擦声。在路线近旁200m范围内如有居民点、学校、医院等,则可造成很大的危害,白天噪声可达75~80dB,夜间可减低20dB,而一般不影响人们休息和睡眠的噪声应小于40dB。在遇到噪声超标,影响居民生活以及学校、医院、疗养区等安宁的地段,应通过现场勘察核实,采用适宜的防治对策,如调整路线的平面位置避让,调整纵断面线以形成路堑或隔声路堤,在横断面上种植绿化林带,必要时建造声屏障或其他隔声建筑物等。

②废气和污水的危害。

大量汽车在高速公路上行驶,由于发动机工作,会排出大量尾气,对周围的空气和水质产生很大的污染。为防止这些危害,在确定路线时应注意避让饮用水保护区、重要自然保护区、居民文教区、名胜古迹、风景旅游区等。公路两侧的绿化设计、好的横断面边坡和沟渠布设,有利于吸附废气和粉尘,有利于隔离路面污水。为保护农作物,要将道路路面的排水沟渠和农田灌溉系统分开。

③对社会经济的影响。

由于高速公路是全封闭的,路线建成后,周围区域的社会与经济发展由于两侧交往的阻隔会受到一定的影响。此时宜与当地政府和经济发展部门相协商,除选择合适位置必要的通道和调整公路两侧的土地划分和行政归属外,必要时也包括将路线局部路段线位作移动和变化,以确保不影响两侧社会经济发展的正常需要。

④对生态环境的影响。

生态环境涉及面广,通常指生物本身的生存条件和生存环境。高速公路建设后对生态环境的影响主要有:对野生动植物及栖息地的影响,对水土流失的影响,对农业土壤和农作物的影响,对水环境的影响。因此有必要采取一定的措施,例如,为减少水土流失量,对高填深挖、切割山体或压占植被时应慎重考虑,必要时可移动线位,改变纵断面线或在横断面上采取有效措施。经过森林地带时,应注意保护森林资源,严格控制林木的砍伐数量。

(2)景观设计

高速公路作为一种人工构造物,对自然景观会产生一定的破坏作用。如果布局合理,与自然环境配合协调,通过一定的措施和方法,则对自然景观的破坏能给予一定的补偿,甚至能为自然景观增色,再配以行驶在高速公路上的动态的车辆,使观赏者感到分外的美丽。因此,景观设计已成为高速公路设计中一个必须注意的组成部分。

①高速公路线形定位时要注意到充分利用自然风景,如孤山、湖泊、大树、森林、果园、绿地等,尽量做到路线与大自然融合为一体,不产生生硬感,并能尽量利用它们为高速公路沿线增添景色。

②高速公路的修建要尽可能少破坏周围的地貌、地形、天然树林、重要建筑物等,要求边坡的造型和绿化应当与周围的景观配合。

③从横断面上看,如能把边坡修筑成坡顶和坡脚为流线型圆滑的断面,就能使之与自然地

面相接近。

④注意高速公路沿线大型构造物的造型,如对互通式立体交叉及其匝道、跨线桥、跨河桥、服务区、沿线设施等作为景点要讲究艺术造型,要注意与周围环境充分协调。

⑤高速公路沿线的绿化设计应放在重要的位置,应能做到协调自然,简单粗放,气势壮观,舒适优美,方便交通。

3. 路基工程设计

高速公路的路基顶面宽度比一般公路宽一些,我国4车道高速公路路基宽度,规定为25～28m。美国高速公路采用较宽的中间带,4车道的路基宽度用到30～35m。日本及其他许多国家的路基宽度,大部分与我国规定的宽度相近。

路基宽度在受河流洪水或洼地积水影响的路段,由设计洪水频率或积水位高程决定。我国规定的高速公路设计洪水频率为1/100。不受洪水影响的路段,其路堤填土高度未作特别规定,可按一般公路路堤的填土高度进行设计;在受地面积水和地下水影响的路段,路堤填土高度应高出天然地表0.8m以上。过去对高速公路路堤设计认为以偏高为好,高则有利于防止人畜横穿公路,有利设置地下通道等。近年来有许多国家,从节约土方工程量、节约用地和有利于行车安全的角度出发,倾向于采用低填土路堤。低路堤自重轻,有利于软土地基的处理。由于高速公路采用多层次的、很厚的路面结构层,毛细水对路面的危害容易处理。如果采取稍复杂的截排地下水或地面水技术措施,也要比加大填土的工程费用省。但是,采用低路堤还是增加了一些跨线工程的工程费用。

为保证路堤边坡稳定,有利于高速行车安全和机械化施工,对高3m以下的路堤边坡,许多国家规定为1:4～1:3,美国甚至规定为1:6。对于3m以上的路堤边坡,一般采用1:2。凡是自然地面或路肩面与边坡坡面的交线,都做成圆滑的曲线。这样的连续曲面,有利于排除积雪和防止地表水冲刷;万一汽车冲出路外,也不会造成严重的伤亡事故。

高速公路对路堤的工程质量要求很高,路堤的下层要求填筑水稳定性好的粗粒土;上层填土的压实度要求达到96%。对于软土地基处理,有的采用加密砂桩或钻孔法将石灰、水泥或化学剂压入深层使软土固结;有的在软土层上铺设土工布作垫层。在土坡稳定方面,广泛采用加筋土挡墙代替重力式挡土墙,以减少路堤的填方数量。

4. 路面工程设计

高速公路承担的交通量大、行车速度高,轮胎与路面磨损剧烈。路面的力学强度、耐磨程度、水和温度稳定性、使用寿命和养护难易以及摩阻系数的大小,都是需注意的研究课题。目前世界各国高速公路采用的路面类型,一为沥青混凝土路面,二为水泥混凝土路面。高速公路采用沥青混凝土路面最多的国家是日本、德国和法国,都在70%以上。日本只在隧道、收费站、停车场采用水泥混凝土路面;德、法两国水泥混凝土路面约占30%。美国州际高速公路中东部各州沥青混凝土路面偏多,西部各州则水泥混凝土路面偏多,全美国沥青混凝土路面多于水泥混凝土路面。近年来,受"石油危机"的影响,不少国家认为,从长远考虑,水泥混凝土路面效益比沥青混凝土路面要高,因此,前者被许多国家的高速公路所选用。

(1)沥青混凝土路面

近几十年来,随着世界性的石油开采和石油加工工业的蓬勃发展,使路用沥青的产量大量增加。沥青混凝土路面具有造价低、路面连续性好(无接缝)、施工完毕即可开放通车,又有很好的平整度及损坏后便于局部修补等优点,再加上技术进步使沥青混凝土路面的使用寿命逐渐延长,路面摩阻系数也逐渐趋向稳定,在使用品质上,已能与水泥混凝土路面相匹敌。

当前各国高速公路的沥青混凝土路面结构,多数采用多层次组合。其中面层一般采用热拌热铺沥青混凝土,用耐磨和摩阻系数高的坚硬砂石作集料;沥青用量偏多,厚度不等,一般为3~7cm。联结层多采用沥青碎(砾)石混合料,厚度4~9cm,沥青含量较少,基层采用沥青处治碎(砾)石、沥青贯入碎(砾)石、水泥处治砂砾料、低强度等级贫水泥混凝土,厚度采用15~20cm。底基层一般为10~30cm厚的沥青、水泥或石灰稳定土,或者采用级配碎(砾)石或矿渣。最下面的垫层则采用15~30cm厚的天然砂砾或矿渣。路面结构层分别按照土基的强度采用相应的厚度,总厚度变化在50~100cm。

前几年,美国、法国等一些国家,在高速公路上试用全厚式单层沥青混凝土路面,代替多层次的路面结构;总厚度为30~40cm,一次摊铺,随即用20t重的振动式压路机压实。这一类型路面的优点是施工简便,沥青结构层厚度大,储热量也大,可以进行长时间反复碾压,使其自身结构及层间接触面密实,其柔性、耐久性和抗冻能力比较好。

此外,沥青产量随石油产量的减少而减少,材料来源不稳定,价格也不断上涨,许多路面专家对其经济合理性持有不同看法。一般认为,从土基到面层的多层次路面结构,力学强度递减符合客观规律。我国高速公路的沥青路面设计,也都采取多层次路面结构。

关于沥青混凝土路面施工工艺,各国都大同小异。德国认为摊铺式沥青混凝土路面耐久性比较好,常采用这种类型的路面面层;英国常采用热压式沥青混凝土路面面层,日本则采用联合式摊铺机铺筑沥青混凝土路面。此外,各国对沥青混凝土路面的平整度要求很高,以保证汽车高速行驶时不颠簸,这样对行车舒适性可取得比较好的效果。

(2)水泥混凝土路面

水泥混凝土路面有许多优点,在20世纪60年代以前,曾广泛地被世界各国的高速公路所采用。但是,由于它的接缝太多及接缝处的平整度处理得不够完善,以致严重影响高速行车的舒适,成为路面工程中的棘手问题。现在普遍将水泥混凝土路面的胀缝与缩缝采用不同的方法处理。缩缝多采用切缝机在混凝土终凝后成缝,缩缝间距为4~6m,并使缩缝与路中线呈1:6的斜交(约80°),以消除等距离缩缝,使车轮产生周期性的跳动,同时,由于左侧与右侧车轮分别跳动而减轻汽车在跳动时的颠簸。在工程上,可减轻在高温季节因路面板膨胀而产生的拱胀作用;对于水泥混凝土路面的胀缝,各国都趋向于少设,在高温季节施工的较厚的混凝土板,一般只在桥涵端头、平曲线起点和终点、较陡纵坡的变坡点以及交叉路口等处必须设置胀缝,此外不增设,因而有利于对胀缝的施工处理,减少行车在胀缝上跳动的次数。

水泥混凝土路面板一般厚24cm左右,最厚达到30cm。从行车道横断面看,厚薄不等,内侧车道通行轻型小客车可薄些,外侧车道通行重型载重车则可厚些。在伸缩缝处,可加设钢筋作传力杆。

水泥混凝土路面的路基结构,越来越受到人们的重视。许多国家主张用低强度等级水泥混凝土作基层,借以相对减少面层高强度等级水泥混凝土的厚度,在工程经济上也许更为合理。另外,许多国家采用水泥处治砂砾或水泥稳定土作基层或底基层,也有一些国家采用沥青或石灰处治砂砾作基层。基层厚度平均为15~20cm。法国等少数国家,在土基强度足够的前提下,仅采用5~6cm厚的沥青混凝土作基层。

高速公路的水泥混凝土路面,一些国家用2~3cm的沥青砂平整表面,使之取得类似沥青混凝土路面的行车效果。

5. 高速公路的桥梁、涵洞与隧道

对于运行要求很高的高速公路,桥涵与隧道的修建显得更为重要。

(1) 高速公路桥梁

在高速公路的修建中,桥梁不仅在工程规模上十分巨大,而且也往往是保证全线早日通车的关键。高速公路桥梁的基本组成同一般道路桥梁并无差异。

我国《公路工程技术标准》(JTG B01—2014)规定了特大、大、中、小桥的跨径划分,按结构体系划分,可分为梁式桥、拱桥、钢架桥及缆索承重桥四种基本体系。另外,还有由基本体系组合而成的体系。

(2) 高速公路涵洞

高速公路涵洞是高速公路上广泛使用的构筑物。这种构筑物种类繁多;截面形状、出入口类型及洞内水流流态也是多种多样。

主要的分类方法有以下几种:按照涵洞中线与路线中线的关系,涵洞可以分为正交涵洞和斜交涵洞;按照涵洞洞身截面形状的不同,可分为管式涵洞、箱形涵洞和拱式涵洞;按照涵洞不同的洞顶填土情况,可分为明洞和暗洞;按照涵洞水力性能不同,可分为有压力涵洞和无压力涵洞。

高速公路涵洞是由洞身、洞口建筑、基础和附属工程组成。洞身是涵洞的主要部分,它的截面形式有圆形、拱形和箱形。涵洞除满足排水需要外,并承受路基填土及由路基填土传来的车辆荷载压力。洞口建筑设置在洞口两端。涵洞进出口应与路基衔接平顺且保证水流顺畅,使上下游河床、洞口基础和洞侧路基免受冲刷,以确保洞身安全,并形成良好的泄水条件。位于上游的洞口成为进水口;位于涵洞下游的洞口称为出水口。涵洞基础的形式分为整体式和非整体式两种。当涵洞孔径较小时,一般采用整体式建筑;如涵洞孔径较大,地基情况良好,不均匀下沉量较小,并不致危害涵洞安全时,可采取非整体基础。涵洞的附属工程包括锥形护坡、河床铺砌、路基边坡及人工水道。

(3) 高速公路隧道

为了克服地形和高程上的障碍,改善公路平面线形,提高车速,减少对植被的破坏,保护生态环境,避免山区公路的各种病害,在高速公路建设中,常常修建隧道,以满足高速公路的技术要求。高速公路隧道是高速公路的重要组成部分,修建隧道既能保证高速公路路线平顺,行车安全,提高舒适性和节省运费,又能增加隐蔽性,提高防护能力和不受气候影响。

隧道一般可分为两大类:一类是修建在岩层中,称为岩石隧道;另一类是修建在土层中,称为软土隧道。岩土隧道修建在山体中的较多,故又称为山岭隧道。软土隧道常常修建在水底和城市立交,故称为水底隧道和城市隧道。埋置较浅的隧道,一般采用明挖法施工,埋置较深的隧道则是用暗挖法施工。

隧道是地下工程建筑物,为保持岩体的稳定,保证行车安全,通常需要修建主体建筑和附属建筑物。前者包括洞身衬砌和洞门,后者包括通风、照明、防排水、安全设施等。洞身衬砌的作用是承受围岩压力、结构自重及其荷载,防止围岩风化。崩塌和洞内防水、防潮等。洞门的主要作用是防止洞口塌方落石,保持仰坡和边坡稳定,通风、照明、防排水。安全设备等的作用是确保行车安全、舒适。隧道衬砌在结构计算理论和施工方法方面比较复杂,在设计衬砌时除计算复杂多变的围岩压力之外,还要考虑衬砌与围岩的相互作用。

隧道施工与地面建筑物施工有所不同,空间有限,工作面狭小、光线暗,劳动条件差,给施

工增加了难度。隧道在勘察设计时,地质条件是重要依据之一,通常应在较大范围内作详细的地质调查和水文地质调查,以便选择合理的隧道位置、断面形状和施工方法。

6. 高速公路的立体交叉

立体交叉(简称立交)是利用跨线构造物使道路与道路(或铁路)在不同的高程相互交叉的连接方式。高速公路是交通运输现代化的重要标志,立体交叉是高速公路必不可少的组成部分。随着我国高速公路的迅速发展,必然要修建大量的立体交叉,以实现道路之间的空间交叉和行车方向的转换。

(1)高速公路立体交叉的作用

首先,立体交叉能有效地解决平面交叉口的交通问题。在道路网中,各种道路纵横交错,必然会形成许多交叉口,交叉口是道路系统的重要组成部分,是道路交通的咽喉。交汇道路的车辆和行人都要在交叉口汇集、通过和转换方向,必然会存在相互之间的干扰,会使行车速度降低,交通阻滞,通行能力减小,易于发生交通事故。采用立体交叉是解决高速公路与其他形式的道路平面交叉问题最彻底的方法。

其次,立体交叉在高速公路上起着吞吐交通流量的作用。高速公路的立体交叉是高速公路的出入口,车辆只有通过立体交叉才能进入高速公路。交通流量的大小直接关系到修建高速公路的经济效益,因此,立体交叉的规划与设置对高速公路的经济效益存在一定的影响。再者,立体交叉起着梳理及控制车流的作用。通过高速公路出入口的立体交叉使全部车流渠化并控制出入,是高速公路运营安全的关口。因此,出入口的立体交叉在高速公路上处于十分重要的地位。

高速公路是全封闭的,其正线本身通过某一区域时,对该区并无实际意义,只有高速公路出入口的立体交叉设在那里,那里才有重要的意义。高速公路出入口附近地区的受益最高。据调查,日本80%的先导产业分布在高速公路的出入口附近,其产品和原材料几乎全部通过高速公路运输。这是因为出入口处为交通中心,运输十分方便。另外,因沿线产业以及配套设施的建立,也会促使区域人口的就业问题得以解决,使经济更加活跃。

(2)高速公路立体交叉的组成

立体交叉通常由跨线构造物、正线、匝道、出入口以及变速车道等部分组成。

①跨线构造物:指跨越被交叉道路的跨线桥(上跨式)或穿越被交叉道路路堑(下穿式),是立体交叉实现车流空间分离的主体构造物。

②正线:指交汇道路的直行道路本体,是组成立体交叉的主体。根据交汇道路等级,正线可分为主要道路(简称主线)、一般道路或次要道路(简称次线)。

③匝道:是指专供正线转弯车辆行驶的连接道,有时也包括匝道与正线或匝道与匝道之间的跨线桥(或路堑),是立体交叉的重要组成部分,按其作用可分为左转匝道和右转匝道两类,供左转弯的车辆行驶的为左转匝道,供右转弯的车辆行驶的为右转匝道。

④出口与入口:由正线驶出进入匝道的道口为出口,由匝道驶入正线的道口为入口。

⑤变速车道:为适应车辆变速行驶的需要,而在正线右侧的出入口附近增设的附加车道。按其功能分为减速车道和加速车道两种,出口端为减速车道,入口端为加速车道。

⑥辅助车道:在高速公路立体交叉的分、合流附近,为使匝道与高速公路车道数平衡和保持正线的基本车道数而在正线外侧增设的附加车道。

⑦匝道的道口:是指匝道的两端分别与正线的连接部,它包括出入口、变速车道和辅助车

道等。

⑧绿化地带：在立体交叉范围内，由匝道与正线或匝道与匝道之间所围成的封闭区域，一般采用美化环境的绿化栽植，也可布设排水灌渠、照明杆柱等设施。

⑨集散道路：在城市附近，为减少车流进出高速公路的交织和出入口数量，可在立体交叉范围内正线的一侧或两侧设置的与其平行且分离的专用道路。

立体交叉的范围，一般是指各交会道路变速车道渐变段顶点以内所包含的正线、跨线构造物、匝道和绿化地带等全部区域。

除以上主要组成部分以外，也包括立体交叉范围内的排水系统、照明设备以及交通工程设施等。

(3) 高速公路立体交叉的分类

①按交通功能分类，可将立体交叉分为分离式立体交叉和互通式立体交叉两类。

仅设跨线构造物（跨线桥或地道）使正线空间分离且无转向匝道的交叉方式称为分离式立体交叉。分离式立体交叉主要适用于直行交通量大、转弯车辆少或因交通组织不允许车辆转弯行驶时，可不设置转弯车道的交叉处；公路与铁路交叉处；高速公路与其他各级道路交叉处；一般等级公路交叉时；因场地或地形条件限制，为减少工程数量，降低造价，可采取分离式立体交叉。

互通式立体交叉不仅设跨线构造物使正线空间分离，而且上、下道路之间有匝道连接，以供转弯车辆行驶。此类立体交叉的主要特点是上、下道路的车辆可以转弯行驶，全部或者部分消灭了冲突点，各方向车辆相互干扰小，但结构复杂，占地多，造价高。互通式立体交叉适用于高速公路与其他各级道路、大城市出入口道路以及通往重要港口、机场或旅游胜地的道路相交处。根据交叉处车流轨迹线的交错方式和几何形状的不同，互通式立体交叉又可分为完全互通式立体交叉、部分互通式立体交叉和交织型立体交叉三种类型。

②按正线跨越方式，将立体交叉分为上跨式和下穿式两类。

用跨线桥从被交道路上方跨过的交叉方式称为上跨式立体交叉。此类立体交叉的主线高出地表面，施工比较简单，造价较低，因下挖较小，与地下管线干扰小，排水容易处理。其主要的缺点是占地较大，跨线桥影响视线和周围景观，引道较长且纵坡较大。用地道（或路堑）从被交道路下方穿过的交叉方式称为下穿式立体交叉。此类立体交叉的主线低于地表面，占地较小，立面易处理，构造物对视线和周围景观影响较小。其主要的特点是施工时地下管线干扰较大，排水困难，施工工期长，造价较高，养护管理费用大。

立体交叉还可以按是否收费、几何形状、交叉道路的条数、立体交叉的层数及立体交叉的用途分类。

第三节　高速公路设施

一、交通安全设施

交通安全设施是保证交通安全的重要手段，对于高速公路尤为重要，主要包括交通标志、交通标线、反光道标、防护设施和禁入设施等。

1. 安全护栏

高速公路安全护栏是指设在公路两侧及中央带，用以防止高速公路车辆驶出公路或者闯入对向车道,使对乘客的伤害及对车辆的损坏减少到最小限度,并诱导驾驶员的视线,使车辆恢复到正常行驶方向。

高速公路护栏的形式按刚度的不同,可分为柔性护栏、半刚性护栏和刚性护栏三种。

柔性护栏一般指的是缆索护栏。这是一种以数根施加了初拉力的缆索固定于支柱上的结构,它完全依赖于缆索的拉应力来抵抗车辆的碰撞。缆索在弹性范围内工作,几乎不需更换。这种护栏形式美观,车辆行驶时没有压迫感,但视线诱导效果差。

半刚性护栏一般指的是梁式护栏。这是一种用支柱固定的梁式结构,依靠护栏的弯曲变形和张拉力来抵抗车辆的碰撞。

刚性护栏一般指的是水泥混凝土墙式护栏。这是一种具有一定的断面形状的水泥混凝土墙式结构,依靠汽车爬高、变形和摩擦来吸收碰撞能量。

高速公路上的安全护栏既要阻止车辆越出路外,防止车辆穿越中央分隔带闯入对向车道;同时,还要使车辆恢复到正常的行驶方向,将对乘员的损伤降至最小,能诱导驾驶员的视线。为实现安全护栏的各种功能,安全护栏主要有路侧护栏、中央分割带护栏和防撞垫等。

2. 道路交通标志

不同类别的道路对交通标志有不同的要求。通常按道路类别,分为一般道路标志和高速公路标志两类。标志尺寸按小型、大型、巨型分类,以适应不同行驶速度对标志认读距离的要求。高速公路的车速较高,车道数多,标志牌尺寸比一般道路上的大得多。

交通标志按其功能,可分为主标志和辅助标志两大类。主标志分为指路标志、警告标志、禁令标志和指示标志。

(1)指路标志

指路标志是用来向道路使用者提供沿线路径的地名、方向和距离;或与之相交道路的编号;著名名胜古迹;游乐休息或服务区等。指路标志有以下主要的类别:道路编号、方向标志;交叉口方向、地点标志;出口预告及出口标志;地点、方向、距离标志;收费站标志;服务区标志;情报标志;交通指示标志。

(2)警告标志

警告标志是用来向道路使用者提供道路沿线存在的危险或应该注意的路段,提高警觉,并准备防范应变之措施。警告标志到危险地点的距离,应根据计算行车速度确定。如受实际地形限制,可酌情变更。但其设置位置必须明显,并不得少于安全停车视距。

(3)禁令标志

禁令标志是用来向道路使用者表示交通之通行、禁止、限制等规定,必须严格遵守。禁令标志设于距禁止事项附近的适当地点,一般需设置在最醒目的地方,并随标志设置的目的而改变。

(4)指示标志

指示标志是用来向道路使用者提供行进的信息,设于行车道的入口处。指示标志主要用来指示准许行驶的方向,如向右(或向左)转弯、靠右侧(或左侧)道路行驶等,也可用来表示机动车道或非机动车道等。

辅助标志为附设于主标志下的起辅助说明作用的标志,为长方形,白底黑字黑边框,可分为表示车辆种类、表示时间、表示距离或区域、表示禁令、警告理由等数种。另外,辅助设施不能单独设立。

3. 路面标线

路面标线是交通设施的重要组成部分,它是引导驾驶员视线、管制驾驶员驾车行为的重要设施。因此,对于标线的可见性、耐久性、施工性等有严格的要求。车辆驾驶时,无论是白天还是黑夜,都能由于光泽和色彩的反衬而清晰地识别和辨认路面标线。无论是沥青路面还是水泥混凝土路面标线涂料,必须保持与路面之间的紧密结合,在一定的时期内,不会因为车辆和行人来往通行而剥落。标线涂料应具有优良的耐久性,能经受车辆长久的磨损,不会产生明显的裂缝;标线涂料应具有很好的防滑性能,车辆驶过标线时产生较小的噪声和振动;标线涂料的原料容易获得,价格便宜,涂敷作业要安全、无毒、无污染;反光标线的回归反射性能在相当长的使用时间内不应显著下降;标线颜色应均匀,不会因气候、路面材料等作用而变色;标线涂料应具有快干性,涂敷作业要尽量减少对交通的干扰;标线涂料应具有良好的施工性能,画出的标线边缘整齐,表面平整,不会产生涂料流淌,表面产生沟槽、气泡等缺陷。

路面标线有以下几种分类方法:

(1) 按照设置方式分类

①纵向标线:沿道路行车方向设置的标线。

②横向标线:与道路行车方向成角度设置的标线。

③其他标线:字符标记或其他形式的标线。

(2) 按照功能分类

①警告标线:促使车辆驾驶员及行人了解道路的特殊情况,使其提高警觉、准备防范应变措施的标线。

②指示标线:指示车行道、行车方向、路面边缘、人行道等设施的视线。

③禁止标线:告示道路交通的通行、禁止、限制等特殊规定,车辆驾驶员员及行人需严格遵守的标线。

(3) 按照形态分类

①线条:标画于路面、缘石或立面上的实线或虚线。

②字符标记:标画于路面上的文字、数字及各种图形符号。

③突起路标:安装于路面上用于标示车道边界、边缘、分合流、弯道、危险路段、路宽变化、路面障碍物位置的反光体。

④路边线轮廓体:安装于道路两侧,用以指示道路的方向、车行道边界轮廓的反光柱(或片)。

4. 隔离栅和防护设施

隔离栅是阻止人畜进入高速公路,防止非法占用公路用地的基础设施。它可有效地排除横向干扰,避免由此产生的交通延误或交通事故,保障高速公路效益的发挥。隔离栅按照其使用材料的不同,可以分为金属网、钢板网、刺铁丝和常青绿篱几大类。常青绿篱在南方地区与刺铁丝隔离栅配合使用,具有隔声、降噪、美化路容和节约投资的综合功效。金属网隔离栅按网面材料的不同,又可进一步分为电焊网、编织网等形式。

防护设施是指为预防人为或自然因素对公路交通的危害而设置的安全设施,包括桥梁防护网、防落石栅、防雪栅和防风栅等各类防护屏障。

5. 防眩设施

防眩网通过网股的宽度和厚度阻挡光线通过,同时将光束分散后反射,减少光束强度而达到防止对向车前照灯炫目的目的。

防眩板是通过其宽度部分阻挡对向车前照灯的光束,在道路中央分隔带上连续设置一定间距、横置一定宽度的板条,当与前照灯主光轴的水平夹角成一定角度的光线照射到防眩板上时,光线刚好被相邻两块板条所阻挡。

防眩设施既要有效地遮挡对向车前照灯的眩光,也要满足驾驶员横向通视、能看到斜前方的要求。采用完全避光时,驾驶员眺望远方的视线被遮挡,横向通视也不可能,使驾驶员行车有压迫感;同时,对向车道的交通情况是行车的重要参照系,驾驶员通过对向车前照灯的光线判断两车的纵向距离。因此,防眩设施并不要求把对向车前照灯的光线完全遮挡,允许让部分光线(不使驾驶员感到不舒服)穿过防眩设施,所以防眩设施宜采用部分遮光原理进行设计。

防眩设施的高度由驾驶员的视线高度和车辆前照灯的高度决定。在公路线形设计中,我国采用驾驶员高度标准值是1.20m,而在实际行驶的车辆群中,由于车辆结构和驾驶员个体等因素的差别,驾驶员的视线高度变化很大。此外,由于车辆种类繁多,前照灯高度变化范围亦很大。

6. 视线诱导设施

视线诱导标系沿车行道两侧设置,用于明示道路线形、方向、车行道边界及危险路段位置,诱导驾驶员视线的设施。车辆在道路上行驶需有一定的通视距离,以便掌握道路前方的情况,尤其在夜间行驶时,仅依靠前车灯照明来弄清道路前方的线形、明了行驶的方向是有一定困难的。因为汽车前灯的照明范围是有限的,要达到白天的通视距离,就要依赖于诱导设施。

视线诱导标按照功能可分为:轮廓标、分流或合流诱导标、线形诱导标。其中线形诱导标又可分为指示性线形诱导标和警告性线形诱导标。轮廓标以指示道路线形轮廓为主要目标;分合流诱导标以指示交通分合为主要目标;线形诱导标以指示或警告改变行驶方向为主要目标。它们以不同的侧重点来诱导驾驶员的视线,使行车更趋安全、舒适。视线诱导标按其设置方式可分为直埋式和附着式两种。

高速公路交通安全设施具有保证行车安全、提高行车速度、引导车辆行驶的功能。

二、高速公路服务设施

车辆在全封闭的高速公路上行驶,不能随意出入,也不能随意停车,同时高速流动的信息,加之公路的单调,时常将驾驶员诱入无精神、无感觉的境界,易产生事故隐患。为强化行车操作意识和满足驾乘人员中途休息、食宿等生理需要,保证车辆添加(加油、加水)、维修和中途意外事故救助,为故障多发车辆提供检修场所,故必须在中途设置服务设施。

高速公路服务区,是指设置在高速公路上,主要为车辆、驾乘人员和旅客提供服务的设施,它包括休息、停车和辅助设施三部分,是专门为人、车服务的场所和建筑设施范围的称谓。服务项目少的称为停车区(没有加油站和修理设施),总体也称为服务区。

高速公路服务区是由为旅客服务的设施、为车辆服务的设施及其他设施构成的各种设施提供不同的功能。

(1)为旅客服务的设施

为旅客服务的设施主要包括休息室与旅馆、商店与餐厅、公共厕所、园林与绿化带、广场与通道、医务室与急救站、通信设施等。

(2)为车辆服务的设施

为车辆服务的设施包括停车场、加油站、修理所、贯穿车道、标志、标线、天桥及地下通道。

高速公路服务区的设置解决了高速公路给旅客和车辆带来了不便和困难,提供了途中食宿、购物、通信、加油、维修车辆等服务;高速公路服务区具有解除连续行驶的疲劳与紧张,满足驾驶员心理上需求的职能;高速行驶的车辆很容易出现故障,利用服务区设施对车辆进行维护和修理十分必要;高速公路服务区的设置消除了旅客和驾驶员的后顾之忧,增加了道路使用者的安全感、舒适感。良好的服务区,能够吸引车辆利用高速公路,发挥高速公路的社会效益和经济效益。

高速公路服务区由于其主要设施如停车场、餐厅和加油站等布局的位置不同,因而形式也有所不同。

停车场的位置分为分离式和集中式。分离式是上、下行车道停车场分别布置在高速公路的两侧。集中式是上、下行车道停车场集中布置在高速公路的一侧。由于高速公路上、下行车道中间有中央分隔带分开,两侧行驶的车辆都要使用停车场,所以分离式停车场更利于停车。车辆可以直接开到停车场,不必绕到对面的停车场去。同时,在收费的高速公路上采用分离式停车场,还可以防止驾驶员相互交换通行卡和收费票证等作弊现象。所以,一般高速公路都采用分离式停车场。

餐厅的位置分为外向型、内向型和平行型。①外向型:在餐厅和高速公路之间布置停车场、加油站等其他服务设施。这种布置适用于服务区外侧有较开阔的田野、森林等风景秀丽的地带,旅客在用餐的同时,可以欣赏窗外美丽的景色,使人心旷神怡,有助于解除旅途的疲劳。②内向型:餐厅与高速公路相邻,餐厅的另一侧布置停车场和加油站等其他服务设施。这种布置适用于服务区周围环境较为封闭、顾客无法向外远眺的情况,如深挖地带或四周为乡镇街道等。③平行型:餐厅和停车场、加油站等服务设施都与高速公路相邻,沿高速公路方向作长条形布置。这种布置方式适用于地势狭长和山区的地带。外向型的服务区便于停车,且旅客进入服务区可避开嘈杂的汽车声干扰,以便在安静的环境中得到较好的休息,从而更快的缓解疲劳。同时,因餐厅离高速公路较远,有时还有花台、树木等绿化带的隔离,减少尘土的污染,使旅客能够得到较为干净卫生的食品。因而,一般都采用外向型的方案。只有在地形条件受到限制时,才采用内向型的方案。

加油站的位置分为入口型、出口型和中间型。①入口型:加油站布置在服务区的入口处,车辆一进入服务区立刻就可以加油。②出口型:加油站布置在服务区的出口处,车辆在休息后出服务区时再加油。③中间型:加油站布置在入口和出口之间,使用起来比较灵活。加油站设在出口处有利于场区合理布局、交通流畅以及行人行车的安全。但是如果加油站设在入口处,则更便于车辆加油。但是,当加油的车辆比较多的时候,就会在服务区入口处排队,妨碍匝道上车辆的行驶。由于停车场、餐厅、加油站、公共厕所等主要设施的布置与地形、地貌、沿线自然特征、土地利用、投资费用以及管理条件等因素有关,实际上服务区的形式是通过对各种因素的综合分析和比较,并且按照上述不同的分类进行组合来确定的。

三、高速公路通信监控系统

高速公路通信监控系统按信息流程划分,主要由信息采集系统、交通控制系统、信息提供系统、通信传输系统四个子系统组成。

1. 信息采集子系统

信息采集子系统的作用是采集各种交通信息、气象信息以及地理信息等。主要包括以下设备:
(1)车辆检测装置。

(2)气象监测装置。
(3)测速雷达。
(4)视频监测装置。
(5)紧急电话。
(6)巡逻车无线电装置。
(7)电子收费系统。

2. 交通控制子系统

交通控制子系统的主要功能是对外场终端送来的各种信息进行实时的运算、处理和分析,制定控制方案,并根据制定的控制方案,利用信息提供子系统发布信息、命令、建议等。主要包括以下设备:

(1)计算机及其外部设备。
(2)道路模拟屏。
(3)控制台。
(4)电话总机台。

3. 信息提供子系统

该系统主要是向高速公路的使用者提供各种交通运输信息(例如交通状况、客货运输信息、交通规划与地理信息、气象信息等),发布命令或建议(例如限速、关闭匝道等),以促使道路交通流量分布均匀,提高道路利用率和运输效率,达到交通控制与管理的目的。主要包括以下设备:

(1)可变情报板。
(2)可变限速标志。
(3)交通广播及路侧通信广播。
(4)信号灯系统。
(5)信息中心终端。

4. 通信传输子系统

通信传输子系统处于高速公路机电工程的基础地位,发挥着神经系统功能。它不仅对保证"信息流"在信息采集子系统、交通控制子系统以及信息提供子系统之间及时、快速、准确地传递起着重要的作用,而且还是收费系统等高速公路机电系统赖以存在的支持环境。通信传输子系统主要由光缆数字传输系统、程控数字交换系统、移动通信系统、紧急电话系统等组成。

四、高速公路的美化与绿化

1. 高速公路美化

高速公路景观美化,一方面要体现水平与竖向组合而成的空间线形连续协调,令人视觉舒适,更好地满足动态中人和车的需要;另一方面要体现高速公路沿线风景呈现在人们眼前的是一幅幅图像式的动态画面,这些动态画面与高速公路结构本身、沿线自然环境融为一体。为此,高速公路建设要在注意其安全性、舒适性、耐久性的同时,还要把高速公路景观美化作为一项内容来考虑。

一般来说,高速公路景观分为内部景观和外部景观。内部景观是指行驶在公路上的驾驶员和乘客所见到的景观以及在停车场、服务区等场所所见到的景观,是动景观。内部景观设计包括公路空间线形本身的协调性设计,与视觉诱导分析、周围地形及沿线环境融合等。可见,线形设计是内部景观设计的主体,它的成败将直接影响景观设计的好坏。此外,沿线绿化、标志标线、边坡处理、沿线景点的造型、公路的色彩等,对内部景观同样会有很大的影响。外部景观是指从沿线居住地及其他的道路上看到的公路及沿线设施景观,是静景观。它强调的是公路的整体印象。作为一种人工的构造物,公路建设无疑会改变原有的地形、环境。外部景观设计就是从公路以外审视公路与环境之间的统一性,通过弥补措施,力求使公路成为环境中的一部分。

高速公路景观美化的原则包括:因地制宜,保护环境,以美学理论为指导,风格鲜明。要求沿线景观布设既要赋予节奏感,又要具有连续性;高速公路及公路沿线具有色质感;提供驾驶员舒适与安全的感觉,消除行车过程中公路对乘客和驾驶员心理上的压抑感、恐惧感、压迫感及威胁感。

2. 高速公路绿化

高速公路绿化是实现高速公路建设可持续发展的需要,高速公路的绿化是延续历史文脉、弘扬民族文化的要求,高速公路绿化是保护视觉环境质量的要求。

高速公路绿化可以改善道路景观;防尘防燥,净化空气;固土护坡及防止水土流失;视线诱导;防眩光;降低路面温度,改善小气候,减轻路面老化,延长公路使用寿命。

复习思考题

1. 什么是高速公路?
2. 高速公路有何特点?
3. 简述高速公路规划程序与内容。
4. 高速公路选线应注意什么问题?
5. 高速公路路线设计上有何特点?
6. 简述高速公路路基路面结构类型。
7. 高速公路有哪些设施?对其有何要求?

第二篇

桥梁工程概论

第一章 绪论

内容提要：本章简要介绍了国内外桥梁建设的技术成就以及桥梁工程未来的技术发展趋势；介绍了桥梁结构的组成和桥梁的分类体系及其受力特点；介绍了桥梁工程项目的设计原则、设计前对桥位勘测与设计资料调查的内容和桥梁设计建筑的程序；介绍了桥梁平纵横设计原则以及公路与城市桥梁设计中的作用分类和作用效应组合。

第一节 桥梁工程发展概况

一、桥梁工程的地位与作用

从学科上分，桥梁工程属于土木工程中结构工程的一个分支。桥梁工程是用木、砖、石、混凝土、钢筋混凝土、预应力钢筋混凝土和钢等材料建造的结构工程。桥梁是供汽车、火车、行人等跨越障碍(河流、海峡、湖泊、山谷或其他线路等)的建筑物。

桥梁按其使用功能，可以区分为公路桥梁、铁路桥梁、城市桥梁、公铁两用桥梁、行人桥梁、水渠桥梁、管线桥梁等。

交通运输业是国民经济结构中先行和基础产业，是国民经济重要的组成部分。大力发展交通运输业，是持续发展经济，不断改善民生，全面建成小康社会，加快推进社会主义现代化的必然要求。构建便捷高效的现代交通运输体系，交通基础设施建设必须先行。

我国自改革开放以来，交通基础设施建设实现了跨越式发展，其中桥梁处于交通运输线的咽喉，往往成为控制性工程，具有极其重要的地位。桥梁工程在工程规模上占公路总造价的10%~20%。

桥梁既要满足使用要求，又要与周围环境相协调，功能齐全、造型优美的桥梁往往成为当地的标志性建筑。桥梁建筑既是人类宝贵的物质财富，也是重要的精神财富。

我国大规模的基础设施建设，给桥梁工作者带来了难得的机遇。跨越大江、大河和海湾的大型桥梁的大量修建，使我国成为名副其实的桥梁大国，以杭州湾大桥、苏通大桥为代表的一批世界级桥梁，标志着我国桥梁技术进入了世界先进行列。然而，我们仍然要清醒地认识到差距和不足，比如，我们建桥所用的技术、设备和软件还依赖进口。因此，只有通过自主创新，才能使我们从桥梁大国扎实地走向桥梁强国。在这个赶超的过程中,广大桥梁技术工作者肩负着光荣和艰巨的任务。

二、古代桥梁简述

桥的作用是跨过河流与山谷,它是人类在生产生活中,为克服天然障碍而建造的建筑物。

人类从自然界天然的桥梁得到启发,不断效仿自然,以解决交通的问题。比如,人们利用倒下而横卧在河床上的粗大树干踩踏过河,从而有了建造梁桥的想法;利用天然形成的石穹、石洞跨越山涧沟壑,就逐步学会了修建拱桥;受崖壁或树丛间飘荡的藤蔓的启发,人们学会了利用藤、竹建造索桥。

据考古发掘,内蒙古自治区赤峰市敖汉旗兴隆洼遗址古村落距今8 000年左右,在居住区外围有围壕,意味着极可能性有人工独木或拼木为梁的活动木桥。

《诗经》记载:"亲迎于渭,造舟为梁。"这是我国建造浮桥的最早记录。该浮桥是周文王为娶亲于公元前1227年左右在渭河上建造的。公元前965年,周穆王伐楚在九江造浑脱军用浮桥。

我国的石拱桥有悠久的历史。《水经注》里提到的旅人桥,大约建成于公元282年,可能是我国有记载的最早的石拱桥。

古代桥梁多采用木、藤、竹、石之类的天然材料。因木、藤、竹等材料极易腐烂,能保存下来的古代桥梁多为石桥。世界上现存最古老的石桥在今希腊的伯罗奔尼撒半岛,是一座用石块干砌的单孔石拱桥(公元前1500年左右)。

大约在春秋晚期出现锻铁后,为建造铁索桥提供了材料。相传东汉明帝时(58—75年),在云南的澜沧江上曾架过一条名为兰律桥的铁索桥。最迟于隋开皇(581—600年)时建造的云南巨津州铁桥,标志着中国已发展到使用铁链建造吊桥,比西方早约1 200年。

我国历史悠久,是四大文明古国中唯一的历史延绵不断的国家。几千年来,古代桥梁不仅数量惊人,而且类型多样,在技术上也有着卓越的成就。

战国时期,李冰父子在成都修建了都江堰水利工程,并在渠上建有著名的成都七桥。其中有一座长330m有余、最大跨径61m的8孔竹索桥,结构合理,构思巧妙,匠心独具,是古代竹索桥的杰作之一。

图2-1-1 福建安平桥

安平桥,又名五里桥,位于福建省晋江市安海镇。该桥建于宋绍兴八年至二十一年(1138—1151年),是我国古代桥梁中最长的一座石墩石梁桥,被誉为"天下长桥无此桥"。该桥有362孔,全长2 100m,在1905年郑州黄河大桥建成以前一直是我国最长的桥梁。见图2-1-1。

赵州桥,又名安济桥,位于河北省赵县城南大石桥村。该桥始建于隋朝开皇十五年(595年),是世界上现存修建最早、保存完好的敞肩式单孔圆弧形石拱桥。桥梁全长50.83m,净跨37.02m,宽9m,为李春、李通等人所建。1991年,该桥被美国土木工程学会评定为"国际土木工程历史古迹"。见图2-1-2。

汴水虹桥(图2-1-3)是北宋张择端的名画《清明上河图》中汴河上的虹桥。这座名画中木拱桥是单跨等边折线形木拱桥，因其形如飞虹，俗称虹桥。贯插梁木成拱而无柱，又名贯木拱。由于其构造是以木梁交叠而成，跨越能力远超单根木梁，也有叫"叠梁拱桥"的。这种桥梁形式为我国独创，是中国古代木结构建筑技术的最高成就之一。现在我国的浙闽山区还有数量众多的建于南宋到清的木拱桥。2008年至2009年上半年，由浙江省和福建省申报的"木拱桥传统营造技艺"被列入国家第二批非物质文化遗产代表作名录。

图 2-1-2　河北赵州桥

图 2-1-3　汴水虹桥

卢沟桥（图 2-1-4），位于北京市西南约 15km 的永定河上。永定河旧称卢沟河，卢沟桥名取自桥下河名。该桥始建于金大定二十九年（1189 年），完工于金明昌三年（1192 年）。桥梁全长 266.5m，宽 9.3m，是一座 11 孔厚墩联拱石桥。桥身两侧石雕护栏各有望柱 140 根，柱头上雕有形态各异的大小石狮共 501 个。此桥桥头有华表、石碑和乾隆题写"卢沟晓月"的碑亭，是著名的"燕京八景"之一。1937 年 7 月 7 日，侵华日军向中国军队挑衅，驻扎在宛平的中国军队奋起反击。抗日战争爆发于此，卢沟桥也成了我国人民永远难忘的一座具有历史意义的桥梁建筑。

葛镜桥位于贵州福泉（图 2-1-5），跨越洒金河谷，是贵州通往湖广的古驿道必经之路。葛镜桥为三孔石拱桥，全长 52.7m，宽 8.5m，高 23m，建于明万历年间（1617—1619 年），由平越人葛镜倾尽家资修建而成。茅以升先生称葛镜桥是变截面圆弧尖拱石拱桥的典型代表，并留下"北有赵州桥，南有葛镜桥"的感叹。

图 2-1-4　北京卢沟桥

图 2-1-5　贵州福泉葛镜桥

泸定桥（图 2-1-6），位于四川省甘孜州泸定县泸桥镇，横跨大渡河。该桥始建于清康熙四十四年（1705 年），翌年落成，是当时世界最大的铁索桥。康熙御笔题"泸定桥"桥名，桥头立有《御制泸定桥碑记》。桥梁跨径 103m，净宽 2.8m，桥面距枯水位 14.5m，桥身由 13 根铁链组成，9 根底链上铺木板作桥面，余下 4 根分列两旁作为扶手。每根铁链平均长 128m，两头锚固于两岸桥台后面。1935年,红军长征途经此地,飞夺泸定桥,强渡大渡河,此桥得以闻名中外。

三、我国现代桥梁建设成就

如上所述,我国古代桥梁建筑具有悠久的历史和卓越的成就,是我国古代劳动人民对人类文明作出的巨大贡献,也是我国古代灿烂文化的一个重要组成部分。

然而,中国封建社会自明朝以后开始闭关自守,1840年鸦片战争后,随着帝国主义列强的侵入和腐朽的社会制度,广大劳动人民处于水深火热之中。新中国成立前,我国交通事业落后,桥梁建设的技术水平也远远落后于西方列强。我国的桥梁建设大部分由外国投资、洋人设计、外商承包。直到由茅以升先生主持设计施工的浙江杭州钱塘江大桥的修建,才开启了中国人在大江大河上修建现代桥梁的序幕。

钱塘江大桥(图2-1-7),位于杭州市西湖之南、六和塔附近的钱塘江上,是由中国人自行设计、监造的第一座双层铁路、公路两用桥,横贯钱塘南北,是连接沪杭甬铁路、浙赣铁路的交通要道。大桥于1934年8月8日开始动工兴建,1937年9月26日建成,历时三年零一个月时间。大桥建成后,为阻日寇进攻,由茅以升先生协助炸毁过。1953年恢复使用,钱塘江大桥已经在风雨和大潮的洗礼中岿然屹立了一个甲子。

图2-1-6 四川泸定桥

图2-1-7 杭州钱塘江大桥

新中国成立后,在建国初期修复并加固了大量旧桥,随后在第一个、第二个五年计划期间,学习苏联技术,修建了不少小跨径、小规模的混凝土桥梁。20世纪50～60年代,修订了桥梁设计规程,编制了桥梁标准设计图纸和设计计算手册,我国的桥梁工程技术也有所发展。1956年,建成了中国公路上第一座预应力混凝土桥——京周公路哑巴河桥。进入20世纪60年代以后,由于政治运动不断,经济形势恶化,资金和材料匮乏,交通建设受到很大影响,桥梁技术也只能在时断时续中进行研究与探索。1964年,无锡市交通局桥梁工程队创建了双曲拱桥。双曲拱桥用料省、易施工,在财力困难、钢材紧张的年代,为农村交通建设和公路桥梁改造作出了重要贡献。1965年,建成我国第一座预应力T形刚构桥——五陵卫河桥。之后,于1971年建成了更大跨径的预应力混凝土T形刚构桥——福建乌龙江大桥,标志着我国大跨径预应力混凝土桥梁建造技术取得了巨大进步。1975年,在四川省云阳县建造了我国第一座试验性斜拉桥——云阳汤溪河桥。

武汉长江大桥,位于武汉市区,是中国在万里长江上修建的第一座公铁两用桥。桥梁全长1 670m,主桥由三联九孔跨径各为128m的连续钢桁梁组成。大桥在苏联专家的帮助下,于1955年9月开工建设,1957年10月建成通车。"长江第一桥"使中国人数千年期盼的长江"天堑变通途"的梦想成为现实。如图2-1-8所示。

南京长江大桥,位于南京市与浦口之间,连接津浦、沪宁铁路,是中国自行设计、自行施工的具有世界水平的公铁两用桥。大桥铁路部分长 6 772m,公路部分长 4 588m,江面正桥1 576m,最大跨径160m,为简支连续钢桁架桥。大桥于1960年1月开工建设,1968年9月,铁路桥首先建成通车;1968年12月,公路桥建成通车。如图2-1-9所示。

图 2-1-8　武汉长江大桥

图 2-1-9　南京长江大桥

改革开放以后,随着我国经济实力不断增强,桥梁建设也不断掀起新的发展高潮。

20世纪80年代,上海拟在黄浦江上修建大跨径桥梁,与日本草签了由日本免费设计、低息贷款帮助修建南浦大桥的协议,但在同济大学李国豪教授的坚持下,以项海帆为首的桥梁方案小组,提出了自主建设的建议并获得批准。1991年,上海南浦大桥建成通车,使我国桥梁工作者树立了信心,积累了经验,锻炼了队伍,培养了人才,拉开了我国自主建设特大跨径桥梁的序幕。

20世纪90年代,随着国家加大对交通基础设施建设的投入,中国桥梁建设进入高速发展期。1993年,当时世界最大跨径的斜拉桥——主跨602m的杨浦大桥建成通车。1994年,建成我国第一座现代悬索桥——主跨452m的广东汕头海湾大桥。1999年,建成我国首座超千米的大跨径悬索桥——江阴长江大桥。丹河大桥、万县长江大桥等不同类型的拱桥,创造了新的世界跨径纪录。

进入21世纪,中国桥梁在经过20年的自主建设取得举世瞩目的成就的基础上,厚积薄发,终于进入了一个"创新和超越"的崛起时代。2008年,世界最大跨径的斜拉桥——苏通长江大桥建成通车;同年,世界最长的跨海大桥——杭州湾跨海大桥建成通车;2009年,主跨1 650m的舟山西堠门大桥建成通车,其跨径世界第二。各类型桥梁,无论是数量还是跨径均进入世界前十位之列,标志着我国已开始从桥梁大国向桥梁强国迈进。

广东番禺洛溪桥,位于广州市南部,跨越珠江,是我国第一座预应力混凝土连续刚构桥。桥总长 1 916.04m,宽 15.5m。主梁采用单箱单室,首次引进瑞士 VSL 钢绞线群锚系统。该桥于1988年建成通车。如图2-1-10所示。

上海南浦大桥,是上海市区第一座跨越黄浦江的大桥,落成于1991年11月19日。桥梁总长 8 346m,其中主桥全长 846m,引桥全长 7 500m。南浦大桥是我国自行设计、自行建造的双塔双索面、叠合梁斜拉桥。主塔上"南浦大桥"四个红色大字为邓小平同志所题写。如图2-1-11所示。

广东虎门珠江大桥,位于广州东南约42km的珠江出海口附近,1997年6月建成通车。大桥全长 3 636m,其中主航道主跨为888m钢箱梁悬索桥,辅航道桥主跨为270m预应力混凝土连续刚构桥。如图2-1-12所示。

图 2-1-10　广东番禺洛溪桥

图 2-1-11　上海南浦大桥

江阴长江大桥，位于长江三角洲地段的中部，连接江苏省无锡市和泰州市，于 1999 年 9 月建成。大桥全长 3 177m，主桥主跨采用 1 385m 钢箱梁悬索桥。本桥为我国首座主跨超千米的特大桥，也是国内首次采用预应力钢绞线锚固系统。如图 2-1-13 所示。

图 2-1-12　广东虎门珠江大桥

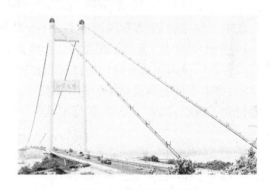
图 2-1-13　江阴长江大桥

万县长江大桥，位于重庆市万州长江上游 7km，是国道 318 线上跨长江的一座特大公路桥梁，1997 年 6 月建成。大桥全长 856.12m，主桥为 420m 钢筋混凝土箱形拱桥。该桥采用钢管混凝土劲性骨架成拱方法，是拱桥施工方法的一大突破。如图 2-1-14 所示。

芜湖长江大桥，位于安徽省芜湖市与巢湖市所辖无为、和县两县境内，2000 年 9 月建成。跨江正桥为公铁两用，桥长 2 193.7m。铁路桥全长 10 520.966m，公路桥全长 5 681.25m。该桥主跨采用板桁结合结构矮塔斜拉桥，是国内首座公铁两用矮塔斜拉桥。如图 2-1-15 所示。

图 2-1-14　万县长江大桥

图 2-1-15　芜湖长江大桥

山西丹河大桥，位于太行山脉南端，于山西晋城—河南焦作高速公路 K10＋300 处跨越丹河,2000年7月建成。主桥采用净跨径146m的特大石拱桥,单跨跨径居世界同类桥型首位,桥梁全长425.6m。如图2-1-16所示。

润扬长江大桥连接镇江市与扬州市,2005年10月建成通车。大桥及接线工程全长35.66km,其中南汊主航道桥为主跨1490m单孔桥双铰钢箱梁悬索桥,北汊副航道主桥采用176m+406m+176m三跨双塔双索面钢箱梁斜拉桥。如图2-1-17所示。

图 2-1-16　山西丹河大桥　　　　　　　图 2-1-17　润扬长江大桥

南京长江三桥,位于南京长江大桥上游19km处的大胜关,2005年10月建成。主桥主跨采用648m的双塔双索面钢塔钢箱梁斜拉桥。该桥是我国首座采用钢塔的大型桥梁,也是世界上第一座弧线形钢塔斜拉桥。如图2-1-18所示。

苏通长江大桥,位于江苏省长江南通河段,南北南岸为苏州市和南通市,2008年5月建成。大桥全长8146m,主航道桥为双索面斜拉桥,跨径1088m,塔高300.4m,131根大直径超深钻孔灌注桩和承台面积为113.75m×48.1m的索塔基础。该桥建成时为世界第一大跨径斜拉桥。如图2-1-19所示。

图 2-1-18　南京长江三桥　　　　　　　图 2-1-19　苏通长江大桥

重庆朝天门大桥,位于重庆市区,在嘉陵江与长江交汇口(朝天门)下游2.4km处跨越长江,2009年5月建成。大桥主桥采用190m+552m+190m三跨连续中承式钢桁系杆拱桥。大桥为公轨两用特大型拱桥,上层桥面为双向六车道,下层桥面为2个预留车道和2条双向轨道交通。该桥是跨径最大的拱桥,被誉为"世界第一拱",2009年4月建成。如图2-1-20所示。

南京大胜关长江大桥,位于长江下游的南京大胜关河段,主桥为6跨连续钢桁拱桥,2009年11月建成。该桥是世界首座六线铁路大桥,为世界上设计荷载最大的高速铁路大桥,其主跨2×336m的连拱名列世界同类高速铁路桥之首。如图2-1-21所示。

图2-1-20 重庆朝天门大桥

图2-1-21 南京大胜关长江大桥

香港昂船洲大桥位于香港市区,以维多利亚港作为背景,横跨蓝巴勒海峡,是香港八号干线重要的一环。大桥总长1 596m,主跨跨径1 018m,2009年6月建成,是仅次于苏通长江大桥的世界第二大跨径斜拉桥。如图2-1-22所示。

图2-1-22 香港昂船洲大桥

杭州湾跨海大桥,北起浙江嘉兴海盐县,南止宁波慈溪市,跨越杭州湾海域,全长36km,2008年5月建成通车。北航道桥为双塔双索面五跨连续钢箱梁斜拉桥(70m+160m+448m+160m+70m),南航道桥为独塔双索面三跨连续钢箱梁斜拉桥(80m+160m+318m),水中区引桥跨径均为70m(总长18.27km),南岸滩涂区引桥跨径为50m(总长10.1km)。该桥的建设使宁波至上海的陆路距离缩短了约120km,从而使宁波由交通末端型城市向枢纽型城市转变。如图2-1-23所示。

舟山西堠门大桥位于浙江省舟山市西堠门海域,是舟山连岛工程之一,2009年12月25日建成通车。主桥为两跨连续分体式全漂浮体系钢箱梁悬索桥,主跨跨径1 650m,位居悬索桥世界第二、中国第一,其中钢箱梁全长在悬索桥中居世界第一。如图2-1-24所示。

图2-1-23 杭州湾跨海大桥

图2-1-24 舟山西堠门大桥

青岛海湾大桥又称胶州湾跨海大桥,位于胶州湾北部,起自青岛主城区海尔路,经红岛到黄岛,大桥全长36.48km,2011年6月30日全线通车。全长超过我国杭州湾跨海大桥和美国切萨皮克跨海大桥,是当今世界上最长的跨海大桥,也是世界第二长桥。如图2-1-25所示。

嘉绍大桥,是连接嘉兴海宁与绍兴上虞的嘉绍通道的中间跨江部分,2013年7月建成通车。大桥主航道桥采用6塔独柱斜拉桥方案,这使主桥长度达2 680m,分出5个主通航道,索塔数量、主桥长度规模位居世界第一;大桥采用双向八车道高速公路标准,主桥总宽度达55.6m(含布索区),是世界上最宽的多塔斜拉桥。如图2-1-26所示。

图2-1-25　青岛海湾大桥　　　　　　　　图2-1-26　嘉绍大桥

马鞍山长江公路大桥,位于马鞍山市市区与郑蒲港新区之间,桥位位于河段当涂江心洲,主桥长10.9km,2013年12月31日建成通车。大桥的左汊主桥采用2×1 080m三塔两跨悬索桥,首次实现了三塔两跨悬索桥跨径由百米向千米的重大突破。主跨跨径在世界同类桥梁中位居第一,中塔还首次采用了塔梁固结体系的世界级创新。如图2-1-27所示。

矮寨大桥,位于湖南湘西矮寨镇境内,距吉首市区约20km,跨越矮寨大峡谷,德夯河流经谷底,桥面设计高程与地面高差达330m左右,2012年3月建成通车。主桥主跨采用1 176m钢桁加劲梁单跨悬索桥,全长1 073.65m。该桥是跨峡谷悬索桥中主跨长度世界第一,采用"轨索滑移法"架设钢桁梁也是世界首创。如图2-1-28所示。

图2-1-27　马鞍山长江公路大桥　　　　　　图2-1-28　矮寨大桥

四、国外现代桥梁建设成就

18世纪以后,欧洲进入工业革命时代,随着钢铁应用于桥梁以及结构理论的逐步完善,桥梁建设从过去的经验法过渡到在理论指导下的经验法。铁路的兴建、桁架结构的兴起、新材料的发明、建筑标准的诞生等,拉开了现代桥梁建设的序幕。18世纪末19世纪初,英国现代桥梁先驱托马斯·泰尔福德率先修建了塞文河上的铸铁拱桥和横跨威尔士的麦纳海峡索桥,开创了桥梁建设应用金属材料的新局面。20世纪初,钢筋混凝土开始广泛应用,至20世纪30

年代发明了预应力混凝土。钢筋混凝土和预应力混凝土技术大大地提高了结构的抗裂性能、刚度和承载能力,使土木工程发生了一次飞跃,桥梁结构形式及规模有了突破,迎来了全世界前所未有的建筑活动兴盛期。第二次世界大战结束后,西方国家进入了大规模的建设时期。特别是随着计算机技术的发展及其在土木工程中的应用,使各类桥型得以不断创新和发展。1955年,利用预应力混凝土技术首创了无支架悬臂挂篮施工技术;1956年第一座现代斜拉桥诞生;1962年建成第一座混凝土斜拉桥;1976年建成世界第一座预应力混凝土连续刚构桥。

世界各国桥梁工作者始终在寻求结构构造合理、造价更经济、跨越能力更大的桥梁形式,推动了世界桥梁工程的发展。

加拿大魁北克大桥(图2-1-29)是东起大西洋岸哈利法克斯、西至太平洋岸鲁珀特王子港的铁路干线上的一座公铁两用桥,在魁北克附近跨越圣劳伦斯河,1917年通车,现在还在使用。以建造过程中两次倒塌、死亡82人为代价,魁北克大桥将桥跨长度的世界纪录由518.1m(1 700英尺)增加到548.6m(1 800英尺),当时是世界上跨径最大的钢悬臂梁桥。

澳大利亚悉尼大桥(图2-1-30),位于杰克逊港,号称世界第一单孔拱桥,1932年3月建成通车。该桥是双铰钢桁架中承式拱桥,跨径502m,全长1 149.1m。它是早期悉尼的代表建筑,与举世闻名的悉尼歌剧院隔海相望,成为悉尼的象征。

图2-1-29 加拿大魁北克桥

图2-1-30 澳大利亚悉尼大桥

美国旧金山金门大桥(图2-1-31),位于美国加利福尼亚州宽1 900m之多的金门海峡之上,1937年建成。该桥1957年之前一直是世界上最长的悬索桥(主跨1 280m),是世界著名大桥之一,被誉为近代桥梁工程的一项奇迹,也被认为是旧金山的象征。

图2-1-31 美国旧金山金门大桥

委内瑞拉马拉开波湖桥(图2-1-32),位于委内瑞拉的第二大海港城市马拉开波市,横跨马拉开波湖,于1962年建成通车。该桥为六塔双索面稀索体系双箱单室预应力混凝土箱梁斜拉桥,主桥共有5孔,跨径235m,全桥长8.7km,是世界上第一座公路预应力混凝土斜拉桥。

法国诺曼底大桥(图2-1-33),位于法国北部塞纳河上,1995年1月建成通车。该桥主跨856m,为混合梁斜拉桥,其中624m为钢梁,其他为混凝土梁;边跨全部为混凝土梁,用顶推法施工。它是一座与当地景观完美协调的斜拉桥,以其细长的结构和典雅的造型而著称。

图2-1-32　委内瑞拉马拉开波湖桥

图2-1-33　法国诺曼底大桥

日本明石海峡大桥(图2-1-34),连接日本神户市与淡路岛,全长3 911m,主桥跨径1 991m,于1998年4月建成。该桥为三跨两铰加劲桁梁式悬索桥,跨越日本本州岛—四国岛之间的明石海峡,最终实现了日本人一直想修建一系列桥梁把四个大岛连在一起的愿望,1 991m的主跨长度仍保持着悬索桥最大跨径的世界纪录。

法国米约大桥(图2-1-35),位于法国首都巴黎通往地中海地区的公路上,跨越马希福中央山脉的上方,桥面高出地面270m,最高的塔柱高出地面343m,堪称当时世界上最高的桥梁。该桥为跨径(180m + 6 × 320m + 180m)的7塔8跨钢箱梁斜拉桥,2005年建成后,使原来3h的路程缩短为只需10min。

图2-1-34　日本明石海峡大桥

图2-1-35　法国米约大桥

五、桥梁工程的前景展望

纵观300多年的近现代桥梁发展史,从工业革命时期的铁桥到19世纪下半叶的混凝土桥梁和20世纪的预应力混凝土桥梁以及大跨径桥梁如悬索桥和斜拉桥的发展,无不与建桥材料、桥型和结构体系、施工工法及设备以及桥梁理论和分析方法的创新密切相关。

1. 新材料的应用将进一步推动桥梁工程的发展

桥梁常用钢材有桥梁用结构钢、混凝土用钢筋、预应力钢筋混凝土或拉索用钢丝和钢绞线及各类结构用型钢。高强度、可焊性、轻型、防断性、耐候性、耐疲劳性、寿命长将是桥梁用钢的主要发展方向。我国常用的桥钢有 A3、16Mnq、15MnNbq、14MnNbq、Q345q、Q370q 和 Q460 低合金钢以及高强度耐候钢 QNQ570,屈服点相应为 240～510MPa,极限强度相应为 380～610MPa。1969年建成的南京长江大桥采用的16Mn钢被称为"争气钢"。九江长江大桥首次采用15MnNbq钢,芜湖长江大桥首次采用14MnNbq,南京大胜关长江大桥首次采用QNQ570钢。新型钢材的使用提高了强度,节省了钢材。

低含碳量、其他合金元素、经过微合金化和晶粒细化处理的超高强度钢材以及抗腐蚀性好、结构表面不需要油漆的耐候钢将得到进一步的开发和应用。国外发达国家大量使用500MPa级别的高强度、高性能桥梁钢,如美国大量使用HPS485W、HPS690W等高性能桥梁钢,日本大量使用BHS500W、BHS700W等高性能桥梁钢,欧洲大量使用S460ML、S460QL、S690QL等高性能桥梁钢。

预应力钢筋也在向高强度、低松弛、耐腐蚀、强黏结和便于拼接等方面发展。世界各国都在大力发展大直径预应力高强钢筋,美国、英国、德国、日本等国已能生产直径$\phi26\sim\phi44$mm、抗拉强度为800~1 350MPa的高强钢筋。我国现有高强钢筋直径为$\phi6\sim\phi40$mm,抗拉强度为540~930MPa。

高强钢丝和钢绞线在大跨径桥梁中广泛应用,我国常用的此种钢材的抗拉强度分别为1 670MPa、1 770MPa、1 860MPa三个级别。如苏通长江大桥斜拉索用镀锌钢丝为$\phi7.0$mm、1 770MPa。

大跨径桥梁缆索用高性能钢丝的研发方向,应该是在具有高强度前提下,又兼有高扭转、低松弛性能的产品。

我国一般把强度等级大于C60的混凝土称为高强混凝土,大于C100的称为超高强混凝土。高强混凝土不但强度高,而且具有抗冲击性能好、抗折性好和使用周期长等优点。在我国,C100以上的超高强混凝土已经在重要工程中开始使用,国外已经在实验室中配制出了抗压强度超过800MPa的超高强混凝土,并正在研制1 000MPa的极高强混凝土。

随着大跨径及超高层的工程建设越来越多,超高强混凝土的应用必将更加广泛。

新型非金属纤维强化复合材料也会得到较大的推广使用。新材料不但要有高强、高弹模、轻质的特点,而且还应具耐疲劳、抗腐蚀等优异性能。玻璃纤维增强塑料从最初作为加固补强材料,向最终替代传统的钢材和混凝土两种基本建筑材料方向发展,从而有可能引发桥梁工程材料的革命性变革。纳米技术和生物技术也有可能在桥梁工程领域得到应用,成为新一代建筑材料的载体。

2. 桥型发展日渐丰富,设计理念和设计手段也在不断创新

目前,钢梁、钢拱的最大跨径已超过500m,钢斜拉桥跨径已突破千米,而钢悬索桥达1 991m。随着跨江跨海的需要,钢悬索桥最大跨径将超过3 000m。对于钢筋混凝土桥梁,梁桥的最大跨径为298m,拱桥已达445m,斜拉桥为530m。

随着桥梁向更大跨径发展,将引发对组合体系、协作体系、组合结构的研究,从而使桥型不断丰富。比如,特大跨径桥梁采用以斜缆为主的空间网状承重体系;采用悬索加斜拉的混合体系;采用轻型而刚度大的复合材料作加劲梁;采用自重轻、强度高的碳纤维材料作主缆等。另外,组合结构因其极富创新空间的结构形式,将会得到更大的发展。组合结构除传统的上下组合外,出现了纵向、横向各种组合结构,以充分发挥不同材料各自的优点。而且,不限于钢和混凝土两种材料的组合,将出现复合纤维材料(FRP)、工程塑料、玻璃、木材、高强度钢丝、铝合金等相互组合的混合结构。

世界桥梁基础尚未有超过100m的深海基础工程,下一步将进行100~300m深海基础的实践。

随着经济的不断发展,社会的不断进步,对交通运输现代化发展水平提出了更高的要求。相应地,对桥梁工程的要求也在不断变化,桥梁设计理念也需不断更新。过去的"适用、经济、安全、美观"设计原则已不能适应现代桥梁建设实际,人们更注重的是"安全、耐久、经济、美观、环保"。

为保障大型桥梁工程结构的安全、耐久,必须建立基于结构寿命的桥梁结构设计新理念,并执行桥梁风险评估与保险以及引入全寿命投资效益的新概念。另外,可持续发展已经成为国际结构工程的发展趋势,其中尤以生态环境可持续性最为重要,要求工程建设尽量减少对自然环境的破坏,即所谓可持续工程。可持续工程结构的设计必然要采用概率性方法,对耐久性、全寿命经济性、环境影响作出评估。可持续混凝土要求采用废弃混凝土的再利用技术,以减少对岩土资源和能源的消耗。桥梁工程不仅要有交通功能,它往往还是一个标志性建筑物。因此,桥梁设计者应重视建筑艺术造型,重视桥梁美学和景观设计,重视环境保护,使桥梁工程达到人文景观和环境景观的完美结合。

21世纪,人类已进入以信息科学技术为核心的知识经济时代。桥梁工程建设也将具有高度智能化和信息化的特征。比如,随着计算机技术的不断更新进步,数值风洞技术可望有所突破;随着计算机微处理器技术的迅猛发展,各种桥梁结构分析软件的不断进步将使桥梁设计更加精细化,实现快速有效的优化设计和仿真分析;集结构分析、工程制图、工程数据库及专家系统的桥梁CAD软件将会问世,并将迈入桥梁设计的网络时代。运用智能化制造系统,工厂化生产部件,整体化安装大型施工设备;利用现代控制理论、卫星定位系统、智能遥控技术,使桥梁的施工、管理、监测等一系列工作实现自动化和远程控制;预设自动监测和安全管理系统,进行大跨径桥梁运营全过程监控,自动报告损伤部位,提供养护加固对策等。

我国各类桥梁在世界大跨径排行榜上已名列前茅,而且在数量上也处于领先地位,我国已成为名副其实的桥梁大国,正在向桥梁强国迈进。我国广大桥梁工作者要珍惜这一难得的历史机遇,在工作中发挥自己的聪明才智,努力实践,不断创新,为我国桥梁建设事业发展贡献自己的力量。

第二节 桥梁的基本组成与分类

一、桥梁的基本组成

1. 桥梁各部位名称及作用

桥梁一般由上部结构、下部结构和附属设施组成。常见的梁式桥如图2-1-36所示,拱式桥如图2-1-37所示。

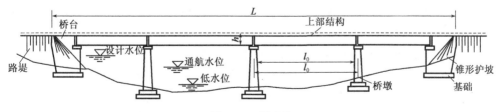

图2-1-36 梁式桥

上部结构包括桥跨结构和支座系统两部分。桥跨结构是指直接承重并架空的结构部分;

支座系统的作用是支承桥跨结构并把荷载传递给墩台,并且要保证桥跨结构能满足一定的变位要求。

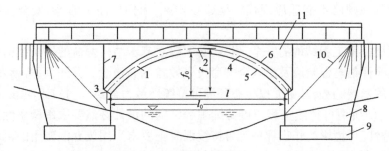

图 2-1-37 拱式桥

1-拱圈;2-拱顶;3-拱脚;4-拱轴线;5-拱腹;6-拱背;7-变形缝;8-桥台;9-基础;10-锥坡;11-拱上结构

下部结构包括桥墩、桥台和墩台的基础。其作用是支承上部结构,并将结构的荷载向下传递给地基。桥台设在桥跨结构的两端,桥墩则设在两桥台之间。桥台除了起支承桥跨结构的作用外,还起到与路堤衔接、抵御路堤土压力、防止路堤滑坡的作用。因此,通常情况下,桥台两侧常设置锥体护坡。

墩台的基础是承受由上至下的全部作用(包括交通荷载和结构自重)并将其传至地基的结构部分。它通常埋于土层中或建筑在基岩上,常常需要在水下施工,因而也是桥梁建筑中情况比较复杂的部分。

附属设施包括桥面铺装、排水防水系统、伸缩缝、栏杆和灯光照明等。它与桥梁的服务功能密切相关,对桥梁行车的舒适性和结构物的外观质量有着重要影响,因而在桥梁设计中要对附属设施给予足够的重视。

2. 桥梁专业术语

(1)低水位:枯水季节时河流的最低水位。

(2)高水位:洪峰季节时河流的最高水位。

(3)设计洪水位:桥梁设计中按规定的设计洪水频率计算所得的高水位。

(4)计算跨径(l):对于具有支座的桥梁,是指桥跨结构相邻支座中心之间的水平净距;对于如图 2-1-37 所示的拱桥,是指两相邻拱脚截面形心点之间的水平距离。

(5)净跨径(l_0):对于梁式桥,是设计洪水位上相邻两个桥墩(或桥台)之间的水平净距;对于拱式桥,是每孔拱跨两个拱脚截面最低点之间的水平距离。

(6)总跨径:多孔梁桥中各跨径的总和($\sum l_0$),它反映了桥下宣泄洪水的能力。

(7)桥梁全长(L):简称桥长,对于有桥台的桥梁为两岸桥台侧墙或八字墙后端点之间的距离;对于无桥台的桥梁为桥面系行车道的长度。

(8)桥梁高度(H_1):简称桥高,是指桥面与低水位之间的高差,或桥面与桥下路线路面间的距离。

(9)桥梁建筑高度(h):桥面至桥跨结构最下缘之间的距离。

(10)桥下净空(H_0):桥跨结构最下缘至设计通航水位或桥下路线路面间的距离。它是为满足通航(或行车、行人)的需要和保证桥梁安全对桥跨结构底缘以下规定的空间界限。

(11)净矢高(f_0):从拱顶截面下缘至相邻两拱脚截面下缘最低点之连线的垂直距离。

(12)计算矢高(f):从拱顶截面形心至相邻两拱脚截面形心之连线的垂直距离。

(13)矢跨比(f/l):拱桥中拱圈(或拱肋)的计算矢高f与计算路径l之比。它是反映拱桥受力特性的一个重要指标。

二、桥梁的分类

1. 桥梁按结构体系分类

按照结构体系,桥梁可分为梁、拱、刚架、悬索、斜拉与组合体系桥梁。

(1)梁式桥

梁式桥是一种在竖向荷载作用下无水平反力的结构,如图2-1-38a)、b)所示。由于外力的作用方向与承重结构的轴线接近垂直,故与同样跨径的其他结构体系相比,梁内产生的弯矩最大,通常需要用抗弯能力强的材料(钢、钢筋混凝土等)来建造。为了节约钢材,目前在公路上应用最广的是预制装配式的钢筋混凝土梁桥。这种梁桥结构简单,施工方便。

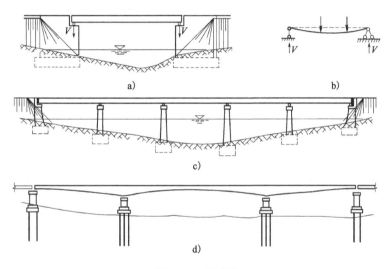

图2-1-38 梁式桥

梁式桥可分为简支梁桥、连续梁桥和悬臂梁桥等。梁式桥常用的主梁截面形式有T形梁和箱形梁;施工方法有预制装配和现浇两种。预应力混凝土连续箱梁桥在梁式桥中跨越能力最强,随着建筑材料和预应力技术的发展,其最大跨径已达到250m,但超过这一跨径,将变得不太经济。

(2)拱式桥

拱式桥(图2-1-39)的主要承重结构是拱圈或拱肋。拱式桥在竖向荷载作用下,桥墩或桥台将产生水平推力。由于水平推力的作用将显著抵消拱圈内由荷载引起的弯矩。因此,与同跨径的梁相比,拱的弯矩、剪力和变形都要小得多。鉴于拱桥的承重结构以受压为主,通常可以采用抗压能力强的圬工材料(如砖、石、混凝土)和钢筋混凝土等来建造。

由于拱式桥是推力结构,其墩台、基础必然要承受强大的拱脚推力。因此,拱式桥对地基要求很高,一般常建于地基条件良好的地区。拱式桥不仅承载能力大,也有很大的跨越能力(500m以内可作为比选方案),而且外形酷似彩虹卧波,造型十分美观,是桥梁工程中广泛采用的桥型之一。

(3)刚架桥

刚架桥是介于梁与拱之间的一种结构体系,它的主要承重结构.是梁与立柱(墩柱、竖墙)

刚性连接的结构体系(图2-1-40)。在竖向荷载作用下,上部梁主要受弯,但弯矩值较同跨径的简支梁小,梁内还有轴向力 H,如图2-1-40b)所示,而在柱脚处不仅产生竖向反力,同时产生水平反力。由于梁与柱的刚性连接,梁因柱的抗弯刚度而得到卸载作用,整个体系是压弯结构,也是有推力的结构。由于刚架桥的上述特点,在城市中当遇到线路立体交叉或需要跨越通航江河时,常采用这种桥型以尽量降低线路高程,改善纵坡并减少路堤土方量。

如图2-1-40c)所示为 T 形刚构桥;如图2-1-40d)、e)所示为多跨连续刚构桥,属多次超静定结构;如图2-1-40f)所示为斜腿式刚架桥。

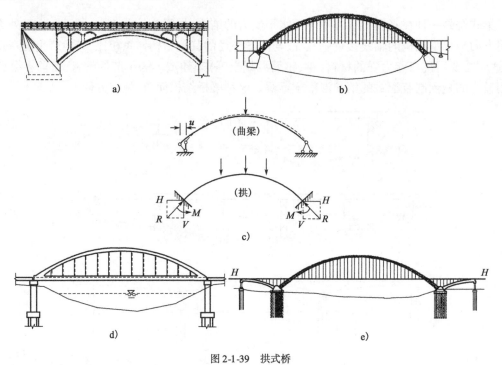

图2-1-39 拱式桥

(4)悬索桥

悬索桥又称吊桥。悬挂在两边塔架上的强大缆索是悬索桥的主要承重结构,如图2-1-41所示。悬索桥由桥塔、缆索、锚碇、吊杆及加劲梁组成。在竖向荷载作用下,加劲梁所受荷载通过吊杆传至缆索,使缆索承受很大的拉力,通常需要在两岸桥台的后方修筑非常巨大的锚碇结构,将缆索锚于锚碇结构中(图2-1-41a)。主缆索的拉力通过对桥塔的压力和锚碇结构的拉力传至基础和地基。现代悬索桥广泛采用高强度的钢绞线作主缆,以充分发挥其优良的抗拉性能。悬索桥因其结构自重较轻,受力性能好,跨越能力大,轻盈美观且抗震性能好,成为跨越大江大河、海峡港湾的首选桥型。但因悬索桥属柔性结构,在车辆动荷载和风荷载作用下,桥会产生较大的变形和振动,因此,悬索桥的风致振动和稳定性在设计和施工中应予以高度重视。

(5)斜拉桥

斜拉桥由承压的塔柱、受拉的斜索与承弯的主梁组成,如图2-1-42所示。用高强钢材制成的斜索将主梁多点吊起,并将主梁的恒载和车辆等其他荷载传至塔柱,再通过塔柱基础传至地基。这样,跨径较大的主梁就像一根多点弹性支承(吊起)的连续梁一样工作,使主梁内的弯矩大为减少,从而可使主梁尺寸大大减小,结构自重显著减轻,既节省了结构材料,又大大地增强了桥梁的跨越能力。此外,由于塔柱、拉索和主梁构成稳定的三角形,斜拉桥的结构刚度比悬索桥大,抗风稳定性也明显改善。由于斜拉索的拉力的水平分量由主梁承担,因而也不再需要巨大的锚碇结构。

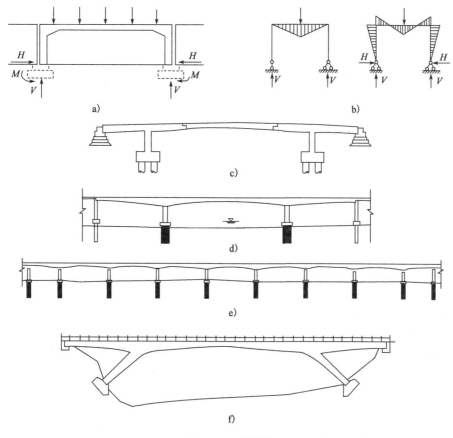

图 2-1-40 刚架桥

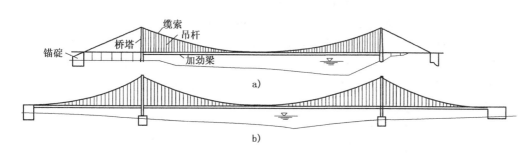

图 2-1-41 悬索桥

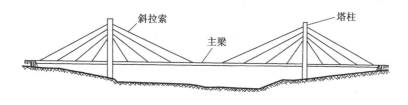

图 2-1-42 斜拉桥

2. 桥梁的其他分类方法

除了上述按受力特点将桥梁分成不同结构体系外,还可按桥梁用途、大小规模和建桥材料等进行分类:

(1)按桥梁用途来划分

可分为公路桥、铁路桥、公铁两用桥、公轨两用桥、农桥、人行桥、水运桥(渡槽)及其他专用桥(如通过管道、电缆等)。

(2)按主要承重结构所用材料划分

可分为圬工桥(包括砖、石、混凝土桥),钢筋混凝土桥,预应力混凝土桥,钢桥,钢—混凝土组合桥和木桥等。

(3)按桥梁全长和跨径不同划分

可分为特大桥、大桥、中桥、小桥和涵洞。《公路桥涵设计通用规范》(JTG D60—2015)规定的大、中、小桥划分标准如表2-1-1所示。

桥梁涵洞分类　　　　　　　　　　表2-1-1

桥涵分类	多孔桥总长(m)	单孔跨径 L_K(m)
特大桥	$L > 1\,000$	$L_K > 150$
大桥	$100 \leqslant L \leqslant 1\,000$	$40 \leqslant L_K \leqslant 150$
中桥	$30 < L < 100$	$20 \leqslant L_K < 40$
小桥	$8 \leqslant L \leqslant 30$	$5 \leqslant L_K < 20$
涵洞	—	$L_K < 5$

(4)按跨越障碍的性质划分

可分为跨河桥、跨线桥(立体交叉)、高架桥和栈桥。高架桥一般指跨越深沟峡谷以代替高路堤的桥梁。为将车道升高至周围地面以上并使下面的空间可以通行车辆或作其他用途而修建的桥梁,称为栈桥。

(5)按上部结构的行车位置划分

可分为上承式桥、下承式桥和中承式桥。桥面布置在主要承重结构之上者称为上承式桥[图2-1-38、图2-1-39a)];桥面布置在桥跨结构高度中间的称为中承式桥[图2-1-39b)、e)];桥面布置在承重结构之下的称为下承式桥[图2-1-39d)]。

上承式桥结构简单,施工方便,且其主梁或拱肋的数量和间距可按需要调整,以求得经济合理的布置;同时,在上承式桥上行车时,视野开阔,视觉舒适,所以,公路桥梁一般尽可能采用上承式桥。但上承式桥的不足之处是桥梁的建筑高度较大,因此,在建筑高度受严格限制的情况下,就应采用下承式桥或中承式桥。

(6)按桥跨结构的平面布置划分

可分为正交桥、斜交桥和弯桥。

除上述的桥梁分类方法外,还有按桥梁使用时间长短划分的永久性桥梁和临时性桥梁。除了固定式的桥梁以外,还有开户桥、浮桥和漫水桥等。

第三节　桥梁总体规划设计

一、桥梁设计的基本原则

桥梁设计应符合技术先进、安全可靠、耐久适用、经济合理和美观的原则,必须考虑下述各项要求。

1. 使用上的要求

桥梁必须满足适用要求。桥梁结构在承载力、稳定性和可持续利用方面应有足够的安全储备。保证车辆和行人安全通行,既满足当前的交通量要求,又照顾今后的发展的需要;既满足交通运输本身的需求,也要兼顾其他方面的要求。在通航河道上,应满足航运要求;靠近城市、村镇、铁路及水利设施的桥梁,还应综合考虑各方面的协调。建成的桥梁要保证使用年限,并便于检查和维修。

2. 经济上的要求

桥梁设计应体现经济上的合理性,建桥材料应遵循因地制宜、就地取材和方便施工的原则。综合考虑桥梁造价和设计使用期内桥梁养护、维修、加固总费用最少。另外,桥梁设计还应满足快速施工的要求。

3. 设计上的要求

桥梁设计尽可能采用新结构、新材料,应用新设备、新工艺和反映新的设计思想。整个桥梁结构及其各部分构件,在制造、运输、安装和使用过程中应具有足够的强度、刚度、稳定性和耐久性。

4. 施工上的要求

桥梁结构应便于制造和安装,尽量采用先进的工艺技术和施工机械,以利于加快施工速度,保证工程质量和施工安全。

5. 美观上的要求

一座桥梁应具有优美的外形,应与周围的地形、地物相协调。城市和游览区的桥梁,应更多地考虑建筑艺术上的要求。合理的结构形式和美观的外观轮廓体现桥梁结构的美,但不应把美观片面地理解为豪华的细部装修。

二、桥位勘测与设计资料调查

桥梁的规划设计,必须掌握足够的资料,合理设计。桥位勘测和资料调查是桥梁规划设计前必不可少的工作。

桥位勘测和资料调查包括的内容如下:

(1)桥梁的具体任务是调查桥上的交通种类、行车、行人的密度以及近期和远期的增长,借以确定桥梁的荷载等级和行车道、人行道的宽度等。

(2)测量桥位附近地形,绘制地形图。供设计和施工时使用。

(3)桥位的地质情况。通过钻探并将钻探资料绘成地质剖面图,作为基础设计的重要依据。为使地质资料更接近实际,可以根据初步拟订的桥梁分孔方案,将钻孔布置在墩台附近。

(4)调查和测量河流的水文情况,为确定桥梁的桥面高程、跨径和基础埋置深度提供依据,其内容包括:

①河道性质:河道是静水河还是流水河,河床及两岸的冲刷和淤积,河道的自然变迁和人工规划等。

②测量桥位处河床断面。

③调查了解洪水位的多年历史资料,测量河床比降,形态高程和糙率等,以计算流量、流速和推算设计洪水位。

④向航运部的了解和协商确定通航水位及通航净空。

(5)调查当地的建筑材料供应情况和交通运输情况。

(6)调查了解施工现场的场地利用、动力设备和水电供应情况;适当考虑施工企业的设备技术状况。

(7)调查和收集有关气象资料,包括气温、雨量和风速等,为施工组织计划提供依据。

上述各项桥位勘测与调查工作,有的可同时进行,有的则需相互交错。例如,为进行桥位地形勘测,地质钻探和水文调查就需要先定好桥位;而选择桥位又必须有一定的地形、地质和水文资料。因此,各项工作必须互相渗透,交错进行。

三、桥梁建设与设计程序

我国的基本建设程序分为前期工作和正式设计期两大阶段。前期工作包括编制预可行性研究报告和工程可行性研究报告。设计阶段按"三阶段设计"进行,即初步设计、技术设计和施工图设计。对常规桥梁,通常采用两阶段设计(初步设计、施工图设计)。各个阶段都有各自需要包含的内容和深度,以及要达到的目的和需要解决的问题。

1. 可行性研究

桥梁建设的前期工作包括预可行性研究报告与可行性研究报告。两者的目的和包含的内容基本是一致的,只是研究的深度不同。预可行性研究报告是在工程可行的基础上,着重研究工程必要性和经济合理性;可行性研究报告是在预可行性研究报告审批后,着重研究工程上和投资上的可行性。前期工作的重点在于论证建桥的必要性和可行性,并确定建桥地点、规模、标准、投资控制等一系列宏观重大问题,为科学地进行项目决策提供依据,避免盲目性及其带来的不良后果。

桥梁的可行性论证包括工程可行性和经济可行性两部分。工程可行性需要基本确定桥梁设计标准、桥位、桥式等技术问题,而经济可行性则需要解决工程投资、资金筹措及偿还等问题。

2. 初步设计

在桥梁可行性研究报告经主管建设部门审查批准下达设计任务书后,即可进行初步设计。设计任务书是进行初步设计的依据。在初步设计阶段,设计单位应根据设计任务书中所确定的桥位,荷载等级,各项技术要求(如桥宽、通航净空、桥面高程等),按照桥梁设计原则,进行桥梁的方案设计,包括拟定结构形式(桥型、体系、孔径等)及主要结构尺寸,提出施工方案,估算经济指标(如工程概算、材料用量)等。提出 2~3 个桥式方案以供比选,并提出推荐方案。

初步设计应包括如下内容:

(1)设计任务的来源和要求。

(2)桥位自然条件和技术资料。

(3)桥梁方案设计与方案比选。

(4)推荐方案及其理由。

(5)推荐方案的指导性施工组织,包括施工方法、进度安排等。

(6)工程概算。

3. 施工图设计

常规桥梁，通常在初步设计批准之后直接进入施工图设计，它是根据初步设计中所核定的修建原则、技术方案、技术决定和总投资额等进一步加以具体化的文件。在这一设计阶段中，必须对桥梁各部分构件进行详细的设计计算，绘制施工详图，编制施工组织设计和施工预算。

第四节 桥梁平面、纵断面、横断面设计

桥梁的纵断面设计，主要包括确定桥梁的总跨径、桥梁的分孔、桥面高程、桥上及桥头引道纵坡等。桥梁的横断面设计，主要是确定桥面净空和桥跨结构的横断面布置。

一、桥梁纵横断面设计

1. 桥梁总跨径的确定

桥梁总跨径一般根据水文计算确定，要求桥梁总跨径必须保证桥下有足够的泄洪面积。但由于桥梁墩台和桥头路堤压缩了河床，使桥下过水断面减小，流速加大，会引起河床冲刷。为了使总跨径不致过大，节省建桥投资，允许墩台有一定的冲刷。因此，桥梁的总跨径应根据具体情况，经过全面分析后加以确定。例如，对于非坚硬岩层上修筑的浅基础桥梁，总跨径应该大一些，以避免路堤压缩河床，造成过大冲刷而危及墩台的安全；对于深埋基础，一般允许较大的冲刷，总跨径就可以减小。对于山区河流，一般河床流速已经很大，则应尽可能减少压缩或不压缩河床；而对于平原区宽滩河流，则允许有较大压缩，但必须注意壅水对河滩、路堤以及附近农田和建筑物带来的危害。

2. 桥梁的分孔

桥梁的总跨径确定后，还需进一步确定桥梁分孔。对较长的桥梁，应当分数孔；对于每孔跨径的尺寸，应考虑使用效果、施工难易程度等。跨径越大，孔数越少，上部结构的造价就越高，墩台的造价相对减少；反之则相反。最经济的分孔方式是使上、下部结构的总造价最低。在通航河流中，当通航净宽大于按经济造价所确定的跨径时，一般将通航孔的跨径按通航净宽来设置，其余的桥孔按经济跨径来分孔；但对于变迁性河流，依河道可能发生的变化，则需多设几个通航孔。

桥梁分孔是一个非常复杂的问题，各孔跨径的确定需要综合考虑各种因素。通常跨径在 60m 以下时，应尽可能采用标准跨径且宜等跨布置；在某些结构体系中，为了结构受力合理和用材经济，有时会采用不等跨，如连续梁的分跨；为了避开不利的地质区段（如岩石破碎带、裂隙、溶洞等），也要将桥基移开，也可适当加大跨径；在山区建桥时，往往采用大跨径桥梁来跨越深谷，以便减少中间的桥墩；由于缺乏足够的施工技术和机械设备，放弃经济跨径，而选用较小跨径，也是可能的。总之，对于大型桥梁的分孔是一个相当复杂的问题，必须根据桥梁的使用任务，桥位处的地形、地质、水文及环境等具体情况，通过技术经济比较，才能做出比较完善的设计方案。

3. 桥面高程的确定

桥面高程或是在路线纵断面设计中已经给出；或是根据设计洪水位，桥下通航需要的净空来确定。在通航及通行木筏的河流上，桥跨结构之下自设计通航水位算起，应能满足通航净空

的要求(表2-1-2)。

桥下通航净空尺寸　　　　　　表2-1-2

航道等级	通航驳船吨位(t)	桥下净跨(m)				桥下净高(m)		简　图
		单向通航孔		双向通航孔				
		净宽B	上底宽b	净宽B	上底宽b	净高H	侧高h	
Ⅰ	3 000	110~200	82~150	220~400	192~350	18~24	7~8	
Ⅱ	2 000	75~145	56~108	150~290	131~253	10~18	6~8	
Ⅲ	1 000	55~100	41~75	110~200	96~175	10~18	6	
Ⅳ	500	45~75	36~61	90~150	81~136	8	4~5	
Ⅴ	300	40~55	32~44	80~110	72~90	8~5	3.5~5.5	
Ⅵ	100	25	18	40	33	4.5~6	3.4~4	
Ⅶ	50	20	15	32	27	3.5~4.5	2.8	

注:1. 本表列出为天然及渠化河流水上有通航净空尺寸。
　　2. 所谓通航净空,就是在桥孔中垂直于水流方向所规定的空间界限,任何结构构件或航运设施均不得伸入其中。

对于跨河桥梁,桥面的高程应保证桥下排洪和通航的需要;对于跨线桥梁,则应确保桥下安全行车。对于非通航的河流,桥下净空应满足表2-1-3所规定的要求,当有漂流物和流水阻塞以及易淤积的河床,桥下净空应适当加高。

非通航河流桥下净空　　　　　　表2-1-3

桥梁的部位	高出计算水位(m)	高出最高流冰面(m)
梁底	0.50	0.75
支承垫石顶面	0.25	0.50
拱脚	0.25	0.25

注:无铰拱的拱脚可被设计洪水位淹没,但不宜超过拱圈高度的2/3,且拱顶底面至计算水位的净高不得小于1.0m。

根据上述要求确定桥面高程后,就可根据两端桥头的地形和线路要求来设计桥梁的纵断面线形。

一般中、小桥,通常做成平坡桥。对于大桥,为了利于桥面排水和降低引道路堤高度,往往设置从中间向两端倾斜的双向纵坡。桥上纵坡不大于4%,桥头引道纵坡不宜大于5%。对位于市镇混合交通繁忙处的桥梁,桥上纵坡和桥头引道纵坡均不得大于3%。

二、桥梁横断面的设计

桥梁横断面设计,主要是决定桥面的宽度和桥跨结构横断面布置。桥面宽度取决于行车和行人的交通需要。桥面宽度应遵守交通部颁《公路工程技术标准》(JTG B01—2014)第3.0.4条规定的建筑界限和第3.0.2条规定的各级公路行车道宽度标准。我国各级公路设计速度和车道宽度净宽标准见表2-1-4。

各级公路设计速度和车道宽度　　　　　　表2-1-4

公路等级	高速公路			一级公路			二级公路		三级公路		四级公路	
设计速度(km/h)	120	100	80	100	80	60	80	60	40	30	30	20
单个车道宽度(m)	3.75	3.75	3.75	3.75	3.75	3.5	3.75	3.5	3.5	3.25	3.25	3.0
车道数	≥4			2			2		2		2或1	

城市桥梁以及位于大中城市近郊的公路桥梁的桥面净空尺寸,应结合城市交通工程规划要求予以适当加宽。桥上如通行电车和汽车时,一般将电车布置于桥道中央,汽车道在它的两旁。在弯道上的桥梁应按路线要求予以加宽。

桥上人行道和自行车道的设置,应根据实际需要而定。人行道宽度为 0.75m 或 1.0m,大于 1.0m 时按 0.5m 的倍数增加。不设人行道和自行车道的桥梁,可根据具体情况,设置栏杆和安全带。与路基同宽的小桥和涵洞仅设缘石或栏杆。

人行道及安全带应高出行车道面至少 20~25cm,对于有 2% 以上纵坡且高速行车的桥梁,最好应高出行车道面 30~35cm,以确保行人和行车的安全。

三、桥梁的平面布置

桥梁的线形及桥头引道要保持平顺,使车辆能平稳地通过。

高速公路和一级公路上的大、中桥,以及各级公路上的小桥的线形与公路衔接时,应符合路线布设的规定。

二、三、四级公路上的大、中桥线形,一般为直线,如必须设成曲线时,其各项指标应符合路线布置规定。

从桥梁本身的经济性和施工方便来说,应尽可能避免桥梁与河流或桥下路线斜交,但对于一般中、小桥,为了改善路线线形或城市桥梁受原有街道的制约时,也允许修建斜交桥,斜度通常不宜大于 45°,在通航河流上则不宜大于 5°。

四、桥梁的造型与美学

进入 20 世纪后半叶,国内外桥梁工程师已将桥梁的造型和美感放在桥梁设计的重要位置。一座桥梁,从满足功能要求而言,是工程结构物;从观赏角度,应是一件建筑艺术品,尤其是大桥往往成为一个国家、一个地区、一个城市的标志。桥梁建筑也同其他建筑一样,只是当它与周围环境融合协调,各结构部分组合成一个统一的有机整体,才能充分地显示出它的价值和表现力。

桥梁建筑造型设计就是谋求创造艺术感染力的过程。古今中外的各种建筑,尽管在结构形式处理方面有极大的差别,但凡优秀建筑,必然遵循一个共同的准则——多样统一。因而,只有多样统一才堪称形式美的规律。而主从、对称、韵律、比例、尺度、均衡等,则是多样统一在某一方面的体现。

但是,桥梁建筑的审美,与一般的文学艺术审美不同,它是以一个实实在在的、现实存在的、功能性极强的结构实体作为审美客体。它与一般的建筑结构物也有区别,即桥梁建筑以其全部外裸的结构特性以及各组成部分功能明确的形象来组成一个和谐的整体。桥梁美学除了遵循一般审美的规律要求外,还具有自己的审美特点,即桥梁建筑审美的直观性、桥梁建筑审美的趋向性、桥梁建筑审美的空间感和力度感。

世界著名的桥梁专家、学者,德国的莱翁哈特(F. leonhardt)教授曾在他的《桥梁——美学和设计》一书中提出下列美学思想,可供借鉴:

(1)在满足功能要求的前提下,要选择最佳的结构形式——纯正,清爽,稳定。质量统一于美,美从属于质量。

(2)美,主要表现在结构选型和谐与良好的比例,并且有秩序感和韵律感。过多的重复会导致单调。

(3)视觉与环境协调。材料的选择,表面的质感,特别色彩的运用起着重要的作用。模型检试有助于实感判断,审视阴影效果。

(4)桥梁的美应以其个性对人们产生积极的影响。美的环境将直接陶冶人们的情操。

第五节　桥梁上的作用简介

作用是指施加在结构上的一组集中力或分布力，或引起结构外加变形或约束变形的原因。前者称直接作用，后者称间接作用。直接作用亦称荷载。

合理选择桥梁上的作用并按作用发生概率进行组合，是比结构分析更为重要的问题，因为它关系到桥梁结构在它的有限寿命期限内的安全和桥梁建设费用的合理投资。近年来，由于交通量的不断增加，大型超重车辆的不断出现，风载、地震荷载的重要性愈显突出等，导致实际与可能在桥梁结构上的作用越来越复杂，这就为桥梁荷载的选定和分析造成了困难，常因初始设计荷载选定的滞后，而造成桥梁早期破坏或加固。

一、公路桥梁的作用

1. 作用的分类

《公路桥涵设计通用规范》（JTG D60—2015）中，将施加在桥梁上的作用（荷载）分为永久作用、可变作用、偶然作用和地震作用四大类。

(1) 永久作用（恒载）。在设计使用期内，其值不随时间变化或其变化与平均值相比可以忽略不计。它包括结构重力、预加应力、土的重力及侧压力、混凝土收缩及徐变影响力、基础变位影响力和水的浮力。

(2) 可变作用。在设计使用期内，其值随时间变化，且其变化与平均值相比不可忽略。可变作用包括汽车荷载、汽车冲击力、汽车离心力、汽车引起的土侧压力、人群荷载、汽车制动力、风力、冰压力、流水压力、温度作用及支座摩阻力。

(3) 偶然作用。在设计使用期内，不一定出现，而一旦出现，其值会很大且持续时间较短。它包括地震作用、船只或漂浮物的撞击力、汽车撞击作用。

(4) 地震作用。其是一种特殊的偶然作用。

2. 作用的代表值

公路桥梁在设计时，对不同的作用采用不同的代表值。

(1) 永久作用应采用标准值作为代表值。

结构物的重力（包括结构的附加重力），可按照结构的实际体积或设计时所假定的体积与材料密度计算确定，该值为永久作用的标准值。

作用在墩台上的土压力、土侧压力可参照《公路桥涵设计通用规范》（JTG D60—2015）的相关规定计算。

对于预应力混凝土结构，预加应力在结构使用阶段设计时，应作为永久作用计算其效应，计算时应考虑相应阶段的预应力损失；在结构承载能力极限状态设计时，预应力不作为荷载，而将预应力筋作为普通钢筋计入结构抗力。

(2) 可变作用应根据不同的极限状态分别采用标准值、频遇值或准永久值作为其代表值。承载能力极限状态设计及按弹性阶段计算结构强度时应采用标准值作为可变作用的代表值；正常使用极限状态按短期效应（频遇）组合设计时，应采用频遇值作为可变作用的代表值；按长期效应（准永久）组合设计时，应采用准永久值作为可变作用的代表值。

(3) 偶然作用取其标准值作为代表值。

(4)地震作用的计算及结构的设计,应符合现行《公路工程抗震规范》(JTG B02)和《公路桥梁抗震设计细则》(JTG/T B02-01)的规范。

3. 作用组合

桥梁按结构承载能力极限状态设计时应采用基本组合和偶然组合。桥梁结构正常使用极限状态设计时,应采用作用的短期效应组合和作用的长期效应组合。

4. 公路桥梁上的汽车荷载

(1)车道荷载与车辆荷载

桥梁上行驶的车辆荷载种类繁多,有各种汽车、平板挂车等,而同一类车辆又有许多不同型号和载重等级。随着交通运输事业和高速路的发展,车辆的载质量还将不断增大。因此,需要拟定一种既满足目前车辆情况和将来发展需要,又能便于在设计中应用简明统一的荷载标准。通过对实际车辆的轮轴数目、前后轴间距、轴压力等情况分析、综合和概括,我国交通部在公路桥梁设计规范中,规定了桥涵设计的标准化荷载。标准中把大量、经常出现的汽车荷载排列成车队形式,作为设计荷载。将汽车荷载分为公路—Ⅰ级和公路—Ⅱ级。桥梁设计时,汽车荷载按车道荷载或车辆荷载计算。车道荷载由均布荷载和集中荷载组成。桥梁结构整体计算采用车道荷载;桥梁结构局部加载、涵洞、桥台和挡土墙土压力等的计算采用车辆荷载。车辆荷载与车道荷载不得叠加。

(2)车道荷载

车道荷载的计算图式见图 2-1-43。

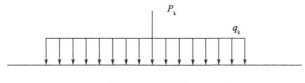

图 2-1-43 车道荷载

①公路—Ⅰ级车道荷载的均布荷载标准值为 $q_k = 10.5\text{N/m}$;集中荷载标准值按以下规定选取:桥梁计算跨径小于或等于 5m 时,$P_k = 270\text{kN}$;桥梁计算跨径大于或等于 50m 时,$P_k = 360\text{kN}$;桥梁计算跨径在 5~50m 时,P_k 取 $2(L_0 + 130)$,其中 L_0 为计算跨径。计算剪力时,上述集中荷载的标准值 P_k 应乘以 1.2 的系数。

②公路—Ⅱ级车道荷载的均布荷载标准值为 q_k 和集中荷载标准值 P_k 按公路—Ⅰ级车道荷载的 0.75 倍计算。

③车道荷载的均布荷载标准值应满布于使结构产生最不利效应的同号影响线上;集中荷载标准值只作用于相应影响线中一个最大峰值处。

④车道荷载横向分布系数应按设计车道数布置车辆荷载计算;当桥梁车道数大于或等于 2 时,由汽车荷载产生的效应按多车道汽车荷载效应应考虑车道数折减。车辆荷载主要技术指标如表 2-1-5 所示。

车辆荷载主要技术指标　　　　　　　表 2-1-5

项　目	单　位	技术指标	项　目	单　位	技术指标
车辆重力标准值	kN	550	中轴重力标准值	kN	2×120
前轴重力标准值	kN	30	后轴重力标准值	kN	2×140

续上表

项 目	单 位	技术指标	项 目	单 位	技术指标
轴距	m	3+1.4+7+1.4	中、后轮着地宽度及长度	m	0.6×0.2
轮距	m	1.8	车辆外形尺寸(长×宽)	m	15×2.5
前轮着地宽度及长度	m	0.3×0.2			

(3)车辆荷载

公路—Ⅰ级和公路—Ⅱ级汽车荷载采用相同的车辆荷载标准值。车辆荷载的立面、平面尺寸见图2-1-44,主要技术指标见表2-1-5。

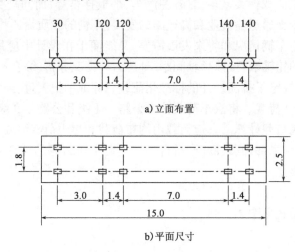

图 2-1-44 车辆荷载立面、平面尺寸(尺寸单位:m)

二、城市桥梁汽车荷载

建设部于2011年制定的《城市桥梁设计荷载标准》(CJJ 11—2011),该标准适用于城市内新建、改建的永久性桥梁与涵洞,高架道路及承受机动车的结构物荷载设计。此标准中采用两级荷载标准,即城—A级和城—B级。

在城市桥梁设计中,汽车荷载可分为车辆荷载和车道荷载。桥梁的横隔梁、行车道板、桥台或挡土墙后土压力的计算,应采用车辆荷载。桥梁的主梁、主拱圈和主桁架等的计算应采用车道荷载。当进行桥梁结构计算时,不得将车辆荷载与车道荷载的作用叠加。

汽车荷载等级可分为城—A级和城—B级,车道荷载应按均布荷载加一个集中荷载计算(图2-1-43)。

城—A级的车道作用与《公路桥涵设计通用规范》(JTG D60—2015)的基本相同,均作用标准值(q_k)为10.5kN/m,集中作用标准值则按下法取:当桥梁计算跨径小于或等于5m时,P_k=180kN;当计算跨径大于或等于50m时,P_k=360kN;计算跨径在5~50m时,P_k值采用直线内插法求得。城—B级的车道作用按城—A级作用的0.75倍采用。

车道荷载的单向布载宽度应为3.0m,为简化桥梁横向影响线的计算,车道荷载应按照图2-1-45b)所示的等效荷载车轮集中力形式布置。

当设计车道数目大于2时,应计入车道的横向折减系数。加载车道位置应选在结构能产生最不利的荷载效应之处。

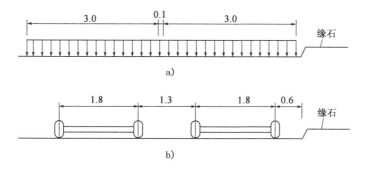

a)

b)

图 2-1-45　车道荷载横向分布(尺寸单位:m)

城—A 级汽车荷载和城—B 级汽车荷载,其标准车辆轴载、尺寸如图 2-1-46 所示。

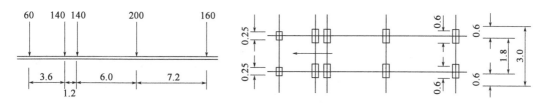

图 2-1-46　城—A 级、城—B 级标准车辆轴载、尺寸(轴载:kN;尺寸单位:m)

复习思考题

1. 赵州桥是由何人修建的,建于何时?
2. 什么是桥梁?桥梁的作用是什么?
3. 桥梁的基本组成部分及各组成部分的作用是什么?
4. 桥梁设计的重要技术指标有哪些?
5. 桥梁的主要分类有几种?
6. 桥梁按结构体系是如何分类的?
7. 梁、拱、索的受力特点是什么?
8. 桥梁作用(荷载)是如何分类的?公路桥梁有哪些作用效应组合?
9. 公路车辆荷载有哪些标准化技术指标?
10. 桥梁设计的基本程序是什么?桥梁建设的可行性论证包括哪两个方面?基本内容是什么?
11. 桥梁纵、横断面设计的内容及设计要点是什么?

第二章 桥梁墩台与基础

内容提要：本章重点围绕桥梁墩、台与基础的分类、结构构造特点、设计方法与施工技术进行了详细介绍。阐明了桥墩、桥台、基础的常用类型，并针对各类墩、台、基础的结构构造特点和适用范围进行了较为细致的叙述。结合不同类型的桥墩、桥台与基础给出了相应的设计方法，同时对各类墩、台、基础的施工技术进行了阐述。

第一节 概 述

桥梁墩、台和基础是桥梁结构的主要组成部分。其中，桥墩和桥台是支承桥梁上部结构并将桥上荷载依次传递给基础和地基的建筑物。通常把设置在桥梁两端的称为桥台，把设置在多跨桥梁中间的称为桥墩。以重力式墩、台为例，桥梁墩、台的具体构造如图 2-2-1 所示。

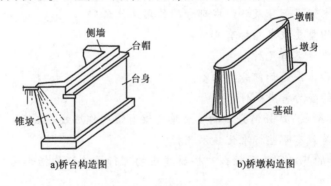

a)桥台构造图　　　　　　　b)桥墩构造图

图 2-2-1　桥梁墩、台构造图

基础是介于墩身和地基之间的传力结构，是桥梁下部结构的核心，基础的质量影响着桥梁结构的质量。这里所谓的地基是指承受桥梁各种作用的地层，坚实的地基是桥梁安全性的保障。

桥梁墩、台和基础是确保桥梁安全使用的关键。桥梁发展初期，由于科学技术的限制，为了保证桥梁安全使用，桥梁墩、台、基础的设计均采用的是厚重、粗犷的结构构型。科学技术的发展、各种新型材料的研发以及各种施工方法的涌现，使得桥梁下部结构的种类和样式日益增多。墩、台与基础的结构构型也变得轻便、精巧。以桥墩为例,早期的桥墩多以重力式桥墩为主,而现今的桥墩则以轻型桥墩居多。

第二节　桥梁墩台与基础的类型和构造

一、桥墩的类型和构造

桥墩按其墩身结构形式,可分为重力式桥墩和轻型桥墩两类。其中,现阶段桥梁以轻型桥墩居多。轻型桥墩外形轻巧美观且变化多样,现阶段较为常见的独柱式或排柱式、倾斜式、双叉形、四叉形、T形、V形和X形等均属于轻型桥墩(图2-2-2)。

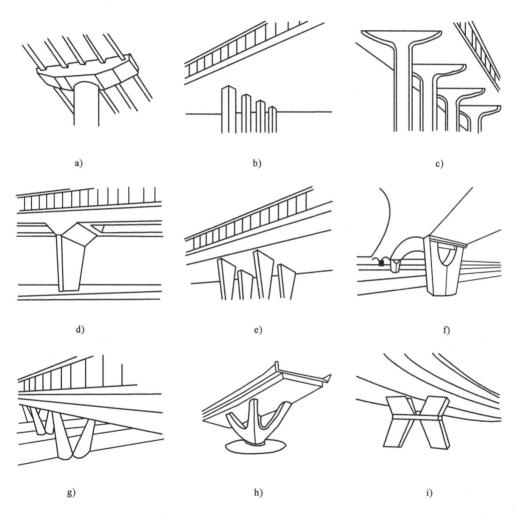

图2-2-2　各种轻型桥墩形式

本节着重介绍梁式桥、拱式桥常用的桥墩类型与构造。

1. 梁式桥桥墩的类型和构造

我国梁桥桥墩,按其墩身结构形式可分为重力式桥墩、柱式墩、柔性墩、钢筋混凝土空心墩及薄壁墩等多种。

(1)重力式桥墩

重力式桥墩是实体的圬工墩,它主要靠自身的重量来平衡外力,从而保证桥墩的强度和稳定。它适用于地基良好的大中型桥梁,或流冰、漂浮物较多的河流中。在砂、石料方便采集的地区,也用于小桥。其主要缺点是圬工体积大,自重和阻水面积也大,对地基承载力要求较高。重力式桥墩是由墩帽、墩身等部分组成,其一般构造如图2-2-3所示。

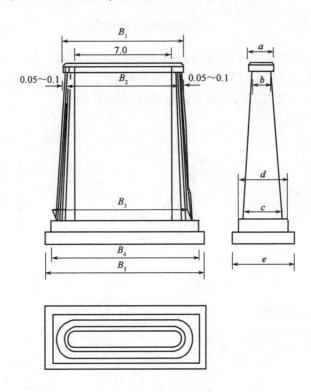

图 2-2-3　重力式桥墩的一般构造(尺寸单位:m)

(2)空心式桥墩

空心式桥墩是桥墩向轻型化、机械化方向发展的途径之一。空心式桥墩可以充分利用材料的强度,减轻桥墩自重,同样高度的空心墩比实体墩节省圬工20%~30%,钢筋混凝土空心墩可节省混凝土50%左右。空心式桥桥墩的截面形式有圆形、圆端形、长方形等数种,如图2-2-8所示。其中,圆形及圆端形的截面形式便于使用滑模施工。

空心式桥墩的具体构造如图2-2-4所示,其构造特点如下:

①墩身最小壁厚,对于钢筋混凝土不小于30cm,对于混凝土不小于50cm。

②墩身可设横隔板,以加强墩壁的局部稳定,也可不设。因为设置横隔板对滑模施工比较困难,当壁厚与半径之比大于1/10时,可以不设置横隔板。设置横隔板时,其间距可取用6~10m。

③空心式桥墩的顶部可设置实体段,以便布置支座、均匀传力并减少对墩壁的撞击,高度可设为1~2m。其次,墩身与顶面或底部交界处,应采用墩壁局部加厚或设置实体段,改善应力集中现象。如重庆长江大桥的空心式桥墩。

④墩身周围应设置适当的通风孔或泄水孔,孔的直径不小于20cm;在墩顶实体段以下应设置带门的进入洞或相应的检查设备。

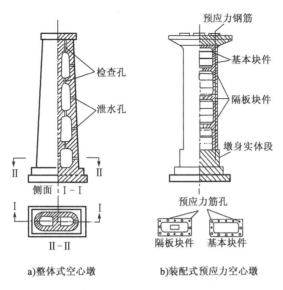

a) 整体式空心墩 b) 装配式预应力空心墩

图 2-2-4 空心式桥墩的构造

厚壁空心式桥墩的刚度较大,常在预应力混凝土 T 形刚构桥中采用;薄壁空心式桥墩,在流速大并夹有大量泥砂石的河流,以及在可能有船只、冰和漂流无冲击的河流中不宜采用。

空心式墩可以采用钢滑动模板施工,其具有施工速度快、质量好、节省模板支架的优点,特别对于高桥墩,更显示出其优越性。

(3)柱式桥墩

柱式桥墩的结构特点是沿桥的横向由分离的两根或多根立柱(或桩柱)所组成。它是目前公路桥梁广泛使用的桥墩形式,刚度较大,并可与桩基配合使用。特别是在桥宽较大的城市桥和立交桥中,采用这种桥墩既能减轻墩身重量,节约圬工材料,又较美观。

柱式桥墩一般由基础之上的承台、柱式墩身和盖梁组成。双车道桥常采用的形式有单柱式、双柱式和哑铃式及混合双柱式四种,如图 2-2-5 所示。其中,单柱式桥墩适合于斜交角大于 15°、流向不固定的桥梁或立交桥。目前,双柱式桥墩在我国应用较广,哑铃式及混合双柱式对有较多漂流物和流冰的河道较为适用。

(4)柔性墩

柔性墩是桥墩轻型化的途径之一,它的主要特点是:可以通过一些构造措施,将上部结构传来的水平力(制动力、温度影响力等)传递到全桥的各个柔性墩台或相邻的刚性墩、台上,以减少单个柔性墩所受到的水平力,从而达到减小桩墩截面的目的。理论分析和试验表明:作用在桥梁上的水平力将按各墩台的刚度分配,使每个柔性墩水平力较小,所以柔性墩可以采用单排桩墩、柱式墩或其他薄壁式桥墩。

柔性墩的优点是用料省,修建简便,施工速度快;主要缺点是用钢量大,适用高度和承载能力都受到一定的限制。因此,它适用于在低浅宽河流、通航要求和流速不大的水网地区河流上修建小跨径桥时采用。

(5)薄壁墩

钢筋混凝土薄壁墩是一种新型桥墩,截面形式有一字形、I 形、箱形等,圆形的薄壁空心墩也是钢筋混凝土薄壁墩的类型之一。与柔性排架墩相比,钢筋混凝土薄壁墩虽圬工用量多,但对漂流物及流冰的抵抗能力要强些,同时比重力式桥墩可节约圬工 70%。其中,一字形的薄壁墩构造简单、轻巧、工程体积小,适用于地基承载力较弱的地区。其外形除了可做成常见的一字形外,还可做成 V 形、Y 形或其他形状。

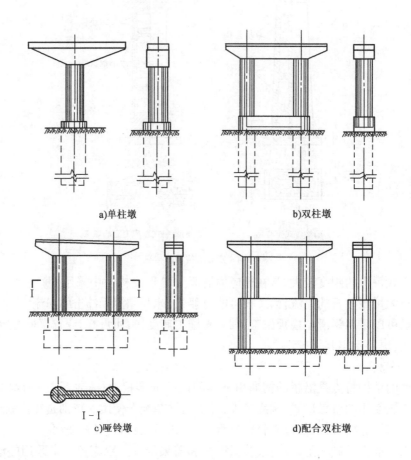

图 2-2-5　柱式桥墩的分类与构造

2. 拱式桥桥墩的类型和构造

拱桥是一种能够产生推力的结构,桥墩承受拱跨结构传来的荷载,除了垂直力以外,还有较大的水平推力和弯矩,这是与梁桥最大的不同之处。故拱桥墩台的尺寸一般比梁桥的大,必须具有足够的强度和稳定性。

(1) 重力式桥墩

重力式桥墩(图 2-2-6)属于普通墩,除了承受相邻两跨结构传来的垂直反力外,一般不承受恒载水平推力或承受很小的不平衡水平推力。重力式桥墩由墩帽、墩身等部分组成。

(2) 柱式桥墩

柱式桥墩(图 2-2-7)属于普通轻型桥墩。一般为配合钻孔灌注桩基础使用,从外形上看与梁桥的桩柱式桥墩相似。其主要差别是:在梁桥墩帽上设支座,而在拱桥墩顶部分设置拱座。

(3) 单向推力墩

在多孔拱桥中,为了防止一孔破坏危及全桥,或采用无支架或早脱架施工时,可能出现的裸拱或全桥的单向恒载推力对桥墩的作用,必须每 3 ~ 5 孔设置一个单向推力墩,或者采用其他能够抵抗单向推力的措施。

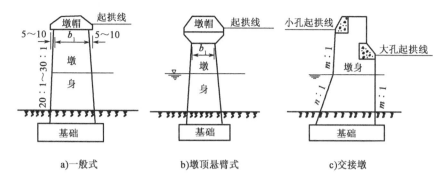

图 2-2-6 拱桥重力式桥墩(尺寸单位:cm)

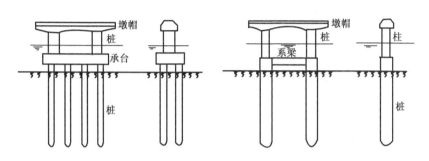

图 2-2-7 柱式桥墩

单向推力墩又称制动墩,主要作用是当一侧的桥孔因某种原因遭受毁坏时,能承受住单向的恒载水平推力,以保证另一侧的桥孔不致坍塌。有时,为了施工的需要,常常将桥台与桥墩之间或者两个桥墩之间作为一个施工段进行分段施工,这时也要设置单项推力墩承受部分恒载的单向推力。因此,普通墩一般可以薄一些,单向推力墩则要做厚一些。

单向推力墩的形式有以下几种:

①悬臂墩。悬臂墩是在桩柱式墩上加一对悬臂,拱铰支撑在悬臂端的一种桥墩,其基本构造如图 2-2-8 所示。当一孔坍塌时,可以通过另一侧拱座的竖向分力与悬臂长所构成的稳定力矩来平衡拱的水平推力所导致的倾覆力矩。这种形式适用于两铰双曲拱桥。但由于墩身较薄,受力后悬臂端会有一定位移,因而对于无铰拱会有附加内力产生。

②斜撑墩。在柱式墩的每根立柱两侧增设一对钢筋混凝土斜撑的墩叫作斜撑墩(图 2-2-9)。其中,斜撑是指构造处理上只能承受压力,不能承受拉力和水平拉杆。斜撑墩可以提高抵抗恒载单向推力的能力,从而保证一孔被破坏而不影响邻孔。为了提高构件的抗裂性,可以采用预应力混凝土结构。这种桥墩只在桥不太高的旱地上采用。

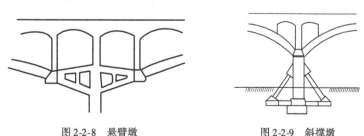

图 2-2-8 悬臂墩　　　　图 2-2-9 斜撑墩

③重力式单向推力墩。重力式单向推力墩是在双向的重力式桥墩的基础上,通过加大尺

寸来承受单向恒载推力的桥墩。此种形式的单向推力墩圬工体积大、用料多,且增加了阻水面积,立面美观也较差。

二、桥台的类型和构造

1. 梁式桥桥台

与桥墩相同,梁式桥桥台也可分为重力式桥台和轻型桥台两类。

(1)重力式桥台

重力式桥台也称实体式桥台,它主要靠自重来平衡台后的土压力。桥台台身多数由石砌、片石混凝土或混凝土等圬工材料建造,并采用就地建造的施工方法。梁桥和拱桥重力式桥台依据桥梁跨径、桥台高度及地形条件的不同,有多种形式,常用的类型有U形桥台、埋置式桥台、八字式桥台和一字式桥台等。

①U形桥台。

U形桥台由台身(前墙)、台帽、基础与两侧的翼墙组成,在平面上呈U字形结构,故而得名。台身支承桥跨结构,并承受台后土压力;翼墙连接路堤,在满足一定条件时,参与同前墙共同承受土压力,侧墙外侧设锥形护坡。U形桥台的一般构造如图2-2-10所示。

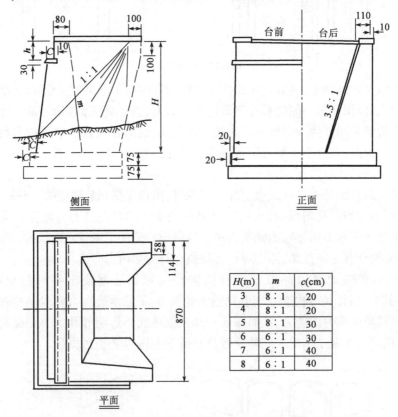

图 2-2-10 U形桥台的一般构造(尺寸单位:cm)

U形桥台构造简单,基础底承压面大,应力较小,可以用混凝土或片石、块石砌筑。但圬工体积大,也增加了对地基的要求。桥台内的填土容易积水,结冰后冻胀,使桥台结构产生裂缝。U形桥台适用于填土高度8~10m的中等以上跨径的桥梁,要求桥台中间填料宜用渗水性较好的土夯填,并做好台背排水。

②埋置式桥台。

桥台台身埋置于台前溜坡内,不需另设翼墙,仅由台帽两端的耳墙与路堤衔接。图 2-2-11a)为直立式埋置桥台;图 2-2-11b)为后倾式,它使台身重心向后,用以平衡台后填土的倾覆力矩,但倾斜度应适当。

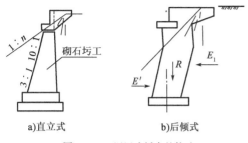

图 2-2-11 埋置式桥台的构造

埋置式桥台,台身为圬工实体,台帽及耳墙采用钢筋混凝土,当台前溜坡有适当保护不被冲毁时,可考虑溜坡填土的主动土压力。因此,埋置式桥台圬工数量较省,但由于溜坡深入桥孔,压缩了河道,有时需要增加桥长。它适用于在桥头为浅滩,溜坡受冲刷较小,填土高度在 10m 以下的中等跨径的多跨桥中使用。当地质情况较好时,可将台身挖空成拱形,以节省圬工,减轻自重。

(2)轻型桥台

钢筋混凝土轻型桥台,其构造特点是利用钢筋混凝土结构的抗弯能力来减少圬工体积而使桥台轻型化。其主要分类包括薄壁轻型桥台、带有支撑梁的轻型桥台及双柱式桥台等。

①薄壁轻型桥台。

薄壁轻型桥台常用的形式有悬臂式、扶壁式、撑墙式及箱式等,如图 2-2-12 所示。在一般情况下,悬臂式桥台的混凝土数量和用钢量较大,撑墙式与箱式的模板用量较大。薄壁轻型桥台的优点与薄壁墩类同,可依据桥台高度、地基强度和土质等因素选定。

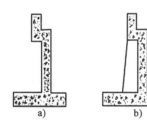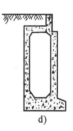

图 2-2-12 薄壁轻型桥台

②带有支撑梁的轻型桥台。

单跨或少跨的小跨径桥,在条件许可的情况下,可在轻型桥台之间或台与墩间设置 3~5 根支撑梁。支撑梁设在冲刷线或河床铺砌线以下。梁与桥台设置锚固栓钉,使上部结构与支撑梁共同承受台后土压力。此时,桥台与支撑梁及上部结构形成四铰框架来受力。

轻型桥台可采用八字式和一字式翼墙挡土,如地形许可,也可做成耳墙,形成埋置式轻型桥台并设置溜坡(图 2-2-13)。

③双柱式桥台。

双柱式桥台见图 2-2-14,当桥较宽时,可采用多柱式。一般用于填土高度小于 5m,为了减少桥台水平位移,也可先填土后钻孔。填土高度大于 5m 时,可采用墙式。墙厚一般为 0.4~0.8m,设少量钢筋。台帽可做成悬臂式或简支式,需要配置受力钢筋。半重力式构造与墙式相同,墙较厚,不设钢筋。当柱式桥台采用钻孔桩基础并延伸作台身时,可不设承台。对于柱式和墙式桥台一般在基础之上设置承台。

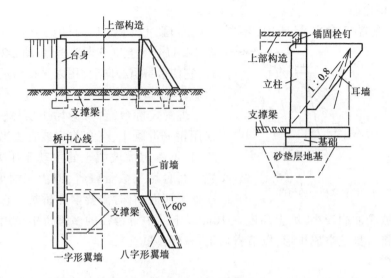

图 2-2-13 设置地下支承梁的轻型桥台

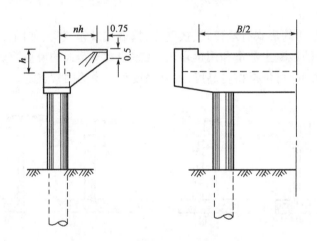

图 2-2-14 双柱式桥台构造(尺寸单位:m)

④其他组合式桥台。

组合式桥台的出现不仅使桥台变得更为轻型化,而且变得更为安全。组合式桥台在使用过程中只承受本身桥跨结构传来的竖向力和水平力,而台后的土应力则由其他结构承受。

a.锚碇式桥台(锚拉式)。

锚碇板、桥台有分离式和结合式两种形式。分离式是台身与锚碇板、挡土结构分开,台身主要承受上部结构传来的竖向力和水平力,锚碇板设施承受土压力。锚碇板结构由锚碇板、立柱、拉杆和挡土板组成,见图 2-2-15a)。桥台与锚碇板结构预留空隙,上端做伸缩缝,桥台与锚碇板结构的基础分离,互不影响,使受力明确,但结构复杂,施工不方便。结合式锚碇板式桥台的构造见图 2-2-15b),它的锚碇板结构与台身结合在一起,台身兼作立柱或挡土板。假定作用在台身的所有水平力均由锚碇板的抗拔力来平衡,台身仅承受竖向荷载。结合式结构简单,施工方便,工程量较省,但受力不是很明确,若台顶位移量计算不准,可能会影响施工和运营。

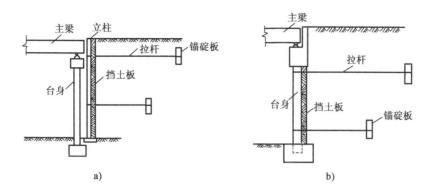

图 2-2-15　锚碇板式桥台构造

b. 过梁式（框架式）组合桥台。

桥台与挡土墙用梁结合在一起的桥台为过梁式的组合桥台，使桥台与桥墩的受力相同。当梁与桥台、挡土墙刚接，则形成框架式组合桥台，如图 2-2-16 所示。框架的长度及过梁的跨径由地形及土方工程比较确定，组合式桥台越长，梁的材料数量就需要得越多，而桥台及挡土墙的材料数量相应地有所减小。

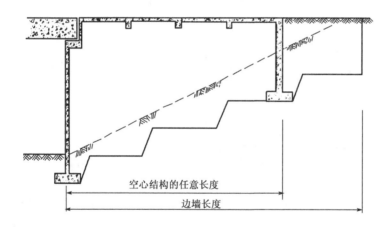

图 2-2-16　框架式组合桥台

c. 桥台与挡土墙组合桥合。

该类桥台由轻型桥台支承上部结构，台后设挡土墙承受土压力。台身与挡土墙分离，上端做伸缩缝，使受力明确。当地基比较好时，也可将桥台和挡土墙放在同一个基础之上，见图 2-2-17。这种组合式桥台可采用轻型桥台，而且可不压缩河床，但构造复杂，是否经济需通过比较确定。

2. 拱桥桥台

（1）重力式 U 形桥台

U 形桥台由台身（又称前墙）和平行于行车方向的侧翼墙组成（图 2-2-18）。常采用锥形护坡与路堤连接，锥坡的坡度根据加固形式、坡高、地形等确定，一般为 $1:1.5 \sim 1:1$。其构造基本与梁桥重力式类似。

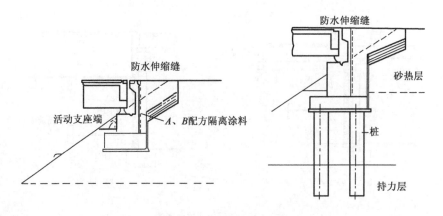

图 2-2-17　桥台挡土墙组合桥台

(2) 齿槛式桥台

由于齿槛式桥台(图 2-2-19)的基础底板面积较大,基底应力较小,因此,它可用于较软弱的地基。底板下设齿槛以增大摩阻力和抗滑稳定性。齿板宽度和深度一般不小于 0.5m。为增加刚度,在底板上拱座与后挡板之间设撑墙。利用后挡板后面原状地基土及前墙背面填土的侧压力来平衡拱的推力。一般用于河床冲刷不大的中小跨径拱桥。

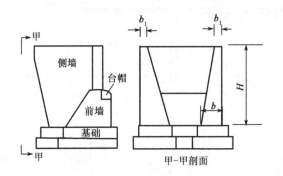

图 2-2-18　拱桥重力式 U 形桥台

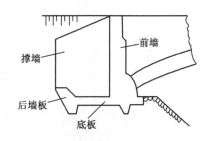

图 2-2-19　齿槛式桥台

(3) 空腹式(L 形)桥台

空腹式桥台的后墙与底板形成 L 形。为增加刚度,在拱座与后墙间设撑墙。前墙与后墙之间用撑墙相连,平面上形成"目"字形。它充分利用后背土抗力和基底摩阻力来平衡拱推力(图 2-2-20),适用于地基较软、冲刷较小的河床,可用于大中跨径的拱桥。

(4) 组合式桥台

组合式桥台(图 2-2-21)由台身和后座两部分组成。台身承受拱的垂直压力,由后座的自重摩阻力及台后的土侧压力来平衡拱推力。因此,后座基底的高程应低于起拱线的高程。台身与后座间应密切贴合并设沉降缝,以适应两者的不均匀沉降。在地基土质较差时,后座地基也应该处理,以免后座的后倾斜导致台身和拱圈变形。

(5) 轻型桥台

轻型桥台(图 2-2-22)是相对于重力式桥台而言的,这种桥台适用于 13m 以内的小跨径拱桥和桥台水平位移量很小的情况。其工作原理是:当桥台受到拱的推力后,便发生绕基底形心轴而向路堤方向的转动,此时台后的土便产生抗力来平衡拱的推力,从而使桥台的尺寸大大小于实体重力式桥台(约为65%)。常用的轻型桥台有八字形和U字形桥台、前倾一字台、背撑式桥台等。

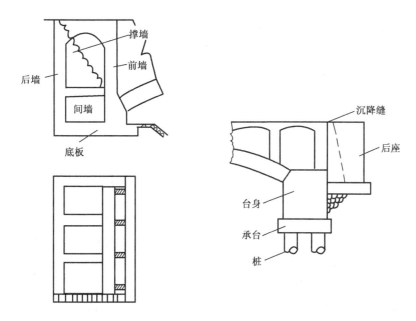

图2-2-20 空腹式(L形)桥台　　　图2-2-21 组合式桥台

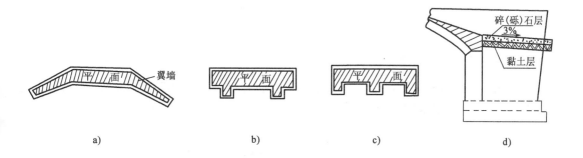

图2-2-22 拱桥轻型桥台

采用轻型桥台时,要注意保证台后的填土质量,台后填土应严格按照规定分层夯实,并做好台后填土的防护工作,防止受水流的侵蚀和冲刷。

①八字形桥台。

八字形桥台[图2-2-22a)]构造简单,台身由前墙和两侧的八字翼墙构成。两者之间通常留沉降缝分砌。前墙可以是等厚度的,也可以是变厚度的。变厚度台身的背坡为2:1~4:1。翼墙的顶宽一般为40cm,前坡为10:1,后坡为5:1。为了防止基底向河心滑动,基础应有一定的埋置深度。台后填土必须分层夯实,做好防护措施,防止受水流侵蚀、冲刷。

②U字形桥台。

U字形轻型桥台[图2-2-22d)]是由前墙和平行于车行方向的侧墙组成,构成U字形的水平截面。它与U形重力式桥台的差别是,后者是靠扩大桥台底面积以减小基底压力,并利用基底与地基的摩阻力和适当利用台背侧土压力,以平衡拱的水平推力,因此基础底面积较轻型桥台的要大,通常从前墙一直延伸到侧墙尾端。侧墙与前墙连成整体,而与拱上侧墙间应设变形缝,以适应桥的可能变位。轻型桥台侧墙的顶宽一般为50cm,内侧坡度为5∶1。

若有人行道,则上端做成等厚直墙,直到与5∶1内坡相交为止,以下仍用5∶1的坡度。

③背撑式桥台。

当桥台较宽时,为了保证结构的强度和稳定性,可以在八字形或U字形桥台的前墙背后加一道或几道背撑,构成π形、E字形等水平截面形式的前墙[图2-2-22b)、c)]。背撑顶宽为3.0~6.0m,厚度也为30~60cm,背坡为3∶1~5∶1的梯形。这种桥台比八字形桥台的稳定性要好,但土方开挖量及圬工体积都有增多,加背撑的U字形桥台却能适用于较大跨径的高桥和宽桥。

三、基础的类型和构造

基础是放置于地基之上,并将桥墩、桥台所产生的荷载传送递给地基的结构。基础的质量决定着桥梁结构的安全,而坚实的地基是基础质量的保证。地基可根据处理方式分为天然地基和人工地基两类。未经人工处理就可以满足设计要求的地基称为天然地基。如果天然地基土质过于软弱或存在不良工程地质问题,需要经过人工加固或处理后才能修筑基础,这种地基称为人工地基。与地基相比,基础的形式较多,常用的有浅基础、深基础和深水基础三种。浅基础与深基础是根据基地埋置深度(自地面或局部冲刷线到基础底面的距离)确定的,通常将埋置较浅且施工相对简单的基础称为浅基础。浅基础计算可忽略侧面土体的摩阻力和侧向抗力,如刚性扩大基础、柔性扩大基础等。若浅层土质不良,需将基础置于较深的良好土层上,且在设计计算中不能忽略基础侧面土体的摩阻力和侧向抗力的基础形式,称为深基础,如桩基础、沉井基础、地下连续墙等。深水基础则与基础的埋置深度无直接关系,其在水下部分较深,在设计和施工中必须考虑水深对基础的影响。

1. 天然地基上的浅基础

天然地基浅基础根据受力条件及构造可分为刚性基础(也称无筋扩展基础)和钢筋混凝土扩展基础两大类。如图2-2-23所示。

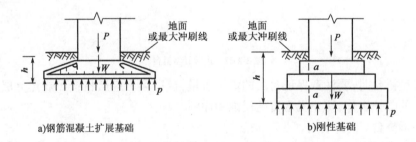

图2-2-23 基础类型

(1)刚性基础

刚性基础(无筋扩展基础)通常是由砖、块石、毛石、素混凝土、三合土和灰土等材料建造的且不需要配置钢筋的基础,这些材料有较好的抗压性能,但抗拉、抗剪强度不高,设计时要求限定基础的扩展宽度和基础高度的比值,以避免基础内的拉应力和剪应力超过其材料强度。相应而言,基础的相对高度一般都比较大,几乎不会发生弯曲变形,习惯上称为刚性基础。其特点是稳定性好、施工简便、能承受较大的荷载,主要缺点是自重大,且当基础持力层为软弱土时,由于扩大基础面积有一定限制,须对地基进行处理或加固后才能采用。对于荷载大或上部结构对沉降差较敏感的情况,当持力层为深厚软土时,刚性基础作为浅基础是不适宜的。

由于地基强度一般较墩台或墙柱圬工的强度低,因而需要将基础平面尺寸扩大以满足地基强度要求,这种刚性基础又称为刚性扩大基础。它是桥涵常用的基础形式,其平面形状常为矩形。其每边扩大的尺寸最小为 0.20~0.50m,视土质、基础厚度、埋置深度和施工方法而定。作为刚性基础,每边扩大的最大尺寸应受到材料刚性角的限制。当基础较厚时,可在纵横两个剖面上都做成台阶形,以减小基础自重,节省材料。

(2)钢筋混凝土扩展基础

钢筋混凝土扩展基础主要是用钢筋混凝土浇筑,常见的形式有柱下扩展基础、条形和十字形基础、筏板及箱形基础,其整体性好,抗弯刚度大。如筏板和箱形基础,在外力作用下只产生均匀沉降和整体倾斜,这样对上部结构产生的附加应力比较小,基本上消除了由于地基不均匀引起的建筑物损坏,所以在土质较差的地基上修建高层建筑物时,采用这种基础形式是适宜的。但上述基础形式,特别是箱形基础,钢筋和水泥的用量较大,施工技术要求也较高,所以采用这种基础形式应与其他基础方案比较后再决定。

2. 桩基础

桩基础是桥涵常用基础,按不同的分类方法种类较多。

(1)按桩的使用功能分类

按桩的使用功能分类,桩基础可分为竖向抗压桩、竖向抗拔桩、水平受荷桩和复合受荷桩。

其中,复合受荷桩为承受竖向、水平荷载均较大的桩,应按竖向抗压(或抗拔)桩及水平受荷桩的要求进行验算。在桥梁工程中,桩除了要承担较大的竖向荷载外,往往由于波浪、风、地震、船舶的撞击力以及车辆荷载的制动力等使桩承受较大的侧向荷载,从而导致桩的受力条件更为复杂,尤其是大跨径桥梁更是如此,像这样一类桩基就是典型的复合受荷桩。

(2)按桩的形状和竖向受力情况分类

按桩的形状和竖向受力情况,桩基础可分为端承型桩和摩擦型桩。

其中,端承型桩的桩身穿越整个软弱土层,由不可压缩的土层支承,通常是岩床。嵌岩桩就属于端承型桩。端承型桩在竖向荷载作用下,桩身纵向的压缩变形很小或可以忽略不计,桩沿垂直方向移动也很小,因此桩身和土之间摩擦力很小或可忽略,可以认为桩顶竖向荷载全部或主要由桩端阻力承受。

摩擦型桩的各个方向包括底部都被可压缩的土层包围,在竖向荷载作用下桩向下移动,周围土层对桩产生向上的摩擦力,并在桩端产生向上的反力。桩顶竖向荷载全部或主要由桩侧阻力承受。

如果为了减少摩擦型桩基础的沉降和更好地发挥桩身材料的抗压能力,往往将桩端打入较坚实的土层中,这时可根据桩侧与桩端阻力的发挥程度和分担荷载比例,将其再细分为端承桩、摩擦端承桩及摩擦桩,当桩侧阻力很小时,称为端承桩;桩端阻力很小时,称为摩擦桩;介于两者之间既有一定桩侧阻力又有一定桩端阻力的桩称为端承摩擦桩。

(3)按桩身材料分类

按桩身材料,可分为钢桩、混凝土桩、木桩和组合材料桩。其中,在桥梁工程中以混凝土桩最为常见。混凝土桩可分为预制桩和灌注桩两种基本的类型。

①预制桩。

预制桩是桩体在施工现场或工厂先预制好,然后运至工地,用各种沉桩方法埋入地层中而成。预制桩有方形和八边形截面或中空方形和圆形截面等,截面边长一般为250~550mm,管桩截面直径有400mm、550mm等几种。中空型桩更适用于摩擦型桩,因为单位体积混凝土可提供更大的接触面。圆形中空桩基运用离心原理浇制而成。钢筋的作用是抵抗起吊和运输中产生的弯矩、竖向荷载和由水平荷载引起的弯矩。这类桩按预定的长度预制并养护,然后运往施工现场。

②灌注桩。

现场灌注桩是先在地基土中钻孔或挖孔,然后下放钢筋笼和填充混凝土而成。灌注桩的材料除钢筋混凝土和素混凝土外,还有砂、碎石、石灰、水泥和粉煤灰等,这些材料与桩周土构成复合地基,丰富了地基处理的措施。

当持力层承载力较低时,可采用扩底桩。例如钻挖成扩底锥孔后再灌注混凝土。其他形成扩底桩的方法有:用内夯管夯击孔底刚浇筑的混凝土,以便形成扩大的混凝土球状物。这样的扩底桩又称为夯扩桩;在孔底进行可控制的爆破,形成爆扩桩。

灌注桩其钢材使用量一般较低,比预制桩经济,造价为预制桩的40%~70%。适于各种地层,桩长可灵活调整,桩端扩底可充分发挥桩身强度和持力层承载力。但它成桩的质量不易保证,桩身易出现断桩、缩颈、夹泥、沉渣、混凝土析出等质量问题。

(4)按成桩方法分类

按成桩方法可分为挤土桩、部分挤土桩和非挤土桩。挤土桩是在成桩过程中,大量排挤土,使桩周土受到严重扰动,土的工程性质有很大改变。挤土桩引起的挤土效应使地面隆起和土体侧移,施工常带有噪声,导致对周围环境的较大影响,但它不存在泥浆及弃土污染问题。这类桩主要有打入或静压成的实心或闭口预制混凝土桩、闭口钢管桩及沉管灌注桩等。部分挤土桩在成桩过程中,引起部分挤土效应,使桩周土受到一定程度的扰动。这类桩主要有打入或压入H形钢桩、开口管桩,预钻孔植桩及长螺旋钻孔、冲孔灌注桩等。非挤土桩采用钻孔、挖孔等方式将与桩体积相同的土体排出,对周围土体基本没有扰动,但废泥浆、弃土等可能会对环境造成影响。

3. 沉井基础

沉井基础多用于跨河、跨海桥,其常见分类如下。

(1)按沉井所用材料分类

按沉井所用材料,可分为素混凝土沉井、钢筋混凝土沉井、砖石沉井、钢沉井、竹筋混凝土沉井等。

其中钢筋混凝土沉井适用于大中型工程。钢筋混凝土沉井抗压抗拉能力强,下沉深度大,可根据工程需要,做成各种形状、各种规格的重型或薄壁一般沉井及薄壁浮运沉井、钢丝网水泥沉井等。在工程中应用最广。

(2)按横截面形状分类

按横截面形状分类,沉井基础可分为单孔沉井、单排孔沉井、多排孔沉井等。

其中,单孔沉井是最常见的中小型沉井。沉井的横截面形状,有圆形、正方形、椭圆形、圆端形、矩形等。圆形沉井在下沉过程中垂直度和中线较易控制,若采用抓泥斗挖土,可比其他形状沉井更能保证刃脚均匀作用在支承的土层上。在土压力和水压力作用下,井壁只受轴向压力,即使侧压力分布不均匀,弯曲应力也不大,能充分利用混凝土抗压强度大的特点,沉井的井壁可薄些,便于机械取土作业,多用于斜交桥或水流方向不定的桥墩基础。矩形沉井符合大多数墩(台)的平面形状,制造方便,能更好地利用地基承载力,但此种沉井四角处有较集中的应力存在,四角处土不易被挖除,井脚不能均匀地接触承载土层,且流水中局部水头损失系数较大,冲刷较严重。在土压力和水压力作用下,将产生较大的弯矩,井壁受较大的挠曲应力,长宽比越大,其挠曲应力亦越大,井壁厚度要大些。通常要在沉井内设隔墙支撑,以增加刚度,改善受力条件。为了减小沉井下沉过程中方形和矩形沉井四角的应力集中和局部水头损失系数,常将四角的直角做成圆角,圆端形沉井井壁受力比矩形沉井好,适宜圆端形桥墩,能充分利用基础圬工。圆端形沉井制造时较圆形和矩形沉井复杂。

(3)按沉井竖向剖面形状分类

按沉井竖向剖面形状分类,沉井基础可分为柱形沉井、锥形沉井及阶梯形沉井,如图2-2-24所示。

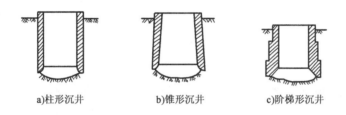

图2-2-24 沉井按沉井竖向剖面形状分类示意图

①柱形沉井。

柱形沉井竖直剖面上下厚度均相同,为等截面柱的形状,大多数沉井属于这一种。柱形沉井井壁受力较均衡,下沉过程中不易发生倾斜,接长简单,模板可重复利用,但井壁侧阻力较大,若土体密实、下沉深度较大时,易下部悬空,造成井壁拉裂。一般多用于入土不深或土质较松软的情况。

②锥形沉井。

为了减小沉井施工下沉过程中井筒外壁与土的摩擦阻力,或为了避免沉井由硬土层进入下部软土层时,沉井上部被硬土层夹住,使沉井下部悬挂在软土中发生拉裂,可将沉井筒制成上小下大的锥形。锥形沉井井壁侧阻力较小,但施工较复杂,模板消耗多,沉井下沉过程中易发生倾斜,多用于土质较密实、沉井下沉深度大、自重较小的情况。通常锥形沉井外井壁坡度为1/40~1/20。

③阶梯形沉井。

鉴于沉井所承受的土压力与水压力均随深度而增大,为了合理利用材料,可将沉井的井壁随深度分为几段,做成阶梯形,下部井壁厚度大,上部厚度小。这种沉井外壁所受的摩擦阻力较小,如图2-2-24所示。阶梯形井壁的台阶宽为100~200mm。

沉井基础一般由井筒、刃脚、隔墙、取土井孔、预埋冲刷管、顶盖板、凹槽、封底混凝土等部分组成。其具体构造如图2-2-25所示。

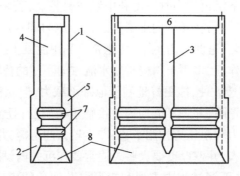

图 2-2-25 沉井构造示意图
1-井筒;2-刃脚;3-隔墙;4-取土井孔;5-预埋冲刷管;6-顶盖板;7-凹槽;8-封底混凝土

第三节 桥梁墩台与基础的设计方法简述

一、桥墩的设计方法简述

1. 重力式桥墩

(1)尺寸拟定

重力式桥墩的尺寸一般先根据桥梁上部结构的宽度选定墩顶长度(需考虑是否设置挡块等构造措施);再按相邻两孔桥的支座尺寸、距离以及支座边缘至墩顶边缘的距离选定墩顶的宽度;最后按选定的墩身两侧斜度向下放坡,从而选定墩身地面尺寸。具体要求可见《公路桥涵设计通用规范》(JTG D60—2015)。

(2)设计计算

①设计荷载。

a. 永久作用。

永久作用包括上部构造的恒重及其混凝土收缩、徐变的影响;桥墩自重,包括基础襟边上的土重、预应力、基础变位影响力、水的浮力。

位于透水性地基上的桥墩,当验算稳定性时,应计算设计水位时水的浮力;当验算地基应力时,仅考虑低水位时的浮力;基础嵌入不透水性地基的墩台,可以不计水的浮力;当不能肯定是否透水时,则分别按透水或不透水两种情况进行最不利的荷载组合。

水对水下桥墩或土的固体颗粒的浮力作用,可用桥墩圬工的浮重度或土的浮重度来反映。圬工的浮重度等于圬工重度减去水的重度。土的浮重度可以根据土质资料得到不同的物理指标,如天然重度、天然含水率、相对密度或饱和重度等计算。

b. 可变作用。

(a)汽车荷载及引起的土侧压力,汽车冲击力(对于柱式墩台计入,重力式墩台不计),离心力,人群荷载。

(b)作用在上部构造和墩身上的纵、横向风力,汽车荷载引起的制动力,作用在墩身上的流水压力、冰压力,上部温度变化影响力,支座摩阻力。

(c)偶然作用。

偶然作用包括:地震力,作用在墩身上的船只或漂浮物的撞击力,施工荷载。

以上各种荷载和外力的计算数值,采用桥墩在正常情况下结构上有可能出现的最大荷载值。

②荷载(作用)组合。

a. 梁式桥桥墩。

第一种组合:将汽车荷载等基本可变荷载在纵向布置在相邻的两孔桥跨上,以在桥墩上产生最大的竖向力进行组合,但此时偏心较小(图2-2-26)。它用来验算墩身强度和基底最大应力。

第二种组合:汽车荷载只在一孔桥跨上布置,同时有其他水平荷载,如风力、流水压力或冰压力等作用在墩身上,这时竖向荷载最小,而水平荷载引起的弯矩作用大,可使墩身截面产生很大的合力偏心距,或者此时桥墩的稳定性也是最不利的(图2-2-27)。它常常用来验算墩身强度、基底应力、偏心及桥墩的稳定性。

第三种组合:按桥墩各截面在横桥方向上可能产生最大偏心和最大弯矩的情况进行组合(图2-2-28)。

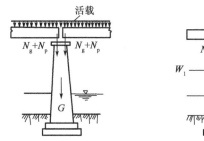
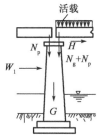
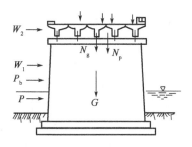

图2-2-26 汽车荷载在两跨上　　图2-2-27 汽车荷载偏载　　图2-2-28 横桥向最不利组合

除此之外,还有桥墩在施工阶段的受力验算、地震力验算。

各种不同的荷载组合,均应满足公路桥梁设计规范中所规定的强度安全系数、容许偏心距和稳定系数。

b. 拱桥桥墩。

在拱桥墩台计算中,永久荷载和基本可变荷载有恒载、活载及其影响力、土压力、拱的混凝土收缩影响力和水的浮力。其他可变荷载和偶然荷载有制动力、拱温度变化的影响力、风力、水压力、冰压力以及船只或漂浮物的撞击力等。

桥墩应对顺桥向和横桥向分别进行计算,一般为顺桥向控制,此时,桥墩的计算荷载如图2-2-29所示。永久荷载和基本可变荷载中有:桥墩各部分的自重 P_1、P_2、P_3、P_4,基础自重 P_5、P_6;由活载产生的拱脚推力 H_g 和竖直力 V_p 以及由恒载和活载产生的拱脚弯矩 M_g 及 M_p。当与邻孔不对称时,还有拱圈混凝土收缩产生的拱脚推力 H_r 和弯矩 M_r;对于透水地基,在验算桥墩稳定性时还要计入水的浮力 Q。

其他可变荷载中的制动力 T,假设它作用在拱顶并平分于两拱脚[图2-2-29b)]。此外,制动力还产生相应的竖直反力 V_T:

$$V_T = \frac{Tf}{l}$$

当与邻拱不对称时,还应计入温度变化产生的拱脚推力 H_t 和弯矩 M_t。其他可变荷载中的风力按纵向风力计算。

可能发生的最不利荷载组合是:恒载,一跨拱上布满活载(如为不等跨时,则大跨布满活载),以求得最大的 H_p 及其相应的 V_p 和 M_p;指向验算墩的制动力,升温影响力,纵向风力,材料收缩影响力及水浮力。

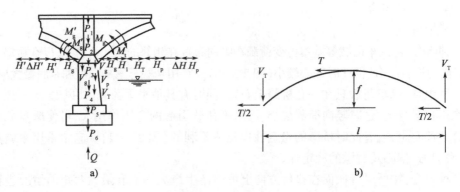

图 2-2-29 拱桥墩受力情况

对于单向推力墩,只考虑相邻两跨中跨径较大一孔的永久荷载作用力。

除了应按上述进行桥梁在运营情况下的验算外,拱桥桥墩还应按拱桥施工程序验算。例如:当邻孔尚未修建时,由一孔的拱圈自重对桥墩所产生的单侧受力情况可能是危险的,必须加以验算。考虑到这种荷载情况只是暂时的,当采用极限状态设计时,荷载安全系数可以降低;当采用容许应力设计时,材料和地基容许应力可提高 50%,圬工结构的容许偏心距可放宽到 $e_0 \leqslant 0.7y$,倾覆和滑动稳定系数可降低到 1.2。

对于多跨拱桥中的制动墩,多应按承受整孔全部恒载的单侧受力情况进行设计计算。

对于桩柱式轻型桥墩的计算,可在连拱计算中一并考虑。

(3)设计验算

重力式桥墩的验算内容与一般桥墩相同,主要包括强度验算、偏心验算和稳定性验算等。对于高度超过 20m 的重力式(实体)墩,需要验算墩台顶的弹性水平位移不应超过容许值。钢筋混凝土墩台还要进行配筋计算。

桥梁墩台在验算中,首先要拟定结构各部分尺寸;然后根据可能出现的荷载和外力进行最不利的荷载组合;选取验算截面的验算内容;计算各截面的内力,进行配筋和验算。

对于梁桥和拱桥重力式桥墩的计算,虽然在荷载组合的内容上稍有不同,但就某个截面而言,这些外力都可以合成为竖向、水平向的合力及弯矩。因此,它们的验算内容和计算方法基本相同(略)。

2. 桩柱式桥墩

(1)尺寸拟定

与重力式桥墩相同,具体拟定要求可参照《公路桥涵设计通用规范》(JTG D60—2015)相关内容。

(2)设计计算

①盖梁(帽梁)计算。

a. 计算图式。

桩柱式墩台通常采用钢筋混凝土结构,在结构上,桩柱的钢筋伸入盖梁内,与盖梁的钢筋绑扎成整体,因此盖梁与桩柱刚接呈刚架结构。双柱式墩台,当盖梁的刚度与桩柱的刚度比小于 5 时,为简化计算可以忽略节点不均衡弯矩的分配及传递,一般可按简支梁或悬臂梁进行计算和配筋,多根桩柱的盖梁可按连续梁计算,当盖梁计算跨径与梁高之比对简支梁小于2,对连续梁小于2.5时,应按《公路钢筋混凝土及预应力混凝土桥涵设计规范》(JTG 3362—2018)附录六作为深梁计算。当刚度比小于5时,或桥墩承受较大横向力时,盖梁应作为横向刚架的一部分予以验算。

b. 外力计算。

外力包括上部结构恒载支点反力、盖梁自重和活载。活载的布置要使各种组合为桥上最不利情况,求出支点最大反力作为盖梁的活载。活载的横向分布计算,当活载对称布置时,按杠杆法计算,可考虑桩柱支承宽度对削减负弯矩尖峰的影响。

盖梁在施工过程中,荷载的不对称性很大,各截面将产生较大的弯矩,因此要根据当时的架桥施工方案,对各截面的受弯、受剪和受扭进行验算。

c. 内力计算。

公路桥桩柱式墩台的帽梁通常采用双悬臂式,计算时的控制截面选取支点和跨中截面。在计算支点负弯矩时,采用非对称布置活载与恒载的反力;在计算跨中正弯矩时,采用对称布置活载与恒载的反力。桥墩沿纵向的水平力以及当盖梁在沿桥纵向设置两排支座时,上部结构活载的偏心对盖梁将产生扭矩,应予以计入。

桥台的盖梁计算,一般可不考虑背墙与盖梁共同受力,此时背墙仅起挡土墙作用。必要时也可考虑背墙与盖梁的共同受力,盖梁按L形截面计算。桥台耳墙视为单悬臂固端梁,水平方向承受土压力及活载水平压力。

②墩身计算。

a. 外力计算。

桥墩桩柱的外力有上部结构恒载与盖梁的恒载反力以及桩柱自重;活载按设计荷载布置车列,得到最不利的荷载组合。桥墩的水平力有支座摩阻力和汽车制动力等。

桥台桩柱(包括双片墙式台身)除上述各力之外,还有台后土压力、活载引起的水平压力及溜坡主动土压力等。土压力的计算宽度及溜坡主动土压力的计算方法见《公路桥涵设计通用规范》(JTG D60—2015)的有关规定。

b. 内力计算。

桩柱式墩台按桩基础的有关内容计算桩柱的内力和桩的入土深度。对于单柱式墩,计算弯矩应考虑两个方向弯矩的合力,纵、横方向弯矩合力值为:

$$\sum M = \sqrt{M_x^2 + M_y^2}$$

计算墙式台身内力时,应按盖梁底面、墙身中部、墙身底面、承台底面等分别进行内力计算和应力验算。

(3)设计验算

①盖梁(帽梁)配筋验算。

盖梁的配筋验算方法与钢筋混凝土梁配筋类同,根据弯矩包络图配置受弯钢筋,根据剪力包络图配置弯起钢筋和箍筋。在配筋中,还应计算各控制截面扭矩所需要的箍筋及纵向钢筋。

和计算普通双悬臂梁和连续梁内力的不同点是:活载的轮重不是直接作用在盖梁上面,而是通过设置在盖梁上一些固定位置的支座来传递活载反力的。因此,在桥面上布置活载计算横向分布系数时,必须注意这个特点。此外,计算盖梁的内力时,可考虑柱的支撑宽度对削减负弯矩峰值的影响。

②墩身配筋验算。

在最不利的内力组合之后,先配筋、再验算,验算方法按钢筋混凝土偏心受压构件计算。

3. 柔性桥墩

(1)尺寸拟定

与重力式桥墩相同,具体拟定要求可参照《公路桥涵设计通用规范》(JTG D60—2015)相关内容。

(2)设计计算

柔性墩是由钢筋混凝土柔性排架桩墩、梁和刚性墩台组成的一联或多联的多孔连续铰接钢架体系,在纵向水平力作用下,一联的各柔性墩台顶具有相同的水平位移。为了简化计算,可把双固定支座布置的柔性墩视为下端固结,上端有水平约束的铰接支承的超静定梁,如图2-2-30a)所示。在柔性墩的顶端,已知桥跨结构作用的竖向力 N 和墩顶偏心弯矩 M,墩顶位移 Δ_i 也可预先求出,则反力的未知数有下端的三个值和墩顶的水平反力,有一次超静定。将墩顶水平反力作为多余未知力求解,即可计算下端固定结点和墩身的弯矩和剪力。

在对柔性桥墩进行设计计算时,其相关基本假定如下:

①柔性墩顶水平力的计算,在墩顶偏心弯矩不大的前提下,可采用叠加原则进行计算,计算图式见图2-2-30b)。其中第一图式是计算由于水平位移产生的墩顶水平力,产生水平位移的外力包括制动力、梁的温度变化力以及在竖向活载作用下梁长度变化产生的水平力等各种组合;第二图式是计算由于墩顶产生了水平位移,在竖向力作用下引起墩内弯矩而产生的水平反力;第三图式在墩顶偏心弯矩作用下而产生的水平反力。此外,在必要时还应包括墩身受到风力产生的水平反力。在水平反力的计算时,梁身混凝土收缩、徐变等次要因素一般可忽略不计。

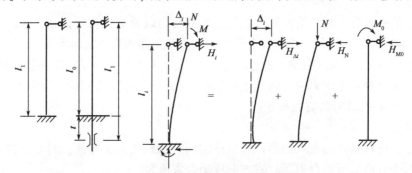

图2-2-30 梁桥柔性桥墩结构与计算图式

②假定上部结构对桩柱顶不发生相对位移,制动力按各墩抗水平位移刚度分配。

③计算土压力时,如设有实体刚性墩台,则全部由有关刚性墩台承受;如均为柔性墩,则由岸墩承受土压力面与岸土抗力平衡,其余柔性墩不计其影响。

④水平组合时,桩柱顶的制动力、水平土压力(当边排架向河心偏移时)及竖向偏载产生的水平力的代数和不允许大于支座摩阻力。当前三者与温度变化产生水平力的总和大于支座摩阻力时,按摩阻力计算。

①墩顶水平位移的计算。

a. 柔性墩顶制动力及其水平位移计算。

b. 梁的温度变形计算。

②墩顶水平力计算。

a. 水平位移产生的水平力计算。

b. 由于墩顶产生水平位移 $\triangle_i$，竖向力 N 引起墩内弯矩而产生的墩顶的水平反力计算。

c. 由于墩顶偏心弯矩而产生的水平反力计算。

(3) 设计验算

柔性桥墩设计完毕后应包括根据各墩的最不利组合进行桩墩的配筋和验算。

二、桥台的设计方法简述

1. 重力式桥台

(1) 尺寸拟定

① 梁桥重力式桥台尺寸拟定。

a. 顶帽。

桥台顶帽由台帽和背墙两部分组成。其中，桥台台帽的尺寸要求与相应的桥墩墩帽有许多共同之处，不同的是台帽顶面只设单排支座，在另一侧则要砌筑挡住路堤填土的矮雉墙（或背墙）。背墙的顶宽，对于片石砌体不得小于 50cm，对于块石料石及混凝土砌体不得小于 40cm。背墙一般做成垂直的并与两侧侧墙连接。

b. 台身。

实体式桥台台身前后设置斜坡呈梯形截面，外表斜坡可取 10∶1，内侧斜坡取 6∶1～8∶1。台身顶的长度与宽度应配合台帽，当台身为圬工结构时，并要求台身任一水平截面的纵向宽度不小于该截面至台顶高度的 0.4 倍，见图 2-2-31。

埋置式桥台，由于作用在桥台上的水平力较 U 形桥台小些，在拟定尺寸上，台、身底部可略大于顶部尺寸，最后由应力验算确定。

c. 翼墙及耳墙。

U 形桥台的翼墙，外侧呈直立，内侧为 3∶1～5∶1 的斜坡。圬工翼墙的顶宽不小于 0.4。

对于翼墙的其他任一水平面宽度：片石圬工不宜小于该截面至墙顶高度的 0.4 倍；块石及混凝土，不宜小于 0.35 倍；当台内填土为渗水性良好的土类，则上述要求可分别减为 0.35 倍和 0.3 倍。

八字式和一字式的翼墙，根据近年的设计经验，墙顶宽取 0.4m，外侧用 10∶1 斜坡，内侧可用 8∶1～10∶1，翼墙的长度根据实地地形确定，尾端应保持一个相当高度。

埋置式桥台的挡土采用耳墙，它承受土压力的计算图式为悬臂板，如需要支承人行道上的荷载，则将受到两个方向的弯矩和剪力，需要配置受力钢筋，见图 2-2-32。耳墙长度不宜太长，一般不超过 3～4m。厚度为 0.15～0.3m，高度为 0.5～2.5m，耳墙应将主筋伸入台帽或背墙借以锚固。

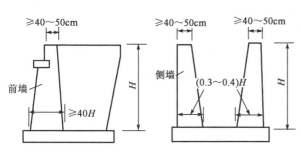

图 2-2-31　U 形桥台尺寸图

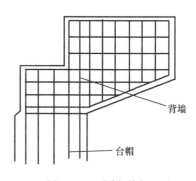

图 2-2-32　耳墙钢筋布置

d. 锥形护坡、溜坡及台后排水。

U 形桥台的翼墙尾端上部应伸入路堤不小于 0.75m,锥形护坡的坡脚不能超过桥台前沿。锥形护坡在纵桥向的坡度,路堤下方 0~6m 处取用 1:1,大于 6m 的部分可取用 1:1.5,在横向与路堤边坡相同。当纵桥向与横桥向的坡度相同时。锥形护坡在平面上为 1/4 圆形;当两向坡度不等时,为 1/4 椭圆形。护坡在高出设计洪水位 0.5m 以下部分,应根据设计流速的不同采用块、片石砌筑,不砌部分植草皮保护。埋置式桥台的溜坡坡度一般取用 1:1.5。溜坡坡面采用砌石保护,并应根据河岸冲刷深度确定基础的埋置深度。溜坡面距台帽后缘应不小于 0.3m,耳墙深入溜坡至少 0.75m,溜坡坡面与台身前沿相交处应比设计洪水位高出 0.25m,以避免水流渗入。

②拱桥重力式桥台。

拱桥桥台尺寸可参照梁桥桥台拟定,唯有前墙背坡与前坡的设定与梁桥桥墩略有不同。拱桥桥台前墙背坡一般取 2:1~4:1,前坡应取 20:1~30:1 或直立。其前墙顶宽比梁桥要大,具体数值可按如下经验公式进行计算:

$$b = 0.15L$$

式中:b——起拱线至前墙背坡顶尖的水平距离;

L——拱桥计算跨径。

(2)设计计算

计算桥台所考虑的荷载与桥墩计算基本一样,不同的是,除了上述对桥墩计算所列举的各种荷载外,永久荷载和基本可变荷载中尚须计入台后土压力,尤其是要考虑车辆荷载引起的土侧压力,而不需计及纵、横向风力、流水压力、冰压力、船只或漂浮物的撞击力等。

其次,桥台的强度、偏心距和稳定性的验算也与桥墩基本相同,但只做顺桥方向的验算。当验算基础顶面的台身砌体强度时,如桥台截面的各部分尺寸满足《桥规》有关规定,则应把桥台的侧墙和前墙作为整体来考虑受力;否则,台身(桥台前墙)应按独立的挡土墙计算。

桥梁桥台的土侧压力计算,一般按主动土压力计算。一般根据按库仑土压力公式求得的主动土压力 E 值还是比较接近实际的。若土质分层有变化或水位影响各层计算数据时,应做分层计算。关于土压力的计算方法可参考《墩台与基础》(人民交通出版社)。

①梁桥重力式桥台荷载组合。

根据各种可能出现的情况进行荷载的最不利组合,而车辆荷载可以按以下三种情况布置:

a. 车辆荷载仅布置在台后填土的破坏棱体上[图 2-2-33a)]。

b. 车辆荷载仅布置在桥跨结构上[(图 2-2-33b)]。

c. 车辆荷载同时布置在桥跨结构和破坏棱体上[(图 2-2-33c)]。

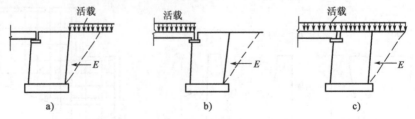

图 2-2-33 梁桥桥台的荷载组合图式

②拱桥重力式桥台的荷载组合。

在永久荷载和基本可变荷载作用下,拱桥重力式桥台荷载组合情况同上述梁式桥。

(3)设计验算

①梁桥重力式桥台。

由于桥台土侧压力大小与土的压实程度有关。因此,在计算桥台前端的最大应力向桥孔一侧的偏心和(桥台)向桥孔方向的倾覆与滑动时,按台后填土尚未压实考虑;当计算桥台后端的最大应力向路堤一侧的偏心和(桥台)向路堤方向的倾覆与滑动时,按台后填土已经压实考虑。

②拱桥重力式桥台。

在永久荷载、基本可变荷载和其他可变荷载作用下,应验算以下两种情况:

a.恒载、桥跨结构上的活载、朝向路堤方向的制动力、温度升高时的影响力、台后常采用的主动土压力或按填土压实情况采用的静止土压力[图2-2-34a)]。

b.恒载、破坏棱体上的活载、向桥跨方向的制动力、温度降低及混凝土收缩的影响力、台后采用主动土压力[图2-2-34b)]。对于U形桥台,按U形整体截面(墙身及基底)验算时,可假设侧墙尾端为竖直面且不考虑墙背与填土的外摩擦角计算土压力。破坏棱体的布载长度亦以侧墙尾端为准。

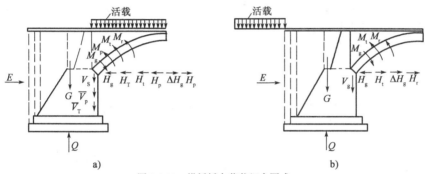

图2-2-34 拱桥桥台荷载组合图式

根据荷载的最不利组合,分别验算桥台各个危险截面及其底面的强度及稳定性。在一般情况下,桥台验算以永久荷载、基本可变荷载加其他可变荷载控制设计,并以活载布置在桥上最为危险。

2.轻型桥台

(1)尺寸拟定

轻型桥台种类繁多,各类轻型桥台的具体尺寸拟定可参照相应的桥梁设计规范。

(2)设计计算

①带有支撑梁的梁桥轻型桥台。

a.带有支撑梁的梁桥轻型桥台所受竖向轴力包括桥梁上部结构恒载的支点反力、台帽的自重及跨中截面以上台身的自重。

b.作用在桥台上的水平力,包括台后土压力E_A及作用在台背填土破坏棱体的车轮荷载引起的土压力E_C。其中,E_A呈三角形分布,E_C呈均匀分布,由布置在台后破坏棱体上的车辆荷载的等代土层厚度计算。土压力的计算方法见《公路桥涵地基与基础设计规范》(JTG 3363—2019)中的有关条目。

c.当将桥台作为竖梁计算其跨中弯矩时可不计竖向轴力影响,由水平荷载计算求得。

d.对于支点剪力,可按照剪力的计算跨径及在计算跨径上的水平荷载分别计算台帽顶部截面和支撑梁顶面的剪力。

②拱桥轻型桥台。

台身所受的外力将由桥台自重、台后填土的静止土压力和土的弹性抗力来平衡,这是轻型桥台计算的主要特点,也是与重力式桥台的根本不同点。

轻型桥台设计计算的基本假定:

a. 桥台只绕基底转动而无滑动。

b. 台后计算土压力是由静止土压力和桥台变位所引起的土的弹性抗力所组成。

c. 桥台的刚度较大,它本身的变形相对于整个桥台的位移可以忽略不计。

d. 认为台后填土的土抗力系数不随深度而变化,而是一个常数。

拱桥轻型桥台的计算主要包括台后静止土压力计算和土的弹性抗力计算,其具体计算方法可参照相应设计规范。

(3)设计验算

①带有支撑梁的梁桥轻型桥台。

a. 桥台作为竖梁的强度验算。

桥台在竖向力和水平力作用下,作为简支状态的竖梁,验算跨中截面的抗压强度和支点截面的抗剪强度,如图 2-2-35 所示。

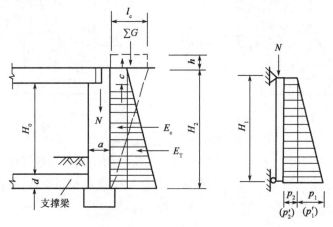

图 2-2-35　轻型桥台的计算图式

验算跨中截面的抗力强度和支点截面的抗剪强度,计算方法见公路桥梁设计规范中的有关条目。

b. 桥台在竖向力作用下在自身平面内的弯曲强度验算。

把桥台连同翼墙和基础在横桥方向作为一根支承在弹性地基上的有限长的梁,用初始参数法求解发生在地基梁中点的弯矩,之后进行强度验算。见图 2-2-36。

在进行内力计算时,认为桥台自重不引起弯曲,恒载项仅考虑一个桥台所承担的上部结构自重(包括支撑梁及支撑梁上土重)引起的弯矩,活载要分别计算汽车、人群和挂车荷载引起的弯矩,进行组合分别验算。

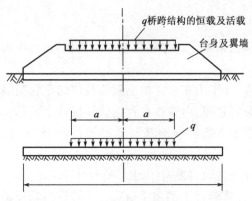

图 2-2-36　桥台在本身平面内弯曲的计算图式

②拱桥轻型桥台。

a. 强度验算。

在确定了台身各项作用力后,便可进行台口和其他水平截面的偏心受压强度。台身的强度验算按压弯构件进行,由于验算的最大受力截面不在基础顶面,所以求最大受力截面比较复杂,不易精确确定出它所在的位置。为了简化计算,近似地用最大弯矩截面来代替最大受力截面,其误差不大。

截面最大弯矩的计算,可以拱脚中心为坐标原点,计算各力对深度 y 处的截面重心轴的弯矩 M_y,并以 $dM_y/dy = 0$,解得最大弯矩截面处的位置 y 并求出最大弯矩值。

对于矮的桥台台身(高度小于 2m),可取台身底面为验算截面。台身强度的计算与桥墩相同。

b. 稳定性验算(取 1m 的桥台宽度计算)。

当桥台向台后方向偏转时,为了保证台后填土不破裂,其安全系数 K_C 不应小于 1.3。具体计算如下:

$$K_C = \frac{p_b}{p_{j(1)} + p_k} \geqslant 1.3 \tag{2-2-1}$$

式中:p_b——台口处被动土压力强度:

$$p_b = \gamma h_1 \tan^2\left(45° + \frac{\varphi}{2}\right) + 2c\tan\left(45° + \frac{\varphi}{2}\right)$$

其中:c——土的黏聚力;

φ——土的内摩擦角;

b——抗滑稳定性验算;

$p_{j(1)}$——台口处静止土压力强度;

p_k——台口处弹性抗力强度。

为了保证桥台基底只有转动,而无滑动,应根据荷载布置的两种不同情况进行抗滑稳定性验算。

(a)桥跨上布满活载(考虑静止土压力加土抗力),验算向路堤方向滑动的安全系数 K_C,即

$$K_C = \frac{f_1(V + \sum G)}{H - E_j - p_k\left(\frac{h_2}{2} + \frac{f}{3}\right)} \tag{2-2-2}$$

式中:E_j——桥台台身部分所受的静止土压力;

f_1——圬工与地基间摩擦系数;

H——考虑拱背部分静止土压力在内的水平推力。

(b)台后布置车辆荷载(考虑超载及主动土压力),验算向河心方向滑动的安全系数 K_C。这种情况尤其对于小跨径陡拱、在高路堤条件下,不应忽视。

三、基础的设计方法简述

1. 浅基础

(1)尺寸拟定

①基础埋置深度的确定。

为了保持美观和结构不受碰损,基础顶面一般应设置在最低水位以下不少于 0.5m;在季节性河流或旱地上,则不宜高出地面。另外,为了保证持力层的稳定性和不受扰动,基础的埋置深度,除岩石地基外,应在天然地基或河床地面以下不小于 1m;如有冲刷,基底埋深应在设计洪水位冲刷线以下不少于 1m;对于上部结构为超静定的桥涵基础,除了非冻胀土外,均应将基底埋于冻结线以下不小于 0.25m。

②刚性扩大基础尺寸的拟定。

天然地基上的刚性扩大基础。它一般采用 C15 号以上的片石混凝土或用浆砌块石筑成。基础的平面尺寸较墩身底截面尺寸略大,四周放大的尺寸相对每边为 0.25~0.75m。基础可以做成单层的,也可做成 2~3 层台阶式的。台阶或襟边的宽度与它的高度应有一定的比例,通常其宽度控制在刚性角以内。

(2)设计验算

设计验算主要是进行地基承载力、基地合力偏心距、地基与基础稳定性、基础沉降。在此重点介绍地基承载力验算,其他内容详见相关规范说明。

地基承载力验算包括持力层承载力验算、软弱下卧层承载力验算和地基承载力容许值的确定。

①持力层承载力验算。

持力层是指直接与地基相接处的土层,持力层承载力验算要求荷载在基底产生的地基应力不超过持力层的地基承载力容许值。基底应力分布在土力学中已有介绍,由于浅基础埋置深度小,在计算中可不计基础四周的摩阻力和弹性抗力的作用,计算公式如下:

$$p_{\min}^{\max} = \frac{N}{A} \pm \frac{M}{W} \leqslant \gamma_R [f_a] \tag{2-2-3}$$

$$p_{\min}^{\max} = \frac{N}{A} \pm \frac{N \cdot e_0}{\rho A} = \frac{N}{A}\left(1 \pm \frac{e_0}{\rho}\right) \leqslant [f_a] \tag{2-2-4}$$

当 $e_0 = 0$ 时,地基压力均匀分布,压应力分布图为矩形;

当 $e_0 < \rho$ 时,$1 + \frac{e_0}{\rho} > 0$,基底压应力分布图为梯形;

当 $e_0 = \rho$ 时,$1 + \frac{e_0}{\rho} = 0$,基底压应力分布图为三角形;

当 $e_0 > \rho$ 时,$1 - \frac{e_0}{\rho} < 0$,说明基底一侧出现了拉应力,整个地基面积上部分受拉。此时若持力层为非岩石地基,则基底与土之间不能承受拉应力;若持力层为岩石地基,除非基础混凝土浇筑在岩石地基上,有些基底也不能承受拉应力。因此需考虑应力重分布,并假定全部荷载由受压部分承担及基底压应力按三角形分布。

②软弱下卧层承载力验算。

当受压范围内地基为多层土组成,且持力层以下有软弱下卧层(指承载力容许值小于持力层承载力容许值的土层),此时还应验算软弱下卧层的承载力,验算时先计算软弱下卧层顶面 A(在基底形心轴下)的应力(包括自重应力及附加力)不得大于该处地基的承载力容许值。

当软弱下卧层为压缩性高而较厚的软黏土,或当上部结构对基础沉降有一定要求时,除承载力应满足上述要求外,还应验算包括软弱下卧层的基础沉降量。

③地基承载力容许值的确定。

我国目前一般工程中常根据土工试验资料,按规范提供的经验公式和参数确定地基承载力容许值。

2. 桩基础

(1)单桩基础

①单桩的轴向荷载传递。

按端承型桩和摩擦型桩分别说明桩顶竖向荷载 Q 到土的传递机理。在端承型桩的情况下,忽略桩周土的摩擦力,沿整个桩长所有截面的轴向荷载 Q_z 为常量,就等于桩顶荷载,即 $Q_z = Q_p = Q$。在摩擦型桩的情况中,桩到土的荷载传递机理较为复杂。单桩的轴向荷载传递如图 2-2-37 所示,以长为 L 的桩为例来说明其机理。桩顶荷载 Q 的一部分由桩侧摩阻力 Q_s 来承担,另一部分由桩端摩阻力 Q_p 承担。如果测量在任意深度处桩的轴向荷载 Q_z,那么其沿深度变化规律就可能如图 2-2-37b)的曲线所示。在深度在 z 处的单位面积的摩擦阻力 f_z 可表示为:

$$f_z = \frac{\Delta Q_z}{u_p \Delta z} \tag{2-2-5}$$

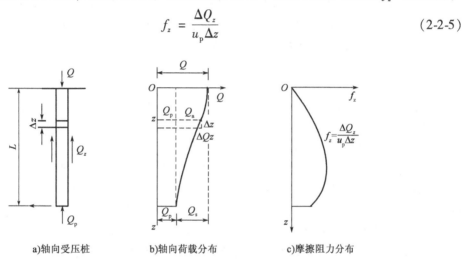

a)轴向受压桩　　b)轴向荷载分布　　c)摩擦阻力分布

图 2-2-37　单桩轴向荷载传递

一般情况下,如在土层中的桩顶受到竖向压力作用,桩侧摩阻力 Q_s(或桩身单位面积摩阻力 f)向上作用于桩上,起到承受桩顶荷载的作用,可称为正摩阻力。如果在某些情况下,不仅是桩,桩周围的土也受到荷载作用,而且土的沉降可能会大于桩的沉降,即土相对桩向下移动,土对桩的摩擦阻力也向下,这种情况下的摩阻力被称为负摩阻力。

负摩阻力对桩会产生向下的拉力,相当于对桩形成下拽荷载,即在桩顶所受荷载 Q 外,又附加一分布在桩身侧表面的向下的外荷载,对桩不利。如果负摩阻力产生向下的拉力较大,可能导致桩基础附加下沉,桩身应力增加,强度不足破坏或上部结构开裂。对于桥梁工程,特别要注意桥头路堤高填土的桥台桩基础的负摩阻力问题,因路堤高填土是一个很大的地面荷载且位于桥台的一侧,若产生负摩阻力,还会有桥台背和路堤填土间的摩阻问题和影响桩基础的不均匀沉降的问题。

②单桩竖向承载力确定。

单桩竖向承载力一般指承受向下作用荷载的能力,此外,还有承受向上作用荷载的能力,即抗拔承载力。确定竖向承载力的方法有很多,有理论分析与计算、现场原位测试、动力分析和规范经验公式法等。主要分两大方面,一是按照桩身材料强度确定,防止桩身被压坏或拉坏,等;二是按地基对桩体的支承能力来确定,防止地基承载力不足导致不宜继续承载或桩体位移过大。设计时分别按这两方面确定后取其中的较小值,一般是后者起控制作用。如按桩的荷载试验确定,则已兼顾到了这两方面。

桩端阻力、承台底土的抗力等各自所具有的变异性因素,将标准值除以各分项系数作为桩基中基桩的竖向承载力设计值。单桩竖向承载力设计值是根据单桩在竖向荷载作用下到达破坏状态前或出现不适于继续承载的变形时所对应的最大荷载(即单桩竖向极限承载力)经分项系数处理后得到的承载力值。我国公路、铁路和桥梁等专业确定桩的承载力时还有相应的行业规范可依据,如《公路桥涵地基与基础设计规范》、《铁路桥涵地基和基础设计规范》等,多采用定值设计法。

③单桩的水平承载力。

在水平荷载和弯矩作用下,桩身产生横向位移或挠曲,并挤压侧向土体;同时,土体对桩侧产生水平抗力,造成桩、土之间相互影响、共同作用,在出现破坏之前,桩身的水平位移与土的变形是协调的,相应桩身产生了内力。随着位移和内力的增大,对于配筋率较低的灌注桩来说,容易使桩身先出现裂缝,然后断裂破坏;对于抗弯性能好的预制桩,裂缝过大时,桩身虽未断裂破坏,但桩侧土体已明显开裂和隆起,桩的水平位移一般已超过建筑物的容许值,此时认为桩基础已处于破坏状态。

单桩的水平承载力确定的方法,一般是通过水平静荷载试验或理论计算方法得到。另外,缺少水平静荷载试验资料时,可根据《桩基规范》,采用估算单桩水平承载力的公式和有关图表,来确定单桩水平承载力。在上述方法中,以水平静荷载试验最能反映实际情况。

关于桩在水平荷载作用下桩身内力、位移的计算,国内外学者提出了多种方法。目前,我国最常用的方法是弹性地基梁法,即桩侧土采用文克勒(E. Winkler)假定,即把承受水平荷载的单桩视为文克勒地基上的竖直梁,通过求解弹性挠曲微分方程,再结合力的平衡条件,求出桩各部位的内力(剪力和弯矩)和位移,并考虑由桩顶竖向荷载产生的轴力,进行桩的强度计算。如果不容许有较大的水平位移时,通常采用文克勒弹性地基上竖直梁的计算方法。根据地基土的弹性抗力及其分布规律,由文克勒假定,若桩在深度 t 处沿水平方向产生位移 x,则对应的水平抗力为:

$$\sigma_x = k_x x \tag{2-2-6}$$

式中: σ_x ——深度 z 处的水平抗力(kPa);

k_x ——地基土水平抗力系数,或称为水平基床系数,或称为横向抗力系数(kN/m^3)。

a. 常数法:该方法认为桩侧土地基系数沿深度为一常数,即 $n = 0, k_x = k = c$。

b. "c"法:假定地基水平抗力系数随深度呈抛物线增加,即 $n = 0.5, k = c, k_x = cz^{0.5}, c$ 为比例常数。

c. "m"法:假定地基水平抗力系数随深度呈线性增加,即 $n = 1, k = m, k_x = mz$,该方法较实用。目前,我国较为广泛地采用此法。

d. "k"法:假设在桩身第一挠曲零点(t 处)以上呈抛物线分布,以下按常数 k 计。该法计算烦琐,应用较少。如图 2-2-38 所示。

目前,我国规范均推荐使用"m"法。

(2)群桩基础

桩基础承台下桩数往往不止一根,桩数 $n \geq 2$ 根的桩基础称为群桩基础。群桩基础中的某一根桩,称为基桩。基桩在一般情况下要考虑相邻桩的影响。群桩是若干个基桩的集合体。

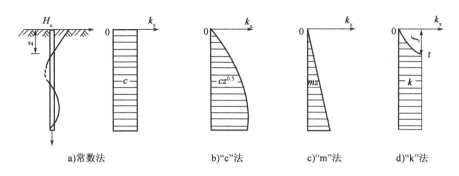

图 2-2-38　地基水平抗力系数分布图

① 端承型群桩。

端承型群桩的承载力等于各单桩承载力之和(这是由于端承型群桩的承载力完全依赖于桩尖土层的支承,桩端处承压面积很小,各桩端的压力彼此不影响),群桩的沉降量也与单桩基本相同(由于端承桩桩端持力层土质坚硬,使得群桩沉降量基本同单桩)。因此,对于端承型群桩来说,可近似认为基桩的工作情况与单桩基本一致,群桩沉降量也与单桩基本相同,不考虑群桩效应。

② 摩擦型群桩。

摩擦型群桩要考虑群桩效应。在竖向荷载作用下,桩顶荷载的大部分通过桩侧面摩阻力传递到桩侧土层中,剩余部分由桩端承受。由于桩端的贯入变形和桩身弹性压缩,对于低承台群桩,有时承台底部土体也产生一定的反力,使承台底面土体、桩间土体、桩端土体都共同工作,使群桩中的基桩工作条件明显不同于单桩。一般假定桩侧摩阻力在土中引起的附加应力σ_z,按一定角度,沿桩长向下扩散分布,在桩端平面处,压力分布如图 2-2-39 阴影所示。

a. 当桩数较少时,桩的中心距 S_a 较大时,如 $S_a > 6d$,则桩端平面处各桩传来的压应力互不重叠或重叠不多[图 2-2-39a)],此时群桩中基桩的工作情况与单桩一致,故群桩的承载力等于各单桩承载力之和。

b. 当桩数较多时,如常见的桩距 $S_a = (3 \sim 4)d$ 时,桩端处地基中各桩传来的压应力将相互重叠[图 2-2-39b)],桩端处压应力比单桩大得多,产生群桩效应。

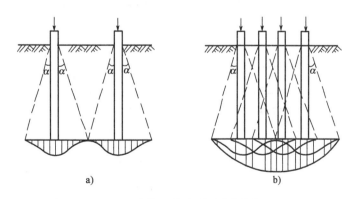

图 2-2-39　摩擦型群桩桩端处应力分布图

3. 沉井基础

(1) 尺寸拟定

沉井高度为沉井顶面和底面两个高程之差。当沉井作为基础时,其顶面要求埋在地面下

0.2m 或在地下水位以上 0.5m。沉井底面高程,主要根据上部荷载、水文地质条件及各土层的承载力确定。

沉井平面形状应当根据上部建筑物的平面形状确定。为了挖土方便,取土井宽度一般不小于 3m,取土井应沿井中心线对称布置。沉井顶面尺寸为结构物底部尺寸加襟边宽度,襟边宽度不得小于 0.2m 且不得小于沉井下沉总深度 1/50。若 A_0、B_0 为上部结构底面长、宽,h_0 为沉井下沉高度,则沉井顶面的尺寸为:

$$A = A_0 + 2(0.04 \sim 0.2)h_0 \quad (2\text{-}2\text{-}7)$$

$$B = B_0 + 2(0.04 \sim 0.2)h_0 \quad (2\text{-}2\text{-}8)$$

井壁厚度一般为 $0.7 \sim 1.5\text{m}$(对一些泵房等小沉井,井壁也可采用 $0.3 \sim 0.4\text{m}$),内隔墙厚为 0.5m 左右。根据沉井施工要求,其井壁及内墙要有足够的厚度,当沉井平面尺寸 A、B 确定后,井壁及内墙尺寸要根据沉井使用和施工要求,经过几次验算,才能最后确定下来。

(2) 设计计算

沉井作为整体深基础的计算沉井作为深基础时,一般要求下沉到坚实的土层或岩层上,如作为地下构筑物时,其荷载较小,地基的承载力和变形一般不会存在问题。当上部结构传给沉井的荷载为中心荷载作用时,其作用在沉井上的受力情况如图 2-2-40 所示。地基的承载力验算,应满足下列条件:

$$F + G = R_j + R_f \quad (2\text{-}2\text{-}9)$$

式中:F——沉井顶面处作用的荷载(kN);
　　　G——沉井自重(kN);
　　　R_j——沉井底部地基土的总反力(kN);
　　　R_f——沉井侧面的总摩阻力(kN)。

沉井侧面总摩阻力 R_f 根据井壁与土之间的摩阻力分布假定不同有两种算法:

① 假定摩阻力随土深成梯形分布,距地面 5m 范围内按三角形分布,其下为常数,如图 2-2-41a)所示。

② 假定摩阻力随土深呈线性增大,在刃脚台阶处达到最大值,以下即保持常数,如图 2-2-41b)所示。使用较多的为前一种,按此计算偏于安全;而后一种则比较符合实际情况。

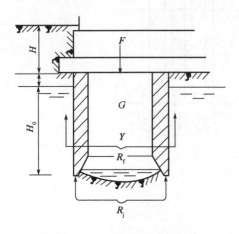

图 2-2-40　作用在沉井上的力系

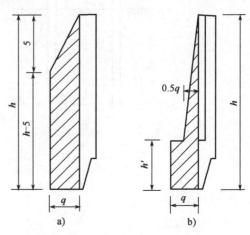

图 2-2-41　沉井与土间摩阻力计算简图

沉井井壁的摩阻力,对于重要工程根据试验结果确定;对一般工程且无试验资料时,可参考表 2-2-1 选用。

沉井井壁的摩阻力经验值表　　　　　　　　　　　表 2-2-1

土的种类	摩阻力沉井 q(kPa)	土的种类	摩阻力沉井 q(kPa)
砂卵石	18~30	软塑及可塑黏性土、粉土	12~25
砂砾石	15~20	硬塑黏性土、粉土	25~50
流塑黏性土、粉土	10~12	泥浆套	3~5

第四节　桥梁墩台与基础的施工技术

一、墩台的施工技术

1. 石砌墩台

(1)工艺流程

如图 2-2-42 所示。

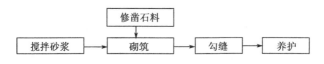

图 2-2-42　石砌桥台施工工艺流程图

(2)操作要点

①搅拌砂浆。

a. 水泥计量精度应控制在 ±2% 以内,砂、水的计量精度应控制在 ±5% 以内,其配合比一律采用重量比,并应经试验确定。

b. 搅拌砂浆时,必须保证其成分、颜色和塑性的均匀一致,大量搅拌砂浆应使用搅拌机;在工程数量较小时,可以人工拌制。

c. 砂浆拌制后用沉锤测沉入度和分层度,在搅拌机出料口随机取样制作砂浆试块。砂浆拌成后和使用时,均应盛入储灰器内。如砂浆出现泌水现象时,应在砌筑前再拌和,砂浆应随拌随用。水泥砂浆必须在 3h 内使用完毕;如果施工期间最高气温超过 30℃,应在 2h 内使用完毕。

②修凿石料。

a. 片石应选用爆破法或楔劈法开采的石块,用作镶面的片石,应表面平整,稍加修凿。

b. 块石应选用形状大致方正、上下面大致平整,敲除棱角、锐角;用作镶面的块石,应由外露面四周向内修凿,深度不少于 70mm。

c. 料石加工包括修边打荒、粗打、一遍錾凿、二遍錾凿、一遍剁斧、二遍剁斧和磨光。粗料石应选用外观方正的六面体石料,侧面应与外露面垂直,顺石应比相邻丁石大 150mm 以上,一般应经裁边和平凿两道工序处理。

311

③砌筑。

a. 浆砌片石。

（a）应用挤浆法分层砌筑，先湿润石料并铺砂浆，再安放石块，经揉动再用手锤轻击，每层高 0.7~1.2m（3~4 层片石），层间大致找平。

（b）砌片石时应充分利用片石的自然形状，相互交错地咬合在一起，但最下一层石块应大面朝下，最上一层应大面朝上。砌筑镶面石时应先在石下不垫砂浆试砌，再用大锤砸去棱角，后用锤敲去小棱角，最后用凿子剔除突出部分，铺浆砌石，用小撬棍将石块拨正，最后用手锤轻击或用手揉动，使灰缝密实。

（c）按设计要求和规范规定，砌体应留设沉降缝或变形缝，其端面需垂直，最好是在缝的两端跳段砌筑，在缝内填塞防水料（如麻筋沥青板），墙身设置泄水孔，墙后设防水层和反滤。

（d）石块搭接咬合长度应不小于 80mm，应避免通缝（竖直缝和连续规则的曲线缝）、干缝、瞎缝、三角缝和十字缝（石料四碰头）。

（e）填腹中间应设拉结石，侧面每 0.7m² 至少设一块拉结，以保证结构的整体性。拉结石的长度，如基础宽度或墙厚等于或小于 400mm，应与砌体宽度或厚度相等；如基础宽度或墙厚大于 400mm，可用两块拉结石内外搭接，搭接长度不应小于 150mm 且其中一块长度不应小于基础宽度或墙厚的 2/3。

（f）墩台斜坡面可砌成逐层收台的阶梯形。

b. 浆砌块石。

与浆砌片石基本相同，不同的是镶面砌法应一顺一丁或二顺一丁砌筑，丁石的面积不小于表面积的 1/5，丁石尾部嵌入腹部约 200mm 且不小于顺石宽度的一半。

c. 浆砌料石。

（a）可以丁顺叠砌（架井式叠砌）、丁顺组砌（双轨组砌）或全顺砌（单轨组砌）。料石砌体基础可以斜叠砌。丁顺叠砌适用于砌体厚度等于石长；丁顺组砌适用于砌体厚度大于或等于两块石料宽；全顺砌适用于砌体厚度等于石宽。料石基础砌体的第一层应采用丁砌层坐浆砌筑，阶梯形料石基础上级阶梯的料石应至少压砌下级阶梯的 1/3，料石砌体应上下错缝搭砌。

（b）石间灰缝宽宜为 10~12mm。要使横缝与竖缝垂直，错缝不小于 100mm，竖缝不宜设在丁石处，只允许在丁石上面或下面有一条垂直缝。但结构在以下三个位置不得设缝：破冰体；砌体截面突变处；桥墩分水石中线或圆端形桥墩。

（c）浆砌桥墩分水体、破冰体镶面石前应先做出配料设计图，注明每块石料的尺寸，根据砌体高度、尺寸、分层错缝等情况先行放样。应当注意的是，破冰体的破冰棱和垂直方向所成的角 $\theta \leqslant 20°$ 时，破冰体的镶面分层应水平；$\theta > 20°$ 时，破冰体的镶面分层应垂直于破冰体，同时破冰体的分层应和墩身一致。

④勾缝。

砌体的勾缝根据设计要求有平缝、凸缝、凹缝等。勾缝分为原浆勾缝和加浆勾缝两种，原浆勾缝是用砌筑的砂浆，随砌墙随勾缝；加浆勾缝的砂浆强度：主体工程一般不小于 M10，附属工程一般不小于 M5，其稠度在 40~50mm。

⑤养护。

砌体灰缝养生时间不得少于 7d。

2. 现浇混凝土墩台

就地浇筑的混凝土墩台施工有两个主要工序：一是制作与安装墩台模板；二是混凝土浇筑。

(1)墩台模板

①模板的基本要求。

混凝土及钢筋混凝土墩台轮廓尺寸的准确度,须由模板的制造与安装予以保证。为确保工程质量,模板必须符合下列要求:

a.具有足够的强度、刚度和稳定性,能可靠地承受施工中的各种荷载,保证受力后不松动、不变形,能保证结构的设计形状、尺寸和模板各部件间相互位置的准确性。

b.尽可能采用组合式钢模板或大模板,提高模板的适应性和周转率。

c.模板面光滑平整、接缝严密,确保混凝土在强烈振动下不漏浆。

d.便于制作,装卸方便,施工操作方便,保证安全。

②模板的类型。

墩台模板的分类主要有两种,即按材料分类和按模板结构及施工方法分类。

模板按材料分类,可分为钢模、木模、钢木结合模板等。一般采用木材或钢材制成,木模板质量轻,便于加工成墩台所需尺寸,但较易损坏,使用次数少,钢模板造价较高,装拆方便,重复使用次数多。

模板按结构及施工方法分类,可分为拼装式模板、整体吊装模板和滑动钢模板等。

a.拼装式模板:是由各种尺寸的标准模板并利用销钉连接,与拉杆和加劲构件等组成所需形状的模板。

b.整体吊装钢模板:是将墩台模板水平分成若干段,每段模板组成一个整体,在地面拼装后吊装就位。本工艺采用该类型模板。

c.滑动模板:有液压升模板、电动升模板和人工提升抽动模板。适用于较高的墩台和吊桥、斜拉桥的索塔施工,其构造有模板、圈、支承杆、千斤顶、顶架、操作平台和吊架等。

(2)墩台混凝土施工

混凝土墩台施工中,混凝土质量的好坏直接影响着墩台的使用期限,所以要重视混凝土的施工质量。为了提高混凝土的施工质量,应从混凝土原材料、混凝土配合比设计、混凝土的拌制、运输、养护等方面着手,严格遵守有关规范、规程的规定。

墩台身混凝土采用高性能混凝土一次灌注法施工工艺。对混凝土进行集中拌和,用输送车送至施工现场,混凝土输送泵泵送入模,插入式振捣棒振捣。墩身混凝土采用洒水养护,塑料薄膜包裹。

①混凝土养护。

混凝土初凝后及时采用湿麻袋或塑料薄膜对墩顶进行覆盖洒水养护,加强保温、保湿养护,延缓降温速。养护期间混凝土强度未达到规定强度之前,不得承受外荷载。当混凝土强度满足拆模要求,且芯部混凝土与表层混凝土之间的温差、表层混凝土与环境之间的温差均不大于20℃时,方可拆模。拆模后使用隔水塑料薄膜将墩身全部包裹,使用自动喷水系统和喷雾器,不间断养护,避免形成干湿循环。养护期间,不得中断养护用水供应,加强施工中温度监测管理,及时调整保温养护措施。

②混凝土温控及防裂。

为控制墩身混凝土结构内部因水泥水化热引起的绝热温升,防止因混凝土结构内、外温差过大而产生的温度裂纹,在施工中可采取相应有效的降温防裂措施。

③施工缝处理。

为提高混凝土耐久性,混凝土构件应尽量一次浇筑完成,但当分段浇筑时,其间隔时间不宜超过3d。施工前必须做好停水、停电的应急措施,尽量避免由于施工原因造成在混凝土浇筑过程中出现施工缝,当因人力无法抗拒的原因使混凝土浇筑出现停歇时间过长时,应按规范要求进入混凝土施工缝处理程序。

施工缝处理按《公路桥涵施工技术规范》(JTG/T 3650—2020)等相关规定进行,当施工缝处于水平状时,浇筑上层混凝土前应首先浇筑50～100mm厚的水泥砂浆,以提高接缝处混凝土的密实性。

(3)墩台顶顶帽施工

①顶帽放线。

墩台混凝土至顶帽约30cm时,即测出墩纵横中心轴线,并据以竖立顶帽模板,安装锚栓孔,安装绑扎钢筋等。桥台顶帽放线时,应注意不要以基础中心线作为顶帽背墙线,以免放错。模板立好后,在灌混凝土前应再次复核,以确保顶帽中心、锚栓位置方向以及支承垫石水平高程等不出差错。

②墩台顶帽模板。

混凝土墩台顶帽模板:墩台顶帽系支承上部结构的重要部分,其尺寸位置和水平高程的准确度要求较严,墩台身混凝土灌注至顶帽下约30cm处,就应预埋接榫停止灌注,以保证顶帽底有足够的紧密混凝土,顶帽模板下面的一根拉杆,可利用顶帽下面的分布钢筋担任,以节省铁件。支承垫石的模板挂装在上部的拉杆上。台帽背墙模板应注意加足纵向支撑或拉条,以防止灌注混凝土时发生鼓胀,侵占梁端空隙。

③钢筋及锚栓孔。

安装顶帽钢筋时,应注意将锚栓孔位置留出,如因钢筋过密无法躲开锚栓孔时,可将钢筋断开,并用短钢筋按规定捆扎。锚栓孔应该下大上小,其模板可采用拼装式。锚栓孔模板安装时,顶面可比支承垫石顶面低约5mm,以便支承垫石顶面抹平。为便于安装锚栓后灌实锚栓孔,可在每一锚栓孔模板的外侧上部,用三角木块预留进浆槽。锚栓孔可在支承垫石模板上放线定位。支承垫石混凝土强度达2～5MPa后,即可拆除锚栓孔模板。最后,锚栓孔均需清孔凿毛。

墩台顶帽施工前后,均应复测其跨径及支承垫石高程。施工中应确保支承垫石钢筋网和锚栓孔未知的正确。垫石顶面要求平整,高程符合要求。墩台施工完毕后,应对全桥进行中线、水平及跨径贯通测量,并用墨线画出各墩台的中心线、支座十字线、梁端线以及锚栓孔的位置。暂时不架梁的锚栓孔或其他预留孔,应排除积水将孔口封闭。

(4)桥台附属工程施工

桥台附属工程施工包括锥坡、台后填土、台后泄水盲沟的施工等。

其中,桥头锥体及台后缺口的填土,在严寒地区,必须采用渗水土填筑,并不得使用冻土,严格夯实。在非严寒地区,渗水土源确有困难时,亦可用一般黏性土,但填土必须达到要求的密实度,并加强排水措施。

3.装配式墩台

装配式墩台的施工方法与现浇墩台不同,它是预先将墩台制成体积较小的构件,运到施工现场后进行拼装,最终形成完整的桥梁墩台。装配式墩台施工适用于山谷架桥、跨越平缓无漂流物的河沟、河滩等的桥梁,特别是在工地干扰多、施工场地狭窄、缺水与沙石供应困难地区,其效果更为显著。其优点有结构形式轻便,建桥速度快,圬工省,预制构件质量有保证等。装配式墩有柱式墩和后张法预应力墩两种形式。

(1)装配式柱式墩

常用的装配式柱式墩有四种:双柱式、排架式(图2-2-43)、板凳式和刚架式(图2-2-44)。

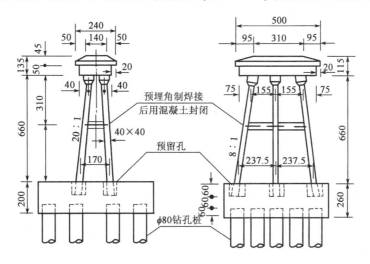

图2-2-43 排架式拼装墩(尺寸单位:mm)

装配式柱式墩的主要施工工艺流程包括:预制构件、安装连接、混凝土养护。其中,在安装连接中,各构件之间的连接接头的形式可采用承插式接头、钢筋锚固接头、焊接接头、扣环式接头以及法兰盘接头(图2-2-45)等。

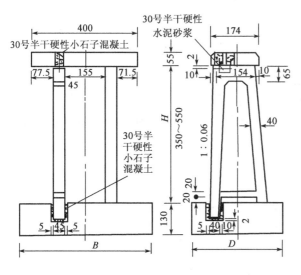

图2-2-44 刚架式拼装墩(尺寸单位:mm)　　　图2-2-45 法兰盘接头

装配式柱式墩在施工过程中应注意:

①墩台柱构件与基础顶面预留杯形基座应编号,并检查各个墩、台高度和基座高程是否符合设计要求。

②墩台柱吊入基杯内就位时,应在纵横方向测量,使柱身竖直度或倾斜度以及平面位置均符合设计要求;对重大、细长的墩柱,需用风缆或撑木固定,方可摘除吊钩。

③在墩台柱顶安装盖梁前,应先检查盖梁口预留槽眼位置是否符合设计要求,否则应先修凿。

④柱身与盖梁(顶帽)安装完毕并检查符合要求后,可在基杯空隙与盖梁槽眼处灌筑稀砂浆,待其硬化后,撤除楔子、支撑或风缆,再在楔子孔中灌填砂浆。

(2)后张法装配式预应力墩

装配墩身由基本构件、隔板、顶板及顶冒四种不同形状的构件组成,用高强钢丝穿入预留的上下贯通的孔道内,张拉锚固而成。如图2-2-46所示。

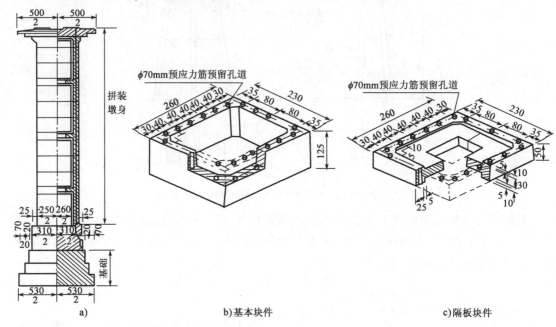

图2-2-46 后张法装配式预应力墩(尺寸单位:mm)

后张法装配式预应力墩在施工时应注意:

①实体段墩台身灌注时要按拼装构件孔道的相对位置,预留张拉孔道及工作孔。

②构件的水平拼装缝采用的水泥砂浆,不宜过干或过稀。砂浆厚度为15mm左右,便于调整构件水平高程,不使误差积累。

③构件起吊时,要先冲洗底部泥土杂物。同时在构件四角孔道内可插入一根钢管,下端露出约30cm作为导向。

④注意测量纵横向中心线位置,检查中心线无误后方可松开吊钩。

⑤注意进行孔道检查,如孔道被砂浆堵塞无法通开时,只能在墩身内壁的相当位置凿开一小洞,清除砂浆积块,用环氧树脂砂浆修补。

二、基础的施工技术

1. 桩基础

(1)钻孔灌注桩施工

钻孔灌注桩施工应根据土质、桩径大小、入土深度和机具设备等条件选用适当的钻具(目前我国常用的钻具有旋转钻、冲击钻和冲抓钻三种类型)和钻孔方法,以保证能顺利达到预计孔深,然后,清孔,吊放钢筋笼,灌注水下混凝土。

①准备工作。

施工前应将场地整平好,以便安装钻机进行钻孔。当墩台位于无水岸滩时钻架位置处应整平夯实,清除杂物,挖换软土;场地有浅水时,宜采用土或草袋围堰筑岛。

埋置护筒的作用是固定桩位,并作钻孔导向;保护孔口防止孔口坍塌;隔离孔内外表层水,并保持钻孔内水位高于施工水位,以稳定孔壁。

泥浆在钻孔中的作用是:在孔内产生较大的静水压力,可防止塌孔;泥浆向孔外土层渗漏,在钻进过程中,孔壁表面形成一层胶泥,具有护壁作用,同时将孔内外水流截断,能稳定孔位;泥浆相对密度大,具有挟带钻渣的作用,利于钻渣排出。

②钻孔。

利用土体的旋转切削土体钻进,并同时采用循环泥浆的方法护壁排渣。我国现用旋转钻机按泥浆循环的程序不同分为正循环和反循环两种。所谓正循环即在钻进的同时,泥浆泵将泥浆压进泥浆笼头,通过钻杆中心从钻头喷进钻孔内,泥浆挟带钻渣沿钻孔上升,从护筒顶部排浆孔排出沉淀池,钻渣在此沉淀而泥浆仍进入泥浆池循环使用。

③清孔及吊装钢筋骨架。

清孔的目的是除去孔底沉淀的钻渣和泥浆,以保证灌注的钢筋混凝土质量,确保桩的承载力。清孔的方法有抽浆清孔、掏渣清孔及换浆清孔。钢筋笼骨架吊放前应检查孔底深度是否符合要求;孔壁又无妨碍骨架吊装和正确就位的情况。钢筋骨架吊装可利用钻架或另立扒杆进行。吊放时应避免骨架碰撞孔壁,并保证骨架外混凝土保护层厚度,应随时校正骨架位置。钢筋骨架达到设计高程时,牢固定位孔口。

④灌注水下混凝土。

目前我国多用直升导管法灌注水下混凝土。

(2)挖孔灌注桩和沉管灌注桩施工

挖孔灌注桩适用于无水或少水的较密实的各类土层中,或缺乏钻孔设备,或不用钻机以节省造价。桩的直径不宜小于1.2m,孔深一般不宜超过20m。

(3)沉桩的施工

沉管灌注桩又称为打拔管灌注桩,是采用锤击或振动的方法将一根与桩的设计尺寸相适应的钢管沉入土中,然后将钢筋笼放入钢管内,再灌注混凝土,并边灌边将钢管拔出,利用拔管时的振动将混凝土捣实。

2. 沉井基础

沉井施工前要对沉井所要通过的地质层进行详细钻探,查明其地质构造、土质层次、地下连续墙深度、特性和水文情况,以便制定切实可行的沉井下沉方案和对附近构造物采取有效防护措施。要在探明了地质情况的前提下,布置探孔的位置、数量和确定孔深。每个沉井位置至少应钻2个探孔。一般孔位在基底范围外2~3m处。对于大跨径和重要的桥梁基础,每个井位最少要钻4个探孔,探孔深度要超过沉井预定下沉的刃脚深度。

以旱地沉井的施工为例,介绍如下。

(1)清理和平整场地

就地浇筑沉井要在施工前清除井位及附近场地的孤石、倒木、树根、淤泥及其他杂物(如北方要捞净围堰内的冰块),仔细平整施工场地,平整范围要大于沉井外侧1~3m。对软硬不均的地表,尚应换土或在基坑处铺填不小于0.5m厚夯实的砂或砂砾垫层,以防沉井在混凝土浇筑之初因地面沉降不均产生裂缝。为减小下沉深度,也可挖一浅坑,在坑底制作沉井,但坑底应高出地下水位 0.5~1.0m。在极软塑土及流态淤泥、强液化土并有较大的倾斜坡的河床覆盖层上修造沉井时,为避免沉井失稳,其河床要做好处理,必要时还可采用加宽刃脚的轻型沉井。

(2)放线定位

应仔细测量好沉井的平面位置,准确地画出刃脚边线,严格控制沉井的中心位置,并经验收合格方可正式施工。

(3)沉井的原位制作

通常沉井的原位制作,可采用以下三种不同的方法:

①承垫木方法。

承垫木方法为传统方法。在经过平整、放线定位的场地上铺一层厚 0.5m 左右的砂垫层。在砂垫层上,于沉井刃脚部位,对称、成对地铺设适当的承垫木,圆形沉井承垫木平面布置垫木一般为枕木或方木(200mm×200mm),其数量可按垫木底面压力小于等于 100 kPa 确定。然后按照设计的尺寸在刃脚位置处设置刃脚角钢,竖立内模,绑扎钢筋,再立外模,浇筑第一节沉井,如图 5.9a)所示。沉井外侧模板要平滑,具有一定的刚度,与混凝土接触面必须刨光。

②无垫木方法。

在均匀土层上,可采用无垫木方法。在沉井刃脚的下方位置浇筑与沉井井壁等厚的混凝土圆环,代替承垫木和砂垫层。其目的在于保证沉井制作过程与沉井下沉开始时处于竖直方向。

③土模法。

当场地土质较好,如地基为均匀的黏性土,呈可塑或硬塑状态,则可采用土模法制作沉井。在定位放线的刃脚部位,按照设计的尺寸,仔细开挖黏性土基槽。利用地基黏性土作为天然模板,以代替砂垫层、承垫木及人工制作的刃脚木模。因此,这种方法可节省时间和费用。

(4)沉井下沉方法

沉井下沉主要是通过从井孔中用机械或人工方法均匀除土,削弱基底土对刃脚的正面阻力和沉井壁与土之间的摩擦阻力,使沉井依靠自重力克服上述阻力而下沉。通常沉井在天然地面下沉。如在水面下沉,还需预先填筑砂岛或搭支架下沉。沉井在地面下沉的方法可分为以下两种:

①排水开挖下沉法。

在稳定的土层中,如渗水量不大,或者虽然土层透水性较强,渗水量较大,但排水不致产生流砂现象时,可采用排水开挖下沉法。对于场地无地下水,或地下水水量不大的小型沉井,可用人工挖土法。2 人一组,1 人在井下挖土,1 人在井上摇辘轳提升弃土。挖土应分层、均匀、对称地进行,使沉井均匀竖直下沉,避免发生倾斜。大、中型沉井,一般采用机械挖土法。如地层土质稳定、不会产生流砂的土质地基,可先用高压水枪,把沉井底部的泥土冲散(水枪的水压力通常为 2.5~3.0MPa)并稀释成泥浆,然后用水力吸泥机吸出井外。

②不排水开挖下沉法。

沉井下沉通常多采用不排水除土方式,方法选择见表 2-2-2。在抓土、吸泥过程中,需配备潜水工和射水松土机具。下抓土下沉是一种常见的不排水开挖下沉法。密实土使用带掘齿的抓斗;不带掘齿的两瓣式抓斗用来抓松散的砂质土;挖掘卵石宜用四瓣式抓斗。

下沉除土方法选用　　　　　　　　　　　　　　表 2-2-2

土 质	下沉除土方法	说 明
砂土	抓土、吸泥	若抓土宜用两瓣式抓斗
卵石	抓土、吸泥	宜用直径大于卵石粒径的吸泥机、若抓土宜用四瓣式抓斗
黏性土	抓土、吸泥	需铺以高压射水破坏土层
风化岩	射水、放炮	碎块用抓斗或吸泥机

沉井通过粉砂、细砂等松软土层时，应保持沉井内的水位始终高于井外水位 1~2m，防止流砂向井内涌进而引起沉井歪斜并增加除土量。当地层土质不稳定、地下水涌水量较大时，采用机械抓斗，水下出土，可避免用排水开挖法而导致的流砂现象。

吸泥下沉也是一种常见的不排水开挖下沉法。吸泥机除土适用于砂、砂夹卵石、黏砂土等类土层。在黏土、胶结层及风化岩层中，当用高压射水冲碎土层后，亦可用吸泥机吸出碎块。如图 2-2-47 所示。

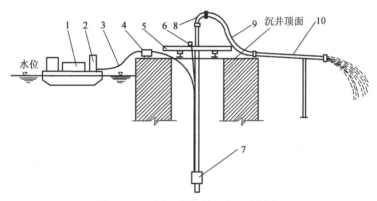

图 2-2-47　空气吸泥机施工布置示意图

1-空气压缩机；2-6m³ 风包；3-风管；4-风包；5-吸泥机支承设备；6-吸泥机升降设备；7-吸泥机；8-弯头异形接头；9-排泥胶管；10-排泥钢管

复习思考题

1. 论述桥墩的类型和适用条件。
2. 论述桥台的类型和适用条件。
3. 桥墩计算时的荷载组合方式有哪些？
4. 桥台计算时的荷载布置情况有哪些？
5. 简述柔性墩的计算原理和内力构成。
6. 梁桥轻型桥台的计算原理是什么？
7. 拱桥轻型桥台的计算原理是什么？
8. 何谓基础的埋置深度？影响基础埋深的因素有哪些？
9. 钻孔灌注桩泥浆护壁的机理是什么？
10. 桩侧负摩阻力产生的条件是什么？
11. 沉井主要有哪些主要优缺点？一般什么情况下可考虑采用沉井基础？

第三章 梁桥

内容提要:本章介绍了桥梁桥跨结构各组成部分的特点与布置方法,说明了其分类方法与类型,并对各类梁桥的结构构造特点与适用范围进行了阐述;同时,扼要说明简支梁桥和连续梁桥的设计原理与计算方法。之后,结合力学分析,说明了桥梁常用支座的受力性能和构造特点。最后,针对梁桥的结构受力特点介绍了相关的施工技术与方法。

梁式桥是在竖向荷载作用下梁的支承处不产生水平反力(推力)的桥梁结构。主梁内力以弯矩和剪力为主,根据桥梁结构形式的不同,有时也会存在扭矩。

目前,我国中小跨径公路桥梁或城市桥梁,大部分是钢筋混凝土或预应力混凝土梁式桥,统称混凝土梁桥。

混凝土梁式桥的桥跨结构按静力体系特点分为简支梁、悬臂梁和连续梁桥;按施工方法的不同,分为整体式和装配式梁桥;按承重结构截面形式,分为板桥、肋梁桥和箱形梁桥。

混凝土梁桥的桥跨结构主要由桥面系、主梁(横梁)和支座组成。如图 2-3-1 所示为装配式简支梁桥桥跨结构概貌。

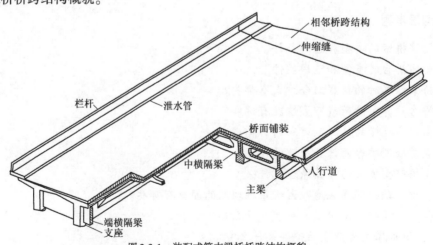

图 2-3-1　装配式简支梁桥桥跨结构概貌

本章重点介绍混凝土简支梁桥的设计与构造。

第一节　混凝土梁桥的构造

一、混凝土梁桥的一般特点

1. 钢筋混凝土梁桥的特点

钢筋混凝土梁桥是混凝土结构桥梁的一种类型,它具有钢筋混凝土结构的所有特点,即混凝土集料可以就地取材,因而成本低,耐久性好,维修费用极少;材料可塑性强,可以按照设计意图做成各种形状的结构,例如适应道路线形的曲线桥;采用装配式结构,工业化程度高,既提高工程质量又加快施工速度;整体性好,结构刚度大,变形小;噪声小等。

钢筋混凝土梁桥的缺点在于,梁的受拉区布置有受力的钢筋,由于受到混凝土裂缝宽度的限制,钢筋的拉应变或应力也将受到相应的制约。因为这一制约关系,钢筋混凝土结构无法利用高强度材料减轻结构自重,增大跨越能力,因为高强度混凝土的抗拉能力不大,极限拉伸很小,高强度钢筋不能发挥它的作用。

任何一种建筑材料用于结构中,它的材料强度与材料重度是影响结构极限跨越能力的两大因素,钢筋混凝土梁桥,由于材料强度不高而重度较大,当结构跨径增大时,其自重显著增大,所以承载能力大部分消耗于结构自重,因而限制了它的跨越能力。因此,多用于线路上,城市立交或高架桥中的中、小跨桥梁。

整体浇筑的钢筋混凝土梁桥,由于避免了预制安装结构的二次浇筑,使得结构的整体性能、桥梁使用性能及耐久性大大改善,条件许可时可充分考虑采用整体浇筑施工方式。但是,整体浇筑施工工期长,施工受季节影响大,施工费用增加,制约了整体浇筑梁桥的使用范围。

装配式钢筋混凝土简支梁桥,其经济合理的跨径在20m以下。悬臂梁与连续梁合宜的常用跨径为60～70m以下。

2. 预应力混凝土梁桥的特点

预应力混凝土可以看作是一种预先储存了压应力的结构。在钢筋混凝土梁桥的受拉区虽然布置有受力钢筋,但仍不可避免地将出现一些裂缝,因此采用预加应力来改善结构的使用性能。通过张拉预应力筋,使受拉区预先储备一定数值的压应力;当外荷载作用时,混凝土可不出现拉应力或不出现超过某个限值的拉应力。对混凝土施加预压力的高强度钢筋(或称力筋),既是加力工具,又是抵抗构件内力的受力钢筋。

预应力混凝土梁桥,除了具有钢筋混凝土梁桥的所有优点外,它的主要特点是:

(1)预应力混凝土结构,由于能够充分利用高强度材料(高强度混凝土、高强度钢筋),所以构件截面小,自重弯矩占总弯矩的比例大大下降,桥梁的跨越能力得到提高。

(2)与钢筋混凝土梁桥相比,一般可以节省钢材30%～40%,跨径越大,节省越多。

(3)全预应力混凝土梁在使用荷载下不出现裂缝,且即使是部分预应力混凝土梁在频遇荷载组合下也无裂缝,因此是全截面参加工作,其相应的刚度比带裂缝的钢筋混凝土梁要大。这样,预应力梁可显著减少建筑高度,使大跨径桥梁做得轻柔美观;且由于其能消除裂缝,增加了对多种桥型的适应性,更提高了结构的耐久性。

(4)预应力技术的采用,使桥梁的施工方法得到发展,即原先钢桥的施工方法在预应力桥梁中得以应用,如悬臂拼装、顶推法。而且为现代预制装配式结构提供了最有效的接合和拼装手段。根据需要可在结构纵、横和竖向任意分段,施加预应力,即可集成理想的整体。此外,还发展了逐段或逐孔现浇施工方法。这种分段现浇自分段预制拼装的施工方法,国外统称为节段施工法,用这种施工方法建成的预应力混凝土桥梁统称为预应力混凝土节段式桥梁。

目前,预应力混凝土简支梁的跨径已达50~70m,预应力混凝土连续梁桥常用跨径为40~200m,最大跨径已达240m(日本,滨名大桥)。

二、混凝土梁桥的分类

1. 按照结构体系分类

在钢筋混凝土与预应力混凝土梁式桥体系中,简支梁、悬臂梁和连续梁是三种古老的梁式结构体系。20世纪50年代后,由于传统的悬臂拼装方法施工的应用,加以改进与发展,使预应力混凝土梁式桥中的悬臂体系得到了新的发展,形成了T形刚构桥。这种体系发挥了预应力混凝土结构的受力特点,并使悬臂施工技术得到了推广与创新。连续梁体系也因采用了悬臂施工方法而获得了新的竞争力。随后,又出现了将T形刚构粗厚桥墩减薄,形成柔性桥墩,使墩梁连接而成的连续—刚构桥,它是T形刚构与连续梁结合的一种新体系。与一般的连续刚架的区别,在于柔性桥墩的作用,使结构在自重荷载作用下基本上属于无推力体系,而上部梁结构主要具有连续梁的特点。因此,将梁式桥体系基本归纳成五种类型,即简支、悬臂、连续、T形刚构及连续—刚构。如图2-3-2所示为各种体系的基本图。

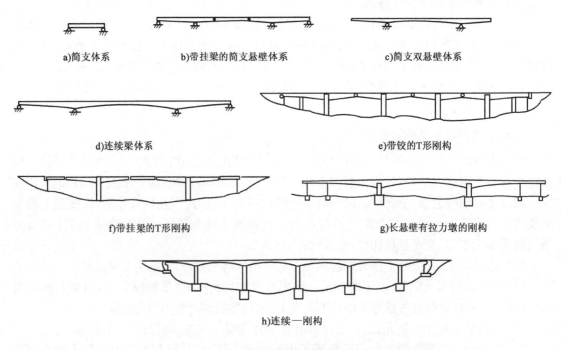

图2-3-2 梁式桥的各种体系

(1)简支梁桥

简支梁桥是梁式桥中应用最早、使用最广泛的一种桥型。它构造简单、施工简便,最易设计为标准跨径的装配式结构。在多孔简支梁桥中,由于各部分构造和尺寸划一,简化施工管理工作,降低施工费用;因相邻桥孔各自单独受力,桥墩上需设置相邻简支梁的两个支座;简支梁桥的构造较易处理而常被选用。简支梁桥是静定结构,结构内力不受地基变形等的影响,因而能适用于地基较差的桥位上建桥,但多跨简支梁桥对行车舒适性不利。

简支梁的配筋主要受跨中正弯矩的控制;当跨径增大时,跨中恒载和活载弯矩将急剧增加,当恒载弯矩所占的比例相当大时,结构能承受活载的能力就减小。在钢筋混凝土简支梁桥中,经济合理的常用跨径在20m以下。为了提高简支梁的跨越能力,采用了预应力混凝土结构。由于预加应力使梁全截面参加工作,减轻了结构恒载,增大了抵抗活载的能力。目前,世界上预应力混凝土简支梁最大跨径已达76m,但在一般情况下,它的跨径超过50m后,桥型显得过于笨重,安装重量较大,相对地给装配式施工带来困难,实际上并不经济。我国预应力混凝土简支梁的标准跨径在50m以下。

(2)悬臂梁桥

将简支梁梁体加长并越过支点,便成为悬臂梁桥。仅梁的一端悬出称为单悬臂梁,两端均悬出的称为双悬臂梁。可见,使用悬臂梁的桥型至少有三孔,或是采用一双悬臂梁结构的跨线桥,或是采用单悬臂梁,中孔采用简支挂梁组合成悬臂梁桥[图2-3-2b)]。在较长桥中,则可由单悬臂梁、双悬臂梁与简支挂梁联合组成多孔悬臂梁桥,习惯称悬臂梁主跨为锚跨。

悬臂梁利用悬出支点以外的伸臂,使支点产生负弯矩对锚跨跨中正弯矩产生有利的卸载作用。如图2-3-3所示为各种梁式体系在恒载作用下的弯矩图。图中各种梁式体系的跨径布置相同。

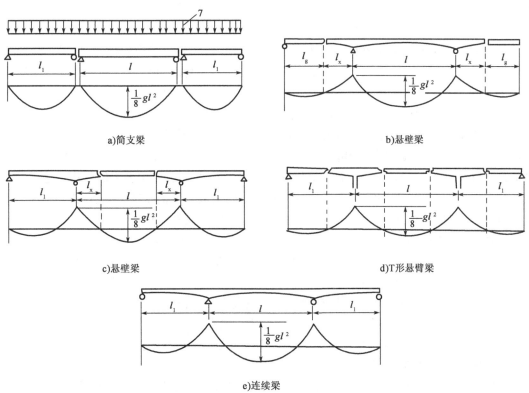

图2-3-3 恒载弯矩比较图

悬臂梁桥一般为静定结构,可在地基较差的条件下使用。在多孔桥中,墩上均只需设置一个支座,减小了桥墩尺寸,也节省了基础工程的材料用量。悬臂梁将结构的伸缩缝移至跨内,其变形挠曲线的转折角比简支梁变形挠曲线在支点处的转折角小,对行车的平顺性较为有利。

然而,无论是钢筋混凝土还是预应力混凝土悬臂梁桥,在实际工程中却均较少采用。主要原因是桥梁结构体系的应用与施工方法有着较密切的关联,而判断体系优劣的同时还需顾及结构的使用性能。悬臂梁虽然在力学性能上优于简支梁,可适用于更大跨径的桥型方案,但因跨径较大时,梁体重量过大不易装配化施工,而往往要在工费昂贵的支架上现浇。钢筋混凝土悬臂梁,还因支点负弯矩区段的存在,不可避免地将产生裂缝,梁顶面虽有防护措施,也常因雨水侵蚀而降低使用年限。预应力混凝土悬臂梁桥虽无此患,并可采用节段悬臂方法,但同连续梁一样,因支点是简单支承,施工时必须采用临时固定措施。与连续梁相比,跨中还要增加悬臂与挂梁间的牛腿、伸缩缝的构造,在使用时,行车又不及连续梁平顺,除了是静定结构这个特点外,别的优点不多,因而也较少采用。

世界上混凝土悬臂梁桥最大跨径为150m,一般在100m以下。

(3) 连续梁桥

简支体系的梁桥,当跨径超过20~25m时,由于跨中恒载弯矩和活载弯矩迅速增大,致使梁的截面尺寸和自重显著增加,这不但使材料耗用量大,不经济,而且安装重量增大也给施工造成困难。采用连续体系的桥梁,不仅可以增大桥梁跨径,而且可以降低材料用量指标。

连续梁是将简支梁梁体在桥跨间的支点上连续而成的,连续梁可以做成二跨或三跨一联,也可以做成多跨一联。单联跨数太多,联长就要加大,受温度变化及混凝土收缩等影响产生的纵向位移也就越大,使伸缩缝及活动支座的构造复杂化;单联长度太短,则伸缩缝数量增多,不利于高速行车。

预应力混凝土连续梁桥是超静定结构,同样具有一般超静定结构的特点,从图2-3-3中可以看出,在相同条件下,结构内力比静定结构小且内力状态比较合理。比如,在均匀荷载作用下弯矩的最大值比简支梁可减少50%,弯矩图面积比简支梁可减少2/3;将连续结构中各部分之间刚度进行合理调整,可最大限度地减少结构内力,减小截面尺寸,达到降低材料消耗的目的;同时,使结构外形更为合理,比如,加大连续梁根部梁高,可以减小跨中截面正弯矩,使跨中截面梁高进一步减小;连续梁结构刚度大,整体性好,桥面连续平顺,伸缩缝少,对行车有利,尤其能适应高速行车;在基础沉降、温度变化等外因作用下,将引起结构内力的变化。总之,连续梁的突出优点在于:结构刚度大,变形小,动力性能好,主梁变形挠曲线平缓,有利于高速行车。

对于施加预应力的超静定结构除有一般超静定结构特点外,还有下列特点:

①在超静定结构上施加预应力,会使结构产生内力和变形,由于有多余的约束,不能自由变形,因而引起附加力(二次力)。同样,由于混凝土的收缩徐变不仅产生预应力损失,而且也会由于变形受约束而引起附加力(二次力)。

②由于对结构施加预应力,可以有效地避免混凝土开裂,特别是处于负弯矩区段的桥面板的开裂,这种开裂在普通钢筋混凝土连续梁中是不可避免的。

③由于对结构施加预应力,使悬臂法施工、顶推法施工等这些科学、先进的连续梁施工方法才得以实现并广泛应用。

预应力混凝土连续梁桥一般跨径在30~150m。目前,世界上已建成的最大跨径预应力混凝土连续梁桥为日本滨明大桥,跨径240m。我国已建成的最大跨径预应力混凝土连续梁桥为南京长江二桥北汊桥,跨径为165m。

(4) T形刚构

T形刚构桥是一种具有悬臂受力特点的梁式桥,最早采用钢筋混凝土结构。从墩上伸出较短的悬臂,跨中用简支挂梁组合而成,因墩上在两侧伸出悬臂,形同"T"字,故称 T 形刚构。由于钢筋混凝土梁式结构承受负弯矩,不可避免地在顶面出现裂缝,因而钢筋混凝土 T 形刚构桥不太能做成较大的跨径。而预应力混凝土结构,采用悬臂施工方法,适宜做成长悬臂结构。从 20 世纪 50 年代后,预应力混凝土 T 形刚构获得了发展。1971 年,在福建乌龙江建成的 T 形刚架桥主孔跨径 3m×144m 采用悬臂梁浇筑和悬臂拼装的先进工艺,使我国建造大跨径预应力桥梁迈出了一大步。

预应力混凝土 T 形刚构分为跨中带剪力铰和跨中设挂梁的两种基本类型,见图 2-3-2 e)、f)。带铰的 T 形刚构桥,是国外 20 世纪 50 年代开始采用的一种桥型,它的上部结构全部是悬臂部分,相邻两悬臂通过剪力铰相连接。所谓剪力铰是一种只能传递竖向剪力,但不传递水平轴力和弯矩的联结构造。当在一个 T 形结构单元上作用有竖向力时,相邻的 T 形单元将因剪力铰的存在而同时受到作用,从而减小了直接受荷的 T 形单元的结构内力。带铰的、对称的 T 形刚构桥在恒载作用下是静定结构;在活载作用下是超静定结构。带铰的 T 形刚构桥由于日照、混凝土收缩徐变和基础不均匀沉陷等因素的影响,剪力铰两侧悬臂的挠度不会相同,必然产生附加内力。这些挠度和附加内力,事先难以准确估计,又不易采取适当措施加以清除或调整。其次,中间铰结构复杂,用钢量和费用也将增加。

带挂梁的 T 形刚构是静定结构,与带铰的 T 形刚构相比,由于各个 T 构单元单独作用而在受力和变形方面略差一些,但它受力明确,不受各种内外因素的影响。此外,因带挂梁的 T 形刚构在跨内有正负弯矩分布,其总弯矩图要比带铰的 T 形刚构小一些,虽增加了牛腿的构造,但免去了剪力铰的复杂结构,主要缺点是桥面上伸缩缝增多,对于高速行车不利;其次在施工时要增加预制与安装挂梁用的机具设备。因此,在国内主要采用带挂梁的 T 形刚构。而在国外,带铰的 T 形刚构仍不失为预应力混凝土桥中的一个主要桥型,这主要是由于与连续梁相比,同样采用悬臂施工方法,后者要增加两道施工顺序:一是在墩上临时固结以利于悬臂施工,二是在跨中要合龙;T 形刚构桥虽桥墩粗大,但在大跨径桥中省去了价格昂贵的大型支座;它在跨中有一伸缩缝,行车条件虽不如连续梁,但由于上述各种因素,其综合的用材用量和施工费用却比连续梁经济。当然,在结构刚度、变形、动力性能方面,T 形刚构不如连续梁。

钢筋混凝土 T 形刚构常用跨径在 40~50m,预应力 T 形刚构的常用跨径可在 60~200m。目前我国最大跨径的 T 形刚构桥是 1980 年建成的重庆长江大桥,该桥共 8 孔,总长 1 120m,其中最大跨径为 174m,达到了世界先进水平。

必须指出,预应力混凝土 T 形刚构的受力特点是长悬臂体系,全桥以承受负弯矩为主,预应力束筋布置于桥的顶面。它与节段悬臂施工方法的协调相结合,为这种桥型的施工悬空作业机械化、装配化提供了有利条件,尤其对跨越深水、深谷、大河、急流的大跨径桥梁,施工十分有利,并能获得满意的经济指标。

(5)连续—刚构桥

连续—刚构桥是预应力混凝土梁式桥型之一,它综合了连续梁和 T 形刚构桥的受力特点,将主梁做成连续梁体与薄壁墩固结而成。它同连续梁一样,可以做成一联多孔;在长桥中,可以在若干中间孔以剪力铰相连。连续—刚构体系除保持了连续梁的各种优点外,墩梁固接节省了大型支座的昂贵费用,减少了墩及基础的工程量,并改善了结构在水平荷载(例如地震荷载)作用下的受力性能,即各柔性墩按刚度比分配水平力。只是对柔性墩的设计,必须考虑上部梁体变形(转动与纵向位移)对它的影响。目前这种桥型在大跨径桥梁设计中得到应用。

2. 按照截面形式分类

钢筋混凝土与预应力混凝土梁式桥的横截面形式有板式、肋梁式和箱形三大类。

(1) 板式截面梁桥

板式截面梁桥又称板桥。其特点是建筑高度小、构造简单、施工方便,采用预制装配施工时,预制构件重量小,架设方便。

根据板桥的截面形式和施工方法可划分为整体式矩形实心板[图2-3-4a)、b)],装配式实心板[图2-3-4c)],装配式空心板[图 2-3- 4d)],装配整体组合式板[图2-3-4e)]及异形板[图2-3-4f)、g)]。

其中,整体式矩形实心板截面形状简单,结构刚度大,整体性好,可适用于各种线形复杂的桥梁,如斜、弯、坡、S形和喇叭形桥梁等,通常采用混凝土整体现浇施工。

装配式预制空心板截面中间挖空形式多样(图2-3-5)。挖成单个较宽的孔洞,挖空体积最大,块件质量也最轻,但在顶板内要布置一定数量的横向受力钢筋[图2-3-5f)]。挖成两个正圆孔[图2-3-5e)],当用无缝钢管作为芯模时施工方便,但其挖空体积较小。图2-3-5b)、d)的芯模由两个半圆及两块侧板组成,对不同厚度的板只要更换两块侧模板就能形成圆端形孔,它挖空体积较大,适用性较好。

图 2-3-5f)、g)为异形板截面,是现代城市高架桥经常采用的截面形式。其特点是建筑高度小,桥下净空大,

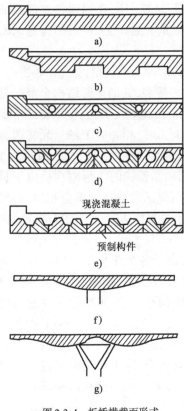

图 2-3-4 板桥横截面形式

能够满足城市跨线桥跨径较大的要求,且造型美观,能与柱形桥墩很好地配合,但其现场浇筑施工复杂。

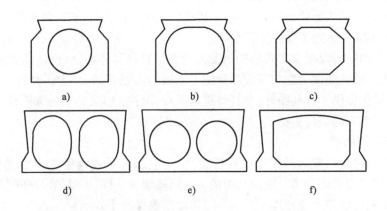

图 2-3-5 空心板截面形式

(2) 肋梁式截面梁桥

众所周知,板式截面的抗剪能力比其抗弯能力大得多。当梁桥跨径增大时,弯矩随跨径平方成正比,剪力只与跨径成正比。因此,弯矩增长速度比剪力急剧得多。在横截面设

计中,为了适应急剧增长的弯矩,增大主梁高度将十分有效,因为截面的抗弯能力与截面高度的立方成正比,只与截面宽度呈正比。因此,将板式截面的腹部挖空,减小板的宽度,这样,既不影响主梁的抗弯能力,也能满足抗剪要求,同时也减小了主梁自重。这就是形成肋梁式截面的原因。

肋梁式截面有三种基本类型:Π形、I形和T形(图2-3-6)。在桥梁横截面上,一般采用多片主梁布置形式。

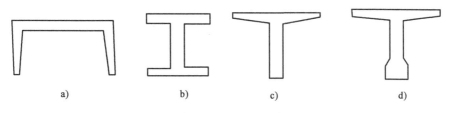

图2-3-6 肋梁式截面

如图2-3-7所示为采用现浇整体式T形截面布置的桥梁横截面形式。[图2-3-7a)、b)、c)]采用的是双T形截面布置的横截面形式。在城市立交桥和跨线桥的悬臂梁或连续梁结构中,常常采用这种布置形式。这种形式的梁肋宽度较大,建筑高度较小,形成低高度宽肋式的双T形截面或单T形截面[图2-3-7d)],一般肋宽在0.6~1.2m,T形截面的翼缘厚度即桥面板厚度与主梁间距有关,一般中间的厚度为25~35cm,根部为40~55cm。这就为城市高架桥赢得了空间。

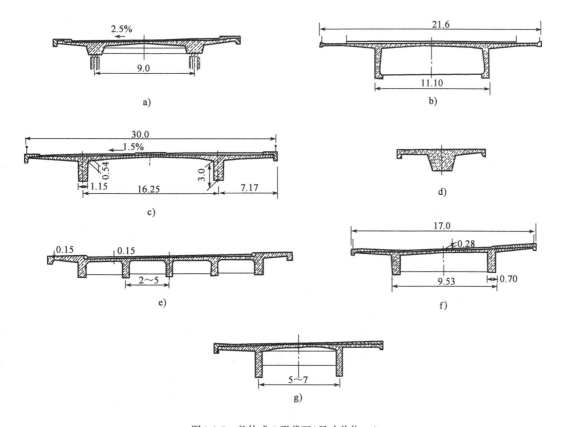

图2-3-7 整体式T形截面(尺寸单位:m)

如图 2-3-8 所示为装配式肋梁桥横截面的几种基本类型。图 2-3-8a)为预制主梁为Π形截面,横向为密排式多主梁横截面。预制主梁之间用穿过腹板的螺栓连接,其装配简易。Π形主梁的特点是截面形式稳定,横向抗弯刚度大,块件堆放装卸方便。设计经验表明,跨径较大的Π形梁桥的混凝土及钢筋用量都比 T 形梁桥大,而且构件重,制造也较复杂,所以Π形梁一般只用于跨径为 6~12m 的小跨径桥。

我国使用最多的是装配肋梁式 T 形截面,如图 2-3-8b)所示,其特点是,T 形梁的翼板构成桥梁的行车道板,又是主梁的受压翼缘,制造简单,梁肋内配筋可做成钢筋骨架,主梁之间借助横隔梁来连接,整体性能好。不足之处是,截面形状不稳定,给运输和安装带来不便。在预应力混凝土 T 形梁中,受拉翼缘部分做成加宽的马蹄形,以满足受压应力和布置预应力钢束的需要,如图 2-3-8d)所示。

国内外都在采用短翼板(一种为增加单片主梁的稳定性,减轻主梁吊装重量的短翼板 T 形或 I 形截面,借现浇桥面板混凝土连接成整体 T 梁桥,如图 2-3-8d)、e)所示;或者在预制主梁上现浇整体桥面板,组合成肋梁式横截面的组合梁桥,如图 2-3-8f)所示。

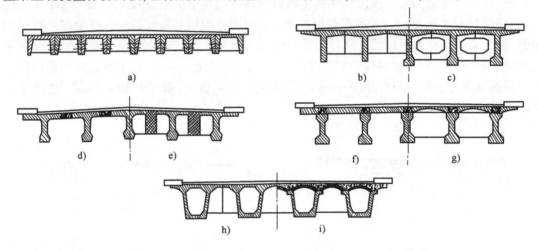

图 2-3-8 装配式肋梁横截面基本类型

(3)箱形截面梁桥

箱形截面是大跨径预应力混凝土桥梁以及弯桥和斜交桥普遍采用的截面形式之一。其特点是全截面参加工作,截面抗弯、抗扭刚度大;材料在截面上分布合理,使其能够有效地抵抗正、负弯矩和较大的扭矩;能够满足普通钢筋和预应力钢筋的配置要求,同时具有良好的横向抗弯能力。由于箱形截面抗扭刚度大,在车辆荷载作用下各主梁受力较均匀,其横向分布系数较小。箱形截面不仅适用于较大跨径的简支梁桥,还特别适用于较大跨径的连续梁、悬臂梁和 T 形刚构桥。因为这种类型的梁式桥结构,其桥跨结构在跨中承受正弯矩,在支座处承受负弯矩,箱形截面的上、下底板完全适应它们的配筋要求。

箱形截面的类型一般分为单箱单室、单箱双室、单箱多室、双箱单室、双箱双室和多箱单室以及长悬臂斜腹箱形截面等(图 2-3-9)。通常根据桥宽的需要和采用的施工方法选用。

单箱单室截面受力明确,计算较简单,施工方便,材料用量较节省。单箱多室和双箱双室等截面内力分布较均匀,但计算较复杂,施工较困难。在实际工程中较多地选用单箱单室和双箱单室等截面。图 2-3-9g)、h)为分离的长悬臂斜腹箱形截面,它是现代城市高架桥经常采用的截面形式之一,其造型美观,箱形底板较窄,能减小桥墩截面尺寸,增加桥下净空。箱形截面不仅用于大跨径梁式桥,而且用于大跨径悬索桥、斜拉桥、箱形拱桥等。目前,在跨径超过60m的大跨径桥梁中绝大部分采用箱形截面。

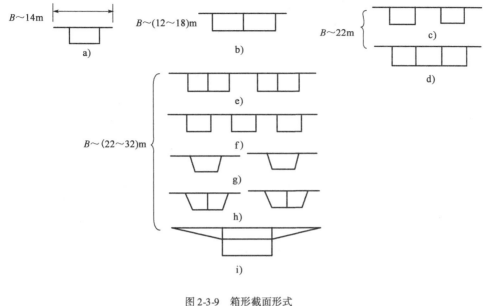

图 2-3-9　箱形截面形式

三、梁(板)桥的构造

1. 简支板桥的构造

根据施工方法的不同,板桥可分为整体式板桥和装配式板桥。

(1)整体式板桥构造

整体式板桥通常采用等厚度矩形截面。不仅用于正交板桥,而且可用于斜交板桥和平面线形较复杂的其他板桥。

整体式正交简支板桥的板厚通常取跨径的1/20~1/15,但不宜小于10cm。其配筋应与其受力特点相吻合,除纵向受力主筋需通过计算确定外,还需布置不少于纵向主筋截面15%~20%的横向分布筋,用于承受车轮荷载引起的横向弯矩 M_y 和防止混凝土收缩及温度变化引起的裂缝。依据《桥规》的规定,板中主筋直径不宜小于10mm,间距不大于20cm且每米板宽不少于5根;分布筋直径不宜小于6mm,间距不大于25cm。当车辆荷载作用在板桥两侧边缘的某一侧时,板边缘截面上的 M_x 的值较大(车轮荷载有效分布宽度小于板中),因此在板边缘的1/6板宽内主筋配筋量通常增加15%,同时应考虑布置适量边缘构造钢筋。此外,整体式板主拉应力较小,不需设置弯起钢筋,但通常还是将部分主筋在1/6~1/4跨径处按30°或45°弯起,但通过支点的不弯起主筋,每米宽内不少于3根,并不少于主钢筋面积的1/4。

如图2-3-10所示为标准跨径6m,桥面净宽8.5m,计算跨径为5.96m,板厚32cm,约为跨径的1/18。经计算,纵向主筋取直径20mm的Ⅱ级钢筋,在中间2/3板宽内按间距12.5cm布置,两侧各1/6板宽内按间距11cm布置,并在跨径两端1/6~1/4的范围内按30°弯起;横向分布钢筋取10mm的Ⅰ级钢,按单位宽度截面上所配主筋面积的15%配置,并沿纵向按间距20cm布置。

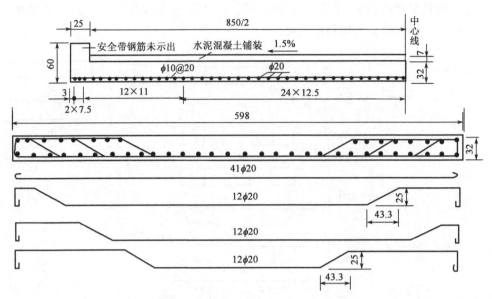

图 2-3-10 整体式板桥构造示例(尺寸单位:cm)

(2)装配式板桥构造

①构造及受力特点。

装配式板桥一般由数块一定宽度的实心或空心预制板组成,各板利用板间企口缝填充混凝土相连接。在荷载作用下,每块板相当于单向受力的梁式窄板,除在主跨径方向承受弯曲外,还承受通过板间接缝(铰缝)传递剪力而引起的扭转(图 2-3-11)。因此,每块预制板除承受本板内的荷载外,还承受相邻板块作用而引起的竖向剪力和其他内力作用。由于其他内力与竖向剪力相比对确定板的内力影响很小,所以设计中多采用铰接板(梁)法确定其板中内力。板中主要受力钢筋的数量由计算得到的内力确定,此外,在板中布置适量的构造钢筋以承受计算时忽略的某些内力。

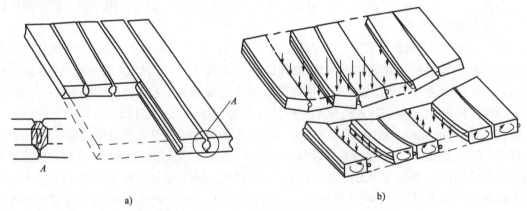

图 2-3-11 装配式铰接板的构造和受力特点

如图 2-3-12 所示为装配式钢筋混凝土简支预制板桥的一个标准实例。其标准跨径为 6m,桥面净空为净 −7(无人行道),荷载等级为汽 −15、挂 −80 级。桥跨结构中部采用 6 块宽度为 99cm 的预制板,两侧边板采用宽度为 74cm 的预制板,主筋为 10 根直径 $\phi 18$ 的 I 级光圆钢筋。

如图 2-3-13 所示为装配式预应力混凝土空心板桥的一个标准实例。其标准跨径为 13m,桥面净空为净 −7 +0.25m 安全带,总宽为 8m,由 8 块 99cm 的预制空心板组成,板间隙为

1cm。荷载等级为汽-20、挂-100级。计算跨径12.6m,选用的板厚为60cm。预制板和填塞铰缝的混凝土强度等级为C40。每块板底层配置7根直径为20mm的Ⅲ级冷拉钢筋做预应力筋。板顶面除配制3根φ12的架立钢筋外,在支点附近还配置6根φ8的非预应力钢筋来承担由预加力产生的拉应力。

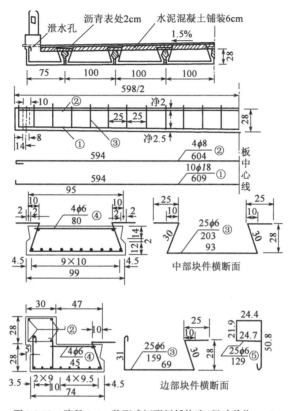

图2-3-12 跨径6.0m装配式矩形板桥构造(尺寸单位:cm)

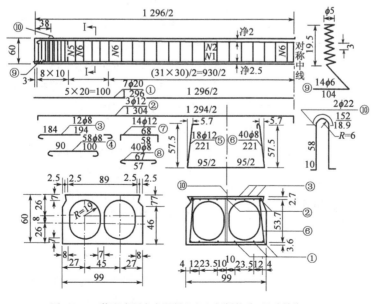

图2-3-13 装配式预应力混凝土空心板桥构造(尺寸单位:cm)

② 横向联结。

为了使装配式板块组成整体,共同承受车辆荷载,在块件之间必须具有横向联结的构造。常用的连接方法有企口混凝土铰联结和钢板焊接联结。

a. 企口混凝土铰联结。

企口式混凝土铰的形式有圆形、菱形、漏斗形三种(图 2-3-14)。铰缝内用 C25～C30 以上的细集料混凝土填实。如果要使桥面铺装层也参与受力,也可以将预制板中的钢筋伸出与相邻板的同样钢筋互相绑扎,再浇筑在铺装层内,如图 2-3-14d) 所示。

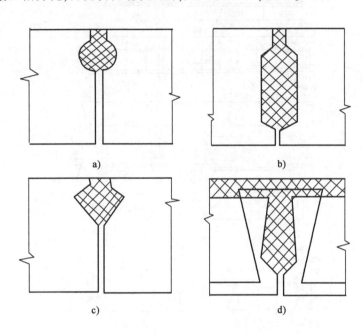

图 2-3-14　企口式混凝土铰构造

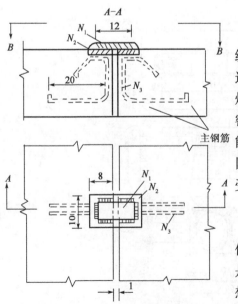

图 2-3-15　钢板联结构造(尺寸单位:cm)

b. 钢板联结。

钢板联结一般采用在预制板顶面沿纵向两侧边缘每隔 0.8～1.5m 预埋一块钢板,如图 2-3-15 所示,连接时将钢盖板与相邻预制板顶面对应的预埋钢板焊接在一起。通常在跨中部分钢板联结布置得较密,而两端支点部分较稀疏。实践证明,这两种联结能够很好地传递横向剪力,使各板块共同受力。在国外,通常以横向预应力方式联结,使装配式板桥的受力特性接近于整体式板桥。

(3) 斜板桥的受力与构造特点

为了改善道路的线形以及适应城市的街道条件,往往采用斜交桥的跨越方案显得更为合理。但是,弹性斜交板的理论分析要比正交板来得复杂,要想精确地计算斜板在使用荷载作用下的各种内力,实用上将会遇到很多不便。迄今为止,国内外的学者都在寻求实用的简化计算方法并取得了很好的成果。对于许多从事斜板桥的设计和施工的工程技术人员来讲,他们的任务应当是在参考和分析一系列理论和试验研究成果的基础上,正确地理解和把握斜板在荷载作用下的实际工作性能,从而可以遵循实用的简化设计计算方法,设计并正确地布置斜板内的钢筋。

①斜板的受力特点。

理论和试验表明,简支于两岸桥台的斜板在垂直荷载作用下,一般具有下列特性:

a.荷载有向两支承边之间最短距离方向传递的趋势。

如图 2-3-16 所示,在较宽的斜板中部,其最大主弯矩方向(即在垂直于该方向的截面上没有扭矩)几乎接近与支承边正交。其次,无论对宽的或窄的斜板,其两侧的主弯矩方向虽接近平行于自由边,但仍有向支承边垂线方向偏转的趋势。

b.各角点受力情况可以用比拟连续梁的工作来描述。

如图 2-3-17 所示,在斜板"Z"形条带 A-B-C-D 上各点的受力情况,可以用三跨连续梁来比拟,在钝角 B、C 处产生较大的负弯矩,其方向垂直于钝角的二等分线;同时,在 B、C 点的反力也较大,锐角 A、D 点的反力较小,当斜交角与斜的跨宽比都较大时,锐角便有向上翘起的趋势。此时若固定锐角角点,势必导致板内有较大的扭矩。

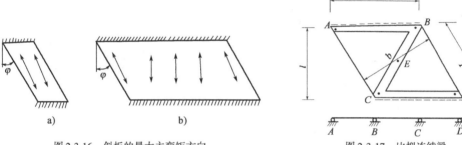

图 2-3-16　斜板的最大主弯矩方向　　　　图 2-3-17　比拟连续梁

c.在均布荷载下,当桥轴线方向的跨长相同时,斜板桥的最大跨内弯矩比正桥要小,跨内纵向最大弯矩或最大应力的位置,随着斜交角 φ 的变大,而自中央向钝角方向移动。

如图 2-3-18a)所示,斜板桥最大跨内弯矩 M_φ 与正桥跨中弯矩 $M_{\varphi=0}$ 的比值随斜交角 φ 改变的变化曲线;图 2-3-18b)表示在满布均布荷载时,跨内最大弯矩位置沿板宽的变化曲线。由图可知,当斜交角 φ 在 15°以内时,可以近似按正交板桥计算。

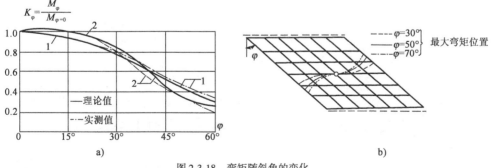

图 2-3-18　弯矩随斜角的变化
1-板跨中央;2-自由边中点

d.在上述同样情况下,斜板桥的跨中横向弯矩比正桥的却要大,可以认为横向弯矩增加的量,相当于跨径方向弯矩减少的量。

②斜板桥的构造特点。

根据斜板的受力特点,不难确定斜板桥的配筋规则。

a. 整体式斜板桥。

整体式斜板的斜跨长 l 与垂直于行车方向的桥宽 b 之比一般均小于 1.3,根据上面所述斜板主弯矩方向的特点,主钢筋的配置有以下两种方案:

(a)第一方案。按主弯矩方向的变化配置主筋,其分布钢筋则与支承边平行,如图 2-3-19a)所示。

根据钝角处有较大的反力和负弯矩的特性,在钝角处约 1/5 跨径范围内,应配置加强钢筋,如图 2-3-19b)所示,在下层其方向与钝角的二等分线平行;在上层与二等分线垂直。加强钢筋的每米数量为主钢筋每米数量的 0.6～1 倍(视斜交角的大小而定)。此外,还在自由边缘的上层加设一层钢筋网,以抵抗板内的扭矩。

(b)第二方案。在两钝角角点之间的范围内,主钢筋方向与支承边垂直,在靠近自由边处主钢筋则沿斜跨径方向布置,直至与中间部分主筋完全衔接为止,其横向分布钢筋与支承边平行,如图 2-3-19c)所示。其余钢筋的配置仍与第一种方案相同。

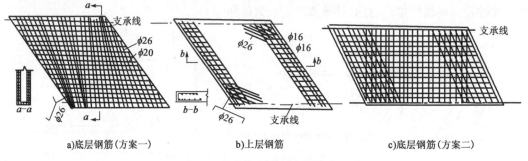

图 2-3-19 整体式斜板的钢筋构造

b. 装配式斜板桥。

装配式斜板桥的跨宽比(l/b)一般均大于 1.3,主钢筋沿斜跨径方向配置,分布钢筋在两钝角角点之间的范围内与主钢筋垂直,在靠近支承边附近,其布置方向则与支承边平行(图 2-3-20)。

如图 2-3-21 所示为交通部颁布的装配式钢筋混凝土斜板桥构造的标准图示例,斜交角有 25°～60°等八种。板的钢筋分布方案大体分两种:

(a)第一方案:当斜交角 φ 为 25°、30°、35°时主钢筋沿斜跨径方向布置,分布钢筋按平行于支撑边方向布置,如图 2-3-21a)所示。

(b)第二方案:当斜交角 φ 为 40°、60°时,主钢筋仍按平行于自由边布置,而分布钢筋在钝角范围内垂直于主筋布置,支撑边附近平行于支撑边布置,如图 2-2-21b)所示。

此外,在各种块件的两端还要布置一些加强钢筋。当 φ 为 40°、45°、50°时,要布置底层的加强钢筋,其方向则与支撑边相垂直,如图 2-3-21c)所示;当 φ 为 55°、60°时,除了底层要布置于支撑边的加强钢筋外,在顶层还

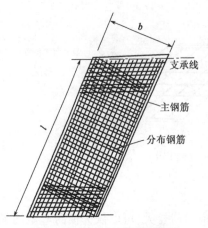

图 2-3-20 装配式斜板桥钢筋构造

要布置与钝角的二等分线相垂直的加强钢筋,如图 2-3-21d)所示。为了使铰接斜板支撑处不翘扭以及防止发生位移,在板端中心处预设锚栓孔,待安装完毕后,用栓钉固定。

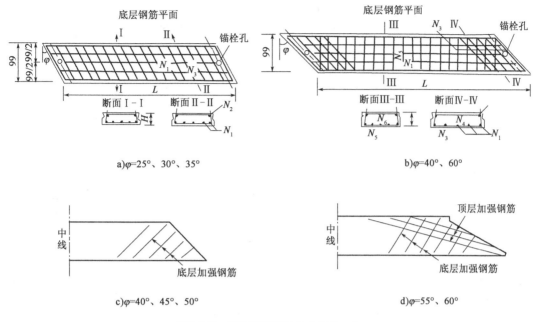

图 2-3-21 钢筋构造示例(尺寸单位:cm)

2. 装配式钢筋混凝土简支梁桥的构造

装配式钢筋混凝土简支 T 形梁桥构造布置是在给定桥的设计宽度的条件下,选择出主梁的截面形式,确定主梁的间距(片数)和桥跨结构所需横隔梁的数量,进而确定各构造部分的细部尺寸。如图 2-3-22 所示为一典型的装配式简支梁桥的构造布置。

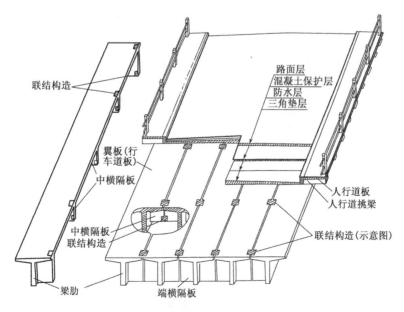

图 2-3-22 装配式 T 形简支梁示意图

(1)主梁截面形式及特点

装配式简支梁桥主梁截面大多采用T形截面。其原因是T形截面最适合于简支梁的受力特点,即只承受单向弯矩。对于跨径较大的简支梁桥,为了减轻单片主梁的吊装重量,主梁也常采用I形截面,但主梁上翼缘间需加入一段现浇混凝土,使各主梁连接成整体,并构成桥面板,或在预制主梁上现浇整体桥面板。虽然主梁采用I形截面,但最终的桥梁横截面与采用T形截面主梁构成的桥梁横截面差别不大。

主梁间距要综合考虑材料的用量、预制工作量和运输、吊装等因素的影响。一般来讲,对跨径较大的桥梁,主梁片数适当减少。目前,我国编制的装配式T形简支梁桥标准设计常用的主梁间距是1.6~2.2m。工程应用中主梁的间距已达2.5m。

标准设计的装配式T形梁高度见表2-3-1。根据已建成的装配式简支梁桥的统计经济合理的主梁高度与其跨径之比为1/16~1/11。

装配式简支梁桥主梁参数　　　　　　表2-3-1

跨径(m)		10	13	16	20
梁高(m)	间距1.6	0.9	1.0	1.1	1.3
	间距2.2	0.9	1.1	1.3	1.5

主梁翼板宽度比主梁中距小2cm,以便在安装过程中易于调整T梁的位置和制作上的误差。主梁翼板一般做成变厚度板,通常翼板根部的厚度不小于梁高的1/12。翼板边缘厚可取6~8cm。

如图2-3-23所示,为标准跨径20m的装配式T梁桥的纵、横截面布置。

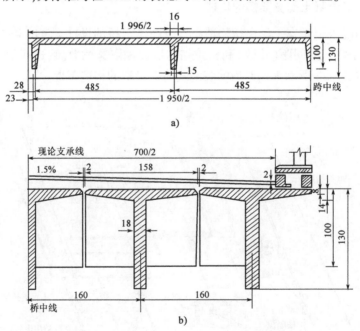

图2-3-23　标准跨径20m装配式钢筋混凝土T形梁纵、横截面(尺寸单位:mm)

(2)主梁钢筋构造特点

主梁钢筋可分为纵向主钢筋、架立钢筋、斜钢筋或斜筋、箍筋和水平分布筋等。如图2-3-24所示。

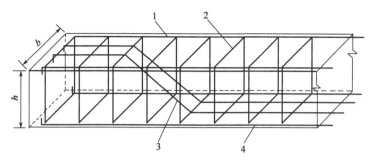

图 2-3-24 主梁钢筋构造图
1-架立钢筋;2-箍筋;3-斜筋;4-受拉主筋

如图 2-3-25 所示为 20m 的装配式 T 梁的配筋图。采用焊接钢筋骨架形式配筋,主筋、斜筋、架立钢筋焊成两片钢筋骨架,再用箍筋、水平分布筋绑扎成一整体吊入梁模内,随后浇筑混凝土。主梁内共配置纵向受力主钢筋 10 根,分 5 层叠置,8 根 $\phi 32$ 钢筋,编号为 N1、N2、N3、N4;两根 $\phi 16$ 钢筋编号为 N6。

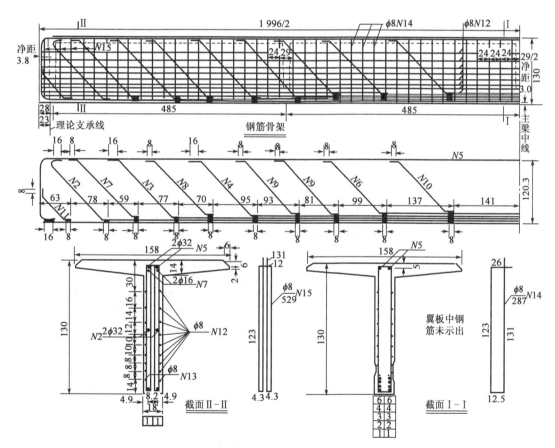

图 2-3-25 20m 跨径装配式简支 T 形梁配筋图(尺寸单位:cm)

其中底层两根主筋 N1,通过梁端支撑截面,并与梁顶层直径 $\phi 32$ 的架立钢筋 N5,在梁端向下弯折后,焊接在一起,形成平面焊接钢筋骨架。为满足梁内抗剪要求,补充设置直径 $\phi 16$ 的附加斜筋 N7、N8、N9、N10、N11,并在适当的位置焊于平面钢筋骨架上。弯起的主筋和斜筋与纵轴成450°。为防止梁肋两侧产生裂缝,沿梁高布置直径为 $\phi 8$ 的水平纵向分布钢筋 N12。

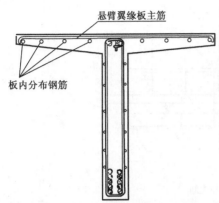

图 2-3-26　T 梁截面构造钢筋布置

由于梁肋下缘拉力较大,该分布筋布置较密,向上则逐渐布置得较稀。箍筋 N14、N15 采用直径 $\phi 8$ 的普通光圆钢筋,跨中部分为间距 24cm 的双肢箍筋,支座附近采用下缺口的 4 肢式箍筋(N15)以满足抗剪要求和适应支座钢板锚筋的布置。T 梁翼板内的受力钢筋沿横向布置在板的上缘,以承受悬臂的负弯矩,在顺主梁跨径方向还应设置少量的分布钢筋(图 2-3-26)。

3. 装配式预应力混凝土简支 T 梁桥构造

实践证明,当跨径大于 20m 时,采用钢筋混凝土简支梁桥显然不够经济。因此,当跨径超过 20m 时,多采用预应力混凝土结构。我国公路行业中已编制出了 25m、30m、35m 和 40m 跨径的后张法预应力混凝土简支梁桥标准图。在建桥工程实践中,装配式预应力混凝土简支 T 梁桥的跨径已达 50~60m。

(1) 截面特点

预应力混凝土简支 T 梁的梁肋下部通常要加宽做成马蹄形,以便钢束的布置和承受很大预应力的需要。为了配合钢丝束的起弯,在梁端能布置钢束锚头和安放千斤顶,在靠近支点处腹板也要加厚至与马蹄同宽,加宽范围最好达一倍左右梁高,这样腹板厚度沿纵向就发生了变化,马蹄部分也逐渐加高的变截面 T 梁(图 2-3-27)。

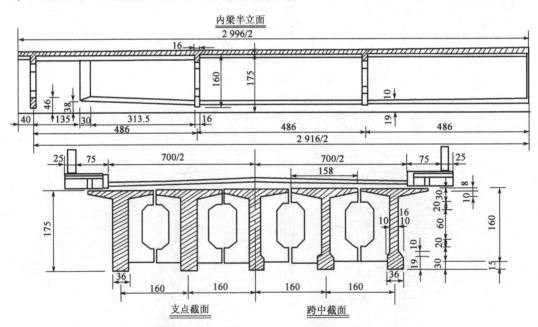

图 2-3-27　跨径 30m 装配式预应力混凝土 T 形梁的构造布置(尺寸单位:cm)

预应力混凝土简支梁桥的高跨比可在 1/25~1/15。我国公路桥梁标准设计中 h/L 值为 1/19~1/18。但当建筑高度限制很严,只能降低梁高,减小梁距。我国编制的公路桥梁标准图中,预应力混凝土 T 梁桥主梁间距均采用 1.6m(图 2-3-27),并根据桥面净空和人行道宽度的不同而在横截面内相应采用了 5 片、6 片和 7 片主梁。当对主梁桥面板施加横向预应力时,主梁间距还可适当加大。肋板宽度一般都由构造决定。一般采用16cm,标准设计中为14～16cm。

(2)装配式预应力混凝土T梁桥配筋特点

预应力混凝土梁中主要是预应力力筋的布置,其他还有非预应力筋,如箍筋、水平分布钢筋、锚固端加强钢筋的布置问题。

①预应力束筋的布置。

a.预应力束筋的立面布置。

装配式预应力混凝土简支T梁桥的主梁,一般为后张法预应力混凝土梁。其中力筋在跨中均靠近梁的下缘布置,在一定区段后逐渐弯起以满足设计和构造的要求。

预应力梁内力筋可以全部逐渐起弯至梁端锚固,亦可以将部分束筋弯出梁顶锚固,如图2-3-28所示。这种布置方法的缺点是:使预施应力的张拉作业比较复杂;弯出梁顶的束筋因弯角增大,预应力的摩阻损失也随之增大。此外,这种锚头布置形式干扰桥面板的横向配筋,又需在梁的顶面浇筑混凝土,弊端较多。然而,束筋提前弯出梁顶,可以减少束筋长度,节约用材,对于提高梁的抗剪能力也有好处。习惯上,在梁端能锚固所有束筋时,一般都将预应力筋全部弯至梁端锚固,张拉工序也简单。

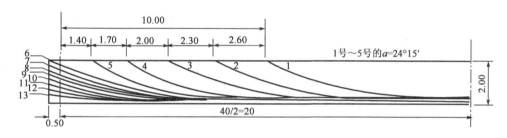

图2-3-28 预应力混凝土简支梁预应力筋的布置(尺寸单位:m)

从减少摩阻损失的角度看,束筋的弯起角度 α 不宜大于20°,一般弯至梁端的束筋都能满足这一要求。

束筋弯起的曲率半径,可按《桥规》有关规定采用。

b.预应力束筋在横截面上的布置。

束筋排列的原则是预应力束筋在满足构造要求的同时,尽量相互紧密靠拢,以减少下马蹄尺寸,减轻自重,并在保证梁底保护层的前提下,尽量使预应力束筋的重心靠下,以便获得较大的预应力弯矩,节省高强钢材。横截面束筋的布置规则参见图2-3-29。

②非预应力钢筋的布置。

预应力混凝土梁如钢筋混凝土梁一样,按《桥规》规定,应布置箍筋、水平分布钢筋及架立钢筋等。除此之外,还应注意非预应力纵向受力钢筋布置。

如图2-3-30a)所示,当梁中预应力筋在两端不便弯起时,为了防止张拉阶段在梁端顶部可能开裂而布置的受拉钢筋。

如图2-3-30b)所示,对于自重比恒载小得多的梁,在预加力阶段,跨中部分上翼缘可能会开裂而破坏,因而也可在跨中部分的顶部设非预应力的纵向受力钢筋。

如图2-3-30c)所示,这种钢筋在运营阶段还能加强混凝土的抗压能力,在破坏阶段则可能提高梁的安全度。

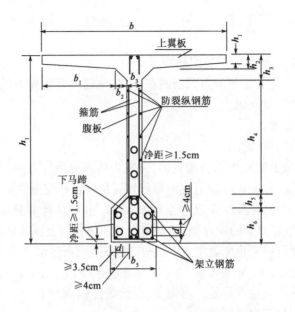

图 2-3-29 横截面内的力筋和普通钢筋

如图 2-3-30d)所示,在跨中部分下翼缘内设置非预应力筋,多半是在全预应力梁中为了加强混凝土承受预加应力的能力。对于部分预应力梁,也往往利用通长布置在下翼缘的纵向钢筋来补足极限强度的需要;并且,这种钢筋对于配置不黏结的预应力筋的梁能起分布裂缝的作用。

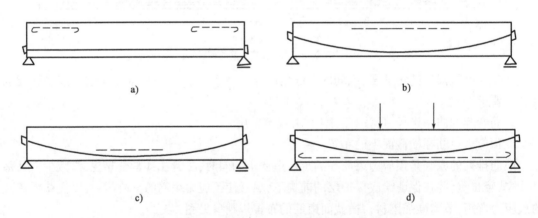

图 2-3-30 非预应力纵向受力钢筋(虚线)的布置

此外,非预应力纵筋还能增加梁在反复荷载作用下的疲劳强度。

③装配式预应力混凝土梁桥的构造示例。

如图 2-3-31 所示为跨径 30m 的装配式预应力混凝土 T 形梁桥实例的主梁配筋及构造。此梁的全长为 29.96m,计算跨径为 29.16m,主梁采用 C40 混凝土带马蹄的 T 形截面,梁高为 1.75m,高跨比为 1/16.7,厚 16cm 的梁肋在梁端部分(约等于梁高的长度内)加宽至马蹄全宽 36cm,以利预应力筋的锚固。在截面设计中,将所有混凝土内角做成半径为 5cm 的圆角,以利脱模。梁内预应力筋采用 7 束 24 根 $\phi^s 5$ 高强钢丝束,均以圆弧起弯并锚固在梁端 20mm 厚的垫板上。

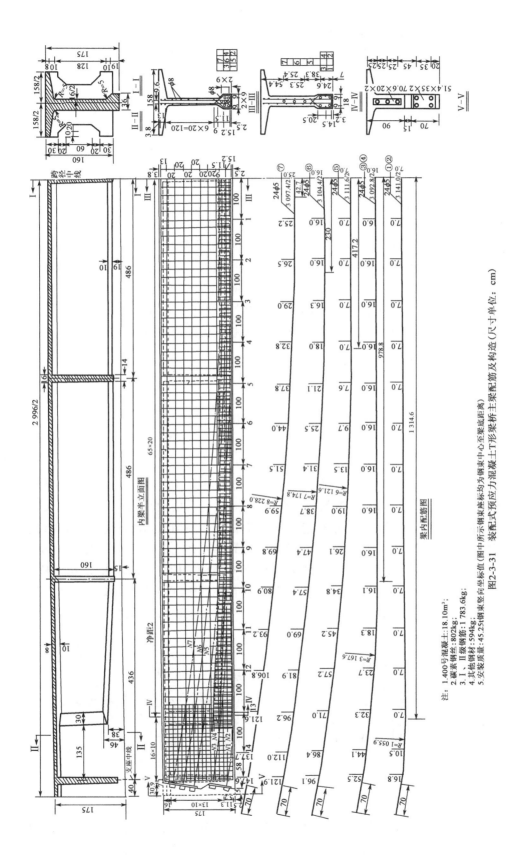

图2-3-31 装配式预应力混凝土T形梁桥主梁配筋及构造（尺寸单位：cm）

在跨中7束预应力钢丝束均布置在T形梁下翼缘马蹄形内,排在梁肋中的一排3束首先依次缓缓弯起,并锚固在梁端截面上部;其余排在马蹄形两侧的4束在支点附近缓缓弯起,锚固在梁端截面下部。全部钢丝束的重心线不超过束界范围。一般情况下钢丝束尽量全部锚固在梁端部,其弯起角度小于2 000°。当钢丝束较多而不能全部锚固在梁端部时,可将部分钢丝束弯出梁顶锚固。梁顶锚固的钢丝束将会给操作带来麻烦。由于弯起角度较大,如大于2 000°,预应力的摩阻损失较大,但可提高梁的抗剪能力。上述预应力筋布置方式和锚固方式是预应力简支梁桥采用最广泛的布筋方式。除预应力钢筋之外,为了梁抗剪和抗裂的需要,梁肋两侧布置用 $\phi 8$ 钢筋构成的钢筋网,其网格尺寸为 20cm × 20cm,并在梁端加宽部分内(相当于梁高的长度)网格加密一倍。有时也采用纵向水平分布钢筋和箍筋及架立钢筋相结合的布置方式。由于梁端是预应力钢筋的锚固区,锚具附近应力分布比较复杂,在局部受压区域的周边还会产生横向拉应力,故在钢垫板下预应力筋周围设置 $\phi 8$ 的螺旋筋,并在梁端加宽范围内的各排钢丝束之间设置加密钢筋网或加密的纵向水平分布筋和箍筋。此外,在T形梁的下翼缘马蹄形内必须设置闭合式箍筋,其间距应小于15cm。图 2-3-31 中,除钢筋直径以 mm 计外,其余均以 cm 计。

在预应力混凝土简支梁中,在梁的拉应力或拉应变区还适当布置一些普通钢筋以便预应力筋和普通钢筋的配置,以改善梁的抗裂、抗震和抗疲劳的结构性能。

第二节 梁桥的桥面构造

一、桥面系的组成与布置

1. 桥面系一般构造

梁式桥的桥面系通常包括桥面铺装、防水和排水设施、伸缩装置、人行道(或安全带)、栏杆和灯柱等构造(图 2-3-32)。桥面构造直接与车辆、行人接触,它对桥梁的承重结构起到防护作用,使桥梁能正常使用。桥面构造多属外露部位,其结构选择及布置是否合理直接影响桥梁使用功能的发挥。由于桥面构造工程量小,项目繁杂,在施工中又多在主体工程结束之后进行,往往在设计和施工中得不到应有的重视,从而造成桥梁使用中的病害;又由于桥面部分天然敞露,受外在环境因素影响敏感而易损坏,且与行车舒适、行人的感官效果有着直接的联系,因此,合理改进桥面的构造设计与施工,近年来已为桥梁工程师所重视。

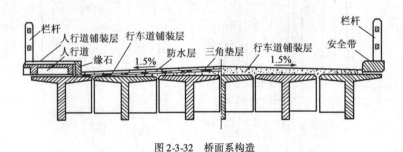

图 2-3-32 桥面系构造

2. 桥面布置

桥面布置应在桥梁的总体设计中考虑,它根据道路的等级、桥梁宽度、行车要求等条件确定。对混凝土梁式桥的桥面布置有双向车道布置、分车道布置与双层桥面布置等。

(1)双向车道布置

双向车道布置是指行车道的上、下行交通布置在同一桥面上,如图2-3-33a)所示。在桥面上、上下行交通画线分隔,因此,没有明显的界限。桥面上也可允许机动车与非机动车同时通过,同样采用画线分隔。城市桥梁通常在机动车道与非机动车道之间设护栏。由于同一桥面上同时存在上、下行车辆和机动车与非机动车,因此,车辆在桥梁上行驶速度只能是中速或低速,对交通量较大的道路,桥梁往往会形成交通滞流状态。

(2)分车道布置

行车道分上、下行,桥面上按分隔式进行桥面布置。因而上、下行交通互不干扰,可提高行车速度,便于交通管理,但是在桥面布置上要增加一些附属设施,桥面宽度要相应地加宽些。

分车道布置可在桥面上设置分隔带,用以分隔上下行车辆。也可以采用分离式主梁布置,在主梁间设置分隔带,见图2-3-33b)。有的桥梁采用分离式主梁,在两主梁间的桥面上不加联系,各自通行单向交通,见图2-3-33c)。分车道布置除对上下行交通分隔外,也可将机动车道与非机动车道分隔、行车道与人行道分隔布置。

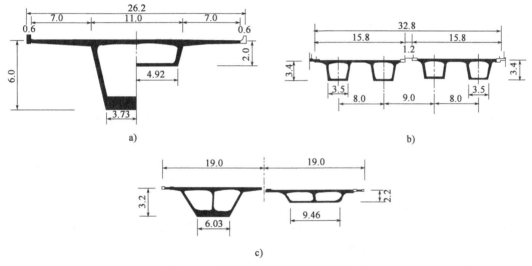

图2-3-33 分车道的桥面布置(尺寸单位:m)

(3)双层桥面布置

双层桥面布置(图2-3-34)是桥梁结构在空间上可以提供两个不在同一平面上的桥面构造,一般钢桥较多采用。双层桥面布置,可以使不同的交通严格分道行驶,可以充分利用桥梁净空,在满足同样交通要求之下,减小桥梁宽度,缩短引桥长度,达到较好的经济效益。

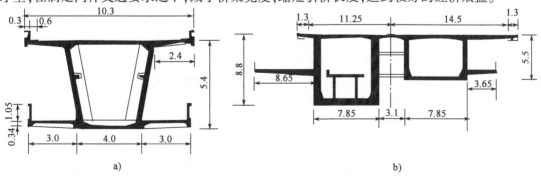

图2-3-34 双层桥面布置实例(尺寸单位:m)

我国自1981年开始,对双层桥进行了设计和研究工作,结合我国的交通组合情况,使高速车与中速车分隔、机动车与非机动车分道、行车道与人行道分离,特别是在城市桥和立交桥中,双层桥面布置会更显示出共优越性。

二、桥面铺装与防水排水系统

1. 桥面铺装

桥面铺装也称行车道铺装,是车轮直接作用的部分。其主要作用有三点:一是防止车辆轮胎或履带直接磨耗桥面板;二是保护主梁免受雨水侵蚀;三是分布车轮集中荷载。

钢筋混凝土和预应力混凝土梁桥的桥面铺装可采用水泥混凝土、沥青混凝土或沥青表面处治,水泥混凝土、沥青混凝土铺装层可用于各种等级的公路桥梁。沥青表面处治铺装层仅在中、低等级的公路桥梁中使用。水泥混凝土桥面铺装耐磨性好,适合重载交通,其厚度宜为8~10cm。沥青混凝土铺装铺设在防水层和混凝土保护层之上,或直接铺设在桥面板上,分为单层式和双层式,单层式层厚一般为7~12cm,双层式铺装总厚为8~12cm。沥青混凝土铺装重量轻,维修养护方便,但易变形。目前亦有采用薄层沥青混凝土铺装的尝试。

桥面铺装一般未做受力计算,如在施工中能确保铺装层与桥面板紧密结合成整体,则铺装层的混凝土也可以部分计算在桥面板的厚度内和桥面板共同受力。

2. 防水与排水设施

为了满足行车安全、舒适的要求,防止桥面结构被水浸泡,桥梁应设置防水和排水设施。桥面防水采用桥跨结构顶面设置防水层;桥梁排水采用设置桥梁纵坡和桥面横坡及排水设施。

(1)纵横坡

桥面设置纵横坡,以利雨水迅速排除,防止或减少雨水对铺装层的渗透,从而保护了行车道板,延长桥梁使用寿命。

在平原地区,还可以在满足桥下通航的前提下,降低墩台高程,减少桥头引道土方量,节省工程费用。桥梁的纵坡,一般都做成双向纵坡,在桥中心设置曲线,根据地形特点也可设成单向纵坡,纵坡一般以不超过3%为宜。

桥面的横坡,一般采用1.5%~3%。通常有三种设置形式:

①对于板桥(矩形板或空心板)等就地浇筑的肋板式梁桥,为节省铺装材料并减轻恒载质量,可以将横坡直接设在墩台顶部,而使桥梁上部构造做成双向倾斜,此时,铺装层在整个桥宽上做成等厚的,如图2-3-35a)所示。

②在装配式肋板式梁桥中,为使主梁构造简单、架设与拼装方便,通常横坡不再设在墩台顶部,而直接设在行车道板上。先铺设一层厚度变化的混凝土三角形垫层,形成双向倾斜,再铺设等厚的混凝土铺装层,如图2-3-35b)所示。

③在比较宽的桥梁(或城市桥梁)中,用三角垫层设置横坡将使混凝土用量或恒载质量增加太多。为此,可将行车道板做成倾斜面而形成横坡,如图2-3-35c)所示。它的缺点是主梁构造复杂,制作麻烦。

(2)防水层

桥面的防水层,设置在桥面铺装层的下面,主要作用是将渗到铺装下方的雨水汇集到排水设备排出。常用的贴式防水层,由两层卷材(如油毛毡)和三层黏结材料(沥青胶砂)相间组合而成,一般厚1~2cm。防水层在桥面伸缩缝处应连续铺设,不可切断;桥面纵向应铺过桥台台背;横向两侧,则应伸过缘石底面从人行道与缘石砌缝里向上叠起10cm,这种防水层造价高,施工麻烦费时,它虽有防水作用,但却把行车道与铺装层分开。如果处理不好,使行车道铺装层似有一弹性垫层,在车轮荷载作用下,铺装层容易起壳开裂。

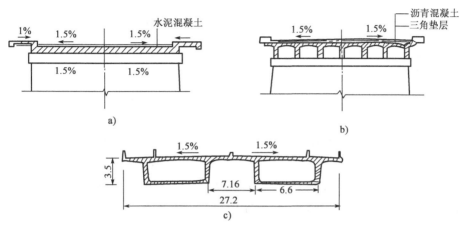

图2-3-35 桥梁横坡的设置方法(尺寸单位:m)

鉴于防水层的类型、制作与效果尚待进一步研究。因此,除在北方严寒地区,为防止渗水冰冻引起桥面破坏;或在行车道板处于结构受拉区可能出现裂纹,为防止渗水锈蚀钢筋时才予以设置。一般在平原、气候温暖地区很少采用,有的在三角垫层上涂一层沥青玛蹄脂(也可涂以树脂),或在铺装层加铺一层沥青混凝土,或用防水混凝土做铺装层来增加防水作用。如图2-3-36所示为两种不同的桥面铺装形式。

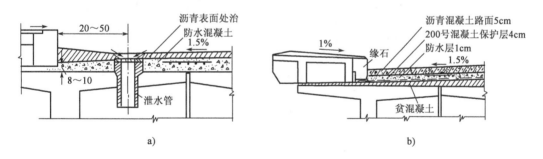

图2-3-36 桥面铺装构造(尺寸单位:m)

三、桥梁伸缩装置

伸缩装置是指由于桥梁产生的梁端变位的情况下能使车辆顺利在桥面行驶的装置。为了满足温度变化、混凝土材料收缩徐变及或荷载作用对桥梁结构纵向变形的需要,通常在两梁端或梁端与桥台之间预留伸缩缝并设伸缩装置。

伸缩装置的构造应满足下列要求:
①在平行、垂直于桥梁轴线的两个方向,均能自由伸缩。
②车辆驶过时应平顺、无突跳和噪声。
③牢固可靠。

④安装、检查、养护、清除污物要简易方便。

在计算伸缩装置的变形量 ΔL 时,是以设置伸缩装置时的温度为基准温度,把桥跨结构由于温度升高而引起的伸长量,由于温度下降而引起的收缩量,由于混凝土收缩和徐变影响引起的收缩量等的绝对值求和计算。对于大跨径桥梁,尚应计入因荷载作用和梁体上下部温差等所引起梁端转角产生的伸缩变形量。

公路桥梁和城市桥梁工程中使用的伸缩装置不下几十种且难以划分,下面介绍几种常用的伸缩装置。

1. U 形锌铁皮伸缩装置

U 形锌铁皮伸缩装置是以锌铁皮为跨缝材料的伸缩装置(图 2-3-37),它将锌铁皮弯成断面是 U 形的长条,分上下两层,上层锌铁皮的弯形部分开有梅花眼,孔径 6mm,孔距 30mm。其上放置石棉纤维过滤器,然后用沥青胶填塞。这样,当桥面伸缩时锌铁皮可随之变形。下层锌铁皮 U 形槽可将渗下的雨水排出桥外。这种伸缩装置构造简单,适于在中小跨径桥梁,伸缩量在 20~40mm 之间应用。但是,由于该装置结构欠牢靠,锌铁皮又容易锈蚀,短期使用后就不同程度损坏,因此,近年来在桥梁上很少采用。

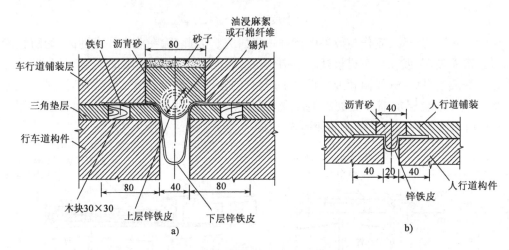

图 2-3-37　锌铁皮伸缩的构造(尺寸单位:mm)

2. 钢制伸缩装置

(1)板式钢板伸缩装置

板式钢板伸缩装置(图 2-3-38)是以钢板为跨缝材料伸缩装置。其构造是用一块厚度约为 10mm 的钢板覆盖在断缝上,钢板的一边焊在锚固于桥面内的角钢上,另一边可沿着对面的角钢面上自由滑动,在这一角钢的边缘处焊上一条窄钢板,以阻挡桥面沥青混凝土。它的适应伸缩变形量可达 40~60mm。汽车行驶过程中对这种板式钢板伸缩装置产生的冲击较大,固定钢板的螺旋易松动、焊缝易开裂;如维修不及时,易造成伸缩装置破坏,且重新更换困难。

(2)齿形伸缩装置

齿形伸缩装置(图 2-3-39)由左右伸出的钢梳齿构成,由于梳齿为悬臂式,故要求钢板要厚一些。钢梳齿伸缩装置的伸缩量可达 400mm 以上。齿形有梳齿形和方齿形两种,梳齿形伸缩装置齿缝位于梁端的缝中间;方齿形伸缩装置齿缝位于梁端支座位的梁顶处,从适应梁端转角变形考虑,方齿形伸缩装置更易满足使用要求。当施工质量可靠,维修养护及时,齿形伸缩装置具有较好的耐久性。

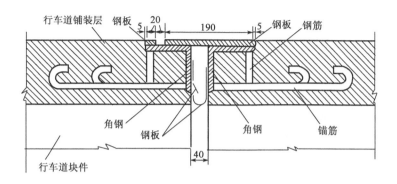

图 2-3-38　钢制伸缩缝装置(尺寸单位:mm)

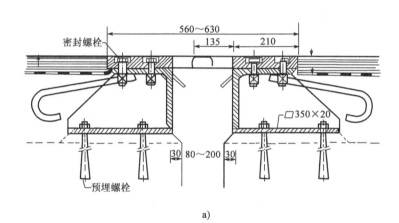

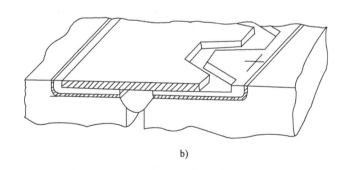

图 2-3-39　梳齿形伸缩装置(尺寸单位:mm)

3. 橡胶伸缩装置

利用各种断面形状的优质橡胶带作为伸缩装置的填嵌材料,它既富于弹性,又易于安装和调换,同时能满足变形和防水要求。

图 2-3-40b)是经过改进的橡胶板伸缩装置,它既克服了原有双孔橡胶带[图 2-3-40a)]在伸缩时产生向上的分力挤出的缺点,也可以根据伸缩量的大小来调整橡胶板的宽度和伸缩槽的数量。

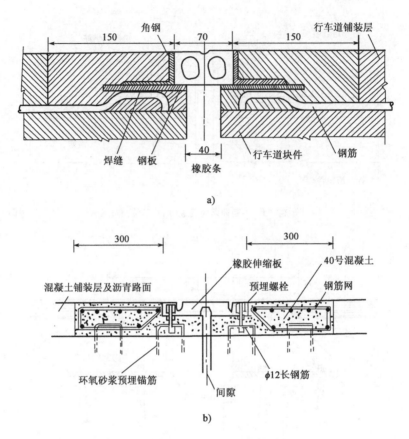

图 2-3-40 橡胶板伸缩装置(尺寸单位:mm)

4. 组合伸缩装置

如图 2-3-41 所示是一种由橡胶和钢板或型钢组成的组合伸缩装置(亦称毛勒缝),它由热轧异形钢、橡胶密封条和锚固系统三部分组成,它除保留了橡胶和钢制伸缩装置的优点外,还具备大位移量和模数化的优点。由于专业化的生产和专门的队伍施工,毛勒缝在伸缩缝平顺、耐久性方面有明显的优势,近年来在桥梁上广泛采用。

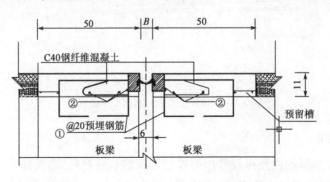

图 2-3-41 毛勒伸缩装置构造(尺寸单位:cm)

四、人行道、栏杆与灯柱

城市桥梁及位于城镇和近郊的公路桥梁,应设置人行道。人行道宽度由行人交通量决定,可选用0.75m或1.0m,大于1.0m时按0.5m倍数递增。行人稀少地区可不设人行道,为保障行车安全改用安全带。高速公路、一级公路上的桥梁一般不设人行道,但应在路缘和中央分隔带设置安全护栏。

1. 安全带

不设人行道的桥梁,两边应设宽度不小于25cm,高为25～30cm的护轮栏安全带。安全带可以做成预制块件或与桥面铺装层一起现浇。预制安全带有矩形截面和肋板式截面两种,以矩形截面最为常用,如图2-3-42所示。现浇的安全带宜每隔2.5～3.0m做一断缝,以免参与主梁工作而被破坏。

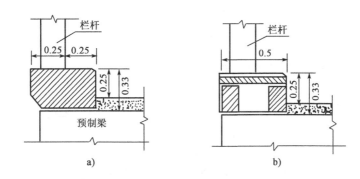

图2-3-42 矩形和肋板式安全带(尺寸单位:m)

2. 人行道

人行道一般高出行车道25～35cm。图2-3-43a)为现浇悬臂板作为人行道板,用于跨径较小的现浇板梁桥中;图2-3-43b)为采用加高墩台盖梁的方法来抬高人行道板梁,一般用在装配式板桥中,可专设人行道板梁;在跨径较大的装配式板桥中,专设人行道板梁就不经济,此时常预制一些人行道块件搁置于板梁上,形成人行道,如图2-3-43c)所示。

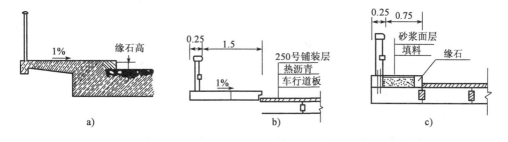

图2-3-43 人行道的布置方式(尺寸单位:m)

在装配式肋梁桥,人行道通常做成预制块件进行现场安装。预制块件可为整体式和块件拼装式;安装方法可为搁置式(图2-3-44)和悬臂式(图2-3-45)。

图2-3-44为一整体搁置式预制人行道的构造形式,截面呈肋板式。人行道与行车道板之间无需联结,人行道板下可放置过桥的管线。

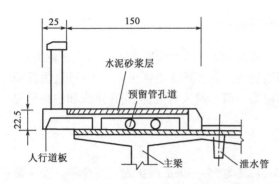

图 2-3-44 搁置式人行道构造(尺寸单位:cm)

图 2-3-45 是一种分块悬臂式人行道的构造形式。人行道由人行道板、人行道梁、支撑梁及路缘石组成。人行道梁搁在行车道的主梁上,一端悬臂挑出,另一端则通过预埋的钢板与主梁预留的锚固钢筋焊接得以固定。人行道梁分为 A、B 两种形式,A 式要安装栏杆柱,所以要做得宽一些,支撑梁用以固定人行道梁的位置。人行道板则铺装在人行道梁上。这种人行道的构造,预制块件小而轻,但施工较麻烦。在起重条件较好的地方,尽量采用整体分段预制的人行道。

人行道板顶面一般铺设 20mm 厚的水泥砂浆或沥青砂作为面层,并做成内倾斜的排水横坡。坡度为 1.4% ~ 1.5%。在桥面伸缩缝竖面内,人行道(包括栏杆)也必须断开。

3. 栏杆与灯柱

栏杆是桥上保护行人的安全设施,要求坚固耐用。同时,栏杆又是表现桥梁建筑艺术之处,需要有一个美观大方的造型。

公路与城市桥梁的栏杆常用钢筋混凝土、钢、铸铁等材料制作。栏杆柱或栏杆底座要直接与浇筑在混凝土的预埋件焊牢,以增强抗冲击能力,同时,也要考虑经济适用,工序简单,互换方便。栏杆的艺术处理根据桥梁类别而要求不同,如公路桥梁的栏杆要求简洁明快,其所用材料和尺寸比例与工程主体相配合,使行驶的车辆有一个广阔的视野。而城市桥梁的栏杆应与周围环境相协调,在形式、色调、图案和轮廓层次上富有美感,而又不过分追求华丽。

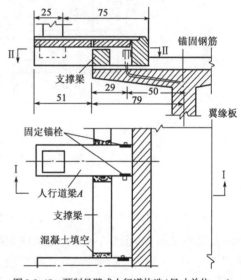

图 2-3-45 预制悬臂式人行道构造(尺寸单位:cm)

栏杆高度一般为 80 ~ 120cm(标准高度为 100cm),栏杆间距一般为 1.6 ~ 2.7m(标准间距为 2.5m)。

在城市及城郊行人和车辆较多的桥梁需要设置照明设备——灯柱。灯柱可以利用栏杆柱,也可单独设置在人行道内侧。照明用灯一般高出桥面 5m 左右。近年来,公路桥上也有采用低照明和散光建筑材料涂层标记。

4. 安全护栏

高速公路、一级公路上设置的桥梁安全护栏,可以有效地保护高速行驶的车辆在意外事故中不致严重损坏桥梁设施,尽量减少车辆毁坏和人员伤亡。桥梁护栏按防撞等级划分有 PL_1、PL_2、PL_3 三级,每一防撞等级的安全护栏应可避免在相应设计条件下,失控车辆跃出护栏的情况出现。防撞等级按车辆碰撞速度、车辆质量、碰撞角度等设计条件确定,级别越高,防撞保护要求越严格。等级选用应视公路等级及需保护对象的重要程度等而定。桥梁安全护栏有多种构造形式,如图 2-3-46 所示。

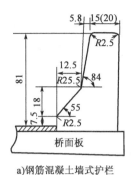 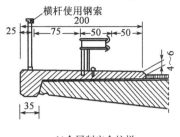 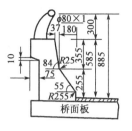

a) 钢筋混凝土墙式护栏　　b) 金属制安全护栏　　c) 组合式安全护栏

图 2-3-46　桥梁护栏类型(尺寸单位:mm)

第三节　梁桥的支座

钢筋混凝土和预应力混凝土梁式桥在桥跨结构和墩台之间均须设置支座。桥梁支座是连接桥梁上部结构和下部结构的重要结构构件。它能将桥梁上部结构的反力和变形(位移和转角)可靠地传递给桥梁下部结构,从而使结构的实际受力情况与计算的理论图示相符合。

桥梁支座必须满足以下要求:

(1)具有足够的承载力(包括恒载和活载引起的竖向力和水平力),以保证安全可靠地传递支座反力。

(2)对桥梁变形(位移、转角)的约束尽可能小,以保证结构在活载、温度变化、混凝土收缩和徐变等因素作用下的自由变形,使上、下部结构的实际受力情况符合结构的力学图式。

支座应便于安装、养护和维修,并在必要时进行更换。

支座的分类方法很多。按变形的可能性分为:固定支座、单向活动支座、多向活动支座等;按支座材料分为:简易支座(油毛毡或砂浆)、混凝土支座、钢支座、橡胶支座、聚四氟乙烯支座等;按支座的结构形式分为:弧形钢板支座、混凝土摆柱支座、板式橡胶支座、四氟板式橡胶支座、盆式橡胶支座等。桥梁中使用最广泛的当属橡胶支座。

一、固定支座与活动支座

按变形的可能性梁式桥的支座分为固定支座和活动支座两种。固定支座可将主梁固定在墩台的指定位置并传递竖向压力和水平力,并满足主梁发生挠曲时在支承处能自由转动,如图 2-3-47 左端所示。活动支座仅传递竖向压力,并保证主梁在支承处既能自由转动又能水平移动,如图 2-3-47 右端所示。

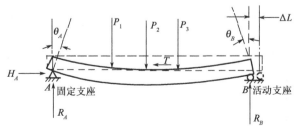

图 2-3-47　简支梁的静力图式

按照静力图式,对于简支梁,应在每跨的一端设置固定支座,另一端设置活动支座;多孔悬臂梁桥挂梁的支座布置与简支梁同;连续梁桥应在每联中的一个桥墩(或桥台)上设置固定支座,其余墩台上均应设活动支座。此外,悬臂梁桥和连续梁桥在某些特殊情况下支座需要传递竖向拉力时,尚应设置能承受拉力的支座。

固定支座和活动支座的布置,应以有利于墩台传递纵向水平力为原则。对于多跨的简支梁桥,相邻两跨简支梁的固定支座,不宜集中布置在一个桥墩上;但若个别桥墩较高,为了减小水平力的作用,可在其上布置相邻两跨的活动支座。对于坡桥,宜将固定支座布置在高程低的墩台上。对于连续梁桥,为使全梁的纵向变形分散在梁的两侧,宜将固定支座设置在靠中间的桥墩上;但若中间支点的桥墩较高或因地基受力等原因对承受水平力十分不利时,可根据具体情况将固定支座布置在靠边的其他墩台上。

此外,对于特别宽的梁桥,尚应设置沿纵向和横向均能移动的活动支座。对于弯桥则应考虑活动支座沿弧线方向移动的可能性。对于处于地震地区的梁桥,其支座构造尚应考虑桥梁防震和减震的设施。

二、板式橡胶支座

常见的板式橡胶支座如图 2-3-48 所示,支座的上、下两层为 $\delta = 2.5$mm 的橡胶片,中间层橡胶片的厚度为 $\delta = 5$mm,橡胶片间设有 $\delta = 2$mm 的薄钢板作为加劲层。常用板式橡胶支座尺寸有:120mm × 140mm、140mm × 180mm、150mm × 200mm。

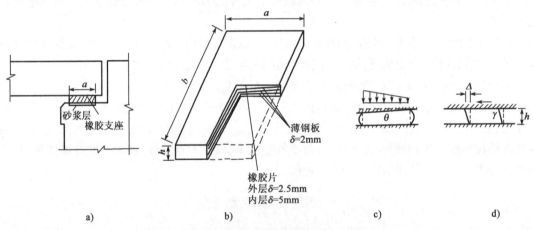

图 2-3-48 矩形板式橡胶支座

目前常用的板式橡胶支座中橡胶种类有:氯丁橡胶、天然橡胶和三元乙丙橡胶。氯丁橡胶的硬度要求为邵氏 55°~60°,它的耐老化性能差,因此在天然橡胶中需增加防老化剂及防臭氧剂。氯丁橡胶适用于温度不低于 -25℃ 的地区。

板式橡胶支座的容许压应力可达 10MPa,支承的竖向反力可达 100~10 000kN,适用于中等跨径的桥梁。

板式橡胶支座的活动机理是:利用橡胶的不均匀弹性压缩实现转角 θ[图 2-3-48c)],利用橡胶的剪切变形(剪切变形角 γ)实现水平位移 Δ[图 2-3-48d)]。由此可见,板式橡胶支座一般无固定支座与活动支座之分。对于多跨连续梁桥,有时需要采用不同高度的橡胶板,以满足支座间不同的水平力和水平位移的要求。

板式橡胶支座有矩形和圆形两种,圆形板式橡胶支座一般用于弯桥和斜桥中,圆形板式橡

支座具有以下优点:
(1)可满足上部结构各方向的变形要求。
(2)圆形支座的承压面与矩形支座相比,没有应力集中现象。
(3)安装方便,可不考虑方向性。

　　板式支座安装时,为使橡胶支座受力均匀,应保证主梁底面和墩台顶面清洁平整。在水平荷载较大的情况下,为防止支座滑动,可在支座顶面、底面设置浅的定位孔槽,并使梁底和墩台顶预埋的伸出锚钉伸入定位孔槽加以固定,但锚钉不宜伸入支座过多,以免影响支座的活动性。为了防止应力集中,在墩台的顶面,常设置支座垫石或预埋钢筋网。

　　板式橡胶支座的设计与计算包括确定支座尺寸、验算支座受压偏转情况以及验算支座的抗滑稳定性。支座的平面尺寸由最大支点反力确定;支座的厚度由梁端的水平位移及转角确定。支座的计算包括:橡胶支座的平面尺寸计算、支座的厚度计算、支座的偏转验算及支座的抗滑稳定性验算。

　　当需要支座满足较大水平位移时,用聚四氟乙烯板式橡胶支座替代普通板式橡胶支座。聚四氟乙烯板式橡胶支座是按照支座平面尺寸大小,在普通式橡胶支座上粘附一层聚四氟乙烯板(厚2~4mm)而成。利用聚四氟乙烯板与梁底的不锈钢板低滑动系数,使得桥梁上部结构水平位移能够滑动自如。

三、盆式橡胶支座

　　一般情况下板式橡胶支座处于无侧限受压状态,故其抗压强度不高,加之其位移量取决于橡胶的容许剪切变形和支座高度,要求的位移量越大,支座就要做得越厚,所以板式橡胶支座的承载力和位移值受到一定限制。

　　如图2-3-49所示,盆式橡胶支座是由不锈钢滑板、聚四氟乙烯板、钢盆环、氯丁橡胶块、钢密封圈、钢盆塞、橡胶弹性防水圈等组装而成。该类型支座是1959年由前联邦德国研制成功,并于1962年在前联邦德国的Wiesbaden-Schierstein之间跨莱茵河的高速公路B42号桥上使用,至今运营良好。

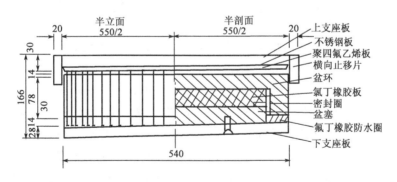

图2-3-49　盆式橡胶支座的一般构造(尺寸单位:mm)

　　盆式橡胶支座用钢盆中的橡胶板承压和转动,由于将纯氯丁橡胶块放置在钢制的凹形金属盆内,由于橡胶处于有侧限受压状态,大大提高了支座的承载能力。盆式橡胶支座用聚四氟乙烯板和不锈钢板之间的平面滑动来适应桥梁的位移要求,由于聚四氟乙烯板与不锈钢板间的相对摩擦系数小,更能起到活动支座的作用。

　　盆式橡胶支座构造简单、结构紧凑、滑动摩擦系数小、转动灵活,与一般的辊轴支座相比,具有重量轻、建筑高度低、加工制造方便、省钢材、降低造价等优点;与板式橡胶支座比,具有承载能力大、容许支座位移量大、转动灵活等优点,因此盆式橡胶支座特别适宜在大跨径桥梁上使用。

其他类型的支座构造及特点,在这里不再介绍,可参阅其他参考书。

第四节　简支梁桥的设计方法简介

简支梁桥设计,包括桥梁方案设计、桥梁上部结构计算、桥梁下部结构计算及施工图设计。

简支梁桥上部结构计算的内容一般有主梁、横隔梁、桥面板和支座计算等。主梁是主要承重构件,无论从结构的安全或材料消耗上来看,它是梁桥的重要部分。桥面板(又称行车道板)直接承受车辆的集中荷载,又是主梁的受压翼缘,它的工作状态不但影响到行车质量,而且还涉及主梁的受力。桥面板的裂缝或刚度不足,将给行车路面的维护带来麻烦。横隔梁主要是增强桥梁的横向刚性,起分布荷载的作用。在具体进行设计计算时,习惯上常从主梁开始,其次再设计横隔梁、桥面板和支座。

主要计算过程为:

(1)首先根据使用要求、跨径大小、桥面净空、荷载等级、施工条件等基本资料,拟定桥梁结构物各构件的形式和细部尺寸,估算结构的自重。

(2)然后根据作用在结构上的荷载,采用力学方法计算出结构各部分可能产生最不利的内力。

(3)最后根据已求得的内力进行承载力、刚度及稳定性的验算,以此来判断初始拟定的细部尺寸是否符合要求。如果验算结果不能满足要求或者尺寸选得过大,则需修正所拟定的尺寸再进行验算,直至满意为止。

一、行车道板的计算

1. 行车道板的类型

桥面板(或称行车道板)直接承受车辆的集中荷载,通常又是主梁的受压翼缘,对于钢筋混凝土肋梁桥,行车道板通常在构造上与主梁梁肋和横隔梁连接在一起,既保证了主梁的整体作用,又将活载传于主梁。

从结构形式上看,主梁和横隔梁组成简单梁格的体系[图2-3-50a)];具有主梁、横梁和内纵梁(或称副纵梁),组成复杂梁格[图2-3-50b)]体系,行车道板实际上都是周边支承的板。

从受载特点来看,在矩形的四边支承板上当板中央作用一竖向荷载 P 时,虽然荷载 P 要向相互垂直的两对支承边传递,但由于板沿 l_a 和 l_b 跨径的相对刚度不同,因此传载也不相等。根据对弹性薄板的研究,四边支承的板,只要板的长边与短边之比 $l_a/l_b \geqslant 2$ 时,荷载的绝大部分会沿短跨方向传递,沿长跨方向传布的荷载将不足6%。l_a/l_b 之比值越大,向 l_a 跨径方向传递的荷载也越少。通常就可把边长比或长宽比大于等于2的周边支承板看作只由短跨承受荷载的单向受力板(简称单向板)来设计,而在长跨方向只要适当配置一些分布钢筋即可。对于长宽比小于2的板,则称为双向板,需按两个方向的内力分别配置受力钢筋。

对于常见的 $l_a/l_b \geqslant 2$ 的装配式T形梁桥,也可遇到两种情形。一种是当翼缘板的端部是自由边[图2-3-50c)]时,可看作三边支承的板,可以像边梁外侧的翼缘板一样,作为沿短跨一端嵌固,而另一端为自由端的悬臂板来分析。另一种是相邻翼缘板在端部互相做成铰接缝的情况[图2-3-50d)],行车道板应按一端嵌固、另一端铰接的铰接悬臂板进行计算。

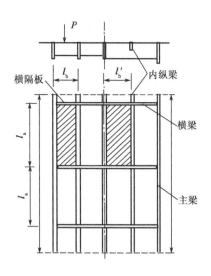 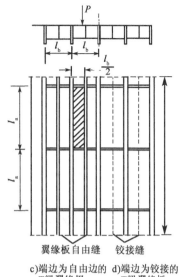

a) 有主梁和横隔梁的 b) 有主梁、横隔梁和 c) 端边为自由边的 d) 端边为铰接的
　梁格系　　　　　　　内纵梁的梁格系　　　T梁翼缘板　　　　T梁翼缘板

图 2-3-50　梁格系构造和桥面板的支承形式

在实际工程中最常遇到的行车道板受力图式有单向板、悬臂板和铰接悬臂板三种。

由于目前梁桥设计的趋势是横隔板稀疏布置,因此主梁的间距往往比横隔板的间距小得多,桥面板属单向板的居多。有时也会遇到桥面板两个支承路径之比小于 2 的情况,但双向板的行车道板,由于用钢量稍大,构造也较复杂,目前已很少使用,这里就不作介绍。

2. 车轮荷载在板上的分布

作用在桥面上的车轮压力,通过桥面铺装层扩散分布在钢筋混凝土板面上,由于板的计算跨径相对于轮压的分布宽度来说不是很大,故在计算中应将轮压作为分布荷载来处理,以免造成较大的计算误差。

富于弹性的充气车轮与桥面的接触面实际上接近于椭圆,而且荷载又要通过铺装层扩散分布,故车轮压力在桥面板上的实际分布形状是很复杂的。然而,为了便于计算,通常可近似地把车轮与桥面的接触面看作 $a_2 \times b_2$ 的矩形面积,此处 a_2 是车轮沿行车方向的着地长度,b_2 为车轮的宽度,如图 2-3-51 所示。各级车辆荷载的 a_2 和 b_2 值可从我国《桥规》中查得。对于混凝土或沥青面层,荷载在铺装层内的扩散程度,可以偏安全地假定呈 45°角扩散。图中 H 表示铺装层的厚度。

作用于桥面板上的汽车车轮荷载大小通常用汽车车辆轴重 P 的一半来表示,则一个车轮部位引起桥面板上的局部分布荷载应力为:

$$q = \frac{P'}{a_1 b_1}$$

3. 板的有效工作宽度

桥面板在局部分布荷载 q 的作用下,不仅直接承压部分(例如宽度为 a_1)的板带参加工作,而且与其相邻的部分板带也会分担一部分荷载共同参与工作,因此,在桥面板的计算中,需要确定板的有效工作宽度(或称荷载有效分布宽度)。

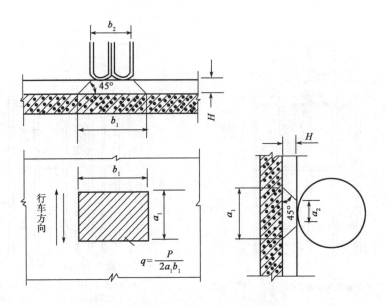

图 2-3-51　车轮荷载在桥面铺装中的 45°角扩散

下面分单向板和悬臂板来阐明板的有效工作宽度的概念和计算方法。

(1) 单向板

如图 2-3-52 所示,跨径为 l 的单向板,其上作用以 $a_1 \times b_1$ 分布面积的荷载,板除了沿计算跨径 x 方向产生挠曲变形 ω_x 外,在沿垂直于计算跨径的 y 方向也必然发生挠曲变形 ω_y,这说明在荷载作用下,不仅直接承压(宽度为 a_1)的板条受力,而且其相邻的板条也与其共同承受车轮荷载所产生的弯矩。如图 2-3-52a)所示为沿 y 方向板条所分担弯矩 m_x 的分布图形,在荷载中心处,板条负担的弯矩最大[其值为 $m_{x(\max)}$],离荷载越远的板条所承受的弯矩越小。为简化计算,将车轮荷载产生的弯矩 m_x 视为沿桥梁纵向在有效范围均匀分布,按最大弯矩 $m_{x(\max)}$ 考虑;a 为荷载有效分布宽度。

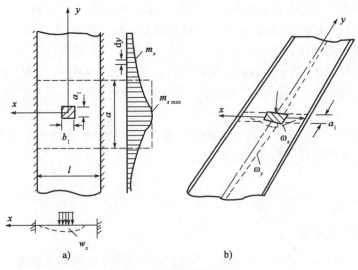

图 2-3-52　单向板的受力状态

我国《公路钢筋混凝土及预应力混凝土桥涵设计规范》(JTG 3362—2018)(以下简称《桥

规》对单向板的荷载有效分布宽度 a 作了具体规定。

(2) 悬臂板

如图 2-3-53 所示,悬臂板在荷载作用下,除了直接受载的板条(宽度 a_1)外,相邻板条也发生挠曲变形而承受部分弯矩。沿悬臂根部在宽度(y)方向各板条的弯矩分布如图 2-3-53a)所示。

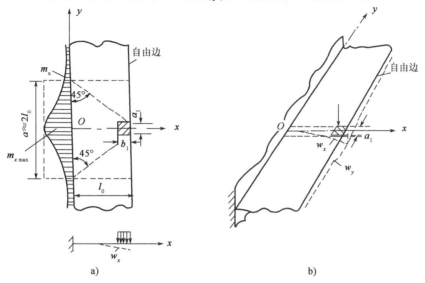

图 2-3-53 悬臂板的受力状态

同样,板条沿桥梁纵向所分担弯矩 m_x 的分布图形,简化为在有效范围的均布荷载,按最大弯矩 m_{xmax} 考虑。

4. 行车道板的内力计算

对于实体的矩形截面桥面板,一般由弯矩控制设计。设计时通常以每米板条进行计算。对于梁式单向板或悬臂板,只要计算出板的有效工作宽度 a,就可得到作用在每米宽板条上的荷载及其引起的弯矩。

常见的桥面板实际上是一个支承在一系列弹性支承上的多跨连续板,且板与梁肋整体相连,因此各根主梁的不均匀弹性下沉和梁肋本身的扭转刚度必然会影响到桥面板的受力,所以桥面板的实际受力情况是非常复杂的。现行《桥规》通常采用较简便的近似方法进行计算。计算模型有单跨连续单向板及悬臂板。

二、梁桥荷载横向分布

1. 基本概念

梁桥的上部结构主要由承重结构(主梁)及传力结构(横隔梁、行车道板)两大部分组成,各片主梁依靠横隔梁和行车道板连成空间整体结构。由于空间结构的整体性,当桥上作用荷载时,各片主梁共同参与工作,形成了各片主梁之间的内力分布。

在计算恒载(永久作用)时,除了考虑各片主梁本身的自重外,通常近似地将桥面铺装、人行道、栏杆等重量平均分配给各片主梁来承担。由于人行道、栏杆等构件一般是在桥梁连成整体后安装在边梁上的,精确计算时,也可考虑人行道、栏杆的重量在各片梁之间的分布,即各根梁不同程度地分担一部分重量。如图 2-3-54 所示。

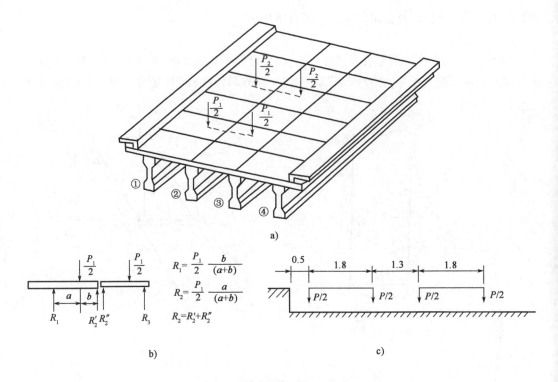

图 2-3-54 横向分布系数的概念(尺寸单位:m)

在计算活载(可变作用——主要指汽车和人群)时,各片主梁分布的内力大小与桥梁的横断面形式、荷载的作用位置有关,求解梁桥的这种内力实际上属于空间计算理论的问题。目前广泛采用的简化方法是将复杂的空间问题转化为平面问题来计算。

桥面系在竖直荷载作用下,其位移为空间挠曲面。以空间位移影响面坐标计算主梁控制截面最大内力,荷载在横桥向的分配即荷载横向分布。

2. 荷载横向分布计算

以下将介绍几种横向分布系数的计算原理。

(1)杠杆原理法

①基本原理:忽略主梁之间横向结构的联系作用,假设桥面板在主梁顶断开,把桥面板当作沿横向支承在主梁上的简支梁或悬臂梁来考虑。通过简支梁(或悬臂梁)反力影响线计算荷载横向分布。

②杠杆法的适用范围。

a. 双肋梁桥。

b. 一般多梁式桥支点截面处。

c. 横向联系很弱的无中间横隔梁的桥梁。

(2)偏心受压法及其修正的偏心受压法

当桥的宽跨比 $B/L<0.5$ 或接近于 0.5,且具有可靠横向联结的桥上时,在车辆荷载的作用下,中间横隔梁的弹性挠曲变形与主梁的变形相比极小。

①基本原理。

假定横隔梁具有无限刚性,中间横隔梁像一根无穷大的刚性梁一样保持直线形状,利用刚性横梁位移影响线计算荷载横向分布。偏心受压法又称"刚性横梁法"。

②适用范围。

具有可靠横向两系的窄梁桥。

③考虑主梁抗扭刚度的修正偏心压力法。

前面在计算过程中,假定横隔梁绝对刚性和忽略了主梁抗扭刚度,这将导致边梁受力偏大的计算结果。为了弥补偏心压力法的不足,国内外也广泛地采用考虑主梁抗扭刚度的偏心压力法。

(3)铰接板(梁)法

①基本假定。

用混凝土企口缝联结的装配式板桥承受荷载 P 的变形图式。各板块之间通过结合缝传递荷载。在构造上,结合缝(企口缝)的高度不大,刚性甚弱,通常可视作近似铰接,则横向弯矩对传布荷载的影响可忽略。假定竖向荷载作用下结合缝内仅传递竖向剪力 $g(x)$。

在正弦荷载 $p(x) = P\sin(\pi x/l)$ 作用下,各铰缝也产生正弦分布的铰接力 $g_i(x) = g_i\sin(\pi x/l)$,鉴于荷载、铰接力和挠度三者的协调性,对于研究各条板梁所分布荷载的相对规律来说,方便地取跨中单位长度和截割段来进行分析不失其一般性,此时各板条间铰接力可用正弦分布铰接力的峰值 g_i 来表示。单位力作用下的各板分配到竖向荷载的峰值为荷载横向分布影响线,由此求荷载横向分布系数。

②适用范围。

铰接板(梁)桥及横向刚度较弱的 T 梁桥。

(4)G-M 法

G-M 法是将整个梁格系比拟成正交各向异性板,研究它在受力后的挠度和内力。为解决荷载的横向分布问题,把集中荷载均换算成正弦形荷载,这样跨中的横向分布规律也可以适用于跨间各断面。取一个板的单元体来看,它与梁的不同之处就在于板不仅双向受弯、受剪,而且受扭。

①基本原理。

如图 2-3-55a)所示为实际结构纵横向的构造图式,纵向主梁的中心距离为 b,每根主梁的截面抗弯惯矩和抗扭惯矩分别为 I_x 和 I_{Tx}。如果梁肋间距 a 和 b 相应地与桥跨结构的宽度或长度相比是相当小的,并且桥面板与梁肋之间具有完善的结合,可假设将主梁的截面惯矩 I_x 和 I_{Tx} 平均分摊于宽度 a,这样就把实际的纵横梁格系比拟为一块假想的平板,如图 2-3-55b)所示。图中沿 x 方向的板厚表示成虚线,这说明所比拟的板在 x 和 y 两个方向的换算厚度是不相同的。

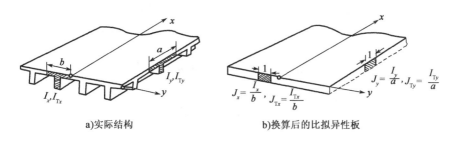

图 2-3-55 实际结构换算成比拟异性板的图式

②适用范围。

任何纵横梁格系结构比拟成的异性板可仿照真正的材料异性板来求解,仅是方程中的刚度常数不同。实际结构中,由于梁格系的梁肋并非对称于板的中间布置的,故此法所得解是近似的。

在实际设计中,可利用"G-M"法编制的图表得出比较精确的结果,此法概念明确、计算简捷,对于各种桥面净空宽度的情况,可很快地求出各片主梁的相应内力值。

3. 荷载横向分布系数沿桥纵向的变化

荷载横向分布系数的计算方法中,杠杆原理法可用来计算荷载位于支点处时的横向分布系数 m_0,其他方法均用于计算荷载位于跨中的横向分布系数 m_c。当荷载位于桥跨其他位置时的荷载横向分布系数计算是相当烦琐的,目前在实际设计中可作如下处理:对于无中间横隔梁或仅有一根中横隔梁的情况,跨中部分采用不变的 m_c,从离支点 $l/4$ 处起至支点的区段内 m_x 呈直线形过渡;对于有多根内横隔梁的情况,m_c 从第一根内横隔梁起向 m_0 直线形过渡。

这样,主梁上的活载因其纵向位置不同,就应有不同的横向分布系数。在计算简支梁跨中最大弯矩时,由于车辆的重轴一般作用于跨中部分,而横向分布系数沿跨内部分的变化不大,为了简化计算,通常采用不变的跨中横向分布系数 m_c 计算。对于其他截面的弯矩计算,一般也可取用不变的 m_c。但对于中梁来说,m_0 与 m_c 的差值可能较大,且其内横梁又少于 3 根时,以计及 m 沿跨径变化的影响为宜。在计算简支梁支点最大剪力时,由于车辆的重轴一般作用于靠近支点的部分,而靠近支点的部分横向分布系数沿跨变化较大[图 2-3-56b)、c)],通常考虑该段内横向分布系数变化的影响。对于跨内其他截面的主梁剪力,也可视具体情况计及 m 沿跨变化的影响。

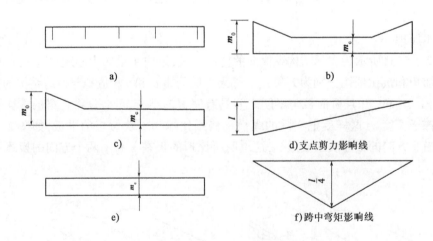

图 2-3-56 横向分布系数沿桥跨的变化

三、主梁内力计算

主梁内力计算包括恒载内力算、汽车荷载内力计算及荷载组合计算。

1. 恒载内力

通常将跨内横隔梁的重量、桥面系的重量平均分配给各梁,对于等截面梁桥的主梁,其计算恒载为均布荷载。恒载内力按《结构力学》方法计算,计算结果为各控制截面的内力标准值。

2. 活载内力

(1)跨中截面

计算简支梁跨中截面最大弯矩和剪力时,可近似取用不变的跨中横向分布系数 m_c(图2-3-57)。

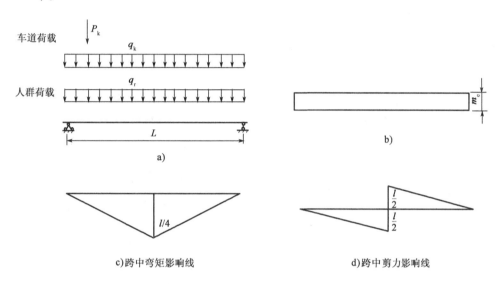

图 2-3-57　跨中内力计算图

车道荷载内力计算:

$$S_{车道} = (1+\mu)\xi m_{cq}(P_k y_k + q_k \Omega)$$

人群荷载:

$$S_r = m_{cr} q_r \Omega$$

式中:$S_{车道}$、S_r——跨中截面由车道荷载、人群荷载引起的弯矩或剪力;

μ——汽车荷载冲击系数,根据《公路桥涵设计通用规范》(JTG D60—2015)确定;

ξ——多车道桥梁的汽车荷载折减系数;

m_{cq}、m_{cr}——跨中截面车道荷载、人群荷载的横向分布系数;

P_k、q_k——车道荷载的集中荷载和均布荷载标准值;

y_k——计算内力影响线纵坐标的最大值,也就是说,应将集中荷载标准值作用于影响线纵标的最大的位置处;

q_r——人群荷载集度,一般均取单侧人行道计算,q_r = 人群荷载标准值 × 单侧人行道宽,《公路工程技术标准》(JTG B01—2014)规定,当桥梁的计算跨径小于或等于50m时,人群荷载的标准值为3.0kN/m²;

Ω——跨中截面计算内力影响线面积。

(2)支点截面

对于支点截面的剪力或靠近支点截面的剪力,需计入由于荷载横向分布系数在梁端区段内发生变化所产生的影响[图2-3-58b)],以支点截面为例,其计算公式为:

$$Q_A = Q'_A + \Delta Q_A$$

式中:Q'_A——按不变的计算的内力值,即图2-3-58c)由均布荷载$m_c q_k$计算的内力值;

ΔQ_A——考虑靠近支点处横向分布系数的变化而引起的内力增(减)值。

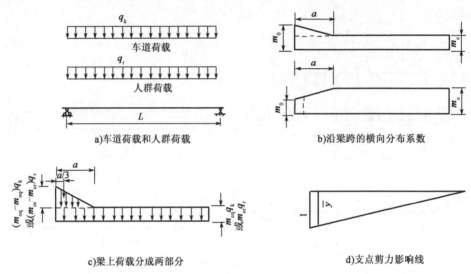

图2-3-58 支点剪力计算图

四、主梁配筋计算

主梁设计包括按承载力极限状态计算和按正常使用极限状态计算。主筋由跨中截面弯矩组合控制设计,剪力钢筋由支点截面剪力组合控制设计并进行全梁综合考虑。在配筋设计的基础上,进行主梁挠度和裂缝宽度验算。具体见《结构设计原理》。

第五节 梁桥的施工技术

梁桥的施工方法较多,常用的施工方法有整体浇筑法、逐孔施工法、悬臂施工法和顶推法。

一、整体浇筑法

整体浇筑法是在预先搭好的支架上,将梁体混凝土浇筑与预应力张拉一气呵成(图2-3-59)。此法优点是梁体整体性好,结构受力明确,施工简单。但施工中需要大量的脚手架,设备周转次数少,施工周期长,往往要受季节影响。它适用于低矮桥墩的中、小跨径连续梁,桥板变宽度和弯桥中。

整体现浇法的具体施工步骤如下。

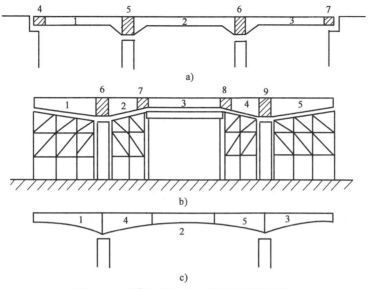

图 2-3-59 整体浇筑法(图中序号表示浇筑顺序)

1. 支架和模板

支架按构造可分为支柱式、梁式和梁柱式支架;按材料可分为木支架、钢支架、钢木混合支架和万能杆件拼装的支架等。如图 2-3-60 所示。

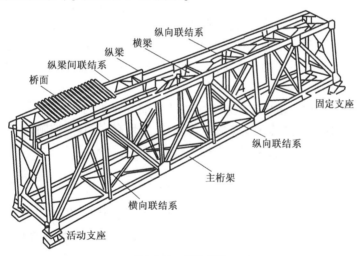

图 2-3-60 简易支架

立柱式支架构造简单,常用于陆地或不通航的河道或桥墩不高的小跨径桥梁。梁式支架可采用工字钢、钢板梁或桁架梁作为承重梁,当框小于 10m 时可采用工字梁,跨径大于 20m 时采用钢桁梁。梁可以支撑在墩旁支架上,也可支撑在桥墩预留的托架或在桥墩处临时设置的横梁上。梁柱支架可在大跨径桥上使用。

梁的模板常用木模板和钢模板。木模可按结构要求预先制作,然后在支架上用连接件拼装;钢模板大都做成大型块件,由加劲骨架焊接组成,一般长度 3~8m,钢板厚 4~8mm。模板与支架虽然都是临时结构,但要承受桥梁的大部分恒载,因此必须具有足够的强度、刚度和稳定性。

2. 浇筑

通常情况下,就地浇筑施工一次灌注的混凝土工作量较大,需要连续作业,因此采用现场浇筑施工法的桥梁,在浇筑混凝土前要对模板、支架、钢筋和钢索位置、供料、拌制、运输系统、机械设备等进行周密的准备和严密的检查。施工期间要保证浇筑混凝土的整体性,并防止在浇筑上层混凝土时破坏下层混凝土,因此浇筑混凝土时须有一定的速度,使上层浇筑的混凝土能在浇筑混凝土初凝之前完成。

悬臂与连续体系梁桥就地施工,施工时一般要分层或分段进行。一种是水平分层方法,先浇筑底板,待达到一定强度后进行腹板施工,或直接先浇筑底板和腹板,然后浇筑顶板。当工程量较大时,各部分可分数次完成浇筑。另一种施工方法是分段浇筑法,根据施工能力,每隔一定距离设置连接缝,该连接缝一般设在梁的弯矩较小的区域,待隔断混凝土浇筑完成后,最后在接缝处施工合龙。

分段浇筑的顺序,应使支架沉降较均匀的发展,可参考图 2-3-59。对于支撑处价高的梁,通常应从支撑处向两边浇筑,这样还可以避免砂浆从高处向低处的问题。分段浇筑时,大部分混凝土重力在梁体合龙之前已经作用上去,这样可以减少支架早期变形和由此而引起的梁体开裂。

3. 养护和落架

浇筑完混凝土后,要对混凝土进行养护。养护能促使混凝土硬化,获得规定的强度,并防止混凝土干缩引起的裂缝,防止混凝土受雨淋、日晒受冻及受荷载的振动、冲击。由于混凝土在硬化过程中发热,在夏季和干燥气候下应进行湿润养护,而冬季则要保护其不受冻,采用加温养护。

梁的落架程序应从梁挠度最大处的支架节点开始,逐步卸落,以使梁的沉落曲线逐步加大。通常连续梁可从跨中向两端进行;悬臂梁应先卸落挂梁及悬臂部分,然后卸落逐跨部分。预应力混凝土连续梁在预应力筋张拉后恒载自重已能由梁本身承担时再落架。

架设支架就地浇筑施工法的主要优点是:桥梁整体性好,施工平稳、可靠,不需大型机吊,运输设备;施工中无体系转换;预应力混凝土连续梁可以采用强大预应力体系,可结构构造简化,方便施工。主要缺点有:搭设支架影响河道的通航和排洪,施工期间支架可能受到洪水和漂流物的威胁;需要使用大量施工支架施工工期长、费用高,不容易控制施工质量;混凝土的收缩、徐变会使预应力混凝土连续梁的应力损失较大。

二、逐孔施工法

逐孔施工法是把连续梁按跨分成简支梁或悬臂梁,先预制梁体,张拉部分预应力筋束(一般为正弯矩束筋),再将梁逐孔架设至墩台上。如先期结构(即未形成整体化以前的结构)为简支梁,安装时须先将梁支撑在临时支座上;梁的整体化工作,包括在梁端预留的孔道中,穿预应力筋束并张拉、锚固;浇筑接头混凝土以及将临时支座拆除,安装永久支座后,即完成将简支梁串联成连续梁的工作。如先期结构为悬臂梁,则需将中孔挂梁搁置在悬臂牛腿或临时支架上,就地浇筑湿接头混凝土,张拉为整体化所需要的预应力筋束后,即完成将悬臂梁串联成连续梁的工作。这种连续梁的施工方法亦俗称先简支后连续的施工方法。

有时为施工简便,将为整体化所需要的预应力筋束(即支点负弯矩筋束)用非预应力的普通钢筋代替。这种施工方法的优点是可以减少现场浇筑混凝土的工作量,节省支架材料,适用于中等跨径、每一片梁可以整片安装的情况。但它的自重仍是按简支梁或悬臂梁结构产生内力,即需体系转换过程,因此不能充分体现连续梁的特点。如图 2-3-61 所示为移动式逐孔施工法简图。

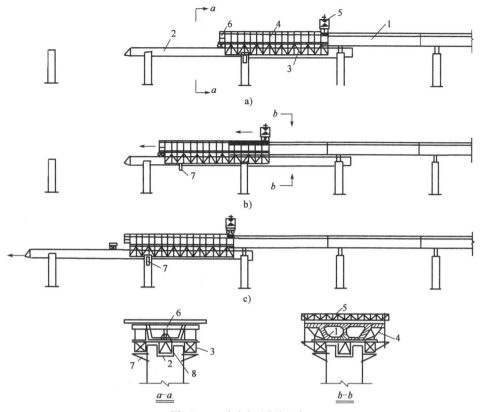

图 2-3-61 移动式逐孔施工法
1-已完成的梁；2-导梁；3-承重梁；4-模梁；5-悬吊台车；6-支撑台车；7-支撑托架；8-墩顶槽口

三、悬臂施工法

悬臂施工法亦称逐段施工法，它是在已建成的桥墩上，沿桥梁跨径方向对称的逐段拼装或浇筑的施工方法。采用悬臂施工的必要条件是在施工过程中，需要墩与梁先行固结，此时结构的受力状态呈T形刚构状；当边孔合龙将最后块件放置在支座上时，形成一端固结、一端简支的单侧固端梁；拆除梁与墩先行固结的锚固筋，放置支座形成铰接后，此时梁呈单悬臂梁，两跨以上悬臂梁合龙后呈最后的连续梁受力状态。

悬臂施工法通常分为悬臂浇筑和悬臂拼装两类。

1. 悬臂浇筑

悬臂浇筑是在桥墩两侧对称逐段地浇筑，待混凝土达到一定的强度后张拉预应力筋束，移动机具模板（挂篮），再继续进行下一梁段的浇筑，一直推进到悬臂端为止。如图 2-3-62 所示为浇筑程序。

悬臂浇筑每一梁段的施工周期为 7～10d，随工作量、设备、气温等而异。提高混凝土早期强度对有效缩短施工循环周期有着重要的作用。

2. 悬臂拼装

悬臂拼装施工，是将块件分段预制，当下部结构完成后，将预制块件运到桥下，用活动吊机逐段起吊，拼装就位，施加预应力，使其逐段对称延伸为悬臂梁。悬臂拼装的基本施工程序是：块件预制、块件移动、堆存及运输、块件起吊拼装（图 2-3-63）。

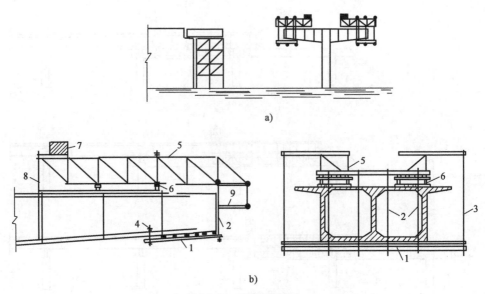

图 2-3-62 悬臂浇筑施工
1-底模板；2、3、4-悬吊系统；5-承重系统；6-行走系统；7-平衡重；8-锚固系统；9-工作平台

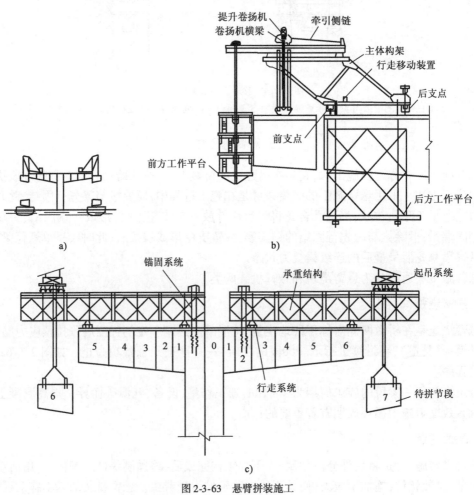

图 2-3-63 悬臂拼装施工

四、顶推施工法

顶推施工是在沿桥纵轴方向的台后设置预制场地,分节段预制,并用纵向预应力筋将预制阶段与前节段施工完成的梁体联成整体,然后通过水平千斤顶施力,将梁体向前顶推出预制场地,之后继续在预制场地进行下一节段梁的预制,直至施工完成(图2-3-64)。

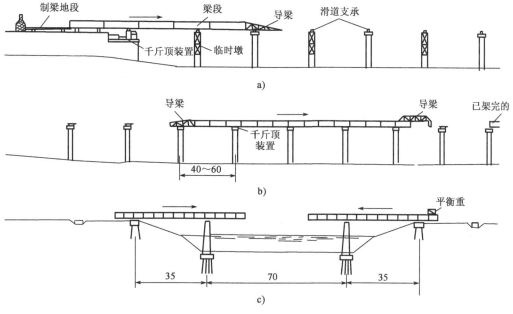

图 2-3-64 顶推施工(尺寸单位:m)

1. 顶推施工的要点

(1)采用顶推施工法,要在沿桥的纵向台后设置一个固定的预制场地。顶推由水平千斤顶完成。

(2)要想用有限的顶推力将庞大的梁体顶推就位,必须要有摩擦系数很小的滑移装置才能实现。目前,顶推施工采用不锈钢滑道与聚四氟乙烯滑块之间进行滑动,它们的摩擦系数在 0.015~0.065。

(3)分段预制,逐段顶推。施工须采用等截面的预应力混凝土连续梁,用顶推法施工,设备简单,施工平稳,无噪声,施工质量好。可在深谷、宽深河道上的桥梁、高架桥以及等曲率曲线桥、带有竖曲线的桥和坡桥上采用。

(4)在顶推施工过程中,每个截面都要经历最大的正弯矩和最大的负弯矩。为了照顾运营与施工阶段的受力要求,顶推法比其他施工方法在配筋上的应用要多些。如果要减小施工的弯矩,可在施工中采用一些辅助措施,如使用临时墩,可以减小梁的顶推跨径;若在梁的前端设置钢导梁,可减小顶梁的悬臂长度;采用斜拉梁体避免悬臂段产生过大弯矩等措施。

2. 顶推过程

顶推法施工是周期性的反复操作过程,按以下三个主要环节进行介绍:

(1)浇制梁段混凝土。

浇筑梁段混凝土是在桥台后面地基坚实可靠的固定场地上进行的,也可在刚性较好的拼装支架上完成。每块梁段都紧接前一梁段浇筑。同一梁段可以一次浇成;对于块件较大者,也可以分两次完成。首先是底板混凝土，顶推出一个梁段后，在原底模板上继续浇筑下一节底板混凝土；同时，在前一块底板混凝土上浇筑腹板和顶板。底模板制作必须方便移动。一种做法是在两侧 0.5m 宽采用钢模板，中间部分为木模板，在混凝土底板滑移前，先将木模板降落，脱离梁体，此时，已与前段梁体成为整体的底板就只在钢模板上滑移。

为了缩短顶推周期，对混凝土可采取早强措施，这时混凝土仅需 2～7d 就可达到顶推强度。

(2) 张拉预应力筋束。

在浇筑混凝土之后，顶推之前，必须穿预应力筋束并且进行张拉，此部分预应力筋束仅仅是为了满足块件之间连接的要求，以及在顶推过程中抵消梁体自重产生的弯矩。此时的预应力筋束只是一部分。某些筋束也可能只张拉部分应力，还有些筋束仅是为顶推需要而设置的临时预应力筋束，待顶推就位，放松部分临时预应力筋束和拆除辅助设施后，再张拉后期预应力筋束。

(3) 顶推。

顶推装置是由垂直顶推千斤顶、滑架、滑台（包括滑块）、水平千斤顶组成的。

顶推装置一般设置在紧靠梁段预制场地的桥台或支架上的梁底处。滑架长约 2m，固定在桥台或支架上，用粗糙度为 0.8 的镀铬钢板支撑。滑台是钢制方块体，其顶面垫以氯丁橡胶块承托着梁体，滑台与滑架之间垫有滑块，滑块由氯丁橡胶板下面嵌一聚四氟乙烯板组成。顶推时，开动液压泵，驱动水平千斤顶推动滑台，由于滑台顶面的橡胶垫块与梁底之间的摩阻力大于滑架与滑块之间的摩阻力，故水平千斤顶能够顺利地推动滑台顶着混凝土梁体前进。水平千斤顶行程一般为 1～2m，每顶完一个过程，即用垂直顶升千斤顶将梁顶起，梁体离开滑台，水平千斤顶回油后，将滑台退回，随后垂直千斤顶回油，梁体下落到滑台上，开动油泵后，水平千斤顶继续向前顶推，开始下一个顶推过程。顶推是需要严格控制梁体两侧千斤顶同步运行。为防止梁体偏移，通常在梁体旁边隔一定距离设有导向装置。

全桥纵向只设一个顶推装置的称为单点顶推法。近年来，也常有采用多点顶推施工法。

由立模、浇筑到顶推、张拉，一个循环需 6～8d；顶推完毕就位后，拆除顶推用的临时预应力筋束，张拉通长的纵向预应力筋束以及在顶推时未张拉到设计值的筋束；然后灌浆、封端，安装永久支座，落梁，主体工程完成。

复习思考题

1. 桥面系的组成部分有哪些？
2. 常用的伸缩缝有哪些类型，其构造应满足哪些要求？
3. 桥梁主梁的截面形式有几种？受力和构造上各有何特点？
4. 装配式简支梁桥的块件划分方式及划分原则是什么？
5. 整体式板桥的受力特点是什么？
6. 装配式板桥的受力特点是什么？
7. 简述斜板桥的受力构造特点。
8. 装配式简支梁的配筋有哪些类型？各有何作用？
9. 装配式预应力混凝土简支 T 梁的截面效率指标有何含义？
10. 装配式预应力混凝土简支梁中预应力筋布置的原则是什么？
11. 简述预应力混凝土连续梁桥的结构特点。
12. 横向分布系数的计算方法有哪些？各有何特点？
13. 横向分布系数沿桥跨的变化有何特点？

第四章 拱桥

内容提要：本章从我国拱桥的发展情况入手，围绕我国拱桥的结构构造特点、类型、设计方法以及施工工艺进行了详尽的介绍。分析了拱桥的受力特点，说明了各类拱桥的特点及适用范围，叙述了拱桥的设计步骤和设计参数的拟定方法，阐明了拱桥施工方法与特点。

第一节 概 述

拱桥是公路上常见的桥梁体系之一，其应用之广泛性仅次于梁桥。我国拱桥历史悠久，其建造工艺在民间流传久远，存留至今的古石拱桥不下百万座。

在我国拱桥的发展进程可分为以下几个阶段：

20世纪50年代至60年代初，主要建造石拱桥。1961年建成的云南长虹桥，跨径达112.5m。

20世纪60年代中至70年代，为适应节约钢材与装配化施工的客观需要，大力发展双曲拱桥。它使得以小型简易施工吊装设备建造较大跨径桥梁成为可能，这曾对我国桥梁建设的发展起到了一定的推动作用，但由于化整为零的拱圈整体性差，营运后病害严重，现已很少修建。

20世纪70年代至80年代，相继开发的断面挖空率大、刚度好且施工吊装稳定性强的箱形拱桥和自重轻、施工快速、整体性好的桁架拱桥与刚架拱桥，为拱桥向大跨径发展和适应软土地基提供了技术可行性。

20世纪90年代初钢管混凝土组合体系拱桥开始逐渐发展，由于钢管混凝土是一种充分发挥材料潜能的新型组合材料，钢管可替代施工支架，加之体系自身推力平衡，可采取下、中承式布置，降低桥面高程，故特别适宜地势低平、地基强度低的城市与平原地区的建桥需要，近年发展迅速，建成或在建者已近80座。

从20世纪90年代起，我国拱桥已跃居世界领先行列，其主要标志为：

(1)拱桥类型多样化居世界首位。

(2)开创了无支架施工与转体施工先进工艺。

(3)大跨径拱桥数目最多，据截至2000年的不完全统计，我国现有$l \geqslant 100$m的拱桥115座，而国外尚不到100座。其中，有些拱桥还创造了新的跨径最大记录，如：湖南乌巢河石拱桥，$l=120m$，1991年建成；重庆万县长江桥，箱形拱，$l=420m$，1997年建成；贵州江界河桥，桁架拱，$l=330m$，1995年建成；广西邕宁邕江桥，肋拱，$l=312m$，1996年建成；广东广州丫髻沙桥，钢管混凝土桁架，$l=360m$，2000年建成；巫峡大桥，钢管混凝土中承式拱，$l=460m$，2003年建成；上海卢浦大桥，钢拱，$l=550m$，2003年建成。

一、拱桥的工作特点与适用范围

拱桥与梁桥的区别不仅在于外形不同，而且在受力性能上两者也有本质差别。

1. 拱桥的力学性能

为说明方便，我们选取同跨径的双铰拱与简支梁进行比较。

（1）内力

在竖直荷载 P_1-P_i 作用时：简支梁在支承处只产生竖直反力 V_A；而拱桥支承处不仅产生竖直反力 V_A，而且还产生水平反力 H。如图 2-4-1 所示。

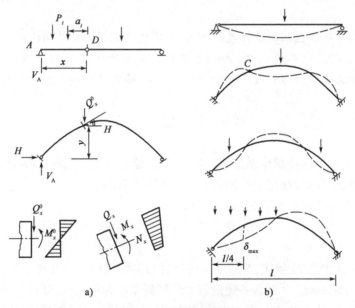

图 2-4-1 拱、梁桥受力比较

可见，拱是有推力结构。水平力的存在，使拱截面的弯矩大为减小，主要承受轴力 N_x，属于偏心受压结构，其全截面应力分布远比受弯结构的简支梁均匀。

（2）变形

简支梁在任意位置竖向荷载作用下将全跨下挠，产生同向变形；而拱轴线将产生复杂反向挠曲，其形状随竖向荷载的加载位置和对称与否而异。

对称加载，拱轴线发生正对称反向挠曲，其变形为零的点位称为反弯点，试验研究表明，反弯点位置随拱矢度（f/l）的变化而有所变动，但均趋近 $0.3l$ 左右。

非对称半跨加载时，拱将产生反对称 S 形挠曲，$l/4$ 的位置变形最大，这是拱最易丧失稳定性的不利工况。

从拱的变形与内力特性可知：在拱施工过程中，尽可能保证对称、均衡加载是非常重要的，加载不仅本跨内要对称，以避免出现不利的反对称挠曲，而且相邻各跨之间也要对称，以免出现不平衡推力，危及桥墩基础和上部结构的安全。所谓均衡，是指要随时注意拱顶段、拱脚段的加载匹配,使拱体在施工过程中的变形尽量小。

2. 拱桥的特点

(1)跨越能力较大。由于拱的截面应力分布远比梁均匀,故能较充分地发挥全截面材料的抗力性能,其跨越能力增大,目前在世界上,石、混凝土、钢筋(钢管)混凝土、钢拱桥的跨径分别达到146m、155m、460m和550m。

(2)材料适应性强。拱是受压为主的结构,故抗压能力强而抗拉能力弱的石、混凝土等圬工材料可成功用于拱桥修建。

(3)节约钢材。与钢桥、钢筋混凝土梁桥相比,可节约大量钢材。

(4)桥形美观。拱桥的美,得益于大孔主拱与小孔腹拱的合理比例,拱体曲线与桥面直线的协调配合和远山近水、城市风华的映衬烘托。

(5)耐久性好,养护维修费用省。

(6)自重较大,结构比梁桥复杂。平直的桥面系不可能直接布置在曲线形拱上面,其间需要拱上建筑来过渡。

(7)建筑高度大。由于矢高f的存在,大大提高了拱桥桥面高程,相应导致两岸接线引道工程量增大,这对于城市与平原地区,问题尤为突出。如果采用下承式,建筑高度将大大减小。

(8)下部结构负担重,对地基要求高。拱的巨大推力将使墩台及基础产生不利的力矩,使其截面应力分布严重不均,故拱桥下部结构工程量比梁桥加大。而当地基软弱变形时,反过来将引起超静定的拱体内产生不利的附加内力,因此,良好地基往往成为建造拱桥所必需的客观条件。如用无推力组合体系拱,则地基负担明显减轻。

(9)军事适应性差。拱桥结构较复杂,破坏后抢修困难,多跨连续拱桥还有一孔破坏而波及全桥的连锁反应的弊端,故重要国防公路尽量不建拱桥。对多跨连拱,我国桥规建议宜每隔3~5孔设置能抵抗恒载单向推力的加强墩。

3. 拱桥的适用范围

尽管今后梁桥建设比重将不断增加,但拱桥仍是现阶段桥梁的主要形式之一,它主要用于:地基条件好、可就地取材的山区;侧重美学要求的城市和风景区;需要修建大跨径桥梁的山谷、河道等处。

二、拱桥的主要类型

悠久的发展历史和广泛的建造使用,决定了拱桥构形的多样性。而不同的分类依据使得拱桥有着不同的分类方法:

(1)依据主拱圈(板、肋、箱)的材料可分为圬工拱桥、钢筋混凝土拱桥和钢拱桥等。

(2)依据拱上建筑的形式可分为实腹式拱桥和空腹式拱桥。

(3)依据主拱圈拱轴线的形式可分为圆弧线拱桥、抛物线拱桥或悬链线拱桥等。

(4)依据桥面的位置可分为上承式拱桥、下承式拱桥和中承式拱桥;按有无水平推力可分为有推力拱桥和无推力拱桥等。

(5)依据结构体系可分为三种类:简单体系、组合体系和其他类型。

各类拱桥具体特点具体如下:

①简单体系拱桥。

简单体系拱桥为桥上荷载(恒、活载)由主拱单独承受,其推力传向墩、台及基础。按照承重结构与桥面系的相对位置不同可以做成上承式的、下承式的(无系杆拱)或中承式的(图2-4-2)。

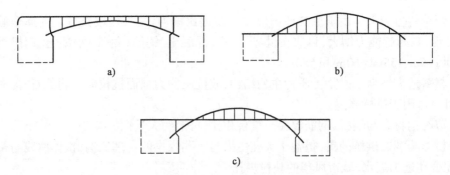

图2-4-2 拱桥承重结构位置

按主拱圈静力图式分,可分为无铰拱、两铰拱[图2-4-3a)、b)]和三铰拱。

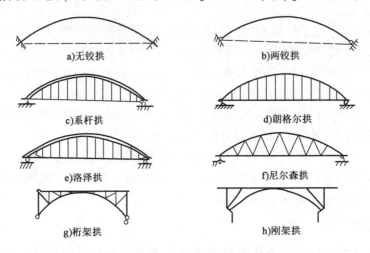

图2-4-3 拱桥按结构体系的类型划分

a. 无铰拱。

无铰拱结构整体刚度大,稳定性好,构造简单,施工方便,且荷载作用下拱沿跨弯矩分布较为均匀,故工程实践中广为运用。但因超静定次数高(3次)、温变、混凝土收缩、拱脚变位等因素会在拱体内产生较大附加内力,所以无铰拱要求良好的地基条件保证。

b. 两铰拱。

两铰拱为一次超静定,故基础位移、温变、混凝土收缩等引起的拱内附加内力比无铰拱者为小,故可用于地基条件较差时或坦拱的情况。但铰的设置使构造复杂,施工困难,降低了整体刚度。

c. 三铰拱。

由于三铰拱顶铰的设置使拱挠曲线在拱顶转折,增大车辆冲击,对行车不利,故除在施工期内临时设铰以消除拱体附加内力外,现建成的拱桥已很少采用三铰拱。

②组合体系拱桥。

在拱桥桥跨结构中,桥面系的行车道梁与主拱通过吊杆联成一体,共同受力,则称为组合体系拱桥。为降低桥面建筑高度,常采用下承式或中承式布置。

由于拱的推力由行车道梁承受,故墩、台不承受水平推力,只承受通过支座传来的竖直力,作为无推力结构,其下部结构负担大为减轻。

按照拱结构与梁截面刚度比和吊杆形状的不同,可分为系杆拱、朗格尔拱、洛泽拱和尼尔森拱[图2-4-3c)~f)]。

a. 系杆拱。

柔性梁刚性拱($E_aI_a/E_bI_b \geq 80$),竖直吊杆。这里,E_aI_a为拱截面抗弯刚度,E_bI_b为行车道梁截面抗弯刚度。

b. 朗格尔拱(刚梁柔拱)。

刚性梁柔性拱组合($E_aI_a/E_bI_b \leq 1/80$),竖直吊杆。

c. 洛泽拱。

刚性梁、刚性拱组合,两者刚度相当,其比值为1/80~80,竖直吊杆。

d. 尼尔森拱。

以上三种组合体系,当以斜吊杆替代竖直吊杆时,称为尼尔森拱。

按主拱截面分,沿拱轴线可以做成等截面和变截面的形式(图2-4-4)。等截面拱,沿桥跨方向主拱圈的横截面尺寸相同。而变截面拱的主拱圈横截面,从拱顶到拱脚是逐渐变化的。对于无铰拱,通常采用由拱顶到拱脚逐渐增大的形式。三铰拱或两铰拱常采用镰刀形的变截面形式,主要是三铰拱或两铰拱大约在四分之一跨径或跨中处内力最大。但是等截面拱的构造简单,施工方便,因此是目前通常采用得最普遍的形式。

图2-4-4 主拱圈截面变化形式

③其他类型拱桥。

上边缘与桥面纵向平行,下边缘是拱形的有推力结构称为拱片,如图2-4-5所示,它将拱与拱上建筑合为一个整体而共同承载,仅能用于上承式。依桥宽不同,拱片桥(图2-4-5)由不同数目的拱片构成,其间用横向联系联结。

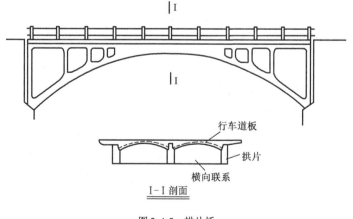

图2-4-5 拱片桥

根据拱片结构不同的组成形式,分为桁架拱和刚架拱。

a. 桁架拱桥。

桁架拱桥由跨中实体段、上弦、下弦(拱肋)、腹杆(斜、竖杆)组成。

b. 刚架拱桥。

刚架拱桥由跨中实体段、主拱腿、次梁、斜撑组成。

(6)依据主拱截面形式可分为板拱桥、肋拱桥、双曲拱桥、箱形拱桥(图2-4-6)。

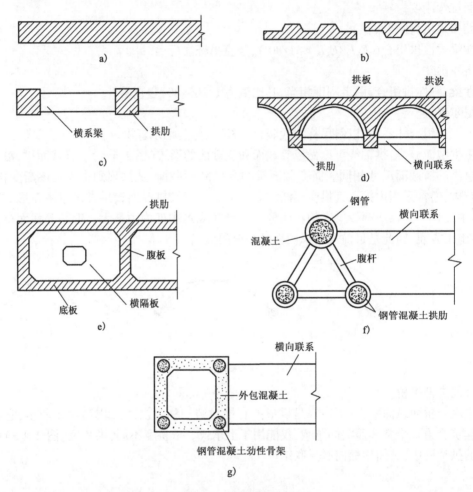

图 2-4-6　主拱圈横截面形式

各类拱桥具体特点具体如下。

①板拱桥。

如果主拱的横截面是整块的实体矩形截面,则称为板拱桥。板拱桥是最古老的拱型桥,由于它构造简单,施工方便,至今仍在使用。

在相同截面积的条件下,实体矩形截面比其他形式截面的截面抵抗矩小,在有弯矩作用时,材料的强度没有得到充分利用。如果要获得与其他形式截面相同的截面抵抗矩,板拱就必须增大截面积,这就相应地增加了材料用量和结构自重,故采用板拱是不经济的。

②肋拱桥。

为了节省材料,减轻结构自重,以较小的截面积能获得较大的截面抵抗矩,将整块的矩形实体截面划分成两条(或多条)分离式的肋,以加大拱圈截面的高度,这就形成了由几条肋组成的拱桥,称为肋拱桥。肋拱桥材料用量一般比板拱桥经济,但构造比板拱桥复杂。

③双曲拱桥。

主拱圈的横截面是由数个横向小拱组成,使主拱圈在纵向及横向均呈曲线形,故称之为双曲拱桥。双曲拱截面的抵抗矩比相同截面积的实体板拱圈大,因此可以节省材料,结构自重轻。曾经在公路桥梁上获得广泛应用,且最大跨径已达150m。

④箱形拱桥。

将实体的板拱截面挖空成空心箱形截面,则称为箱形拱或空心板拱。由于截面挖空,使箱形拱的截面抵抗矩较相同截面积的板拱的截面抵抗矩大得多,从而大大减小弯矩引起的应力,节省较多材料。

⑤钢管混凝土拱桥。

钢管混凝土拱桥属于钢—混凝土组合结构中的一种,钢管混凝土主要用于以受压为主的结构,用它来做主拱符合材料的受力特点,因而主拱截面及其宽度相对减小,这样可以减小桥面上由承重结构所占的宽度,提高了中承式、下承式拱桥的桥面宽度的使用效率。

⑥劲性骨架混凝土拱桥。

劲性骨架混凝土拱桥与普通钢筋混凝土拱桥的区别在于前者以钢骨拱桁架作为受力筋,它可以是型钢,也可以是钢管,采用钢管作劲性骨架的混凝土拱又可称为内填外包型钢管混凝土拱,如图2-4-6g)所示。它主要用在大跨径拱桥中,同时也解决了大跨径拱桥施工的"自架设问题",即首先架设自重轻,刚度、强度均较大的空钢管骨架,然后在空钢管内压注混凝土形成钢管混凝土,使骨架进一步硬化,再在钢管混凝土骨架上外挂模板,浇筑外包混凝土,形成钢筋混凝土结构。在这种结构中,钢管和随后形成的钢管混凝土主要是作为施工的劲性骨架来考虑的。成桥后,它也可以参与受力,但其用量通常是由施工设计控制。目前,世界最大跨径的钢筋混凝土拱桥——万县长江大桥即为用钢管作劲性骨架的拱桥。劲性骨架混凝土拱桥跨越能力大、超载潜力大、施工方便,是一种极具发展前途的拱桥结构形式。

三、拱桥的基本组成

和梁桥一样,拱桥亦由上部结构(桥跨)和下部结构(墩、台、基础)组成。现以石拱桥为例加以说明,如图2-4-7所示为拱桥各主要组成部分的名称。

1. 上部结构

拱桥上部结构又称桥跨结构,由主拱、拱上建筑和桥面系组成。

(1)主拱

主拱是拱桥上部结构的主要承重构件,它承受拱桥上部结构全部恒重和桥上通行的车辆、人群活载,并由其拱脚传向下部结构。通常石拱桥的主拱横截面为遍及其全宽的实体矩形,称为主拱圈。

主拱的跨中截面位置最高,称为拱顶。主拱与墩、台的连接截面位置最低,称为拱脚。主拱的上、下曲面分别称为拱背与拱腹。

拱脚与拱腹的交线称为起拱线,其高程为拱桥的重要控制高程。

主拱各法向截面形心点的连线即拱轴线,拱轴线形的合理选择是拱桥设计的关键所在。

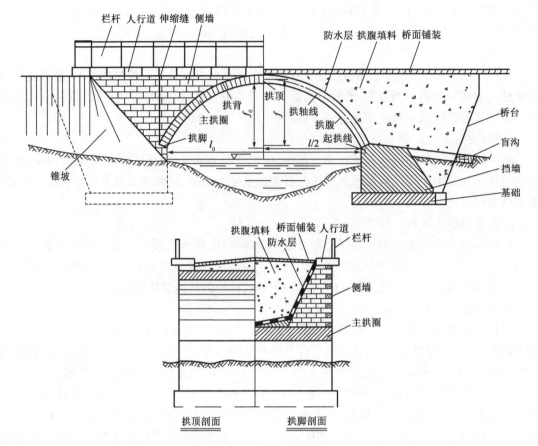

图 2-4-7　拱桥基本组成

两拱脚最低点间的水平距为拱桥净跨径 L_0，拱脚、拱顶两截面最低点间的垂直距为净矢高 f_0；两拱脚截面形心点间的水平距离称为计算跨径 L；拱脚、拱顶两截面形心点间的垂直距离称为计算矢高 f；f/L 称为拱桥的矢跨比（拱矢度），它是判定拱桥高矮的重要指标，当 $f/L > 1/5$ 者称为陡拱，$f/L < 1/5$ 者称坦拱。

(2) 拱上建筑

拱上建筑是指界于主拱和桥面系之间的联系结构，依靠它实现由曲到平的线形过渡，满足布置桥面车道需要，而桥面系恒载和车辆行人活载也将通过它传向主拱。

由于拱上建筑和主拱在构造上是连成一体的，实际上它将与主拱共同受力，这就是拱与拱上结构的联合作用问题。为简化分析，过去拱桥设计常不计及，故拱桥实际承载潜力较大。

拱上建筑的类型有实腹式和空腹式两种，前者整个拱上空间为材料充满，构造简单而自重较大，用于 $L \leq 20\mathrm{m}$ 的小跨；后者拱上空间部分挖空以减轻自重，但构造复杂，用于 $L \geq 30\mathrm{m}$ 的中、大跨。

(3) 桥面系

桥面系包括车行道、人行道及栏杆、排防水设施、伸缩缝与变形缝等。

2. 下部结构

拱桥下部结构由支承相邻桥跨的桥墩、支承桥边跨并与路堤连接的桥台及其下的基础组成。

由于主拱的巨大推力和其超静定结构的性质,使下部结构的负担加大,因此,拱桥的下部结构比梁桥者庞大,其可靠性往往成为拱桥工程成败的关键所在。

第二节 拱桥的构造

一、主拱构造

1. 板拱

拱桥的主拱采用全宽的实体矩形截面时,称为板拱(拱圈)。依其所用建筑材料的不同,可分为石拱圈和混凝土拱圈等。

石拱圈可以就地取材,利用开采的天然石料加工成一定规格尺寸的拱石,通过砂浆砌筑而成。由于石料的开采与加工难以机械化,人工耗费多,工期长。混凝土拱圈可用现场整体浇筑或预制砌块拼装的方法施工,前者拱圈整体性好,但拱内混凝土收缩应力很大,拱架与模板费料,工期较长,后者可将砌块预制成特殊形状,适应悬砌与卡砌的要求,可少用或不用拱架,缩短工期。

(1)石砌拱圈

拱圈沿跨径方向由辐射向线划分为楔条,各楔条再分别沿高度与拱宽方向划分为拱石,拱石上宽下窄呈楔形。依拱石规格、尺寸、形状与加工精度的不同可分为粗料石、块石及片石拱圈。

①拱石规格。

对于粗料石拱石,其厚度(拱轴方向)不小于200mm,高度应为厚度的1.5~2.0倍,长度为厚度的1.5~4倍。当拱石上下砌缝宽度相差超过30%时,拱石宜制成楔形,否则可制成矩形。对于块石拱,拱石可制成大致方正的形状,厚度不小于200mm,宽度为厚度的1~1.5倍,长度为厚度的1.5~3.0倍。拱石上下的弧线差可用灰缝宽度调整。对于片石拱,其拱石的厚度不小于150mm,将尖锐突出部分敲击即可。各类拱石,石料层面应与拱轴线垂直。

拱石标号$R \leqslant 30$号,要求是未经风化的,其石纹应垂直于主承压受力方向,在保证满足设计强度要求的前提下,适当降低拱石规格,以节约加工劳力和降低工程造价。

②砌筑砂浆。

砌筑用的砂浆标号$R \geqslant 7.5$号,有水泥砂浆、混合(水泥加石灰)砂浆与小石子混凝土等种类。混合砂浆不能用于结构浸水部位。小石子混凝土的碎石粒径不宜大于2cm,其强度比水泥砂浆提高且可节约水泥用量25%~35%,值得推广使用。

③拱石编号与砌筑。

根据设计的要求,石拱圈可以建成等截面圆弧拱、等截面或变截面的悬链线拱。用粗料石砌筑拱圈时,为便于拱石的加工,根据拱轴线形式的不同,需将拱石分别进行编号。等截面圆弧线拱圈,因截面相等,又是单心圆弧线,拱石规格较少,编号比较简单,如图2-4-8a)所示。当采用变截面悬链线拱圈时,由于截面发生变化,拱石类型较多,编号较复杂,给施工带来很大的麻烦,如图2-4-8b)所示。而等截面悬链线拱圈,内外弧线与拱轴线平行,拱石编号大为简化,同时,还可采用多心圆规线代替悬链线放样。

拱石的型号取决于拱轴线形与拱圈是否为变截面。等截面圆弧线拱圈的拱石型号最少,因圆弧线拱轴使各楔条横向面斜率不变,且拱圈厚度沿跨径一致;等截面悬链线拱圈其次,变截面悬链线拱圈拱石型号最多。为减少拱石型号,等截面悬链线拱圈在施工放样时常用多心圆弧线代替[图2-4-9b)]。

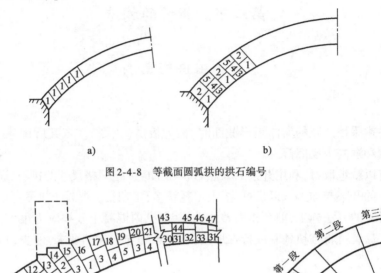

图 2-4-8　等截面圆弧拱的拱石编号

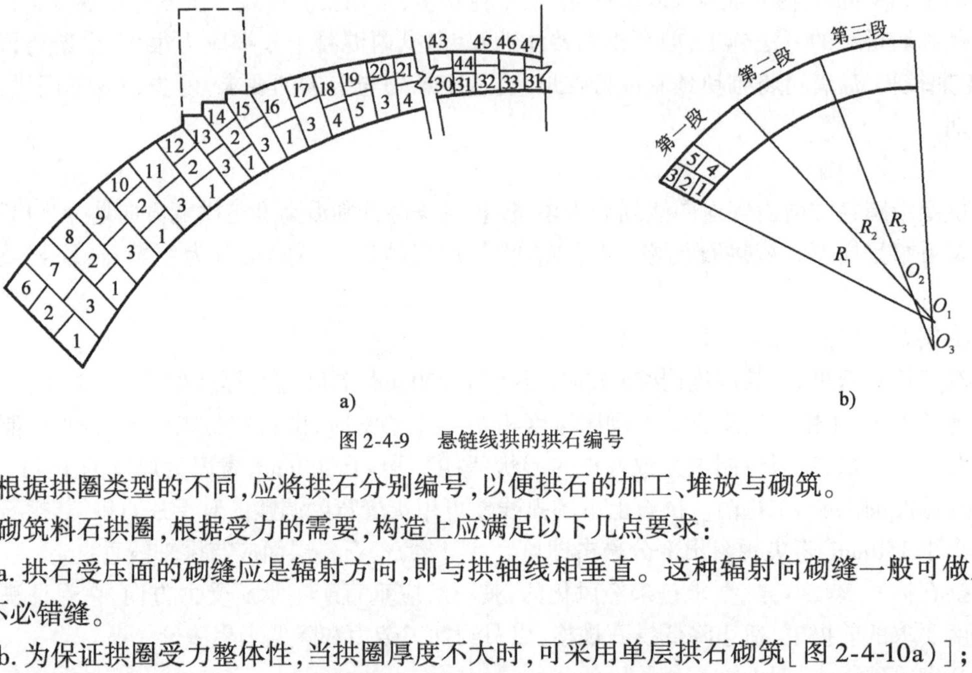

图 2-4-9　悬链线拱的拱石编号

根据拱圈类型的不同,应将拱石分别编号,以便拱石的加工、堆放与砌筑。

砌筑料石拱圈,根据受力的需要,构造上应满足以下几点要求:

a. 拱石受压面的砌缝应是辐射方向,即与拱轴线相垂直。这种辐射向砌缝一般可做成通缝,不必错缝。

b. 为保证拱圈受力整体性,当拱圈厚度不大时,可采用单层拱石砌筑[图2-4-10a)];当拱厚较大时,拱石砌筑应沿拱圈高度和横向设置错缝,其错缝间距不小于10cm[图2-4-10b)]。

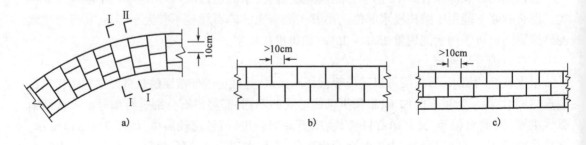

图 2-4-10　拱石错缝砌筑

c. 砌缝是砌体的薄弱环节,因其砂浆发生凝缩且易受雨水浸蚀和风化,故拱圈砌缝宜小,其缝宽不应大于2cm。

d. 为实现拱圈与墩台或拱上立墙的可靠连接,防止石料出现锐角而压坏,应采用五边石或现浇混凝土拱座和底梁(图2-4-11)。

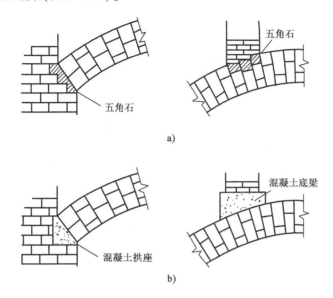

图2-4-11 拱圈与墩台及腹拱圈连接

当用块石或片石砌筑拱圈时,应选择较大的平整面与拱轴线垂直,并使石头的大头向上、小头向下。石块间的砌缝必须相互交错,较大的缝隙应用小石块嵌紧。同时还要求砌缝用砂浆或小石子混凝土灌满。

④拱圈稳定性要求。

拱圈是受压的曲板体,根据其横向稳定要求,《桥规》限定其宽跨比(B/L)不应小于1/20,否则应进行横向稳定性检算。

拱圈宽度,一般采用桥面车道宽与人行道宽度之和。但应注意到拱圈宽度的减小,不仅将节约拱圈用材和减轻上部结构自重,而且相应减轻下部结构负担。

减小拱圈宽度的结构措施有(图2-4-12):

a. 采用钢筋混凝土悬臂或挑梁将人行道挑出,前者悬出长不大于1m,后者可挑长1.5~2m。

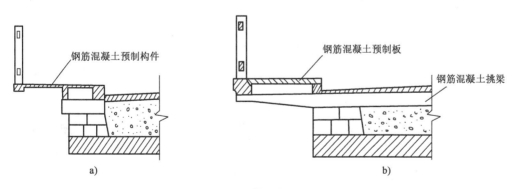

图2-4-12 拱圈减宽措施

b. 拱圈用孪拱,即用两条相互分离的拱带代替。拱带宽b远小于拱圈宽B,为保证孪拱的横向稳定,两拱带之间应设置横系梁,其沿跨纵向间距为3~5m。两拱带间的拱上空间,实腹段以小拱跨盖,空腹段则在立墙上面以纵横梁格系跨盖。

(2)混凝土板拱

①素混凝土板拱。

这类拱桥主要用于缺乏合格天然石料的地区,可以采用整体现浇,也可以预制砌筑。整体现浇混凝土拱圈,拱内收缩应力大,受力不利,同时,拱架、模板木材用量大,工期长,质量不易控制,故较少采用。预制砌筑就是将混凝土板拱划分成若干块件,然后预制混凝土块件,最后将块件砌筑成拱。预制砌块在砌筑前应有足够的养护期,以消除或减少混凝土收缩的影响。

预制拱圈横截面的块件划分成:基肋块、中间块及边块三种。

基肋块宽度 b 取拱圈全宽 B 的 $1/5 \sim 1/4$,为保证挂砌的中间块不致下滑与外倾,其斜面设置企口,且其重心应在已砌筑合龙的成拱拱宽边缘以内。通常,中间块重心位置与成拱边缘间的最小距离不应小于10cm。混凝土预制块悬砌拱圈的施工工序为:

a. 沿桥轴中线附近设置宽为(b + 工作宽)的窄拱架。

b. 纵向砌筑基肋块合龙成拱,它在此后的挂砌施工中具有导向和承担挂砌中间块重量的作用。

c. 横向左右对称依次挂砌各中间块,纵向合龙成拱。

d. 横向对称挂砌边块,纵向合龙成拱。

e. 用混凝土填平各中间块、边块间余留缺空。

混凝土预制块悬砌拱圈可免除拱石开采加工的繁重工作,拱架材料用量节省2/3,工期缩短,工程效益显著。

②钢筋混凝土板拱。

较之于混凝土板拱,这类拱桥可以设计成较小的板厚,其构造简单、外表整齐、轻巧美观,如图2-4-13所示。根据桥宽需要,可做成单条整体拱圈或多条平行板(肋)拱圈,施工时可反复利用一套较窄的拱架与模板来完成,大大节省材料。

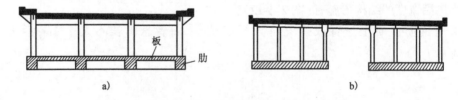

图2-4-13 钢筋混凝土板拱截面

钢筋混凝土等截面板拱的拱圈高度可按跨径的 $1/70 \sim 1/60$ 初步拟定,跨径大时取小者。

2. 肋拱

肋拱与板拱之间的主要不同,乃是用两条或多条相互分离的平行拱肋来代替拱圈。为保证肋拱桥的横向稳定,各分离拱肋之间应设置横系梁,其沿纵向布设位置为拱顶和各拱上立柱下方,同时,左、右两外侧拱肋外缘间的距离,不应小于跨径的1/20。

如图2-4-14所示,肋拱配以空腹拱上建筑,上部结构重量大为减轻,拱肋承受的恒载内力减小,而活载内力比重增大,肋内钢筋可较充分地承受拉应力。肋拱桥跨越能力较大,常用于陡拱高桥。

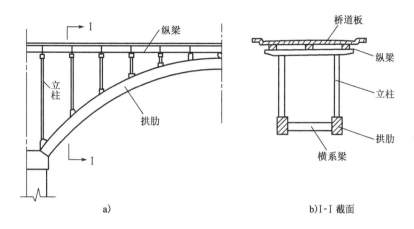

图 2-4-14 肋拱桥

拱肋是肋拱桥的主要承重结构,通常是由混凝土或钢筋混凝土做成。拱肋的数目与间距以及拱肋的截面形式等,应根据使用要求(如跨径、桥宽等)和材料性能,进行技术经济比较确定。为简化构造和追求清晰外观,可选用较少的拱肋数目。

拱肋截面根据跨径的大小和荷载的等级,可以选用矩形、工字形与箱形等截面(图 2-4-15)。矩形截面施工简便,常用于中、小跨径肋拱桥,其肋高 $h = (1/60 \sim 1/40)L$,L 为肋拱跨径,而肋宽 $b = (0.5 \sim 2)h$;工形与箱形截面,由于截面核心距比矩形者大,可适应拱内较大弯矩,其材料使用较经济合理,可用于中、大跨径,但截面构造较复杂,施工比较麻烦,其肋高 $h = (1/35 \sim 1/25)L$,肋宽 $b = (0.4 \sim 0.5)h$,工形截面的腹板厚为 $0.3 \sim 0.5$m,箱形截面的腹板厚为 $0.25 \sim 0.3$m,以便布置钢筋与浇筑混凝土。通常,当拱肋高度超过 $1.5 \sim 3$m 时,采用工形或箱形截面较为合理。

 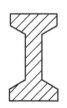 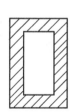 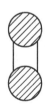 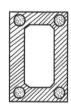

图 2-4-15 肋拱桥拱肋截面形式

拱肋的钢筋配置按计算确定。横系梁内钢筋一般按构造配置,不得少于 4 根,应沿周边布设,并用箍筋联结。

为保证肋拱的无铰拱工况,其纵向受力钢筋应与墩台可靠固结;其锚入长度,矩形截面者为肋高的 1.5 倍,工形与箱形截面者为肋高的 0.5 倍。

3. 箱形拱

(1) 主要特点

大跨径拱桥的主拱,采用箱形截面较为经济合理。为了采用预制装配施工方法,在横向将拱圈截面划分成一些箱肋,在纵向将箱肋分段,待箱肋拼装成拱后,再用现浇混凝土把各箱肋连成整体,形成主拱圈的截面。箱形拱桥的主要特点如下所述。

①截面挖空率大。与同宽同高的板拱相比,挖空率可达50%～70%,使拱体用材与重量大减,相应减轻下部结构负担,故箱形拱对大跨径拱桥的适应性较强,其常用跨径范围为50～150m。

②截面中性轴大致居中。截面材料集中上下缘,中性轴大致居中,可充分适应主拱各截面正负弯矩的变化,对抵抗正负弯矩具有几近相等的能力。

③闭合箱形截面,抗弯与抗扭刚度大,应力分布较为均匀。

④基肋断面宽度与刚度较大,稳定性好,便于无支架吊装的操作安全与施工质量保证。

⑤构件尺寸重量较大,其制作与吊装设备能力要求较高。

因此,箱形截面是大跨径拱桥一种比较经济、合理的截面形式,国内外修建了不少大跨径的钢筋混凝土箱形拱桥。

(2) 截面组成

箱形拱主拱圈可由一个闭合箱体(单室箱)或由几个闭合箱体(多室箱)组成,其截面由底板、箱壁、顶板、横隔板等组成。无支架施工时,为了减轻吊装重量,将主拱圈分为预制的箱肋和现浇混凝土两部分施工。箱形拱截面的组成方式有以下几种:

①由多条U形肋组成的多室箱形截面[图2-4-16a)]。
②由多条工字形肋组成的多室箱形截面[图2-4-16b)]。
③由多条闭合箱肋组成的多室箱形截面[图2-4-16c)]。
④整体式单箱多室截面[图2-4-16d)]。

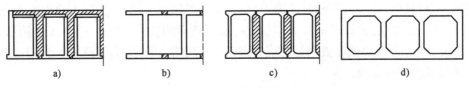

图2-4-16 箱形截面组成方式

如图2-4-17所示为四川省宜宾市的岷江大桥,主跨为2×100m的钢筋混凝土U形肋组合箱形拱。其主拱圈的矢跨比为1/6,拱轴系数为3.5,主跨每平方米的桥面用料:混凝土为1.37m³,钢筋为44kg。拱箱全高为1.6m,由6个箱组成,全宽8.0m。U形箱为35号钢筋混凝土预制构件,箱肋宽1.3m,箱壁厚9cm,底板厚13cm。拱箱每隔204cm设厚8cm的横隔板一道。

箱肋分段预制过程中可采用组合拼装工艺,即先将分块预制的箱壁和横隔板拼装成型,再浇筑底板成为开口槽箱,在槽箱内设支架、模板以浇筑顶板形成闭合箱肋。为加强块件间的联结,箱壁与横隔板四周应预留环状剪力钢筋及连接筋。最后,在各箱肋间浇筑接缝混凝土构成多室箱截面。

分块预制箱壁,可采用卧浇、振动台、翻转脱模等工艺,以节省模板、提高工效与浇筑质量之效,有利于箱肋的薄壁比,其腹壁厚可减至3～5cm;闭合箱肋的抗弯、抗扭刚度均比开口槽箱者大很多,有助于保证吊装中的稳定性与强度要求。增强结构整体性,减少施工工序为其主要优点,但构件吊重明显加大。

(3) 箱肋宽度与各部尺寸

当主拱全宽根据桥面净空与结构布置确定后,基肋宽度B是决定箱肋数目、构件刚度与吊重、施工快慢的重要控制尺寸,B越大,则箱肋数越少,主拱整体性越强,施工越快,但构件吊重大增,因此,应注意与施工起吊能力相适应。过去,常取 $B=1.3\sim1.7m$,近来有向宽箱发展的趋势,如三室箱截面,B 加大为 $3\sim5m$。

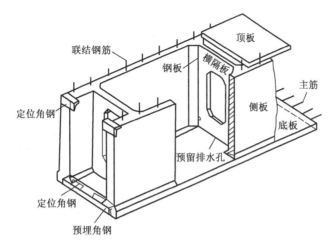

图 2-4-17 拱箱构造

箱壁厚主要取决于振捣方式,并考虑现浇接缝混凝土的侧压力影响,一般取 $b=8\sim10cm$,上游迎水面,箱壁厚度应予加强,以抵抗洪水、流冰与漂流物的撞击,取 $b'=15\sim20cm$;底板应有足够厚度,以防止箱形截面中性轴过度上移,常取 $t_1=10\sim16cm$;顶板厚 $t_2=12\sim14cm$;对槽形基肋者,盖板厚 $e=6\sim8cm$,现浇混凝土顶厚常用 10cm;为抵抗大面积混凝土的收缩,加强主拱断面整体性,宜在现浇混凝土内布设钢筋网,其钢筋直径 $6\sim8mm$,网格间距为 $20cm\times20cm$;相邻基肋的箱壁净距取 $s=10\sim15cm$,以保证基肋间有 5cm 间隙,为吊装调整其横向位置用。

为保证现浇混凝土和预制基肋间联结紧密,现浇混凝土宜选用微膨胀混凝土。

(4)横隔板与横向联结

为加强箱壁的受压局部稳定性,提高基肋抗扭能力,应设置横隔板,其厚为 $6\sim8cm$,并挖有 $60cm\times70cm$ 的孔以便工人通行,横隔板沿跨布设间距为 $3\sim5m$,但在基肋分段接头处、吊扣点和拱上立墙(柱)位置必须设置。

箱形拱常为多室箱组合截面,故各箱肋间要作横向联结,其具体做法有:

①设置横向联结筋,相邻基肋的箱壁上、下缘预留孔洞,以短筋穿连,与横隔板上的预埋钢板焊接。

②基肋底板外伸横向预留分布筋,在接缝混凝土范围内交叉勾连。

③接缝混凝土与顶板混凝土一道浇筑。

(5)基肋钢筋布置与接头处理

大跨径箱形拱桥的主拱设计,在营运阶段一般均为压应力控制,截面上拉应力很小或为零,通常按纯混凝土截面进行检算,但必须配置构造钢筋。

基肋是其主拱截面中最先吊装合拢成拱的部分,在施工过程中,它将经历吊运和扣挂等非拱式受力状态,需配置受力钢筋,对闭合箱肋应对称布置在顶、底板上,而对槽箱,则配置在箱壁上缘和底板上,此时应按钢筋混凝土截面检算。

沿箱壁高布置的分布钢筋,其间距不应大于 25cm。

由于吊装能力的限制,基肋沿跨分 $3\sim5$ 段预制,$L\leq80m$ 者常分 3 段。

段间接头采用角钢顶接。具体做法是各分段端部约为 30cm 长范围内,箱壁、顶底板加厚至 20～30cm,其上、下缘预埋角钢相互对位顶接后穿定位螺栓,然后外贴钢板与预埋角钢焊接,再浇筑混凝土填封接头段。

拱脚接头一般在墩台拱座位置预留深 40cm 的凹槽,基肋端部箱壁、顶底板加厚至 20～30cm,当加厚段插入槽内后,槽内预埋钢板与基肋上、下缘预埋角钢对顶定位焊接,再用混凝土浇封凹槽。

4. 钢管混凝土拱

近年来,我国开始采用钢管混凝土拱桥,它是指以内灌混凝土的钢管作为拱肋的拱桥。钢管混凝土作为钢—混凝土组合结构,即在钢管内填充混凝土,将两种不同性质的材料组合而形成的组合结构。管内一般只填素混凝土,不再配钢筋,只有在承受的压力过大或压力小而弯矩却很大的情况下,才在管内配置纵向钢筋和箍筋。根据其受力性能,用于以受压为主的拱桥是十分合理的。它适应大跨径拱桥材料高强化和无支架施工轻型化的发展要求。

(1)主要优点

①钢管借助内填混凝土提高管壁的受压稳定性和钢管的抗腐蚀耐久性;而管芯混凝土由于管壁的套箍作用而处于侧限受压状态,其抗压强度与延性显著提高。因此,钢管和填芯混凝土两者的受力潜能得到充分发挥,从而使拱桥的跨越能力大为增强。

②钢管混凝土拱桥的施工本质上是劲性骨架施工的方法,空心钢管的分段吊装重量轻,进度快,其合拢成拱后作为施工劲性骨架,可取代支架、模板。

③钢管外表防锈涂料(油漆)颜色可随意选择,使桥体色调丰富多彩,有利于与桥址环境的协调。

钢管混凝土拱桥的主拱多取肋拱形式。对山区峡谷桥位,常采用上承式,以肋拱与轻型板梁式拱上建筑相配合;对平原与城市桥位常采用下承式或中承式以降低桥面高程,且桥跨结构多采用组合体系以消除对下部结构的推力。

(2)钢管混凝土拱肋的断面类型

①单圆形。

构造简单施工便捷,抗扭性能好,抗轴向力性能由于紧箍力作用显示出优越性。截面含钢率较高,一般在 8% 左右。但截面抗弯惯矩小,故用于 $L \leqslant 100m$ 的城市桥梁和人行桥中。钢管直径 D 常采用 800mm,D/L 在 $1/100 \sim 1/75$ 范围内,壁厚为 16mm 左右。例如:江苏无锡新安北桥、江苏泰州引江河大桥等均为单圆管的钢管混凝土拱桥。

②圆端形(扁管)。

与单圆形相比可显著增大横向抗弯惯矩,满足单根拱肋自身的横向稳定要求,从而可取消拱肋间风撑,使构造简化。

圆端形截面加强了圆端方向的面内抗弯刚度,加工较简单,同时也使拱肋的造型富于变化,但钢管对核心混凝土的套箍作用比圆钢管混凝土的要小很多。主要用于跨径较小的城市桥梁。例如:浙江义乌篁园桥净跨 80m,全宽 29m,其拱肋断面为两半圆形,与上下两边相切,见图 2-4-18c)。

③哑铃形。

哑铃形是肋拱桥中最常用的截面类型,由两个分离的单圆管通过缀板连接而成,其运用跨径范围为:$L = 80 \sim 160m$;截面全高 H 常用 $180 \sim 250cm$,高跨比 H/L 为 $1/60 \sim 1/30$;钢管

直径 D 以 700~1 000mm 为多，D/L 为 1/150~1/78（L 为净跨径）；壁厚为 8~16mm，以 10mm 最常用（16mm 用于变截面的拱脚段），D/H 以 1/2.5 居多。D/L 和 H/L 一般随跨径增大而减小。

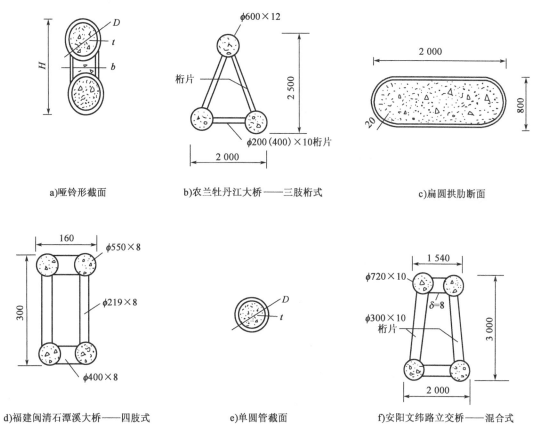

图 2-4-18 钢管混凝土拱肋截面类型（尺寸单位:mm）

哑铃形截面较之单圆管截面，截面抗弯刚度较大，类似于工字形截面，但由于两圆管的直径与高度之比在 1/2.5 附近，因而不能视为钢管混凝土格构式截面。

天津彩虹桥位于天津经济技术开发区，为跨径 160m 的下承式钢管混凝土系杆拱桥，矢高 32m，悬链拱轴线。车行道宽 2×8.5m，桥面全宽 29m。两根拱肋由直径 ϕ1 500mm、壁厚 16mm 的钢管和缀板组成高 3.75m 的哑铃形截面，见图 2-4-19。

图 2-4-19 天津彩虹桥

④桁架式。

桁架式拱肋由多个圆钢管用缀条连接而成,有双肢、三肢和多肢的桁式截面、横哑铃形桁式截面和多肢与横哑铃形混合的桁式截面等多种形式。

由于其截面抗弯效率高、自重轻、跨越能力强,故适用于 $L \geq 100m$ 的大跨径。直接采用多肢桁式(格构式)断面的钢管混凝土肋拱近年来有较多采用的趋势。这种拱肋弦杆采用钢管混凝土材料,腹杆和平联均采用钢管。在多肢桁式断面中,四肢最为常见,截面的高度和宽度之比在 2∶1 附近较为合理,拱肋的面外稳定性主要通过横向联系来保证。

黑龙江依兰牡丹江大桥为净跨 100m 中承式拱,采用三肢式,取消风撑,截面尺寸见图 2-4-18b)。河南安阳文锋路立交桥,净跨 135m,采用混合式,断面尺寸见 2-4-18f)。

显然,其结构组成较复杂,施工时桁式拱肋的组拼工序多,技术要求较高。钢管混凝土拱桥自 1990 年四川旺苍东河桥始建以来,发展势头迅猛,据不完全统计,至今已建成和在建者已近百座。

钢管混凝土拱桥自 1990 年四川旺苍东河桥始建以来,发展势头迅猛,据不完全统计,至今已建成和在建者已近百座。我国主要钢管混凝土拱桥的一般情况见表 2-4-1。

钢管材料一般为 Q235(A3)与 Q345(16Mn)钢,是用钢板卷制成管,直缝焊接,卷管长度为 120cm 左右,钢管对接接长采用坡口焊,注意卷管直缝错开。管芯混凝土浇筑多采用泵送混凝土,因浇筑孔洞较小,和易性要求较高,为减少混凝土收缩,保证管芯混凝土与钢管紧密联结,可加入适量减水剂以控制水灰比,采用微膨胀型混凝土并注意振捣密实。

⑤箱拱。

钢管混凝土劲性骨架箱拱具有良好的抗弯抗扭性能,是大跨径的主要形式。采用钢管混凝土作为施工的劲性骨架,是突破其跨径的有效途径。

二、拱上建筑构造

1. 实腹式

实腹式拱上建筑(图 2-4-20)构造简单,施工方便,但整个拱上空间为材料所充满,自重大,故只能用于 $L \leq 20m$ 的小跨径。实腹式拱桥拱上建筑由拱腹填料、侧墙、护拱、变形缝、防水层、泄水管以及桥面系组成。

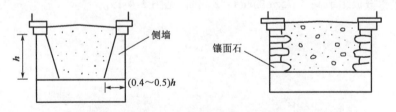

图 2-4-20 实腹式拱上建筑

拱腹填料分为填充式和砌筑式两种。

拱腹填料要求质轻、透水性好、就地取材以降低成本,通常采用砂砾、碎石、煤矸石等并注意夯实。为挡护填料和承受视为松散体的填料侧压力,应在其两侧砌筑侧墙,一般用块石或片石砌筑,侧墙顶面宽为 50~70cm,向下逐渐增厚,其底面宽为侧墙高的 0.4 倍。

我国钢管混凝土拱桥辑要

表 2-4-1

序号	桥 名	建成年份（年）	跨径（m）	矢跨比	拱轴线形	结构形式	桥宽（m）车行道	桥宽（m）全宽	主拱（肋）截面 形式	主拱（肋）截面 高度（m）	主拱（肋）截面 管径×壁厚	备 注
1	江苏无锡新安北桥	1993	60	1/6	抛物线	下承系杆拱	9	15	单圆	0.8	800×16	
2	江苏泰州引江桥	1996	70	1/5.38	抛物线	下承系杆拱	10.75	13	单圆	0.8	800×16	
3	浙江义乌皇园桥	1995	80	1/5	抛物线	下承系杆拱	18.4	29	扁圆	0.8	2 000×800	无横撑
4	四川旺苍东河桥	1990	115	1/6	$m=1.543$	下承系杆拱	7	14.6	哑铃形	2.0	800×10	
5	广东广州解放桥	1997	80	1/5	抛物线	下承系杆拱	4车道	25	哑铃形	2.4	950×14	
6	天津海河金刚桥	1996	101	1/5	抛物线	中承肋拱	15	18.4	哑铃形	2.0	900×14	
7	三峡下牢溪桥	1996	160	1/5	$m=1.543$	中承肋拱	16	18.5	哑铃形	2.5(2.9)	1 000×10(12)	拱肋变截面
8	陕西蜀河汉江桥	1998	120	1/5	$m=1.3$	下承系杆拱	9	13.1	哑铃形	2.1	820×12	
9	天津塘沽彩虹桥	1998	168	1/4.5	悬链线	下承系杆拱	28.5	29	哑铃形	3.75	1 500×16	
10	广东南海三山西桥	1995	200	1/5	$m=1.347$	中承肋拱	15	28	四肢哑铃形	3.5	750×10	
11	河南安阳文峰立交桥	1995	135	1/4	$m=1.05$	下承系杆拱	14	31.4	哑四肢铃形	3.0	720×12	
12	沈阳浑河常青桥	1996	140	1/5	$m=1.167$	中承肋拱	6车道	32.5	四肢桁	3.4	760	
13	福建闽清石潭溪桥	1997	136	1/4	$m=2$	中承肋拱	9	12	四肢桁	3.0	550×8	
14	广州丫吉沙桥	2000	360	1/4.5		中承肋拱	28.5	32.4	六肢桁	4.0(8.04)	750×18(20)	变截面

当填充材料不易取得时,可改用砌筑的方式,也就是采用干砌圬工或浇筑贫混凝土作为拱腹填料。当用贫混凝土时,往往可以不另设侧墙,而在外露混凝土表面用砂浆饰面或设置镶面。以贫混凝土或片石圬工取代填料,由于无侧压力,其两侧无须侧墙,仅用一层石料作镶面。为美观和使人行道挑出 20~30cm,可在侧墙或镶面顶端设置檐石。

在多孔拱桥中,为了便于敷设防水层和排出积水,又设置了护拱。护拱一般用现浇混凝土或砌筑块片石修筑,起着加强拱圈的作用。

2. 空腹式

$L \geqslant 30m$ 的大、中跨径拱桥常采用空腹式(图 2-4-21),通过拱上建筑的挖空处理使桥体自重减轻,下部结构(墩、台、基础)的受力负担相应降低,往往可获得良好的工程经济效益。

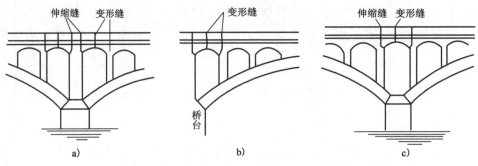

图 2-4-21 拱式腹孔

拱上建筑的挖空有沿桥横向和纵向两种处理方法,但前者挖空效果差且存在对侧墙受力不利的横向推力,因此,国内外工程实践中均采用纵向挖空处理。

(1)空腹类型

①腹拱式。

腹拱沿跨径部分挖空,属于重型拱上建筑,整个拱上建筑由一个实腹段和两个空腹段构成(图 2-4-22),其重量较大,多用于圬工拱桥。实腹段构造与前述实腹式拱上建筑相同。

空腹段由腹拱和腹孔墩组成。

a. 腹拱。

其跨径不宜大于主拱跨径的 1/15~1/8,常选用 2~6m,为便于施工和有利于腹孔墩受力,腹拱宜等跨布置且采用等截面圆弧拱。

腹拱的类型与厚度依其跨径大小而不同,当 $l = 2 \sim 4m$ 时,可用板拱,其厚对石板拱不小于 30cm,对混凝土板拱不小于 15cm,拱矢度取 1/6~1/2;也可用微弯板,其跨中厚 14cm,拱矢度 1/12~1/10;对 $l = 4 \sim 6m$ 者,可用双曲拱,其拱厚取 30~40cm。

b. 腹孔墩。

腹孔墩可用立墙式或立柱式(图 2-4-23)。

立墙为横贯主拱全宽的实体墙[图 2-4-23a)],常用圬工砌体,其厚度 b 对片、块石浆砌者,不小于 50~60cm,对混凝土者,不宜小于腹拱厚度;为体现主次分明,立墙厚不应大于该立墙位置的主拱截面厚度。当桥宽较大时,为减轻重量,立墙可在横向挖空。

立柱式系由立柱与盖梁组成钢筋混凝土排架结构[图 2-4-23b)]。立柱布置应考虑传向主拱压力均匀和盖梁受力合理,通常系对准主拱的拱肋或箱壁位置布置。立柱断面多用矩形,其厚度 b 随腹拱跨径而变,根据工程经验取值见表 2-4-2。

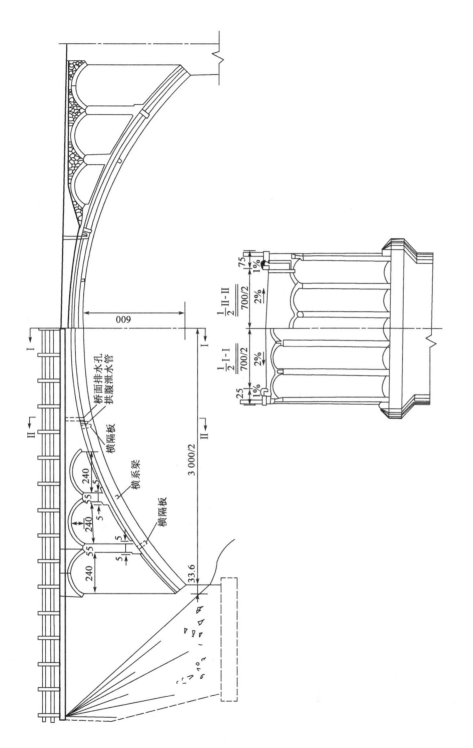

图2-4-22 空腹式拱桥构造图（尺寸单位：mm）

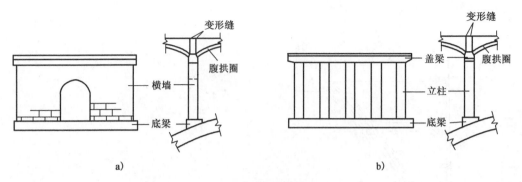

图 2-4-23 腹拱墩、柱构造

立柱厚与腹拱跨径　　表 2-4-2

腹拱跨径(m)	≤2	3	4	5	6
立柱厚(cm)	25	28	30	35	40

立柱横向宽 a 应大于其纵向厚 b，一般为 50~90cm。

盖梁截面为削角矩形或倒 T 形，其底宽比立柱厚略大 10cm 左右，按连续梁计算配筋。

当立柱高度超过 10m 者，应在其半高等位置增设系梁，以保证立柱纵向压挠稳定性。

为提供安装砌筑平面，使立柱集中力分散较均匀地传向主拱，应在立墙或立柱下面设置底梁。立柱的主筋应上、下分别伸入盖梁和底梁，以保证工作整体性。

对实腹式或腹拱式的拱上建筑，其上部设置的填料可扩散桥面车辆荷载并吸收其动力冲击能，我国公路桥涵设计规范规定：当最小填料厚度(位于主拱或腹拱的拱顶上方)不小于 50cm 者，设计时可不计汽车活载冲击力。

② 梁(板)式腹孔。

梁(板)式腹孔多沿桥整跨挖空，属于轻型拱上建筑(图 2-4-24)。

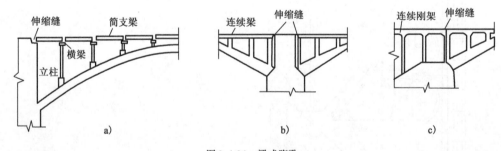

图 2-4-24　梁式腹孔

梁(板)式腹孔由桥道梁、盖梁和立柱构成，依腹孔跨径的大小不同，可分别采用简支或连续的桥道梁，其截面可做成空心板、T 形或箱形，可采用钢筋混凝土或预应力混凝土结构。其结构尺寸布置与梁桥上部承重结构相类同。

立柱宜做成柔性的，当立柱高与截面厚度之比 $h/b>20$ 时，立柱内的附加弯矩将很小。立柱可采用钢筋混凝土矩形截面或钢管混凝土圆形截面。

梁(板)式腹孔上方，不设填料而直接铺筑路面混凝土，它可显著减轻拱上建筑重量，适应软土地基，但须计及汽车活载冲击力。

目前，大跨径钢筋混凝土拱桥绝大多数均采用梁(板)式腹孔。

(2)总体布置

重型和轻型拱上建筑各有利弊。

①重型者的优点。

a. 抵抗洪水、流冰和漂浮物的撞击能力强。

b. 由于拱上结构刚度大和腹拱推力的存在,拱上建筑与主拱的联合作用良好。

c. 荷载横向分布较为均匀。

d. 腹拱、立墙均可采用圬工砌筑而显著节省钢料。

②轻型者的优点。

a. 拱上自重明显减轻且近于均布,既可降低主拱与下部基础的承载负担,又可改善基肋在无支架施工过程中的受力状况。

b. 相对柔性的拱上建筑适应主拱变形的能力加强,有利于减小拱上建筑开裂。

c. 主拱全跨开露程度一致,可避免骤变温差导致主拱拱顶的下缘加剧开裂现象。

因此,拱上建筑的类型选择应根据桥址自然条件、拱桥跨径大小、使用要求、施工方法与材料供应等综合考虑,注意趋利避害,因地制宜。

拱上建筑的总体布置主要是确定空、实腹段比例和腹孔划分问题。应争取充分减轻自重,保证拱圈受力合理和施工便捷,并使全桥比例协调美观。

腹孔的跨径不宜过大或过小,过大将使腹孔墩的集中力加大,对主拱受力不利,过小则对拱上建筑减重不利。通常,腹孔跨径取用 $l = (1/20 \sim 1/10)L$,L 为主拱跨径。

为方便施工,腹孔的跨径和构造应力求一致。

对腹拱式拱上建筑,每半跨腹孔长度为 $(1/4 \sim 1/3)L$,即空、实腹段分界在 $0.3L$ 反弯点附近,腹拱孔数为 $3 \sim 6$ 孔,孔数过多会影响全桥立面的美观。

对软土地基,应尽量选用梁(板)式腹孔,加长腹孔布置范围和取消填料。

紧靠桥墩的腹孔,可直接支承在墩上,也可跨过墩顶,使桥墩两侧的腹孔相连。

3. 铰与伸缩缝布置

主拱圈在材料收缩及温度变化作用下,其拱轴线将对称升高或降低,在荷载作用下也会产生对称或不对称的变形,而拱上建筑也随主拱圈的变形而变形。伸缩缝与铰的布置(图2-4-25),目的在于解除墩(台)对拱上结构的牵制,增加拱上建筑伴随主拱一同变形的自由度,从而避免其不规则开裂的发生。

实腹式拱桥,应在两拱脚上方设伸缩缝,常为直缝,它贯通横桥方向全宽和侧墙全高以至人行道构造[图2-4-26a]。

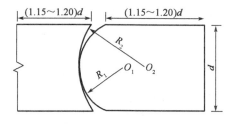

图 2-4-25 拱铰(弧形铰)

腹拱式拱桥,紧靠墩(台)的腹拱做成三铰拱,靠墩(台)的拱铰上方,设伸缩缝,其余两铰上方,可设变形缝[图2-4-26b]。对大跨径拱桥,还需将靠近拱顶的腹拱做成两铰或三铰拱,其铰位上方设置变形缝。

梁(板)式腹孔拱桥,其桥道梁的跨端或联端应设置构造完善的支座和伸缩缝,详参见梁桥有关部分。

简易伸缩缝宽度为 $2 \sim 3$ cm,可用木屑与沥青按 $1:1$ 配比压制成板嵌入即可。变形缝不留缝宽,采用干砌或油毡分隔。

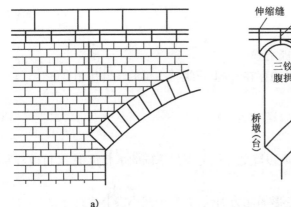 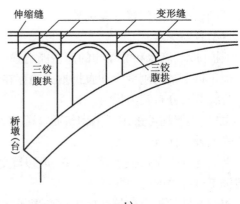

图 2-4-26 拱桥的伸缩缝与变形缝

腹拱的铰可采用构造简单的平铰或不使腹拱断开以便整体安装的假铰。平铰采用干砌或衬垫 2～3 层油毡构成，假铰系在铰位设置上、下槽口使断面局部削弱，槽宽 2cm，槽深为腹拱断面高度的 1/4～1/3。

由于拱上建筑与主拱联成一体，其联合作用对主拱是有利的，因拱上建筑分担了部分内力，但对拱上建筑是不利的，因在活载或温变等因素作用下，拱上建筑随主拱一起变形，立柱（墙）将产生附加力矩，当其截面尺寸相同时，高度越小的立柱（墙），抗弯刚度越大，附加力矩也相应增大，导致其上、下端开裂。故对于靠近拱顶的短矮立柱（墙），应在其上、下端设铰，可采用假铰或铅垫板。铅垫板厚 2～2.5cm，其宽为立柱厚 b 的 1/4～1/3。

4. 排水及防水层

受雨、雪水等自然因素对拱桥作用，拱桥排水和防水对桥梁的耐久性、美观等均有较大影响，因此，要求将透过桥面铺装渗入拱腹内的水能及时排出。否则，影响路面层的强度，使路面更易开裂破坏，并且渗水会沿着拱上结构的一些缝隙（如变形缝或裂缝等）渗透，冬季冰冻时会使结构产生冻胀损坏。

关于桥面排水，除桥梁设置纵坡和桥面横坡外，一般还沿桥面两侧缘边缘设置泄水簸箕。构造情况可参见图 2-4-27。

透过桥面铺装渗入到拱腹内的雨水，由防水层汇集到预埋在腹拱内的泄水管排出。防水层和泄水管的敷设方式与上部结构的形式有关。对于实腹式拱桥，防水层应沿拱背护拱、侧墙铺设。如果是单孔，可以不设拱腹泄水管，积水沿防水层流至两个桥台后面的盲沟，然后沿盲沟排出路堤。如果是多孔拱桥，可在跨径 1/4 处设泄水管[图 2-4-28a)]。对于空腹式拱桥，防水层应沿腹拱上方与主拱圈跨中实腹段的拱背设置，泄水管也宜布置在跨径的 1/4 处[图 2-4-28b)]。泄水管可以采用铸铁管、混凝土管或陶瓷（瓦）管等。泄水管的内径一般为 6～10cm，在严寒地区或雨水特多地区需适当加大（不宜小于 15cm）。泄水管应伸出结构外表面 5～10cm，以免雨水顺着结构物外表面下流。为了便于泄水，泄水管尽可能采用直管，并减小管节长度。

防水层在全桥范围内不宜断开，当通过伸缩缝或变形缝处应妥善处理，使其既能防水，又可以适应变形要求。

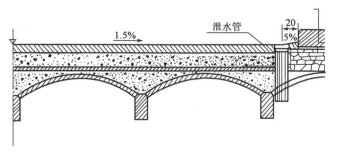

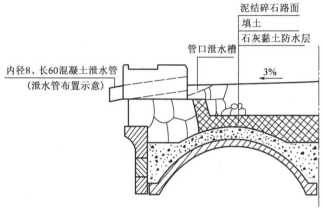

图 2-4-27 拱桥排水构造图(尺寸单位:cm)

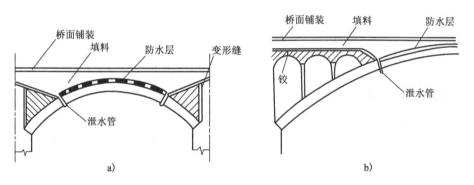

图 2-4-28 拱腹排水示意图

第三节 拱桥设计简介

公路桥涵应根据所在公路的使用任务、性质和将来的发展需要,按照实用、经济、安全、美观的原则进行设计。拱桥设计内容包括拱桥的总体布置、拱轴线形选择、主拱(拱片)截面尺寸拟订及墩台基础的布置。

一、总体布置

拱桥的总体布置是否合理至关重要。在拱桥设计中,应按照实用、经济、安全、美观的设计总原则,综合考虑桥址处的自然状况、结构类型特点、施工条件和有关使用要求,通过技术经济比较来确定。

拱桥总体布置的内容包括拟定桥长、分孔选型、确定设计控制高程和主拱矢跨比等。桥梁全长是根据桥渡水文水力计算、路桥技术经济比较以及环保景观要求决定的,而分孔选型则在桥长已定的前提下进行。

对跨越山区峡谷急流者,为避免在河中建工作条件不利的高桥墩,宜采用单孔大跨径拱桥;对跨越平原宽浅河流者,因地基软弱,两岸地势低平,则宜采用多跨中小跨径;对跨越通航河流者,应设置通航孔,其孔数、跨径应满足航道等级与通航净空规定;对城市桥位,应注意跨河较大桥孔与两岸跨线较小桥孔的合理匹配,实现全桥造型的协调美观。分孔时,下部结构部位应力求避开溶洞、断层、软土等不良地质地段和深水区。

1. 桥梁设计高程

拱桥高程主要有桥面高程、拱顶底面高程、起拱线高程、基础底面高程,见图2-4-29。这几项高程的合理确定对拱桥的设计有直接的影响。

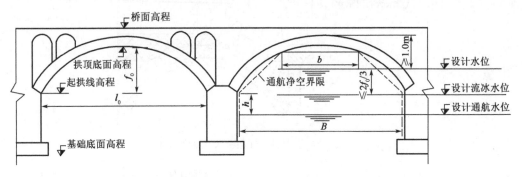

图2-4-29 拱桥主要高程示意图

拱桥桥面高程,一方面由两岸线路的总断面设计来控制,另一方面还要保证桥下净空能满足宣泄洪水或通航的要求。当桥面高程确定后,由桥面高程减去拱顶填料厚度,就可以得到拱背的高程,再减去主拱圈建筑高度就得到拱顶底面高程。

拟定起拱线高程时,为了尽量减少桥墩(台)基础底面的弯矩,节省墩台的圬工数量,一般宜选择低拱脚的设计方案。具体设计时,拱脚位置往往受到通航净空、排洪、流冰等条件的限制,并要符合《桥规》的有关规定。

基础底面的高程,主要根据冲刷深度、地质情况及地基承载力等因素确定。

2. 矢跨比(拱矢度)

当拱顶、拱脚的高程确定后,根据分孔时拟定的跨径,即可拟定拱的矢跨比(f/L)。

拱矢度是拱桥设计的重要参数,它不仅决定拱桥外形的陡坦能否与桥址景观相协调,而且直接影响主拱的受力与施工的难易。

(1)H_g 随拱矢度的变化

对常用的悬链线无铰拱桥,其恒载推力与垂直反力的比值 H_g/V_g 随拱矢度(f/L)的变化,根据资料大致统计见表2-4-3。

恒载推力与垂直反力的比值 H_g/V_g 随拱矢度(f/L)的变化　　　　表2-4-3

f/L	1/4	1/5	1/6	1/8	1/10	1/12	1/13
H_g/V_g	0.98	1.15	1.46	1.94	2.41	2.96	3.69

可见，f/L越小，H_g越大，对下部结构越不利，但桥面高程下降，两岸引道工程量越省，则长度越短。

(2) 附加内力

主拱因温度变化、混凝土收缩和拱脚变位等附加因素所产生的附加内力将恶化主拱受力，它随f/L的减小而加大，当$f/L<1/8$后将更为显著。

(3) 稳定性

主拱视为受压曲杆，其稳定性当f/L过大或过小时均不利。因f/L过小，H_g显著加大；而f/L过大，则主拱受压计算长度明显加大。

(4) 连拱作用

对多跨拱桥来说，由于桥墩结构非绝对刚体，从而引致变形与内力由荷载孔向非荷载孔逐次传递的现象称为连拱作用。考虑连拱作用，对主拱因增加拱脚变位所生的附加内力而不利，对下部结构因计及推力在各墩的传布分配而显得有利。

根据分析，连拱作用的影响程度是随f/L的减小而加大的。

(5) 施工

当f/L过大时，主拱拱脚段变陡，无论砌筑圬工或浇筑混凝土都增加困难。

(6) 对桁架拱与刚架拱，减小f/L，将使腹杆长度减短，拱片刚度加强

因此，拱桥拱矢度应因地制宜，针对不同桥型，综合考虑拱桥上、下部结构和两岸引道的综合技术经济合理性来决定。

根据工程经验，常用拱矢度为：

石拱桥：$f/L=1/8\sim1/4$；箱形拱：$f/L=1/10\sim1/6$；钢管混凝土拱：$f/L=1/6\sim1/4$；桁架拱、刚架拱：$f/L=1/12\sim1/6$。

当主拱的拱轴线形与截面变化规律未定前，拱矢度无法精确求得，故拱桥总体布置时系以净矢跨比f_0/L_0替代，它是以起拱线高程为依据。为减小墩（台）基底弯矩，起拱线高程宜尽可能降低，但应高出最高流冰水位0.25m，对双铰拱者，尚应高出设计洪水位0.25m，对拱上建筑采用柔性立柱者，当洪峰有大量漂流物时，应将主拱起拱线高程适当提高，以防漂流物对立柱的撞击。

3. 平衡推力措施

多跨拱桥应尽可能采用等跨同型方案，以方便施工与缩短工期，且使各墩恒载推力H_g平衡，设计时仅考虑比H_g小很多的活载单向推力H_p，桥墩与基础受力负担显著减轻。

考虑平战结合需要，为避免战时一孔毁坏而出现恒载单向推力H_g使全桥逐孔连锁倒毁，我国公路桥规规定每隔3~5孔应设置能抵抗H_g单向作用的加强墩。

当桥下河槽与河滩部分地形、地质、水文等自然条件差异较大或有通航、桥梁美学等特殊要求时，可考虑采用分段等跨或不等跨分孔（图2-4-30）。这时，不等跨拱桥的各桥墩和分段等跨拱桥的分界墩，由于相邻孔不等跨而恒载推力不等，使桥墩和基础增加了不平衡恒载推力的负担。为节约材料和造价，改善其受力条件，就必须采取适当的平衡推力措施。

平衡推力措施有：

(1) 调整拱上恒载

在相邻两孔中大跨径拱用轻质填料（或无填料）和空腹式拱上建筑，小跨径拱用重填料和实腹式拱上建筑。

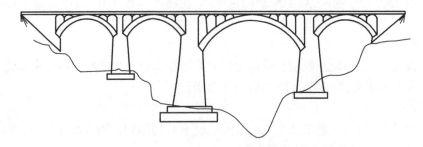

图 2-4-30　不等跨分孔的拱桥桥型图

(2) 采用不同矢跨比

大跨用矢跨比较大的陡拱,小跨用矢跨比较小的坦拱。

(3) 采用不同类型的拱跨结构

小跨径孔采用板拱结构,大跨径则采用分离式肋拱结构,以减轻大跨径孔的恒载质量来减小恒载水平推力。有时,为了进一步减小大跨径孔的恒载推力,可加大大跨径拱肋的矢高,做成中承式肋拱桥。

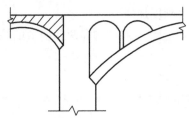

图 2-4-31　相邻孔拱脚高程不在同一水平线上

(4) 拱脚不同高程

大跨拱脚降低,减小其推力对基底的力臂,小跨拱脚抬高,增大其推力对基底的力臂,从而使两者对基底的力矩得到平衡(图 2-4-31)。

上述几种措施设计时可综合应用,但前三种是平衡推力本身,第四种则是平衡推力对基底的力矩,且对桥型外观的影响不佳。如仍达不到完全平衡推力作用的效果,则需设计体型不对称或加大截面尺寸的桥墩和基础来解决。

二、主拱拱轴线形选择

主拱拱轴线形的合理选择是拱桥设计的关键所在,因为它不仅直接影响主拱的内力分布和截面应力的大小,而且与拱桥的经济合理性、结构耐久性和施工安全性都关系密切。

1. 合理拱轴概念

(1) 荷载压力线

如图 2-4-32 所示的三铰拱,在系列外荷载 P_1、P_2、…、P_i 的作用下,由静力平衡求得支承反力 $H_A = H_B$、V_A、V_B 后,即可绘制反映结构内外力平衡关系的力多边形,依其所绘制的荷载压力线则表示出拱体任一截面作用的总内力 R_D 的大小、方向和作用点。

①荷载压力线性质。

a. 荷载压力线的形状随荷载作用情况的变化而变化,换言之,一种荷载作用情况必有一条特定的荷载压力线与之对应。

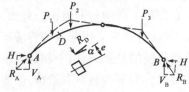

图 2-4-32　荷载压力线

b. 拱任一截面的三个内力值可由总内力 R_D 根据三角函数关系确定。

c. 当拱任一截面的拱轴线与荷载压力线间偏距 e 越大,则该截面的弯矩越大。

由图 2-4-33 可见,三铰拱的荷载压力线应该通过三个铰位点,因铰位转动自由,不能承受弯矩。

②对拱桥常用的无铰拱,其荷载压力线的绘制和三铰拱有两点不同:

a. 超静定结构的无铰拱,其左拱脚三个反力 H_A、V_A、M_A 应按力法(或位移法)建立的法方程组求解,然后依静力平衡求得右拱脚的三个反力 H_B、V_B、M_B。

b. 荷载压力线的起绘点不在左拱脚轴位点而有所偏离,其偏距 e_A 可依下式计算:

$$e_A = \frac{M_A}{N_A}$$

$$N_A = H_A \cdot \cos\varphi_j + V_A \cdot \sin\varphi_j$$

式中:φ_j——拱脚截面的拱轴切线倾角。

偏距 e_A 的位置取决于 M_A 的正负。M_A 为正时上偏,起绘点在左拱脚轴位点上方;M_A 为负时,e_A 下偏。

(2)合理拱轴的相对性

拱轴线的形状直接影响主拱截面的内力分布与大小,而且与结构的耐久性、经济合理性和施工安全性等都有密切的关系。选择拱轴线的原则,就是要尽可能降低由于荷载产生的弯矩值。最理想的拱轴线是使外荷载作用下的主拱任一截面只有轴向力,而无弯矩与剪力,即处于纯压状态,截面压应力分布均匀,这样,就能充分利用材料强度和石料、混凝土等圬工材料的良好抗压性能。所以,就要求拱轴线和荷载压力线相吻合,因此,我们把与荷载压力线完全吻合的拱轴线称为合理拱轴。

①在桥梁工程实践中,绝对合理的拱轴是找不到的。原因在于:

a. 主拱总荷载是恒载和活载的组合,由于活载(车辆、行人)的频繁变动,总荷载将随时发生变化,因此,以一条选定的拱轴线去适应频繁变化的荷载压力线是不可能的。

b. 主拱并非绝对刚体,承载后将发生变形,变形后的实际拱轴线将偏离原来设计位置,即使是与设计拱轴线相适应的荷载作用下,主拱截面也将出现弯矩。

②一般来说,拱桥设计中所选择的拱轴线应满足以下要求:

a. 尽量减小拱圈截面的弯矩,使主拱圈在计入弹性压缩、均匀温降、混凝土收缩等影响下各主要截面的应力相差不大,且最大限度减小截面拉应力,最好是不出现拉应力。

b. 对于无支架施工的拱桥,应能满足施工阶段的要求,尽可能少用或不用临时性施工措施。

c. 计算方法简单,易为生产人员所掌握。

d. 线形美观,便于施工。

由于恒载不变,且在主拱总承载所占比重很大(>80%),对于公路混凝土拱桥,可以选用恒载压力线作为相对合理拱轴,这时,主拱因活载和受载变形固然会产生弯矩,但数值较小。

2. 拱桥常用拱轴线形

(1)圆弧线

圆弧拱线形简单,易于掌握,施工放样方便,广泛用于公路桥。但在一般情况下,圆弧拱轴线与恒载压力线有偏离,使拱圈各截面受力不均匀。其偏离与矢跨比有关。当矢跨比 f/l 较小时,两者偏离不大,随着矢跨比 f/l 的增大,偏离逐渐增大,当矢跨比 f/l 接近 1/2 时,恒载压力线的两端将位于拱脚截面中心线以上相当远,实际中,常在拱脚处设置护拱,以帮助拱圈受力。圆弧线常用于20m以下小跨径拱桥。对于大跨径的预制装配式钢筋混凝土拱桥,有时为了简化施工,也有采用圆弧线作为拱轴线的。

(2)抛物线

在竖向均布荷载作用下,可推导出拱的合理拱轴线为二次抛物线。对于恒载强度比较接近均布的拱桥,例如矢跨比较小的空腹式钢筋混凝土拱桥,往往可以采用二次抛物线作为拱轴线。

在某些大跨径拱桥中,由于拱上建筑布置的特殊性(如腹拱跨径特别大等),为了使拱轴线尽可能与恒载压力线相吻合,也有采用高次抛物线作为拱轴线的。例如:我国湖南某一跨径为107m的拱桥采用六次抛物线作为拱轴线。但计算工作量过大。

(3)悬链线

对实腹式拱桥,若其沿桥纵向的恒载集度由拱顶向拱脚连续分布、逐渐增大,则可推导出其恒载压力线为一条悬链线。因此,一般认为悬链线是实腹拱的合理拱轴线。

对于空腹式拱桥,其恒载从拱顶到拱脚不再是连续分布,它既承受拱圈自重的分布恒载,又承受拱上立柱(或立墙)传来的集中恒载,其压力线是一条不平滑的曲线。如仍用相应的悬链线作拱轴线,恒载压力线与拱轴线将有偏离。理论分析证明,这种偏离对拱圈控制截面的内力是有利的。又由于用悬链线作拱轴线,对各种空腹形式的拱上建筑的适应性较强,并且已有现成的完备的计算图表可供利用,因此,为了设计的方便起见,空腹式拱桥也广泛采用悬链线作为拱轴线。所以,悬链线是目前我国大、中跨径拱桥采用得最普遍的拱轴线形。

3.各类拱桥实用拱轴线选择

拱桥实用拱轴线形选择,除考虑主拱受力合理以外,还应考虑施工简便快捷,拱体、外形美观等因素。

(1)石拱桥

由于圆弧线拱轴线形简单,全拱曲率相同,拱石规格少,施工方便。所以$L \leq 20$m者采用圆弧线(图2-4-33)。$L \geq 30$m者,拱轴为悬链线,有支架施工,拱轴系数m取值在2.814~4.324。

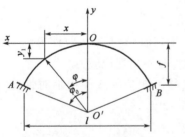

图2-4-33 圆弧拱轴图式

(2)箱形拱

拱轴常采用悬链线,为适应无支架施工,拱轴系数m值应偏低采用,即$m \leq 3.5$,其理由主要有:

①避免施工中裸拱弯矩过大。

裸拱受力情况指施工过程中先行吊装合龙成拱的基肋承受主拱自身全部重量,对常采用的等截面主拱而言,主拱恒载压力线的m值与拱脚截面的拱轴切线倾角的余弦值成反比,当主拱拱矢度$f/L = 1/10 \sim 1/4$时,$m = 1.633 \sim 1.079$。因此,主拱拱轴设计m值选用越偏低,则与裸拱恒载压力线m值越接近,裸拱受力弯矩越小,便于简化施工加载程序,保证施工安全。

②适应拱上建筑轻型化。

降低m值,拱轴线下落,便于加长空腹段的布置。

③降低拱顶正弯矩。

计算分析表明:m值降低一级,主拱各截面正弯矩可减少5%~10%,相应各截面负弯矩将增大5%~10%,这对正弯矩控制的拱顶截面是有利的。

拱桥营运后拱顶下缘开裂较为普遍,故偏低选用 m 值有利于减少拱顶下缘开裂的发生。

(3)桁架拱

常用圆弧线或二次抛物线,前者施工方便;考虑桥面系恒载所占比重较大,故后者适应恒载近于均布的压力线情况。

由于桁架拱系以拱片形式整体受力,故拱轴线形对拱肋受力的影响相对较小。但有关研究表明,在恒载作用下,腹杆内力与桁架拱拱肋轴线形状有关,为减小斜杆拉力,拱肋轴线尽可能按恒载压力线选择,在一般情况下,它接近于 $m=1.756$ 的悬链线;而对实体段,则要求其轴线曲率加大,使拱顶与空、实交界截面的刚度比减小,则拱顶恒、活载弯矩减小,为此宜采用正弦曲线。由于拱肋拱轴曲线必须全跨连续。故从拱顶与腹杆受力均较有利综合考虑,可折中采用抛物线。

目前,中小跨径桁架拱多用圆弧线,而大跨径者,为受力有利则采用抛物线拱轴。

(4)钢管混凝土肋拱

钢管混凝土肋拱结构轻巧,上承式者拱上建筑均采用梁(板)式腹孔,而下承式所悬挂的桥道部分恒载近于均布,故拱轴常选用二次抛物线和 m 值较低(1.167~1.756)的悬链线。

因此,为满足设计计算需要,《拱桥》手册对等截面悬链拱和变截面悬链拱分别编制了相关算表,前者以拱轴系数 m 和拱矢度 f/L 为查表系数,后者以 m 和拱厚变化系数 n 为查表参数,应注意区别使用,不可混淆。

三、主拱(拱片)截面尺寸拟订

根据我国多年来大量拱桥工程实践经验,已总结出一些估算拟订主拱(拱片)截面主要尺寸的实用公式或经验数据,可供设计时参考。

1. 石拱桥

(1)中小跨径等截面主拱高度

它用于 $L \leq 30\mathrm{m}$ 的范围:

$$d = mK \cdot \sqrt[3]{L_0} \text{ (cm)}$$

式中:L_0——主拱净跨径(cm);

m——系数,取值为 4.5~6,随拱矢度的减小而加大;

K——载级系数。

(2)变截面主拱拱顶截面高度

$$d_\mathrm{d} = \alpha(1 + \sqrt{L_0}) \text{ (m)}$$

式中:L_0——主拱净跨径(m);

α——系数,$\alpha=0.13$~0.17,随跨径加大而增大。

较大跨径石拱桥主拱高度,还可参照我国已建桥设计资料进行拟定。

2. 箱形拱

主拱截面高度为:

$$H = \left(\frac{L_0}{100} + \Delta\right)K \text{ (cm)}$$

式中:L_0——主拱净跨径(cm);

K——公路Ⅱ级可考虑取 $K=1.4$；

Δ——取 $60\sim70\mathrm{cm}$，跨径大或是箱室少者取大值。

上述经验公式在特大跨径时偏小，可参考国外控制范围选用：

$$H = \left(\frac{1}{50} \sim \frac{1}{70}\right)L_0$$

为实现轻型化，宜尽量采用高强混凝土，我国过去常采用 $35\sim40$ 号，应提高至 $50\sim60$ 号。

3. 桁架拱

(1) 实体段

实体段长通常取 $s=(0.3\sim0.4)L_0$，注意控制腹杆长度不宜小于 $50\mathrm{cm}$，L_0 为桁架拱桥净跨径，以 m 计。

实体段拱顶截面高度（含桥面系）：

$$H = K\left(0.30 + \frac{L_0}{68}\right)(\mathrm{m})$$

式中：K——载级系数。

多跨桁架拱桥，考虑连拱作用的不利影响，H 值适当加大（图2-4-34），取为：

$$H = \left(\frac{1}{50} \sim \frac{1}{30}\right)L_0$$

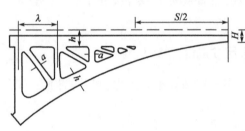

图2-4-34　桁架拱片尺寸拟定

(2) 桁架段

① 拱肋（下弦）。

截面高：

$$h = \left(\frac{1}{80} \sim \frac{1}{50}\right)L_0$$

截面宽（横桥向）：

$$b = \left(\frac{1}{2} \sim \frac{1}{1.5}\right)h$$

式中：L_0——桁架拱净跨径，上述经验公式，大跨径者取小值。

② 上弦。

在斜杆式桁架中，考虑节点次应力的影响，下弦截面积应比按铰接桁架拱简化所需者增大 $20\%\sim30\%$；而对直杆式桁架拱，下、上弦刚度比 E_aI_a/E_bI_b 是影响外载弯矩分配的主要因素，故两者刚度比应接近，以便合理发挥上、下弦杆的共同作用，但为充分利用下弦受压特性以节约钢材，故上弦杆刚度宜略小于下弦。

截面高 $\bar{h}=(0.6\sim0.7)h$，h 为下弦杆截面高。

上弦杆还应考虑偏载直接作用的局部弯曲效应，故上弦与桥面系的组合弯度由上弦最大节间长 λ 控制为：

$$h_b = \left(\frac{1}{8} \sim \frac{1}{6}\right)\lambda$$

对设计活载大者取大值。

③ 腹杆。

腹杆截面厚 a 随其杆长增加而增大，故端腹杆宜比中间腹杆者稍大。

腹杆截面尺寸宜小,以利于减轻节点次应力影响。

通常取 $a \leq b$,为 20~40cm,端腹杆可加大至 50~60cm。

④节点划分。

节间长度越大,则节点数越少,计算与施工均越方便。但为保证上弦局部受弯的强度与稳定要求,常取为:

$$\lambda = \left(\frac{1}{12} \sim \frac{1}{8}\right) L_0$$

斜杆式桁架拱的斜杆内力与斜杆的倾角有关,故节点划分时应注意控制斜杆与上弦的夹角在 30°~50°为宜,其节点长度自端部向跨中递减,使各斜杆大致平行,直杆式桁架拱则采用等节间布置。

为便于桁架拱片平卧预制和叠浇,实体段与桁架段各杆件的截面宽度(横桥向)应一致,一般取 $b = 20 \sim 50$cm,随桥跨径加大而增大。

四、拱桥计算内容

上承式拱桥设计计算内容包括:拱轴方程的建立;恒载作用下的内力计算;活载作用下的内力计算;裸拱内力计算;温度变化、混凝土收缩和拱脚变位的内力计算;主拱验算(主拱承载力计算、主拱稳定性验算)。

第四节　拱桥施工技术

拱桥是一种能充分发挥圬工及钢筋混凝土材料抗压性能、外形美观、维修管理费用少的合理桥型,因此被广泛采用。拱桥的施工,从方法上大体可分为有支架施工和无支架施工两大类。在我国,前者常用于石拱桥和混凝土预制块拱桥;后者多用于肋拱、双曲拱、箱形拱、桁架拱桥等。目前也有采用两者相结合的施工方法。

一、有支架施工

石拱桥、现浇混凝土拱桥以及混凝土预制块砌筑的拱桥,都采用有支架的施工方法修建,其主要施工工序有材料的准备,拱圈放样(包括石拱桥拱石的放样),拱架制作与安装,拱圈及拱上建筑的砌筑等。拱圈或拱架的准确放样,是保证拱桥符合设计要求的基本条件之一。石拱桥的拱石,要按照拱圈的设计尺寸进行加工,为了保证尺寸准确,需要制作拱石样板。现在一般都是采用放出拱圈(肋)大样的办法来制作样板的,样板用木板或锌铁皮在样台上按分块大小制成。

1. 拱架

拱架需支承全部或部分拱圈和拱上建筑重量,并保证拱圈的形状符合设计要求。拱架要有足够的强度、刚度和稳定性。同时,拱架又是一种施工临时结构,故要求构造简单、装拆方便并能重复使用,以加快施工进度,减少施工费用。拱架的种类很多,按使用材料可分为木拱架、钢拱架、竹拱架、竹木拱架等形式。木拱架的制作简单,架设方便,但耗用木材较多,常用于盛产木材的地区。钢拱架有多种形式,如工字梁式拱架(适用跨径可达 40m)和桁架式拱桥(一般可用于 100m 跨径以上)。钢拱架大多数做成常备式构件(又称万能式构件),可以在现场按要求组拼成所需的构造形式,因它是由多种零件(如由角钢制成的杆件、节点板和螺栓等)构成的,故拆装容易,适用范围广,节省木材。尽管它具有一次投资较大、钢材用量较多的缺点,在我国仍得到推广采用。

如图2-4-35所示为立柱式拱架的结构形式,它的上部是由斜梁1、立柱2、斜撑3和拉杆5等组成的拱形桁架,下部是由立柱8及横向联系(斜夹木6、水平夹木7)组成的支架,上、下部之间放置卸架设备4(木楔或砂筒等)。

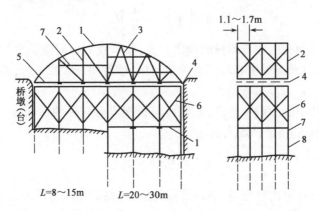

图2-4-35 立柱式拱架形式及其组成
1-斜梁;2-立柱;3-斜撑;4-卸架设备;5-拉杆;6-斜夹木;7-水平夹木;8-立柱

2. 拱圈及拱上建筑的施工

修建拱圈时,为保证在整个施工过程中拱架受力均匀,变形最小,使拱圈的质量符合设计要求,必须选择适当的砌筑方法和顺序。一般根据跨径大小,构造形式等分别采用不同繁简程度的施工方法。

通常,跨径在10~15m以下的拱圈,可按拱的全宽和全厚,由两侧拱脚同时对称地向拱顶砌筑,并使在拱顶合龙时,拱脚处的混凝土未初凝或石拱桥拱石砌缝中的砂浆尚未凝结。稍大跨径时,最好在拱脚预留空缝,由拱脚向拱顶按全宽、全厚进行砌筑(浇筑混凝土),为了防止拱架的拱顶部分上翘,可在拱顶区段适当预先压重,待拱圈砌缝的砂浆达到设计强度70%后(或混凝土达到设计强度),再将拱脚预留空缝用砂浆(或混凝土)填塞。

大、中跨径的拱桥,一般采用分段施工或分环(分层)与分段相结合的施工方法。分段施工可使拱架变形比较均匀,并可避免拱圈的反复变形,如图2-4-36所示。

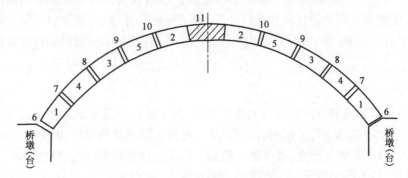

图2-4-36 拱圈分段施工的一般顺序

另外,还需注意封拱(合龙)时的大气温度是否符合设计要求,如设计无明确要求时,也宜在气温较低时(凌晨)进行。

当跨径大、拱圈厚度较大时,可将拱圈全厚分层(即分环)施工,按分段施工法修建好一环合龙成拱,待砂浆或混凝土强度达到设计要求后,再浇筑(或砌筑)上面的一环。这样第一环拱圈就能参与拱架共同承受第二环拱圈结构的重力,以后各环均照此进行。这样可以大大地减少拱架的设计荷载。

拱上建筑的施工,应在拱圈合龙,混凝土或砂浆达到设计强度30%后进行。对于石拱桥,一般不少于合龙后三昼夜。拱上建筑的施工,应避免使主拱圈产生过大的不均匀变形。

空腹式拱桥一般是在腹孔墩砌完后就卸落拱架,然后再对称均衡地砌筑腹拱圈,以免由于主拱圈的不均匀下沉而使腹拱圈开裂。

在多孔连续拱桥中,当桥墩不是按施工单向受力墩设计时,仍应注意相邻孔间的对称均衡施工,避免桥墩承受过大的单向推力。

二、缆索吊装施工

在峡谷或水深流急的河段上,或在通航河流上需要满足船只的顺利通行,或在洪水季节施工并受漂流物影响等条件下修建拱桥,就宜考虑采用无支架的施工方法,即可采用大型浮吊、缆索架桥设备等多种方法架设。

由于缆索架桥设备具有跨越能力大,水平和垂直运输机动灵活,施工也比较稳妥方便等优点,因此,在修建公路拱桥时较多采用,并得到了很大发展和积累了丰富的经验。

拱桥缆索吊装施工大致包括:拱肋(箱)的预制、移运和吊装,主拱圈的拼装、合龙,拱上建筑的砌筑,桥面结构的施工等主要工序。可以看出,除缆索吊装设备,以及拱肋(箱)的预制、移运和吊装、拱圈的拼装、合龙等几项工序外,其余工序都与有支架施工方法相同(或相近)。

缆索吊装设备,按其用途和作用,可以分为主索、工作索、塔架和锚固装置四个基本组成部分。其中主要机具设备包括主索、起重索、牵引索、扣索、浪风索、塔架(包括索鞍)、地锚(地垄)、滑轮、电动卷扬机或手摇绞车等。其布置形式可参见图2-4-37。

(1)主索:亦称为承重索或运输天线,两端锚固于地锚。主索的截面积(根数)根据吊运构件的重量、垂度、计算跨径等因素由计算确定。横桥向主索的组数,可根据桥面宽度及设备供应情况等合理选择,一般可选1~2组。每组主索可由2~4根平行钢丝绳组成。

(2)起重索:用来控制吊物的升降(即垂直运输),一端与卷扬机滚筒相连,另一端固定于对岸的地锚上。

(3)牵引索:用来牵引行车在主索上沿桥跨方向移动(即水平运输)。

(4)扣索:当拱肋分段吊装时,需用扣索分段悬挂拱肋及调整拱肋接头处的高程。

(5)浪风索:亦称缆风索。用来保证塔架、扣索排架等的纵、横向稳定及拱肋安装就位后的横向稳定。

(6)塔架及索鞍:塔架是用来提高主索的临空高度及支承各种受力钢索的重要结构。塔架的形式是多种多样的,按材料可分为木塔架和钢塔架两类。

(7)木塔架一般用于高度在20m以下的场合,当高度在20m以上时较多采用钢塔架。

(8)塔架顶上设置了为放置主索、起重索、扣索等用的索鞍,它可以减小钢丝绳与塔架的摩阻力,使塔架承受较小的水平力,并减少钢丝绳的磨损。

(9)地锚:亦称地垄或锚碇。用于锚固主索、扣索、起重索及绞车等。地锚的可靠性对缆索吊装的安全有决定性影响。

(10)电动卷扬机及手摇绞车:用作牵引、起、吊等的动力装置。电动卷扬机速度快,但不易控制。对于一般要求精细调整钢索长度的部位多用手摇绞车,以便于操纵。其他附属设备,如各种倒链葫芦、花篮螺栓、钢丝卡子(钢丝扎头)、千斤绳、横移索等。

在无支架施工的拱桥中,为保证拱肋有足够的纵、横向稳定性,除要满足计算要求外,在构造、施工上都必须采取一些措施。例如,当单根拱肋截面较小时,可采用双肋合龙或多肋合龙的形式,如图 2-4-37 所示,以满足拱肋横向稳定的要求。

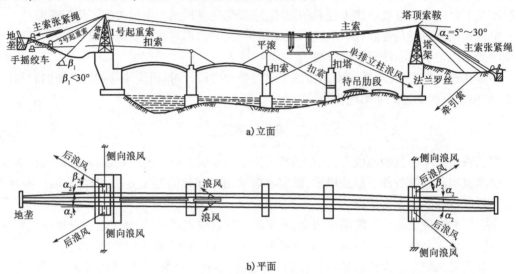

图 2-4-37 缆索吊装设备及其布置形式

三、其他施工法

拱桥的结构形式和经济性等与其施工方法有着密切的联系,因此,国内外都十分重视拱桥新施工方法的研讨,并已取得了可喜的进展。其他施工方法大致有以下几种:

1. 支架横移法

支架横移法仍属有支架施工方式。由于拱架费用高(有的高达桥梁总造价的25%),为了提高支架重复利用率,减少支架数量和费用,于是对于由多个箱肋组成拱圈的宽桥可以沿桥宽方向分几次施工。即只需架设承受单一箱肋重量的较窄的支架,随着拱圈的安装进度,将支架沿桥跨的横方向移动而重复使用。此法适用于桥不高、水不深、基础较好的大跨径拱桥施工。

2. 斜吊式悬臂施工法

大跨径拱桥,也可像梁桥悬臂法施工那样,利用挂篮和斜吊钢筋(或扣索)进行悬臂法施工。拱肋除第一段用斜吊支架现浇混凝土外,其余各段均用挂篮现浇施工。斜吊杆可以用钢丝束或预应力粗钢筋。架设过程中,作用于斜吊杆的力是通过布置在桥面板上的临时拉杆传至岸边的地锚上(也可利用岸边桥墩台作地锚)。用这种方法修建大跨径拱桥时,施工技术管理方面值得重视的问题有斜吊钢筋的拉力控制、斜吊钢筋的锚固和地锚地基反力的控制、预拱度的控制、混凝土应力的控制等几项。

3. 刚性骨架施工法

刚性骨架施工方法是用劲性钢材(如角钢、槽钢等型钢)作为拱圈的受力钢材,在施工过程中,先把这些钢骨架拼装成拱,作施工钢拱架使用,然后再现浇混凝土,把这些钢骨架埋入拱圈(拱肋)混凝土中,形成钢筋混凝土拱。该方法的优点是可以减少施工设备的用钢量,整体性好,拱轴线易于控制,施工进度快等。但结构本身的用钢量大且需用型钢较多,故在桥梁工程中尚不多用。

我国近年来利用钢管混凝土作为劲性骨架已建成多座大跨径钢筋混凝土拱桥。钢管混凝土作为劲性骨架,既可节省钢材,又有良好的施工性能。国内已建成的中承式箱肋拱桥跨径达 312m 和上承式箱形拱圈的拱桥跨径达到 420m(重庆万县长江大桥),是当今世界上钢筋混凝土拱桥之最。

4. 转体施工法

拱桥转体施工法可按转动方向分为两大类:竖向转体施工法和平面转体施工法。

复习思考题

1. 石拱桥、箱形拱桥、桁架拱桥、钢管混凝土组合体系拱桥各有何优缺点?对它们在我国今后桥梁工程实践中的发展前景有何看法?
2. 何为拱桥计算跨径?
3. 很多沿海城市现在很少修建拱桥,原因何在?
4. 为何拱桥大多采用无铰拱和等截面?
5. 什么是合理拱轴?
6. 现实中能找到绝对的合理拱轴线吗?为什么?
7. 按照拱轴线形,可将拱桥分为哪几类?
8. 拱桥设计的基本原则是什么?
9. 桁架拱桥腹杆组成形式可分为哪两类?
10. 钢管混凝土拱肋的断面类型可分为几类?
11. 什么是拱矢度?

第五章 其他体系桥梁简介

内容提要：本章简要介绍了以刚架桥、斜拉桥和悬索桥为主的其他体系桥梁的基本概念、受力特征、主要类型及其组成部分与构造。简述了刚架桥、斜拉桥和悬索桥的施工方法与施工技术。

随着现代化陆路交通运输(公路、铁路等)的飞速发展，人们对建造安全、美观的大跨径桥梁用以跨越深谷急流、宽阔江河、河口海峡的需求日益迫切，经济的发展、新材料的使用、桥梁设计理论及计算方法的进步、建桥技术的发展使得各种其他体系的桥梁得到发展和应用。二十世纪是桥梁建设发展的黄金时期，世界各国在桥梁技术方面有了较大的进步，而我国进步最快。就桥梁计算理论、建造技术、跨径长度等方面已赶超世界先进水平，但在技术创新方面与其他先进国家仍存在差距。

桥梁技术发展主要体现在以下几个方面：

(1)设计概念创新。如斜拉桥、悬索桥的迅速崛起，桥梁重视环保与美学效益，正交异性板的应用等。

(2)新材料的应用。如高强轻质混凝土、高强钢与耐候钢、环氧树脂与高强度纤维等。

(3)施工技术的进步。如大型机械与新设备的采用、预应力混凝土结构的悬臂法与顶推法工艺、钢桥栓焊结构和施工过程质量控制与检测等。

(4)计算分析功能强化。现代化电子计算机的应用解决了桥梁结构的复杂计算课题。

第一节 刚 架 桥

一、概 述

桥跨结构(主梁)和墩台(支柱)整体相连的桥梁称作刚架桥。由于两者之间是刚性连接，在竖向荷载作用下，将在主梁端部产生负弯矩，因而减小了跨中的正弯矩，跨中截面尺寸也相应得以减小。刚架桥的主梁高度一般比梁桥的小。因此，刚架通常适用于需要较大的桥下净空和建筑高度受到限制的情况，如立交桥、高架桥等。

刚架桥在竖向荷载作用下,支柱除承受压力外,还承受弯矩。支柱一般也用混凝土构件做成。刚架桥在竖向荷载作用下,一般都产生水平推力。为此,必须要有良好的地基条件或用较深的基础和用特殊的构造措施来抵抗推力的作用。

刚架桥大多做成超静定的结构形式,故在混凝土收缩、温度变化、墩台不均匀沉陷和预施应力等因素的影响作用下,会产生附加内力(次内力)。在施工过程中,当结构体系发生转换时,徐变也会引起附加内力。有时,这些内力可占全部内力相当大的比例。

刚架桥的主要优点:外形尺寸小,桥下净空大,视野开阔,混凝土用最少,但钢筋的用量较大,基础的造价较高。所以,目前常用的是中小跨径。近年来,随着预应力混凝土技术的发展和悬臂施工方法的广泛应用,刚架桥也得到了进一步的发展。

二、刚架桥的类型

刚架桥可以是单跨或多跨。单跨刚架桥的支柱可以做成直柱式[叫作门形刚架,图2-5-1a)、b)、c)]或斜柱式[叫作斜腿刚架。图2-5-1d)、e)]。

单跨的刚架桥一般产生较大的水平反力。为了抵抗水平反力,可用拉杆连接两根支柱的底端[图2-5-1b)]或做成封闭式刚架。门形刚架也可两端带有悬臂[图2-5-1e)],这样可减小水平反力,改善基础的受力状态,而且有利于和路基的连接,不过增加了主梁的长度。

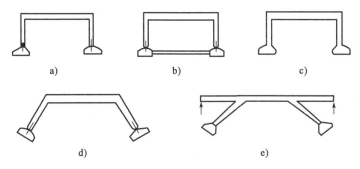

图2-5-1 单跨刚架桥的类型

斜腿刚架桥的压力线和拱桥相近,故其所受的弯矩比门形刚架要小,主梁跨径缩短了,但支承反力却有所增加,而且斜柱的长度也较大。因此,当桥下净空要求为梯形时,采用斜腿刚架是有利的,它可用较小的主梁跨径来跨越深谷或同其他线路立交[图2-5-1d)]。有不少跨线桥采用斜腿刚架,它不仅造型轻巧美观,施工也较拱桥来得简单。例如1977年建成的南非新古里茨桥,两岸岩壁陡峭,跨越深达70m左右的山谷。

多跨刚架桥,可以做成V形墩身的刚架桥(图2-5-2),也可以做成连续式(图2-5-3)或非连续式的刚架桥。非连续式刚架桥是在主梁跨中设铰或悬挂简支梁(图2-5-4),形成所谓T形刚构或带挂梁的T形刚构,这样有利于采用悬臂法施工,而静定结构则能减小次内力、简化主梁配筋。对于连续式主梁的多跨刚架桥,当全桥太长时,宜设置伸缩缝或者做成数座互相分离的连续式主梁的刚架桥(图2-5-5)。

图2-5-2 V形墩身的刚架桥

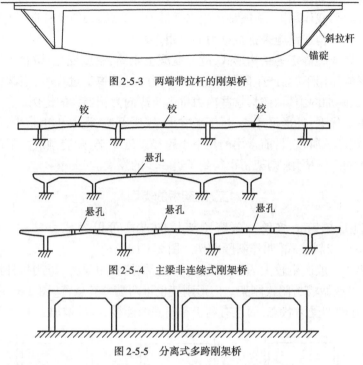

图 2-5-3　两端带拉杆的刚架桥

图 2-5-4　主梁非连续式刚架桥

图 2-5-5　分离式多跨刚架桥

中小跨径的连续式刚架通常做成等跨,以利于施工。跨径较大时,为了减少边跨的弯矩,使之与中跨相近,利于设计和构造,也可使边跨跨径小于中跨。有时,当连续刚架边跨的跨径远小于中间跨时,可能导致主梁端支座承受很大的上拔力,需要进行特殊的处理。通常可将边跨主梁截面改成实体的或加平衡重,以使端支座或得正的反力(压力)。

多跨连续刚架桥发展很快,由于它具有无需大型支座、线形匀称等一系列优点,故在技术经济比较时,常胜于连续梁桥。刚架桥的支承分铰接[图 2-5-1a)]和固接[图 2-5-1c)]两种。固接刚架桥的基础要承受固端弯矩,内力也较铰接刚架桥大许多,但主梁弯矩可减小。铰接刚架桥的构造和施工都比较复杂,养护也比较费时。

三、刚架桥的构造特点

1. 一般构造

主梁截面形状与梁桥相同,可做成整体肋梁、板式截面或箱梁(图 2-5-6)。主梁在纵方向的变化可做成等截面、等高变截面和变高度截面三种。变高度主梁的下缘形状可以是曲线形、折线形或曲线加直线等。

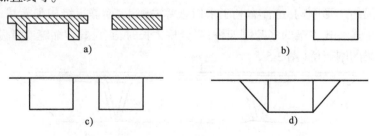

图 2-5-6　刚架桥主梁截面

支柱有薄壁式和立柱式(图 2-5-6)。立柱式又可分为多柱和单柱。多柱式的柱顶通常都用横梁相连,形成横向框架,以承受侧向作用力。当立柱较高时,尚应在其中部用横撑将各栓连接起来。当桥梁很高时,为了增加其横向刚度,还可做成斜向立柱(图 2-5-7),立柱的横截面可以做成实体矩形、I 字形或箱形等。

2. 刚架桥节点构造

刚架桥的节点系指立柱与主梁相连接的地方,又称角隅节点。该节点必须具有强大的刚度,以保证主梁和立柱的刚性连接。角隅节点和主梁(或立柱)相连接的截面受有很大的负弯矩,因此在节点内缘,混凝土承受较高的压应力。节点外缘的拉力由钢筋承担。

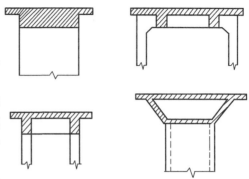

图 2-5-7 刚架桥立柱形式

对于板式刚架,可在节点内缘加梗腋(图 2-5-8),以改善其受力情况,而且可以减少配筋,以利施工。角隅节点的外缘钢筋必须连续绕过隅角之后加以锚固。

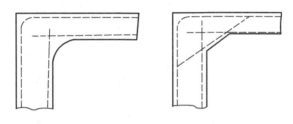

图 2-5-8 板式刚架角隅节点梗腋

当主梁和立柱都是箱形截面时,角隅节点可做成如图 2-5-9 所示的三种形式:仅在箱形截面内设置斜隔板;设有竖隔板和平隔板;兼有斜隔板、竖隔板和平隔板。为了使角隅节点有强大的刚性,并简化施工,也可将它做成实体的。

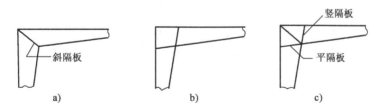

图 2-5-9 箱形截面刚架角隅节点形式

3. 铰的构造

刚架桥的铰支座,按所用的材料分为铅板铰、混凝土铰和钢铰。

铅板铰就是在支柱底面与基础顶面之间垫有铅板,中间设销钉,销钉的上半截伸入柱内,下半截伸入基础内(图 2-5-10),利用铅材容易产生变形的特点形成铰的转动作用。钢铰支座一般为铸钢制成,其构造与梁桥固定支座和拱桥支座相同。混凝土铰(图 2-5-11)就是在需要设置铰的位置将混凝土截面骤然减小(称为颈缩),使截面刚度大大减小,因而该处的抗弯能力很低,可产生结构所需的转动,这样就形成了铰的作用。

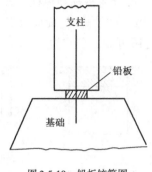
图 2-5-10 铅板铰简图
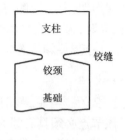
图 2-5-11 混凝土铰简图

第二节 斜 拉 桥

斜拉桥(图 2-5-12)主要由主梁、索塔和斜拉索三大部分组成。主梁一般采用混凝土结构、钢—混凝土组合结构或钢结构,索塔大都采用混凝土结构,而斜拉索则采用高强材料(高强钢丝或钢绞线)制成。斜拉桥中荷载传递路径是:斜拉索的两端分别锚固在主梁和索塔上,将主梁的恒载和车辆荷载传递至索塔,再通过索塔传至地基。

图 2-5-12 斜拉桥概貌(杨浦大桥)

斜拉桥属高次超静定结构,与其他体系桥梁相比,包含着更多的设计变量,全桥总的技术经济合理性不易简单地由结构体积小、重量轻或者满应力等概念准确地表示出来,这就给选定桥型方案和寻求合理设计带来一定困难。

现代斜拉桥的发展大致经历了以下三个阶段:
第一阶段。稀索布置,主梁较高,主梁以受弯为主,拉索更换不方便;
第二阶段。中密索布置,主梁较矮,主梁承受较大轴力和弯矩;
第三阶段。密索布置,主梁更矮,并广泛采用梁板式开口断面。
斜拉桥是大跨径桥梁中较常用的合理结构形式,其跨越能力仅次于悬索桥。

一、斜拉桥的特点

(1)跨越能力大。
由连续梁桥与斜拉桥的内力(图 2-5-13)对比可见:因拉索提供多点弹性支承,使其主梁弯矩显著减小,斜拉桥的跨越能力大大增强。
斜拉桥的经济合理适用跨径范围,目前较普遍的看法是 200~800m。1987 年,世界著名

桥梁专家、德国的列翁哈特(F·Leonhardt)教授认为,在目前技术条件下,斜拉桥的预计设计跨径可达:

预应力混凝土梁:$L < 700\text{m}$;

叠合梁:$L < 1\,000\text{m}$;

钢梁:$L > 1\,000\text{m}$。

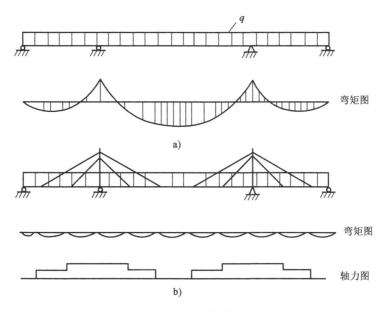

图 2-5-13 斜拉桥与连续梁桥恒载弯矩比较

(2)建筑高度小。

主梁轻巧,其高通常为跨径的 1/100~1/50,既能充分满足桥下净空需要,又有利于降低引道填土工程量。

(3)斜索拉力的水平分力为主梁提供预压力,可提高主梁的抗裂性能。

(4)设计构思多样性。

没有一种桥型能像斜拉桥那样演变出千姿百态的造型,由于塔、索、梁的组合多样性,为设计构思提供广阔的变化空间,可适应多种不同的使用要求与桥址自然条件。

(5)悬臂法施工方便安全。

悬臂施工法是斜拉桥普遍采用的方法,特别适用于净高很大的大跨径斜拉桥,有悬臂拼装、悬臂浇筑或悬拼与悬浇相结合诸种。

(6)与悬索桥相比,斜拉桥的竖向刚度与抗扭刚度均较大,抗风振稳定性好,且无需大型锚碇,故在其适用跨径范围内,悬索桥总造价将比斜拉桥多 20%~30%。

(7)桥型美观。

高昂的桥塔、坚劲的斜索和轻盈的主梁相结合,似美妙竖琴和远航征帆,充分体现当代桥梁力与美的高度和谐。

(8)设计计算困难。

由于斜拉桥设计构思要考虑的变量很多,包括塔墩、索面、主孔跨径 L 与分跨比 m、桥宽 B、塔高 H、主梁的梁高 h、几何特性(截面积 A、惯性矩 I)、塔截面积 S 与惯性矩 J_x 和 J_y、拉索索

距 λ_i、倾角 α_i、钢索换算弹性模量 E、混凝土弹性模量 E_b、辅助墩设置等。因此，寻求技术经济合理的桥型方案是很不容易的。

斜拉桥抗风分析常需通过风洞试验模型验证，而抗震验算时应将峰值高而持续时间短的地震波(如 Elcentro 波)和峰值较低而持续时间较长的地震波(如唐山波)分别输入进行分析比较。当然，最好是采用桥址当地地震台的地震波谱。

(9)施工技术要求高。

斜拉桥工序繁复，高空作业多，施工过程控制严格。

(10)索与塔、梁的连接构造较复杂。

索锚抗疲劳性能和钢索防护措施有待不断改进。

二、体系分类

斜拉桥的体系分类根据其分类指标的不同而不同。

1. 按桥塔数目分类

按桥塔数目可分为独塔双跨体系、双塔三跨体系和多塔体系(图 2-5-14)。

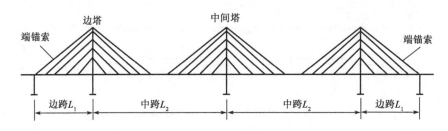

图 2-5-14　三塔四跨式斜拉桥

2. 按索面布置分类

按索面布置可分为单索面体系、双索面体系和空间倾斜索面体系(图 2-5-15)。

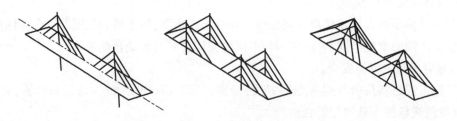

图 2-5-15　索面布置

3. 按主梁材料分类

按主梁使用材料可分为钢主梁、预应力混凝土梁、叠合梁、钢与混凝土混合梁等体系。

钢主梁斜拉桥主要优点为自重轻，400kN/m³ 仅为预应力混凝土主梁的 1/4；跨越能力大，可超过 1 000m 跨径；构件可工厂化制造拼组，质量有保证，施工快捷。但造价高、后期养护工作量大和抗风振稳定性较差为其主要缺点。由于我国厚钢板产量与品种型号限制，故建造很少。世界上钢主梁斜拉桥使用最多者为德国和日本。

预应力混凝土主梁斜拉桥的主要优点有:
(1)造价低,其梁体造价仅为钢梁的30%~50%,虽因混凝土自重大而导致钢索、基础费用增加,但对L=200~500m的跨径范围,预应力混凝土梁斜拉桥是很有竞争力的。
(2)刚性好,在汽车活载作用下,其挠度仅为钢主梁者的60%左右,故通常适用于活载较重的铁路桥。
(3)抗风稳定性好,因混凝土结构具有约两倍于钢结构的振动衰减系数。
(4)后期养护费用低、简易,结构耐久性与抗潮湿性良好。
但是,跨越能力不如钢主梁斜拉桥,跨径在700m以内,且施工速度较慢。
叠合梁斜拉桥:在钢主梁上以预制混凝土桥面板代替正交异性钢桥面板,钢梁顶面设置抗剪栓钉,通过现浇混凝土使预制混凝土桥面板与钢梁形成整体共同受力。

4. 按塔索结合方式分类

根据梁、索、塔三者结合方式,斜拉桥可分为四种不同的结构体系(图2-5-16),即飘浮体系、支承体系、塔梁固结体系和刚构体系。

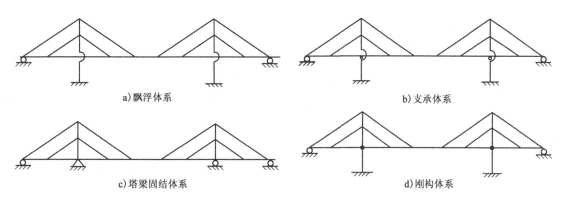

图 2-5-16 斜拉桥结构体系

(1)飘浮体系

塔墩固结,塔梁分离;主梁除梁端有支承设置外,其余全部用拉索吊起,在纵向稍作浮移的具有多点弹性支承的单跨梁。

由于斜拉索不能给梁以有效的横向支承,为抵抗因风力等对其横向水平力,应在塔柱和主梁间布设板式或盆式橡胶支座,以施加横向约束。

当悬臂施工时,其塔柱处主梁需临时固结,以抵抗施工过程中的不平衡弯矩。

(2)支承体系

塔墩固结,塔梁分离,主梁在塔墩上设置支点,成为具有多点弹性支承的三跨连续梁,通常设四个活动支座,可避免因一侧存在纵向水平约束而导致极不均衡的温度变位,它将使无水平约束一侧的塔柱内产生很大附加弯矩。

当全桥满载时,塔柱处有较大负弯矩尖峰。支承体系的温变和混凝土收缩徐变次内力较大,若在支点设置可调节高度的弹簧支座并在成桥时调整支座反力,可消除大部分收缩徐变等不利影响。

支承体系悬臂施工中不需额外设置临时支点,施工较便利。

(3)塔梁固结体系

塔梁固结并支承于墩上,为斜拉索提供多点弹性支承的连续梁。

其梁、塔内力和主梁挠度与梁、塔截面弯曲刚度比值有关,支座配置通常在一个塔柱支座固定,其余为活动支座。主要优点是减小塔墩弯矩和主梁中央段轴向拉力。但当中跨布载时,主梁在墩顶处转角会使塔柱倾斜,显著增大主梁跨中挠度和边跨负弯矩,这是该体系的弱点。上部结构恒载和活载反力都需由支座传向桥墩,往往需设很大吨位支座,大跨径斜拉桥为万吨级以上,故支座的设计、制造和日后的养护、更换都比较困难。

(4)刚构体系

梁、塔、墩相应固结,形成在桥跨内具有多点弹性支承的刚构。

其优点是免除大型支座设置,满足悬臂施工的稳定要求,结构整体刚度大,主梁挠度小。缺点是主梁固结处负弯矩大,为消除很大的温度内力,刚构体系一般做成带挂梁的形式,这将导致车行不平顺和结构抗风、抗地震能力的削弱。

当塔墩很高时,宜采用由两片薄壁所组成的柔性墩来适应温变、混凝土收缩徐变和活载等对结构产生的水平变形。

总之,主梁结构体系的选用,应根据地形地质条件、支座吨位、施工方法、行车平顺性和抗风抗震要求等因素综合考虑。飘浮体系由于受力较匀称、有足够刚度、抗风抗震性能较好、主梁可用等截面以简化施工,是采用较多的结构体系;塔梁固结体系的塔、墩内力最小,温变内力也小,仅主梁边跨负弯矩较大,也是可以考虑采用的结构体系。

三、各部分构造

1. 主梁

主梁及与其连接在一起的桥面系,直接支承交通线路,是斜拉桥主要组成部分,其造价占全桥的50%左右。

(1)截面形式

主梁形式有实体梁式、板式和箱形截面(图2-5-17)。主梁截面形式应根据跨径、索面布置与索距、桥宽等不同需要,根据其受力要求、抗风稳定性、施工方法综合考虑选用。

①板式[图2-5-17a)]。

板式截面建筑高度小,构造简单,抗风性能良好,适用于双索面密索布置且桥宽较窄的桥。当板厚较大时,可做成留有圆孔或椭圆孔的空心板断面。

②分离式双箱[图2-5-17b)]。

两个分离箱梁用于锚固拉索与承重,其中心应对准斜拉索面位置,箱梁之间设置桥面系。其优点是施工方便,如用悬臂法,两箱分别施工,悬浇时可采用纵向滑模工艺,挂篮承重减轻;悬拼时构件吊重显著减小;然后再安装横梁和现浇混凝土桥面。但桥全截面抗扭刚度较差是其主要缺点。

实际上,由于主梁断面尺寸小,空心箱所节省的混凝土数量不多,但相应带来的内模装拆、横梁钢筋布置和拉索锚固的复杂困难却不少,故近年已倾向于采用梁板式断面[图2-5-17d)]取代。

③整体闭合箱[图2-5-17e)、f)]。

闭合箱具有强大的抗弯和抗扭刚度,当其宽度比为8~10时,抗风性能尚佳,适用于双索面稀索体系和单索面布置的斜拉桥。而倾斜式腹板箱梁截面在体形美观、抗风性能和减小墩宽等方面均优于竖直腹板箱。

④半封闭箱[图2-5-17d)]。

半封闭箱的横断面两侧为三角形或梯形封闭箱,外缘做成风咀状以减小迎风阻力,端部加厚用以锚固拉索,两箱间为整体桥面板,除个别需要段落外,不设底板。

这种断面既满足一定的抗弯、抗扭刚度要求,又具有优良的抗风动力稳定性能,特别适用于风载较大的双索面密索体系宽桥。

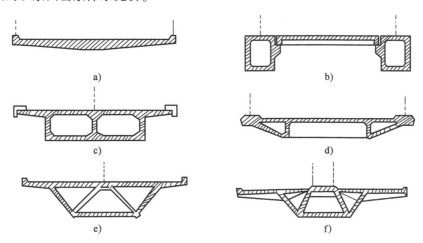

图2-5-17 主梁常用截面形式

(2)截面尺寸

①梁高。

主梁截面尺寸变化将影响梁弯矩数值,当主梁抗弯刚度增加时,梁截面弯矩也将增加,其变化规律是非线性的。从提高抗风稳定性出发,加大桥宽、减小主梁高有助于增大临界风速。

为便利施工,斜拉桥主梁的纵断面通常采用等高度布置。即使跨径与荷载条件相同,但由于结构体系、主梁截面形式和索距的不同,斜拉桥主梁高度会有很大变化。

对密索体系:

$$\frac{h}{L} = \frac{1}{200} \sim \frac{1}{7}$$

$$h = (0.1 \sim 0.16)B$$

对稀索体系:

$$\frac{h}{L} = \frac{1}{70} \sim \frac{1}{40}$$

单索面布置时,应保证主梁本身有足够抗扭刚度,梁高 h 可大达 $0.2B$。

随着扁平横断面形式的出现,主梁内力由原来的以弯矩为主转变为以轴力为主,梁高可显著降低。对于梁板式断面,主梁高应大于或等于横梁高,故其高度取决于横向弯矩大小,即与桥宽和索面横向距密切相关。

②桥宽 B。

桥宽通常由桥面通行净空和设置索面防护要求决定:

$$B = W + 2C + nL$$

式中：W——车行道宽；

C——单边人行道宽；

n——索面数；

L——防护带宽，通常对双索面者取 1m；而单索面者，防护带同时作为分车带，则取用 2～3m 为宜。

(3)锚固区构造

锚固区是主梁与拉索相连接的重要结构部位，其锚固方式的选择，应考虑下列因素：保证索、梁联结的可靠性，能使集中索力均匀分散传递至全截面；具有防锈蚀能力，避免拉索产生颤振应力腐蚀；如需要在梁端张拉，应保证足够操作空间；便于拉索养护与更换。

锚固方式有：顶板锚固，箱内锚固及在三角形箱边缘锚固。

2. 拉索

拉索是展示斜拉桥特点的一个重要结构部件。桥跨结构重量和桥上活载，绝大部分或全部通过斜拉索传至塔柱，它对主梁提供多点弹性支承，其刚度对全桥影响很大。

拉索造价占斜拉桥全桥的 25%～30%，其重要性虽在经济上居于次席，但在受力上却举足轻重。

斜拉索在纵向所采用的不同布置有四种类型：辐射式、竖琴式、扇式和星式。

斜拉索宜采用抗拉强度高、抗疲劳性能好、弹性模量大的钢材，目前，国内外采用较多的有平行钢丝束、钢绞线束、封闭式钢缆等。

拉索的锚固对整个结构的工作可靠性有直接影响。锚具是极为重要的部件，拉索锚具有冷铸锚、热铸锚、墩头锚、夹片锚等。

为提高拉索使用寿命，减少养护工作量，对拉索采取防护措施非常必要。拉索的防护方式有不锈钢丝防锈、热挤压高密度聚乙烯(PE)套管防锈。拉索与锚具的接合部位，为防止水汽侵入拉索内部，应设置橡胶密封垫块等有效隔离止水设施。

3. 索塔

索塔除承受塔身自重外，还将承担作为桥面系主梁多点弹性支承的诸斜索的竖向分力，因此其轴压力巨大，往往在数千吨以上计。由于活载及其制动力、风力、温度变化、混凝土收缩等因素影响和悬臂施工中的不平衡加载，索塔还将出现较大弯矩。

索塔结构形式、塔高与截面尺寸的确定，应满足构造简单、受力明确、造价经济、施工便捷等功能要求，并注意与跨径、桥宽、索面布置等匹配。由于索塔对斜拉桥总体景观至关重要，故应选择良好的造型与尺度比例，实现与环境的协调，城市桥梁更须重视。

至今，斜拉桥大多采用钢筋混凝土索塔，为避免塔内拉应力过大，可加适当预应力。它比钢塔造价低，可塑成优美体形，养护维修简便。

顺桥方向索塔结构有单柱式、A 形与倒 Y 形三种(图 2-5-18)。单柱式构造简单，而后两者索塔刚度大，能抵抗较大的纵向弯矩。

从横桥方向看，有独柱、门式、斜腿门式、A 形、宝石形、倒 Y 形、花瓶形等。如图 2-5-19 所示。

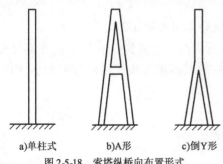

a)单柱式　　b)A形　　c)倒Y形

图 2-5-18　索塔纵桥向布置形式

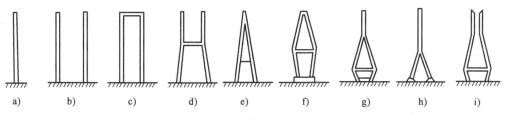

图 2-5-19 索塔横桥向布置形式

第三节 悬 索 桥

悬索桥是由桥塔、主缆索、吊索、加劲梁、锚碇及鞍座等部分组成的承载结构体系（图 2-5-20），是唯一跨径超过 1 000m，达 1 991m 的桥型；未来悬索桥主跨将达 3 300m。由于悬索桥能充分利用和发挥高强钢材的作用，并能很好地适应跨越海峡和宽阔江河的要求，加之近年来悬索桥设计理论和计算方法的发展和完善以及施工技术的进步，使其成为近年来发展较快的桥型之一。

我国是最早有悬索桥的国家，约有 3 000 年历史，留存至今的泸定大渡河铁索桥跨径约 101m，举世闻名。但我国现代悬索桥建设的起步较晚，1969 年建成的重庆朝阳双链悬索桥，跨径仅 186m。直至 20 世纪 90 年代开始发展大跨径悬索桥，现已建成 7 座，其中，1995 年建成的汕头海湾桥，主跨 452m，为采用预应力混凝土加劲梁的悬索桥的世界之最；2005 年建成的润扬长江大桥南汊桥，主跨 1 490m，居世界第 3 位。

国外悬索桥正积极准备向更大跨径发展。如意大利即将建成的墨西拿海峡桥，主跨为 3 300m；连接西班牙与摩洛哥的直布罗陀海峡超大桥设计构想中，林同炎（T. y. Lin）建议方案为 2 个 5 000m 跨径的主跨和 2 个 2 500m 跨径的边跨组成的悬索桥，其实现有赖于轻质高强、热膨胀系数低、耐疲劳、抗腐蚀均优于钢材的纤维强化复合材料的运用，必将大大提高悬索桥的工艺和技术水平。

一、悬索桥的类型

现代大跨径悬索桥根据其加劲梁的类型和吊索的形式不同可分为以下几种类型（图 2-5-20）：

1. 美式悬索桥

美式悬索桥的基本特征是采用竖直吊索，并用钢桁架作为加劲梁[图 2-5-20a)]。这种形式的悬索桥一般采用三跨地锚式，加劲梁在主塔处不连续，由伸缩缝断开，桥面通常采用钢筋混凝土材料，主塔为钢结构。其特点是可以实现双层通车，通过增加桁架高度可保证桥梁有足够的刚度，由于加劲梁采用钢桁架，使其具有很好的抗风性能。

美式悬索桥发展历史接近百年，其建桥技术相当成熟，并积累了丰富的设计和施工经验，是目前采用较广泛的一种形式。在美国已建成的维拉扎诺海峡大桥和在日本建成的明石海峡大桥，都属于这种类型。世界上许多国家的大跨径悬索桥都受到美式悬索桥的影响，但也有自己的特点，如在日本通常采用连续的加劲钢桁架，桥塔处不设伸缩缝；采用钢的正交异性板作桥面等。

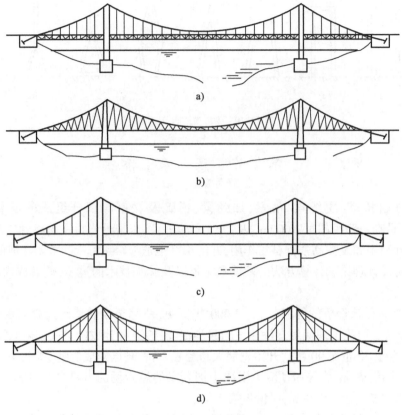

图 2-5-20 世界知名悬索桥概貌

2. 英国式悬索桥

20 纪 60 年代,英国设计出了新型的悬索桥,突破了美式悬索桥的形式。英国式悬索桥的基本特征是采用了三角形排列的斜吊索和流线型扁平翼状钢箱梁作为加劲梁[图 2-5-20b)]。这种形式的悬索桥加劲梁采用连续的钢箱梁,桥塔处没有伸缩缝,并采用了用钢筋混凝土桥塔;有时还将主缆和加劲梁在主跨中点处固结。

英国式悬索桥的特点是钢箱加劲梁可减轻恒载,使主缆的截面减小,降低了用钢量和造价。由于钢箱梁抗扭刚度大,受到的横向风力小,有利于抗风,因此大大减小了桥塔所承受的横向力。三角形排列布置的斜吊索可以提高桥梁刚度,但斜吊索的吊点处构造复杂。在英国建成的塞文桥和恒伯尔桥、在土耳其建成的博斯普鲁斯(Bosprus)桥都是属于这种形式的悬索桥。

3. 混合式悬索桥

混合式悬索桥是综合了上述两类悬索桥的特点形成的、目前广泛采用的悬索桥。其特征是采用竖直吊索和流线型钢箱梁为加劲梁[图 2-5-20c)],一般采用钢筋混凝土桥塔。混合式悬索桥的广泛使用表明其钢箱加劲梁具有良好的静力和动力特性,其竖直吊索构造简单实用。土耳其的博斯普鲁斯二桥、日本来岛的三座悬索桥、香港的青马大桥、丹麦的大贝尔特(Great Beh)桥和中国的江阴长江大桥都采用了混合式悬索桥形式。

4. 带斜拉索的悬索桥

为了有效地提高大跨径悬索桥结构的整体刚度和抗风稳定性,在悬索桥设计中除设置悬索体系外,还可考虑同时设置斜拉索,以适应大跨径悬索桥的变形控制和动力稳定性的要求,这就构成了带斜拉索的悬索桥。1883年建成的纽约布鲁克林大桥,就是既有现代悬索桥悬索体系,又有着下加强斜拉索的一座带斜拉索的悬索桥[图2-5-20d)]。1966年建成的葡萄牙萨拉扎桥(Salazar),也采用了这种形式。这种结构形式可看作悬索桥和斜拉桥的结合,悬索承担跨中的荷载,斜拉索承担桥塔附近1/4跨的荷载,这样能够大大增加悬索桥的跨越能力和结构的整体刚度,并有效地加强结构的抗风和抗震能力以及防止和控制结构的振动。

悬索桥按照其加劲梁的支承条件还可分为单跨铰支加劲梁悬索桥、三跨铰支加劲梁悬索桥和三跨连续加劲梁悬索桥(图2-5-21),这些也都是现代大跨径悬索桥经常采用的形式。

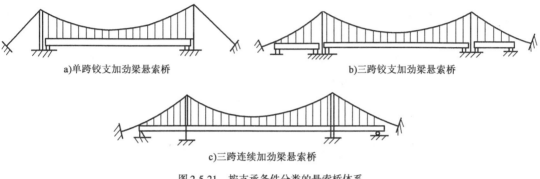

a)单跨铰支加劲梁悬索桥　　b)三跨铰支加劲梁悬索桥

c)三跨连续加劲梁悬索桥

图2-5-21　按支承条件分类的悬索桥体系

二、悬索桥各部主要构造

现代悬索桥一般由桥塔、基础、主缆索、锚碇、吊索、索夹、加劲梁及索鞍等主要部分组成(图2-5-22)。

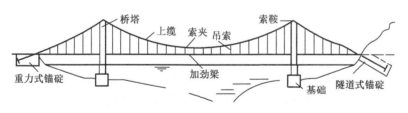

图2-5-22　悬索桥的主要构造

1. 主缆索

主缆是悬索桥的主要承重结构,其受力系统由主缆、桥塔和锚碇组成。

主缆索不仅承担自重恒载,还通过索夹和吊索承担加劲梁(包括桥面)等其他恒载以及各种活载。此外,主缆索还要承担部分横向风载,并将其传至桥塔顶部。主缆索可采用钢丝绳钢缆或平行丝束钢缆,由于平行丝束钢缆弹性模量高,空隙率低,抗锈蚀性能好,因此大跨径吊桥的主缆索均采用这种形式。现代悬索桥的主缆索多采用直径5m的高强度镀锌钢丝(图2-5-23)。先由数十根到数百根5m的高强度镀锌钢丝制成正六边形的索束(股),再将数十至上百股索束挤压形成主缆

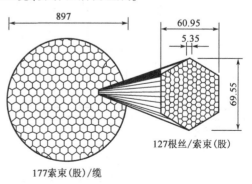

图2-5-23　主缆索截面示意图(尺寸单位:mm)

索,并做防锈蚀处理。设计中主缆索的线形一般采用二次抛物曲线。

主缆采用平行丝股而不采用钢绞线,目的在于使其弹性模量不致比钢丝弹性模量有明显降低,而钢绞线弹性模量通常要比钢丝者降低 15%～25%;主缆钢丝强度现已由 1 500MPa 提高至 1 800MPa 左右。

索股内钢丝排列现均取正六边形,故其丝数为 61、91 或 127。

2. 锚碇

锚碇是主缆索的锚固结构(图 2-5-24)。主缆索中的拉力通过锚碇传至基础。通常采用的锚碇有两种形式:重力式[图 2-5-24a)]和隧洞式[图 2-5-24b)]。重力式锚碇依靠其巨大的自重来承担主缆索的垂直分力;而水平分力则由锚碇与地基之间的摩阻力或嵌固阻力承担。隧道式锚碇则是将主缆中的拉力直接传递给周围的基岩。隧道式锚碇适用于锚碇处有坚实基岩的地质条件。当锚固地基处无岩层可利用时,均采用重力式锚碇。锚碇主要由锚碇基础、锚块、锚碇架、固定装置和锚固索鞍组成。

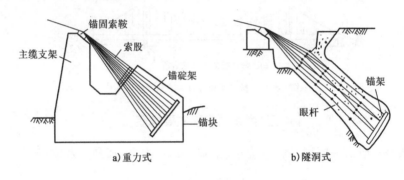

图 2-5-24 悬索桥锚碇构造

3. 桥塔

桥塔是悬索桥最重要构件。桥塔支承主缆索和加劲梁,将悬索桥的活载和恒载(包括桥面、加劲梁、吊索、主缆索及其附属构件如鞍座和索夹等的重量)以及加劲梁在桥塔上的支反力直接传至塔墩和基础,同时还受到风载与地震的作用。桥塔的高度主要由桥面高程和主缆索的垂跨比 f/L 确定,通常垂跨比 f/L 为 1/12～1/9。大跨径悬索桥的桥塔主要采用钢结构或钢筋混凝土结构。其结构形式可分为桁架式、刚架式和混合式三种(图 2-5-25)。刚架式桥塔通常采用箱形截面。由于预应力混凝土滑模施工技术的发展,钢筋混凝土桥塔的使用呈较快增长趋势。桥塔塔顶必须设主索鞍,以便主缆索能与桥塔合理地衔接和平顺地转折,并将主缆索的拉力均匀的传至桥塔。在大跨径悬索桥中,塔的下端常与桥墩固接,而在其上端主缆固定于索鞍,而索鞍又固定于塔顶。

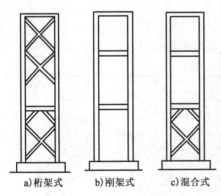

图 2-5-25 悬索桥桥塔结构形式

4. 索鞍

索鞍是支承主缆的重要构件,其作用是保证主缆索平顺转折;将主缆索中的拉力在索鞍处分解为垂直力和不平衡水平力,并均匀地传至塔顶和锚碇的支架处。由于主缆在索鞍处有相当大的转折角,主缆拉力将产生一竖向压力作用于塔顶。

从塔顶至锚碇的缆段,由于活载轴力和温度升降的变化,将使塔顶发生纵向平移,使塔处于偏心受压状态。当塔顶尚未有主缆时,塔将以竖向放置的悬臂梁承受纵向风力而受弯。

5. 吊索与索夹

吊索也称吊杆,是将加劲梁等恒载和桥面活载传递到主缆索的主要构件。吊索可布置成垂直形式的直吊索或倾斜形式的斜吊索,其上端通过索夹与主缆索相连,下端与加劲梁连接。吊索与主缆索连接有两种方式:鞍挂式和销接式(图 2-5-26),两种方式各有所长。吊索与加劲梁的连接也有两种方式:锚固式和销接固定式。锚固式连接是将吊索的锚头锚固在加劲梁的锚固构造处;销接固定式连接是将带有耳板的吊索锚头与固定在加劲梁上的吊耳通过销钉连接。吊索宜采用有绳芯的钢丝绳制作,2 根或 4 根一组;两端均为销接式的吊索可采用平行钢丝索束作为吊索。

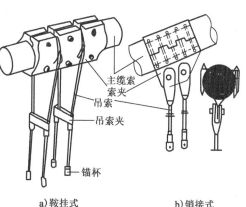

a) 鞍挂式　　　　b) 销接式
图 2-5-26　吊索和索夹连接方式

索夹由铸钢制造,用竖缝分为两半,它安装到主缆后,即用高强螺杆将两半拉紧,使索夹内壁对主缆产生压力,形成以防止索夹沿缆下滑的摩阻力。索夹壁厚 38mm,使其较柔以便适应主缆变形,但应有足够强度。每一吊点有 2 根钢丝绳骑在索夹之外而下垂形成 4 根吊索共同受力。设计吊索截面时,应保证吊索截面破断力大于吊索作用力,其实用安全系数以不小于 2.5 为宜。

加劲梁的主要作用是直接承受车辆、行人及其他荷载,以实现桥梁的基本功能,并与主缆索、桥塔和锚碇共同组成悬索桥结构体系。加劲梁是承受风荷载和其他横向水平力的主要构件,应考虑其结构的动力稳定特性,防止其发生过大挠曲变形和扭曲变形,避免对桥梁正常使用造成影响。大跨径悬索桥的加劲梁均为钢结构,通常采用桁架梁和箱形梁。预应力混凝土加劲梁仅适用于跨径 500m 以下的悬索桥,大多采用箱形梁。采用箱形梁时,应选择流线型主梁截面,并适当设置风嘴、导流板、分流板等抗风装置;采用桁架梁时,应加强主梁和桥面车道部分的联系,并注意保证主梁及桥面构造横向通风良好,不得有任何阻碍空气流动的多余障碍物存在,也可适当设置抗风装置。加劲梁的构造和尺寸主要取决于其抗风稳定性。通常参考其他已建成悬索桥的加劲梁拟定其初步设计的构造和尺寸,再根据结构计算结果进行适当修改,最后对较为合理的几个方案,通过风洞试验检验其抗风性能,并选择抗风性能好的加劲梁及其构造和尺寸。

第四节　其他体系桥的施工技术

一、斜拉桥施工简介

斜拉桥可以采用无支架施工,其方便性是斜拉桥在大跨径桥梁方案中得到广泛应用的重要原因之一。塔柱是斜拉桥首先施工的首要受力构件,塔柱施工完毕后或塔柱锚固区施工至一半时,开始施工主梁,斜拉索一般随主梁的延伸逐步安装。斜拉桥的恒载张力是决定全桥受力的主要因素,因此如何确定合理张拉索力及如何保证实际张拉到位是斜拉桥施工的关键。

1. 塔柱施工

混凝土塔柱施工一般均采用分节就地浇筑方法施工,每节 2~5m,其方法类似于高墩或高烟囱的施工。混凝土的输送采用吊斗或混凝土输送泵,塔柱施工的不同点主要是模板和脚手架平台的做法,主要有下列方法:

(1)满布工作平台及模板法

从地面或墩顶置立满布鹰架及模板,适用于高度较小和形状比较复杂的桥塔施工,不需特殊装置和机械设备。

(2)爬升或滑升式模板及工作平台

将工作平台与模板组拼成可自动升降的整体装置,利用下节已凝固的混凝土中预埋的钢材来逐步提升模板与平台结构,机械化程度较高,可缩短工期,适用于大型桥塔施工。

(3)大型模板构件法

将模板及平台做成容易组装和解体的大型标准构件,利用吊机或特殊起吊设备来提升施工。此法应用于高空作业的安全问题,高度有所限制。

2. 主梁施工

斜拉桥主梁可以采用支架法、顶推法及平转法施工,但是使用最多的还是悬索施工方法,它适用于所有跨径的斜拉桥施工。

3. 斜拉索施工

斜拉索施工主要分为挂索和张拉两个过程。

成品索必须整索安装。较短的成品索直接利用吊机将拉索起吊,借助卷扬机由钢丝绳或钢绞线将斜拉索两端分别牵引入主梁和塔柱上的预留索孔,并初步固定在索孔端面的锚板上完成挂索。长索的垂度大,无法直接用卷扬机将锚头牵引到锚板后方,在锚头接近锚板时用钢连接杆将锚头连接到千斤顶,由千斤顶将锚头拉到锚板后方。对于超长斜拉索,垂度特别大,连接杆已无法将锚头连接到千斤顶,必须先架设临时索,然后沿临时索将斜拉索牵引到位。如图 2-5-27 所示。

成品索一般直接用千斤顶整索张拉。现场制作索可以用千斤顶逐根张拉,也可以用小千斤顶将初应力调均匀,然后再用大千斤顶整索张拉。

二、悬索桥施工简介

悬索桥适用于超大跨径桥梁的主要原因除了利用材料强度外,独特的施工方法使超大跨径桥梁的架设成为可能。常规的悬索桥架设步骤一般为:塔柱及锚碇施工,猫道架设,主缆架设,索夹及吊杆安装,主梁吊装架设等。

1. 塔柱及锚碇施工

钢塔柱一般用钢板先预制连接成格子形截面的节段,节段在现场吊装拼接成塔柱。早期的钢塔柱,无论节段内还是在节段间的连接均采用铆接,构件加工精度要求高。随着栓焊技术的发展,钢塔节段在工厂焊接制造,然后将节段运输到工地架设并用高强度螺杆来连接。钢塔柱一般支承在一块厚钢板上,厚钢板与桥墩混凝土拴接并把塔柱压力均匀地传递到桥墩上去。

当河岸有坚硬岩石时,可以采用岩隧锚碇。岩隧锚可以将主缆集中在一个岩洞内锚固,也可以在岩石山开凿多个岩眼,将主缆分成多股穿过岩体在锚固室内锚固。

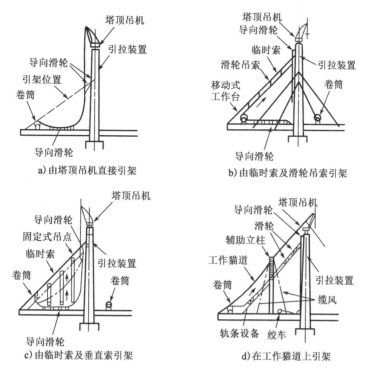

图 2-5-27 常用挂索方法

2. 缆索系统架设

悬索桥整个主缆自重大，必须逐丝或逐股安装到位，然后在现场编制成缆。缆索的施工大致可分为如下步骤（图 2-5-28）。

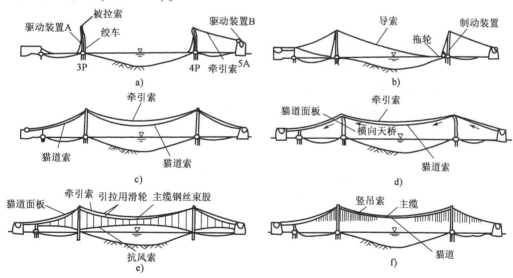

图 2-5-28 缆索系统施工步骤图

(1) 准备工作。
(2) 架设导索。
(3) 架设牵引索及猫道索。
(4) 架设猫道面板及横向天桥。

(5) 架设抗风索以完成猫道。

(6) 主缆架设。

(7) 将猫道转载于主缆后拆除抗风索,并架设竖吊索。

3. 加劲梁的制造与架设

钢加劲梁在工厂分段制造,节段制造完成后必须进行相邻节段的试拼装,试拼合格、做好对接标志后运到施工现场等待吊装。

主缆是柔索结构,当只有部分梁段悬吊在主缆上时挠度很大,因此,已吊装的加劲梁将产生很大的弯曲变形。如果梁段吊装到位后即与相邻梁段连接,则加劲梁将承担很大的弯曲应力,造成结构破坏。为此,梁段吊装到位后只在上缘与相邻梁段连接形成铰接,下缘在吊装期间张开。随着吊装梁段的增加,主缆的局部挠度减小,加劲梁下缘的间隙逐渐闭合,待梁段全部吊装完成或大部分完成后在相邻的节段间永久固结连接,此时,加劲梁恒载完全由主缆承担,加劲梁只承担节段内的局部弯矩。

复习思考题

1. 连续梁桥如何考虑分跨?
2. 连续梁桥常用的截面形式有哪几种?
3. 连续梁桥的施工方法有哪几种?各适用于什么条件?
4. 就跨中截面弯矩而言,简支梁、刚架、连续梁各有什么特点?
5. 与直梁桥相比,曲梁桥受力有何特点?结构布置时如何考虑?
6. 刚架桥有哪些类型,各有什么特点?
7. 刚架桥的主梁、节点有哪些构造特点?
8. 斜拉桥有哪些体系类型,其受力特点是什么?
9. 斜拉桥的拉索有几种布置方式,各有什么特点?
10. 斜拉桥的索塔有哪些类型?各适用于哪种布索方式?
11. 悬索桥有哪些类型,各有什么构造特点?
12. 悬索桥结构由哪些部分组成,各部分的功能和受力特点如何?

参考文献

[1] 中华人民共和国行业标准.JTG B01—2014 公路工程技术标准[S].北京:人民交通出版社股份有限公司.2014.

[2] 中华人民共和国行业标准.JTG D20—2017 公路路线设计规范[S].北京:人民交通出版社股份有限公司.2017.

[3] 中华人民共和国行业标准.JTG D30—2015 公路路基设计规范[S].北京:人民交通出版社股份有限公司.2015.

[4] 中华人民共和国行业标准.JTG D40—2011 公路水泥混凝土路面设计规范[S].北京:人民交通出版社股份有限公司.2011.

[5] 中华人民共和国行业标准.JTG D50—2017 公路沥青路面设计规范[S].北京:人民交通出版社股份有限公司.2017.

[6] 中华人民共和国行业标准.JTG/T D33—2012 公路排水设计规范[S].北京:人民交通出版社股份有限公司.2012.

[7] 中华人民共和国行业标准.JTG D60—2015 公路桥涵设计通用规范[S].北京:人民交通出版社股份有限公司.2015.

[8] 中华人民共和国行业标准.JTG D61—2005 公路圬工桥涵设计规范[S].北京:人民交通出版社股份有限公司.2005.

[9] 中华人民共和国行业标准.JTG D62—2004 公路钢筋混凝土及预应力混凝土桥涵设计规范[S].北京:人民交通出版社股份有限公司.2004.

[10] 中华人民共和国行业标准.JTG D63—2007 公路桥涵地基与基础设计规范.[S].北京:人民交通出版社股份有限公司.2007.

[11] 中华人民共和国行业标准.JTG F10—2006 公路路基施工技术规范[S].北京:人民交通出版社股份有限公司.2006.

[12] 中华人民共和国行业标准.JTG/T F20—2015 公路路面基层施工技术细则[S].北京:人民交通出版社股份有限公司.2015.

[13] 中华人民共和国行业标准.JTG/T F30—2014 公路水泥混凝土路面施工技术细则[S].北京:人民交通出版社股份有限公司.2014.

[14] 中华人民共和国行业标准.JTG F40—2004 公路沥青路面施工技术规范[S].北京:人民交通出版社股份有限公司.2004.

[15] 中华人民共和国行业标准.JTG/T F50—2011 公路桥涵施工技术规范[S].北京:人民交通出版社股份有限公司.2011.

[16] 孙家驷.道路勘测设计[M].3版.北京:人民交通出版社股份有限公司.2012.

[17] 黄晓明.路基路面工程[M].6版.北京:人民交通出版社股份有限公司.2018.

[18] 盛可鉴.公路工程施工技术[M].2版.北京:人民交通出版社股份有限公司.2013.

[19] 项海帆,潘洪萱,范立础.中国桥梁史纲[M].上海:同济大学出版社,2009.

[20] 郑若葵.中国古代交通图典[M].昆明:云南人民出版社,2007.

[21] 彭大文,李国芬,黄小广.桥梁工程(上册)[M].北京:人民交通出版社,2007.

[22] 叶国铮,姚玲森,李秩民.道路与桥梁工程概论[M].北京:人民交通出版社,2009.

[23] 苏松源.世界桥梁瑰宝[M].北京:人民交通出版社,2010.